Jasper Ridley
ELISABETH I.

Jasper Ridley

# ELISABETH I.

Eine Biographie

Aus dem Englischen
von Gabriele Burkhardt

Benziger

Die englische Originalausgabe
erschien 1987 unter dem Titel
*Elizabeth I. The Shrewdness of Virtue*
bei Viking Penguin Inc., New York.


*Für meine Tochter Barbara*

*Danksagung*

*Folgenden Personen danke ich für ihre Unterstützung:
Miss Ana Attwood, Dr. R. Beck, Mrs. Jean Cadell, Mr. Stuart Collins, Mr. T. A. B. Corley, Mrs. Marlies Evans, Miss Ann Hoffmann, Dr. Colin Martin, Mrs. Joan Owen, dem verstorbenen Mr. Hugh Reynolds, Mrs. Denise Sells, Dr. Michael Smith, Major Peter Watson und Mrs. Claire McAllister White.
Mr. Tony Mercer danke ich, daß er mich zu den Schlachtfeldern in Belgien, Holland und Frankreich fuhr, wo die Soldaten Elisabeths I. gekämpft haben.
Der verstorbenen Mrs. Bence-Jones danke ich für ihre Gastfreundschaft in Glenville Park, wo ich während meiner Nachforschungen in Irland Aufnahme fand.
Ferner danke ich dem Bibliothekar und den Mitarbeitern der London Library für ihre mannigfache Hilfe, den Mitarbeitern der British Library, der Kent County Library in Tunbridge Wells, dem Staatsarchiv sowie meiner Frau Vera und meinem Sohn John für ihre Mithilfe beim Korrekturlesen.*

Jasper Ridley
Tunbridge Wells
6. Juli 1987.



ISBN 3 545 34086 4

# Inhaltsverzeichnis


Anmerkung zur Zeitrechnung 7

Vorwort 9

1 Das protestantische Kind 13

2 Lady Elisabeth 24

3 Der Großadmiral 34

4 Der Tower 47

5 Die Thronfolgerin 62

6 Die Krönung 79

7 Das protestantische Königreich 88

8 John Knox 96

9 Sieg in Schottland 106

10 Lord Robert 118

11 Niederlage in Frankreich 125

12 Die tolerante Königin 140

13 Maria Stuart 149

14 Zum Schutz der Monarchie 161

15 Die Revolte in den Niederlanden 171

16 Der Streit mit Alba 181

17 Das Massaker der Bartholomäusnacht 198

18 Puritaner und Wiedertäufer 211

19 Reibereien mit Spanien 219

20 Die jungfräuliche Königin 231

21 Irland 241

22 Die Jesuiten 256

23 Die Intervention in den Niederlanden 268

24 Hinrichtung einer Königin 286

25 Cádiz 302

26 Die Armada 315

27 Meutereien und Mißerfolge 329

28 Essex 341

29 Die alte Königin 360

30 Das Ende 376

Abbildungen nach Seite 224

Anhang: Anmerkungen 387
Bibliographie 412
Register 421

# Anmerkung zur Zeitrechnung

Bei der Geburt Elisabeths I. galt in ganz Westeuropa der Julianische Kalender, der zehn Tage hinter unserem modernen Gregorianischen Kalender hinterherhinkte. In England und Schottland begann das neue Jahr am 25. März, in Frankreich und den Niederlanden am Ostersonntag, in Spanien, Italien und Teilen Deutschlands am 1. Januar.

Im Jahr 1582 führte Papst Gregor XIII. den heutigen Gregorianischen Kalender ein, der im Oktober desselben Jahres von Spanien und im Dezember von Frankreich, den Niederlanden und sämtlichen katholischen Ländern übernommen wurde. Elisabeth wollte ihn auch in England einführen, doch der Widerstand der Bischöfe und Puritaner gegen einen vom Papst eingeführten Kalender brachte sie davon ab. Der Gregorianische Kalender wurde erst 1752 in England eingeführt. Der englische Kalender hinkte deshalb zwischen Dezember 1582 und Elizabeths Tod im Jahr 1603 zehn Tage hinter dem französischen, spanischen und niederländischen Kalender her. Der 19. Juli in England war demnach in Frankreich, Spanien und den Niederlanden der 29. Juli.

In der Angabe der Jahre bin ich der allgemein üblichen modernen Praxis gefolgt, nach der das neue Jahr am 1. Januar beginnt. Problematisch ist dagegen die Angabe der Monatstage zwischen 1582 und 1603. Die Angabe zweier Daten, also etwa 19./29. Juli oder 28. Juli/7. August, wäre für den Leser irritierend. Es hätte gewisse Vorteile, alle Daten nach der alten Zeitrechnung anzugeben, aber damit lägen bekannte Ereignisse in Frankreich und in den Niederlanden zehn Tage vor dem Datum des damals dort gültigen Kalenders und des unter Historikern üblichen Datums. Das würde bedeuten, daß Wilhelm der Schweiger nicht am 10. Juli, sondern am 30. Juni 1584 ermordet wurde, und daß Katharina von Medici nicht am 5. Januar 1589, sondern am 26. Dezember 1588 starb. Würde man sich dagegen durchweg an den Gregorianischen Kalender halten, hieße das, daß Elisabeth nicht am 24. März, sondern am 3. April 1603 starb.

Deshalb habe ich die jeweiligen Ereignisse nach dem Kalender des Landes datiert, in dem sie stattfanden, sofern keine besonderen Gründe dagegen sprachen. Sämtliche Daten nach der neuen Zeitrechnung sind mit dem Zusatz (n.Z.) versehen. Wo der Zusatz (n.Z.) fehlt, entspricht das angegebene Datum der alten Zeitrechnung.

# Vorwort

Elisabeth I. war schon zu Lebzeiten eine umstrittene Persönlichkeit und ist es bis heute geblieben. Für ihre protestantischen Anhänger war sie »das kostbare Juwel« des englischen Königreichs, Gottes »Augapfel« und »unsere königliche, heilige Majestät, von deren Schicksal so viele Menschenleben abhängen«. Für ihre katholischen Feinde war sie eine »von Gott und den Menschen verachtete Frau«, »eine Schande für ihr Geschlecht und ihren königlichen Namen«.[1]

Elisabeth haßte und fürchtete die protestantischen Extremisten – die Puritaner – ebenso oder vielleicht sogar noch mehr als die Katholiken. Die Puritaner dagegen sahen in ihr die Anführerin im Kampf gegen die Papisten des Auslands und wagten von einigen Ausnahmen abgesehen nicht, sie öffentlich zu kritisieren. Nach ihrem Tod verschärfte sich der Kampf zwischen den Puritanern und der Monarchie, und unter Jakob I. und Karl I. verglichen führende Parlamentarier wehmütig die guten alten Zeiten unter Königin Elisabeth mit der Tyrannei der Stuarts. Erst im 18. Jahrhundert, nach der glorreichen Revolution von 1688, konnten die siegreichen Whigs es wagen, Elisabeth zu kritisieren. Elisabeth galt ihnen im historischen Rückblick als Despotin, die allerdings ihre Stellung dazu benutzt hatte, die Sache der konstitutionellen Freiheit voranzutreiben, noch ehe deren Verfechter im 17. Jahrhundert stark genug waren, selbst dafür zu kämpfen.[2] In dieser Hinsicht interpretieren Whigs und Marxisten das 16. und 17. Jahrhundert ähnlich.

Der religiöse Standort und die historische Perspektive sind jedoch nicht die einzigen Faktoren, auf Grund derer die Meinungen über Elisabeth auseinandergehen. Im Jahr 1842 schrieb ein treuer Anhänger der Kirche von England und Gegner Oliver Cromwells und Jakobs II. über Elisabeth I.:

Good Queen Bess! was ever name
So grossly misapplied;
The scourge of man, fair women's shame,
The vixen lived and died.[3]

(Gute Königin Bess! Wurde jemals ein Name so ungeheuer mißbraucht; die Geißel der Menschheit, Schande für das holde Geschlecht, der Drachen lebte und starb.)

Heute ist der religiöse Haß in England und Amerika verschwunden. Der Konflikt zwischen Katholiken und Protestanten im Europa des 16. Jahrhunderts darf nicht als Kampf zwischen der richtigen und der falschen Religion verstanden werden, sondern als ein Stadium jenes nie endenden Konflikts zwischen konservativen Anhängern der bestehenden Ordnung, revolutionärer Jugend, Märtyrern, ehrgeizigen Aufsteigern und den Außenministerien der Großmächte. Die öffentliche Einstellung zu Elisabeth wird heute weitgehend von der Nationalität bestimmt. Ich habe zwar keine Meinungsumfrage gemacht, aber aus meiner persönlichen Erfahrung kann ich sagen, daß eine deutliche Mehrheit der Engländer sie bewundert, auch wenn eine stattliche Minderheit sie nicht schätzt. Eine große Mehrheit der Schotten und Iren dagegen lehnt sie völlig ab. Für fast alle Schotten ist sie immer noch »Isebel, die englische Hure«, der man nie verzeihen wird, daß sie »unsere Königin ermorden ließ«[4], obwohl Elisabeth keine Entscheidung mehr Kummer und Gewissensbisse gemacht hat als die Hinrichtung Maria Stuarts.

Froudes zwölfbändige *History of England from the Fall of Wolsey to the Defeat of the Spanish Armada,* von der fast sieben Bände allein Elisabeth gewidmet sind, lieferte ein kritisches Bild von ihr. Froude, der Elisabeth zunächst wie viele andere bewundert hatte, gelangte im Laufe seiner Untersuchungen zu der Überzeugung, daß die großen Errungenschaften ihrer Regierungszeit ihren Ministern, allen voran William Cecil, Lord Burghley, zu danken seien.[5] In den folgenden achtzig Jahren stimmten viele Autoren mit Froude überein, darunter Lytton Strachey in seinem Buch *Elisabeth und Essex* aus dem Jahr 1929. Andere wiederum folgten dem Beispiel Agnes Stricklands, die in *Lives of the Queens of England* in den vierziger Jahren des 19. Jahrhunderts die Widerspenstigkeit und die boshafte Seite von Elisabeths Charakter sowie ihr Verhältnis zu ihren Vertrauten aufzeigte.

Sir John Neales große Biographie wurde bereits 1934 zum ersten Mal veröffentlicht, auch wenn das heute viele Leser kaum glauben können. Neale nahm seine Leser wieder für Elisabeth ein. Er gilt heute allgemein als ihr uneingeschränkter Bewunderer. Er soll so sehr in sie verliebt gewesen sein, daß er nicht mehr objektiv über sie urteilen konnte. Tatsächlich aber sind seine späteren Veröffentlichungen, vor allem sein zweibändiges Werk *Eliza-*

*beth I. and her Parliaments*, nicht so unkritisch wie seine frühe und populäre, aber etwas einseitige Biographie von 1934. In ihr präsentiert er Elisabeth als große Landesherrin und attraktive Person, deren Akte der Grausamkeit durch die Zeit, in der sie lebte, entschuldigt werden können und deren scheinbares Zögern und Schwanken in Wahrheit geschicktes und brillantes diplomatisches Manövrieren war – skrupellos vielleicht, aber im Interesse Englands gerechtfertigt. Elizabeth Jenkins teilte 1958 Neales Bewunderung für Elisabeth voll und ganz. Neales Ansicht, daß die Königin, nicht ihre Minister, für die Blüte des elisabethanischen Zeitalters verantwortlich sei, wurde von Paul Johnson in seiner Biographie von 1974 und in seinem Beitrag zu *Queen Elizabeth I.: Most Politick Princess* im Jahr 1986 noch nachdrücklicher hervorgehoben. In England ist Neale immer noch unangefochten. Sir Geoffrey Eltons Kritik hat sich auf die Feststellung beschränkt, Neale habe lediglich den Einfluß und die Organisation der Puritaner im Unterhaus überbetont.[6] In den letzten Jahren hat nur ein amerikanischer Biograph, der belesene Historiker Carolly Erickson, Elisabeth negativ dargestellt als abscheuliches Weib, das seinen unglücklichen Höflingen und Ministern das Leben unerträglich machte.

Beim Schreiben dieses Buches wurde ich häufig von Leuten gefragt, die lediglich Neales Biographie kannten, ob ich gegenüber Neale zu neuen Erkenntnissen über Elisabeth gekommen sei. Das ist ein Beweis für das Ausmaß von Neales Einfluß, aber es ist trotzdem eine erstaunliche Frage. Denn abgesehen davon, daß Elizabeth Jenkins, Edith Sitwell, Paul Johnson und Carolly Erickson nach 1934 überaus erfolgreiche Biographien verfaßt haben, enthielt Neales Biographie selbst im Grunde kein bisher unveröffentlichtes Material. In dieser Hinsicht repräsentierte Neale noch den Stand von Froude, was allerdings nicht für seine anderen Bücher oder Artikel in wissenschaftlichen Zeitschriften gilt. Das Neue an Neales *Königin Elisabeth* war seine Deutung ihres Charakters und Einflusses im Gegensatz zu Froude.

Der heutige Biograph Elisabeths kann in begrenztem Umfang noch unveröffentlichtes Material entdecken, insbesondere zu Irland. Das Thema Irland wurde zwar von einer Reihe englischer und irischer Autoren in speziellen Studien untersucht, doch von Biographen Elisabeths bisher fast völlig ignoriert. Zudem ist es jetzt erstmals möglich, bekannte Abschnitte aus zeitgenössischen Dokumenten, die mehr als hundert Jahre ungenau zitiert wurden, korrekt zu zitieren. Im 19. Jahrhundert sahen große Historiker wie Froude und Motley nichts Unrechtes darin, ganze Abschnitte aus Briefen des 16. Jahrhunderts frei wiederzugeben und ihre Interpretationen in Anführungszeichen zu setzen, als würden sie tatsächlich aus dem Original zitieren. In vielen Fällen haben alle späteren Biographen diese »Zitate« übernommen.

Solange Historiker und Biographen über Elisabeth I. schreiben und Leser ihre Biographien lesen, wird es immer wieder neue Interpretationen des Charakters und der historischen Stellung dieser komplizierten, widersprüchlichen, verblüffenden und faszinierenden Frau geben. Meine Elisabeth ist nicht Neales Heldin, nicht Elizabeth Jenkins' »Elisabeth die Große«, nicht Paul Johnsons »politische Herrscherin« und auch nicht der »Drachen« des Dichters von 1842 und von Carolly Erickson 1984. Ich sehe Elisabeth als tiefreligiöse und gewissenhafte Frau, als überzeugte Protestantin, die gegenüber Gott und ihrem Volk ihre Pflicht tun und aus diesem Grund das Ansehen und die Stärke der absoluten Monarchie wahren wollte. Sie wurde erdrückt von ihrem Verantwortungsgefühl als Königin, welches ihr keineswegs angenehm war und für das sie ihre Liebe zu Leicester geopfert hatte. Deshalb konnte sie sich in Krisensituationen nie zu einer Entscheidung durchringen, und deshalb änderte sie so oft ihre Meinung. Dennoch mußte sie letztlich jede Entscheidung allein fällen, und wenn es wirklich nötig war, tat sie es auch. Manchmal waren die Entscheidungen falsch und hatten verheerende Folgen, aber die wichtigsten Entscheidungen, wie zum Beispiel 1559 zu Schottland, erwiesen sich als richtig, und dafür gebührt ihr Anerkennung.

# 1

# Das protestantische Kind

Im Sommer 1533 wartete die Öffentlichkeit in England und Westeuropa mit Spannung auf die Beantwortung der damals bedeutendsten politischen Frage. Könige und Fürsten befragten nach der Rückkehr von der Jagd ihre Minister. Die Gesandten in London hielten ihre Boten zurück, deren Pferde bereits gesattelt in den Höfen der Botschaften standen; sie wollten ihren Depeschen die Neuigkeit als Nachtrag beifügen. Die Kaufleute, besorgt über den drohenden Abbruch der Handelsbeziehungen zwischen England und den Niederlanden, besprachen sich mit ihren Kommissionären. Würde das Kind König Heinrichs VIII. und seiner neuen Gemahlin Anne Boleyn ein Junge oder ein Mädchen werden?

Das Kind wurde am Sonntag, dem 7. September, zwischen drei und vier Uhr nachmittags im Palast von Greenwich geboren. Es war ein Mädchen, zur großen Enttäuschung seiner Eltern, der treuen Höflinge und Beamten König Heinrichs und der Protestanten in ganz Europa, und zur Freude des Papstes, des Kaisers des Heiligen Römischen Reiches sowie ihrer Anhänger und vielleicht auch der Mehrheit des englischen Volkes.

Fünfundzwanzig Jahre später bestieg die Tochter Heinrichs VIII. und Anne Boleyns als Elisabeth I. den englischen Thron. Was ihre Persönlichkeit betraf, hatte sie nur wenig von ihren Eltern geerbt. Zwar hatte sie Heinrichs rote Haare, seine Intelligenz, seine Energie und seinen überschwenglichen Charakter, sie besaß aber nicht seine Fähigkeit, rasche Entscheidungen zu treffen, nicht seine kalte, berechnende Grausamkeit, seine Skrupellosigkeit und seine Gleichgültigkeit gegenüber allem, was nicht dem persönlichen Vorteil oder Vergnügen diente. Elisabeth hatte Anne Boleyns Temperament und Charme geerbt, aber nicht ihr Draufgängertum und ihre Verantwortungslosigkeit. Trotzdem waren Elisabeths Schicksal und ihr ganzes Handeln von der Tatsache geprägt, daß sie die Tochter Heinrichs VIII. und Anne Boleyns war – die Tochter eines religiös konservativen Mannes und rücksichtslosen Despoten, der das Land gegen die verhaßten Fremden anführte, und zugleich einer Frau, die in den Augen ihrer Freunde und Feinde den subversiven Protestantismus verkörperte, die revolutionäre Bewegung des Jahrhunderts.

Fünfzehn Jahre vor Elisabeths Geburt regelten in England Staat und Kirche gemeinsam das tägliche Leben. Die Untertanen durften keine Waren exportieren, nicht ohne Genehmigung reisen, an Fastentagen kein Fleisch essen, keine Unzucht treiben, nicht Kleider oder Farben ihrer Vorgesetzten tragen und weder den König und seine Räte noch die Würdenträger und die Lehren der Kirche kritisieren. Als einige Abtrünnige, die Lollarden, neue religiöse Theorien verkündeten, wurden sie verhaftet und als Ketzer vor die kirchlichen Gerichte gestellt. Wenn sie sich weigerten zu widerrufen, wurden sie im nächstgelegenen Marktflecken bei lebendigem Leibe verbrannt. Eine kleine Schar von Anhängern feierte sie als Märtyrer, aber die Mehrheit des Volkes brachte ihnen nur wenig Sympathie entgegen, auch wenn der gewöhnliche Engländer stets bereitwillig über Witze lachte, die von der Verderbtheit von Priestern, Mönchen und Nonnen handelten, und über die Einmischung des ausländischen Papstes und seiner Beamten in Rom und die an Rom zu zahlenden Abgaben schimpfte.

Am 31. Oktober 1517 nagelte Martin Luther, ein Mönch aus Wittenberg in Sachsen, ein Dokument an die Tür der Kirche von Wittenberg, in dem er ein besonders schändliches Beispiel päpstlicher Korruption anprangerte. Hätten der Papst und die Geistlichkeit seine Kritik wohlwollend aufgenommen, man hätte wohl nichts mehr von Luther gehört. Aber da sie Luther heftig als überheblichen Ketzer beschimpften, ließ er sich zu noch weitreichenderen Angriffen gegen das Papsttum hinreißen. Im Jahr 1521 sorgten seine Anhänger in Norddeutschland für Unruhen. Sie zerstörten die Bilder in den Kirchen, und bald wurde in weiten Teilen Deutschlands und Nordeuropas die Autorität des Papstes angezweifelt.

In England breitete sich das Luthertum rasch in jenen Teilen der Bevölkerung aus, die für revolutionäre Ideen besonders empfänglich waren – bei den Handwerkern der Städte im wirtschaftlich hochentwickelten Südosten Englands, bei der unzufriedenen Jugend und bei den Gelehrten der Universität Cambridge, insbesondere den Priestern und Theologiestudenten. Oxford war weniger betroffen, doch auch hier und an vielen anderen Orten war die neue Lehre auf dem Vormarsch. Die »Lutheraner«, wie die Abtrünnigen nun fälschlicherweise genannt wurden, traten für neue Lehren und Praktiken in der Kirche ein, die eines gemeinsam hatten: Sie verunglimpften das Priestertum und betonten das direkte Verhältnis zwischen dem einzelnen Laien und Gott.

Die »Lutheraner« meinten, daß der Priester bei der Messe den Wein mit der Gemeinde teilen solle. Sie mißbilligten die Lehre vom Zölibat des Klerus, der Mönche und der Nonnen. Priester sollten heiraten, anstatt, wie viele Bischöfe und Priester, mehr oder weniger öffentlich mit einer Konkubine zusammenzuleben. Sie leugneten die Realpräsenz, wonach der Priester bei der Messe Wein und Brot in Leib und Blut Christi umwandeln kann, und lehrten statt dessen, daß Christus beim Abendmahl lediglich geistig und symbolisch in Brot und Wein gegenwärtig sei. Sie verdammten die Heiligenbilder, sogar das Kruzifix. Sie lehnten die prächtigen Meßgewänder des Klerus ab und verlangten, die Bischöfe und Priester sollten den Gottesdienst in normalen Kleidern abhalten. Vor allem aber waren die Reformer der Auffassung, daß alle Männer und Frauen die Bibel lesen und deren Wahrheit in sich aufnehmen sollten. Sie lehnten alle Lehren und Zeremonien der Kirche ab, für die es in der Heiligen Schrift keinen Beleg gab. Die Kirche hatte Laien das Lesen der Bibel verboten und bestrafte jeden, der sie aus dem Lateinischen ins Englische übertrug. Denn wenn die Leute die Bibel lasen, würden sie darüber diskutieren, sie für sich auslegen und schließlich die Autorität der Bibel über die Autorität der Kirche stellen.

Viele junge Handwerker und Lehrlinge wurden »Protestanten«, wie man sie bald nennen sollte. Sie gaben sich ihrer neuen Überzeugung mit ganzer Leidenschaft hin und provozierten sowohl die Obrigkeit als auch die nach wie vor konservativ denkende schweigende Mehrheit in England. Sie vernichteten Bilder, die in der Bibel als Götzen verdammt wurden, störten religiöse Prozessionen, die oft durch die Straßen der Städte zogen, und entweihten die Hostie, weil sie es für einen schlimmen Götzendienst hielten, ein Stück Brot zu verehren. In Dovercourt in Essex drangen vier Protestanten nachts in die Kirche ein und stahlen ein von der Gemeinde besonders verehrtes Kruzifix. Sie schleppten es auf ein nahegelegenes Feld und verbrannten es dort. Drei der Missetäter wurden gefaßt und aufgehängt.[1]

Es war nur natürlich, daß der autokratische und konservative Heinrich VIII. das Luthertum verurteilte und die Lutheraner hinrichten ließ. Zwar legten die Protestanten, die nach einflußreichen Verbündeten für ihren Kampf gegen das Papsttum Ausschau hielten, besonderen Wert auf die Gehorsamspflicht des Untertanen gegenüber dem »Fürsten« – dem Herrscher eines unabhängigen, souveränen Staates. Doch Heinrich stimmte mit seinem Freund Sir Thomas Morus darin überein, daß eine Lehre, nach der der Einzelne seinem Gewissen und nicht den Gesetzen der Kirche folgen sollte, letztlich sowohl die Autorität der Kirche als auch die des Staates untergraben würde. »Kann es für Euch und die mächtigen Fürsten der Christenheit eine vordringlichere Aufgabe geben als auf der Hut zu sein und die Lutheraner mit Gewalt niederzuschlagen?« schrieb er an Luthers Gönner, den Kurfürsten von Sachsen. »Bekanntlich ist

Luther jede Lüge recht, um den Pöbel aufzustacheln und das Volk zum Haß auf die Fürsten zu verleiten... Das Gift sorgt für Uneinigkeit innerhalb der Kirche, es untergräbt die Gesetze, schwächt die Beamten, hetzt die Laien gegen den Klerus und beide zusammen gegen den Papst und bringt das Volk gegen die Fürsten auf. Am Ende führen die Deutschen sicher noch einen Krieg um der Freiheit willen ... während die Feinde Christi zusehen und lachen.«[2]

Die Lutheraner waren freilich nicht Heinrichs einziges Problem. Seine Gemahlin Katharina von Aragon hatte ihm keinen männlichen Erben schenken können. Sie war sechsmal schwanger gewesen, aber nur eine Tochter, Prinzessin Maria, hatte länger als ein paar Wochen überlebt. Wenn eine Frau den Thron bestieg, konnte das ernste Gefahren heraufbeschwören. Sie mußte heiraten, um die Nachfolge zu sichern. Heiratete sie einen ausländischen Prinzen, bedeutete das, daß England praktisch zum Vasallenstaat des Heimatlandes ihres Gemahls wurde, es mochten noch so viele Sicherheitsklauseln in den Heiratsvertrag aufgenommen werden. Heiratete sie dagegen einen englischen Adligen, würden die anderen Adligen fast sicher aus Neid gegen die Königin und ihren Gemahl revoltieren. Heinrich VIII. brauchte also unbedingt einen Sohn. Katharina von Aragon war vor ihrer Heirat mit Heinrich mit dessen Bruder Arthur verheiratet gewesen. Nach kirchlichem Recht wäre ihre Ehe mit Heinrich ungültig gewesen, hätte nicht der Papst durch eine Dispens die Erlaubnis dazu gegeben. Vielleicht war es möglich, Papst Klemens VII. zu überreden, in der von seinem Vorgänger erlassenen Dispens einen Formfehler zu entdecken und Heinrichs Ehe mit Katharina aus diesem Grund für ungültig zu erklären. Dann konnte Heinrich eine andere Frau heiraten, die ihm einen männlichen Erben schenken würde.

Heinrich zog diese Möglichkeit bereits 1526 in Erwägung. In diesem Jahr verliebte er sich in Anne Boleyn. Der König war fünfunddreißig, Anne neunzehn. Ihr Vater, Sir Thomas Boleyn aus Hever in Kent, war Heinrichs Gesandter in Frankreich und Spanien gewesen. Später wurde er von Heinrich zum Grafen von Wiltshire ernannt. Heinrichs politisches Kalkül ging von nun an Hand in Hand mit seinem leidenschaftlichen Verlangen nach Anne Boleyn.

Unter normalen Umständen hätte der Papst Heinrich wahrscheinlich die Scheidung gewährt und eine Möglichkeit gefunden, die Dispens, die sein Vorgänger vor fünfundzwanzig Jahren erteilt hatte, für ungültig zu erklären. Päpste gewährten oft Scheidungen, wenn die Staatsräson es erforderte. Doch Katharina war die Tante Karls V., des Kaisers des Heiligen Römischen Reiches. Karl regierte Spanien, die Niederlande und große Teile Italiens, und zumindest theoretisch war er auch der Herr der deutschen Fürsten. Der Kaiser war über Heinrich verärgert, weil dieser das gemeinsame Bündnis für nichtig erklärt und sich Karls Gegner König Franz I. von Frankreich angeschlossen hatte, um gegen Karl Krieg zu führen. Karl setzte den Papst unter Druck, Heinrichs Bitte um Scheidung abzulehnen. Der Papst wollte weder Heinrich noch Karl vergrämen und versuchte, Zeit zu gewinnen. Er erfand einen Vorwand nach dem andern und zögerte das Urteil im Scheidungsfall sieben Jahre lang hinaus.

Der Scheidungsprozeß begann 1527. Heinrich wußte von Anfang an, daß er noch eine andere Möglichkeit hatte, seinen Willen durchzusetzen, wenn der Papst ihm die Scheidung verweigerte: Er konnte erklären, die Ehe eines Mannes mit der Witwe seines Bruders verstoße gegen göttliches Gebot und kein Papst habe die Macht, mit einer Dispens das göttliche Gebot zu verletzen. An einer Stelle der Bibel wird die Ehe eines Mannes mit der Witwe seines Bruders verdammt, auch wenn eine andere Stelle genau das Gegenteil besagt. Heinrich konnte hier von einer protestantischen Taktik profitieren, die er bis dahin strikt abgelehnt hatte: Er berief sich gegen die päpstlichen Dekrete auf Zitate der Bibel. Kurz nachdem er den Papst das erste Mal um die Scheidung gebeten hatte, drohte er ihm, er werde das päpstliche Supremat über die Kirche Englands nicht anerkennen und England ins Schisma führen, wenn der Papst ihm nicht die Scheidung gewähre. Heinrich zögerte jedoch, diese Drohung in die Tat umzusetzen. Obwohl er bereit war, sich der Protestanten zu bedienen, wollte er die subversive Bewegung nicht zu sehr ermutigen. Er ließ also weiterhin Ketzer verbrennen, die die Realpräsenz leugneten.

Im Sommer 1531, vier Jahre nach Beginn des Scheidungsverfahrens, verbannte Heinrich Katharina vom Hof und lebte von nun an öffentlich mit Anne Boleyn als Frau zusammen. Damals kursierte unter den Anhängern des Papstes in England und an den Höfen des Kaisers und des Königs von Frankreich das Gerücht, Anne und ihr Vater seien Lutheraner. Das Gerücht ging ursprünglich wahrscheinlich nur auf eine Verleumdung der Papisten zurück. Aber auch wenn Anne und ihre Familie strenggenommen keine Lutheraner waren, so sympathisierten sie doch mit dem weitreichenden Antiklerikalismus, der sich in England ausbreitete. Sie hatten ihre eigenen Gründe, Heinrich zur Scheidung von Katharina zu raten, und es wurde immer offensichtlicher, daß eine Scheidung letztlich nur durch einen Bruch mit Rom zu erreichen war. Die Boleyns begünstigten deshalb die Nichtanerkennung der päpstlichen Autorität. Sie wurden dafür von Katharinas Anhängern als Lutheraner gebrandmarkt, und je öfter sie als Lutheraner bezeichnet wurden, desto lutherischer wurden sie.

Im Januar 1533 merkte Anne, daß sie schwanger war, und nun war Heinrich zum Handeln gezwungen. Annes Kind konnte der männliche Erbe sein, den er so dringend brauchte, deshalb war es unbedingt erforderlich, daß er Anne noch vor Geburt des Kindes heiratete. Ende Januar heiratete er sie in aller Stille. Im April wies er das Parlament an, ein Gesetz zu erlassen, das das

Appellationsrecht der englischen Gerichte an das päpstliche Gericht in Rom aufhob. Da der Erzbischof von Canterbury erst vor kurzem gestorben war, ernannte Heinrich Annes Kaplan Thomas Cranmer, einen Sympathisanten des Luthertums, zum neuen Erzbischof. Er befahl ihm, als Richter in einem Sondergericht zu entscheiden, ob seine Ehe mit Katharina gültig sei. Cranmer, der in seiner privaten Korrespondenz mit Heinrich gar nicht versuchte, unparteiisch zu erscheinen, erklärte Heinrichs Ehe mit der Witwe seines Bruders trotz der päpstlichen Dispens für ungültig vor dem Gebot Gottes. Heinrich sei nie rechtmäßig verheiratet gewesen, es stehe ihm also offen, eine andere Frau zu heiraten. Daraufhin wurde bekanntgegeben, daß Heinrich Anne bereits geheiratet habe. Als feststand, daß ihr Kind im September zur Welt kommen würde, wurde das Gerücht ausgestreut, das Paar habe bereits am 14. November 1532 geheiratet, nicht am oder um den 25. Januar, wie es tatsächlich der Fall war.[3]

Am Pfingstsonntag, dem 1. Juni 1533, eine Woche nach Cranmers Urteil, wurde Anne im Anschluß an die traditionelle Prozession vom Tower zur Westminster-Abtei zur Königin gekrönt. Einige Zuschauer jubelten ihr zu, aber die meisten blieben stumm.[4]

Eustace Chapuys, der Gesandte Karls V. in London, hatte bereits im Februar von der heimlichen Eheschließung Annes und Heinrichs erfahren. Mitte Mai hatten seine Spione herausgefunden, daß Anne wegen der Schwangerschaft ihre Kleider weiter hatte nähen lassen. Chapuys war überzeugt, daß Anne und ihr Vater Lutheraner waren und daß England nicht nur mit Rom brechen, sondern auch der lutherischen Ketzerei verfallen werde. Auf Anraten John Fishers, des Bischofs von Rochester, und anderer Anhänger Katharinas drängte er Karl, mit Waffengewalt zu intervenieren und einen Kreuzzug zur Befreiung Englands von den Ketzern zu beginnen. Karl lehnte ab. Ebenso entschlossen verwarf er den Vorschlag, wirtschaftliche Sanktionen gegen England zu verhängen, was dem bedeutenden Handel mit Wolle und anderen Waren zwischen England und den Niederlanden einen schweren Schlag versetzt hätte. Doch er drängte den unglücklichen Papst weiterhin, im Scheidungsverfahren zugunsten Katharinas zu urteilen und Heinrich zu rügen. Der Papst war überzeugt, daß er sich lächerlich machte, wenn er Bullen erließ, zu deren Vollstreckung ihm die Mittel fehlten. Trotzdem erklärte er am 11. Juli schweren Herzens auf Karls Drängen hin in einer Bulle, Heinrich lebe rechtswidrig mit Anne Boleyn zusammen und jedes Kind, das aus ihrer Verbindung hervorgehe, sei illegitim.[5]

In England wurde die Nachricht vom Erlaß der päpstlichen Bulle geheimgehalten, und es wurde eine Propagandakampagne gestartet, um das Volk auf den Bruch mit Rom und die Geburt des rechtmäßigen Thronerben vorzubereiten. Für Heinrich war es sehr wichtig, daß Annes Kind ein Junge wurde. Er brauchte nicht nur den männlichen Erben, auf den er schon so lange wartete, sondern er und seine Anhänger hatten auch erklärt, Katharinas Unvermögen, einem gesunden Sohn das Leben zu schenken, sei ein Beweis dafür, daß Gott ihre Ehe verdammt habe. Ein paar Tage vor der Geburt des Kindes erkundigte sich Heinrich bei Ärzten und Astrologen, ob es ein Junge oder ein Mädchen werde. Alle versicherten ihm, es werde ein Junge. Angesichts dieser frohen Nachricht ordnete Heinrich an, zur Feier der Geburt des Prinzen ein besonders prächtiges Turnier zu veranstalten. Dem französischen Gesandten erklärte er, er habe noch nicht entschieden, ob er seinen Sohn Heinrich oder Eduard nennen werde.[6]

Als Annes Niederkunft näherrückte, gingen in England und im Ausland die wildesten Gerüchte um. In Flandern hieß es, Anne habe ein Monster zur Welt gebracht. Einem anderen Bericht zufolge war das Kind tot geboren worden.[7]

Als bekannt wurde, daß das Kind ein Mädchen war, konnten Heinrichs Gegner ihre Genugtuung nicht verbergen. Heinrich selbst wollte sich in der Öffentlichkeit seine Enttäuschung nicht anmerken lassen. Kaum hatte Anne am Nachmittag des 7. September entbunden, da wurde in den Kirchen Londons das Tedeum angestimmt, und man traf Vorbereitungen für eine prachtvolle Taufe.

Am Mittwoch, dem 10. September, trug die alte Herzogin von Norfolk das Kind morgens in einer feierlichen Prozession zur Franziskanerkirche in Greenwich. Sämtliche Würdenträger des Reiches schlossen sich dem Zug an, darunter in scharlachroten Gewändern und mit Amtsketten geschmückt der Bürgermeister von London und die Stadträte, die in Begleitung von vierzig angesehenen Londoner Bürgern mit dem Schiff aus London eingetroffen waren. Die Mauern entlang des Weges vom Palast zur Kirche waren mit Teppichen behängt, der Boden, über den die Würdenträger paarweise entlangschritten, war mit Binsen bestreut. In der in Karmesinrot und Gold geschmückten Kirche wurde das Kind über dem silbernen Taufbecken von Stokesley, dem Bischof von London, getauft. Paten waren Cranmer, die alte Herzogin von Norfolk und die Marquise von Dorset. Die ausländischen Gesandten in London nahmen nicht an der Taufe teil. Chapuys war über das Gerücht schockiert, das Kind solle den Namen Maria erhalten, damit es sowohl dem Namen als auch dem Rang nach den Platz von Königin Katharinas Tochter Prinzessin Maria einnehmen könne. Entgegen dieser Meldung wurde das Kind freilich Elisabeth getauft.[8]

An die Bischöfe erging der Befehl, durch den Klerus dem Volk mitzuteilen, es solle für den König, die Königin und ihre Tochter, Prinzessin Elisabeth, beten. Heinrich wollte, daß alle Untertanen Elisabeth solange als Thronerbin anerkannten, bis es Gott gefiel, ihm und Königin Anne einen Sohn zu schenken. Von Katharina von Aragon und seiner Tochter Maria erwartete er, daß sie sich wie gehorsame Untertanen verhielten. Da Heinrich laut Cranmers Erklärung nie rechtmäßig mit Katharina verheiratet gewesen war, sollte sie nur noch als Witwe Arthurs gelten, des Prinzen von Wales, nicht als Königin, sondern als »Prinzessin-Witwe«. Da die Ehe ungültig war, war Maria illegitim und sollte daher nicht Prinzessin Maria, sondern »des Königs Tochter, Lady Maria« genannt werden. Anne Boleyn dagegen war »die Königin«, Elisabeth »die Prinzessin«. Für Chapuys, die Anhänger des Papstes und viele Untertanen Heinrichs waren allerdings immer noch Katharina »die Königin« und Maria »die Prinzessin«. Anne wurde von ihnen »die Konkubine«, Elisabeth »der kleine Bastard« genannt.

Katharina und Maria weigerten sich, auf ihre Titel zu verzichten. Heinrich gab ihnen zu verstehen, daß sie nichts zu fürchten hatten, wenn sie sich seinem Willen fügten. Andernfalls wollte er sie durch eine grobe Behandlung zum Gehorsam zwingen. Er provozierte sie bewußt, um ihren Gehorsam zu prüfen und ihren Willen zu brechen. Wenige Wochen vor Elisabeths Geburt befahl er Katharina, ihm für Elisabeths Taufe den kostbaren Taufschal zu schicken, der siebzehn Jahre zuvor bei Marias Taufe benutzt worden war. Katharina weigerte sich, ihn herauszugeben.[9]

Elisabeth bekam im königlichen Schloß von Hatfield in Hertfordshire eine eigene eindrucksvolle Hofhaltung unter der Leitung von Lady Bryan, Anne Boleyns Tante. Als Elisabeth drei Monate alt war, befahl Heinrich, Maria von ihrer Mutter zu trennen und sie als Elisabeths Hofdame nach Hatfield zu schicken. Maria lehnte es empört ab, Elisabeth als Prinzessin anzuerkennen, und erklärte, sie allein sei die Prinzessin. In Hatfield wurde sie fast wie eine Gefangene behandelt und in ihrem Zimmer im oberen Stock des Hauses eingesperrt. Als Heinrich im Januar 1534 nach Hatfield kam und viel Aufsehen um Elisabeth machte, wollte er Maria nicht sehen, obwohl er sie einmal sehr gern gehabt hatte.[10]

Von Zeit zu Zeit wurde Elisabeth von Hatfield zum königlichen Palast in Greenwich oder Eltham gebracht. Bei solchen Gelegenheiten wurde sie in einer Sänfte getragen und nahm unter den Reisenden den Ehrenplatz ein. Maria dagegen mußte ihr zum Zeichen ihrer untergeordneten Stellung in einer anderen Sänfte folgen. Als Maria sich weigerte, die Sänfte zu besteigen, wurde sie dazu gezwungen. Auf Anraten Chapuys', mit dem Maria heimlich korrespondierte, gab sie nach Eingabe eines förmlichen Protests schließlich nach.[11] Ihr größter Kummer war, daß sie ihrer Mutter nicht schreiben und keine Briefe von ihr empfangen durfte.

Im März 1534 verabschiedete das Parlament die Sukzessionsakte, nach der jeder Untertan auf Verlangen schwören mußte, daß er die Kinder Heinrichs und Anne Boleyns als rechtmäßige Thronerben anerkannte. Wer sich weigerte, den Eid zu leisten, wurde mit lebenslanger Haft bestraft. Jede Autoritätsperson in England konnte den Eid abnehmen. Die Friedensrichter nahmen ihn den Haushaltsvorständen ab, diese wiederum nahmen ihn ihrer Familie und der Dienerschaft ab. Viele tausend Menschen legten den Eid ab. Nur eine Handvoll weigerte sich. Diese wenigen wurden ins Gefängnis gesperrt. Zu ihnen gehörten Bischof Fisher, Sir Thomas Morus und einige Mönche. Heinrich ließ sich zum Oberhaupt der Kirche von England ausrufen, und noch im selben Jahr trat ein Gesetz in Kraft, nach dem es Hochverrat war, einen Titel des Königs zu leugnen. Somit war es ein Kapitalverbrechen, Heinrich nicht als Oberhaupt der Kirche anzuerkennen. Im Sommer 1535 wurden Fisher, Morus und einige Kartäusermönche aufgrund dieses Gesetzes hingerichtet. Zum Ausgleich für sein scharfes Vorgehen gegen die Papisten ließ Heinrich fast gleichzeitig vierzehn Wiedertäufer als Ketzer verbrennen, weil sie die Realpräsenz leugneten.

Im ganzen Land denunzierten unbezahlte Informanten – eifrige Protestanten oder boshafte Nachbarn – papistische Sympathisanten, die sie in Kneipen oder auf Kirchhöfen nach der Messe belauscht hatten, wenn sie auf den König und seine Politik oder häufiger noch auf Anne Boleyn schimpften. Der Obrigkeit wurde von Leuten berichtet, die Anne Boleyn für eine Hure hielten, die man in Smithfield verbrennen sollte. Als eine Frau aus Watlington in Oxfordshire von einem gesunden Kind entbunden wurde, lobte sie die Hebamme mit den Worten, sie verdiene es, die Hebamme einer Königin von England zu sein. Daraufhin erklärte die Hebamme, sie wäre gerne die Hebamme einer Königin wie Katharina, aber nicht die der Königin Anne, dieser Metze. Ein paar Wochen später verfolgte John Hilsey, ein Mönch, der zum Protestantismus übergetreten und kurz darauf Bischof von Rochester geworden war, zwei Mönche durch Somerset, Devon und Cornwall, bis er sie schließlich in Cardiff einholte. Überall, wo sie hinkamen, waren sie für das päpstliche Supremat eingetreten. Gefragt, ob Prinzessin Elisabeth mit warmem oder kaltem Wasser getauft worden sei, antworteten sie, sie sei mit warmem Wasser getauft worden, aber es sei nicht warm genug gewesen.[12]

Heinrich wußte, daß das Volk Anne Boleyn haßte und daß nach dem regnerischen Sommer und der schlechten Ernte des Jahres 1535 überall Unzufriedenheit herrschte. Zudem war er beunruhigt, weil Fishers Hinrichtung in ganz Europa für Empörung gesorgt hatte und erneut eine ausländische Intervention drohte. Doch der Tod Katharina von Aragons im Januar 1536 eröffnete die Möglichkeit besserer Beziehungen mit dem Kaiser. Katharina war tot, und Heinrich konnte sich ungehindert wieder vermählen, ob er nun rechtmäßig mit Katharina verheiratet gewesen war oder nicht. Kurz nach Katharinas Tod trat Heinrichs Minister Thomas Cromwell in geheime Verhandlungen mit Chapuys über eine Annäherung an Karl V. Chapuys erklärte, die Öffentlichkeit werde Anne zwar niemals als Heinrichs rechtmäßige Gemahlin anerkennen, aber sie sei sicherlich gewillt, eine neue Gemahlin zu akzeptieren.[13]

Heinrich wandte sich von Anne ab. Sie benahm sich provozierend, beleidigte ihren Onkel, den Herzog von Norfolk, machte sich über den französischen Gesandten in dessen Gegenwart lustig und reagierte mit Eifersuchtsszenen, wenn Heinrich anderen Frauen seine Aufmerksamkeit schenkte. Und sie hatte ihm keinen männlichen Erben geschenkt. Nach zwei Fehlgeburten brachte sie einen Sohn zur Welt, doch das Kind wurde tot geboren. Bereits einige Monate vorher hatte Heinrich sich in Johanna Seymour verliebt, die Tochter eines Edelmannes aus Wiltshire.

Am 1. Mai 1536 wurde Anne verhaftet und des Hochverrats angeklagt. Ihr wurde vorgeworfen, mit fünf Männern Ehebruch begangen und die Ermordung des Königs geplant zu haben. Als ihre Liebhaber galten Sir Henry Norris sowie zwei weitere Edelleute ihres Haushalts, der junge Lautenist Smeaton und ihr eigener Bruder, Viscount Rochford. Alle wurden in den Tower gebracht. Den ersten Ehebruch sollte Anne 1533 begangen haben. Der Anklage zufolge hatte sie sich in Norris verliebt und geplant, Heinrich zu ermorden; nach Heinrichs Tod sollte ihre zweijährige Tochter Prinzessin Elisabeth Königin werden, und Anne selbst wollte für Elisabeth als Regentin fungieren und Norris heiraten; obwohl Norris ihr Favorit war, hatte sie auch mit den anderen Männern gelegentliche Affären; diese waren zum Dank für ihre Gunst bereit, ihr und Norris bei der Ermordung des Königs zu helfen.[14] Smeaton bekannte sich schuldig – vielleicht aus Bosheit, weil Anne ihn abgewiesen hatte. Die anderen wiesen die Anschuldigungen zwar zurück, wurden aber dennoch für schuldig befunden und hingerichtet.

Heinrich und die englische Obrigkeit selbst hatten Anne des Ehebruchs bezichtigt. Es überrascht daher nicht, daß die alten papistischen Gegner Annes gleich behaupteten, Elisabeth sei nicht nur ein Bastard, sondern obendrein der Bastard eines anderen Mannes als Heinrich. Chapuys schrieb, es sei bewiesen, daß Norris ihr Vater sei. In den Niederlanden kursierten sogar noch schlimmere Gerüchte. Nach ihnen war Elisabeth das Kind eines Kleinbauern, mit dem sich Anne gelegentlich getroffen hatte. Die ausländischen Papisten bauschten das Gerücht auf, Anne sei mit ihrem Lautenisten im Bett erwischt worden, was nicht stimmte. Aber trotz allem, was auch einige moderne Autoren geschrieben haben, hat keiner behauptet, Smeaton sei Elisabeths Vater.[15]

Zwei Tage vor ihrer Enthauptung wurde Anne nach einer zweistündigen geheimen Vernehmung durch Cranmer von Heinrich geschieden. Sobald Anne tot war, wollte Heinrich Johanna Seymour heiraten und Elisabeth und Maria für unehelich erklären, damit keine anderen Anwärter den künftigen Kindern von ihm und Johanna Seymour das Thronrecht streitig machen konnten. Es war nicht leicht, einen Vorwand für die Erklärung zu finden, Heinrichs Ehe mit Anne sei von vornherein ungültig gewesen. Zuerst wollte Heinrich beweisen, daß Anne vor ihrer Heirat mit ihm einen Ehevertrag mit dem Grafen von Northumberland geschlossen habe, was ihre Ehe mit ihm ungültig gemacht hätte. Doch Cranmer hatte in dieser Hinsicht bereits 1533, vor Heinrichs Heirat mit Anne, Nachforschungen angestellt und erklärt, es existiere kein Ehevertrag mit Northumberland. Deshalb mußte er nun auf das Argument zurückgreifen, daß Heinrichs Ehe mit Anne nach kirchlichem Recht illegal sei, weil Heinrich mit Annes Schwester Mary ein Verhältnis gehabt habe. Da eine diesbezügliche öffentliche Erklärung den König in Mißkredit gebracht hätte, wurde der Scheidungsgrund geheimgehalten.[16]

Sowohl Katholiken wie Protestanten sahen im Sturz Anne Boleyns eine große Niederlage für die Reformation. Sie waren überzeugt, daß Heinrich nun seine Tochter Maria für ehelich erklären, sie wieder als Thronanwärterin einsetzen und die Annäherung an den Protestantismus, die in den letzten drei Jahren stattgefunden hatte, beenden werde, auch wenn er die Autorität des Papstes nicht wieder anerkannte. Doch Heinrich überraschte sie alle. Anstatt Maria für ehelich zu erklären, drängte er sie energischer denn je zu dem Eingeständnis, ein Bastard zu sein. Als er drohte, sie in den Tower sperren und sogar hinrichten zu lassen, wenn sie sich weiter weigere, gab sie schließlich nach und unterzeichnete ein Unterwerfungsschreiben. Jetzt durfte sie an den Hof kommen. Sie wurde von Heinrich und seiner neuen Königin wohlwollend empfangen.

Im Juli 1536, zwei Monate vor Elisabeths drittem Geburtstag, trat das neue Thronfolgegesetz in Kraft, das Maria und Elisabeth zu Bastarden erklärte. Elisabeth durfte nicht mehr den Titel einer Prinzessin führen, sondern war von nun an »des Königs Tochter, Lady Elisabeth«, wie Maria »des Königs Tochter, Lady Maria« war. Die zwanzigjährige Maria hatte jedoch den Vorrang vor Elisabeth. Während Maria am Hof blieb, wuchs Lady Elisabeth unter der Obhut von Lady Bryan in Hatfield auf. Ihre Kinderfrau und Gouvernante war Katherine Champernowne.

Am 25. Juni 1536 wurden die Haushalte Marias und Elisabeths auf Anordnung des Königs neu organisiert. In einer Zeit, wo die Zahl der Bediensteten eines Haushalts als Statussymbol galt, war es sicher kein Zufall, daß Maria 42 Diener erhielt, während Elisabeth nur 32 zugeteilt bekam.[17]

# 2

# Lady Elisabeth

Elisabeth war zwei Jahre und acht Monate alt, als ihre Mutter enthauptet wurde, und sie kann sich unmöglich daran erinnert haben. Es ist nicht bekannt, ob sie sich überhaupt an Anne erinnerte, die ihre kleine Tochter nur sehr selten zu Gesicht bekam, solange sie Königin war. Man weiß auch nicht, wann Elisabeth zum ersten Mal erfuhr, daß ihre Mutter als Ehebrecherin und Verräterin hingerichtet worden war. Moderne Biographen haben beschrieben, wie das kleine Mädchen sich Gedanken über das Schicksal der Mutter macht. Elisabeth sei in einem Haushalt aufgewachsen, in dem Anne Boleyns Namen nie gefallen sei, aber sie habe gelegentlich unachtsame Worte aufgeschnappt oder das Getuschel der Damen des Haushalts belauscht und so allmählich die Wahrheit herausgefunden oder geahnt. Doch diese Rekonstruktion läßt den Regierungsstil Heinrichs VIII. außer acht. Wahrscheinlicher ist, daß Elisabeth schon als Kind Opfer der Propaganda wurde, die Prediger überall im Reich Woche für Woche von den Kanzeln der Kirchen verkündeten. Man hatte Elisabeth sicher deutlich zu verstehen gegeben, daß sie ein Bastard sei und ihre Mutter eine böse Frau, auch wenn sie kein Dokument unterzeichnen mußte wie Maria, in dem sie ihre uneheliche Geburt anerkannte.

Zweifellos lernte Elisabeth, daß ihr Vater, der König, auf Erden das Oberhaupt der Kirche von England war, daß der Bischof von Rom in England nicht mehr Autorität besaß als jeder andere ausländische Bischof, daß ihre Schwester, Lady Maria, ein Bastard war, weil die Heirat eines Mannes mit der Witwe seines Bruders gegen das Gebot Gottes verstieß, und daß sie selbst ebenfalls ein Bastard war, weil die Ehe ihrer Mutter mit ihrem königlichen Vater ungültig war, und zwar aus Gründen, die Seine Majestät nicht preisgeben wollte, die aber der Erzbischof von Canterbury und andere gelehrte Männer für ausreichend erachtet hatten.

Moderne Autoren haben wahrscheinlich auch Elisabeths Verhältnis zu ihrem Vater mißverstanden. Sie haben darauf hingewiesen, daß Elisabeth ihren Vater stets rühmte, daß sie stolz darauf war, ihres Vaters Tochter zu sein, während sie nur äußerst selten von ihrer Mutter sprach. Doch wenn Biographen schreiben, das kleine Mädchen sei von der wilden Lebenslust seines mächtigen Vaters fasziniert gewesen, übersehen sie dabei leicht die Art ihrer Bewunderung für Heinrich VIII. Elisabeth wurde beigebracht, Heinrich zu gehorchen und zu bewundern, weil er der König war. Sie durfte, wie alle anderen Untertanen, niemals eine Handlung des Königs in Frage stellen oder sich seinen Wünschen widersetzen. Die Formel »Es ist der Wille Seiner Majestät« hatte stets als vollkommene Rechtfertigung jeder beliebigen Handlung zu gelten.

Im Jahr nach der Hinrichtung Anne Boleyns gaben die Bischöfe eine offizielle Erklärung zur Lehre der Kirche heraus, das sogenannte »Buch der Bischöfe«. Im Kommentar zum fünften Gebot, »Du sollst deinen Vater und deine Mutter ehren«, stand, daß ein Untertan den König als Vater aller Untertanen lieben müsse. Es wurde ausdrücklich betont, ein Christ müsse den König mehr lieben als seinen leiblichen Vater.[1] Elisabeth wurde wahrscheinlich in dem Glauben erzogen, daß es schon fast an Sünde grenzte, wenn sie Heinrich VIII. liebte, weil er ihr Vater, und nicht, weil er der König war.

Elisabeth war gerade vier, als Johanna Seymour im Oktober 1537 einen Sohn zur Welt brachte und Heinrich damit endlich den langersehnten männlichen Erben hatte. Der Prinz wurde in Hampton Court auf den Namen Eduard getauft. Paten waren Cranmer, der Herzog von Norfolk und Maria. Elisabeth trug das »reich verzierte« Taufkleid, mußte aber selbst »wegen ihres zarten Alters« von Johanna Seymours Bruder Eduard und von Lord Motley getragen werden. Nach der Taufe führten Maria, Elisabeth und Lady Herbert von Troy beim Verlassen der königlichen Kapelle das Gefolge des Prinzen an.[2] Zwölf Tage nach der Geburt starb Königin Johanna an Blutvergiftung. Maria ritt im Trauerzug von Hampton Court nach Windsor als Hauptleidtragende direkt hinter dem Sarg. Elisabeth brauchte nicht an dem Begräbnis teilzunehmen.[3]

Im Januar 1540 heiratete Heinrich Anna, die Schwester des Herzogs von Kleve. Im 17. Jahrhundert verfaßte der italienische Autor Leti eine Biographie über Elisabeth. Er veröffentlichte darin den Text eines reizenden Briefes, den Elisabeth mit sechs Jahren an Anna von Kleve geschrieben hat. Leider gibt es gute Gründe, an der Echtheit des Briefes, zumindest in der von Leti veröffentlichten Form, zu zweifeln, obwohl Elisabeth sicherlich in der Lage gewesen wäre, Heinrichs neuer Königin einen entsprechenden Brief zu schreiben. Als Wriothesley, der Sekretär des Königs, Elisabeth im Dezember 1539 in Hertford Castle begegnete, schrieb er, sie sei so ernst wie eine Vierzigjährige.[4]

Heinrich war von Anna von Kleve wenig angetan und willigte nur zögernd in die Heirat ein. Bereits sechs Monate später ließ er sich wieder von ihr scheiden. Er schickte Thomas Cromwell, der ihn zu der Heirat gedrängt hatte, aufs Schafott und verschärfte die Verfolgung der Protestanten. Vierzehn Tage nach der Scheidung heiratete er Katharina Howard. Elisabeth traf bei mehreren Gelegenheiten mit Katharina Howard zusammen, und im Mai 1541 verbrachte sie mit ihr ein paar Tage in Chelsea.[5] Zwei Monate nach Elisabeths achtem Geburtstag erfuhr Heinrich von Katharinas angeblichem Ehebruch, und Katharina und ihre Liebhaber wurden hingerichtet.

Am 12. Juli 1543 heiratete Heinrich Katharina Parr. Im 16. Jahrhundert waren königliche Hochzeiten meist Privatangelegenheiten und wurden nur in Anwesenheit weniger Zeugen vollzogen. Diesmal waren allerdings auch Prinz Eduard, Maria und Elisabeth unter den Lords und Damen des Hofes, die an Heinrichs Hochzeit mit Katharina Parr in der königlichen Kapelle von Hampton Court teilnahmen.[6]

Katharina Parr war die Tochter eines Ritters aus Westmorland. In jungen Jahren hatte sie den betagten Lord Borough geheiratet. Der Lord starb und machte sie mit siebzehn zur Witwe. Daraufhin heiratete sie Lord Latimer, einen mächtigen Adligen aus Yorkshire und Teilnehmer der »Gnadenwallfahrt«, der großen katholischen Revolte gegen Heinrichs Religionspolitik und die Auflösung der Klöster. Heinrich verzieh Latimer, der ein paar Jahre später starb und Katharina zum zweiten Mal zur Witwe machte. Katharina hatte sich inzwischen in Thomas Seymour, den jüngeren Bruder Johanna Seymours, verliebt, doch da der König sie heiraten wollte, blieb ihr natürlich nichts anderes übrig als in die Heirat einzuwilligen. Mit einunddreißig wurde sie Königin von England. Heinrich war damals zweiundfünfzig.

Im ersten Jahr nach Katharinas Heirat mit Heinrich war Elisabeth nicht oft am Hof. Sie lebte eine Zeitlang im Haushalt ihres Bruders Eduard, mit dem sie eine enge Freundschaft verband. Die Kinder des Königs reisten zwischen Hatfield, Hertford, Hampton Court und anderen königlichen Residenzen hin und her. Elisabeth, Eduard und Maria wurden auch zu jenem Abendessen im Kreis der Familie eingeladen, das Heinrich im Juli 1544 in Hyde Park veranstaltete, ehe er sich aufmachte, Boulogne zu belagern.[7]

Elisabeth hatte nun den anerkannten Status eines königlichen Bastards inne. Im 16. Jahrhundert waren königliche Bastarde in Europa ein bekanntes Phänomen, auch wenn ihre uneheliche Geburt meist offensichtlicher und weniger kontrovers war als im Falle Marias und Elisabeths. Bastarde wurden ehrenvoll behandelt und nahmen am Hof eine hervorragende Stellung ein. Fanden sie sich damit ab, keine Thronerben zu sein, und machten den legitimen Kindern des Königs nicht ihren Platz streitig, so konnten sie zu höchstem Ansehen gelangen. Königlichen Bastarden wie dem Grafen von Moray, dem illegitimen Sohn Jakobs V. von Schottland, Margarete von Parma oder Don Juan de Austria, den unehelichen Kindern Kaiser Karls V., wurde, solange der König noch minderjährig war oder im Ausland weilte, die Regentschaft über Schottland und die Niederlande übertragen. Königliche Bastarde waren auch für diplomatische Heiratsverhandlungen nützlich, denn sie konnten wichtigen ausländischen Herrschern, die nicht bedeutend genug waren, um mit den legitimen Kindern des Königs vermählt zu werden, als Braut oder Bräutigam offeriert werden.

Elisabeth war erst drei, als in der Sitzung des Staatsrats am 3. April 1537 über die Möglichkeit beraten wurde, sie mit einem passenden ausländischen Prinzen zu verheiraten.[8] Es war damals üblich, so früh wie möglich über die Vermählung von Königskindern zu verhandeln, auch wenn nach kirchlichem Recht eine Eheschließung erst mit zwölf Jahren möglich war. Oft wurden Heiratsverträge unter dem einen oder anderen Vorwand gebrochen, wenn vor Erreichen des heiratsfähigen Alters eine neue diplomatische Konstellation eingetreten war. Im Falle Marias und Elisabeths lagen allerdings besondere Umstände vor: Obwohl Maria durch Parlamentsbeschluß zum Bastard erklärt worden war, erkannten alle ausländischen katholischen Herrscher Maria als legitime Tochter Heinrichs und Katharinas von Aragon an, der der Rang einer Prinzessin gebührte. Elisabeth hingegen war nicht nur ein Bastard, sondern auch die Tochter der berüchtigten lutherischen Ehebrecherin Anne Boleyn, und vielleicht war sie überhaupt nicht Heinrichs Kind.

Letzteres wurde im Lauf der Zeit allerdings immer weniger wichtig. Die internationale Diplomatie ließ es sowohl Karl V. wie Franz I. begehrlich erscheinen, mit Heinrich ein Bündnis zu schließen. Bei inoffiziellen Gesprächen mit dem französischen Gesandten im Sommer 1541 erklärte der Herzog von Norfolk, er werde niemals vorschlagen, Franz I. solle seinen Sohn mit der Tochter einer Frau wie Anne Boleyn vermählen.[9] Aber Norfolk war ein erbitterter Gegner Annes und aller Protestanten, und er gestand dem Gesandten, daß er als Anne Boleyns Onkel ein besonderes Interesse daran habe, zu zeigen, daß er keinerlei Sympathie für Anne hege und ihrem Kind nicht helfen wolle. Alle anderen Diplomaten und auch die ausländischen Herrscher sahen in Elisabeth eine gute Partie.

Kurz nach dem Tod von Johanna Seymour und noch vor seiner Heirat mit Anna von Kleve verhandelte Heinrich 1538 mit Karl V. und Franz I. über mögliche Heiratskandidaten für ihn und seine beiden Töchter. Für Heinrich kam eine Heirat mit Karls Nichte, der Herzogin von Mailand, mit Marie von Guise oder einer anderen französischen Dame von hohem Rang in Frage. Seine Tochter Maria war als mögliche Braut für Karls Sohn Prinz Philipp von Spanien oder für Franz' Sohn, den Herzog von Orléans, im Gespräch. Nach Heinrichs Wunsch sollte Elisabeth einen etwas weniger vornehmen Mann bekommen – den Sohn von Karls Bruder König Ferdinand von Böhmen oder Emanuel Philibert, Fürst von Piemont und Sohn des Herzogs von Savoyen. Noch ein paar Jahre vorher hätten Karl und sein Botschafter es als Beleidigung angesehen, daß ein habsburgischer Prinz »den kleinen Bastard« heiraten sollte. Aber nun hoffte Karl, Heinrich als Verbündeten gegen Frankreich zu gewinnen. Chapuys erklärte höflich, er könne nicht über eine mögliche Heirat »mit des Königs Tochter von Anne Boleyn« verhandeln, weil diese noch zu jung sei.[10]

Als Elisabeth neun war, wollte Heinrich für sie eine Heirat arrangieren, die weitreichende Folgen gehabt hätte und sie zum ersten Mal mit ihrer künftigen Gegnerin Maria Stuart hätte in Konflikt bringen können. Im Jahr 1542 begann Jakob V. von Schottland auf Anraten Kardinal Beatons einen Krieg mit Heinrich. Er trat als Streiter für die römisch-katholische Kirche gegen das ketzerische Königreich England auf. Die schottischen Armeen überquerten die Grenze, wurden aber bei Solway Moss geschlagen. Jakob starb vierzehn Tage nach dem Desaster, und seine erst sechs Tage alte Tochter Maria folgte ihm als Königin von Schottland auf den Thron.

Heinrich betrieb im Hinblick auf Schottland zunächst eine Politik der Versöhnung. Er versuchte die schottischen Adligen zu bestechen, damit sie seinen Plan unterstützten, Maria Stuart mit seinem Sohn Prinz Eduard zu vermählen. Maria sollte umgehend nach England an seinen Hof kommen. Die größte Bestechung bot er James Hamilton an, dem Grafen von Arran und Regenten der minderjährigen Königin. Am 4. April 1543 schrieb Heinrich an Arran, er habe eine Tochter namens Elisabeth, die »mit allen Tugenden und Eigenschaften ausgestattet ist, die ihrem Stand entsprechen«, und er sei bereit, ihrer Heirat mit Arrans Sohn zuzustimmen. Als Heinrichs Gesandter Sir Ralph Sadler Arran diesen Brief vorlas, war dieser von der großen Ehre, die ihm zuteil wurde, derart überwältigt, daß er den Hut abnahm und seiner Dankbarkeit wortreich Ausdruck verlieh. Doch an Heinrichs Vorschlag war eine Bedingung geknüpft: Arrans Sohn sollte an Heinrichs Hof erzogen werden. Das hätte ihn praktisch zur Geisel gemacht, die für Arrans Wohlverhalten bürgte. Arran wich einer direkten Antwort auf den Vorschlag aus.[11]

Als sich Arran nach vier Monaten immer noch nicht festgelegt hatte, machte Heinrich ihm ein noch verlockenderes Angebot. Wenn die minderjährige Königin der Schotten nach Frankreich geschickt werde oder jemand anderen als Prinz Eduard heirate, schrieb Heinrich am 4. August, dann wolle er Arran als König von Schottland anerkennen unter der Bedingung, daß Arrans Sohn Elisabeth heirate und umgehend an den englischen Hof komme.[12] In Schottland machte sich jedoch eine anti-englische Stimmung breit, und Arran erklärte Sadler, es sei ihm politisch leider nicht möglich, Heinrichs Angebot anzunehmen. Im September revoltierten die Einwohner von Edinburgh und erklärten den Vertrag für ungültig, den ihre Vertreter hinsichtlich der Heirat ihrer Königin mit Prinz Eduard unterzeichnet hatten. Heinrich schickte seine Armeen los, um Schottland zu verwüsten. Seine Soldaten brannten mit Ausnahme der Burg alle Häuser in Edinburgh nieder, und zwei Jahre lang wurden in fast jeder mondhellen Nacht Städte, Dörfer, Farmen und Abteien in der Merse und in Liddisdale entlang der Grenze geplündert und niedergebrannt.

Zwei Jahre später wurde Elisabeths Name erstmals mit einem weiteren künftigen Gegner, mit Philipp II. von Spanien in Verbindung gebracht. Philipp war 1545 gerade achtzehn und hatte in Spanien die Regentschaft übernommen, solange sein Vater, Karl V., in den Niederlanden weilte. Er war bereits verheiratet gewesen, doch seine Frau war vor kurzem gestorben. Im Oktober 1545 schlug Heinrich Karl einen Heiratsvertrag vor. Der Kaiser, der Witwer war, sollte Maria heiraten, Prinz Eduard sollte sich mit Karls Tochter vermählen, und Elisabeth sollte die Gemahlin Philipps von Spanien werden. Karl konnte jedoch auf eine Heirat mit Maria oder Elisabeth nicht eingehen, solange sie offiziell als unehelich galten. Elisabeth wurde auch als Braut für den Herzog von Holstein, den Bruder des Königs von Dänemark, in Erwägung gezogen. Aber die Verhandlungen führten zu keinem Ergebnis.[13]

Elisabeths ehrenhafte Stellung als königlicher Bastard wurde allerseits anerkannt. Am Hof rangierte Lady Elisabeth in der Rangordnung der Damen an dritter Stelle hinter Ihrer Majestät, der Königin, und Lady Maria, noch vor Lady Anna von Kleve und Lady Margaret Douglas, der Tochter von Heinrichs Schwester, der Königinwitwe von Schottland, aus deren Ehe mit Graf Angus. Als Margarete von Navarra, die Schwester Franz I., Heinrich eine Freude machen wollte, bat sie den englischen Gesandten, ihr die Porträts von Maria und Elisabeth zu schicken. Und ein bekannter ausländischer Arzt, der Heinrich für seine Gunst danken wollte, erkundigte sich nach dem Befinden der Königin, des Prinzen Eduard und der beiden »reizenden Töchter«.[14]

Obwohl Elisabeth sich manchmal auch in ihrem eigentlichen Zuhause in Hatfield aufhielt, lebte sie normalerweise in Katharina Parrs Haushalt bei Hof und zählte zum »Hofstaat der Königin, der gewöhnlich im Hause Seiner Majestät untergebracht ist«.[15] Katharina Parr, die intelligenteste von Heinrichs sechs Frauen, hatte wahrscheinlich den größten Einfluß auf Elisabeths Charakterbildung und Weltanschauung. Zwischen ihrem elften und fünfzehnten Lebensjahr verbrachte Elisabeth die meiste Zeit mit ihrer Stiefmutter.

Auch für Elisabeths ausgezeichnete Erziehung war wohl in der Hauptsache Katharina verantwortlich. Die meisten Frauen, Töchter adliger Familien eingeschlossen, erhielten keine akademische Ausbildung. Oft lernten sie nicht einmal Lesen und Schreiben. Doch die Töchter Heinrichs VIII. bildeten eine rühmliche Ausnahme. Elisabeth sprach und las fließend Französisch und Italienisch, sprach fließend Lateinisch und konnte leidlich Spanisch und Griechisch. Sie kannte sich in religiöser und klassischer Literatur aus und lernte Nähen, Tanzen, Reiten und Betragen, alles unabdingbare Attribute hochgeborener junger Damen. Elisabeth konnte besonders gut nähen, und manchmal schenkte sie Prinz Eduard am Neujahrstag selbstgenähte Kleidungsstücke.

Obwohl Katharina Parrs früherer Ehemann an der Gnadenwallfahrt teilgenommen hatte, fühlte sie sich selbst stark zum Protestantismus hingezogen. Gerade als eine neue Kampagne gegen die protestantischen Ketzer ihren Höhepunkt erreichte, wurde Katharina Königin. Die Kampagne wurde von Stephen Gardiner geleitet, dem Bischof von Winchester und Führer der konservativen Faktion in Heinrichs Staatsrat. Die Protestanten machten Gardiner für die Verfolgung verantwortlich, aber letztlich stand Heinrich dahinter. Sie war Teil seiner üblichen Politik, im Wechsel und oft sogar gleichzeitig gegen die papistischen Verräter vorzugehen, die seine Stellung als Oberhaupt der Kirche Englands anzweifelten, und gegen die Protestanten, deren neue Ideen staatsgefährdend waren und bei der Mehrheit der Engländer keinen Anklang fanden. Von Zeit zu Zeit wurde durch ein neues königliches Dekret das Aufstellen von Kerzen vor Heiligenbildern oder ein anderer alter Brauch der Kirche verboten. Durch einen zweiten Erlaß wurde dann jedem untersagt, eine andere als die gültige Lehre oder Zeremonie in Frage zu stellen. Das Volk war gezwungen, alles mitzumachen, was Heinrich zu gegebener Zeit verlangte. Wer zu weit oder nicht weit genug ging, wurde streng bestraft.

Im Frühjahr 1543 gab Heinrich ein neues Glaubensbuch heraus, das als »Buch des Königs« bekannt wurde und katholischer war als das »Buch der Bischöfe«, dessen Stelle es einnahm. Das Lesen der englischen Bibel wurde drastisch eingeschränkt, weil das Bibelstudium angeblich der Arroganz, Uneinigkeit und »sexuellen Freizügigkeit« förderlich war. Niemand durfte über die Bedeutung eines Bibeltextes diskutieren oder ihn laut anderen vorlesen. Männern unter dem Rang eines Edelmannes und Frauen aller Gesellschaftsschichten war sogar die private Lektüre der Bibel untersagt.

Gardiner und seine Anhänger hatten es auf Protestanten in hohen Ämtern abgesehen. Sie denunzierten Cranmer als Ketzer, aber Heinrich stellte sich hinter Cranmer. In Windsor spürten sie eine Gruppe von Ketzern auf, zu denen ein Kanoniker der königlichen Kapelle, einer von Heinrichs Musikern und zwei Bürger der Stadt gehörten. Die Männer wurden beschuldigt, die Realpräsenz zu leugnen. Gegen einen von ihnen konnte als Beweis lediglich angeführt werden, daß er sich während der Messe in der Kirche umgesehen hatte, anstatt anbetend auf die heilige Hostie zu schauen. Eine Woche nach Heinrichs Vermählung mit Katharina Parr wurden sie im Park von Windsor in Sichtweite des Schlosses verbrannt.[16]

Doch der Haushalt der neuen Königin war eine geheime Brutstätte der protestantischen Ketzerei. Katharina konnte zwar die Verfolgung der Protestanten nicht verhindern, aber sie sorgte sehr behutsam dafür, daß ihre Stiefkinder, die später einmal König oder Königin von England werden würden, zu einer verständnisvollen Haltung gegenüber den Protestanten erzogen wurden. Maria, die nur vier Jahre jünger war als Katharina, ließ sich nicht von ihrer Stiefmutter beeinflussen, aber der sechsjährige Prinz Eduard und die zehnjährige Lady Elisabeth konnten noch von protestantischen Erziehern geformt werden. Sir John Cheke wurde damit beauftragt, die Erziehung der Kinder zu überwachen. Er wählte Roger Ascham als Lehrer für Eduard aus und William Grindal für Elisabeth. Cheke, Ascham und Grindal waren insgeheim Protestanten.

Das Schicksal hatte Elisabeth schon vor ihrer Geburt zur Streiterin für die protestantische Sache bestimmt. Aufgrund der Schwangerschaft Anne Boleyns hatte Heinrich im Januar 1533 schließlich den entscheidenden Schritt gewagt und beschlossen, dem Papst das Supremat über die englischen Bischöfe abzuerkennen. Vom Tage ihrer Geburt an wurde Elisabeth von den Protestanten als rechtmäßige Thronfolgerin gefeiert und von den Papisten als Bastard der lutherischen Konkubine verunglimpft. Als sie freilich alt genug war, um etwas von solchen Dingen zu verstehen, war die katholische Reaktion in vollem Gang, und es war Katharina Parr und den Erziehern zu verdanken, daß Elisabeth eine fromme Protestantin wurde. Denn trotz aller Ungereimtheiten ihrer Diplomatie und ihrer zwiespältigen Religionspolitik geriet sie auch als Königin in ihrer aufrichtigen Treue zum protestantischen Glauben nie ins Wanken.

Elisabeths Glaube unterschied sich grundlegend von dem ihres Vaters. Heinrich VIII. ging fünfmal am Tag zur Messe. Er verbrachte zwischen Jagden und Banketten jeweils ein paar Minuten in der königlichen Kapelle, hielt die Fastentage ein und beachtete die Riten der katholischen Kirche. Am Karfreitag »kroch« er stets »zu Kreuze«. Doch während er an der äußeren Form festhielt, war er in seiner Religionspolitik weit weniger konsequent. Im Ausland unterstützte er die Wiedertäufer, zu Hause verfolgte er sie. Er ließ protestantische Ketzer verbrennen und katholische Äbte erhängen, strecken und vierteilen, um seine egoistischen Ziele zu verwirklichen, die Interessen seiner Diplomatie zu fördern, seine Schatztruhe zu füllen oder seine Vergnügungssucht zu stillen. Im Gegensatz zu Heinrich hatte Elisabeth ein Gewissen, und manchmal brachte sie aus Pflichtbewußtsein gegenüber Gott und ihrem Volk große persönliche Opfer.

Im Jahr 1545 wurde die Obrigkeit auf die Umtriebe einer gewissen Anne Askew aufmerksam. Anne Askew war die Frau eines Edelmannes namens Kyme aus Lincolnshire, und sie schockierte die Behörden, weil sie ihren Mann verlassen und wieder ihren Mädchennamen angenommen hatte. Sie ging nach London, wo sie heimlich protestantische Bücher verteilte und vermutlich auch Kontakte zum Haushalt der Königin unterhielt. Nachdem man sie bereits einmal verhaftet und nach einer Verwarnung wieder auf freien Fuß gesetzt hatte, wurde sie im Sommer 1546 in den Tower gesperrt und einer grausamen Folter unterzogen. Man wollte von ihr das Geständnis erzwingen, daß mehrere Damen von hohem Rang in ihre ketzerischen Umtriebe verstrickt seien. Aber Anne Askew ertrug die Folter mit großer Tapferkeit und wollte weder widerrufen noch die Namen ihrer Komplizinnen preisgeben. Am 16. Juli wurde sie nach Smithfield gebracht. Da sie nach der Folter nicht mehr stehen konnte, wurde sie auf einem Stuhl sitzend an den Brandpfahl gebunden und zusammen mit zwei anderen Ketzern verbrannt.[17] Die Obrigkeit hielt drei Damen aus der näheren Umgebung der Königin für Ketzerinnen: Katharinas Schwester Anne, die Frau Sir William Herberts, der unter Eduard VI. zum Grafen von Pembroke ernannt werden sollte, ihre Cousine Lady Jane und ihre Stieftochter Lady Tyrwhit, die Tochter von Katharinas erstem Gemahl Lord Borough.

John Foxe schreibt in seinem *Book of Martyrs*, Gardiner und sein Kollege Wriothesley, der Lordkanzler, hätten Heinrich überredet, die drei Damen mitsamt der Königin verhaften zu lassen und der Ketzerei anzuklagen. Foxe, der anscheinend über zuverlässige vertrauliche Informationen verfügte, beschreibt, wie Katharina Heinrich bei einem Streitgespräch über Theologie erzürnte und wie Heinrich schließlich Wriothesleys Vorschlag zustimmte, Katharina und ihre Hofdamen in den Tower zu werfen. Doch Heinrichs Arzt Dr. Wendy, ein protestantischer Sympathisant, bekam Wind davon und warnte Katharina. Sie befahl ihren Hofdamen, sich der verbotenen ketzerischen Bücher zu entledigen, und eilte zum König, um sich dafür zu entschuldigen, daß sie ihm widersprochen hatte, und ihm zu versichern, er habe recht. Daraufhin machte Heinrich den Befehl für ihre Verhaftung rückgängig und rügte Wriothesley, weil er es gewagt hatte, ihm diesen Rat zu geben.[18]

Das genaue Datum dieses Vorfalls ist nicht bekannt. Wenn er sich, was wahrscheinlich ist, während Anne Askews zweiter Gefangennahme im Sommer 1546 zutrug, lebte Elisabeth zu dieser Zeit in Katharinas Haushalt. Elisabeth war fast dreizehn und im Grunde kein Kind mehr. Im 16. Jahrhundert entwickelten sich Mädchen sehr rasch, und am Hof Heinrichs VIII. lernten Prinzessinnen bereits in jungen Jahren die Kunst der Selbsterhaltung. Sie lernten, nach außen hin bescheiden, gehorsam und demütig zu sein; sie lernten, zu lügen und mit Tricks zu arbeiten wie dem fingierten Brief, von dem sie genau wußten, daß er den Behörden in die Hände fallen würde, und in dem sie das schrieben, was der König für ihre wahre Überzeugung halten sollte; und sie lernten, die Märtyrer zu bewundern, die sich im Gegensatz zu ihnen nicht unterwarfen und sich nicht verstellten, sondern über ihre Ansichten und den wahren protestantischen Glauben Zeugnis ablegten und Folter und den Tod auf dem Scheiterhaufen ertrugen. Im Hinblick auf die Märtyrer hatten sie ein schlechtes Gewissen, auch wenn sie versuchten, ihre eigene Unterwürfigkeit mit dem bekannten Argument zu rechtfertigen, daß nicht rennen soll, wer noch nicht gehen kann, und daß man nicht so vermessen sein darf, den Märtyrer zu spielen, ehe man nicht sicher ist, daß Gott einen dazu berufen hat, dieses letzte große Opfer für Seine Sache zu bringen. Sie wußten, daß das Blut der Märtyrer die Saat ist, aus der die Kirche hervorgeht.

# 3

# Der Großadmiral

Im Herbst 1546 machte Heinrich erneut eine Kehrtwendung. Kaum sechs Wochen nachdem er Anne Askew wegen der Leugnung der Realpräsenz hatte verbrennen lassen, erklärte er während eines Festmahls, er werde die Realpräsenz nicht mehr anerkennen und die Messe abschaffen. An ihre Stelle sollte ein protestantischer Abendmahlsgottesdienst treten. In den verbleibenden fünf Monaten seines Lebens führte er seinen Plan zwar nicht durch, löste dafür aber die katholische Splittergruppe innerhalb seines Rats auf, jagte Gardiner vom Hof und ließ den Herzog von Norfolk und dessen Sohn, den Grafen von Surrey, wegen Hochverrats verhaften. Surrey wurde enthauptet. Doch noch ehe Heinrich Norfolks Todesurteil unterzeichnen konnte, starb er am Abend des 27. Januar 1547.

Einen Monat vor seinem Tod hatte Heinrich sein Testament gemacht. Darin benannte er kraft der ihm vom Parlament verliehenen Vollmacht seinen Nachfolger. Heinrich bestimmte seinen Sohn, Prinz Eduard, zum Thronfolger; wenn dieser keine Nachkommen hinterließ, sollte die Thronfolge an etwaige Kinder aus der Ehe mit Katharina Parr oder einer künftigen Gemahlin übergehen. Andernfalls sollten seine Tochter Maria und ihre Nachkommen den Thron besteigen, vorausgesetzt, Maria heiratete nicht ohne die Zustimmung seiner Testamentsvollstrecker. Blieb Maria ohne Nachkommen, sollte die Thronfolge mit derselben Auflage bezüglich einer Eheschließung an Elisabeth fallen. Nach Elisabeth und ihren Nachkommen sollte die Thronfolge an Lady Jane Grey und ihre Schwestern übergehen, also an die Enkel von Heinrichs Schwester Maria und deren Mann, dem Herzog von Suffolk.

Heinrich ernannte sechzehn Testamentsvollstrecker, die nach seinem Willen einen Regentschaftsrat bilden sollten, solange Eduard noch minderjährig war. Dreizehn von ihnen waren Sympathisanten der Protestanten. Zu ihnen gehörte Johanna Seymours Bruder Eduard, Graf von Hertford, der sich als Befehlshaber von Heinrichs Armeen in Schottland bewährt hatte. Er riß sofort das Ruder an sich und drängte die anderen Mitglieder des Regentschaftsrats in den Hintergrund. Zwei Tage nach Heinrichs Tod ritt er nach Hertford, wo der neunjährige König sich aufhielt, und brachte ihn zu Elisabeth nach Hatfield. Dort teilte er den beiden Königskindern mit, daß Heinrich gestorben sei, und sie zeigten in angemessener Weise ihre Trauer.

Innerhalb weniger Wochen wurde Eduard Seymour zum Herzog von Somerset und zum Lordprotektor des unmündigen Königs ernannt. Er lockerte die strengen Regelungen von Heinrichs Regierung, und die neue Regentschaft begann in einer Atmosphäre der Hoffnung und Freiheit. Die neue Freiheit stieg den Protestanten in London jedoch zu Kopf. Die ungestümen jungen Ketzer zerstörten die Heiligenbilder in den Kirchen und entweihten die Hostie. Somerset und Cranmer, der Somersets Religionspolitik durchführte, wollten diese Anarchie nicht dulden und bestanden genauso fest wie zu Zeiten Heinrichs VIII. auf der Gehorsamspflicht gegenüber der königlichen Autorität. Sie forderten die Protestanten nachdrücklich auf, keine religiösen Neuerungen einzuführen, bis der Lordprotektor und sein Staatsrat offizielle Änderungen beschlossen hätten. Sie machten deutlich, daß jede Mißachtung des Sakraments bestraft werde. Doch binnen weniger Wochen wurden weitere Bilder zerstört, und gegen Ende des Jahres führten die Protestanten weitere Neuerungen ein.

Die Häresie-Gesetze, nach denen Ketzer verbrannt werden konnten, wurden vom Parlament außer Kraft gesetzt. Im Frühjahr 1549 veröffentlichte Cranmer das Book of Common Prayer, in dem die lateinische Messe durch den Abendmahlsgottesdienst ersetzt war. Die Transsubstantiationslehre und die Realpräsenz wurden offiziell als falsch verurteilt. Katholiken, die die Teilnahme an dem neuen Gottesdienst in englischer Sprache verweigerten, sollten mit einer Geldstrafe belegt werden, und bei wiederholten Verstößen konnten sie sogar zu kurzen Gefängnisstrafen verurteilt werden. Das war freilich die einzige Verfolgung, unter der sie zu leiden hatten. Trotz Aufhebung der Häresie-Gesetze wurden unter Eduard VI. zwei protestantische Wiedertäufer als Ketzer verbrannt, weil sie die Lehre von der Dreieinigkeit leugneten.

Unter Somerset und Cranmer übernahm die Kirche von England offiziell Lehren, für die Protestanten unter Heinrich VIII. als Ketzer auf dem Scheiterhaufen hatten sterben müssen. Die Propagandisten der Regierung priesen Heinrich freilich weiterhin als großen König und erklärten, sie setzten lediglich die Politik fort, die er vor seinem Tod begonnen habe. Sie machten Gardiner und nicht Heinrich für die Verfolgung der Protestanten unter Heinrich verantwortlich. Auf der anderen Seite nahmen auch Gardiner und die Katholiken, die die protestantischen Neuerungen ablehnten, für sich in Anspruch, Heinrichs Politik weiterzuführen. Lediglich eine Handvoll protestantischer Extremisten und eine genauso kleine Zahl heimlicher Papstanhänger verurteilten Heinrich als grausamen Tyrannen. Die meisten Engländer bewunderten ihn als patriotischen König, der Schottland verwüstet und Boulogne eingenommen hatte. Diese Einstellung der Beamten und des Volkes muß bei der Beurteilung von Elisabeths Einstellung zu ihrem Vater nach dessen Tod berücksichtigt werden. Wie auch immer ihre wahren Gefühle für ihn ausgesehen haben mögen, sie hat es in jedem Fall für klug und angemessen erachtet, sein Andenken zu verherrlichen und anläßlich seines Todes tiefe Trauer zu zeigen.

Somersets jüngerer Bruder Thomas Seymour hatte sich während Heinrichs letzter Regierungsjahre ebenfalls einen Namen gemacht, wenngleich er nicht zu solchen Höhen aufgestiegen war wie Somerset. Er hatte in Heinrichs Gunst gestanden und sich als Soldat zu Wasser und zu Land bewährt. Bei der Thronbesteigung Eduards VI. wurde er Lord Seymour von Sudeley und Großadmiral von England. Er gehörte zu jener Sorte verwegener, ungestümer Draufgänger, die nicht nur als Figur in Shakespeare-Stücken auftauchen, sondern zur Zeit der Tudors auch im wirklichen Leben eine Rolle spielten. Thomas Seymours Zeitgenossen beschrieben ihn zwar zurecht als ehrgeizig, doch er wollte keinen politischen Einfluß erlangen, um seine religiösen Überzeugungen zu fördern oder sich, wie die meisten Höflinge, zu bereichern. Seine Motive waren allein Abenteuerlust und Ruhmsucht. Mit seinem Bruder, dem Lordprotektor, kam er nicht gut aus. Die Rivalität zwischen den beiden Brüdern spielte eine große Rolle beim Aufstieg und Fall des Thomas Seymour.

Thomas Seymour hat sich wahrscheinlich in Katharina Parr verliebt, bevor diese Heinrich VIII. heiratete, und Katharina war damals ganz sicher in Thomas Seymour verliebt. Nun, da Heinrich tot war, war Katharina wieder Witwe. Die erneute Heirat einer Königin-Witwe galt jedoch traditionell als verpönt, und für den neuen Gemahl war sie gefährlich. Trotzdem heiratete Thomas Seymour Katharina Parr vier Monate nach Heinrichs Tod. Zuvor trug er sich allerdings mit dem Gedanken, Elisabeth zu heiraten. Elisabeth hatte sich zu einer hübschen jungen Frau von anmutiger Gestalt und mit einer zarten Haut entwickelt, obwohl es ihr an der Schönheit mangelte, welche ihre Zeitgenossen bevorzugten. Sie hatte wunderschönes rotes Haar und schöne Hände, die sie geschickt zur Schau stellte. Dem Großadmiral gefiel die Idee, nicht nur eine attraktive Braut zu heiraten, sondern die Höflinge und das Volk zusätzlich dadurch zu beeindrucken und zu schockieren, daß er die Hand einer königlichen Prinzessin gewann, die gemäß dem Testament Heinrichs VIII. immerhin an dritter Stelle der Thronfolge stand, auch wenn sie offiziell immer noch als illegitim galt.

Leti veröffentlichte den Text eines reizenden Heiratsantrags, den Seymour Elisabeth schriftlich machte, und das noch entzückendere Antwortschreiben

Elisabeths, in dem sie Seymours Antrag ablehnte.[1] Die Briefe sind Musterbeispiele dafür, wie ein leidenschaftlicher Freier um die Hand einer Prinzessin anhalten und wie eine sittsame junge Dame ihn höflich abweisen sollte. Die Echtheit der Briefe ist allerdings mehr als zweifelhaft, zumal Elisabeth, als Seymours Heiratspläne zwei Jahre später genauer untersucht wurden, erklärte, sie habe ein Gerücht gehört, wonach Seymour vor seiner Heirat mit Katharina Parr zunächst eine Heirat mit ihr in Erwägung gezogen habe. Wenn Elisabeth tatsächlich einen schriftlichen Heiratsantrag von Seymour erhalten hätte, wäre diese Erklärung äußerst irreführend gewesen.

Kurz nachdem Thomas Seymour Katharina Parr geheiratet hatte, zog Elisabeth zu den beiden nach Chelsea. Es ist schwer zu sagen, was in Chelsea zwischen Elisabeth und Seymour tatsächlich vorgefallen ist, weil sämtliche Aussagen darüber von Leuten stammen, die nach Seymours Verhaftung wegen Hochverrats als Gefangene im Tower saßen und sich deshalb bei der Regierung einschmeicheln und sich und ihre Freunde schützen wollten. Aber wahrscheinlich sind ihre Aussagen von der Wahrheit nicht weit entfernt. Danach flirtete Thomas Seymour ungeniert vor den Augen seiner Frau mit Elisabeth und trieb ein ausgelassenes, verliebtes Spiel mit ihr. Er stürmte morgens unangemeldet in ihr Zimmer, wenn sie noch im Bett lag, küßte sie und gab ihr einen Klaps auf den Hintern. Wenn sie dann noch tiefer unter die Decke kroch, um sich vor ihm zu schützen, sprang er einfach zu ihr ins Bett. Obwohl sie morgens besonders früh aufstand, um schon angekleidet zu sein und am Schreibtisch zu sitzen, wenn er erschien, kam er dennoch immer höchst unpassend in Morgenrock und Pantoffeln in ihr Zimmer.

Zunächst hatte Katharina Parr nichts dagegen einzuwenden, daß ihr Mann mit Elisabeth herumschäkerte. Einmal, als Seymour im Garten hinter Elisabeth herrannte und sie fing, hielt Katharina sie sogar fest, während Seymour ihr Kleid aufschlitzte, um einen Blick auf ihren Körper und ihre Unterwäsche zu werfen. Als Katharina Elisabeth jedoch eines Tages in Seymours Armen überraschte, während dieser sie leidenschaftlich küßte, gefiel ihr das ganz und gar nicht.[2] Sie erkannte den Ernst der Lage, und sie und die Damen ihres Haushalts waren sich darüber im klaren, daß ein gefährlicher Skandal drohte. Katharina bestand darauf, daß Elisabeth das Haus verließ, und Elisabeth und ihre Dienerschaft übersiedelten zunächst nach Cheshunt und kehrten dann nach Hatfield zurück.

Es ist nicht bekannt, was Elisabeth von Thomas Seymour und seinen Avancen hielt. Einige ihrer modernen Biographen glauben, Elisabeths spätere Entscheidung, als jungfräuliche Königin zu leben und zu sterben, gehe auf die Angst vor sexuellen Kontakten zurück, die Seymours grobe Zudringlichkeiten in ihr geweckt hätten. Ein älterer Historiker ist der Auffassung, ihre Flirts mit den Männern ihres Hofes seien das Ergebnis ihrer durch Seymours Ausschweifungen verdorbenen Moral.[3] Eine psychoanalytische Untersuchung der Königin 400 Jahre nach ihrem Tod aufgrund der Aussagen verängstigter Zeugen eines Hochverratsprozesses ist unmöglich. Man kann nur vermuten, daß Seymours Annäherungsversuche Elisabeth sowohl anregten als auch erschreckten und daß sie sich durchaus darüber im klaren war, daß sie in eine gefährliche Lage kommen konnte, wenn sich erst Gerüchte über ihre Eskapaden verbreiteten.

In Katharina Parrs Haushalt lernte Elisabeth auch William Cecil kennen, einen jungen Mann von siebenundzwanzig, der Somersets Sekretär und Parlamentsabgeordneter für Stamford war. Cecil war ein gebildeter Mann, der mit den klassischen Studien der Humanisten ebenso vertraut war wie mit Recht und Theologie. Er stand den protestantischen Lehren wohlwollend gegenüber und hatte zu einem religiösen Traktat von Katharina Parr mit dem Titel *The Lamentations of a Sinner* [Die Klagen eines Sünders] ein Vorwort verfaßt. Elisabeth muß Cecil noch vor dem August 1548 kennengelernt haben. Damals bat ihre Erzieherin Kate Ashley den jungen Mann schriftlich, den Austausch eines englischen Kriegsgefangenen in Schottland zu arrangieren. Elisabeth fügte dem Schreiben ein Postskriptum hinzu, das sie mit »Eure Freundin Elisabeth« unterzeichnete.[4] Zwei Jahre später betraute sie Cecil für ein Gehalt von 20 Pfund im Jahr – nach heutiger Währung etwa 10 000 Pfund – mit der Aufsicht über die Verwaltung ihres Vermögens. Auch als Cecil ein paar Monate später Staatssekretär wurde, erfüllte er weiterhin in seiner Freizeit die Pflichten dieses Amtes.

Katharina Parr wurde von Thomas Seymour schwanger. Am 31. Juli 1548 schrieb Elisabeth ihr einen respektvollen Brief, in dem sie ihr eine glückliche Niederkunft wünschte. Scherzhaft schrieb sie, sie hoffe, Seymour werde ihr »von Zeit zu Zeit fleißig Nachricht geben, wie es seinem lebhaften Kind ergeht; und wenn ich bei seiner Geburt dabei wäre, würde ich sicherlich dafür sorgen, daß es Schläge bekommt für die Nöte, die es Euch bereitet hat.«[5] Aber im September, wenige Tage nach Elisabeths fünfzehntem Geburtstag, starb Katharina sechsunddreißigjährig im Wochenbett. Das Kind starb ebenfalls.

Sogleich wandte Thomas Seymour seine Aufmerksamkeit wieder Elisabeth zu. Er bot ihr an, in seinem Haus in London zu wohnen, und schlug vor, sie in Hatfield zu besuchen. Elisabeths Hofdamen überzeugten sie, daß dies unklug wäre. Doch die Gerüchte über eine bevorstehende Heirat zwischen Thomas Seymour und Elisabeth mehrten sich. Als Elisabeths Kämmerer Thomas Parry sie fragte, ob sie einer Heirat mit Seymour zustimmen werde, falls der Staatsrat es erlaube, verweigerte sie die Antwort und fragte ihn, warum er das wissen wolle.[6]

Am 17. Januar 1549 wurde der Großadmiral auf Anordnung seines Bruders, des Lordprotektors, wegen Hochverrats verhaftet. Er wurde beschuldigt, den

Sturz des Lordprotektors und des Staatsrats und die Ergreifung des Königs geplant zu haben. In einem der 33 Anklagepunkte wurde ihm vorgeworfen, »insgeheim und mit List ... und unter Gefährdung der Person Seiner Majestät des Königs« die Heirat mit Elisabeth geplant zu haben.[7] Er wurde in den Tower geworfen. Kate Ashley und Parry wurden ebenfalls in den Tower gebracht und der Beteiligung an Seymours Heiratsplan angeklagt. Kate Ashleys Mann wurde ins Fleet-Gefängnis gebracht. Elisabeth wurde in Hatfield unter Hausarrest gestellt. Somerset und der Rat schickten Sir Robert Tyrwhitt zu ihr, um sie zu verhören.

Elisabeth befand sich in einer schwierigen Lage. Offenbar wollte sie nichts sagen, was Seymour, ihre Bediensteten oder sie selbst belasten konnte. Andererseits durfte sie auch keinen Verdacht erregen, indem sie sich hartnäckig weigerte, Fragen zu beantworten, und sie durfte nicht riskieren, daß ihr Mißachtung des Königs, des Lordprotektors und des Staatsrats vorgeworfen wurde. Als Tyrwhitt ihr berichtete, Mrs. Ashley und Parry seien in den Tower gebracht worden, »war sie ungeheuer beschämt und schluchzte lange Zeit«. Aber sie sagte nichts. Tyrwhitt warnte sie, daß sie nur eine Untertanin sei und sich in einer gefährlichen Lage befinde. Doch wenn sie ein volles Geständnis ablege, werde der Lordprotektor aufgrund ihrer Jugend nachsichtig mit ihr verfahren. Er versuchte, Kate Ashley zu verunglimpfen und Elisabeth dazu zu bewegen, sich zu retten, indem sie alle Schuld auf ihre Erzieherin schob. Es gelang ihm nicht, und er schrieb an Somerset: »Sie will sich in keiner Weise zu irgendwelchen Ränken mit Mistress Ashley oder dem Kämmerer bezüglich des Großadmirals bekennen; und doch steht ihr auf der Stirn geschrieben, daß sie schuldig ist, und ich weiß, daß sie noch mehr Stürme aushalten würde, ehe sie Mistress Ashley beschuldigte.«[8]

Bei der zweiten Vernehmung ging Tyrwhitt vorsichtiger zu Werk. Er hatte den Eindruck, daß er mit sanften Methoden mehr Erfolg hatte, vor allem, nachdem er Elisabeth gesagt hatte, daß Mrs. Ashley aus dem Tower entlassen und in Westminster unter Hausarrest gestellt worden sei. »Ich habe alles nur durch sanfte Überredungskunst erreicht«, schrieb er an Somerset. »Ich versichere Euer Gnaden, daß sie über einen sehr scharfen Verstand verfügt, und nur mit großer List ist etwas aus ihr herauszuholen.«[9]

Nach einem weiteren Verhör konnte Tyrwhitt Elisabeth schließlich überreden, eine Erklärung zu unterschreiben. Darin gab Elisabeth jedoch nur zu, von Mrs. Ashley erfahren zu haben, daß Seymour sie vor seiner Heirat mit Katharina Parr und nach deren Tod habe heiraten wollen, und zu wissen, daß Gerüchte über sie und ihn in Umlauf seien. Sie bat Somerset, die neuen Gerüchte, daß man sie in den Tower gesperrt habe und sie von Seymour in guter Hoffnung sei, aus der Welt zu schaffen, denn »derartige Gerüchte sollten nicht über eine Schwester des Königs, wenn auch eine unwürdige, verbreitet werden.«[10]

Somerset und der Rat ernannten Lady Tyrwhitt zur Nachfolgerin Kate Ashleys als Elisabeths Erzieherin. Elisabeth war wütend und erklärte Tyrwhitt, Mrs. Ashley sei ihre Erzieherin und sie wolle keine andere. Als Tyrwhitt entgegnete, der Rat bestehe darauf, daß seine Frau fortan ihre Erzieherin sein solle, »nahm sie sich die Sache so zu Herzen, daß sie die ganze Nacht weinte und den ganzen nächsten Tag sehr bedrückt war«.[11]

Dies ist der erste von vielen überlieferten Fällen, wo Elisabeth auf eine Krise mit Tränen und Wutausbrüchen reagierte. Zeitgenossen und spätere Historiker haben oft angenommen, daß sie die Anfälle nur aus taktischen Gründen vortäuschte. Wenn es tatsächlich so war, dann war es eine erfolglose Taktik, denn sie machte meist einen schlechten Eindruck und brachte Elisabeth manchmal sogar vorübergehend in ernste Schwierigkeiten. In Wirklichkeit war Elisabeth eine gefühlsbetonte Frau, die oft impulsiv und nicht aus kluger Berechnung handelte.

Nachdem Kate Ashley sechs Wochen in Haft gewesen war, bat Elisabeth Somerset am 7. März in einem Brief, Kate und ihren Mann zu begnadigen.[12] Die Ashleys und Parry wurden bald darauf freigelassen. Thomas Seymour wurde durch Parlamentsbeschluß als Verräter verurteilt, ohne eine Möglichkeit zur Verteidigung zu erhalten. Am 20. März wurde er enthauptet. Laut Leti bemerkte Elisabeth am Tage von Seymours Hinrichtung: »Heute starb ein Mann von großen geistigen Fähigkeiten, aber mit wenig Urteilsvermögen.«[13]

Somerset überlebte seinen Bruder, den er eigenhändig aufs Schafott geschickt hatte, nicht lange. Im Sommer 1549 brach unter den Katholiken in Cornwall und Devon aus Protest gegen die durch das Book of Common Prayer eingeführten Gottesdienste in englischer Sprache eine bedrohliche Revolte aus. Die Rebellen verlangten die Wiedereinsetzung der katholischen Messe und die Hinrichtung protestantischer Ketzer. Zur gleichen Zeit kam es in Norfolk, wo es viele Protestanten gab, zu Protesten gegen die Landeinfriedungen. Die Regierung schlug beide Revolten nieder. Doch der Adel und die Grundbesitzer machten Somersets liberale Politik für die Unzufriedenheit verantwortlich, und im Oktober wurde der Lordprotektor von seinen Kollegen im Staatsrat gestürzt. Er wurde von John Dudley, Graf von Warwick, als erster Minister des Königs abgelöst und in den Tower geworfen. Obwohl er nach ein paar Monaten wieder auf freien Fuß gesetzt wurde und seinen Sitz im Staatsrat zurückbekam, wartete Warwick nur auf die Gelegenheit, ihn endgültig zu erledigen. Im Januar 1552 wurde Somerset als Verräter enthauptet.

Warwick setzte Somersets protestantische Politik fort und trieb die Reformation sogar noch weiter voran. Dem Book of Common Prayer von 1549 folgte das zweite Book of Common Prayer von 1552, das weitere drastische Neuerungen im Gottesdienst vorsah. Viele Bischöfe, die unter Heinrich VIII. für Nichtanerkennung des päpstlichen Supremats eingetreten waren, lehnten die unter Eduard VI. eingeführten protestantischen Lehren und Praktiken ab. Sie kamen ins Gefängnis und verloren ihre Bistümer. Zu ihnen gehörten Gardiner, Heath und Bonner, der Bischof von London, der unter Heinrich eifrig Protestanten verfolgt hatte.

Die schärfste Ablehnung kam von Lady Maria. Maria zeigte sich unerschrocken, hartnäckig, intolerant und nicht kompromißbereit, und sie war der festen Überzeugung, sie sei im Recht und ihre Gegner im Unrecht. Sie war entschlossen, um jeden Preis an ihrer Meinung festzuhalten und sie anderen aufzuzwingen. Als orthodoxe Katholikin und streng konservativer Mensch glaubte sie, die bestehende Kirche und sämtliche überlieferten Wertvorstellungen, die seit je die Grundlage von Staat und Kirche bildeten, seien durch die von den Abgesandten Satans in der gesamten Christenheit verbreitete subversive protestantische Lehre bedroht. Maria hatte vor niemandem Angst, nicht einmal vor ihrem furchteinflößenden Vater. Als Heinrich ihr 1536 mit dem Tod gedroht hatte, wenn sie sich weiterhin widersetzte, hatte Maria sich nur unterworfen, weil ihr Freund Chapuys, der Gesandte des Kaisers, sie mit einiger Mühe davon überzeugt hatte, daß Papst und Kaiser eine vorgetäuschte Unterwerfung für den richtigen Weg hielten.

War sie bereit gewesen, Heinrich VIII. drei Jahre lang zu trotzen, so scheute sie erst recht nicht die Auseinandersetzung mit den Räten des minderjährigen Eduard VI. Zwar sagte sie nicht offen, sie glaube an das päpstliche Supremat, aber gestützt auf die Religionsregelung Heinrichs VIII. sprach sie den Räten das Recht ab, während der Unmündigkeit des Königs religiöse Neuerungen einzuführen. Als das Book of Common Prayer eingeführt und die Messe abgeschafft wurde, hielt sie sich nicht an die neue Regelung und ließ ihre Kapläne in ihren Palästen in Hertfordshire, Essex und Norfolk weiterhin die Messe zelebrieren. Die Kapläne und sie selbst setzten sich damit der Verfolgung gemäß Parlamentsbeschluß aus und riskierten Geldbußen und sogar kurze Gefängnisstrafen. Karl V. drohte jedoch damit, einen Krieg zu beginnen, wenn es Maria untersagt werde, in ihrem Haus die Messe zu feiern.

Zunächst gab Warwick nach. Im August 1551 aber entschied er sich schließlich zur Härte gegen Maria. Er schickte den Lordkanzler und andere Mitglieder des Staatsrats zu Maria nach Ruthall in Essex, um ihr mitzuteilen, daß sie sich in Zukunft an das Gesetz halten müsse. Maria reagierte trotzig und warf den Räten höhnisch die Milde ihrer Gesetze gegen Katholiken vor: Solche Gesetze würden ihre Kapläne niemals abschrecken, die Messe zu lesen. Vom Fenster aus rief sie dem im Hof wartenden Lordkanzler und seinen Räten zu: »Eure Gesetze sehen nur eine kurze Gefängnisstrafe vor, und wer sich aus Angst vor dem Gefängnis weigert, die Messe zu lesen, der soll es halten, wie er will; in meinem Haus jedenfalls wird keiner eurer neuen Gottesdienste abgehalten.«[14] Drei Bedienstete ihres Haushalts wurden verhaftet.

Maria selbst blieb auf freiem Fuß und hörte während Eduards Regierungszeit weiterhin heimlich in ihrem Haus die Messe.

Elisabeth machte Warwick und dem Rat keine ähnlichen Umstände. Erfreut ging sie auf alle protestantischen Neuerungen ein. Obwohl der Rat die Schwierigkeiten mit Maria nicht an die Öffentlichkeit brachte, wußte man in London, daß Maria Katholikin und Elisabeth Protestantin war. Wahrscheinlich war es mehr ihre Neigung zum Protestantismus als ihre Jugend und anmutige Erscheinung, die Elisabeth zumindest bei einem Teil der Londoner Bevölkerung so beliebt machte.

Die Zuneigung ihrer Schwester gewann sie damit allerdings nicht. Maria hegte sowieso einen Groll gegen Elisabeth, weil sie zu Zeiten Anne Boleyns Hofdame ihrer kleinen Schwester hatte spielen müssen. Jetzt sündigte Elisabeth als Protestantin nicht nur gegen sie, sondern auch gegen Gott.

Nach der Hinrichtung Thomas Seymours lebte Elisabeth fast ein Jahr zurückgezogen in Hatfield. Doch im Januar 1550, drei Monate nach Somersets Sturz, kam sie an den Hof und wurde mit großem Wohlwollen empfangen. In Marias Abwesenheit hatte sie vor allen anderen Damen des Landes den Vortritt. Van der Delft, der Botschafter des Kaisers, schrieb an Karl, Prinzessin Maria sei zu tugendhaft, um die Sympathie derer zu gewinnen, die die Religion ausmerzen wollten, aber dafür sei Lady Elisabeth mehr nach ihrem Geschmack.[15]

Elisabeth stand bei der neuen Regierung in besonderer Gunst. Im November 1550 berichtete Scheyvfe, der Nachfolger van der Delfts als Botschafter Karls V., an Maria von Ungarn, Regentin der Niederlande und Schwester Karls, Warwick erwäge, sich von seiner Frau scheiden zu lassen, um Elisabeth zu heiraten und nach Eduards Tod mit ihr als König und Königin regieren zu können. Als Elisabeth im Januar 1551 begleitet von ihren Dienstboten und hundert Reitern der königlichen Garde erneut an den Hof kam, berichtete Scheyvfe, der Rat habe sie äußerst respektvoll behandelt, weil sie die neue Religion anerkannt habe und eine außerordentlich vornehme Dame geworden sei. Der französische und der venezianische Botschafter machten Elisabeth ihre Aufwartung, und Scheyvfe hielt es für angebracht, sie ebenfalls aufzusuchen. Man teilte ihm jedoch mit, Elisabeth sei beim König und könne ihn nicht empfangen.[16]

Elisabeth machte auf fromme Protestanten einen guten Eindruck, weil sie sich schlichter kleidete als die anderen Damen bei Hof. Der protestantische Propagandist John Foxe schrieb mehr als zehn Jahre später anerkennend, Elisabeth habe bei den Festivitäten in Hampton Court und Whitehall anläßlich des Besuchs von Marie von Guise auf auffällige Kleidung verzichtet. Die Königin-Witwe von Schottland hatte im Herbst 1551 auf ihrer Reise von Frankreich nach Schottland in England Station gemacht. »Während sich die anderen

Damen am Hof in ihrem Putz zur Schau stellten und die Haare oft sogar doppelt gekräuselt hatten, veränderte sie nichts und behielt ihre mädchenhafte Schüchternheit bei.«[17]

Elisabeth war inzwischen achtzehn, und 1551 kursierten viele Gerüchte über mögliche Heiraten. Es hieß, sie werde Johann von Bourbon, Herzog von Enghien, heiraten, den Bruder Anton von Bourbons, der Johanna von Albret geheiratet hatte und später König von Navarra wurde. Nur wenige Wochen später galt der Herzog von Aumale, der Bruder des Herzogs von Guise, als ihr künftiger Gemahl. Der Sohn des Königs von Dänemark war ebenfalls im Gespräch. Anderen Gerüchten zufolge wollte Elisabeth überhaupt nicht heiraten. Als sie im März 1552 mit einer Eskorte durch London ritt, um Eduard VI. im St. James-Palast aufzusuchen, schrieb Scheyvfe, William Herbert, Graf von Pembroke, ein bekanntes Mitglied des Staatsrat, der erst kürzlich Witwer geworden sei, habe um Elisabeths Hand angehalten, doch sie habe ihn abgewiesen.[18]

Vielleicht war es auf ihre eigensinnige Haltung in Sachen Ehe zurückzuführen, daß sie beim König und bei Northumberland in Ungnade fiel. Im Frühjahr 1552 stand sie noch hoch in Eduards Gunst, zu dem sie schon als Kind ein enges Verhältnis gehabt hatte, und auch Northumberland und seine Minister behandelten sie mit großer Ehrerbietung. Ein Jahr später wollten Eduard und Northumberland sie bereits von der Thronfolge ausschließen.

Eduard VI. war mit fünfzehn außerordentlich intelligent, voller Tatkraft und ein entschiedener Protestant. Aber er wußte auch, daß er an Schwindsucht sterben würde. Der Gedanke, daß Maria ihm nach den Bestimmungen von Heinrichs Testament auf den Thron nachfolgen sollte, beunruhigte ihn. Deshalb arbeiteten er und Northumberland einen Plan aus, um Maria von der Thronfolge auszuschließen und die Krone Lady Jane Grey zu übertragen. Sie war die Enkelin von Heinrichs Schwester Maria und hatte Northumberlands Sohn Lord Guilford Dudley geheiratet. Laut Heinrichs Testament stand sie in der Thronfolge erst an dritter Stelle nach Maria und Elisabeth.

Eduard beriet sich nur mit Northumberland. Dann legte er seinen Räten im Mai 1553 ein von ihm entworfenes Dokument vor, worin er Jane Grey und nach ihr ihren Schwestern die Thronfolge übertrug. Eduards Halbschwestern Maria und Elisabeth wurden von der Thronfolge ausgeschlossen: Beide seien illegitim, da die Ehen Heinrichs VIII. mit Katharina von Aragon und Anne Boleyn von den kirchlichen Gerichten für ungültig erklärt worden seien. Selbst wenn sie legitim gewesen wären, hätte man sie von der Thronfolge ausschließen müssen, weil es in England seit alters üblich sei, daß halbe Blutsverwandte dem König nicht auf den Thron folgen könnten. Wenn Maria und Elisabeth diese Regelung akzeptierten, sollten sie eine jährliche Rente von 1 000 Pfund und eine Mitgift in Höhe von 10 000 Pfund erhalten.[19]

Als Eduard seine Räte aufforderte, das Dokument zu unterschreiben, zögerten sie. Die Richter hielten das Dokument für rechtswidrig, weil es den Bestimmungen von Heinrichs Testament zuwiderlief, das durch Parlamentsbeschluß Gesetzeskraft erlangt hatte. Erst nachdem Eduard die Räte in einer Reihe privater Gespräche an seinem Krankenbett ins Gebet genommen hatte, erklärten sie sich schließlich zur Unterschrift bereit. Als der Rat zugestimmt hatte, war es nicht schwer, nun auch die Richter, den Bürgermeister von London und andere Würdenträger zur Unterzeichnung des Dokuments zu bewegen.

Eduard starb am 6. Juli 1553 in Greenwich. Vier Tage später wurde Jane Grey in London zur Königin proklamiert. Maria suchte Zuflucht in Framlingham Castle in Norfolk und rief das Volk auf, ihre Sache zu unterstützen. Karl V. und die Botschafter, die er nach London entsandt hatte, waren sich sicher, daß Northumberland mit Hilfe der Truppen rasch jeden Widerstand brechen und Maria gefangennehmen werde. Maria lehnte jedoch ihren Rat ab, sich Königin Jane zu unterwerfen, und zu ihrer Überraschung und Freude stellte sich das Volk auf Marias Seite. Innerhalb weniger Tage versammelten sich 40 000 Mann in Framlingham. Die Besatzungen der Schiffe, die Northumberland an die Küste von Norfolk entsandt hatte, um Maria an der Flucht in die Niederlande zu hindern, meuterten und liefen zu Maria über. Und als Ridley, der protestantische Bischof von London, in einer Predigt am Paul's Cross Maria und Elisabeth als Bastarde bezeichnete, wurde er von der Menge niedergebrüllt.

Die Protestanten unterstützten Maria ebenso wie die Katholiken. Hooper, der überzeugte protestantische Bischof von Gloucester und Worcester, drängte seine Gemeinde, für Maria zu kämpfen, weil sie die rechtmäßige Königin sei, und viele Protestanten im ganzen Land unterstützten sie zumindest passiv. Die Protestanten waren empört über Northumberlands korrupte Machenschaften und die Art, wie er protestantische Neuerungen als Vorwand benutzte, sich selbst zu bereichern. Unter großen persönlichen Opfern hielten sie an dem protestantischen Grundsatz fest, den sie seit dreißig Jahren lehrten: Ein Christ darf sich nicht gegen den König, den Gesalbten des Herrn, auflehnen, sondern muß sich, wenn der König dies verlangt, widerspruchslos dem Martyrium beugen.

Northumberland scharte eine Armee um sich und marschierte gegen Maria. In Cambridge erfuhr er, daß die Mehrheit des Staatsrats in London einen Staatsstreich durchgeführt und der Herrschaft Königin Janes neun Tage nach ihrer Proklamation ein Ende bereitet hatte. Am 19. Juli hatten der Graf von Arundel und Lord Paget, zwei Mitglieder des Privy Council und beide Protestanten, ihre Kollegen überredet, sich auf Marias Seite zu schlagen. Sie befahlen dem Bürgermeister, Maria beim Kreuz von Cheapside zur Königin ausrufen zu lassen. Ein Londoner schrieb in sein Tagebuch: »Die Leute warfen ihre

Mützen in die Luft und riefen: ›Gott schütze Königin Maria!‹ Sie vollführten solch ein Geschrei, daß der Wortlaut der Proklamation nicht zu verstehen war. Alle Menschen und Bürger von London entzündeten ob der guten Nachricht Freudenfeuer auf den Straßen und Gassen der Stadt, stellten Tische auf und tafelten. In jeder Pfarrkirche in London wurden bis zehn Uhr abends die Glocken geläutet. Die unsägliche Freude und der Jubel der Menschen sind nicht zu beschreiben.«[20]

Als Northumberland von den Ereignissen in London hörte, unterwarf er sich und rief Maria selbst auf dem Marktplatz von Cambridge zur Königin aus. Um seinen Kopf zu retten, war es jedoch mindestens 48 Stunden zu spät. Maria entsandte umgehend einen Edelmann, um Northumberland zu verhaften und in den Tower zu werfen. In der darauffolgenden Woche kamen viele Anhänger Janes nach Framlingham, um Maria als Königin anzuerkennen. Bei den meisten ließ sie Gnade walten, aber einige wurden auch verhaftet. Am 26. Juli wurden Northumberlands Sohn Lord Robert Dudley und Bischof Ridley in den Tower gebracht, wo bereits Northumberland, Lord Roberts Bruder und Jane selbst gefangen waren.[21]

Und was tat Elisabeth während der neuntägigen Regierungszeit von Königin Jane? Wie so oft in Krisenzeiten tat sie vermutlich nichts. Leti veröffentlichte einen Brief, den sie angeblich an Janes Rat geschrieben hatte und in dem sie dagegen protestierte, daß Eduard Jane die Krone übertragen hatte.[22] Der Brief enthält jedoch falsche Tatsachen, die unmöglich von Elisabeth stammen können, und in den Protokollen des Staatsrats ist nichts vermerkt, das auf einen Brief oder eine Erwiderung darauf schließen läßt. Es ist unwahrscheinlich, daß Elisabeth den Brief geschrieben und abgeschickt hat. Dem Historiker William Camden zufolge, einer zuverlässigen zeitgenössischen Quelle, weigerte sich Elisabeth, die Pension von 1 000 Pfund im Jahr anzunehmen, die Eduard ihr in seinem Testament ausgesetzt hatte, bis sie wußte, wie Maria mit ihrer Pension verfuhr.[23] Offenbar führte sie Unwohlsein als Grund dafür an, daß sie untätig in Hatfield ausharrte, während Maria und Jane sich um die Krone stritten. Wie immer der Kampf auch ausgehen würde, sie hatte nichts zu gewinnen, sondern konnte nur verlieren. Wenn Jane und Northumberland gewannen, blieb England protestantisch, und Elisabeth konnte weiterhin zurückgezogen und ihrem Glauben gemäß leben; nur war sie dann für immer von der Thronfolge ausgeschlossen. Siegte Maria, behielten Heinrichs letzter Wille und das ihr darin zugestandene Recht Gültigkeit; dafür kam eine Schwester an die Macht, die sie haßte und die Anhänger ihres Glaubens verfolgte.

Als die Entscheidung gefallen war, ließ Elisabeth noch zehn Tage verstreichen. Am 29. Juli ritt sie schließlich mit einem Gefolge von 1 000 Reitern nach London. Sie verbrachte die Nacht in ihrer Stadtresidenz Somerset Place am Strand zwischen London und Westminster und ritt am nächsten Tag durch die

Stadt nach Aldgate, um dort Maria zu treffen, die sich langsam von Norfolk her der Stadt näherte. Am 3. August zog Maria mit ihren Anhängern im Triumphzug in London ein. Elisabeth ritt direkt hinter der Königin. Sie kamen zum Tower, wo Gardiner, der Herzog von Norfolk, und andere Katholiken seit ihrer Gefangennahme durch die Protestanten unter Eduard noch immer ausharrten. Neu hinzugekommen waren die protestantischen Anhänger von Jane Grey. Als der Zug den Tower erreichte, begnadigte Maria die katholischen Gefangenen und ernannte Gardiner sogleich zu ihrem Lordkanzler.[24]

Maria wurde in London mit großer Begeisterung empfangen. Die Straßen waren mit Fahnen geschmückt, die die Aufschrift »Vox populi vox Dei« trugen.[25] Für den Protestantismus in Europa war es die größte Niederlage.

# 4

## Der Tower

Nach Eduards VI. Thronbesteigung hatten Lordprotektor und Staatsrat den Protestanten befohlen, keine religiösen Neuerungen einzuführen und den nach dem Gesetz geltenden katholischen Lehren und Regeln zu gehorchen, bis diese von Rechts wegen geändert würden. Maria schlug einen anderen Kurs ein. Sie bestritt die Gültigkeit von Gesetzen, die Lehren der katholischen Kirche verletzten, und verkündete, das Gesetz, welches die Lesung der Messe verbot und diejenigen bestrafte, die daran teilnahmen, solle ab sofort nicht mehr gelten. Als ein Richter erklärte, er müsse sich an dieses Gesetz halten, bis es vom Parlament außer Kraft gesetzt sei, ließ Maria ihn verhaften.[1]

Am Hof wurde in Marias königlicher Kapelle die heilige Messe gelesen. Außer Elisabeth und Anna von Kleve nahmen alle Höflinge daran teil. Anna von Kleve besuchte die Messe erst nach einem Gespräch mit Maria. Als Maria auch Elisabeth zur Teilnahme an der Messe aufforderte, erklärte diese, sie sei Protestantin und könne aus Gewissensgründen nicht zur Messe gehen, ohne zum Katholizismus übergetreten zu sein. Nicht nur der kaiserliche Gesandte Simon Renard und der französische Botschafter Antoine de Noailles, sondern der ganze Hof bemerkten ihre Abwesenheit bei der Messe, und in London verbreitete sich die Nachricht wie ein Lauffeuer.[2]

Karl V. hatte Maria zwar geraten, sich Northumberland zu unterwerfen, aber jetzt fackelte er nicht lange, sich ihren erstaunlichen Triumph zunutze zu machen. Er hatte sein möglichstes getan, ihr in zwanzig nervenaufreibenden Jahren beizustehen, und wollte nun dafür belohnt werden. Maria sollte seinen Sohn heiraten, Prinz Philipp von Spanien. Sie war mittlerweile siebenunddreißig, und ihre starken religiösen Gefühle ließen sie bei dem Gedanken an sexuelle Kontakte angewidert erschaudern. Dennoch war sie bereit, gegenüber der Kirche ihre Pflicht zu tun und Philipp zu heiraten, um einen Thronerben zu haben.

Karl betrachtete die Heirat zwischen Philipp und Maria als größten diplomatischen Triumph seiner 37jährigen Regierungszeit. Die meiste Zeit hatte er gegen Frankreich Krieg geführt, und er hatte wie Franz I. immer versucht, England auf seine Seite zu ziehen. Jetzt wurde die Königin von England seine ergebene Schwiegertochter, die ihre Briefe an ihn mit »Eure untertänigste Tochter, Schwester und Cousine Maria« unterschrieb, und England stand gegen König Heinrich II. von Frankreich voll auf seiner Seite.

Karl und Renard erteilten Maria zwei Ratschläge: Zum einen sollte sie alle einflußreichen Anhänger Jane Greys und alle, die ihre Stellung bedrohten oder bedrohen konnten, als Verräter hinrichten lassen; zum anderen sollte sie ihrem Volk den Katholizismus auf keinen Fall aufzwingen. Sie sollte die Messe für sich und den Hof in der königlichen Kapelle zelebrieren lassen, ansonsten aber öffentlich erklären, daß sich an der bestehenden protestantischen Religion vorläufig nichts ändern werde. Änderungen sollten erst ganz allmählich und behutsam eingeführt werden, wenn sich die Gelegenheit dazu bot.[3] In den Niederlanden ließ Karl die Protestanten zwar mit großer Strenge verfolgen, aber er glaubte, wenn Maria dem englischen Volk den Katholizismus zu früh aufzwinge, werde es rebellieren und die Spanier dafür verantwortlich machen, was das Ehebündnis zwischen Philipp und Maria gefährden könnte.

Maria weigerte sich in beiden Fällen, Karls Ratschlag zu folgen. Northumberland und zwei seiner engsten Verbündeten wurden im August hingerichtet. Maria lehnte es jedoch ab, Jane Grey und deren Gemahl Guilford Dudley oder einen der anderen Gefangenen hinrichten zu lassen, und sie begnadigte fast alle Anhänger Jane Greys. Andererseits aber wollte sie um jeden Preis die sofortige Bekehrung Englands zum Katholizismus durchsetzen. Sie war bereit, Beleidigungen gegen die eigene Person zu verzeihen, aber Beleidigungen gegen Gott wollte sie nicht durchgehen lassen. Nach Marias Willen sollte die katholische Religion wieder den Status erlangen, den sie beim Tode Heinrichs VIII. gehabt hatte, und das Reich sollte so bald als möglich wieder mit Rom vereinigt werden. Karl hinderte sie jedoch daran, ihre Pläne sofort zu verwirklichen: Er verweigerte Kardinal Pole die Ausreise, als sich dieser nach 25 Jahren im Exil in einem Kloster in Norditalien auf seine Rückkehr nach England als päpstlicher Legat vorbereitete.

Nur widerwillig erklärte Maria am 12. August in einer Proklamation, sie werde niemanden mit Gewalt zum Katholizismus bekehren, obwohl sie hoffe, ihre Untertanen würden ihren Rat befolgen und katholisch werden.[4] Aber die jungen protestantischen Hitzköpfe in London reagierten auf die Messe und die katholische Propaganda mit der üblichen selbstmörderischen Torheit von Extremisten und arbeiteten Maria damit direkt in die Hände. Am Sonntag, dem

13. August, einen Tag nach Verkündung der Proklamation, predigte Dr. Bourn am Paul's Cross. Er war der katholische Kaplan Bonners, der aus dem Gefängnis entlassen und wieder in sein altes Amt als Bischof von London eingesetzt worden war. Als Bourn in seiner Predigt Bonner pries, wurde er von einer Menge aufgebrachter Protestanten niedergebrüllt. Jemand warf sogar einen Dolch nach ihm, der jedoch sein Ziel verfehlte. John Rogers und John Bradford, zwei herausragende protestantische Geistliche, griffen ein und brachten Bourn in Sicherheit. Die Obrigkeit rächte sich, indem sie Rogers und Bradford wegen Anstiftung zum Aufruhr verhaften ließ.[5]

Noch vor Ende des Monats kam es zu weiteren Verhaftungen »aufrührerischer Prediger«, und im ganzen Land begann die Jagd auf einflußreiche Protestanten. In der ersten Septemberwoche wurde der betagte protestantische Prediger Latimer, der zurückgezogen in Warwickshire lebte, vor den Staatsrat zitiert. »Wegen seines aufrührerischen Betragens« beim Verhör ließen die Räte ihn in den Tower werfen. Der gewöhnlich vorsichtige Erzbischof Cranmer, der König Eduards Thronfolgeregelung zugunsten Jane Greys nur widerwillig unterzeichnet hatte, war über das illegale Lesen der Messe derart empört, daß er eine Erklärung dagegen verfaßte, die dann offenbar ohne seine Erlaubnis gedruckt und in London verteilt wurde. Auch er wurde in den Tower geworfen.[6]

Mit offiziellen und halboffiziellen Flugblättern wurde eine gewaltige Propagandakampagne gegen die Protestanten gestartet. Verheiratete Priester und ihre Ehefrauen waren besonders heftigen Angriffen ausgesetzt. Ihre Ehen wurden für ungültig erklärt, die Frauen galten als Huren. Die Kampagne stellte aber nicht nur die Frauen protestantischer Priester als schamlose Flittchen hin, sondern alle protestantischen Frauen, die angeblich mit jedem x-beliebigen protestantischen Mann Unzucht trieben und dreist genug waren, sich über Religion eine eigene Meinung zu bilden.[7]

In weniger als einem Monat wandten sich die Protestanten, die Maria einst gegen Jane Grey unterstützt hatten, gegen die Königin. Elisabeth dagegen erntete nun den Lohn für ihre Untätigkeit und neutrale Haltung während des Streits zwischen Jane und Maria. Die vielen Protestanten, die über Northumberlands Verhalten empört gewesen waren und Jane als seine Marionette betrachtet hatten, sahen in Elisabeth eine Alternative zur Führung des Landes durch Northumberland oder Maria – eine Prinzessin, die Protestantin war und sich weigerte, an der Messe in der königlichen Kapelle teilzunehmen. Die Lage spitzte sich für Elisabeth gefährlich zu. Noch vor Ende August warnte Renard Maria in einem Brief, Elisabeth nicht zu trauen, da sie Protestantin sei. »Anscheinend hält sie aus Zweckmäßigkeit an der neuen Religion fest, um die Unterstützung der Anhänger dieser Religion für ein Komplott zu gewinnen. Vielleicht verdächtigen wir sie zu Unrecht, aber gegenwärtig ist es sicherer vorzubeugen, als vor vollendete Tatsachen gestellt zu werden.«[8]

In dieser Situation, wo fast täglich führende Protestanten verhaftet wurden, ersuchte Elisabeth um eine Audienz bei der Königin. Maria ließ sie zwei Tage warten und empfing sie dann auf einer Galerie im Palast zu Richmond. Elisabeth kniete vor Maria nieder und bat sie, ihr trotz ihrer protestantischen Erziehung katholische Bücher zu geben, damit diese ihr ihren Irrweg vor Augen führen könnten. Maria gab der Hoffnung Ausdruck, daß Elisabeth am 8. September, dem Fest Mariä Geburt, an der Messe in der königlichen Kapelle teilnehmen werde. Nachdem sich Elisabeth zunächst wegen Unwohlseins entschuldigt und über Bauchschmerzen geklagt hatte, nahm sie an Mariä Geburt schließlich doch zum ersten Mal an der Messe teil.[9]

Maria, Gardiner und Renard zweifelten an Elisabeths Aufrichtigkeit. Sie deuteten ihre anfängliche Weigerung, zur Messe zu gehen, und ihren späteren Sinneswandel als klugen Schachzug, mit dem sie den eigenen Kopf retten und gleichzeitig die Protestanten in der Meinung bestärken wollte, daß sie im Grunde ihres Herzens eine überzeugte Protestantin sei. Gardiner berichtete Renard, sie seien »bei Lady Elisabeth gewesen, um sie zu bezwingen und von ihrem Irrglauben abzubringen«. Elisabeth habe sich bereit erklärt, zur Messe zu gehen, doch sie seien der Ansicht, daß »sie sich verstellt, um besser ihr Spiel treiben zu können«.[10] Diese Befürchtungen bestätigten sich, als Elisabeth am Sonntag nach Mariä Geburt nicht zur Messe erschien.[11] Allerdings war dies nur ein letzter Versuch des Widerstands, denn danach besuchte sie die Messe regelmäßig.

Elisabeths Bekehrung, ob aufrichtig oder nicht, war für Maria von Nutzen, denn sie hatte für Oktober das Parlament einberufen, damit per Gesetz die Religion geändert und die Messe wieder eingeführt werden konnte. Sie war auf den Widerstand von seiten der Parlamentsmitglieder gefaßt. Noailles schrieb an Heinrich II., obgleich Elisabeth wohl »eher aus Angst vor der ihr drohenden Gefahr als aus echter Frömmigkeit« zur Messe gegangen sei, habe Maria ihr seither ihre Gunst gezeigt. Maria wisse, daß die Nachricht von Elisabeths Teilnahme an der Messe ihr dabei helfen würde, das Parlament für die Rekatholisierung zu gewinnen. Renard war derselben Ansicht. Am 9. September schrieb er an Karl V., Elisabeths Besuch der Messe an Mariä Geburt sei, selbst wenn sie sich verstellt habe, ein Beispiel, das »der Religion noch weiter Vorschub leisten« werde.[12]

Zwanzig Jahre zuvor hatte sich Maria Heinrich VIII. drei Jahre lang widersetzt, bevor sie sich unter Androhung einer lebenslangen Gefängnisstrafe und vielleicht sogar des Todes gefügt hatte. Unter Eduard VI. hatte sie nie dem Druck nachgegeben, den protestantischen Gottesdienst zu besuchen. Elisabeth dagegen gab sich bereits nach knapp sechs Wochen geschlagen. Die jeweilige Lage und die Charaktere der beiden Frauen waren allerdings verschieden. Als Maria sich der Verfolgung ausgesetzt sah, konnte sie mit der

Unterstützung des Kaisers rechnen und sich auf den heimlichen Rat seines Botschafters verlassen. Zudem wußte sie, daß große Teile der Bevölkerung – ziemlich sicher die Mehrheit – auf ihrer Seite standen. Sie war fest davon überzeugt, daß ihre Verfolger Werkzeuge des Teufels waren und daß sie das Recht hatte, den Glauben beizubehalten, mit dem sie groß geworden war und den es in England seit tausend Jahren gab. Elisabeth stand kein einflußreicher ausländischer Fürst zur Seite. Sie war zwar bei vielen Protestanten beliebt, doch einige von ihnen hatten Northumberlands Plan unterstützt, sie zugunsten Jane Greys auszuschalten, und hatten sie als Bastard bezeichnet. Zudem konnte Elisabeth nicht sicher sein, daß der Protestantismus, an den sie glaubte, die einzig wahre Religion war. Schließlich stand die »neue Gelehrsamkeit«, wie die Katholiken den Protestantismus nannten, im Widerspruch zu den anerkannten Lehren der älteren Generation. Sieben Jahre zuvor waren Elisabeth und alle anderen Untertanen noch zur Messe gegangen, weil ihr verehrter Vater, der ruhmreiche König Heinrich VIII., sein Leben lang die Messe besucht und Protestanten, die sie verschmähten, hatte hinrichten lassen.

Elisabeth hatte nicht das Zeug zur Märtyrerin, und sie war auch keine religiöse Fanatikerin wie ihre Schwester. Wenn sie sich widersetzte, stand ihr ein weitaus schlimmeres Schicksal bevor als Maria unter Eduard VI. oder Heinrich VIII. Elisabeth konnte Maria nicht verhöhnen, wie diese Eduards Räte verhöhnt hatte, als sie ihnen die Milde der Gesetze vorgeworfen hatte, nach denen Glaubensabtrünnige lediglich mit Geldbußen und kurzer Haft bestraft wurden. Die Weigerung Elisabeths, zur Messe zu gehen, konnte als Ketzerei ausgelegt werden. Obwohl die Häresie-Gesetze noch nicht wieder in Kraft waren, wußte Elisabeth, wie katholische Herrscher Ketzer behandelten. Sie konnte sich nicht darauf verlassen, daß ihre Stellung sie vor dem Feuertod bewahrte. Es ist also nicht verwunderlich, daß Elisabeth angesichts ihrer wenig beneidenswerten Lage in einer Zeit wachsender anti-protestantischer Hysterie kapitulierte und bei jener ersten und entscheidenden Gelegenheit am 8. September 1553 die Messe besuchte.

Nach der traditionellen Krönungsprozession vom Tower zur Westminster-Abtei wurde Maria am 1. Oktober in der Westminster-Abtei gekrönt. Der Gottesdienst wurde nach dem alten Zeremoniell der katholischen Kirche abgehalten. Bei der Prozession fuhr die Kutsche Elisabeths und Annas von Kleve gleich hinter der Kutsche der Königin, bei der Krönung und dem anschließenden Bankett hatte Elisabeth vor allen anderen Untertanen Vortritt. Sie leistete als erste den Treueid gegenüber der Königin. Renard glaubte jedoch, Elisabeth habe den Eid nicht aufrichtig abgelegt und stehe in geheimem Kontakt zum französischen Gesandten. Wiederholt warnte er Maria, wie gefährlich Elisabeth sei. Es fiel ihm nicht schwer, die Königin davon zu überzeugen, denn Maria gab ihm deutlich zu verstehen, daß sie Elisabeth haßte, weil sie die Tochter Anne Boleyns war.[13] Sie erklärte, sie traue Elisabeth nicht, obwohl diese ihr versichert habe, sie sei ohne Heuchelei zur Messe gegangen, und obwohl sie »sehr schüchtern war und beim Sprechen zitterte«. Renard schrieb an Karl, er deute »ihre Antwort und ihr Zittern anders«.[14]

König Heinrich II. von Frankreich mußte feststellen, daß seine nationalen Interessen mit seinen religiösen Grundsätzen kollidierten. Er war ein gläubiger Katholik, der die Protestanten beharrlicher und strenger verfolgte als sein Vater Franz I. Er hatte ein Sondergericht eingesetzt, das *Chambre ardente*, eine Nachahmung der spanischen Inquisition, das bei der Bestrafung von Ketzern eine besondere Grausamkeit entwickelte. Protestanten, die bereit waren, öffentlich am Brandpfahl zu widerrufen, wurden lediglich bei lebendigem Leibe verbrannt. Widerspenstige Protestanten wurden vor der Hinrichtung gefoltert, und man schnitt ihnen die Zunge ab, um zu verhindern, daß sie ihre ketzerischen Lehren noch auf dem Scheiterhaufen verkündeten. Manchmal wurden Ketzer über schwachem Feuer langsam bei lebendigem Leib geröstet. Heinrich II. erkannte, daß Marias Thronbesteigung in England für Karl V. einen diplomatischen Sieg bedeutete, welcher England zum ständigen Verbündeten des Kaisers machte und die Umzingelung Frankreichs vervollständigte, da zu Karls Territorien in den Niederlanden, Italien und Spanien nun auch noch England hinzukam. Er trug Noailles auf, Maria zu der Entscheidung zu gratulieren, in ihrem Reich »die Ehrfurcht vor Gott und Seinem heiligen katholischen Glauben und die wahre Religion« wiederherzustellen. Gleichzeitig aber sollte Noailles versuchen, Marias Heirat mit Philipp von Spanien zu verhindern. Außerdem gewährte er englischen Protestanten in Frankreich politisches Asyl.[15]

Im Oktober verabschiedete das Parlament ein Gesetz, worin Heinrichs Ehe mit Katharina von Aragon für rechtmäßig, ihre durch den schlechten Rat Thomas Cranmers herbeigeführte Scheidung für ungültig und Maria für legitim erklärt wurde. Da Elisabeth in dem neuen Gesetz nicht erwähnt wurde und die Bestimmungen des Gesetzes von 1536, das sie für illegitim erklärte, nicht außer Kraft gesetzt wurden, blieb sie im Gegensatz zu Maria dem Gesetz nach ein Bastard. Doch laut Heinrichs Testament berührte dies in keiner Weise ihren Anspruch auf die Thronfolge. Renard befürwortete deshalb, Elisabeth durch ein neues Gesetz von der Thronfolge auszuschließen. Karl ging noch weiter und erklärte, wenn Elisabeth tatsächlich mit dem französischen Gesandten ein Komplott geschmiedet habe, wie Renard behauptete, solle sie überwacht werden, bis genug belastendes Material beisammen sei, um sie in den Tower zu werfen.[16]

Doch Marias Rat war in zwei Lager gespalten. Renard nannte die beiden Parteien »Katholiken« und »Ketzer«.[17] Heute würde man von einer harten und einer weichen Linie sprechen. Zu den »Katholiken« gehörten Gardiner, Bourn und die ehemaligen Beamten von Marias Haushalt – Rochester, Waldegrave und Englefield. Alle waren wie Gardiner unter Eduard VI. ins Gefängnis gekommen. Zu den »Ketzern« zählten die Grafen von Arundel, Pembroke und Sussex, Lord William Howard, der Großadmiral, ein Cousin Anne Boleyns und Elisabeths sowie Paget und Petre. Die »Ketzer« waren unter Eduard VI. und Königin Jane Mitglieder des Staatsrats gewesen und hatten die Haftbefehle für Gardiner und die Katholiken in Marias Haushalt unterzeichnet. Aber sie hatten auch den Staatsstreich ausgeführt, der Maria auf den Thron gebracht hatte, und sie konnte das Land schwerlich ohne sie regieren.

Die Vertreter der weichen Linie billigten, daß bezüglich der Religion der Zustand am Ende der Regierungszeit Heinrichs VIII. wiederhergestellt werden sollte. Sie billigten auch, daß fanatische protestantische Handwerker und die protestantischen Bischöfe, ihre ehemaligen Kollegen in der Regierung, auf dem Scheiterhaufen sterben sollten, wenn sie sich hartnäckig weigerten, auf Befehl der neuen Königin Maria ihre ketzerischen Lehren zu widerrufen, wie es alle vernünftigen Bürger taten. Auch sie wollten, daß durch Marias Heirat mit Philipp von Spanien das alte Bündnis mit Burgund und den Niederlanden erneuert würde. Sie waren sogar bereit, wenn auch mit weniger Begeisterung, die Wiedereinführung des päpstlichen Supremats zu unterstützen. Die Wiedereinrichtung der Klöster dagegen und die Rückgabe der klösterlichen Ländereien, welche viele Edelleute und Spekulanten nach der Auflösung der Klöster von Heinrich VIII. erworben hatten, lehnten sie ab, genauso wie die Einziehung der Ländereien reicher protestantischer Edelleute und Kaufleute, die vor den Verfolgungen ins Ausland geflohen waren, und Maßnahmen gegen die beliebte und charmante Lady Elisabeth, die so klug gewesen war, die Messe zu besuchen und, zumindest indirekt, ihre protestantischen Ketzerlehren zu widerrufen. Die Vertreter der weichen Linie wollten sich Elisabeth nicht zum Feind machen, da sie laut Heinrichs Testament die Thronfolge antreten sollte, wenn Maria ohne Nachkommen blieb. Und das war durchaus möglich, auch wenn Maria Philipp von Spanien heiratete, denn im 16. Jahrhundert konnten nur wenige Frauen über siebenunddreißig noch Kinder gebären.

Im Zweifelsfall wollten sie zugunsten Elisabeths entscheiden und von der Aufrichtigkeit ihres Widerrufs ausgehen. Elisabeth sollte nicht ins Gefängnis kommen, sondern bei Hof ehrenvoll behandelt und mit einem geeigneten katholischen Mann vermählt werden, der sie unter Kontrolle hielt. Ein möglicher Heiratskandidat, der bereits zu Heinrichs Regierungszeit in Erwägung gezogen worden war, war Emanuel Philibert, Herzog von Savoyen, einer der herausragendsten Generäle Karls V. Im Gespräch war auch Don Carlos, der Sohn Philipps von Spanien. Er war zwar erst acht, aber nur zwölf Jahre jünger als Elisabeth. Für eine diplomatische Heirat war dieser Altersunterschied kein unüberwindliches Hindernis.[18] Ein weiterer möglicher Ehemann war Eduard Courtenay, dessen kurzes Leben ganz und gar den Erfordernissen der Tudorschen Machtpolitik geopfert wurde. Als er acht war, wurde sein Vater, der Marquis von Exeter, unter Heinrich VIII. im Jahr 1538 wegen Hochverrats verhaftet, vor Gericht gestellt und enthauptet. Ein Grund dafür war wohl seine Abstammung aus dem Hause York, aber in erster Linie ging es um seine Verbindung zu den papistischen Sympathisanten und der Familie von Kardinal Pole. Gertrude, die geistreiche und intrigante Frau des Marquis, wurde ebenfalls verhaftet, aber kurz darauf wieder freigelassen. Sie hatte entscheidend an dem Komplott mitgewirkt, dem König Johanna Seymour zuzuführen und Anne Boleyn zu stürzen. Ihr Sohn Eduard mußte für den Rest von Heinrichs Regierungszeit und während der Regierung von Somerset und Northumberland im Tower ausharren – fünfzehn Jahre lang. Maria ließ ihn frei, als sie auf ihrer Reise von Framlingham nach London am Tower Station machte.

Courtenay, ein Edelmann des 16. Jahrhunderts, hat wahrscheinlich selbst nicht geglaubt, daß er ab jetzt das sorglose Leben eines gewöhnlichen jungen Mannes führen könnte. Er merkte bald, daß er unter einer papistischen Königin genauso eine politische Schachfigur war wie unter einem schismatischen oder ketzerischen König. Maria, eine enge Freundin seiner Mutter, machte diese zu ihrer Hofdame und verlieh Courtenay den Titel eines Grafen von Devon. Zudem spielte sie mit dem Gedanken, Elisabeth mit Courtenay zu vermählen, der ein guter Katholik war, oder aber das Parlament dazu zu bringen, Heinrichs Testament aufzuheben und Courtenay an Stelle Elisabeths zum nächsten Thronanwärter zu bestimmen. Als sie jedoch merkte, daß Courtenay sich bei Hof mit Elisabeth anfreundete, wurde sie sofort mißtrauisch.[19]

John Clapham, in Elisabeths letzten Lebensjahren Beamter am Hof und ein Freund Lord Burghleys, schrieb ein paar Monate nach Elisabeths Tod in einem unveröffentlichten Manuskript, Elisabeth habe sich am Hof Eduards VI. in Courtenay verliebt, und die Enttäuschung darüber, daß sie Courtenay nicht heiraten konnte, sei ein Grund für ihre Ehelosigkeit gewesen.[20] Diese Behauptung ist zumindest teilweise falsch: Courtenay saß während Eduards Regierungszeit im Tower und lernte Elisabeth erst an Marias Hof kennen. Claphams Geschichte basiert vermutlich nur auf einem gegenstandslosen Gerücht. Immerhin wurden Elisabeth und Courtenay im Herbst 1553 am Hof zumindest gute Freunde. Es war verständlich, daß Courtenay nach seiner Freilassung aus der langen Haft ein, wie es Zeitgenossen und Historiker des 19. Jahrhunderts ausdrückten, »zügelloses Leben« führte. Und Elisabeths zweifellos anziehendes Äußeres war wohl der Hauptgrund, weshalb er sich für sie interessierte. Maria und Gardiner waren allerdings sicher, daß Courtenay und Elisabeth mit dem französischen Gesandten unter einer Decke steckten und einen Plan ausheckten, um Maria zu stürzen, das Bündnis mit dem Heiligen Römischen Reich und Spanien zu brechen und gemeinsam als König und Königin zu regieren.

Renard überließ Karl V. die Entscheidung. Würde die Heirat mit Courtenay Elisabeth bändigen und sie dazu bringen, eine katholische Anhängerin der Königin und des Bündnisses mit Spanien zu werden? Oder würde sie mit Courtenay und seinen Lehnsmännern im Westen des Landes einen mächtigen Verbündeten und damit einen zusätzlichen Anreiz bekommen, die Krone an sich zu reißen? Warum war Elisabeth Courtenay so gewogen? Wußte sie, wie nahe seine Mutter der Königin stand, und hoffte sie, durch Courtenay und seine Mutter Staatsgeheimnisse zu erfahren, die sie an Noailles und Heinrich II. weitergeben konnte?

Wie üblich faßte Karl keine eiligen Entschlüsse, sondern dachte kaltblütig über die Vorteile einer harten und einer milden Haltung gegenüber Elisabeth nach. Auch Maria war trotz ihres Hasses auf Elisabeth bereit, einen freundschaftlichen Umgang mit ihr in Erwägung zu ziehen, solange sie zur Messe ging. Als Renard Maria erneut riet, vor Elisabeth auf der Hut zu sein, erklärte sie ihm, daß sie trotz ihres starken Mißtrauens gegenüber Elisabeth nichts gegen eine Freundschaft zwischen ihr und Courtenay einzuwenden habe. Wenn Elisabeth Courtenay zu einem Komplott mit Noailles überrede, werde Courtenay dieses Geheimnis sicher seiner Mutter anvertrauen, die es umgehend ihr, der Königin, mitteilen werde. Auf der anderen Seite teilte Renard Karl mit, daß es ihn Mühe koste, Maria dazu zu bringen, ihren Haß auf Elisabeth zu verbergen, so verbittert sei sie über die Behandlung, die Katharina von Aragon und sie selbst von Anne Boleyn erfahren hätten. Maria setze Elisabeth bei Hof kleinen Kränkungen aus und zwinge sie, Margaret Douglas, der Gräfin Lennox, und Jane Greys Mutter, der Herzogin von Suffolk, den Vorrang einzuräumen.[21]

Viele Mitglieder von Elisabeths Haushalt waren Protestanten, und einige von ihnen waren vermutlich tiefer in protestantische und französische Komplotte verstrickt als Elisabeth selbst. Doch zwei ihrer Bediensteten schlugen einen anderen Kurs ein. Ende November wandten sie sich an Paget und erklärten ihm, da ihre Pflicht gegenüber der Königin Vorrang habe vor ihrer Loyalität zu ihrer Herrin, sähen sie sich gezwungen, ihm mitzuteilen, daß Elisabeth mit dem französischen Gesandten ein Komplott schmiede. Ungeachtet seiner Sympathie für Elisabeth wagte Paget nicht, diese Information für sich zu behalten. Er erzählte nicht nur Maria und den anderen Räten davon, sondern auch Renard. Nachforschungen ergaben, daß Elisabeth lediglich mit einem protestantischen Prediger aus Frankreich in Verbindung gestanden hatte, der unter Eduard VI. auf der Flucht vor Verfolgungen nach England gekommen war. Maria hatte angeordnet, alle protestantischen Flüchtlinge aus dem Ausland abzuschieben. Gleichzeitig hatte sie die ausländischen Herrscher davon unterrichtet, wann die Flüchtlinge auf ihrem Territorium eintreffen würden, damit sie verhaftet und in ihren Heimatländern als Ketzer verbrannt werden konnten. Elisabeth hatte ihren Dienern zufolge den französischen Prediger gedrängt, der Ausweisung nicht Folge zu leisten und in England zu bleiben.[22]

Maria und Renard waren unschlüssig, ob Elisabeth am Hof bleiben oder nach Hertfordshire zurückgeschickt werden sollte. Am Hof war es zwar einfacher für sie, mit Courtenay ein Komplott einzufädeln, aber dafür konnte man sie dort auch leichter bewachen als in einem eigenen Haushalt. Ende November übersiedelte Maria von Whitehall nach Hampton Court, und kurz darauf bat Elisabeth um Erlaubnis, sich nach Ashridge bei St. Albans begeben zu dürfen. Vor ihrer Abreise rieten ihr Paget und Arundel, ihre Anhänger im Staatsrat, sich nicht in Verschwörungen verwickeln zu lassen. Sie versicherte ihnen, nicht aus Heuchelei oder Furcht Katholikin geworden zu sein, sondern aus wahrer Überzeugung. Als Beweis dafür wollte sie ein paar katholische Priester mit nach Ashridge nehmen und jedes Mitglied ihres Haushalts, das der Ketzerei verdächtigt wurde, entlassen. Sie bestritt energisch jeglichen Kontakt zum französischen Gesandten oder englischen Ketzern. Beim Abschied bat sie Maria, falschen Anschuldigungen gegen sie keinen Glauben zu schenken, ohne ihr in einem persönlichen Gespräch die Gelegenheit zur Rechtfertigung gegeben zu haben. Maria sagte Elisabeth das zu und schenkte ihr zum Abschied einen Zobel.[23]

Kurz nach ihrer Ankunft in Ashridge bat Elisabeth Maria in einem Brief, ihr Chorröcke, Meßgewänder, Kruzifixe, Hostienteller und anderes Zubehör für die Messe in ihrer Kapelle in Ashridge zu senden.[24] All diese Dinge waren durch das zweite Book of Common Prayer abgeschafft worden und den Protestanten ein Greuel. Renard war sicher, daß Elisabeth sich verstellte. Ehe man hier voreilige Schlüsse zieht, sollte man bedenken, daß die Messe inzwischen wieder sanktioniert war, weil ein Parlamentsgesetz, durch das das zweite Book of Common Prayer aufgehoben und die Messe wieder zugelassen wurde, in Kürze in Kraft treten sollte. Nach dem 21. Dezember beging jeder, der sich weigerte, zur Messe zu gehen, eine strafbare Handlung. Zudem neigte Elisabeth immer dazu, unter Druck ihre Meinung zu ändern. Und schließlich schockierte sie noch als Königin eines protestantischen England die extremeren Protestanten damit, daß sie in ihrer Kapelle ein Kruzifix aufstellen ließ und auf der Beibehaltung der Meßgewänder bestand. Allerdings war sie nicht bereit, skrupellos gegen ihre Freunde zu intrigieren. Sie hielt sich nicht an ihr Versprechen, jedes der Ketzerei verdächtige Mitglied ihres Haushalts zu entlassen.

Statt dessen schrieb sie einen unsignierten Brief an ihre Cousine Katherine Knollys, die Tochter Mary Boleyns aus deren erster Ehe mit Sir William Carey.

Lady Knollys und ihr Mann Sir Francis Knollys waren fanatische Protestanten, die lieber emigriert waren, als zur Messe zu gehen.

> Mache Dir den Kummer über Deine weite Reise leichter durch die Freude auf Deine baldige Rückkehr, und sieh diese Pilgerfahrt nicht so sehr als Trennung von Deinem Vaterlande an wie als Probe auf die Gesinnung Deiner Freunde. Zeit und Entfernung scheiden Dich nicht von Freundesliebe und berauben Dich nicht der Beweise ihrer Zuneigung. Ein altes Sprichwort sagt, wenn die Not am größten, ist Hilfe am nächsten; wenn Du meine Freundschaft am nötigsten brauchst, wirst Du sie am bereitesten finden.

Elisabeth unterzeichnete den Brief mit »Deine Dich liebende Cousine und bereitwillige Freundin, Cor Rotto [Gebrochenes Herz].«[25]

Die protestantischen Extremisten hatten nichts dazugelernt. Sie gaben sich alle Mühe, Königin und Katholiken zu provozieren. Ein toter Hund mit kahlgeschorenem Kopf wie ein Priester und einem Strick um den Hals wurde in das Audienzzimmer der Königin geworfen. Auf einem Zettel stand, alle Priester müßten aufgehängt werden wie dieser Hund.[26] Ermutigt durch Heinrich II. bereiteten die Protestanten einen Aufstand vor, um die Heirat zwischen Maria und Philipp von Spanien und die Unterwerfung Englands unter das fremde Joch zu verhindern. Sie wollten die nationale Unabhängigkeit und die protestantische Religion sichern, indem sie Maria absetzten und Elisabeth zur Königin machten. Anschließend sollte Elisabeth Courtenay heiraten. Zentrum der Verschwörung war Kent, nach London der protestantischste Teil Englands, der Anführer war Sir Thomas Wyatt aus Allington bei Maidstone, der Sohn des Dichters und Diplomaten am Hof Heinrichs VIII. Wyatt schrieb Elisabeth und Courtenay von seinem Plan, sie beide auf den Thron zu setzen. Wyatts Briefe wurden ebenso von Spionen der Regierung abgefangen wie die Korrespondenz zwischen den Verschwörern und Noailles. Aber kein einziger Brief Elisabeths oder Courtenays an Wyatt oder den französischen Botschafter wurde entdeckt.

Mitte Januar 1554 waren Maria, Gardiner und Renard über den geplanten Aufstand unterrichtet, doch ließen sie die Verschwörer in dem Glauben, unentdeckt zu sein, damit sie sich selbst zu erkennen gaben und dann unschädlich gemacht werden konnten. In der Zwischenzeit erfuhr Maria, daß Elisabeth mit ihrem Haushalt von Ashridge in eines ihrer Häuser in Donnington in Berkshire übersiedeln wollte.

Am 25. Januar begannen Wyatt und seine Anhänger in Rochester mit der Revolte. Am nächsten Tag informierte Maria Elisabeth in einem Brief darüber und befahl ihr, an den Hof zu kommen. Dort sei sie in diesen gefährlichen Zeiten sicherer als in Ashridge oder Donnington.[27] Am selben Tag schrieb

Noailles an Heinrich II., die Verschwörer hätten mit der Revolte zwei Monate früher begonnen als vorgesehen, weil Courtenay das Komplott vorzeitig verraten habe.

> ... versichere ich Euch, Sire, daß Master Thomas Wyatt, der einer von ihnen ist, sein Versprechen gegenüber seinen Freunden wahr gemacht und gestern mit Truppen, die stündlich anwachsen, den Kampf eröffnet hat ... Lady Elisabeth hat sich fünfzig Kilometer entfernt in eines ihrer Häuser zurückgezogen, wo sie angeblich bereits ihre Anhänger um sich versammelt hat und viele Briefe von der Königin erhält, die ihr mißtraut. Ich besitze die Abschrift eines Briefes von Elisabeth an die Königin, den ich ins Französische übersetzen ließ und diesem Schreiben beilege.[28]

Noailles Brief wurde von Marias Beamten abgefangen. Hier war nun endlich der Beweis, auf den Maria, Gardiner und Renard so lange gewartet und gehofft hatten. Noailles hatte bereits im voraus von Wyatts Aufstand gewußt und stand mit Elisabeth in Verbindung. Wie hätte er sonst an die Abschrift eines ihrer Briefe an Maria kommen sollen?

Ihr Verdacht bestätigte sich, als die Beamten von Elisabeths Haushalt auf Marias Aufforderung antworteten, Elisabeth sei zu krank, um an den Hof zu kommen. Die Beamten forderten Maria jedoch auf, ihre eigenen Ärzte zu Elisabeth zu schicken, damit sie sich ein Bild von ihrer Krankheit machten. Maria schickte Dr. Wendy und Dr. Owen zu Elisabeth. Die Ärzte bestätigten ihre Krankheit. Es besteht kaum ein Zweifel, daß Elisabeth wirklich krank war, denn egal, ob sie sich nun Maria unterwerfen oder sich den Rebellen anschließen wollte, das Schlimmste, was sie tun konnte, war, in Ashridge zu bleiben und weder der Einladung an den Hof zu folgen noch zu fliehen. Aber niemand wollte diese offensichtliche und zutreffende Erklärung akzeptieren. Während Renard überzeugt war, daß Elisabeth schwanger sei und ein ebenso lasterhaftes Leben wie ihre Mutter führe, glaubte Noailles, sie sei von Marias Agenten vergiftet worden und liege im Sterben.[29]

Wyatt und seine 7 000 Anhänger marschierten auf London. Diesmal waren weit weniger Protestanten bereit, für Maria zu kämpfen, obwohl es einige immer noch als ihre Pflicht ansahen, ihre »Fürstin« zu verteidigen. In London hatten die Rebellen viele Sympathisanten. Zwei dieser Sympathisanten erzählten von einem Geist in der Wand. Jedesmal, wenn jemand rief: »Gott schütze Königin Maria!« blieb die Wand still. Aber auf den Ruf: »Gott schütze Lady Elisabeth!« antwortete die Wand: »So sei es.« Wenn man die Wand fragte: »Was ist die Messe?« antwortete sie: »Götzendienst.«[30] Karl V. bot Maria die Hilfe seiner spanischen Soldaten in den Niederlanden an. Gardiner riet ihr, die Hilfe der verhaßten Ausländer abzuschlagen, das protestantische London zu verlassen und in Oxford Zuflucht zu suchen.

Maria wies beide Ratschläge zurück. Sie lehnte Karls Hilfsangebot ab, blieb in London und rief in der Guildhall die Bürger der Stadt auf, ihre Königin vor den Verrätern zu schützen. Die Bürger, die Marias Aufforderung hörten, bewunderten ihren Mut und versammelten sich zu ihrem Schutz. Wyatts Angriff auf Ludgate schlug fehl. Er wurde zurückgetrieben, geschlagen und in Hyde Park gefangengenommen. Wieder einmal hatte Maria über die Rebellen und Ketzer triumphiert.

Elisabeth war nun in einer äußerst gefährlichen Lage. Dieser zweite Aufstand hatte Maria davon überzeugt, daß der Kaiser mit seinem Rat recht gehabt hatte, gegenüber den Rebellen keine Gnade walten zu lassen. Binnen einer Woche wurden Jane Grey, ihr Mann und ihr Vater enthauptet. Das Todesurteil war bereits drei Monate zuvor ergangen, doch hatte Maria bisher seine Vollstreckung abgelehnt. Sie setzte jetzt ihr ganzes Vertrauen auf Karl und Renard. Mit Renard führte sie noch spät in der Nacht in ihrem Kabinett lange Gespräche, wenn keiner ihrer Räte mehr anwesend war. Marias Haß auf Elisabeth und Renards kalte, berechnende Diplomatie ließen beide zu derselben Schlußfolgerung gelangen. Als Renard Karl um Rat fragte, was Maria mit Courtenay und Elisabeth tun solle, antwortete Karl am 31. Januar, Courtenay solle in diplomatischer Mission an seinen Hof nach Brüssel entsandt werden. Was Elisabeth betraf, war er mit Renard und Gardiner einer Meinung: Sie sollte in den Tower kommen.[31]

Mitte Februar berichteten Wendy und Owen nach London, Elisabeth sei transportfähig, und Maria beauftragte drei Mitglieder ihres Rats – Lord William Howard, Sir Edward Hastings und Sir Thomas Cornwallis –, Elisabeth in einer Sänfte von Ashridge zum St. James-Palast zu bringen. Ob Zufall oder nicht, jedenfalls gehörten alle drei zu der Gruppe innerhalb des Staatsrats, die mit Elisabeth sympathisierte. Wegen Elisabeths Krankheit reisten sie in kurzen Etappen und benötigten für die rund 50 Kilometer fünf Tage. Die Nächte verbrachten sie in Redbourne, St. Albans, Mimms und Highgate. In London versammelte sich eine Menschenmenge, um Elisabeth zu sehen. Renard klagte, daß Elisabeth, ganz in Weiß gekleidet, die Vorhänge ihrer Sänfte zurückgezogen habe, um sich den Menschen zu zeigen. Sie habe blaß ausgesehen und ihre Schwäche hinter einem hochmütigen Gesicht verborgen.[32] Handelte es sich dabei um Berechnung, oder war sie tatsächlich nur eine kranke, ängstliche und trotzige junge Frau?

Elisabeth durfte ihre Räume im Palast einen knappen Monat lang nicht verlassen. Unterdessen zogen Maria und der Staatsrat die Möglichkeit in Betracht, sie unter Hausarrest zu stellen und der Obhut eines Ratsmitglieds zu überantworten. Aber da keiner der Räte scharf darauf war, die Verantwortung für ihre Bewachung zu übernehmen, wurde zuletzt beschlossen, sie in den Tower zu bringen, obwohl viele Ratsmitglieder strikt dagegen waren. Maria befahl dem Grafen von Sussex und einem anderen Ratsmitglied,* Elisabeth mit dem Schiff zum Tower zu bringen. Dies galt als sicherer, als mit ihr durch die Straßen zu reiten, wo ihre protestantischen Anhänger versuchen konnten, sie zu befreien. Als Sussex und sein Kollege Elisabeth mitteilten, daß sie in den Tower gebracht werden solle, war sie entsetzt und bat um eine Audienz bei der Königin. Als ihre Bitte abgelehnt wurde, bat sie um die Erlaubnis, Maria wenigstens schreiben zu dürfen, ehe sie das Schiff bestieg. Trotz des Widerspruchs seines Kollegen bestand Sussex darauf, Elisabeth Feder und Papier bringen zu lassen.[33]

In ihrem Brief erinnerte Elisabeth Maria an ihr Versprechen bei ihrem letzten Zusammentreffen, sie nicht zu verurteilen, ohne ihr die Chance zu geben, sich in einem persönlichen Gespräch mit Maria zu rechtfertigen.

> Wenn der alte Spruch jemals gegolten hat, daß ein Königswort mehr gilt als eines anderen Menschen Eid, so flehe ich Euer Majestät untertänigst an, ihn jetzt mir gegenüber zu bewahrheiten und Eures letzten Versprechens und meiner letzten Bitte zu gedenken, daß ich nicht verurteilt werden solle, ohne mich verantworten zu können und ohne rechtsgültigen Beweis, was jetzt anscheinend geschehen soll, denn ohne erwiesenen Grund erhalte ich jetzt vom Staatsrat in Eurem Namen den Befehl, mich in den Tower zu begeben, einen Ort, der einem falschen Verräter mehr zukommt als einer treuen Untertanin ... Ich habe in meinem Leben schon von so manchem gehört, der ins Verderben stürzte, nur weil er nicht vor seinen Fürsten gelassen wurde; und vor noch nicht langer Zeit hörte ich Mylord Somerset sagen, wenn sein Bruder hätte mit ihm reden dürfen, so würde er niemals den Tod erlitten haben. Aber man habe ihm dermaßen mit Einflüsterungen zugesetzt, daß er schließlich geglaubt habe, er sei seines Lebens nicht mehr sicher, solange der Admiral lebe, und das habe ihn bewogen, seinem Tode zuzustimmen. Obwohl diese Personen nicht mit Eurer Majestät verglichen werden können, bete ich doch zu Gott, daß solche bösen Einflüsterungen nicht eine Schwester gegen die andere überreden mögen, und nur auf Grund falscher Berichte, und weil die Wahrheit nicht bekannt ist. Deshalb flehe ich nochmals untertänigst, in Demut des Herzens knieend, da es mir nicht vergönnt ist, meine leiblichen Knie zu beugen, daß ich mit Eurer Hoheit sprechen darf, eine Bitte, die ich nicht wagen würde, wenn ich mich nicht schuldlos und ehrlich wüßte. Und was den Verräter Wyatt betrifft, so mag er mir vielleicht einen Brief ge-

* Foxe, der darüber berichtet, nennt den Namen des zweiten Ratsmitglieds nicht. Die meisten Historiker gehen davon aus, daß es sich um Gardiner handelt, aber wenn dem so ist, ist es außerordentlich merkwürdig, daß Foxe ihn nicht beim Namen nennt. Außerdem hätte Sussex nicht gewagt, Gardiners Einwand zu ignorieren.

schrieben haben, aber ich habe bei meiner Ehre niemals einen von ihm erhalten. Und was die an den französischen König gesandte Abschrift meines Briefes betrifft, so bete ich zu Gott, mich in Ewigkeit zu verdammen, wenn ich ihm je ein Wort, eine Botschaft, ein Zeichen oder einen Brief auf irgendeine Weise habe zukommen lassen, und für die Wahrheit dessen will ich einstehen bis zu meinem Tod.

Als Elisabeth mit dem Brief fertig war, zog sie über den restlichen freien Raum des Papiers schräge Linien, um zu verhindern, daß ein gefälschter Text hinzugefügt und behauptet werde, er stamme von ihr. Darunter setzte sie die Schlußworte: »Ich flehe untertänigst nur um ein Wort der Erwiderung von Euch selbst. Eurer Hoheit getreueste Untertanin, wie von Anbeginn, so bis an mein Ende, Elisabeth.«[34]

Elisabeth brauchte so lange für den Brief, daß die Flut vorbei war und ihre Verlegung in den Tower auf die nächste Flut um Mitternacht verschoben werden mußte. Da Sussex und sein Kollege Angst hatten, Elisabeth könne entkommen, wenn sie bei Dunkelheit am Kai des Tower anlegten, blieben sie noch eine Nacht länger in Westminster und brachten sie erst am nächsten Tag zum Tower. Es war Palmsonntag, und die Bürger von London waren bei der Messe und konnten an keiner Demonstration oder Befreiungsaktion teilnehmen. Renard glaubte, Elisabeth habe bewußt um Erlaubnis gebeten, Maria schreiben zu dürfen, um Zeit zu gewinnen, damit man sie in dieser Nacht nicht mehr in den Tower bringen konnte. Wenn er recht hat, muß man davon ausgehen, daß die Streichungen, Korrekturen und Auslassungen im Brief nicht Zeichen ihrer Nervosität, sondern geschickt inszeniert waren. Wenn Elisabeth den Brief tatsächlich aus taktischen Gründen schrieb, blieb er ohne Erfolg. Der Ton des Briefes kann ihr auf keinen Fall genützt haben: Die untertänige Bitte um Gnade, die von einem Gefangenen auf dem Weg zum Tower erwartet wurde, war viel zu knapp ausgefallen. Maria war wütend auf Sussex und seinen Kollegen, weil sie Elisabeth erlaubt hatten, ihr zu schreiben; zu Lebzeiten ihres Vaters hätten sie das nie gewagt, und sie wünsche, er könne für einen Tag wieder unter den Lebenden weilen, um ihnen eine Lektion zu erteilen.[35]

Am regnerischen Morgen des 17. März 1554, am Palmsonntag, wurde Elisabeth mit dem Schiff von Westminster zum Tower gebracht. Das Schiff legte an dem Tor an, das später als »Verrätertor« bekannt wurde, damals aber nur »Schleusentor« hieß. Elisabeth blieb einen Moment vor dem Tor stehen und setzte sich dann auf einen regennassen Stein. Der Kommandant des Tower, Sir John Bridges, sagte zu ihr: »Ihr solltet lieber hereinkommen, Madam, ihr sitzt ungesund.« »Es ist besser, hier zu sitzen, als an einem schlimmeren Ort«, erwiderte Elisabeth, »denn Gott allein weiß, wohin ihr mich bringt.«[36]

# 5

## Die Thronfolgerin

Zwei Monate war Elisabeth im Tower gefangen. Sie mußte dort mit vier Zimmern vorliebnehmen und durfte außer ihren Dienern niemanden sehen. Vorsichtsmaßnahmen verhinderten, daß sie mit anderen Gefangenen zusammentraf. Zunächst durfte sie ihr Gefängnis nicht verlassen, doch später wurde ihr erlaubt, in einem kleinen, von einer Mauer umgebenen Garten spazierenzugehen, wo keiner der anderen Gefangenen mit ihr sprechen konnte. Ein vierjähriger Junge, der Sohn eines Wächters des Tower, brachte ihr täglich Blumen. Nach einer Weile wurde er entdeckt, und es wurden ihm Schläge angedroht, falls er sie noch einmal besuchte. Er kam ein letztes Mal zu dem Garten, als Elisabeth dort spazierenging, schlüpfte durch das Tor und teilte ihr rasch mit, er könne ihr keine Blumen mehr bringen. Elisabeth sagte nichts, sondern lächelte nur, um zu zeigen, daß sie verstanden hatte.[1]

Die Königin und der Staatsrat berieten, was mit Elisabeth geschehen solle. Renard drängte Maria, Elisabeth hinrichten zu lassen. Wenn sie dies jetzt nicht tue, werde sie nie mehr Gelegenheit dazu haben. »Ich denke, sie sollte Courtenay und Lady Elisabeth diesmal nicht schonen«, schrieb er an Karl V., »denn solange sie am Leben sind, wird es immer Komplotte geben, um sie auf den Thron zu setzen, und es wäre nur gerecht, sie zu bestrafen, da allgemein bekannt ist, daß sie schuldig sind und den Tod verdienen.«[2] Gardiner war mit Renard einer Meinung. Doch von Paget, Lord William Howard und ihren Parteigängern im Rat kam heftiger Widerstand.

Paget, der ein kluger politischer Kopf war, trat jetzt als begeisterter Befürworter einer Heirat Marias mit Philipp auf und versuchte, sich bei Renard einzuschmeicheln. Er erklärte, er spreche zu ihm nicht als dem Botschafter des Kaisers, sondern dem engsten Vertrauten der Königin, wenn er ihn darauf hinweise, wie wenig ratsam und möglich es sei, Elisabeth hinrichten zu lassen. Es lägen nicht genügend Beweise vor, um sie in einem Prozeß des Hochverrats zu überführen, denn die Rebellen, die vielleicht gegen sie ausgesagt hätten, seien ins Ausland geflohen. Man könne ihr bestenfalls Unterlassung der Anzeige von Hochverrat nachweisen, und dieses Vergehen werde lediglich mit lebenslanger Haft, nicht mit dem Tode bestraft. Diese Hindernisse könnten nur überwunden werden, wenn das Parlament sie in einem Strafbeschluß und ohne Prozeß als Verräterin zum Tode verurteile. Paget versicherte Renard jedoch, es bestünde keinerlei Aussicht, Unter- und Oberhaus zur Verabschiedung eines solchen Strafbeschlusses zu bewegen. Er hielt es für klüger, Elisabeth mit Emanuel Philibert von Savoyen oder einem anderen ausländischen Fürsten zu vermählen, etwa dem Fürsten eines Binnenlands wie Baden, das keinen Hafen hatte, von dem aus sie und ihr Gemahl Agenten nach England schicken konnten, um dort zu intrigieren.[3]

Nachdem Elisabeth zwei Monate im Tower verbracht hatte, befahl Maria im Mai, sie solle in den königlichen Palast von Woodstock in Oxfordshire gebracht und dort unter Hausarrest gestellt werden. Sir Henry Bedingfield, ein Mitglied des Staatsrats, und Lord Williams von Thame sollten sie mit einer Eskorte von 100 Reitern auf der Reise bewachen. Williams war ein typischer Edelmann des 16. Jahrhunderts. Er hatte Heinrich VIII. und den Beamten Eduards VI. und Marias treu gedient und sich in Fragen der Religion stets nach den Anordnungen seines Fürsten gerichtet. Maria hatte ihn als Belohnung für seine Dienste zum Peer ernannt. Als Sheriff von Oxfordshire mußte er in den folgenden zwei Jahren die Hinrichtung Latimers, Ridleys und Cranmers in Oxford überwachen. Auf der Reise vom Tower nach Woodstock jedoch behandelte er die Thronfolgerin mit großer Hochachtung.

Am 19. Mai brachte er Elisabeth vom Tower nach Richmond. Die Reise erfolgte auf der Themse und wurde nicht unterbrochen, denn Maria wollte unbedingt Sympathiekundgebungen der Bürger Londons für Elisabeth verhindern. Dennoch war Elisabeths Abreise in der Stadt bekannt geworden, und zur Freude der Bewohner ging das Gerücht um, man habe sie auf freien Fuß gesetzt.[4]

Der Umzug vom Tower nach Woodstock bedeutete zumindest eine leichte Verbesserung ihrer Umstände und ließ darauf schließen, daß sie vielleicht doch auf Gnade rechnen konnte. Doch als Elisabeth von einer bewaffneten Eskorte aus dem Tower geleitet wurde, befürchtete sie das Schlimmste. In Richmond angekommen, sagte sie zu Lord Williams: »Ich glaube, ich muß heute Nacht sterben.« Williams versicherte ihr jedoch, daß sie nicht in Gefahr sei. Am nächsten Morgen setzten Elisabeth und ihre Bewacher die Reise nach Windsor fort. Als sie bei Richmond den Fluß überquerten, trafen sie auf eine kleine Gruppe von Bediensteten Elisabeths, die einen kurzen Blick von ihrer Herrin erhaschen wollten. Elisabeth trug einem ihrer Bewacher auf, zu ihnen zu gehen und »ihnen dies von mir zu bestellen: *Tamquam ovis* « – wie ein Schaf, das zur Schlachtbank geführt wird.[5]

Die Nacht verbrachte Elisabeth im Haus des Dekans von Windsor. Am dritten Tag reiste sie 24 Kilometer nach High Wycombe. Als der Zug am Eton College vorbeikam, liefen die Schüler heraus, um sie zu sehen. In den Dörfern entlang ihrer Route versammelte sich das Volk. Die Menschen begrüßten Elisabeth und reichten ihr Waffeln und andere eßbare Dinge in die Sänfte. Zunächst nahm sie die Geschenke dankbar an, aber später mußte sie sie zurückweisen, weil sie schon zuviel Eßbares bekommen hatte. Über Nacht blieb sie in High Wycombe im Haus von Sir William Dormer.[6] Am selben Abend schrieb Bedingfield Maria einen Bericht über die Reise und Elisabeths Empfang in den Dörfern, »woran Ihr, wenn Euer Hoheit es nachzuprüfen beliebt, neben anderen hier erwähnten Dingen sehr wohl erkennen werdet, daß die Menschen zwischen London und hier in Fragen der Religion nicht aufrichtig und einig sind.«[7]

Am 22. Mai reiste Elisabeth weiter zu Lord Williams Wohnsitz in Thame. Als die Reiter sich Woburn näherten, sahen sie auf einer Anhöhe etwa einen halben Kilometer außerhalb der Stadt einen Arbeiter warten, der Elisabeth vorbeiziehen sehen wollte. Bedingfield sprach mit ihm und »fand heraus, daß er ein wirklicher Protestant war«.[8] Bedingfield war beunruhigt. Eine Befragung der Leute auf dem Markt in Woburn und High Wycombe ergab, daß die meisten Protestanten waren. Bedingfield schrieb Maria, dies sei die Schuld von Lord Russell, dem Sohn des Grafen von Bedford, der seinen Einfluß dazu benutzt habe, die protestantische Sache voranzutreiben.

Das Interesse der ländlichen Bevölkerung war ebenso groß wie am Vortag. In Aston rannten die Menschen auf die Straße, um Elisabeth zu begrüßen, und vier Männer liefen in die Kirche und läuteten ihr zu Ehren die Glocken. Bedingfield und Williams ließen die Männer verhaften und ins Gefängnis sperren. Williams, seine Frau, seine Edelleute und seine Diener behandelten Elisabeth in Thame außerordentlich zuvorkommend. Bedingfield mißfiel das, und er erinnerte sie daran, daß Elisabeth eine Gefangene sei, die die Königin beleidigt habe.

In den Dörfern von Oxfordshire kam es zu weiteren Gunstbezeigungen gegenüber Elisabeth. Schließlich erreichte der Zug am fünften Tag der Reise Woodstock.[9] In Woodstock sollte Elisabeth unter Bedingfields Obhut gestellt werden. Bedingfield erhielt von Maria genaue Anweisungen, wie er seine Gefangene zu behandeln habe. Elisabeth durfte zu jeder angemessenen Tageszeit im Garten spazierengehen, aber Bedingfield mußte sie begleiten. Sie durfte keine Besucher und keine Briefe empfangen, nicht schreiben und mit niemandem sprechen. Bedingfield durfte nur Besucher vorlassen, die ihm geeignet erschienen, mit Elisabeth in seiner Gegenwart zu sprechen. Er sollte sie mit dem Respekt behandeln, der ihrer Stellung zukam, aber sie durfte bei Tisch nicht unter einem Baldachin sitzen, worauf sie als Prinzessin Anspruch gehabt hätte.[10] Elisabeth hatte ein paar ihrer eigenen Bediensteten mit nach Woodstock genommen, doch diese wurden streng bewacht. Eine Woche nach ihrer Ankunft in Woodstock ließ Maria eine der Damen Elisabeths entfernen, weil sie »einen schlechten Ruf« habe.[11]

Bedingfield wollte die Thronfolgerin nicht mehr als nötig demütigen, aber noch entschlossener war er, bei der Königin kein Mißfallen zu erregen und ihre Anweisungen peinlich zu befolgen. Er hatte es sich zum Grundsatz gemacht, keine Entscheidung selbst zu treffen. In Woodstock leitete er jede Bitte Elisabeths an die Königin oder den Staatsrat weiter, und das bedeutete, daß immer erst einige Zeit verging, ehe eine Bitte erfüllt wurde.

Als Elisabeth um Bücher nachsuchte, mußte sie lange warten. Sie hatte um eine englische Bibel, zwei Bücher von Cicero und Davids Psalmen in lateinischer Sprache gebeten. Erst nachdem Bedingfield auf Anordnung des Rates die Bücher genau durchgesehen hatte, um sicherzugehen, daß zwischen den Seiten keine geheimen Botschaften versteckt waren, bekam Elisabeth sie endlich. Dann bat Elisabeth, ihren Lehrer John Picton bei sich in Woodstock haben zu dürfen, damit sie die fremden Sprachen nicht verlerne, die er ihr in ihrer Jugend beigebracht habe. Diese Bitte wurde jedoch vom Rat abgelehnt, weil über Pictons Charakter und Ruf nicht genügend bekannt war. Auch der Wunsch, nicht nur im Garten, sondern auch im Park des Palastes spazierengehen zu dürfen, wurde ihr abgeschlagen.[12]

Elisabeth besuchte die Messe und fügte sich auch sonst in Sachen Religion. Zuerst hielt ihr Kaplan den Gottesdienst in ihrer Kapelle auf Englisch. Als Maria aber Bedingfield im Oktober 1554 anwies, daß der Gottesdienst fortan in lateinischer Sprache abgehalten werden solle, gehorchte Elisabeth sofort und befahl ihrem Kaplan, künftig nicht mehr auf Englisch zu beten.[13]

Für Elisabeth war die Gefangenschaft in Woodstock eine Strapaze. Sie wurde krank. Ihr Gesicht schwoll an. Manchmal weinte sie, und manchmal machte sie heftige Szenen. Einmal brach in ihren Räumen Feuer aus, aber Bedingfield und seine Männer kamen rechtzeitig, um es zu löschen. Die Protestanten hielten es für einen Mordanschlag auf Elisabeth, aber das stimmte ganz offensichtlich nicht.[14]

Einmal bat Elisabeth um die Erlaubnis, der Königin schreiben zu dürfen. Als ihr die Bitte gewährt wurde, schrieb sie einen Brief, der nicht erhalten ist, der aber auch nicht erfolgreich war. Es handelte sich wahrscheinlich um eine Beschwerdeliste. Maria war verärgert. Renard nannte den Brief einen kühnen und anmaßenden Rechtfertigungsversuch. Er schrieb, Elisabeth habe Maria im ganzen Brief mit »Ihr« angeredet statt mit »Euer Hoheit« oder »Euer Majestät«. Nach Erhalt des Briefes schrieb Maria an Bedingfield, Elisabeths Schreiben offenbare ihren Stolz und ihre Hartnäckigkeit und die Unaufrichtigkeit ihrer Loyalitätsbeteuerungen. Bedingfield solle ihr die Erlaubnis zu weiteren Briefen verwehren. Wenn Elisabeth eine Bitte an Maria habe, solle sie sich an Bedingfield wenden, damit er den Brief schreibe.[15]

Manchmal war Elisabeth auch gelassener. Eines Tages ritzte sie mit einem Diamanten drei Zeilen in eine Fensterscheibe:

Trotz manchem Verdacht
Ist kein Beweis erbracht,
Sprach Elisabeth, die Gefangene.[16]

Während Elisabeth in Woodstock weilte, fanden in England bedeutende Ereignisse statt. Im Juli 1554 traf Philipp von Spanien in Southampton ein und heiratete Maria in der Kathedrale von Winchester. Er regierte jetzt als König gemeinsam mit Maria als Königin und wurde in ganz Europa »König von England« genannt. Der Ehevertrag enthielt allerdings die Bestimmung, daß das Paar England mit Hilfe einheimischer Minister regieren sollte. Philipps spanische Höflinge und die anderen Spanier in England wurden wiederholt aufgefordert, gegenüber den Engländern höflich und taktvoll zu sein. Doch die Feindseligkeit wuchs täglich. »Die Engländer verabscheuen uns Spanier mehr als den Teufel, und dementsprechend behandeln sie uns«, schrieb einer von Philipps Edelleuten. »Sie berauben uns in der Stadt und auf der Straße.« Kurz darauf schrieb derselbe Edelmann: »Wir Spanier bewegen uns unter den Engländern wie unter Tieren; wir versuchen, sie nicht zu beachten, und sie machen es mit uns genauso.«[17]

Im November 1554 traf Kardinal Pole als päpstlicher Legat in England ein, und das Königreich wurde wieder mit Rom vereinigt. Nachdem Pole und die Regierung erklärt hatten, die Klöster würden nicht wieder eingerichtet und wer von Heinrich VIII. klösterliche Ländereien erworben habe, könne diese behalten, erklärte sich das Parlament bereit, die Häresie-Gesetze wieder in Kraft zu setzen. Im Februar 1555 begannen die Ketzerverfolgungen. Aber die Situation war eine andere als zwanzig oder dreißig Jahre zuvor. Damals waren eine Handvoll protestantische Extremisten, die die heiligsten Grundsätze der Mehrheit des englischen Volkes leugneten, auf Anordnung ihres großen Königs Heinrichs VIII., der sein Volk im Krieg gegen Franzosen und Schotten zum Sieg geführt hatte, auf dem Scheiterhaufen verbrannt worden. Jetzt ließen ein spanischer König und ein italienischer Papst Bischöfe verbrennen, die unter Eduard VI. hohe Ämter innegehabt hatten, weil sie Lehren vertraten, die der jüngeren Generation sechs Jahre lang als die offizielle Doktrin der Kirche von England angepriesen worden waren. Es war weitgehend eine Frage des Generationsunterschiedes. Der venezianische Botschafter Michiel war der Ansicht, kein Engländer unter fünfunddreißig sei ein aufrechter Katholik.[18]

Rogers war das erste Opfer. Bevor er starb, bat er um Erlaubnis, sich von seiner Frau verabschieden zu dürfen. Doch Bonner, der Bischof von London, erlaubte ihm nicht, seine »Hure« noch einmal zu sehen. Rogers wurde am 4. Februar 1555 in Smithfield verbrannt.[19] Renard war über die öffentliche Reaktion beunruhigt. Tags darauf schrieb er König Philipp:

> Sire, die Einwohner von London murren über die grausame Vollstreckung der kürzlich vom Parlament verabschiedeten Häresie-Gesetze, die gerade begonnen hat. Das zeigte sich, als ein gewisser Rogers gestern verbrannt wurde. Einige der Umstehenden weinten, andere beteten zu Gott, er möge Rogers Kraft, Ausdauer und Geduld schenken, um die Schmerzen zu ertragen und nicht zu widerrufen. Manche sammelten die Asche und die Knochen ein und wickelten sie in Papier, um sie aufzubewahren, und noch andere bedrohten die Bischöfe. ... Euer Majestät sollte auch bedenken, daß Lady Elisabeth Anhänger hat und daß es Engländer gibt, die keine Ausländer mögen.[20]

Ein paar Tage später wurde Hooper in Gloucester verbrannt, wo er Bischof gewesen war. Es war ein schreckliches Ende, denn das Reisig war feucht und brannte nur langsam. Hooper bewegte sich noch, als seine Beine schon verbrannt waren, und es dauerte eine Dreiviertelstunde, bis der Tod ihn erlöste. Im März wurde Ferrar, der protestantische Bischof von St. Davids, in Carmarthen verbrannt.[21]

Nachdem Elisabeth elf Monate in Woodstock zugebracht hatte, ließ Maria sie an den Hof bringen. Diese weitere Verbesserung ihrer Lage hatte sie Philipp zu verdanken. Vielleicht hätte man sie unmittelbar nach dem Aufstand Wyatts hinrichten lassen können, jetzt aber war dies sicher unmöglich. Und da sie nicht hingerichtet werden konnte, war es besser, wenn Philipp und Maria sich mit ihr versöhnten. Doch ihre Rehabilitierung sollte ganz allmählich erfolgen. Bei ihrer Ankunft in Hampton Court am 29. April 1555 wurde ihr aufgetragen, in ihren Gemächern zu bleiben. Sie wurde nicht zu den Veranstaltungen bei Hof geladen, und obwohl sie Besucher empfangen durfte, wagten nur wenige Höflinge, sie aufzusuchen. Kardinal Poles Gemächer im Palast lagen fast unmittelbar neben den ihren, aber er lud sie nie zu sich ein und bekam sie die ganzen vier Monate, die sie im Sommer 1555 in Hampton Court verbrachte, nicht einmal zu Gesicht. Elisabeths Freund Courtenay hatte den Hof einen Tag vor ihrer Ankunft verlassen. Um ihn loszuwerden, hatte man ihn offiziell in diplomatischer Mission zu Karl V. nach Brüssel entsandt.[22] Von dort reiste er weiter nach Italien, wo er kurz darauf im Alter von sechsundzwanzig Jahren starb.

Kurz vor Elisabeths Ankunft am Hof erklärte Maria, sie sei schwanger. Sie habe das Kind das erste Mal in ihrem Leib gespürt, als Pole als päpstlicher

Legat in London eingetroffen sei. Maria glaubte fest, den Thronfolger unter dem Herzen zu tragen, der sicherstellen sollte, daß England dem katholischen Glauben treu blieb. Marias Hofdamen dagegen waren fast von Anfang an überzeugt, daß sie sich ihre Schwangerschaft nur einbildete. Doch am 30. April, einen Tag nach Elisabeths Ankunft, wurde in St. Paul's ein Tedeum angestimmt, und in sämtlichen Kirchen Londons läuteten die Glocken zur Feier der freudigen Nachricht. In Flandern und Spanien wurde irrtümlich berichtet, das Kind sei bereits geboren und es sei ein Knabe. Die Prinzessin-Witwe von Portugal, die während der Abwesenheit ihres Vaters Karls V. in Spanien die Regierungsgeschäfte führte, gratulierte Maria in einem Schreiben zur Geburt ihres Sohnes und Erben.[23]

Wenn Maria mit ihrer Schwangerschaft recht hatte, dann mußte das Kind im Juni zur Welt kommen. Zwei Monate lang warteten ganz England und Europa gespannt auf die Geburt. In Hever Castle sind heute noch die Kleidungsstücke zu sehen, die Elisabeth der Überlieferung nach für Marias Kind angefertigt haben soll: eine Kappe, ein Paar winziger Schuhe, zwei Jäckchen, zwei Häubchen, einige Kragen und Manschetten aus weißem Satin oder Seide und eine Flanelljacke. Alles war sehr ordentlich genäht. Die Berichte über die Herkunft der Babykleider sind verlorengegangen, weshalb die Urheberschaft Elisabeths nicht nachweisbar ist.[24] Es ist jedoch durchaus denkbar, daß Elisabeth als geschickte Näherin die Sachen im Mai und Juni 1555 anfertigte, als sie in ihren Gemächern in Hampton Court beinahe wie eine Gefangene gehalten wurde. Was sie beim Nähen der Kleidung für das Kind bewegte, läßt sich nur ahnen. Dieses Kind konnte ihr für immer die Chance nehmen, einmal Königin zu werden, und es konnte die Ausrottung des Protestantismus in England vollenden.

Alles sprach nur noch von der Geburt des Kindes. Am 14. Juni schrieb Renard an Karl V.:

> Sire, in diesem Königreich hängt alles von der Niederkunft der Königin ab. ... Wenn es Gott gefällt, ihr eine sichere Entbindung zu gewähren, werden sich die Dinge zum Besseren wenden. Wenn nicht, sehe ich Unruhe und eine derartige Veränderung zum Schlechten voraus, daß man es kaum in Worte fassen kann. Die Thronfolge ist in der Tat so schlecht geregelt, daß Lady Elisabeth als Nächste an der Reihe wäre, und das bedeutet wieder Ketzerei und den Umsturz der Religion.[25]

Aber das Baby kam nicht. Obwohl es keine offizielle Verlautbarung gab, als die Geburt des Erben, dessen Ankunft Ende April noch öffentlich gefeiert worden war, ausblieb, wußten bald alle, daß Maria nicht schwanger war und es wohl auch nie sein würde. Wie Renard glaubten nun alle, daß die Zukunft Elisabeth gehöre, auch wenn sie bei der Königin noch immer in Ungnade war und ihre Gemächer in Hampton Court nicht verlassen durfte.

Im Mai wurden Kate Ashley und Elisabeths italienischer Lehrer Castiglione wegen des Besitzes ketzerischer Bücher verhaftet. Sie wurden allerdings schon nach wenigen Wochen wieder freigelassen. Für Elisabeth begann sich die Lage allmählich zu verbessern. Zweimal empfing Maria sie in einer Audienz und behandelte sie nicht unfreundlich.[26]

Elisabeth traf am Hof auch mit König Philipp zusammen, dem sie die Veränderung ihrer Lage zu verdanken hatte. Spätestens im Sommer 1555 war es Philipp klar, daß Maria kein Kind bekommen würde. Und obwohl sie erst neununddreißig war, stand es mit ihrer Gesundheit nicht zum besten. Dem Testament Heinrichs VIII. zufolge sollte Elisabeth nach Marias Tod den Thron besteigen. Nach Elisabeth war Maria Stuart, die Enkelin von Heinrichs Schwester Margarete, die nächste Anwärterin auf den Thron. Maria Stuart lebte am französischen Hof und war mit dem Dauphin Franz, dem Sohn Heinrichs II., verlobt. Wenn Maria Stuart Königin von England würde, würde England damit automatisch zum Verbündeten und Vasallen Frankreichs, und das bedeutete eine große Niederlage für Spanien und das Heilige Römische Reich. Philipp zog deshalb Elisabeth trotz ihrer Sympathie für die Ketzer der Schwiegertochter des französischen Königs Maria Stuart vor. Er und Renard nutzten ihren Einfluß bei Maria, um zu verhindern, daß sie Elisabeth von der Thronfolge ausschloß. Außerdem bemühten sie sich um Elisabeths Wohlwollen in der Hoffnung, die alte Freundschaft und die gemeinsamen Interessen Englands und Burgunds würden Elisabeth veranlassen, eine spanienfreundliche Politik zu verfolgen, wenn sie erst Königin war.

Obwohl Philipp Elisabeth am Hof freundlich behandelte, wissen wir nichts über ihr persönliches Verhältnis. Spätere Autoren haben behauptet, Philipp sei in Elisabeth verliebt gewesen und sie habe seine Gefühle ausgenutzt, damit er sie vor dem Haß ihrer Schwester beschützte. Das ist durchaus möglich, da Elisabeth weitaus anziehender war als die verbitterte und immer schwächer werdende Maria. Aber Philipps Verhältnis zu Frauen ist noch rätselhafter als Elisabeths Verhältnis zu Männern. Wenn man zeitgenössischem Klatsch und jahrhundertelanger protestantischer Propaganda glauben darf, war Philipp oft hinter Frauen her, unter anderem auch hinter den Damen an Marias Hof. Vertrauliche Berichte seiner engsten Diener dagegen besagen, er habe vor sexuellen Kontakten Angst gehabt und diese Angst habe ihm sein freizügiger Vater Karl V. in seiner Jugend scheinheilig eingeimpft.[27] Es gibt keinerlei Anhaltspunkte für Philipps persönliche Gefühle gegenüber Elisabeth. Wir wissen nur, daß er sie beschützte und daß dabei politische Motive im Spiel waren. Man kann unmöglich sagen, ob er ihr auch aus persönlichen Gründen half.

Elisabeth wußte, daß sie Philipp viel zu verdanken hatte, und war nicht undankbar. Noch in späteren Jahren, als die Beziehungen zu Spanien an einem Tiefpunkt angelangt waren, erkannte sie dankbar an, daß er sie während der Regierungszeit Marias beschützt hatte[28], und in all den Jahren der Feindschaft und des Krieges vergaß sie das nie ganz. Sie betrachtete Philipp immer mit anderen Augen als ihre loyalen protestantischen Untertanen. Für ihre Untertanen war Philipp der ausländische Despot, der Maria zur Hinrichtung der Märtyrer angestiftet hatte. Für Elisabeth aber war er der Mann, der an Marias Hof freundlich zu ihr gewesen war.

Am 20. August verließ Philipp England, um an Verhandlungen in Brüssel teilzunehmen, wo Karl V. zu seinen Gunsten als Herrscher der Niederlande abdankte. Einige Monate später sollte Karl Philipp zusätzlich das Königreich Spanien übertragen. Elisabeth, Maria und der gesamte Hof begaben sich nach Dartford, wo Philipp an Bord ging. Während Philipp und Maria durch die Straßen von London ritten und über Land nach Dartford reisten, fuhr Elisabeth mit dem Schiff. Offensichtlich wollte Maria auch jetzt den Londonern keine Gelegenheit geben, Elisabeth zuzujubeln. Nach Philipps Abreise begaben sich Maria und Elisabeth nach Greenwich. Am 4. September begingen Elisabeth, Maria und der gesamte Hof einen besonderen Fastentag, um die Vergebung zu erlangen, die der neue Papst Paul IV. allen Menschen zur Feier eines Ablaßjahres gewährt hatte. Elisabeth blieb noch sechs Wochen am Hof, bevor sie um Erlaubnis bat, sich in ihr eigenes Haus in Hatfield zurückziehen zu dürfen. Maria ließ sie gehen und gab ihr bei der Abreise noch Geschenke mit.[29] Elisabeth war frei, rehabilitiert und, zumindest für den Augenblick, sicher.

Drei Wochen später starb ihr Feind Gardiner. Noailles berichtete, die Königin bedaure seinen Tod ebensosehr, wie die Mehrheit ihres Volkes darüber frohlocke. Die Hinrichtungen gingen trotzdem weiter. Im Oktober wurden zwei weitere protestantische Bischöfe, Ridley und Latimer, in Oxford verbrannt. Latimer erstickte schnell am Rauch, aber Ridley mußte einen langsamen, qualvollen Tod erdulden.[30] In den vergangenen acht Monaten waren achtzig Ketzer verbrannt worden. Im Juni 1555 begann ein protestantischer Prediger namens Thomas Bryce, die Namen der Märtyrer in einem Gedicht niederzuschreiben. Das Gedicht gab die Gefühle vieler Protestanten wieder:

Als der ehrenwerte Watts unter stetem Wehklagen
In den Flammen verschied;
Als Simson, Hawkes und John Ardite
Den Zorn des Tyrannen zu spüren bekamen;
Als Chamberlain hingerichtet wurde,
Da sehnten wir uns nach unserer Elisabeth.
Als die seligen Butter und Osmande
Durch die Gewalt des Feuers zu Tode kamen;

Als Shitterdon, Sir Frank und Bland
Und Humphrey Middleton aus Kent
Und Minge in Maidstone den Tod fanden,
Da sehnten wir uns nach unserer Elisabeth.[31]

Bryce berichtete weiter über die Hinrichtungen der Märtyrer – in Dartford, Chichester, Reading, Uxbridge, Norwich und Coventry. Im März 1556 wurde Erzbischof Cranmer verbrannt, nachdem er widerrufen hatte. Bislang waren Ketzer, die widerrufen hatten, immer verschont worden, es sei denn, es handelte sich um rückfällige Ketzer. Auf dem Scheiterhaufen erklärte Cranmer seinen Widerruf für ungültig und verlangte, man solle zuerst seine Hand verbrennen, weil sie den Widerruf unterzeichnet habe. Die Obrigkeit veröffentlichte nur seinen Widerruf und ließ nichts über Cranmers Meinungsänderung in letzter Minute verlauten. Dennoch war bald im ganzen Land bekannt, daß Cranmer als Protestant gestorben war.[32]

Als der standhafte Cranmer sein Leben verlor
Und seine Hand ins Feuer hielt;
Als Tränen um ihn in Strömen flossen
Und doch ihr gerechter Wunsch sich nicht erfüllte;
Als er durch päpstliche Gewalt zu Tode kam,
Da sehnten wir uns nach unserer Elisabeth.[33]

Im Juni 1556 wurden Kate Ashley und andere Mitglieder von Elisabeths Haushalt erneut verhaftet. Maria schickte Sir Edward Hastings und Sir Francis Englefield zu Elisabeth, um sie vor dem »lasterhaften« Benehmen einiger ihrer Diener zu warnen. Dann beauftragte sie Sir Thomas Pope, den Haushalt in Hatfield einer gründlichen Säuberung zu unterziehen. Kate Ashley wurde zwar wieder freigelassen, aber aus Elisabeths Haushalt entlassen. Es wurde ihr streng untersagt, mit Elisabeth Kontakt aufzunehmen.[34]

Die Gefahr für Elisabeth war noch nicht vorüber, und die Verfolgungen gingen weiter. In London war es besonders schlimm. Dort wurde der »blutige Bonner« wegen der zahllosen Opfer, die er verhaften ließ, der Prügel und der Folter, die seine Gefangenen erdulden mußten, und seines brutalen und höhnischen Auftretens bei Prozessen von den Protestanten erbittert gehaßt. Die bekanntesten protestantischen Bischöfe und Theologen waren bereits hingerichtet, und Bonners Opfer waren jetzt meist Handwerker und Arbeiter. Viele der Märtyrer waren Frauen. Einige waren schon alt, andere noch nicht einmal zwanzig. Eine zweiundzwanzigjährige Frau, von Geburt an blind, aber dennoch eine geschickte Herstellerin von Seilen, wurde in Derby verbrannt, in Stratford-at-Bow starben ein lahmer alter Mann und ein Blinder auf dem Scheiterhaufen.[35]

Als Margaret Eliot, ein junges Mädchen,
Nach ihrer Verurteilung im Gefängnis starb;
Als der lahme Lamarock das Feuer spürte
Und der blinde Aprice mit ihm verurteilt wurde;
Als diese beiden unschuldigen Männer hingerichtet wurden,
Da sehnten wir uns nach unserer Elisabeth.[36]

Im Juli 1556 schickten englische Protestanten, die nach Frankreich unter den Schutz Heinrichs II. geflohen waren, einen armen Teufel namens Cleobury nach England. Cleobury, der schon mehrmals wegen Einbruchs verurteilt worden war, sollte in Essex und Suffolk als Courtenay auftreten, während der wirkliche Courtenay zurückgezogen in Venedig lebte. Cleobury rief Courtenay und Elisabeth in mehreren Dörfern zu König und Königin aus, bevor er und eine Handvoll Anhänger verhaftet wurden.[37] Als Sir Thomas Pope Elisabeth davon unterrichtete, schrieb sie Maria am 2. August einen Brief, in dem sie ihrer Empörung Luft machte:

> Wenn ich in meinem Sinn, erlauchteste Königin, die Liebe der alten Heiden zu ihren Fürsten bedenke und die Ehrfurcht der Römer vor ihrem Senat und dagegen die rebellischen Herzen und teuflischen Absichten derer halte, die, dem Namen nach Christen, den Taten nach Juden, sich gegen ihren gesalbten König erheben … quält es mich um so mehr, daß der Satan solchen Haß gegen mich hegt, daß er mich in seine boshaften Machenschaften hineinzieht, und ich wünschte, dieser mein und aller Christen Feind hätte sich etwas anderes ausgedacht, um mich zu kränken. … Und wie ich Eure treue Untertanin gewesen bin seit Anbeginn Eurer Herrschaft, so soll auch kein böser Mensch mich davon abbringen bis an mein Lebensende … Euer Majestät gehorsame Untertanin und ergebene Schwester, Elisabeth.[38]

Es wäre falsch, anzunehmen, Elisabeths Beteuerungen seien nur erheuchelt. Elisabeth war am Hof Heinrichs VIII. dazu erzogen worden, Rebellen zu verdammen, die sich gegen ihren Herrscher auflehnten, und als Königin unterstützte sie Revolten ausländischer Rebellen nur ungern, selbst wenn es in ihrem Interesse war.

Maria tat zumindest so, als schenke sie Elisabeths Loyalitätsbeteuerungen Glauben, und der Einfluß Philipps und Renards schützte Elisabeth auch weiterhin. Philipp wollte Elisabeth jedoch unbedingt mit Emanuel Philibert von Savoyen vermählen, um sich den Einfluß auf England zu sichern, wenn Elisabeth Königin wurde. Im Herbst 1556 drängte er erneut auf die Heirat. Ende November kam Elisabeth nach London, wohl in der Absicht, Maria zu überreden, sie nicht mit Emanuel Philibert zu vermählen. Von Hatfield ritt sie in

Begleitung von 200 Reitern in roten, mit schwarzem Samt gesäumten Jacken nach London. Als sie an Smithfield, Old Bailey und Fleet Street vorbei zu ihrer Londoner Residenz Somerset House am Strand ritt, jubelten ihr die Menschen zu. Elisabeth hatte eine Audienz bei Maria und wurde von Kardinal Pole empfangen, den sie zum ersten Mal sah. Als bekannt wurde, daß sie sich in Somerset House aufhielt, machten ihr viele Lords und Edelleute ihre Aufwartung. Der venezianische Botschafter wollte Elisabeth ebenfalls aufsuchen, mußte jedoch feststellen, daß sie nach nur einer Woche bereits wieder nach Hatfield abgereist war. Auch auf dem Rückweg ritt sie mit ihrer Eskorte durch die Stadt und gab Anlaß zu neuen Sympathiekundgebungen.[39]

Am 30. November, dem zweiten Jahrestag der Wiedereinsetzung des päpstlichen Supremats, weilte Elisabeth noch in Somerset House. Pole hatte den Jahrestag zum Feiertag erklärt, zum Fest der Versöhnung, das von nun an alljährlich gefeiert werden sollte. Pole und sämtliche Höflinge wohnten am 30. November 1556 einem feierlichen Gottesdienst in der Westminster-Abtei bei. Die Königin war zu krank, um daran teilzunehmen. Es wäre interessant zu wissen, ob Elisabeth anwesend war, doch wird weder über ihre Anwesenheit noch über ihre Abwesenheit berichtet.[40]

Wieder einmal war zwischen den habsburgischen Herrschern und dem König von Frankreich Krieg ausgebrochen. Ende des Jahres 1556 kämpften König Philipps Armeen in Italien gegen die Franzosen. England schlug sich auf Philipps Seite, Schottland ergriff für Frankreich Partei. Das brachte Maria in Konflikt mit dem Papst, dem grimmigen achtzigjährigen Paul IV. Er wollte die Spanier aus Italien vertreiben und unterstützte deshalb Frankreich. Er exkommunizierte Philipp und ernannte an Stelle Poles einen neuen päpstlichen Legaten für England. Philipp drohte jedem mit der Todesstrafe, der die päpstlichen Bullen in seinen Ländern veröffentlichte, und Maria verweigerte dem neuen Legaten die Einreise nach England. Pole mußte zu seinem Leidwesen erkennen, daß von dieser Situation lediglich die Ketzer profitierten.[41]

Im März 1557 kam Philipp zum zweiten Mal nach England, um für seinen Krieg mit Frankreich die Unterstützung Englands zu gewinnen. Elisabeth war ebenfalls am Hof und traf Philipp wieder. Bei dieser Gelegenheit schlug er ihr erneut die Heirat vor. Elisabeth sollte Emanuel Philibert heiraten und mit ihm als König und Königin England regieren. Emanuel Philibert wiederum sollte Philipp als Gegenleistung für die arrangierte Heirat mit Elisabeth Nizza und andere Teile Savoyens überlassen. Neben Emanuel Philibert hatte Philipp noch einen zweiten Freier im Auge: Alexander Farnese, den Sohn des Herzogs von Parma und seiner Frau Margarethe, der illegitimen Tochter Karls V. Alexander wurde später neben Philipp von Spanien Elisabeths ärgster Feind. Er befehligte die Armee, die 1588 mit der spanischen Armada in England einfallen sollte. Doch als er im Frühjahr 1557 mit seiner Mutter England besuchte und Elisabeth an Marias Hof kennenlernte, galt er als möglicher Gemahl für sie, obwohl er erst zwölf und Elisabeth schon vierundzwanzig war.[42]

Maria erklärte Frankreich den Krieg. Die Kriegserklärung fand in der herkömmlichen Weise statt. Ein englischer Herold wurde an den französischen Hof nach Reims geschickt, um dem König die Kriegserklärung zu überbringen. Heinrich II. brach in Gelächter aus und sagte: »Wer bin ich denn, daß mir eine Frau den Krieg erklärt.«[43] Der Gedanke an einen weiblichen Souverän war im 16. Jahrhundert noch immer ungewohnt, obwohl Karl V. die Niederlande viele Jahre hindurch von seiner Tante Margarethe von Österreich und dann von seiner Schwester Maria von Ungarn hatte regieren lassen und Philipp II. in Kürze Margarethe von Parma zur Regentin in Brüssel ernennen sollte.

Im Juli verließ Philipp England mit 10 000 englischen Soldaten. Die Engländer schlossen sich den spanischen Truppen in den Niederlanden an und fielen zusammen mit ihnen in Frankreich ein. Dank des geschickten Taktierens Emanuel Philiberts trug Philipp vor Saint-Quentin einen großen Sieg davon. Anschließend eroberte er die Stadt im Sturm, obwohl sie von Gaspard de Coligny, dem Admiral von Frankreich, tapfer verteidigt wurde. Der doppelte Sieg bei Saint-Quentin wurde in England mit Tedeums, Glockengeläut und Freudenfeuern auf den Straßen gebührend gefeiert. Der Sieg machte aus Philipp allerdings keinen Nationalhelden, und dem Erfolg folgte bald ein Desaster. Am 31. Dezember 1557 fiel eine französische Armee unter François de Lorraine, dem Herzog von Guise, in die Marken von Calais ein. Binnen vier Tagen war die Burg von Guisnes gefallen, und am 7. Januar wurde Calais eingenommen. Das gesamte englische Gebiet, das England 210 Jahre lang als Brückenkopf in Frankreich gedient hatte und für den englischen Nationalstolz, den Handel und die Strategie im Frieden wie im Krieg eine so große Bedeutung gehabt hatte, war in nur einer Woche verlorengegangen und befand sich nun in den Händen der Franzosen.

Die Niederlage sorgte für böses Blut zwischen den Engländern und ihren spanischen Verbündeten. Als Guise in die Marken von Calais eingefallen war, hatte eine spanische Armee im kaum 24 Kilometer entfernten Gravelines keinen Finger gerührt. Und während die Spanier den Engländern vorwarfen, Calais nicht energischer verteidigt zu haben, beschuldigten die Engländer die Spanier, nicht schnell genug zu Hilfe geeilt zu sein.[44] Im Juli 1558 errangen die Spanier unter Graf Egmont bei Gravelines erneut einen Sieg über die Franzosen, aber sie machten keine Anstalten, den Sieg auszunutzen und Calais zurückzuerobern. Statt dessen schlossen sie mit den Franzosen bis Weihnachten Waffenstillstand und traten in Cateau-Cambrésis an der Grenze zu Frankreich und den Niederlanden in Friedensverhandlungen ein.

Philipp und Maria wurden in England immer unbeliebter. Die Inflation, die bereits in den letzten Regierungsjahren Heinrichs VIII. eingesetzt hatte, nahm weiter zu und bewirkte, daß sich in zehn Jahren die Preise verdoppelten. Fleisch und Butter kosteten jetzt vier Pfennig das Pfund, zwei Eier einen Pfennig. Unter der Bevölkerung herrschte große Unzufriedenheit, obwohl der Lohn eines Landarbeiters von vier Pfennig auf sieben Pfennig pro Tag gestiegen war.[45]

Die Hinrichtungen gingen in den Jahren 1557 und 1558 unvermindert weiter. Fast jeden Monat wurde in Smithfield ein Ketzer verbrannt, und in Kent hatte bald jedes Dorf einen Märtyrer.

Als in Ashford zwei voller Grausamkeit
Für Christi Sache verbrannt wurden;
Als nicht lange danach zwei in Wye
Um Christi willen leiden mußten;
Als schlaue Wölfe jene hinrichteten,
Da sehnten wir uns nach unserer Elisabeth.[46]

Zumindest im Südosten Englands, wo die meisten Hinrichtungen stattfanden, schlugen sich immer mehr Menschen auf die Seite der Opfer. Bei den Hinrichtungen kam es unter den Zuschauern zu Sympathiekundgebungen für die Ketzer. Maria verkündete in einer Proklamation, daß jeder Zuschauer, der bei einer Hinrichtung für einen Ketzer Sympathie zeige, verhaftet und mit Prügel bestraft würde. Als im Juni 1558 in Smithfield sieben Protestanten verbrannt wurden, verlas der Sheriff die Proklamation, sobald sich die Zuschauer um den Scheiterhaufen versammelt hatten. Aber auch das konnte die Sympathiekundgebungen für die Märtyrer nicht verhindern. In England waren illegal Bücher und Flugblätter gegen die Regierung in Umlauf. Maria ließ eine zweite Proklamation veröffentlichen, nach der jeder, dem zufällig eine dieser Publikationen in die Hände fiel, diese sofort verbrennen sollte. Tat er dies nicht, sollte er nach dem Kriegsrecht mit dem Tode bestraft werden.[47]

Im Juli 1558 wurde der Protestant Bembridge in Winchester verbrannt. Während der Hinrichtung kam es zu einem Aufruhr unter der Menge. Die Menschen löschten das Feuer, zerrten den halbtoten Bembridge vom Scheiterhaufen und verlangten einen Aufschub der Hinrichtung. Der Sheriff war einverstanden, brachte Bembridge ins Gefängnis zurück und bat den Staatsrat um neue Anweisungen, da Bembridge nun widerrufen wollte. Maria befahl, Bembridge zum zweiten Mal an den Brandpfahl zu stellen und zu verbrennen, ob er nun widerrufen habe oder nicht. Den Sheriff ließ sie für ein paar Monate einsperren, weil er die Hinrichtung eigenmächtig aufgeschoben hatte.[48]

Doch gegen Elisabeth konnte Maria nichts unternehmen, und Philipp unterstützte sie mehr als je zuvor. Im April 1558 heiratete Maria Stuart den französischen Dauphin in der Kathedrale Notre Dame in Paris. Da Frankreich mit Spanien im Krieg lag, war es dringlicher denn je, eine Thronbesteigung Maria Stuarts in England zu verhindern. Im Januar 1558 schickte Philipp einen neuen Botschafter, den Grafen de Feria, mit der Anweisung nach England, alles in seiner Macht Stehende zu tun, um Elisabeths Wohlwollen zu gewinnen. Elisabeth kam im Februar an den Hof. Wieder ritt sie mit ihrer Eskorte durch London[49], wieder wurde sie von Maria empfangen. Es war das letzte Zusammentreffen der beiden Schwestern.

Die einzige Gefahr, die Elisabeth jetzt noch drohte, war, zu einer Heirat gezwungen zu werden. Philipp bevorzugte nach wie vor eine Heirat mit Emanuel Philibert. Doch Paget und die Gemäßigten im Staatsrat befürchteten Unruhen im Volk, wenn Elisabeth mit einem Ausländer vermählt und ins Ausland geschickt würde. Gustav Wasa, der König von Schweden, hoffte, Elisabeth werde seinen Sohn Prinz Erich heiraten, den späteren König Erich XIV. Ein schwedischer Gesandter, der im Frühjahr 1558 nach England kam, um einen Handelsvertrag auszuhandeln, schlug Elisabeth in einem Brief vor, Prinz Erich zu heiraten. Er hatte Maria zuvor nicht um Erlaubnis gefragt. Elisabeth konnte weitere Verwicklungen verhindern, indem sie Maria vom Vorschlag des Gesandten unterrichtete. Maria schalt den Gesandten, weil er ohne vorherige Absprache mit ihr an Elisabeth herangetreten sei.[50]

Im Oktober erkrankte Maria schwer an Unterleibskrebs. Sie war zweiundvierzig Jahre alt, und es war allgemein bekannt, daß sie im Sterben lag. Ihr Kummer und ihre Niedergeschlagenheit verstärkten sich, als sie vom Tod Karls V. und Marias von Ungarn erfuhr. Es sah so aus, als würden sämtliche Fürsprecher der katholischen Kirche im Herbst 1558 sterben. Philipp schickte seinen Beichtvater Fresneda nach England. Er sollte in Maria dringen, Elisabeth durch eine Botschaft wissen zu lassen, daß sie als Thronfolgerin anerkannt war. Maria weigerte sich und geriet in Zorn. Sie erklärte Fresneda, Elisabeth sei nicht ihre Schwester und nicht das Kind Heinrichs VIII., sondern die Tochter einer niederträchtigen Frau, die ihre Mutter, Königin Katharina, und sie selbst gröblich beleidigt habe. Fresneda beharrte auf seiner Forderung, und schließlich willigte Maria ein. Aber bereits zwei Tage später änderte sie ihre Meinung wieder und lehnte eine entsprechende Erklärung erneut ab.[51]

Die Königin lag im Sterben, aber die Hinrichtungen gingen weiter. Anfang November wurden in Canterbury drei Männer und zwei Frauen als Ketzer verurteilt. Der Archidiakon von Canterbury, Nicholas Harpsfield, der seine Zeit zum einen mit der Erstellung einer Hagiographie von Sir Thomas Morus und zum anderen mit der Verfolgung und Hinrichtung von Protestanten in der Diözese Canterbury verbrachte, wollte diese letzten fünf Ketzer unbedingt noch vor Marias Tod hinrichten lassen. Er eilte von London nach Canterbury, um die Hinrichtung voranzutreiben. Die fünf Ketzer wurden am 10. November verbrannt. Andere Protestanten, die in Gefängnissen in London und Salisbury auf den Tod warteten, hatten mehr Glück. Es blieb keine Zeit mehr, sie noch vor Marias Tod hinzurichten.[52]

Am 10. November ritt Feria nach Brockett Hall bei Hatfield, um Elisabeth im Haus ihres Pächters Sir John Brockett aufzusuchen. Sie empfing ihn wohlwollend und lud ihn ein, mit ihr und Lady Clinton, der Frau des Großadmirals, zu speisen. »Während des Essens«, schrieb Feria an Philipp, »lachten und amüsierten wir uns.« Anschließend schickte Elisabeth bis auf zwei oder drei Hofdamen, die nur Englisch konnten, alle aus dem Zimmer, obwohl Feria nicht erwähnt, in welcher Sprache die Unterhaltung geführt wurde. Feria versicherte Elisabeth Philipps brüderlicher Zuneigung. Elisabeth antwortete, sie sei dankbar, daß Philipp in der Zeit ihrer Gefangenschaft für sie eingetreten sei, und sie wolle deshalb und aufgrund der alten Freundschaft zwischen England und Burgund das Bündnis mit ihm aufrechterhalten. Sie werde niemals mit Frankreich Frieden schließen, wenn Calais nicht an England zurückfalle. Feria hatte jedoch ein ungutes Gefühl. Er glaubte, Elisabeth wolle zwischen Frankreich und Spanien einen neutralen Kurs einschlagen. Und vor allem war er beunruhigt, weil so viele ihrer Freunde und Hofdamen Ketzer waren. Er schrieb Philipp, Elisabeth sei »eine sehr eitle Frau, aber auch sehr schlau«.* [53]

Während Maria in St. James im Sterben lag, rang Pole in Lambeth Palace mit dem Tode. Die beiden versuchten einander in Briefen zu trösten, und beide sandten Botschaften an Elisabeth. Maria äußerte als letzten Wunsch, Elisabeth möge als Königin die katholische Religion beibehalten. Poles Sekretär Priuli schrieb, Elisabeth habe versprochen, keine Änderungen bezüglich der Religion vorzunehmen.[54] Wahrscheinlicher ist allerdings, daß sie eine zweideutige Antwort gab, die diesen Eindruck vermittelte, ohne sich defintiv auf eine künftige Religionspolitik festzulegen.

Maria starb am 17. November um sieben Uhr morgens. Dieser Tag sollte über hundert Jahre lang als Tag der Thronbesteigung Königin Elisabeths gefeiert werden. Die Räte in St. James ritten sogleich nach Hatfield, um Elisabeth die Nachricht zu überbringen. Der Überlieferung zufolge fanden sie sie unter einer Eiche im Garten sitzend, wo sie die Bibel auf Griechisch las. Es ist allerdings unwahrscheinlich, daß sie an einem Novembertag unter einem Baum saß und las. Aber vielleicht machte sie gerade einen Spaziergang im Park, und man fand sie in der Nähe des Baumes.

Um sieben Uhr abends starb Pole, zwölf Stunden nach Maria. Es war das Ende einer Regierung, das Ende einer Ära und das Ende der Hinrichtungen. In drei Jahren und neun Monaten waren 227 Männer und 56 Frauen wegen

* Die Darstellung dieses Gesprächs in Froudes *History of England* (VI, 93-94) und Neales *Königin Elisabeth* (64-65) ist irreführend.

Ketzerei verbrannt worden, fast dreimal soviel wie in den hundert Jahren davor. Aber die fünf Märtyrer aus Canterbury waren die letzten Opfer.

Als sie ganz zuletzt, wie zum Abschied,
In Canterbury diejenigen verbrannten,
Die stets Christus treu blieben
Und deshalb in glühenden Flammen sterben mußten,
Da endlich, sechs Tage nach ihrer Hinrichtung,
Schickte uns Gott unsere Elisabeth.[55]

# 6

# Die Krönung

Am Nachmittag des 17. November informierte Nicholas Heath, Lordkanzler und Erzbischof von York, das Parlament, daß Königin Maria gestorben und Elisabeth ihr nachgefolgt sei. Anschließend pries er die guten Eigenschaften der verstorbenen Königin, insbesondere ihre Treue gegenüber der katholischen Kirche.[1]

Wie würde die Religionspolitik der neuen Königin aussehen? Die Katholiken befürchteten das Schlimmste, schließlich galt Elisabeth als Führerin der protestantischen Partei. Doch wenn Führer einer solchen Partei an die Macht kommen, bestätigen sie nicht immer die Hoffnungen oder Ängste, die sie geweckt haben, solange sie noch in der Opposition waren. Noch war es möglich, daß Elisabeth die schwerwiegenden politischen Nachteile erkannte, die eine Rückführung Englands zum Protestantismus mit sich bringen würde. Die Mitglieder von Marias Staatsrat, die Elisabeth zur Königin ausgerufen hatten, waren Katholiken, ebenso die Bischöfe, die Friedensrichter und die Mehrheit des englischen Volkes. Was die Einwohner Londons und Kents und die Aktivisten der jüngeren Generation glaubten, war in dieser Beziehung nicht maßgeblich. Im Ausland würde eine Rückkehr zum Protestantismus sogar noch größere Probleme schaffen. Alle Engländer, egal welcher Konfession, wollten vor allen Dingen eines: Calais wiedergewinnen, und dies konnte nur mit Hilfe ihres spanischen Verbündeten erreicht werden. Es war nicht die Zeit, sich Philipp zum Feind zu machen, indem man das Reich in die Ketzerei führte.

Aber nicht nur solche strategischen Überlegungen waren zu berücksichtigen. Die neue Königin war eine junge Frau mit starken Emotionen, tiefen religiösen Empfindungen und ausgeprägten Neigungen und Abneigungen. Was immer protestantische und katholische Theologen sagen mochten, Elisabeth liebte das Kruzifix, das leidenschaftliche Protestanten als Götzenbild verdammten. Sie liebte auch die prachtvollen Meßgewänder des Klerus, die von den Protestanten unter Eduard VI. verboten worden waren. Und sie teilte die Vorurteile vieler ihrer Untertanen bezüglich verheirateter Priester und ihrer Ehefrauen. Andererseits haßte sie die Messe und die Erhebung und Verehrung der Hostie, die den Glauben an die Transsubstantiation und die Realpräsenz beinhaltete. Dies war im wahrsten Sinne des Wortes das brennendste Problem der letzten vierzig Jahre gewesen. Fast jeder Märtyrer, der unter Heinrich VIII. und Maria auf dem Scheiterhaufen geendet hatte, war als »Sakramentierer« verurteilt worden, weil er die Realpräsenz geleugnet hatte, auch wenn er noch anderer Ketzereien beschuldigt worden war. Jetzt wurde England von einer Königin regiert, die, egal wie konservativ sie in anderen Dingen sein mochte und wie vorsichtig sie an die religiöse Veränderung heranging, eine überzeugte Sakramentiererin war. Während der Regierungszeit ihrer Schwester war sie nicht bereit gewesen, zu ihrer Ablehnung der Messe zu stehen und deswegen den Märtyrertod zu erleiden. Die ihr aufgezwungene Unterwerfung und das erzwungene Schweigen in den letzten fünf Jahren hatten den Haß nur verstärkt, aber weil sie sich unterworfen hatte und weil sie geschwiegen hatte, war sie jetzt in der Lage, sich zu rächen.

Eines wußte Elisabeth von vornherein: Jede religiöse Veränderung mußte auf rechtmäßige und ordentliche Weise unter Aufsicht der Königin durchgeführt werden. Es durfte keine Aufstände, keine Zerstörung von Kirchen und keine Angriffe auf katholische Priester von seiten des protestantischen Pöbels geben. Elisabeth erließ umgehend eine Proklamation. Darin erklärte sie, es habe Gott gefallen, ihr die Krone zu übertragen, »nachdem Er zu Unserer großen Trauer Unsere liebste Schwester selig«, die verstorbene Königin Maria, »aus dem irdischen Leben zu sich gerufen hat«, und sie verbot ihrem Volk unter Androhung einer nicht genauer definierten »Strafe«, eigenmächtig Änderungen hinsichtlich der Religion vorzunehmen.[2] Kardinal Poles Sekretär Priuli schrieb erleichtert nach Venedig, es sei offenkundig, daß Elisabeth den katholischen Glauben in England aufrechterhalten wolle, wie sie es Maria versprochen habe.[3]

Dann benannte Elisabeth ihren Staatsrat. Sie bestätigte dreizehn Räte, die bereits Marias Staatsrat angehört hatten, in ihren Ämtern und ernannte neue Räte, die unter Maria kein hohes Amt innegehabt hatten. Zu ihnen gehörten Lord Russell, der jetzige zweite Graf von Bedford, der nach Wyatts Aufstand verhaftet worden war, aber später bei Saint-Quentin in Philipps Armee gekämpft hatte; Elisabeths Kämmerer Thomas Parry, der wegen der Affäre um Thomas Seymour und während Elisabeths Gefangenschaft in Woodstock Ärger bekommen hatte; und Sir William Cecil, den sie zu ihrem Staatssekretär ernannte. Einen Monat später berief sie Katharina Parrs Bruder Sir William

Parr in den Staatsrat. Zuvor hatte sie ihm den Titel Marquis von Northampton zurückgegeben, der ihm aberkannt worden war, nachdem man ihn wegen der Unterstützung Jane Greys gegen Maria zunächst zum Tode verurteilt und dann begnadigt hatte. Im Januar setzte sie einen der leidenschaftlichsten Protestanten in Amt und Würden ein: Sir Francis Knollys, den Gemahl ihrer Cousine Katharina. Er war kurz zuvor aus Deutschland zurückgekehrt, wo er als Flüchtling gelebt hatte. Elisabeth ernannte ihn zum Vize-Haushofmeister, zum Kommandanten der Leibwache und zum Mitglied des Staatsrats.

Cecil hatte das Amt des Staatssekretärs bereits unter Somerset und Northumberland innegehabt. Nachdem er sich aus dem Komplott um Jane Grey herausgeredet hatte, war er von Maria zwar begnadigt, dafür aber degradiert worden. Auf Anordnung Marias mußte er Kardinal Pole von Brüssel nach London begleiten, als dieser als päpstlicher Legat nach England zurückkehrte. Cecil und Pole wurden Freunde – wahrscheinlich, weil beide gerne Platon, Cicero und andere Werke klassischer Literatur lasen. Cecil paßte sich an und besuchte die Messe. Die meiste Zeit verbrachte er in seinem Haus in Wimbledon. Als Parlamentsabgeordneter für Stamford, wo er mit Burghley House einen weiteren Wohnsitz hatte, nahm er an Parlamentssitzungen teil und sprach sich im Unterhaus gegen den Vorschlag aus, die Pachtzahlungen an all jene protestantischen Grundbesitzer zu stoppen, die ins Ausland geflohen waren. Der Gesetzentwurf wurde abgelehnt, und Sir Anthony Kingston, der dagegen protestiert hatte, kam in den Tower. Cecil kam mit einer Verwarnung davon.[4]

Im 16. Jahrhundert war es ebensowenig gang und gäbe wie im 20. Jahrhundert, daß Edelleute, die zurückgezogen auf dem Land lebten, plötzlich ein hohes Amt in der Regierung übertragen bekamen. Offenbar waren Elisabeth und Cecil in den letzten Monaten von Marias Regierung in Verbindung geblieben. Briefe aus dieser Zeit sind allerdings nicht erhalten. Wenn sie sich tatsächlich geschrieben haben, waren sie zweifellos so vorsichtig, die Briefe zu vernichten. Elisabeth während Marias Regierungszeit zu besuchen, wäre für jemanden in Cecils Position normalerweise genauso riskant gewesen, wie ihr politisch kompromittierende Briefe zu schreiben. Doch ab 1550 war Cecil Verwalter von Elisabeths Vermögen, und aufgrund seiner offiziellen Pflichten als Verwalter hatten die beiden wahrscheinlich die Möglichkeit, ab und zu mit größter Diskretion über ihre Zukunftspläne zu sprechen. Zumindest bei einer Gelegenheit hielt es Cecil allerdings für klüger, ein Zusammentreffen mit Elisabeth zu vermeiden.[5]

Cecil war von seiner Veranlagung her weder ein Märtyrer noch ein Revolutionär. Er wollte nicht auf dem Scheiterhaufen sterben, gefoltert werden oder lange Zeit im Gefängnis schmachten, und er hatte nicht die Absicht, sich gegen seine katholische Herrscherin aufzulehnen. Er war jedoch ein überzeugter Protestant, und nach dem 20. November 1558 stellte er vierzig Jahre lang all seine Fähigkeiten in den Dienst Elisabeths und des Protestantismus. Und er hatte große Fähigkeiten. Mit seinem nüchternen Urteil konnte er Elisabeths emotionale Entscheidungen fast immer günstig beeinflussen, was manchmal freilich einige Mühe kostete. Zudem war er ein hervorragender Außenminister.

Am 22. November verließ Elisabeth Hatfield und begab sich nach London. Sie nahm Wohnung im Kartäuserkloster Charterhouse in der Nähe des Wachturmes Barbican außerhalb der Stadtmauern. Der Bürgermeister und die Würdenträger der Stadt kamen ihr bis Highgate entgegen. Als Bonner, der Bischof von London und verhaßteste aller Ketzerverfolger, ein dicker, lauter, grober und brutaler Mann, mit den übrigen auf Elisabeth zukam und ihr die Hand küssen wollte, zog sie ihre Hand zurück und kehrte ihm angewidert den Rücken. Nach sechstägigem Aufenthalt in Charterhouse ritt sie durch Barbican und Cripplegate und entlang der London Wall nach Bishopsgate, dann über die Leadenhall Street, die Gracechurch Street und die Fenchurch Street zur Mark Lane und zur Tower Street und schließlich zum Tower. Für diesen Anlaß waren die Straßen extra frisch mit Kies bestreut worden. Die Menschen bereiteten Elisabeth einen triumphalen Empfang. Die Londoner Protestanten, die ihr bereits zugejubelt hatten, als sie noch bei Maria in Ungnade war, feierten sie nun als Königin.[6]

Elisabeth dachte jedoch zunächst daran, die Londoner Protestanten in Schach zu halten, bis sie bezüglich der Religion eine Entscheidung getroffen hatte. Dies geschah am besten mit Hilfe der Sonntagspredigten am Paul's Cross, der Kanzel im Kirchhof der St. Pauls-Kathedrale. Dort erläuterten von der Regierung ernannte Prediger den vielen Menschen, die sich bei jedem Wetter hier im Freien versammelten, um die neueste Propaganda der Regierung zu hören, die offizielle Politik. Der erste Prediger der neuen Regierung war Dr. William Bill, der ehemalige Leiter des Trinity College in Cambridge, der bei Marias Thronbesteigung aus seinem Amt entlassen worden war. Zwei katholische Mitglieder des College hatten Dr. Bill nicht einmal Zeit gelassen, der Anordnung der Königin Folge zu leisten, und ihn noch in der Kapelle des College mit Gewalt von seinem Sitz gestoßen. Er hatte unter Maria freilich nichts Schlimmes zu erdulden und lebte zurückgezogen im Haus eines Verwandten, des Pfarrers von Sandy in Bedfordshire.

Bill war für Elisabeth der geeignete Mann, den Eifer der Protestanten zu zügeln. Am Sonntag, dem 20. November, ermahnte er in seiner Predigt alle Anhänger des wahren protestantischen Glaubens, dem Gesetz zu gehorchen und vorläufig keine Änderungen an den bestehenden religiösen Bräuchen vorzunehmen. John Christopherson, der Bischof von Chichester, der am darauffolgenden Sonntag am Paul's Cross predigen sollte, war freilich schon darüber beunruhigt, daß Bill den Protestantismus als den »wahren Glauben« bezeichnet hatte. Christopherson griff Bill in seiner Predigt an und erklärte, was dieser den »wahren Glauben« genannt habe, sei Ketzerei.

Elisabeth bedeutete Christopherson, daß er ausgewählt worden sei, um Zurückhaltung zu predigen, und nicht, um den Haß auf Ketzer noch zu schüren. Dann ließ sie ihn unter Hausarrest stellen. Wahrscheinlich wäre er bald wieder freigelassen worden, doch bereits zwei Wochen später starb er in Haft.[7]

Elisabeth sorgte dafür, daß Maria ein Begräbnis bekam, wie es einer Königin von England gebührte. Sie beauftragte John White, den Bischof von Winchester, die Leichenrede zu halten. White war ein frommer Katholik, der unter Eduard VI. nur geringe Schwierigkeiten gehabt und unter Maria Protestanten verfolgt hatte. Er war Vorsitzender des Gerichts, das Ridley der Ketzerei beschuldigt und ihn verurteilt hatte. Als Text für seine Rede wählte er Kohelet, 4, 2: »Da preise ich immer wieder die Toten, die schon gestorben sind, und nicht die Lebenden, die noch leben müssen.« Er sprach von Marias außergewöhnlicher Frömmigkeit und davon, wie ihre Knie rauh geworden seien vom ständigen Hinknien beim Beten. »Sie hat ihrer Schwester den Thron hinterlassen, einer Lady von großer Würde, der wir ebenfalls zum Gehorsam verpflichtet sind, denn ›ein lebendiger Hund ist besser als ein toter Löwe‹ ... doch sage ich trotzdem, mit meinem Text: ›Da preise ich immer wieder die Toten, die schon gestorben sind, und nicht die Lebenden, die noch leben müssen‹, denn ganz gewiß hat Maria den besseren Teil gewählt.«

Anschließend warnte White das Volk vor den großen Gefahren, denen es ausgesetzt sei: »Ich warne Euch, die Wölfe kommen aus Genf und anderen Städten Deutschlands, und sie haben Bücher voll verderblicher Lehren, Lästerungen und Ketzereien vorausgeschickt, um das Volk zu vergiften.« Wenn diejenigen, die von Gott zur Bewachung und zum Schutz der Herde ausersehen seien, nicht Alarm schlagen würden, wenn der Wolf sich der Herde näherte, »dann sollen die Mächtigeren noch stärker gepeinigt werden, und das Blut der Menschen soll von ihnen gefordert werden«.

Elisabeth gefiel Whites Predigt nicht, und sie konnte seinen Vergleich der toten und der lebenden Königin nicht einfach ignorieren. Sie ließ ihn in seinem Palast in Southwark unter Hausarrest stellen, hob den Befehl jedoch nach einem Monat wieder auf.[8]

In Somerset House am Strand erörterte Elisabeth mit ihren Räten die anstehenden Probleme, insbesondere die Frage, inwieweit und wie rasch Änderungen bezüglich der Religion vorgenommen werden sollten. Armagil Waad, ein älterer Sekretär des Staatsrats, der als junger Mann nach Neufundland gesegelt war, verfaßte ein Papier über die Schwierigkeiten, denen die Königin gegenüberstand. Bei der Einführung religiöser Neuerungen riet er zur Vorsicht. In

Gefäße mit schmalen Hälsen dürfe Wasser nicht schnell hineingegossen werden, sonst gehe das meiste Wasser daneben.[9]

Auch Richard Goodrich, ein Anwalt und Regierungsbeamter mit starkem Hang zum Protestantismus, führte Elisabeth die Notwendigkeit vor Augen, bei der Einführung religiöser Veränderungen behutsam vorzugehen. Seiner Ansicht nach sollten zunächst die Häresie-Gesetze, nach denen die protestantischen Märtyrer verbrannt worden waren, außer Kraft gesetzt werden. Die Königin konnte auch die von ihr so mißbilligte Erhebung der Hostie in ihrer königlichen Kapelle abschaffen; sie konnte die Liturgie, die Predigten und bestimmte Gebete auf Englisch lesen lassen, wie dies gegen Ende der Regierungszeit Heinrichs VIII. der Fall gewesen war; und sie konnte bei der Priesterehe ein Auge zudrücken, ohne sie zu legalisieren. Aber vorläufig sollte sie keine weiteren Änderungen vornehmen.[10]

Elisabeth wollte zumindest so weit gehen, wie Goodrich ihr riet. Sie verbrachte Weihnachten in Whitehall, und am Weihnachtsmorgen zelebrierte Owen Oglethorpe, der Bischof von Carlisle, in ihrer Kapelle die Messe. Während des Gottesdienstes hielt er wie üblich die Hostie zur Verehrung in die Höhe. Elisabeth befahl ihm, dies zu unterlassen, da sie in der königlichen Kapelle keine Erhebung der Hostie dulde. Als Oglethorpe sich weigerte und die Hostie weiter hochhielt, erhob sich die Königin und verließ die Kapelle.[11] Die Katholiken waren schockiert. Hätte vor sechs Wochen eine Frau während der Messe so gesprochen und gehandelt wie Elisabeth, wäre sie als Ketzerin verbrannt worden. Am 27. Dezember erließ Elisabeth eine Proklamation, wonach die Liturgie, das Vaterunser, die Zehn Gebote und der Bibeltext des jeweiligen Tages in allen Gottesdiensten auf englisch gelesen werden sollten.[12]

Die Krönung war für Mitte Januar vorgesehen. Aber wer sollte Elisabeth krönen? Da das Erzbistum Canterbury nach Poles Tod vakant war, lag es nahe, daß Heath als Erzbischof von York die Krönung vornehmen sollte. Doch da Elisabeth sich geweigert hatte, am Weihnachtstag in ihrer Kapelle die erhobene Hostie anzubeten, betrachtete Heath sie als Ketzerin und weigerte sich, sie zu krönen. Noch einige andere Bischöfe wurden aufgefordert, Elisabeth zu krönen, aber alle lehnten ab. Schließlich erklärte sich der Bischof von Carlisle dazu bereit. Als seine Mitbischöfe ihm Verrat vorwarfen, weil er eine Ketzerin krönen wollte, erklärte er, er habe nur widerwillig zugestimmt, weil er fürchte, Elisabeth könne in die Arme der Ketzer getrieben werden, wenn sich alle Bischöfe weigerten.[13]

Feria war zunehmend empört über Elisabeth. »Was kann man von einem Land erwarten, das von einer jungen Königin regiert wird, die zwar begabt, aber ohne jeden Weitblick ist und jeden Tag offener gegen die Religion zu Felde zieht? Das Königreich ist völlig in den Händen von jungen Leuten, Ketzern und Verrätern, und die Königin gewährt nicht einem einzigen von denen ihre Gunst, die Ihre Majestät, die jetzt im Himmel ist, empfangen hätte... Die Alten und die Katholiken sind unzufrieden, aber sie wagen nicht, den Mund aufzumachen.«[14] Feria hatte sich in Jane Dormer verliebt. Sie kam aus einer streng katholischen Familie und war bei Königin Maria Hofdame gewesen. Zwei Wochen, nachdem er diesen Brief geschrieben hatte, heiratete er Jane Dormer, die seine Befürchtungen hinsichtlich der neuen Königin teilte.

Doch zu allererst mußte Feria an die Interessen König Philipps denken. Seiner Meinung nach war diesen am besten gedient, wenn Philipp Elisabeth heiratete. In diesem Fall blieb Philipp König von England und konnte England fest an seine Bündnispartner Spanien und die Niederlande binden. Vielleicht konnte er Elisabeth sogar davon abhalten, die Ketzerei zu fördern. Es gab nur eine Schwierigkeit: Eine Heirat Philipps mit der Schwester seiner toten Gemahlin war nach kirchlichem Recht verboten. Aber da seine Armeen beim letzten Feldzug in Italien die Truppen des Papstes entscheidend geschlagen hatten, bestand kaum ein Zweifel, daß er den Papst dazu bringen würde, eine Dispens für die Heirat zu gewähren. Heinrich II. von Frankreich hatte geahnt, daß Philipp eine Heirat mit Elisabeth anstreben werde. Deshalb hatte er seine Agenten in Rom bereits angewiesen, ihr möglichstes zu tun, um die Erteilung der Dispens zu verhindern.

Nach seinem erfolgreichen Feldzug in Frankreich war Philipp nach Brüssel zurückgekehrt. Er schrieb Feria, er wolle Elisabeth nicht heiraten, weil sie eine Ketzerin sei. Dennoch beauftragte er seinen Gesandten, wenn auch widerwillig, ihr in seinem Namen einen Antrag zu machen.[15] Vielleicht war Philipp nicht ganz offen zu Feria. Elisabeth war attraktiv, und Philipp kann sie trotz seiner offensichtlichen Aversion gegen Frauen und seiner frommen Furcht vor sexuellen Kontakten begehrt haben, obwohl er dies vor seinem Botschafter und vor sich selbst niemals zugegeben hätte. Statt dessen behauptete er, der einzige Grund für den Heiratsantrag sei sein Pflichtbewußtsein gegenüber Gott und seinen Untertanen. Der Eindruck, den er auf Feria machte, als er sich erbot, seine Gefühle zu opfern und die ketzerische Königin zu heiraten, war vermutlich ebenso verzerrt wie das Bild, das englische Autoren des 16. Jahrhunderts von dem lüsternen spanischen Schurken zeichneten, der danach lechzte, die tugendhafte, jungfräuliche Königin von England zu entehren.

Feria machte Elisabeth in Philipps Namen einen formellen Heiratsantrag. Elisabeth dankte ihm und erklärte, sie fühle sich sehr geehrt, müsse aber ablehnen, da sie nicht heiraten, sondern auf ewig Jungfrau bleiben wolle. Laut Camden, der sich später mit Cecil anfreundete und von den Vorgängen 1559 am Hof wußte, schrieb Philipp Elisabeth einen Liebesbrief, in dem er ihr einen Antrag machte, und als sie ihn abwies, erneuerte er seinen Antrag in weiteren Liebesbriefen. Camden behauptet, es habe sich um leidenschaftliche und beredte Briefe gehandelt, und Elisabeth sei über die Briefe und »die Manieren und das Betragen eines so großen Königs« derart entzückt gewesen, daß sie sie ihren Höflingen laut vorgelesen habe. Es ist durchaus möglich, daß Philipp solche Briefe geschrieben hat oder sie hat schreiben lassen. Zwar wußte jeder, daß diplomatische Ehen zwischen Herrschern aus machtpolitischen Gründen geschlossen wurden, aber es gehörte sich trotzdem, so zu tun, als handle es sich um Liebesheiraten, und eine romantische Scharade aufzuführen, bei der ein Fürst leidenschaftlich um eine schüchterne Fürstin wirbt.

Camden schrieb, Elisabeths Höflinge seien beunruhigt gewesen, daß sich die Königin so über Philipps Liebesbriefe gefreut habe. Sie »fürchteten, daß das schwache junge Mädchen, das oftmals hin und her wankte, leicht« Philipps Wünschen »nachgeben könnte«. Deshalb überlegten sie, wie sie Elisabeth überzeugen konnten, daß sie Philipp abweisen mußte: Wenn die Königin Philipp aufgrund eines päpstlichen Dispenses heiratete, erkannte sie damit die Macht des Papstes an, eine Ehe zuzulassen, die nach Gottes Wort verboten war. Wenn der Papst einem Witwer erlauben konnte, die Schwester seiner verstorbenen Frau zu heiraten, dann konnte er auch einer Witwe erlauben, den Bruder ihres verstorbenen Mannes zu heiraten. Dann war der päpstliche Dispens für die Heirat Heinrichs VIII. mit Katharina von Aragon gültig und ihre Ehe rechtmäßig, Heinrichs Eheschließung mit Anne Boleyn dagegen ungültig und Elisabeth ein Bastard.[16]

Die Krönung fand am Sonntag, den 15. Januar 1559 statt. Drei Tage vorher begab sich Elisabeth mit dem Schiff von Whitehall zum Tower. Am Samstag fuhr sie in der Kutsche im traditionellen Krönungszug einen Tag vor der Krönung vom Tower durch die Straßen von London nach Westminster. Für die Londoner war dies stets ein großes Ereignis. Der Bürgermeister, die Ratsherren und die Zunftmeister in ihren Amtsroben und die Kinder der Armenhäuser begrüßten die Herrscherin mit Schaugerüsten, Versen und allerlei Lustbarkeiten. Doch der Krönungszug vom 14. Januar 1559 war weit mehr als das: Er war eine begeisterte Sympathiekundgebung der Protestanten für Elisabeth. Das erste Schaugerüst in der Gracechurch Street stellte »die Vereinigung der beiden Häuser Lancaster und York« dar. Von den Vorfahren der Königin wurde nicht nur »der tapfere und edle König Heinrich VIII.« gezeigt, sondern auch »die ehrenwerte Königin Anne, Gemahlin König Heinrichs VIII. und Mutter unserer jetzigen Herrscherin, Königin Elisabeth«. Das fünfte und letzte Schaugerüst bei Conduit in der Fleet Street zeigte, wie Gott Deborah zur Richterin und Wiederherstellerin des Hauses Israel bestimmte, nachdem die Israeliten von Jabin, dem König der Kanaanäer, lange unterdrückt worden waren.

Elisabeth ließ ihre Kutsche an jedem Schaugerüst anhalten und richtete an die Darsteller und die Umstehenden Worte des Dankes und der Anerkennung. In Cheapside lächelte sie zufrieden, als jemand ausrief: »Gedenke des alten Königs Heinrich VIII.« Es war die Stimme eines Engländers, der stellvertretend für viele das Andenken des großen Königs ehrte, der Franzosen und Schotten besiegt und dem ausländischen Papst die Stirn geboten hatte. Ein paar Meter weiter allerdings, am Schaugerüst bei Little Conduit in Cheapside, hielt einer der Darsteller eine englische Bibel hoch. Zur Zeit Heinrichs VIII. waren diejenigen, die sie lasen, eingesperrt worden. Elisabeth wollte wissen, um was für ein Buch es sich handle. Als man ihr sagte, es sei die englische Bibel, erklärte sie, sie wolle »oft in diesem Buch lesen«. Sie bat darum, ihr das Buch zu bringen, aber als ein Edelmann es für sie holen wollte, hieß es, es sei vorgesehen, daß ein Kind ihr das Buch »mit einem seidenen Band« überreiche. Elisabeth nahm das Buch entgegen und preßte es mit beiden Händen an ihre Brust. Als sie bei Temple Bar die Stadtgrenze erreichte, sagte ein Kind ein Gedicht auf, in dem die Königin als Deborah gepriesen wurde, die an Stelle des Irrtums die Wahrheit setzte.

Am nächsten Tag wurde Elisabeth in der Abtei von Westminster gekrönt. Der Krönungsgottesdienst fand nach lateinisch-mittelalterlicher Liturgie statt, und Oglethorpe nahm Elisabeth den Krönungseid in der gewohnten Form ab. Nachdem er sie gekrönt hatte, wurde eine lateinische Messe gelesen. Aber ihr Kaplan, der die Messe zelebrierte, sprach den Segen auf Englisch und hob die Hostie nicht empor.[17]

# 7

# Das protestantische Königreich

Zehn Tage nach der Krönung trat das Parlament zusammen. Die Wahlen hatten diesmal ohne den üblichen Druck von oben stattgefunden. Normalerweise wurden den Bürgermeistern in den Städten und den Sheriffs in den Grafschaften die Namen der Kandidaten mitgeteilt, die der Souverän als ihre Parlamentsvertreter bestimmt hatte, und die kleine Zahl der Wähler – nur wenige hundert pro Wahlbezirk – fügte sich in der Regel den Wünschen des Herrschers. Unter Maria war dieses Verfahren bei jeder allgemeinen Wahl angewandt worden. Elisabeth dagegen gab den Wählern im Dezember 1558 keine Anweisungen, wen sie ins Parlament wählen sollten. Sie mischte sich nicht in die Wahl ein.[1] Vielleicht hatte sie einen besonderen Grund dafür. Die große Aufgabe, vor der Elisabeths erstes Parlament stand, war die Regelung der religiösen Frage. Nur durch eine völlig freie Wahl konnte Elisabeth sich ein Bild machen, wie ihre wahlberechtigten Untertanen – die Kaufleute in den Städten und die Edelleute auf dem Land – über die religiöse Kontroverse dachten. Die Wahl verschaffte vielen Anhängern des Protestantismus einen Sitz im Parlament, darunter einigen Flüchtlingen, die eben erst aus ihrem Exil in Deutschland oder der Schweiz nach England zurückgekehrt waren. Elisabeth und Cecil sahen, daß das Unterhaus eine rasche und radikale Veränderung der Religion unterstützen würde. Im Oberhaus mit seinen 43 Peers, 16 Bischöfen und dem einen noch verbliebenen Abt würde es wahrscheinlich mehr Widerstand geben.

Ehe das Unterhaus sich mit der Religionsregelung befaßte, legte es der Königin nahe, sich zu verheiraten und für einen Nachfolger zu sorgen. Elisabeth antwortete, sie habe nicht die Absicht, sich zu vermählen, »und es soll mir genügen, wenn am Ende auf einem Marmorstein geschrieben steht, daß eine Königin so und so lange regiert hat und als Jungfrau lebte und starb«.[2]

Anschließend wandte sich das Parlament der Religionsfrage zu. Da sich nahezu alle Bischöfe geweigert hatten, die Königin zu krönen, und sie beinahe öffentlich zur Ketzerin erklärt hatten, hatte Elisabeth keine andere Wahl, als sich den Protestanten zuzuwenden, die sie so begeistert feierten. Sie mußte ganz neue Bischöfe ernennen, und es mußten Protestanten sein. Obwohl es geeignete protestantische Geistliche gab, die nach dem Verlust ihrer Pfründen unter Maria zurückgezogen in England gelebt hatten, durfte Elisabeth auch die nicht vergessen, die ins Ausland geflohen waren und als Flüchtlinge in der radikaleren Umgebung der Städte in Deutschland und der Schweiz gelebt hatten. Unter den Kirchenführern in England gab es keine Gemäßigten mehr. Es gab nur noch Ketzerverfolger in Gestalt papsttreuer Katholiken und verbitterte, katholikenfeindliche Protestanten. Die Königin selbst nahm in Glaubensfragen fast als einzige eine gemäßigte Haltung ein. Sie war nicht aus Prinzip oder aus taktischen Gründen gemäßigt, sondern aufgrund ihrer eigenen religiösen Neigung. Aber eine Königin, die die Erhebung der Hostie nicht duldete und eine Sakramentiererin war, konnte sich nur auf die Protestanten stützen, ganz gleich, wie sie über Kruzifixe, Priesterehe und Meßgewänder dachte.

Die Regierung legte ein Gesetz vor, das das päpstliche Supremat abschaffte und Elisabeth, wie Heinrich VIII. und Eduard VI., zum »Oberhaupt der Kirche von England« erklärte. Der Gesetzentwurf stieß bei mehreren katholischen Bischöfen im Oberhaus auf Widerstand. Obwohl Heath erklärte, die Königin sei »eine so bescheidene, tugendsame und fromme Herrscherin, wie sie England noch nicht gehabt hat«, beharrte er darauf, daß sie nicht Oberhaupt der Kirche sein könne, da nach Paulus eine Frau in der Kirche weder Apostel noch Seelenhirte, Theologe oder Prediger sein dürfe.[3] Man schloß einen Kompromiß: die Königin sollte nicht Oberhaupt der Kirche, sondern »Oberster Statthalter der Kirche von England« sein. Die Weigerung, den Eid auf das königliche Supremat abzulegen, sollte beim ersten Mal noch nicht mit dem Tod wie unter Heinrich VIII., sondern lediglich mit dem Verlust des Amtes bestraft werden. Die Verteidigung des päpstlichen Supremats sollte beim ersten Mal mit einer Geldbuße, beim zweiten Mal mit lebenslanger Haft und erst beim dritten Mal mit dem Tod bestraft werden.

Im Unterhaus wehrte sich John Story, der Abgeordnete für Downton in Wiltshire, heftig gegen die Suprematsakte. Er war ein fähiger katholischer Rechtsgelehrter, der beim Ketzerprozeß gegen Cranmer Anklagevertreter gewesen war. Während der Debatte erklärte er, er bedaure nicht, unter Maria an der Verfolgung von Ketzern beteiligt gewesen zu sein. »Ich wünschte, ich hätte mehr getan ... In Uxbridge schlug ich einem solchen erbärmlichen Wurm auf dem Scheiterhaufen mit einem Reisigbündel ins Gesicht, als er einen Psalm anstimmte, und legte ihm Dornen unter die Füße... Ich schäme mich nicht dafür und es tut mir auch nicht leid.« Unter Maria hatte Story den Bischöfen jedoch oft vorgeworfen, sie seien zu sehr mit der Verfolgung der kleinen Leute beschäftigt und »zerhackten Zweige«: »Ich wünschte, sie hätten die Wurzel herausgerissen, denn wenn sie dies getan hätten, stünde dieses Problem jetzt nicht mehr zur Debatte.«[4] Jeder wußte, daß Story mit der »Wurzel« Lady Elisabeth, die jetzige Königin, gemeint hatte.

Schließlich wurde das Gesetz über die Abschaffung des päpstlichen und die Wiedereinführung des königlichen Supremats von beiden Häusern des Parlaments verabschiedet. Im Oberhaus wurde das Gesetz am 18. März 1559, dem Tag vor Palmsonntag, mit 33 zu 12 Stimmen verabschiedet. Alle Bischöfe und zwei weltliche Peers stimmten dagegen. Am Mittwoch der Karwoche verkündete Elisabeth in einer Proklamation, daß an Ostern in jeder Kirche das Abendmahl wie zu Zeiten Eduards VI. auf zweierlei Art gefeiert werden solle, weil viele Angehörige des Adels, des Landadels und des gemeinen Volkes nicht gewillt seien, das Abendmahl auf andere Weise zu empfangen. Weigerte sich ein Priester, der Gemeinde den Wein zu reichen, sollten die Gläubigen eine andere Kirche aufsuchen.[5]

Es besteht kaum ein Zweifel, daß Elisabeth ursprünglich am Karfreitag, zwei Tage nach Erlaß der Proklamation am 22. März, im Oberhaus die königliche Genehmigung für die Suprematsakte erteilen und dann das Parlament auflösen wollte. Weitere gesetzliche Änderungen in der religiösen Frage sollten dem nächsten Parlament überlassen bleiben, das wahrscheinlich erst in ein paar Jahren einberufen würde. Doch sie änderte ihre Meinung. Anstatt das Parlament aufzulösen, ließ sie die Sitzung um zehn Tage bis nach Ostern vertagen, ohne der Suprematsakte ihre Zustimmung zu geben, damit über die Einführung protestantischer Gottesdienste im ganzen Reich zu einem späteren Zeitpunkt beraten werden konnte. Sir John Neale hat aufgezeigt, daß Elisabeth diese Entscheidung zwischen dem Abend des 23. März und dem nächsten Tag bis spätestens ein Uhr mittags getroffen haben muß. Ihm zufolge ließ Elisabeth sich nicht nur von der Notwendigkeit leiten, sich angesichts des Widerstands der katholischen Bischöfe auf den protestantischen Klerus zu stützen, sondern auch von den Neuigkeiten, die wenige Tage zuvor in England eingetroffen waren. England, Frankreich und Spanien hatten in Cateau-Cambrésis Frieden geschlossen, und von seiten Frankreichs drohte keine unmittelbare Gefahr mehr.[6]

Die Friedensverhandlungen, die in der Hauptsache von Kardinal Granvelle für Philipp und dem Kardinal von Lothringen für Frankreich geführt wurden, wurden zu einem zähen Ringen um den Tausch von Grenzstädten in Flandern und im Herzogtum Mailand, obwohl beiden Kardinälen daran gelegen war, daß sich Philipp und Heinrich II. gegen die Ketzer in ganz Europa verbündeten. Lord Howard von Effingham und die übrigen englischen Vertreter bei den Friedensverhandlungen verlangten die Rückgabe von Calais. Elisabeth gestand schließlich zögernd zu, daß die Franzosen Calais acht Jahre behielten und erst am 2. April 1567 wieder zurückgaben. Philipp und Heinrich einigten sich über den Austausch einiger Grenzstädte, und Philipp sollte Heinrichs Tochter Elisabeth von Valois heiraten. Im April schlossen England und Schottland Frieden. In dem Vertrag verpflichteten sich beide Seiten, nicht in das Gebiet des anderen einzudringen und dort Rebellen, Verräter, Mörder, Diebe oder Räuber zu unterstützen. Flüchtige Rechtsbrecher sollten innerhalb von 20 Tagen ausgeliefert werden. Die Schotten erklärten sich zudem bereit, die Grenzbefestigungen in Eyemouth an der Küste bei Berwick zu schleifen.

Als Feria Elisabeth davon unterrichtete, daß Philipp Prinzessin Elisabeth von Valois heiraten wollte, meinte diese, Philipp könne kaum ernsthaft in sie verliebt gewesen sein. Er habe nur vier Monate warten wollen, ob sie es sich nach ihrer ersten Zurückweisung seines Antrags nicht doch noch anders überlege. Feria versicherte ihr, sie könne sich auf Philipp als treuen Verbündeten stets verlassen.[7]

Andererseits machte Feria Elisabeth aber deutlich, daß Philipp über die geplanten religiösen Veränderungen zutiefst entsetzt sei und dies für sie ernste Konsequenzen haben könne. Elisabeth wollte wissen, ob die Gefahr vom König von Frankreich oder von Philipp ausgehe, und Feria versicherte ihr eilig, daß ihr von Philipp keine Gefahr drohe. Er wolle ihr nur einen guten Rat geben. Elisabeth erklärte, sie wolle zu allen ausländischen Fürsten freundschaftliche Beziehungen unterhalten und die Religion lediglich in den Zustand zurückversetzen, in dem sie beim Tod ihres Vaters gewesen sei. In Wirklichkeit war sie freilich mit ihren Proklamationen schon weiter gegangen. Feria erinnerte sie daran, daß Heinrich VIII. Lutheraner habe verbrennen lassen und daß die »Feiglinge«, die jetzt am Hof predigten, Anhänger Luthers oder Zwinglis seien.[8]

Das dritte Book of Common Prayer wurde von einer Kommission protestantischer Theologen entworfen und erhielt durch die dritte Uniformitätsakte Gesetzeskraft. Es war nicht so protestantisch wie das zweite Book of Common Prayer von 1552, aber radikaler als das erste von 1549. Die katholische Messe wurde abgeschafft, und dafür wurde der protestantische Abendmahlsgottesdienst wieder eingeführt. Elisabeth hätte es vorgezogen, wenn das Gebetbuch in mancher Hinsicht weniger protestantisch gewesen wäre. Ein paar Jahre später gestand sie Matthew Parker, dem Erzbischof von Canterbury, sie habe dem neuen Gebetbuch nur zugestimmt, weil es die alten Bräuche der katholischen Kirche bewahrt habe.[9] Die Protestanten hatten außer ihren stimmgewaltigen Vertretern im Unterhaus noch andere einflußreiche Fürsprecher bei Hof: den Grafen von Bedford, Knollys, Parry, Elisabeths Jugendfreund Lord Robert Dudley, den Klatschmäuler als möglichen Gemahl für die Königin anführten, Sir Nicholas Throckmorton, der zwar nicht dem Staatsrat angehörte, aber dennoch ein Freund Elisabeths war und zu Zeiten Marias heimlich mit ihr in Verbindung gestanden hatte, und nicht zuletzt Cecil.

Im April wurde die Uniformitätsakte im Parlament erörtert und von beiden Häusern verabschiedet. Im Oberhaus wurde das Gesetz mit einer Mehrheit von nur drei Stimmen angenommen. Alle Bischöfe sowie neun weltliche Peers stimmten dagegen. Die Uniformitätsakte sah die Wiedereinsetzung des protestantischen Klerus vor, der unter Maria wegen Ketzerei oder Heirat seine Pfründen verloren hatte. Die umstrittene Frage der Priesterehe, die bei der Königin ebenso unbeliebt war wie bei vielen ihrer Untertanen, wurde äußerst taktvoll behandelt. Die Priesterehe wurde einfach dadurch legalisiert, daß man den Paragraphen gegen die Priesterehe in dem von Marias Parlament erlassenen Gesetz einfach außer Kraft setzte, ohne den Inhalt des Paragraphen näher zu erwähnen.[10]

Über Elisabeths Illegitimität wurde ebenfalls taktvoll geschwiegen. Nach der Hinrichtung Anne Boleyns war Elisabeth durch das Gesetz von 1536 zum Bastard erklärt worden. Das Gesetz war zwar nie aufgehoben worden, beeinträchtigte andererseits aber auch nicht ihren Anspruch auf den Thron, der durch das Testament Heinrichs VIII. geregelt war. Während der Sitzung des Parlaments 1559 beschlossen Elisabeths Räte nach reiflicher Überlegung, das Gesetz von 1536 nicht außer Kraft zu setzen, Elisabeth also nicht eigens für legitim zu erklären. Dies geschah weitgehend auf Anraten von Lordsiegelbewahrer Sir Nicholas Bacon. Da Elisabeth laut Heinrichs Testament in jedem Fall Anrecht auf den Thron habe, argumentierte er, gebe es keinen Grund, an alte Streitfragen zu rühren, indem man das Gesetz von 1536 prüfte. Statt dessen verabschiedete das Parlament insgeheim ein Gesetz, wonach Elisabeth das Erbe ihrer Mutter antreten konnte, ungeachtet einer durch Gesetz oder frühere Bestimmungen erfolgte Einziehung dieses Erbes und Vermögens.[11]

Damit in Einklang stand Elisabeths Bestreben, die Einheit der Protestanten und jener älteren Generation von Katholiken aufrechtzuerhalten, die Heinrich VIII. gegen Rom und das Ausland unterstützt hatten. Heinrichs Rolle als Verfolger der Protestanten mußte so weit wie möglich heruntergespielt werden. Er sollte den Menschen als patriotischer König in Erinnerung bleiben, der sich wie seine Tochter, die jetzige Königin, dem Pfaffentum widersetzt hatte. In den Gesetzen von 1559 wurde er stets »Ihrer Majestät teuerster Vater, der selige König Heinrich VIII.« genannt. Eduard VI. war »Ihrer Majestät teuerster Bruder, der selige König Eduard VI.«. Maria dagegen war lediglich »die selige Königin Maria«.

Elisabeth stimmte den vom Parlament erlassenen Gesetzen zu und löste das Parlament am 8. Mai auf.

Feria war über die religiöse Entwicklung in England in zunehmendem Maße beunruhigt, »seit diese Frau Königin ist [... despues que esta es Reyna]«.[12] Am meisten aber machte Feria die Haltung seines Herrn zu schaffen. Laut Philipp sollte er dafür sorgen, daß Elisabeth in England nicht wieder die Ketzerei einführte. Gelang ihm das nicht und brach in England ein Religionsstreit aus, sollte er sich neutral verhalten. Er sollte die Katholiken ermutigen und es sich gleichzeitig nicht mit den Ketzern verderben. Erst wenn sich herausstellte, daß die Katholiken die Stärkeren waren, sollte Feria ihnen finanziell unter die Arme greifen. Und selbst dann sollte er zu den Ketzern noch freundlich sein, um zu verhindern, daß sie sich an die Franzosen um Hilfe wandten, »was es in erster Linie zu vermeiden gilt«.[13] Im Grunde hatte Philipp Angst, daß die Katholiken in England eine erfolgreiche Gegenrevolution machen, Elisabeth absetzen und Maria Stuart, die Gemahlin des französischen Dauphins, zur Königin machen könnten. Die Rivalität zwischen den Häusern Habsburg und Valois, die einen Zusammenschluß des katholischen Europa gegen Heinrich VIII. verhindert hatte, schaffte nun, wie Kardinal Pole vorausgesehen hatte, abermals eine Situation, von der lediglich die Ketzer profitierten.

Im Mai rief Philipp Feria zurück und ernannte Alvaro de la Quadra, den Bischof von Aquila, zu seinem Nachfolger als Gesandter in England. Ferias englische Frau folgte ihrem Mann zwei Monate später an Philipps Hof in den Niederlanden. Vor ihrer Abreise hatte sie zum Abschied eine Audienz bei Elisabeth, obwohl Feria ihr davon abgeraten hatte. Elisabeth ließ sie ziemlich lange im Vorzimmer warten. Dem katholischen Autor Henry Clifford zufolge, der Jane Feria als alte Frau kennenlernte, wurde ihr nicht einmal ein Stuhl angeboten, während sie wartete, obwohl sie im siebten Monat schwanger war. Als Quadra erschien, machte er eine Szene, denn er war wütend, daß man die Frau eines spanischen Adligen warten ließ.

Cecil schilderte dem englischen Gesandten an Philipps Hof in einem Brief seine Version der Geschichte. Die Königin habe die Gräfin de Feria nicht sofort empfangen können, da sie anderweitig beschäftigt gewesen sei. Die Beamten des Hofs hätten die Gräfin deshalb gebeten, in einem Privatkabinett zu warten, aber sie habe darauf bestanden, im Vorzimmer zu warten. Als die Königin sie empfing, hätten die beiden sehr freundlich miteinander gesprochen, und im Gegensatz zu dem spanischen Gesandten habe sich die Gräfin überhaupt nicht beklagt. Feria konnte das bestätigen. Er schrieb an Quadra, Jane habe die Demütigung geduldig und schweigend ertragen, obwohl er selbst darüber entrüstet sei.[14]

Jane folgte ihrem Mann in die Niederlande, und im Jahr darauf reiste das Ehepaar nach Spanien. Jane kehrte nie mehr in ihre Heimat zurück. Fünfzig Jahre lang war ihr Haus in Madrid eine Zufluchtsstätte für katholische Flüchtlinge aus England und der Mittelpunkt jener Splittergruppe am spanischen

Hof, die am nachdrücklichsten einschneidende Maßnahmen gegen das ketzerische England forderte.

Sämtliche Bischöfe weigerten sich, den Eid auf das königliche Supremat abzulegen und Elisabeth als Obersten Statthalter der Kirche von England anzuerkennen. Als das dritte Book of Common Prayer am 24. Juni 1559, dem Johannestag, in Kraft trat, weigerten sie sich, Gottesdienste abzuhalten. In St. Paul's beharrte Bonner darauf, weiterhin die katholische Messe zu zelebrieren. Im September ernannte Elisabeth den Protestanten Matthew Parker zum Erzbischof von Canterbury, um die Lücke auszufüllen, die bei Poles Tod entstanden war. Kein Bischof wollte Parker zum Erzbischof weihen. Parker konnte erst geweiht werden, als man drei alte protestantische Bischöfe Heinrichs VIII. und Eduards VI. ausfindig gemacht hatte. Die Bischöfe waren von Maria ihrer Bistümer beraubt worden und konnten diese wegen ihres hohen Alters nicht wieder übernehmen.

Der Staatsrat ließ Bischof White aus Winchester und Bischof Watson aus Lincoln in den Tower sperren. Bonner wurde ins Marshalsea-Gefängnis gebracht. Kitchin, der Bischof von Llandaff, schwor zwar nicht den Eid, unterzeichnete aber schließlich nach langem Hin und Her eine schriftliche Erklärung, in der er das königliche Supremat anerkannte, und durfte im Amt bleiben. Alle anderen Bischöfe verloren ihre Bistümer und wurden entweder eingesperrt oder unter Hausarrest gestellt. An ihre Stelle traten neue protestantische Bischöfe.[15]

Feria tröstete sich damit, daß sich diesmal alle Bischöfe Elisabeths Religionspolitik widersetzt hatten, während 1535 lediglich Bischof Fisher aus Rochester, Sir Thomas Morus und ein paar Mönche die Suprematsakte Heinrichs VIII. abgelehnt hatten.[16] Dies war in der Tat eine neue Entwicklung. Ein offener Widerstand der Bischöfe im Parlament wäre unter Heinrich VIII. oder Maria undenkbar gewesen. Der gewaltige Heinrich, stets darauf bedacht, den Ansichten und Vorurteilen seiner Untertanen nicht entgegenzuwirken, hatte sowohl im Staatsrat als auch im ganzen Land Protestanten und Katholiken gegeneinander ausgespielt. Er hatte die Bischöfe zunächst nur aufgefordert, das päpstliche Supremat nicht mehr anzuerkennen und das Luthertum sowie die Lehren Zwinglis abzulehnen. Und er unterdrückte den leisesten Widerstand, indem er seine Gegner köpfen, verbrennen oder hängen, schleifen und vierteilen ließ. Die Bischöfe fürchteten eine junge Frau von fünfundzwanzig nicht so, wie sie den schrecklichen König, ihren Vater, gefürchtet hatten.

Auch Königin Maria war eine Frau gewesen. Aber sie konnte mit der Unterstützung des Klerus rechnen, der jahrhundertelang geglaubt und gelehrt hatte, daß seine Autorität nicht in Frage gestellt werden dürfe. Außerdem verhängte Maria wie ihr Vater furchtbare Strafen über ihre Gegner. Elisabeth dagegen wurde bei der Einführung ihrer religiösen Neuerungen vor allem von der Jugend unterstützt und agierte mit Hilfe von Wortführern, die noch sechs Monate zuvor als Ketzer verbrannt worden wären; sie stieß auf weit mehr Widerstand und ging damit weit nachsichtiger um als Heinrich oder Maria. Im Jahr 1559 wußten die katholischen Bischöfe, daß sie mit ihrem Widerstand lediglich ein paar Monate Gefängnis oder Hausarrest riskierten und ihrer Ämter enthoben werden konnten.

Der entschlossene Widerstand der katholischen Bischöfe zwang Elisabeth in eine Abhängigkeit von den Protestanten, die Heinrich VIII. nie gekannt hatte. Während Heinrich die Protestanten dazu benutzte, um seine persönlichen, egoistischen Ziele zu erreichen, wurde Elisabeth in beträchtlichem Maße von den Protestanten benutzt. Protestanten konnten sie durch Schmeicheleien oft für eine protestantische Politik gewinnen, die sie zuerst instinktiv und entschieden abgelehnt hatte.

Auch vom Temperament her unterschied sie sich grundlegend von Heinrich und Maria. Unter dem Deckmantel falscher Gutmütigkeit plante Heinrich die Vernichtung seiner Gegner mit der kalten, berechnenden Grausamkeit eines machiavellischen Fürsten. Maria übergab die Ketzer den Flammen mit dem blinden Eifer einer religiösen Fanatikerin. Wenn sich jemand gegen Elisabeth auflehnte, wurde sie zwar wütend, warf mit Schimpfworten um sich und schlug ihrem Gegner ins Gesicht, aber weiter geschah nichts. Im schlimmsten Fall ließ sie ihn für eine Weile einsperren. Ihre ungestümen Wutausbrüche waren vermutlich ein Ausdruck ihrer Frustration und Schwäche verglichen mit der Macht ihres Vaters und ihrer Schwester. Ihre Hofdamen mögen Angst gehabt haben, sie zu erzürnen, aber ihre Räte hatten keine Angst vor schlimmen Konsequenzen, wenn sie Elisabeth verärgerten oder sich ihr widersetzten.

Letztlich war Elisabeths Wort aber trotzdem entscheidend. Wäre Maria noch am Leben gewesen, hätten die Bischöfe auch im Sommer 1559 Protestanten verbrennen lassen. Statt dessen wurden sie selbst ins Gefängnis geworfen und von Protestanten ihrer Bistümer beraubt, denn die jetzige Königin war die Tochter Anne Boleyns, die Stieftochter Katharina Parrs, die Schülerin Aschams und Grindals und die Freundin Cecils, Robert Dudleys, Parrys und Francis und Katherine Knollys'.

# 8

# John Knox

Drei Tage nachdem Elisabeth den Religionsgesetzen zugestimmt hatte, brach in Schottland eine protestantische Revolution aus. England und Schottland gingen hinsichtlich des Protestantismus unterschiedliche Wege. In England wurde die Reformation unter der Aufsicht Elisabeths friedlich und legal eingeführt. In Schottland wurde sie mittels einer Revolte des Adels, der Gentry und des gemeinen Volkes unter Führung von John Knox durchgesetzt.

Im öden, abgeschiedenen und rückständigen Schottland war die moralische Degeneration und Unbeliebtheit der katholischen Kirche viel weiter fortgeschritten als in England. Korruption, Vetternwirtschaft und unerlaubte Abwesenheit der Geistlichen, worüber man sich auch im vorreformatorischen England beklagt hatte, waren in der katholischen Kirche Schottlands weit verbreitet. Die meisten Gemeinden hatten keinen Pfarrer, sondern nur einen unterbezahlten Hilfsgeistlichen.

Zu Beginn des 16. Jahrhunderts bildeten sich plötzlich in der Hafenstadt Dundee, die mit den Niederlanden, Deutschland und Skandinavien regen Handel trieb, und unter den Bauern und Fischern in Ayrshire und im Südwesten protestantische Gemeinden. Ein paar Protestanten wurden verhaftet und als Ketzer verbrannt. Doch insgesamt war die Verfolgung sporadischer und unwirksamer als in England, weil die Achtung vor Gesetz und Ordnung und die Autorität der Zentralregierung in Schottland viel schwächer ausgeprägt waren.

Als König Jakob V. und sein Kanzler Kardinal Beaton gegen Heinrich VIII. Krieg führten und erklärten, sie kämpften für den Papst und die Katholische Kirche gegen die englischen Ketzer, war die protestantische Sache in Schottland eng mit den englischen Invasoren verbunden. Zunächst machten sich die Protestanten in Schottland dadurch unbeliebt. Aber als sich der Haß auf Regierung und Kirche verstärkte, entwickelte sich eine neue Freundschaft mit den Engländern.

Im Mai 1546 sannen einige protestantische Adlige aus Schottland auf Rache für den Märtyrertod des protestantischen Predigers George Wishart. Sie drangen in die Burg von St. Andrews ein und ermordeten Beaton. Anschließend hielten sie die Burg besetzt und baten Heinrich VIII. um Hilfe. Heinrich schickte ihnen eine Flotte mit Proviant, und nach seinem Tod marschierte Somerset in Schottland ein. Doch bevor er St. Andrews erreichte, ergaben die Besetzer der Burg sich einer französischen Flotte. Danach entwickelten sich die Dinge für die Engländer und ihre protestantischen Verbündeten nicht gut. Ein französisches Expeditionskorps schlug die Engländer bei Haddington, und eine französische Flotte brachte die vierjährige Maria Stuart nach Frankreich. Ihre Mutter, die in Frankreich geborene Marie von Guise, regierte derweil Schottland stellvertretend für Maria.

John Knox, der sich Beatons Mördern in der Burg von St. Andrews angeschlossen hatte, wurde bei der Übergabe der Burg von den Franzosen gefangengenommen und diente neunzehn Monate als Sklave auf französischen Galeeren. Dann wurde er freigelassen und im Austausch gegen einen französischen Kriegsgefangenen nach England geschickt. Am Hof Eduards VI. machte er sich als kraftvoller protestantischer Prediger und Kritiker der gemäßigten Politik Cranmers und seiner Bischöfe einen Namen. Bei Marias Thronbesteigung floh er mit seiner englischen Frau und deren Mutter ins Ausland. Nach kurzem Aufenthalt in Dieppe und Frankfurt ließ er sich in Genf nieder, wo Calvin lebte und wirkte. Knox war ein brillanter Polemiker mit einem erfrischenden Sinn für Humor, was unter den Protestanten des 16. Jahrhunderts selten war. In ihm vereinten sich strenge Prinzipientreue und Hingabe an den internationalen Protestantismus mit einem scharfen politischen Instinkt und einem Sinn für die Realitäten der Machtpolitik. Bei mehreren Gelegenheiten agierte er als englischer Spion in Schottland,[1] und die schottischen Katholiken betrachteten ihn als Verräter an seinem Land. Knox wußte, daß der Erfolg der protestantischen Sache in Schottland von der diplomatischen und militärischen Unterstützung Englands abhing.

Während seines jahrelangen Exils in Dieppe und Genf zur Zeit Marias entwickelte er eine Rechtfertigungslehre für die Revolution gegen katholische Herrscher. Er ging damit weit über Calvin hinaus, dem zufolge die Adligen in bestimmten Ausnahmefällen, wenn der Fürst eine Religionsreform ablehnte, wie die Ephoren im alten Sparta das Recht hatten, in seinem Namen zu handeln; als Calvin diesen Gedanken entwickelte, hatte er die Situation in Frankreich vor Augen, wo Herrscher königlichen Geblüts wie der König von Navarra, der Prinz von Condé und andere einflußreiche Adlige in den fünfziger Jahren des 16. Jahrhunderts zum Protestantismus übertraten. Knox dagegen rief in Pamphleten den Adel und das gemeine Volk von Schottland zur Revolte gegen die katholische Königin und die Regierung auf.[2]

Im Sommer 1558 veröffentlichte Knox in Genf sein Buch *The First Blast of the Trumpet against the Monstrous Regiment of Women* (Erster Trompetenstoß gegen das ungeheuerliche Weiberregiment). Es sei gegen Gottes Gebot, schrieb er, wenn eine Frau herrsche, deshalb dürfe man keiner weiblichen Regentin gehorchen. Zur gleichen Zeit veröffentlichte Knox' Kollege Christopher Goodman, ein protestantischer Flüchtling aus dem englischen Leicestershire, ebenfalls in Genf ein Buch mit dem Titel *How Superior Powers ought to be obeyed* (Über den Gehorsam gegenüber der Obrigkeit). Darin hieß es, man dürfe keinem papistischen Souverän gehorchen, der gegen die Gebote Gottes verstößt, indem er den Götzendienst – also die Messe – unterstützt; seine Untertanen hätten vielmehr das Recht, ihn durch eine Revolution zu stürzen. Diese beiden Bücher sorgten nicht nur im katholischen Europa, sondern auch unter den Protestanten für große Aufregung. Die Protestanten distanzierten sich sogleich von Knox und Goodman.

Knox hatte keine persönlichen Vorurteile gegen Frauen und war bei ihnen außerordentlich beliebt. Zweimal heiratete er eine junge Frau aus angesehenem Hause, und er hatte viele treue Anhängerinnen, mit denen er über Religion und Politik diskutierte. Doch er konnte der Versuchung nicht widerstehen, zu einer Zeit, wo einige der grausamsten katholischen Herrscher zufällig Frauen waren, männlichen Vorurteilen Vorschub zu leisten. Sein »Erster Trompetenstoß« richtete sich gegen Maria von Ungarn, die Regentin Karls V. in den Niederlanden, gegen Maria Stuart und ihre Mutter Marie von Guise und vor allem gegen Maria Tudor, Königin von England. Dabei übersah er völlig, was viele Menschen in England bereits wußten, nämlich daß Königin Maria im Sterben lag und bald die protestantische Königin Elisabeth an ihre Stelle treten würde. Die Tatsache, daß einem politisch so scharfsinnigen Mann wie Knox ein derartiger Fehler unterlief, beweist, wie leicht ein Flüchtling die Ereignisse zu Hause völlig aus den Augen verlieren konnte. Knox wußte nur, daß Lady Elisabeth die Messe besucht und sich mit dem Götzendienst abgefunden hatte, während tapfere Märtyrer für ihren Glauben auf dem Scheiterhaufen starben. Er erkannte nicht, daß Elisabeth die Hoffnung und zugleich die Heldin der leidenden Protestanten in England war.

In Knox' Vorurteil wird eine Merkwürdigkeit deutlich, die noch fast 400 Jahre Geltung haben sollte: Eine Frau galt als ungeeignet, ein öffentliches Amt zu bekleiden, sie konnte aber Staatsoberhaupt werden. Diese Ausnahme wurde 1558 fast überall in Europa akzeptiert. Man glaubte, die grundsätzliche Minderwertigkeit der Frau werde in diesem besonderen Fall durch das göttliche Recht des Fürsten aufgehoben. Wenn es Gott gefiel, einem König nur eine Tochter und keinen Sohn zu schenken, dann war es auch sein

Wille, daß eine Frau, der von ihrem Geschlecht her eine untergeordnete Stellung zukam, seine Stellvertreterin im Königreich sein sollte, ein »Fürst«, dem alle ohne Frage gehorchen mußten. Elisabeth teilte diese Ansicht voll und ganz. Sie erklärte mehrmals, Gott habe sie zur Königin auserkoren, obwohl sie nur eine schwache Frau und eine minderwertige Kreatur sei. Es hätte sie überrascht, zu erfahren, daß einige ihrer modernen Biographen erklären, sie habe Knox den Angriff auf ihr Geschlecht übelgenommen. Was sie übelnahm, war sein Angriff auf ihre Stellung als Königin und auf das göttliche Recht ihrer Thronfolge.

Als Elisabeth Königin wurde und Knox erfuhr, daß sie Protestantin war, schrieb er an Cecil, er wolle fortan verkünden, daß Elisabeth eine Ausnahme seiner Regel über weibliche Herrscher sei. Sie sei wie Deborah von Gott auserwählt, um sein Volk zu retten.[3] Doch Knox' Standpunkt war für Elisabeth unannehmbar. Knox meinte, sie könne eine Ausnahme vom anerkannten Prinzip der Minderwertigkeit der Frauen sein, weil sie Protestantin sei. Elisabeth hingegen meinte, sie sei eine Ausnahme, weil sie Königin sei.

Goodmans Buch war ebenso schockierend wie das von Knox. Matthew Parker, dessen gemäßigter Protestantismus Elisabeths uneingeschränkte Zustimmung gefunden hätte, wenn Parker nicht verheiratet gewesen wäre, nannte die Gründe, weshalb er wie Elisabeth über Goodmans Buch beunruhigt war: daß nämlich laut Goodman »jeder Untertan das Recht hat, seinen Souverän zu töten ... wenn er ihn seinem Gewissen nach für einen Tyrannen hält«. Parker glaubte, wenn der Pächter und der Diener erst einmal anfingen »zu diskutieren, was Tyrannei bedeute und ob der Fürst, Grundbesitzer oder Herr von seiner vermeintlichen Neigung und Auffassung her ein Tyrann sei, welcher Lord des Staatsrats wird dann noch, umgeben von schrecklichen Bestien, in aller Ruhe durch die Straßen reiten? Und welcher Herr ist dann noch in seiner Kammer sicher?«[4]

Als Knox von Marias Tod erfuhr, reiste er von Genf nach Dieppe und bat um Erlaubnis, nach England kommen zu dürfen. Seine Bitte wurde abgelehnt, da Elisabeth über den »Ersten Trompetenstoß« erbost war. Deshalb segelte er geradewegs nach Schottland. Am 11. Mai 1559 predigte er in Perth und prangerte vor einer begeisterten Menge die Papisterei an. Kaum hatte er die Predigt beendet, betrat ein katholischer Priester die Kirche und zelebrierte die Messe. Ein junger Protestant protestierte gegen die Messe, worauf ein anderer Priester den Jungen ohrfeigte. Aufgebrachte Protestanten zerstörten die Heiligenbilder in der Kirche und plünderten anschließend die Klöster in der Stadt. Der Kongregation, wie die Organisation der Protestanten genannt wurde, schlossen sich einige überaus einflußreiche schottische Lords an, darunter Lord James Stewart, der illegitime Halbbruder Maria Stuarts. Die Kongregation sammelte ihre Truppen in Perth, während in Ayrshire und anderswo die protestantischen Gutsherrn auf ihren Ländern die Klöster und die katholische Messe verboten.

Zehn Tage nach dem Aufruhr in Perth fand in Spanien ein ganz anderes Ereignis statt. In Valladolid wurde am Sonntag Trinitatis ein großer »Glaubensakt« vollzogen, ein Autodafé. König Philipp weilte gerade in den Niederlanden, aber dafür war sein vierzehnjähriger Sohn, Don Carlos, anwesend. Es war sein erster öffentlicher Auftritt als Prinz von Spanien. Neun Männer und vier Frauen, einige von hohem Rang, darunter der Beichtvater des Königs und die Tochter des Schatzmeisters sowie zwei Männer jüdischer Abstammung, wurden wegen Ketzerei oder Judaismus verbrannt. Diejenigen, die widerriefen und ihre Treue zum katholischen Glauben bekannten, wurden vor der Verbrennung stranguliert. Diejenigen, die sich weigerten zu widerrufen, wurden geknebelt, damit sie nicht reden konnten, und bei lebendigem Leib verbrannt. Die Inquisition in Spanien erließ ein neues Dekret, wonach kein Sohn oder Enkel eines Ketzers eine Stellung am Hof, in der Regierung oder in der lokalen Verwaltung innehaben oder Kaufmann oder Lehrling bei einem Händler oder Handwerker werden durfte.[5]

Eine Woche nach dem Aufruhr in Perth wurden Cecil und Elisabeth in die Sache hineingezogen. Als die Regentin von Schottland ihre Truppen einschließlich der in Schottland stationierten französischen Garnison von 1 500 Mann zusammenzog und damit auf Perth marschierte, schrieb William Kirkcaldy von Grange, einer der Mörder Kardinal Beatons, an Cecil, er möge die englische Regierung um Unterstützung für die schottischen Protestanten ersuchen. Cecil reagierte mit Zurückhaltung, bis er sicher sein konnte, daß die Revolutionäre gute Erfolgschancen hatten. Er schickte umgehend Sir James Croft, den Gouverneur von Berwick, als inoffiziellen Beobachter zur Kongregation nach Perth. Es ist nicht bekannt, ob Cecil Elisabeth bei dieser Entscheidung oder bei den anderen Schritten, die er in bezug auf Schottland im Sommer 1559 plante, zu Rate zog. Vermutlich erklärte er ihr zu diesem Zeitpunkt nur, daß es wünschenswert sei, Croft nach Perth zu schicken, um die Lage zu sondieren.

In Perth stießen die Truppen der schottischen Regentin auf eine derart starke Streitmacht der Kongregation, daß sie mit ihr einen Waffenstillstand schlossen. Cecil trug Croft auf, die Führer der Kongregation vor den Gefahren zu warnen, denen sie sich aussetzten, wenn sie einen Waffenstillstand schlossen und auf die falschen Versprechungen der Regentin hereinfielen. Zur selben Zeit trafen Elisabeths Abgesandte mit Abgesandten der schottischen Regentin in der Kirche von Upsetlington (dem heutigen Upper Settle) in Yorkshire zusammen und bekräftigten den Friedensvertrag von Cateau-

Cambrésis. Der Vertrag enthielt eine Klausel, wonach beide Parteien sich verpflichteten, die Rebellen der jeweils anderen Seite nicht zu unterstützen.

Der Waffenstillstand von Perth wurde nach wenigen Tagen gebrochen. Beide Seiten beschuldigten sich gegenseitig, die Waffenruhe verletzt zu haben. Nach der Plünderung der Abteien, der Beseitigung der Heiligenbilder und der Abschaffung der Messe im Erzbistum St. Andrews und der Zerstörung der berühmten Abtei von Scone in der Nähe von Perth zog die Kongregation am 29. Juni im Triumph in Edinburgh ein. Die Regentin und ihre Truppen zogen sich nach Leith zurück. Dort wollten sie die Festung halten, bis aus Frankreich Verstärkung eintraf. Lord Erskine, der Hauptmann von Edinburgh Castle, blieb strikt neutral und weigerte sich, die Burg einer der beiden Parteien zu übergeben.

Am Tag nach dem Einzug der Kongregation in Edinburgh wurde König Heinrich II. bei einem Turnier in Vincennes tödlich verwundet. Er starb am 10. Juli. Sein fünfzehnjähriger Sohn Franz folgte ihm auf den Thron. Er und seine sechzehnjährige Gemahlin Maria waren damit König und Königin von Frankreich und Schottland. Marias Onkel, der Herzog von Guise, übernahm sogleich die Regierungsgeschäfte in Frankreich. Die Königinmutter Katharina von Medici, die zu Lebzeiten ihres Mannes keinerlei politischen Einfluß gehabt hatte, wurde von öffentlichen Angelegenheiten völlig ausgeschlossen.

Die Guisen aus dem Hause Lothringen mit ihrer Burg in Joinville und ihrem großen Besitz in Ostfrankreich waren eine bemerkenswerte Familie. Der älteste Bruder, François de Lorraine, Herzog von Guise und Sieger von Calais, war der erfolgreichste französische General seiner Zeit, ein fähiger Staatsmann und Gouverneur des Königs in der Provinz Champagne. Selbst seine Feinde zollten seinem Mut, seinem Können und seiner Höflichkeit Anerkennung. Für die Protestanten jedoch war er der »Tiger von Frankreich«.* Der zweite Sohn Charles, Kardinal von Lothringen, Erzbischof von Reims und Bischof mehrerer anderer Diözesen, war unter Heinrich II. Außenminister gewesen. Der dritte, Claude de Lorraine, Herzog von Aumale, war Gouverneur des Königs in Burgund und gleichfalls ein fähiger Soldat. Der vierte, auch ein François de Lorraine und ebenfalls Kardinal, war Erzbischof von Sens. Er wurde Kardinal von Guise genannt, um ihn von seinem Bruder, dem Kardinal von Lothringen, zu unterscheiden. Louis de Lorraine hatte das einflußreiche Amt des Großpriors des Malteserordens inne. René de Lorraine, Marquis von Elboeuf, war Admiral und Oberbefehlshaber der französischen Flotte. Eine Schwester der Brüder,

* Obwohl die Protestanten Guise von Anfang an »Tiger von Frankreich« nannten, beweist eine eingehende Untersuchung des bekannten Pamphlets *Epître envoyée au tigre de la France* von 1560, daß damit nicht, wie allgemein angenommen, Guise gemeint war, sondern der Kardinal von Lothringen.

Maria von Lothringen, hatte König Jakob V. von Schottland geheiratet und war die Mutter von Maria Stuart und Regentin von Schottland. Zwei weitere Schwestern waren Äbtissinnen bedeutender Nonnenklöster. Neben dem frommen Klosterleben spannen sie zugunsten ihrer Familie politische Intrigen.

Die Guisen waren eine einflußreiche Familie, die eng zusammenhielt. Sie waren stets bestrebt, die Stellung ihres Hauses zu verbessern. Es gibt jedoch keinen Grund zu der Annahme, sie hätten bis dahin dem König von Frankreich nicht treu gedient. Sie waren aufrechte Katholiken, die ihre Fähigkeiten und ihren Einfluß im Interesse ihres Königs und der katholischen Kirche gegen die Feinde Frankreichs und die Ketzer einsetzen wollten.

Gleich zu Beginn der neuen Regierung ließ der Herzog von Guise einige Protestanten, die als Ketzer verurteilt worden waren, im Gefängnis von Paris verbrennen. Heinrich II. hatte ihre Hinrichtung aufgrund des Protests des Königs von Navarra und des Prinzen von Condé aufgeschoben. Ein neues Gesetz wurde verabschiedet, wonach jeder, der es versäumte, den Behörden eine der Ketzerei verdächtige Person zu melden, selbst verbrannt werden sollte, auch wenn die verdächtige Person in Wahrheit gar kein Ketzer war. Damit konnten auch Protestanten verbrannt werden, die einem katholischen *agent provocateur* Zuflucht gewährt hatten.[6]

Elisabeth hatte Sir Nicholas Throckmorton, einen leidenschaftlichen Protestanten, als Botschafter nach Frankreich entsandt. Throckmorton war ein Verwandter Katharina Parrs und hatte der Hinrichtung Anne Askews mit stummem Entsetzen und Zorn zugesehen. Er war an Wyatts Aufstand beteiligt gewesen und des Hochverrats angeklagt worden. Doch obwohl sich der Richter nachdrücklich gegen ihn aussprach, wurde er von einem Londoner Geschworenengericht freigesprochen. Maria ließ die Geschworenen wegen ihres Fehlurteils umgehend ins Gefängnis werfen, und Throckmorton wurde trotz des Freispruchs im Tower festgehalten. Später ließ man ihn frei, und er wurde ein enger Vertrauter Elisabeths in Hatfield. Möglicherweise war er in den letzten Monaten von Marias Regierung die Kontaktperson zwischen Elisabeth und Cecil.

Throckmorton war ein typischer Vertreter des von Elisabeth bevorzugten neuen Diplomatentyps. Zur Zeit Heinrichs VIII. und Eduards VI. wurden Bischöfe, Dekane und andere Diplomaten und Beamte, die im katholischen Glauben erzogen worden waren, mit der Durchführung einer protestantischen Politik betraut. Obwohl sie aus Gehorsam gegenüber dem König ihre Pflicht taten, waren sie nicht mit dem Herzen dabei: Sie hatten Angst, an Lehren zu zweifeln, die jahrhundertelang überall anerkannt worden waren. Unter Elisabeth dagegen waren die Botschafter und Agenten der protestantischen Regierung Männer wie Throckmorton, die Märtyrer auf dem Scheiterhaufen hatten sterben sehen und einige von ihnen persönlich gekannt hatten.

Ihr protestantischer Eifer wurde durch die Verantwortung ihres Amtes nur wenig gemildert. Sie dienten einer Königin, die den protestantischen Lehren zumindest halbwegs wohlwollend gegenüberstand und die die protestantische Begeisterung ihrer Diplomaten vielleicht zügeln, aber nicht unterdrücken würde. Als Throckmorton mit Maria Stuart und dem Herzog von Guise zusammentraf und mit ihnen Höflichkeiten und Komplimente austauschte, tat er dies in der Absicht, der protestantischen Sache besser zu dienen und die verhaßten katholischen Verfolger zu vernichten.

Die Nachricht von der Einnahme Edinburghs durch die Truppen der Kongregation und vom Rückzug der Regentin in die Festung von Leith erreichte Paris, als der verwundete Heinrich II. im Sterben lag. Die neue Regierung des Herzogs von Guise und Franz' II. bereitete sofort die Entsendung von Verstärkungstruppen vor, um Schottland für den König und die Königin und den katholischen Glauben zurückzuerobern. Im August schickte Throckmorton Cecil Berichte über die Flotte, mit der die Franzosen noch vor Ende November Soldaten nach Schottland bringen wollten.

Die Nachricht von der Revolution in Schottland verbreitete sich in ganz Europa, und viele Protestanten freuten sich über den Sieg der Kongregation. Manche waren freilich auch beunruhigt. Im November 1559 schrieb Parker an Cecil: »Gott behüte uns vor einer Heimsuchung, wie Knox sie für Schottland bedeutet, wo das Volk alles selbst in die Hand nimmt.«[7] Parker wußte nicht, daß Cecil bereits am 8. Juli, kurz nachdem er von der Einnahme Edinburghs durch die Kongregation erfahren hatte, an Croft geschrieben hatte, er solle die schottischen Protestanten »zuerst mit schönen Versprechungen, dann mit Geld und schließlich mit Waffen« ermutigen. »... Beruhigt sie mit der Zusicherung, daß England niemals ihre Vernichtung zulassen wird.«[8]

Unter normalen Umständen wäre es sicher schwer gewesen, die von den Rechten der Fürsten überzeugte Elisabeth zu überreden, den protestantischen Revolutionären in Schottland gegen ihre rechtmäßige Herrscherin zu helfen. Immerhin hatten ihre Bevollmächtigten erst sechs Wochen zuvor den Vertrag von Upsetlington unterzeichnet, in dem Elisabeth sich verpflichtete, die schottischen Rebellen nicht zu unterstützen. Doch Elisabeth war erbost darüber, daß Maria Stuart das englische Wappen übernommen hatte. Außerdem würde eine erfolgreiche Revolution in Schottland große Vorteile mit sich bringen. Gefühle der religiösen Solidarität mit den schottischen Glaubensbrüdern würden befriedigt, vor allem aber wäre der Sieg der schottischen Protestanten ein Sieg für die pro-englische Partei. Zum ersten Mal in der Geschichte hätte England damit einen Verbündeten, keinen Feind an seiner Nordgrenze. Der englische Einfluß in Schottland wäre gesichert, der Einfluß der Franzosen zunichte gemacht.

Cecil überlegte, wie er das Eingreifen zugunsten der Protestanten darstellen mußte, damit Elisabeth ihre Skrupel überwand, und wie es sich vor der öffentlichen Meinung des 16. Jahrhunderts rechtfertigen ließ. Beginnend mit dem Grundsatz, daß »es gegen Gottes Gebot verstößt, Untertanen gegen ihren eigenen Herrscher zu unterstützen«, nannte er im weiteren plausible Gründe, weshalb Elisabeth genau das tun sollte. Er erklärte, die Angehörigen der Kongregation in Schottland seien keine Rebellen. Sie seien loyale Untertanen ihrer Königin, und sie protestierten lediglich gegen das Vorhaben der Regentin, französische Soldaten ins Land zu holen und Schottland Frankreich zu unterwerfen. Sie widersetzten sich der Regentin mit gutem Recht, weil diese keine Herrscherin, sondern nur eine Untertanin ihrer Tochter sei.

Die Anwesenheit französischer Truppen in Schottland, so Cecil weiter, bedrohe die Sicherheit Englands. Elisabeth habe daher das Recht, gemeinsam mit den Schotten, die ihrer Herrscherin treu ergeben seien, aber die Anwesenheit von Ausländern ablehnten, die Franzosen aus dem Land zu jagen. Zudem lieferten alte Aufzeichnungen den Beweis, daß im 12. und 13. Jahrhundert die Könige von Schottland den Königen von England als ihren Feudalherren bei mehreren Gelegenheiten Treue geschworen hätten. Wenn Elisabeth also den schottischen Protestanten helfe, helfe sie ihnen damit nicht gegen ihre Herrscherin. Vielmehr verhindere sie als ihr oberster Souverän, daß ihre Vasallin Maria Stuart und deren Regentin die Interessen des Fürsten verletzten, indem sie ausländische Soldaten ins Land holten.[9] Diese Argumente scheinen Elisabeth überzeugt zu haben. Die englische Oberherrschaft über Schottland sollte allerdings gegenüber den Schotten nicht erwähnt werden, weil das für die Kongregation politisch unangenehm gewesen wäre.

Es war schwierig für Elisabeth, eine Intervention in Schottland zu rechtfertigen, solange sie nur von »Privatleuten« wie dem Gutsherrn Kirkcaldy von Grange und dem aufrührerischen Prediger Knox um Hilfe gerufen wurde. Die Aufforderung mußte von Adligen und Würdenträgern kommen, die ihrer Königin treu waren, aufgrund ihrer Stellung aber im Interesse der Königin gegen deren illoyale Regentin vorgehen konnten. Das Interesse Elisabeths und Cecils galt vor allem James Hamilton, dem Thronerben Schottlands nach Maria Stuart, der früher als Graf von Arran Regent von Schottland gewesen war. Heinrich II. hatte ihn in Frankreich zum Herzog von Châtelherault ernannt, um ihn auf die Seite Frankreichs zu ziehen. Hamilton unterstützte die Regentin. Sein Sohn James, Graf von Arran, den Heinrich VIII. vor sechzehn Jahren als Gemahl für Elisabeth vorgeschlagen hatte, weilte in Frankreich und war dort unter den Einfluß der französischen Protestanten geraten. Elisabeth und Cecil beschlossen, ihn von Frankreich nach Schottland bringen zu lassen. Unterwegs sollte ein geheimes Treffen mit Elisabeth arrangiert werden.

Da die Guisen nicht zulassen würden, daß Arran nach Schottland kam, beauftragten Elisabeth und Cecil Throckmorton, es so einzurichten, daß Arran über Genf und Deutschland nach Antwerpen reiste und dort ein Schiff nach

England bestieg. Arran traf am 28. August in London ein und versteckte sich in Cecils Haus in Westminster. Am nächsten Tag wurde er heimlich nach Hampton Court gebracht und sprach dort mit Elisabeth im Garten des Palasts. Cecil schickte Throckmorton eine verschlüsselte Mitteilung über Arrans Ankunft und sein Treffen mit der Königin. In einem unverschlüsselten Absatz des Briefes schrieb er, das Gerücht von Arrans Aufenthalt in England sei falsch. Arran sei in Köln und wolle über Dänemark nach Schottland reisen. Arran verbrachte zwei Nächte in London und machte sich dann nach Schottland auf. Mitte September erreichte er unbehelligt den Familiensitz in Hamilton.[10]

Als Marie von Guise herausfand, daß Croft die Kongregation zur Revolte ermutigt hatte, wurde Noailles bei Elisabeth vorstellig. Daraufhin schrieb diese einen persönlichen Brief an Marie von Guise, in dem sie jeglichen Kontakt eines ihrer Beamten zur Kongregation in Schottland bestritt. Als Marie von Guise antwortete, die Kongregation rühme sich öffentlich der Hilfe Englands, erklärte Elisabeth, das sei nicht wahr und sie sei erstaunt, daß die Regentin den Behauptungen von Rebellen Glauben schenke.[11]

Das war eine bewußte diplomatische Lüge. Aber Elisabeth wollte, wenn möglich, den offenen Bruch mit Schottland und Frankreich vermeiden und weiterhin zu den ausländischen Staaten freundschaftliche Beziehungen unterhalten. Im August verließ Philipp II. die Niederlande, um nie mehr zurückzukehren. Seine illegitime Schwester Margarete von Parma übernahm die Regentschaft in Brüssel. Philipp reiste mit dem Schiff nach Spanien. Als Elisabeth davon erfuhr, wies sie in allen Grafschaften von Kent bis Cornwall ihre Beamten an, Philipp ehrenvoll aufzunehmen, sollte er durch ungünstiges Wetter gezwungen werden, einen englischen Hafen anzulaufen.[12] Philipp machte von der angebotenen Gastfreundschaft keinen Gebrauch und fuhr direkt nach Laredo.

Als weitere Geste guten Willens gegenüber Philipp verbot Elisabeth auf Jahrmärkten und in Theatern die Aufführung von Stücken und Historienspielen, in denen Philipp, der Papst und andere ausländische katholische Herrscher angegriffen und lächerlich gemacht wurden. Quadra war beruhigt, als Elisabeth das juwelenbesetzte Kruzifix und die silbernen Leuchter, die ihre eifrigen protestantischen Kapläne vom Altar der königlichen Kapelle entfernt hatten, wieder aufstellen ließ. Throckmorton und andere Protestanten waren darüber weniger erfreut. Sie fragten sich, ob Elisabeth die protestantische Sache etwa aufgeben wolle. Den englischen Gesandten ließ Elisabeth auftragen, an den Höfen der katholischen Herrscher, an denen sie akkreditiert waren, von der Wiederaufstellung des Kruzifixes und der Leuchter zu berichten.[13]

# 9

## Sieg in Schottland

Throckmorton und die anderen Agenten, die Cecil als Spione in die Hafenstädte der Normandie entsandt hatte, berichteten den ganzen Herbst 1559 über von Verstärkungstruppen, die in kleinen Einheiten nach Schottland geschickt wurden. Außerdem wollte der Marquis von Elboeuf am 30. November mit zehn Schiffen und tausend Mann von Calais nach Leith segeln. Im Frühjahr sollte der Großprior mit einer größeren Truppe folgen. Cecil empfahl den schottischen Protestanten, rasch zu handeln und die französische Garnison in Leith anzugreifen, ehe Verstärkung eintraf. Sie hätten nur dann Aussicht auf Erfolg, wenn sie Leith vor dem 20. November einnähmen.[1] Die Lords der Kongregation befahlen ihren Truppen also, sich am 15. Oktober in Hamilton zu sammeln, um auf Leith zu marschieren. Auf Anraten von Cecils Agenten erließen sie eine Proklamation im Namen von Franz und Maria, in der sie Marie von Guise ihres Amtes als Regentin enthoben, weil sie es dazu mißbraucht habe, Schottland Frankreich zu unterwerfen. Die Lords riefen das Volk auf, gegen Marie von Guise und die französischen Soldaten die Waffen zu erheben.[2]

Die Kongregation bat die englische Regierung um Geld für die Verpflegung und den Sold ihrer Truppen. Diese Bitte war für Elisabeth nicht leicht zu erfüllen. Armagil Waad hatte sie bei ihrer Thronbesteigung darauf aufmerksam gemacht, daß sie sich in einer prekären finanziellen Situation befinde, und er hatte auf äußerste Sparsamkeit bei den Regierungsausgaben gedrängt. Aber Cecil überredete Elisabeth, den schottischen Protestanten Geld zukommen zu lassen. Anfang Oktober schickte sie Sir Ralph Sadler in Berwick 3 000 Pfund mit der Anweisung, der Kongregation 1 000 Pfund sofort auszuzahlen und die restlichen 2 000 Pfund zu vergeben, wann er es für notwendig erachte. Um die Herkunft des Geldes zu verschleiern, wurden die 1 000 Pfund in

3 157 französische Kronen umgetauscht, die Krone zu sechs Schilling und vier Pfennig. Dazu kam eine englische Silberkrone zu fünf Schilling und acht Pfennig, um die 1 000 Pfund voll zu machen. Elisabeth erklärte Sadler, er solle der Kongregation sagen, das Geld stamme von ihm und ein paar Freunden, die ihrer Sache wohlwollend gegenüberstünden, nicht von Elisabeth oder ihrer Regierung. Außerdem sollte er den Lords der Kongregation deutlich machen, daß Elisabeth von ihnen abrücken werde, wenn sie Leith nicht ohne weitere Verzögerung einnähmen.[3]

Ende Oktober erfuhr Sadler, daß die Lords der Kongregation ihr Tafelsilber verkauft hatten, um Geld für die Truppen aufzutreiben. Daraufhin beschloß er, ihnen die ersten 1 000 Pfund in französischen Kronen sofort zu schicken. Der Gutsherr von Ormiston, ein schottischer Protestant, kam nach Berwick, um das Geld abzuholen. Am 31. Oktober reiste er mit dem Geld wieder ab. Bei Haddington lauerte ihm James Hepburn, Graf von Bothwell, auf, der sich, obwohl gleichfalls Protestant, mit den Lords der Kongregation entzweit hatte und nun die Regentin unterstützte. Bothwell ließ Ormiston zwar gehen, behielt aber das Geld. Als Ormiston den Lords der Kongregation berichtete, daß Bothwell ihm das Geld geraubt habe, schickten sie sofort eine Truppe zu Bothwells Burg Hermitage Castle in Liddisdale, um es zurückzuholen. Doch Bothwell wurde gewarnt und verließ eine Viertelstunde vor ihrem Eintreffen mit dem Geld die Burg.[4]

Das war ein schwerer Rückschlag für Elisabeth und die schottischen Protestanten. Sie hatten 1 000 Pfund verloren, und die Regentin hatte jetzt obendrein den Beweis, daß Elisabeth die Rebellen unterstützte. Es handelte sich zwar um französische Kronen, aber Ormiston hatte das Geld aus Berwick geholt, deshalb mußte es von der englischen Regierung kommen. Sadler und Croft beschlossen, den Rebellen weitere 1 200 Pfund zu schicken in der Hoffnung, daß das Geld diesmal sicher ankommen würde. Sie konnten es in Berwick allerdings nicht in französische Kronen umwechseln. Da traf die Nachricht von einem weiteren Desaster ein. Die französische Garnison in Leith war gegen die vorrückenden protestantischen Truppen marschiert und hatte sie so vernichtend geschlagen, daß die entmutigten Protestanten am 8. November Edinburgh verließen und sich nach Stirling zurückzogen. Dort richtete eine mitreißende Predigt von Knox sie moralisch wieder auf.

Die Kongregation bat Elisabeth nun formell in einem Brief um Hilfe, der nicht von Knox oder sonstigen »Privatmännern«, sondern von den vornehmsten Lords von Schottland unterzeichnet war. Cecil hatte den Lords durch Sadler und Randolph mitteilen lassen, was sie schreiben sollten.[5] Als loyale Untertanen ihres Königs und ihrer Königin, hieß es in dem Brief, wollten sie ihr Land gegen die ausländischen Soldaten verteidigen, die es einzunehmen drohten. Sie erflehten die Hilfe der Königin von England »als der Herrscherin, die Gott uns im selben Land, umgeben vom selben Meer, zur Seite gestellt hat«.[6] Nicht alle Schotten freilich betrachteten ihre alten Verbündeten, die Franzosen, als fremde Eindringlinge und ihre »ehemaligen Feinde aus England« als freundliche Nachbarn auf derselben Insel. Aber bald gelang es den schottischen Protestanten, viele ihrer Landsleute in diesem Sinne zu bekehren.

Vor allem Cecil schärfte seinen Agenten in Berwick und den Lords der Kongregation ein, daß es notwendig sei, Knox aus allem herauszuhalten. Am 31. Oktober schrieb er an Sadler und Croft: »Knox' Name ist, abgesehen von Goodmans Name, von allen der meistgehaßte, und deshalb wünsche ich, daß er fortan nicht mehr erwähnt wird.«[7]

Cecil war überzeugt, daß Elisabeth jetzt das Risiko eingehen und der Kongregation offen militärische Hilfe schicken mußte, obwohl er sich der daraus entstehenden Schwierigkeiten freilich nur zu gut bewußt war. Die Königin hatte Schulden in Höhe von 60 000 Pfund. Die Flotte war heruntergekommen, viele Schiffe waren reparaturbedürftig. Abgesehen von einer Handvoll Männer in den Grenzgarnisonen hatte England kein stehendes Heer, und es würde einige Zeit dauern, mit Hilfe der Adligen und Edelleute der Grafschaften auf dem üblichen Weg eine Armee aufzustellen. Es fehlte an ausgebildeten, kriegserfahrenen Offizieren, und einige der Adligen und Edelleute, die die Armee führen sollten, galten als katholische Sympathisanten.[8] Konnte es England unter diesen Umständen riskieren, in einen Krieg gegen Frankreich verwickelt zu werden, das viermal so viele Einwohner hatte und über erfahrenere Generäle verfügte? Und wie würde sich der König von Spanien verhalten? Es war kaum zu erwarten, daß er Elisabeth half, Schottland zum Protestantismus zu bekehren. Man konnte höchstens hoffen, daß er neutral blieb. Andererseits bestand immer die Möglichkeit, daß er sich mit den Guisen verbündete, um die Protestanten in Schottland und England zu vernichten.

Der kluge Staatsmann und Großsiegelbewahrer Sir Nicholas Bacon hielt das Risiko für zu groß. Cecil dagegen war der Ansicht, man müsse es eingehen. Nur Elisabeth konnte die Entscheidung treffen. Cecil zufolge erörterte sie das Problem mit einer kleinen Gruppe von Ratgebern, der er selbst, der Graf von Pembroke, Lord Clinton, der Großadmiral, der Marquis von Winchester und »ein paar andere« angehörten.[9] Irgendwann im November entschied sie sich gegen eine Intervention in Schottland.

Cecil schrieb ihr einen Brief, der einer Rücktrittsdrohung so nahe kommt, wie das im 16. Jahrhundert möglich war. Er versicherte ihr, er werde niemals eine Politik verfolgen, die sie nicht billige. Da er aber glaube, daß ihre Entscheidung bezüglich Schottlands falsch sei, könne er seine Tätigkeit nicht fortsetzen. Er bitte sie, ihm andere Aufgaben zu übertragen, denn natürlich sei er bereit, ihr weiterhin zu dienen.[10] Vielleicht lag es zum Teil an diesem Brief, daß Elisabeth ihre Meinung änderte, wie sie es bereits im März 1559 im Hinblick auf die Auflösung des Parlaments getan hatte und wie sie es künftig in Krisenzeiten noch häufiger tun sollte. Vielleicht hat sie sich auch von Throckmorton beeinflussen lassen, der vom französischen Hof auf Urlaub nach England gekommen war, um persönlich an den Diskussionen teilzunehmen und für Cecils Interventionspolitik einzutreten.

Anfang Dezember entschied sich Elisabeth für eine bewaffnete Intervention in Schottland. Sie schickte umgehend den erfahrenen Flottenkommandanten William Winter über die stürmische, winterliche See nach Schottland, um die Kongregation mit Vorräten zu versorgen und die Mündung des Forth zu bewachen, damit keine französische Verstärkung Leith erreichte. Wenn die Truppen der schottischen Regentin das Feuer auf Winters Schiffe eröffneten, sollte er es erwidern und behaupten, auf eigene Initiative und nicht auf Befehl Elisabeths zu handeln. Elisabeth wollte so bald wie möglich nachsetzen und eine Landarmee unter Führung des Herzogs von Norfolk und Lord Greys aus Wilton losschicken, die von Berwick nach Schottland vorstoßen und auf Leith marschieren sollte.[11]

Dann empfing sie Quadra in Audienz. Die Franzosen, erklärte sie, hätten eine Armee losgeschickt, um Schottland zu erobern und anschließend von Norden in England einzufallen. Das Ziel der französischen Truppen sei ganz offensichtlich nicht nur, den Aufstand der Kongregation niederzuschlagen: Da die Truppen, die bereits in Leith seien, die Kongregation besiegt und zur Aufgabe Edinburghs gezwungen hätten, sei klar, daß zur Niederschlagung der Revolte genügend Truppen in Schottland vorhanden seien. Die Verstärkung sei aus einem anderen Grund unterwegs. Sie sei sicher, daß der König von Spanien als ihr Verbündeter ihr recht geben würde, daß sie zum Schutz ihres Reiches Maßnahmen ergreifen müsse, und sie bitte ihn um Unterstützung gegen den gemeinsamen Feind Frankreich.[12] Über Religion sprach sie mit Quadra nicht. Aber sie trug Mont, ihrem Gesandten bei den lutherischen Fürsten in Deutschland, auf, den Fürsten zu sagen, daß die Franzosen beabsichtigten, Adel und Landadel von Schottland zu vernichten, insbesondere »diejenigen Adligen, die gezeigt haben, daß sie die Kunde und die Erleuchtung des Evangeliums verstehen«.[13]

Quadra war empört. Er war überzeugt, daß Elisabeths wirkliches Motiv für eine Intervention in Schottland die Vernichtung des katholischen Glaubens war, als erster Schritt ihres Planes, den Katholizismus in der gesamten christlichen Welt auszumerzen.[14] Als Margarete von Parma, Philipps Regentin in den Niederlanden, und ihre Räte Quadras Bericht von seiner Unterredung mit Elisabeth erhielten, sprach Kardinal Granvelle in aller Offenheit mit Challoner, dem englischen Gesandten in Brüssel. Er machte ihn darauf aufmerksam, daß König Philipp die neu geschlossene Freundschaft mit Frankreich nicht aufs Spiel setzen werde, um Elisabeth aus der Gefahr zu retten, in die sie ihre eigene Torheit bringe. Er führte ihm höhnisch die militärische Schwäche der Engländer vor Augen. Die Engländer seien niemals in der Lage, es allein mit den Franzosen aufzunehmen. Gebe es in England eine Festung, die dem Kanonenfeuer auch nur einen Tag standhalten konnte?[15] Challoner war danach derart verdattert, daß er sich auf die Seite der Räte Elisabeths stellte, die sich Cecils Politik widersetzten. »Eine junge Fürstin kann nicht wachsam genug sein«, schrieb er an Cecil. »Soll die Zeit, so Gott will, diesmal für Schottland arbeiten ... und wenn wir erst stärker und gerüstet sind, können wir das in Angriff nehmen, wozu die Zeit jetzt noch nicht reif ist.«[16]

Doch es hätte Challoner und Cecil ein Trost sein können, wenn sie den Brief gelesen hätten, den Margarete von Parma am 7. Dezember an König Philipp schrieb. Margarete äußerte sich sehr kritisch über Elisabeths Politik in Schottland: Elisabeth stürze sich in einen Krieg mit den Franzosen, um den schottischen Ketzern zu helfen; die Franzosen würden zweifellos siegen und England erobern, und das wäre für Philipp ein ebenso großes Unglück wie wenn sie Brüssel einnehmen würden; denn wenn die Franzosen sowohl Dover als auch Calais hielten, könnten sie die Straße von Dover und damit den Schiffahrtsweg zwischen den Niederlanden und Spanien blockieren und den Handel mit Ostindien unterbinden. Als Gegenmittel konnte sie Philipp freilich nur empfehlen, Elisabeth durch Boten mitteilen zu lassen, daß sie nicht mit seiner Unterstützung gegen Frankreich rechnen könne, in der Hoffnung, dies werde sie von der geplanten Intervention in Schottland abbringen.[17]

Trotz aller Empörung Margaretes und Granvelles über Elisabeth ist klar, daß sie nicht ihren Sieg in Schottland fürchteten, sondern ihre Niederlage. Sie glaubten nicht, daß Elisabeth die Franzosen schlagen könnte, und sie wurden stets vom Gedanken an eine französische Bedrohung der Niederlande verfolgt. Sie unterschätzten Elisabeths Stärke so sehr, daß sie sie für sich selbst nicht als potentielle Bedrohung betrachteten. Und das einzige, was man nach Margaretes Ansicht gegen Elisabeth unternehmen sollte, war, ihr mit Neutralität zu drohen.

Vielleicht war Elisabeth über den Grad von Quadras Mißbilligung erstaunt, vielleicht ließ sie sich auch von Challoners Warnung beeinflussen: Offensichtlich hätte sie ihre Meinung beinahe noch einmal geändert. Ungefähr zehn Tage vor Weihnachten wurde die ganze Frage noch einmal aufgerollt und auf einer Versammlung des Staatsrats in Whitehall diskutiert. Auf dieser Sitzung nannte Bacon in einer langen Rede die Gründe für seine Ablehnung der Intervention. Elisabeth ließ sich dadurch in ihrer Entscheidung nicht beirren. Am 16. Dezember schickte sie Winter die von Cecil ausgearbeiteten Anweisungen. Aber die Gegner der Intervention unternahmen noch einen Versuch. Am 24. Dezember wurde die Frage auf einer Sitzung des Staatsrats erneut erörtert. Bacon, Winchester, Petre, Mason, Wotton und der Graf von Arundel lehnten die Intervention ab. Northampton, Pembroke, Clinton, Howard von Effingham, Parry, Rogers, Knollys, Cave und Sackville standen auf seiten Cecils. Nach einer langen Debatte schlossen sich Bacon, Winchester, Petre, Mason und Wotton der Meinung der Mehrheit an. Nur Arundel hielt bis zuletzt an seiner ablehnenden Haltung fest.

Auf dem Bericht über die Diskussion vermerkte Cecil: »24. Dezember 1559. Die Meinung des Staatsrats. 28. Dezember. Von Ihrer Majestät der Königin nicht genehmigt.« Das läßt darauf schließen, daß Elisabeth am 28. Dezember erneut ihre Meinung änderte, den Rat ihrer Staatsräte verwarf und sich gegen eine Intervention entschied, obwohl alle Räte außer Arundel auf der Sitzung am 24. Dezember mit Cecil übereingestimmt hatten. Wenn dies tatsächlich der Fall war, dann kam Elisabeths Entscheidung zu spät. Winter war bereits am 27. Dezember um neun Uhr morgens mit einer Flotte von vierzehn Schiffen von Gillingham losgefahren.[18]

Das Wetter war fürchterlich. Den ganzen Dezember hindurch fegten heftige Stürme über die Nordsee. Die zwölf Schiffe starke Flotte des Marquis von Elboeuf sollte von Le Havre und anderen Häfen an der Mündung der Seine ablegen, um Calais am 30. November zu erreichen. Dort sollten die Schiffe 5 000 Soldaten und mehrere Kanonen an Bord nehmen. Ihre Ankunft in Leith war für den 16. Dezember geplant. Weitere Schiffe sollten folgen und bis Lichtmeß (2. Februar) insgesamt 10 000 Mann nach Schottland bringen. Aber der starke Nordostwind hinderte die Flotte tagelang am Auslaufen. Als die Schiffe schließlich Calais erreichten und sich nach Schottland aufmachten, gerieten sie in einen schweren Sturm. Vier Schiffe sanken vor Emden. Viele Leichen wurden an die Küste von Seeland geschwemmt. Als Elboeuf im Januar mit einer neuen Flotte Richtung Schottland segelte, war es immer noch stürmisch. Zwar schaffte er es, bis auf Sichtweite an die schottische Küste heranzukommen, aber anlegen konnte er nicht. Schließlich mußte er nach Frankreich zurückkehren.[19]

Auch Kapitän Winter geriet in einen schweren Sturm. Neunundzwanzig Stunden nachdem er von Gillingham losgesegelt war, traf er in Yarmouth ein. Als er von Yarmouth aus Kurs nach Norden nahm, trieben ihn heftige Stürme zurück und er mußte siebzehn Tage im Hafen von Yarmouth ankern. Am 14. Januar konnte er endlich die Anker lichten, aber bereits zwei Tage später geriet er vor Flamborough Head in einen noch schwereren Sturm. Er verlor sämtliche Beiboote, und zwölf seiner Schiffe wurden voneinander getrennt. Allerdings waren nur drei davon zu stark beschädigt, um die Reise fortsetzen zu können, und am 22. Januar erreichte Winter mit elf seiner insgesamt vierzehn Schiffe die Mündung des Forth. Dort ging er vor Anker und versorgte die Truppen der Kongregation mit Proviant und Waffen. Mit der französischen Artillerie in den Festungen von Leith kam es in regelmäßigen Abständen zu

Schußwechseln. Unterdessen führten die Franzosen und die Truppen der Kongregation an den Ufern des Forth auf der Halbinsel Fife und in West Lothian einen brutalen Guerillakrieg.[20]

Am 27. Februar traf der Herzog von Norfolk in Berwick mit den Abgesandten der schottischen Protestanten zusammen und unterzeichnete einen formellen Vertrag zwischen Elisabeth, dem Herzog von Châtelherault, »dem zweiten Mann in Schottland«, und den mit ihm verbündeten Lords. Darin hieß es, Elisabeth sei zufrieden mit der Loyalität der schottischen Lords gegenüber ihrer Herrscherin, der Königin von Schottland, und deren Gemahl, dem französischen König, dem sie Loyalität schuldeten, solange er mit Maria verheiratet sei. Sie schließe den Vertrag mit ihnen »aufgrund fürstlicher Ehre und Nachbarschaft zum Schutz der Freiheit der Krone von Schottland vor der Eroberung«. Im ursprünglichen Entwurf des Vertrags mit Châtelherault und den mit ihm befreundeten Lords wurde auf »die Behauptung des christlichen Glaubens« hingewiesen, aber dieser Vermerk wurde aus der endgültigen Fassung des Dokuments gestrichen.[21]

Cecil hatte seine Offiziere informiert, die Armee solle sich nach dem Willen der Königin bis zum 22. Januar in Newcastle sammeln und sich am 25. Januar in Berwick bereithalten, um die Grenze zu überqueren.[22] Aber die Vorbereitungen dauerten länger als erwartet, und erst am 29. März führte Lord Grey 9 000 Mann nach Schottland. Mitte April belagerte er Leith. Marie von Guise, die an Wassersucht litt, hatte Leith verlassen und sich nach Edinburgh Castle unter den Schutz Lord Erskines begeben, der sich noch immer streng neutral verhielt.

Für einen Beobachter des 20. Jahrhunderts scheinen sich die entscheidenden Ereignisse im Frühjahr und Frühsommer 1560, die für die künftige Geschichte Großbritanniens und Europas so weitreichende Folgen haben sollten, wie ein Drama in Zeitlupe abzuspielen. Diplomatische und militärische Aktionen vollzogen sich im Tempo des 16. Jahrhunderts. Trotzdem war die Zeit in dieser Situation der ausschlaggebende Faktor, und beide Seiten handelten so rasch sie konnten, um nicht vom Feind überrollt zu werden.

Die Vorbereitungen der Franzosen, im Frühjahr, sobald das Wetter es zuließ, eine noch größere Flotte mit weiterer Verstärkung nach Schottland zu entsenden, wurden durch die Verschwörung von Amboise unterbrochen. Eine Gruppe französischer Protestanten hatte geplant, in das Schloß von Amboise an der Loire einzudringen, wo sich der Hof aufhielt, die Guisen zu töten und den König und die Königin gefangenzunehmen; dann sollte eine protestantische Regierung gebildet werden. Die Katholiken waren überzeugt, daß der König von Navarra und der Prinz von Condé in das Komplott verwickelt seien und Throckmorton der Drahtzieher sei. Für die Beteiligung des Königs von Navarra und des Prinzen von Condé an der Verschwörung gibt es keinerlei

Beweise, und es ist fast sicher, daß Throckmorton erst von dem Komplott erfuhr, als die Behörden es aufdeckten. Seine Briefe an Elisabeth und Cecil enthalten trotz vielfältiger verschlüsselter vertraulicher Informationen über andere geheime Dinge keinerlei Hinweise auf eine protestantische Verschwörung. Er berichtete Cecil erst am 7. März von der Aufdeckung des Komplotts.[23]

Der Herzog von Guise ergriff die zur Ergreifung der Verschwörer notwendigen Maßnahmen. Einige der Verschwörer hatten sich in Häusern der Stadt Amboise verbarrikadiert, ergaben sich aber, als Guises Beamten ihnen versprachen, alle außer den Anführern zu schonen. Ein paar Tage später erklärte ein Komitee der Regierung allerdings, Schwere und Ausmaß der Verschwörung seien bei dem Gnadenangebot an die Verschwörer nicht genügend berücksichtigt worden, die Begnadigung werde daher aufgehoben. Den wortbrüchigen Beamten werde von der Kirche Absolution erteilt. Hunderte der Verschwörer wurden auf dem Schloßhof und in der Stadt öffentlich hingerichtet, einige sogar in Anwesenheit von Franz II. und Maria Stuart.[24] Die meisten wurden aufgehängt, manche wurden in Säcken in der Loire ertränkt, und ein paar wurden aufs Rad geflochten. Ihnen sollten, so das Urteil des Gerichts, Arme und Beine gebrochen werden, auf daß sie »so lange Qualen aushalten und büßen müssen ... wie Gott sie am Leben läßt«.

Noch während die Hinrichtungen in Amboise im Gang waren und fünf Tage vor Lord Greys Einmarsch in Schottland, erließ Elisabeth am 24. März eine Proklamation gegen die Guisen. Darin erklärte sie, sie habe keinen Streit mit König Franz und Maria Stuart, da diese, wie sie sicher wisse, keine feindlichen Pläne gegen sie schmiedeten. Seit dem Tod Heinrichs II. aber habe die Familie Guise die Jugend des Königs und der Königin in ihrem Interesse ausgenutzt, die Wünsche der Herrscher königlichen Geblüts ignoriert und in Frankreich die Macht an sich gerissen. Einzig und allein die Guisen planten die Eroberung Schottlands und bedrohten die Sicherheit Englands. Elisabeth forderte deshalb ihr Volk auf, Feindseligkeiten gegen Franzosen zu unterlassen.[25] Elisabeths Proklamation war eine beispiellose Maßnahme, denn normalerweise prangerte kein Herrscher den Untertan eines anderen Herrschers öffentlich an.

Der Kardinal von Lothringen betrachtete die Verschwörung von Amboise als Beweis für die Existenz eines internationalen protestantischen Komplotts mit dem Ziel, den katholischen Glauben in der gesamten christlichen Welt auszumerzen. Er bat König Philipp, Truppen nach Schottland zu entsenden, um die Franzosen bei der Unterdrückung der protestantischen Rebellion und der Ausrottung der Ketzerei, die im elisabethanischen England ihren Ursprung habe, zu unterstützen. Es ist bezeichnend, daß Feria und Quadra, die beide Botschafter in England gewesen waren, die einzigen spanischen Staatsmänner waren, die sich für eine solche Politik begeisterten. Der Herzog von Alba, der dreißig Jahre gegen die Franzosen gekämpft hatte, hatte kein Bedürfnis, ihnen aus ihren Schwierigkeiten in Schottland herauszuhelfen. Und Philipp hatte ohnehin andere Sorgen. Die Provinzparlamente in Spanien drängten ihn, gegen die Türken im Mittelmeer vorzugehen, denn die türkische Flotte behinderte in zunehmendem Maße den Handel zwischen Spanien und Italien.[26]

Anstatt den Franzosen in Schottland eine Armee zur Unterstützung zu schikken, bot Philipp sich als Vermittler an. Er wollte einen Sondergesandten, den Herrn von Glajon, aus den Niederlanden schicken, und der König von Frankreich sollte den Bischof von Valence entsenden. Die beiden sollten sich mit Quadra und Noailles an Elisabeths Hof treffen und versuchen, das Problem mit friedlichen Mitteln zu lösen. Elisabeth stimmte dem Vorschlag zu, um Zeit zu gewinnen. Als Glajon Anfang April in London eintraf, mußte er feststellen, daß Lord Grey mittlerweile in Schottland einmarschiert war und in Leith gegen die Franzosen kämpfte. Deshalb schlug er vor, Elisabeth und die Franzosen sollten sich auf einen Waffenstillstand von fünfzig Tagen einigen, solange in London die Verhandlungen stattfanden.[27]

Als Glajon das erste Mal um eine Audienz bei der Königin ersuchte, wurde ihm mitgeteilt, Elisabeth könne ihn nicht empfangen, da sie krank sei. An ihrer Stelle werde Cecil mit ihm sprechen. Glajon und Quadra erklärten Cecil, König Philipp sei verärgert, daß Elisabeth den Rebellen und Ketzern in Schottland helfe. Sie machten ihn darauf aufmerksam, daß dies ein Präzedenzfall werden könne. Sicher wolle Elisabeth doch auch nicht, daß ausländische Fürsten Rebellen in England unterstützten, die gegen Elisabeths Religionspolitik revoltierten? Cecil erwiderte, die Mitglieder der Kongregation in Schottland seien keine Rebellen, Religion habe mit der englischen Intervention nichts zu tun. Elisabeths einziges Ziel sei, ihr Reich zu verteidigen, indem sie einer drohenden französischen Invasion in Schottland zuvorkomme. Angesichts der Bedrohung durch die Franzosen werde Elisabeth auch keinem Waffenstillstand zustimmen, da die Franzosen dadurch die Möglichkeit hätten, ihre Truppen in Schottland zu verstärken. Sie erwarte vom spanischen König als ihrem Verbündeten, daß er sie in dieser Sache unterstütze. Als Elisabeth sich schließlich bereiterklärte, Glajon und Quadra zu empfangen, wiederholte sie dieselben Argumente.[28]

Wenn sie mit ihrer Intervention in Schottland tatsächlich nur einer französischen Invasion in England zuvorkommen wolle, erklärten Quadra und Glajon, dann werde ihr König Philipp sicherlich in dieser Gefahr zur Seite stehen. Er werde 5 000 spanische Soldaten nach Schottland entsenden. Sie sollten die aufrührerischen Ketzer zur Strecke bringen und die Macht der schottischen Königin befestigen. Gleichzeitig sollten sie die französischen Truppen in Schottland daran hindern, in England einzumarschieren. Philipp würde Elisabeth damit einen großen Dienst erweisen: Nicht nur würde er ihr Königreich vor einer Invasion schützen, er würde auch der Welt beweisen, daß Elisabeth nicht in Schottland interveniert habe, um Rebellen und Ketzer zu unterstützen. Elisabeth und Cecil erklärten, sie seien für Philipps Angebot außerordentlich dankbar, könnten es aber nicht annehmen. Die spanischen Truppen könnten nicht auf Dauer in Schottland bleiben, und wenn sie erst einmal abgezogen seien, sei die Gefahr einer Invasion durch die Franzosen erneut gegeben. Elisabeth komplizierte die Sache noch weiter. Sie behauptete, die Befestigung von Eyemouth durch die Franzosen und die englischen Leoparden auf Maria Stuarts Wappen verstießen gegen die Verträge von Cateau-Cambrésis und Upsetlington. Als Entschädigung für diese Vertragsverletzungen verlangte sie die sofortige Rückgabe von Calais und eine finanzielle Entschädigung.[29]

Da die Franzosen Glajons Vorschlag bezüglich eines Waffenstillstands angenommen, die Engländer ihn aber abgelehnt hatten, bat der Kardinal von Lothringen Philipp, seine Truppen unverzüglich nach Schottland zu entsenden. Im April erhielten Elisabeth und Cecil von Thomas Gresham, ihrem Agenten in Antwerpen, alarmierende Berichte. Viertausend spanische Soldaten sammelten sich im Hafen, und sieben Schiffe lagen bereit, um sie nach Schottland zu bringen. Doch am 25. April schickte Throckmorton aus Amboise ermutigendere Nachrichten. Er hatte mit dem dortigen spanischen Gesandten gesprochen und Briefe von Guise und dem Kardinal von Lothringen abgefangen und war sicher, daß König Philipp keine Truppen nach Schottland entsenden würde, daß die Soldaten in Antwerpen vielmehr in Tripolis gegen die Türken kämpfen sollten. Philipp hatte erfahren, daß der türkische Admiral Pialé – ein kroatischer Christ, der als Kind gefangengenommen und im Harem des Sultans als Moslem erzogen worden war – die spanische Flotte, die bei der Insel Djerba vor der Küste von Tripolis vor Anker lag, überraschend angegriffen hatte. Pialé hatte 65 Schiffe versenkt und 13 000 Spanier getötet oder gefangengenommen. Angesichts der türkischen Bedrohung hatte Philipp weder Männer noch Geld übrig, um gegen die Ketzer in Schottland zu kämpfen. Anfang Juni schrieb auch Gresham, die Schiffe und Truppen in Antwerpen würden nach Spanien fahren, nicht nach Schottland.[30]

Elisabeth und Cecil wollten jetzt in Schottland Druck machen. Sie befahlen Lord Grey, Leith unverzüglich einzunehmen. Am 7. Mai versuchte Grey, Leith im Sturm zu nehmen. Aber die Sturmleitern, die bei dem Angriff benutzt wurden, waren nicht lang genug, sie reichten nur bis 1,80 m unterhalb der Brustwehr. Der Angriff wurde zurückgeschlagen. Tausend englische Soldaten wurden getötet oder verwundet. Aber noch schwerer waren die Verluste durch Krankheit in den englischen Stellungen um Leith.[31]

Cecil fürchtete, Elisabeth werde nach der Niederlage in Leith erneut ihre Meinung ändern. Als die Nachricht in London eintraf, schrieb er an Throckmorton in Amboise: »Gott sucht uns mit vielen Schwierigkeiten heim. Ihre

Majestät die Königin hat für das schottische Unternehmen nichts übrig.« Offensichtlich kostete es ihn einige Mühe, Elisabeth umzustimmen, so daß sie umgehend noch mehr Männer, Geld und Kanonen nach Leith schickte. »Die Sache hat mich mehr mitgenommen als fünf Fieberanfälle.«[32]

Der französischen Garnison in Leith gingen die Vorräte aus, und aus Frankreich kam keine Hilfe. Elisabeth und Cecil überlegten sich eine andere Möglichkeit, Zeit zu gewinnen. Sie schlugen vor, die Verhandlungen sollten in Newcastle oder Edinburgh stattfinden, nicht in London. Cecil selbst gehörte zu den Bevollmächtigten dieser Verhandlungsrunde. Am 30. Mai machte er sich auf den Weg nach Norden, nachdem er von Elisabeth Anweisungen für sich und seine Kollegen erhalten hatte, die er selbst entworfen hatte. Die Unterhändler sollten auf dem Rückzug sämtlicher französischer Truppen und Beamten aus Schottland und auf der Regelung der Religionsfrage durch das schottische Parlament, nicht durch Maria Stuart, beharren.[33] Diese letzte Forderung verstieß gegen das Prinzip, das in den letzten dreißig Jahren in der gesamten christlichen Welt gegolten hatte und von Heinrich VIII., Karl V., Philipp II. und bisher auch von Elisabeth selbst beachtet worden war – daß der Herrscher das Recht und die Pflicht hatte, die Religion seiner Untertanen zu bestimmen.

Cecil und seine Kollegen erreichten Edinburgh am 17. Juni. Eine Woche zuvor war Marie von Guise in der Burg von Edinburgh an Wassersucht gestorben. Am 6. Juli wurde der Vertrag von Edinburgh unterzeichnet. Die Franzosen erklärten sich bereit, aus Schottland abzuziehen und den Schotten die Regelung ihres Glaubens zu überlassen. Im Gegenzug nahmen die Engländer ihre Forderung nach der sofortigen Rückgabe Calais' und einer Entschädigung für die Übernahme des englischen Wappens durch Maria Stuart zurück und erklärten sich bereit, das Bündnis zwischen Elisabeth und den Lords der Kongregation zu lösen. Aufgrund dieser Zugeständnisse der Engländer konnten die Franzosen von einem Kompromißfrieden sprechen. In Wirklichkeit war der Vertrag in allen wesentlichen Punkten ein völliger Sieg für Elisabeth und die protestantische Sache. Am 15. August trat das schottische Parlament zusammen und verabschiedete das Gesetz, das Schottland zu einem protestantisch-presbyterianischen Staat machte. Die Messe wurde verboten, und jeder, der sie zelebrierte oder besuchte, wurde mit einem Bußgeld, mit Gefängnis oder, beim dritten Mal, mit dem Tode bestraft.

Es ist typisch für Elisabeths Unberechenbarkeit, Wankelmut und mangelnde Perspektive, daß sie, nachdem sie entgegen den Erwartungen der Staatsmänner der christlichen Welt ihr Ziel doch noch erreicht hatte, unzufrieden war, nicht noch mehr erreicht zu haben. Sie drängte Cecil und seine Kollegen in einem Brief, die Verhandlungen abzubrechen, wenn sie von den Franzosen keine Entschädigung für die Übernahme ihres Wappens bekämen.[34] In Wirklichkeit war dieser Vertrag der größte Erfolg ihrer Regierungszeit – größer noch als der Sieg über die spanische Armada, der nur ein defensiver Sieg war. Aufgrund der Ereignisse des Jahres 1560 wurden die französische Herrschaft und die Macht der katholischen Kirche in Schottland gebrochen. Ab da herrschte der englische Einfluß in Schottland vor, auch wenn es gelegentlich anders aussah.

Betrachtet man die Erfolge, aber auch das Zögern, die Unschlüssigkeit und die verpaßten Gelegenheiten der späteren Jahre, muß man es zu allererst Elisabeth als Verdienst anrechnen, daß sie mit sechsundzwanzig und im zweiten Jahr ihrer Regierung über Schottland siegte. Auch 1559 und 1560 zögerte und schwankte sie, aber letztlich war es allein ihre Entscheidung, den beiden Großmächten die Stirn zu bieten und das Risiko einer Intervention einzugehen. Und die Entscheidung war richtig. Doch in einer Hinsicht war der Erfolg von Elisabeths Standpunkt aus unbefriedigend. Aufgrund der Intervention ihrer Armee und ihrer Flotte konnte das schottische Parlament die schottische Königin gegen deren Willen zwingen, die Religion von Knox und Goodman zu übernehmen. Zudem schaffte es einen presbyterianischen Staat, in dem die Kirche nicht von der Herrscherin und ihren Bischöfen, sondern von einem demokratisch gewählten obersten kirchlichen Gericht verwaltet wurde. Achtzig Jahre später brach in eben diesem presbyterianischen Staat eine Revolution aus, die dazu führte, daß ein englischer König von seinen Untertanen auf dem Balkon von Elisabeths Palast in Whitehall enthauptet wurde. Der Triumph von 1560 war ein Sieg für England und ein Sieg für die protestantische Sache, aber nicht in jeder Hinsicht ein Sieg für Elisabeth.

## 10

# Lord Robert

In den ersten beiden Jahren ihrer Regierung hatte Elisabeth England mit Erfolg in einen protestantischen Staat verwandelt und für England und den Protestantismus in Schottland einen Sieg errungen. Doch im Augenblick des Sieges wurde sie mit einer neuen Krise konfrontiert, die die Existenz ihres Thrones und die protestantische Sache gefährdete. Ursache der Krise: Elisabeth hatte sich in ihren Oberhofstallmeister Lord Robert Dudley verliebt und benahm sich in höchstem Maße verantwortungslos.

Lord Robert war nur ein paar Monate älter als Elisabeth. Er wurde 1532 geboren, als sein Vater John Dudley am Hof Heinrichs VIII. gerade besondere Gunst genoß, obgleich Roberts Großvater Edmund Dudley bei Heinrichs Thronbesteigung als Sündenbock für die unbeliebte Finanzpolitik Heinrichs VII. hingerichtet worden war. Noch vor dem Tod Heinrichs VIII. wurde John Dudley zum Viscount Lisle ernannt, und unter Eduard VI. wurde er Graf von Warwick, Herzog von Northumberland und Herrscher von England. Robert wuchs bei Hof auf und kannte Elisabeth von Kindheit an.

Mit siebzehn heiratete er Amy Robsart, die Tochter von Sir John Robsart aus Siderstern in Norfolk. Es war erst wenige Monate her, daß Warwick durch die Niederschlagung von Ketts Bauernaufstand in Norfolk die Dankbarkeit des dortigen Landadels erlangt und Somerset durch einen Staatsstreich gestürzt hatte. Im 16. Jahrhundert wurden Heiraten des Adels und der Gentry gewöhnlich mit dem Ziel arrangiert, die Familie finanziell und gesellschaftlich vorwärtszubringen. Nach diesen Maßstäben war die Heirat mit der Tochter eines Landedelmannes aus Norfolk für den Sohn des mächtigsten Adligen von England nicht gerade eine gute Partie. Umgekehrt war Lord Robert für die Robsarts ein Glückstreffer. Robert muß 1550 sehr verliebt in Amy gewesen sein.

Nach der nur neuntägigen Regierung Jane Greys wurden Northumberland und seine fünf Söhne in den Tower geworfen. Northumberland und Janes Ehemann Guilford Dudley wurden enthauptet. John, Ambrose, Robert und Henry Dudley wurden begnadigt. Offenbar hatte König Philipp zu ihren Gunsten interveniert. Amy Dudley durfte Robert im Tower besuchen, und sie erwies sich als treue Ehefrau. Zu gegebener Zeit wurden die vier Brüder freigelassen. John starb kurz darauf. Ambrose, Robert und Henry schlossen sich während des Krieges in Frankreich König Philipps Armee an und dienten in Saint-Quentin, wo sie für ihre Tapferkeit ausgezeichnet wurden. Henry fiel, Ambrose und Robert überlebten. Nach seiner Rückkehr nach England in den letzten Monaten von Marias Regierung hatte Robert engen Kontakt zu Elisabeth. Als sie den Thron bestieg, wurde er mit sechsundzwanzig zum Oberhofstallmeister ernannt.

Die meiste Zeit verbrachte Dudley am Hof. Dort lebte auch seine Schwester Lady Mary Sidney, die Frau Sir Henry Sidneys aus Penshurst in Kent. Lady Mary war eine von Elisabeths Hofdamen. Amy Dudley lebte nicht am Hof. Die Frauen der Höflinge, die nicht selbst als Kammerfrauen im Dienst der Königin standen, lebten in der Regel in den Landhäusern ihrer Ehemänner und verwalteten deren Besitz. Amy verbrachte freilich die meiste Zeit bei ihren Verwandten in Norfolk und Lincolnshire, und ab 1559 wohnte sie im Haus ihres Verwandten Mr. Hyde in Denchworth in Berkshire oder in Cumnor Hall in Oxfordshire, einige Kilometer nördlich von Abingdon. Lord Robert hatte Cumnor Hall vorübergehend gemietet. Dort und in Denchworth besuchte er seine Frau von Zeit zu Zeit.

Robert war groß, stark und gutaussehend. Er war ein ausgezeichneter Reiter und hervorragender Turnierkämpfer. Elisabeth, die trotz ihrer finanziellen Schwierigkeiten eine eindrucksvolle Hofhaltung beibehalten wollte, ließ an Festtagen Turniere abhalten, wie es Heinrich VIII. getan hatte und wie es die Könige der Generation nach ihr auch noch taten. Da kein männlicher Souverän da war, um das Turnier anzuführen, war Lord Robert Dudley der prominenteste Streiter.

Im Frühjahr 1559 bemerkten die Höflinge und ausländischen Gesandten, daß Elisabeth sich offenbar sehr zu Lord Robert hingezogen fühlte. Sie war eine gute Reiterin, jagte gern und verbrachte mit ihrem Oberhofstallmeister viel Zeit auf der Jagd. Wenn Cecil mit ihr über Staatsangelegenheiten sprechen wollte, mußte er manchmal feststellen, daß sie mit Robert jagte.[1] Vermutlich war er darüber gar nicht so traurig, wenn er heimlich mit Knox verhandelte und während der Revolution in Schottland die Außenpolitik lenkte. Gerüchte machten die Runde, Elisabeth wolle Robert heiraten, und dies sei der Grund, weshalb sie Philipp von Spanien, Erzherzog Karl, den König von Schweden und andere Bewerber zurückgewiesen habe.

Elisabeth ernannte Robert zum Ritter des Hosenbandordens. Sie räumte ihm das Recht ein, Wolle ohne offizielle Genehmigung zu exportieren, und schenkte ihm 12 000 Pfund – heute etwa 6 000 000 Pfund – zur Deckung seiner Ausgaben als Oberhofstallmeister.[2] Es war zwar durchaus üblich, daß Höflinge, die bei ihrem Souverän in besonderer Gunst standen, derartige Geschenke erhielten, aber wenn der Herrscher eine Frau war, erhielt der Klatsch dadurch besonders Auftrieb. Noch beunruhigender war allerdings, daß die Königin dauernd von Lord Robert sprach. Bei jeder Gelegenheit pries sie seine Tugenden und sein gutes Aussehen, und wenn jemand ihn kritisierte, verteidigte sie ihn energisch und schalt seine Gegner. Sie lobte ihn als richtigen Mann, »der nicht den ganzen Tag zu Hause hinter dem Ofen sitzt«.[3]

Lord Roberts Räume in Whitehall lagen ein Stockwerk unter denen der Königin. Eines Tages klagte er, daß die Räume feucht seien. Elisabeth veranlaßte sogleich, daß er Zimmer neben ihren eigenen Gemächern beziehen konnte.[4] Die Gerüchte vermehrten sich.[5]

Eines Abends speiste Elisabeth in Roberts Haus in Kew und ritt anschließend in Begleitung von Roberts Dienern bei Fackelschein zu ihrem Palast in Richmond zurück. Unterwegs unterhielt sie sich mit den Fackelträgern. Sie sagte ihnen, daß ihr Herr ein wundervoller Mann sei und sie ihn berühmter machen wolle, als irgendein Mitglied seiner Familie je gewesen sei. Einer der Diener berichtete einem Freund, was die Königin gesagt hatte. Der Freund vermutete, sie wolle Lord Robert zum Herzog machen. »Nein«, entgegnete der Diener, »sie will ihn heiraten.« Der Diener und sein Freund wurden vor den Staatsrat zitiert. Sie gaben zu, Unrecht getan zu haben, indem sie ein falsches Gerücht verbreitet hatten, und müßten dafür streng bestraft werden.[6]

Aber es waren noch viel schlimmere Gerüchte in Umlauf. So wurde behauptet, Lord Robert sei bereits der Liebhaber der Königin, und diese habe ein uneheliches Kind zur Welt gebracht. Lord Robert wolle seine Frau vergiften, um die Königin heiraten zu können. Feria hörte vor seiner Abreise aus England, Amy Dudley leide an Brustkrebs und Lord Robert und die Königin warteten nur auf Amys Tod, um heiraten zu können.[7]

Kate Ashley kannte Elisabeth gut genug, um offen mit ihr sprechen zu können. Sie erzählte ihr von den Gerüchten und warnte sie vor den Folgen ihrer Indiskretionen. Elisabeth tat die Gerüchte als lächerlich ab. Sie versicherte Kate Ashley, niemals sexuelle Beziehungen zu Robert unterhalten zu haben. Sie sei verwundert, daß man so etwas überhaupt für möglich halten könne, da sie doch Tag und Nacht von ihren Hofdamen umgeben sei. Und wie verärgert darüber, daß die Anwesenheit ihrer Hofdamen ihre Handlungsfreiheit und ihre Macht so einschränkte, fügte sie hinzu: »Wenn ich je die Absicht zu einem so unehrenhaften Leben gehabt oder Freude daran gefunden hätte – wovor Gott mich behüten möge! – ich wüßte keinen, der es mir verbieten könnte.«[8] Auch mit dem Vorbehalt waren diese Worte denn doch etwas taktlos.

Trotz ihrer großen Worte wußte Elisabeth, daß sie sich nicht so ungehindert Liebesaffären hingeben konnte wie Heinrich VIII. Eine Königin, selbst eine regierende Königin, war kein König. Was den unsittlichen Lebenswandel betraf, legte die Gesellschaft bei Männern und Frauen und bei Königen und Königinnen verschiedene Maßstäbe an. Ein König konnte unauffällig die Schlafzimmer der Damen bei Hof aufsuchen oder bei einem Jagdausflug inkognito attraktive Frauen oder Töchter von Adligen, Geschäftsleuten, Müllern und Bauern aufsuchen. Eine Königin dagegen stand nicht nur unter ständiger Bewachung ihrer Hofdamen und Diener, wie Elisabeth nur zu gut wußte, sie riskierte obendrein, schwanger zu werden und womöglich im Kindbett zu sterben, wenn sie sich ohne den Vorteil der empfängnisverhütenden Mittel und der modernen Medizin des 20. Jahrhunderts einen Geliebten nahm.

Eine protestantische Königin mußte besonders vorsichtig sein. Die Katholiken warteten nur auf eine Gelegenheit, wieder über die Unmoral der protestantischen Frauen herziehen zu können. Der Schuster-Poet Miles Huggarde, der zur Zeit Königin Marias dichtete, hatte den protestantischen »Damen Londons« vorgeworfen, ihre Ehemänner zum Märtyrertum zu ermutigen, um sich nach deren Tod nur um so hemmungsloser mit ihren Liebhabern zu amüsieren. Obendrein bezichtigte er sie, es wahllos in protestantischen Kirchen und anderswo mit protestantischen Männern zu treiben und lesbische Beziehungen zu anderen protestantischen Frauen zu unterhalten.[9] Als Tochter Anne Boleyns war Elisabeth für derartige Verleumdungen besonders anfällig. Der Vorwurf des Ehebruchs, auf Grund dessen Anne hingerichtet worden war, hatte den schadenfrohen Katholiken als Beweis für die protestantische Unmoral gegolten. Zur Zeit Marias schenkten sie mit Vorliebe Gerüchten über die sexuellen Verfehlungen von Annes ketzerischer Tochter Elisabeth Glauben. Offenbar hatte Elisabeth die Verderbtheit ihrer lutherischen Mutter geerbt. Wenn die Katholiken das Volk überzeugen konnten, daß Elisabeth mit Robert Dudley Ehebruch beging, konnte das dem Protestantismus in England und in der gesamten christlichen Welt schweren Schaden zufügen und Elisabeth vielleicht sogar zu Fall bringen.

Quadra, der den gesamten Klatsch über Elisabeth und Robert an Philipp II. und Margarete von Parma weitergab, hielt es trotzdem für lohnend, sich einen so einflußreichen Mann wie Lord Robert zum Freund zu machen, auch wenn Robert ein überzeugter Protestant war. Roberts Reaktion war ermutigend. Er erklärte, er sei stets bereit, dem König von Spanien einen Dienst zu erweisen, da dieser ihm zur Zeit Marias das Leben gerettet habe. Robert und Lady Mary Sidney betonten gegenüber Quadra, sie befürworteten eine Heirat zwischen

Elisabeth und Erzherzog Karl. Quadra sah darin jedoch lediglich einen Vorwand, um die Tatsache zu verschleiern, daß Robert seine Frau ermorden und Elisabeth selbst heiraten wollte.[10]

Cecil war außerordentlich beunruhigt. Er spürte, daß er die Gunst der Königin verlor, und hatte zunehmend Schwierigkeiten, zu ihr vorgelassen zu werden. Er argwöhnte, daß Robert Elisabeth gegen ihn einnahm. Schließlich vertraute er sich sogar Quadra an in der Hoffnung, der Botschafter werde seinen Einfluß bei Elisabeth nutzen und ihre Vernarrtheit in Robert zügeln. Da Elisabeth sich immer unbesonnener verhielt, vergaß auch Cecil seine übliche Diskretion. Kurz nach seiner Rückkehr aus Edinburgh führte er ein sehr unkluges Gespräch mit Quadra über Robert. Robert sei eine Gefahr und besser im Paradies als auf Erden aufgehoben. Es sei zu fürchten, daß Robert seine Frau vergiften werde. Am Tag nach dem Gespräch mit Cecil teilte Elisabeth Quadra nach ihrer Rückkehr von der Jagd beiläufig mit, Amy Dudley sei gestorben.[11] Amy war in Cumnor Hall geblieben und hatte ihre Diener am Nachmittag auf den Jahrmarkt nach Abingdon geschickt. In deren Abwesenheit hatten zwei von Roberts Dienern sie aufgesucht. Als Amys Diener vom Jahrmarkt zurückkamen, fanden sie ihre Herrin mit gebrochenem Genick am Fuß der Treppe liegen.

Das Ergebnis der Leichenschaukommission lautete auf Tod durch Unfall: Amy Dudley sei die Treppe hinuntergefallen. Viele Menschen glaubten jedoch, sie sei von Agenten ihres Mannes ermordet worden, die sie aufgesucht hätten, als ihre Diener auf dem Jahrmarkt gewesen seien. Sie hätten ihr das Genick gebrochen und die Leiche an den Fuß der Treppe gelegt, um den Eindruck zu erwecken, sie sei die Treppe hinabgestürzt. Andere vermuteten, Amy habe aus Kummer über die Gerüchte, die über ihren Mann und die Königin in Umlauf waren, Selbstmord begangen.[12] Es ist äußerst unwahrscheinlich, daß Robert seine Frau umgebracht hat. In der englischen Gesellschaft des 16. Jahrhunderts konnten Adlige ihre Frauen nicht ohne weiteres umbringen, ohne dafür bestraft zu werden. Wenn Robert und Elisabeth Amy hätten loswerden wollen, hätten sie wahrscheinlich eher darauf gesetzt, daß Erzbischof Parker das Gesetz manipulieren und Robert von seiner Frau scheiden würde, wie Cranmer das zur Zeit Heinrichs VIII. getan hatte.

Throckmorton war entsetzt, als ihn die Nachricht in Paris erreichte. An Cecil schrieb er, obwohl er Lord Robert gern habe und ihn respektiere, zwinge ihn seine Pflicht gegenüber der Königin, Cecil zu warnen und Elisabeth selbst ohne Umschweife mitzuteilen, daß es verhängnisvoll und nicht wieder gutzumachen sei, wenn sie Lord Robert heirate. Er drängte Cecil, alles zu tun, um die Heirat zu verhindern, »denn wenn sie stattfindet, sind wir *opprobrium hominum et abjectio plebis* [eine Schande für die Menschheit und vom Volk verachtet]. Gott und Religion, welches die Grundlagen sind, werden an Achtung verlieren. Die Königin, unsere Herrscherin, wird in Verruf geraten und verurteilt und verachtet werden, und unser Land wird ruiniert, zugrundegerichtet und die Beute anderer Mächte werden.«[13] An Chamberlain, den Botschafter in Madrid, schrieb er, obwohl aus England berichtet werde, daß Amy Dudley sich bei einem Unfall das Genick gebrochen habe, glaube in Frankreich jeder, daß man es ihr mit Absicht gebrochen habe.[14]

Elisabeth zog sich geschickt aus der Affäre. Wie bei so vielen anderen Gelegenheiten, bei denen sie zunächst töricht gehandelt und ihren Ratgebern Angst gemacht hatte, fällte sie auch diesmal noch rechtzeitig die richtige Entscheidung. Sie beschloß, Robert nicht zu heiraten, und verhielt sich ihm gegenüber deutlich zurückhaltender, zumindest nach außen hin. Fürs erste gab sie ihr Vorhaben auf, ihn zum Grafen von Leicester zu ernennen. Angeblich reagierte sie unwirsch, als ihr das Patent zur Unterschrift vorgelegt wurde, das Dudley die Peerswürde verlieh. Sie soll es mit einem Messer zerschnitten haben.[15] War sie wütend auf ihn? Wütend auf die, die ihn fälschlicherweise des Mordes bezichtigt hatten? Wütend auf sich selbst wegen ihrer Unbesonnenheit? Oder wütend über die Unmöglichkeit, den Mann zu heiraten, den sie liebte?

Elisabeth entzog Lord Robert aber nicht ihre Gunst. Er blieb am Hof, knüpfte engere Kontakte zum spanischen Botschafter und versicherte ihm, er wünsche die Freundschaft mit König Philipp als einem Verbündeten gegen ihren gemeinsamen Feind Frankreich.[16] Cecil gewann die Gunst der Königin vollständig zurück, und im Herbst 1560 lenkte er die englische Außenpolitik in der schwierigen, aber hoffnungsvollen Lage, die sich nach dem Sieg der Engländer und Protestanten in Schottland entwickelt hatte. Die Lords der Kongregation wollten ihre Beziehungen zu England durch eine Heirat zwischen Arran und Elisabeth festigen, aber Elisabeth lehnte eine Ehe mit Arran ab.[17]

Elisabeths Verhältnis zu Maria war gespannt. Als Franz II. und Maria in Frankreich von der Unterzeichnung des Vertrags von Edinburgh erfuhren, weigerten sie sich, den Vertrag anzuerkennen oder auf die Führung des englischen Wappens zu verzichten. Der Kardinal von Lothringen fragte an, wie Elisabeth etwas gegen die Führung des englischen Wappens haben könne, wo sie doch selbst das französische Lilienwappen führe. Throckmorton erklärte, dies sei etwas anderes: Die Könige von England führten das französische Lilienwappen seit mehr als 200 Jahren, und jeder wisse, daß ihr Anspruch darauf begründet sei. Marias Gebrauch des königlichen Wappens hingegen sei neu. Sie wolle damit ihr Anrecht auf den englischen Thron deutlich machen, denn sie halte Elisabeth nicht für die rechtmäßige Königin.[18]

Am 6. Dezember starb Franz II. mit sechzehn Jahren an einer Ohrenentzündung. Sein zehnjähriger Bruder Karl IX. folgte ihm auf den Thron, und das veränderte die Lage in Frankreich. Die Königinmutter Katharina von Medici, die während der Regierungszeit ihres Mannes und ihres ältesten Sohnes keinerlei Einfluß gehabt hatte, wurde nun Regentin für Karl IX. Die Guisen verließen den Hof und kehrten auf ihre Besitzungen in der Champagne zurück. Maria war jetzt genauso wirksam von der französischen Politik ausgeschlossen wie Katharina unter Franz II. Als Throckmorton mit Katharina über Marias Weigerung sprach, den Vertrag von Edinburgh anzuerkennen, erklärte diese, damit müsse er sich an Maria selbst wenden. Die französische Regierung interessiere sich nicht für die Vorgänge in Schottland. Das bedeutete, daß Elisabeth im Hinblick auf Schottland zumindest vorläufig nichts von den Franzosen zu befürchten hatte.

Maria und die Guisen beschlossen, daß Maria nach Schottland zurückkehren sollte. Maria hatte das Land 13 Jahre zuvor als fünfjähriges Mädchen zum letzten Mal gesehen. Im Sommer 1561 wollte sie mit einer eindrucksvollen Eskorte von Schiffen und in Begleitung mehrerer Onkel aus der Familie Guise aufbrechen. Wie bei Reisen von Frankreich nach Schottland üblich, bat sie Elisabeth um freies Geleit, falls das Wetter sie zwinge, in einem englischen Hafen vor Anker zu gehen.

Elisabeth schlug ihr die Bitte ab. Maria sei ihr schließlich in der Anerkennung des Vertrags von Edinburgh auch nicht entgegengekommen.[19] Maria beschloß, auch ohne Geleitbrief abzufahren, in der Hoffnung, es werde angesichts des herrlichen Sommerwetters nicht notwendig sein, in einem englischen Hafen Zuflucht zu suchen. Zu Throckmorton sagte sie, sie hoffe, daß der Wind sie nicht an die englische Küste treiben werde. Wenn er es tue, könne Elisabeth mit ihr machen, was sie wolle. »Und sollte sie so hartherzig sein und meinen Tod wünschen, mag sie ganz nach ihrem Belieben verfahren und mich opfern. Vielleicht ist das sogar besser für mich als weiterzuleben. Aber in dieser Sache geschehe Gottes Wille.«[20] Throckmorton versicherte Maria, wenn sie den Vertrag von Edinburgh ratifiziere, werde Elisabeth ihre Freundin sein und ihr einen Geleitbrief ausstellen.[21] Aber Cecil schrieb er: »Wenn Ihr die Königin der Schotten fangen wollt, müssen unsere Schiffe überall nach ihr suchen, denn sie wird sich eher heimlich davonstehlen, als gewaltsam den Weg fortsetzen.«[22]

Maria stach am 14. August von Calais aus in See. Elisabeth versuchte nicht, sie aufzuhalten, und nach einer ruhigen Überfahrt traf Maria fünf Tage später wohlbehalten in Leith ein.

# 11

## Niederlage in Frankreich

Als Elisabeth auf ihrer Rundreise im August 1559 ihre Paläste in der Umgebung von London aufsuchte und von Eltham nach Nonesuch bei Ewell und nach Kingston zog, erkrankte sie vermutlich an Malaria, damals Tertianfieber genannt. Throckmorton, der die Königin gut kannte, schrieb an Cecil, sie solle ihre Ernährung umstellen, aufhören zu reisen und »ihren Appetit zügeln«.[1] Elisabeth erholte sich rasch, denn sie hatte nicht die Pest, das Schweißfieber, die Pocken oder die Masern, die tödlichen Krankheiten des 16. Jahrhunderts. Aber ihre Erkrankung rief den Räten nachdrücklich in Erinnerung, daß die Religionsregelung in England, der Erfolg der Kongregation in Schottland und die Hoffnungen der Protestanten in Europa vom Leben einer Person abhingen. Wer sollte Elisabeths Nachfolge antreten, wenn sie starb? Die papistische Maria Stuart? Lady Katherine Grey, die Schwester Lady Jane Greys, die angeblich Protestantin war, aber den spanischen Gesandten empfangen hatte und ihm zufolge dem katholischen Glauben zugeneigt war? Oder war es möglich, beide zu übergehen zugunsten des fanatischen Protestanten Lord Henry Hastings, eines Nachkommen des Herzogs von Clarence, des Bruders Eduards IV.?

Das Problem wäre gelöst gewesen, wenn die Königin geheiratet und ein Kind bekommen hätte. Aber Elisabeth wies alle Freier ab. Im Sommer 1559 machten ihr König Erich XIV. von Schweden und Erzherzog Karl von Österreich den Hof. Erzherzog Karl war der Sohn Ferdinands I., des Kaisers des Heiligen Römischen Reiches und Bruders von Karl V. König Erich entsandte seinen Bruder, den Herzog von Finnland, an den englischen Hof, Erzherzog Karl schickte seinen Kammerherrn Baron von Beuner. Der Herzog von Finnland und Baron von Beuner blieben mehrere Wochen am englischen Hof. Elisabeth erklärte beiden, sie fühle sich zwar durch die Anträge ihrer Herrscher sehr geehrt, sei aber entschlossen, als Jungfrau zu sterben. Damit blieb die Frage der Nachfolge offen.

Elisabeth hatte Ärger mit Katherine Grey. Katherine hatte sich in Somersets Sohn Edward Seymour, Graf von Hertford, verliebt und Elisabeth um Erlaubnis gebeten, ihn heiraten zu dürfen, denn nach dem Gesetz von 1536 war es Hochverrat, ein Mitglied der königlichen Familie ohne Zustimmung des Souveräns zu heiraten. Elisabeth verweigerte ihr die Erlaubnis. Offenbar hatte sie Angst, daß ihre Gegner sie absetzen und Katherine an ihrer Stelle zur Königin machen könnten, wenn die Thronerbin heiratete und Kinder bekam, während sie selbst ledig blieb. Im Sommer 1561 wurde Katherine schwanger, und zu gegebener Zeit brachte sie einen Sohn zur Welt. Sie erklärte, sie habe Hertford heimlich geheiratet und er sei der Vater ihres Kindes. Hertford bestätigte dies, aber weder er noch Katherine wollten den Namen des Priesters nennen, der sie heimlich getraut hatte. Der Priester wäre sonst streng bestraft worden.

Elisabeth ließ Katherine und Hertford in den Tower werfen. In der Absicht, die Thronprätendentin und ihr Kind in Verruf zu bringen, erklärte Elisabeth, eine Trauung von Katherine und Hertford habe nie stattgefunden, deshalb sei ihr Sohn illegitim. Sie beauftragte eine Kommission unter Leitung von Erzbischof Parker mit der Untersuchung des Falles. Die Kommission kam zu dem von Elisabeth gewünschten Ergebnis: Die beiden seien nicht verheiratet. Von Hertfords Standpunkt aus hatte dies zumindest den Vorteil, daß er nicht wegen Hochverrats angeklagt werden konnte.

Katherine blieb auch nach der Geburt ihres Sohnes als Gefangene im Tower. Hertford wurde ebenfalls im Tower festgehalten, aber entgegen den Anordnungen Elisabeths gestattete der Kommandant des Tower den beiden, als Mann und Frau zusammenzuleben. 1563 brachte Katherine einen zweiten Sohn zur Welt. Elisabeth war außer sich. Sie ließ Katherine aus dem Tower holen und in Hanworth in Middlesex unter Hausarrest stellen, wo Katherine von ihrem Onkel Lord John Grey bewacht wurde. Hertford blieb im Tower. Als in London die Pest ausbrach, wurde Hertford in das Haus seines Stiefvaters Sir Francis Newdigate nach Essex gebracht. Er und Katherine sahen sich nie wieder. Katherine war noch keine dreißig, als sie 1568 starb. Nach ihrem Tod wurde Hertford aus der Haft entlassen. Er starb 1621.

Katherines Schwester Lady Mary Grey hatte das Pech, nach Katherine und deren legitimen Kindern die nächste Thronfolgerin zu sein. Sie war sehr klein – fast ein Zwerg – und verliebte sich in Thomas Keys, einen Edelmann aus Folkestone und oberster Türhüter der Königin. Keys war außergewöhnlich groß und mindestens zwanzig Jahre älter als Lady Mary. Als Elisabeth 1564 von der heimlichen Heirat der beiden erfuhr, ließ sie Keys ins Fleet-Gefängnis sperren und Mary bei verschiedenen Adligen unter Hausarrest stellen. Außerdem versuchte sie Grindal, den Bischof von London, dazu zu bringen, die Ehe für ungültig zu erklären, aber dieser erwiderte, das sei schwierig. Allgemein glaubte man, daß diese Heirat der beiden in Rang, Alter und Größe so schlecht zueinander passenden Menschen lediglich Keys' Ehrgeiz zuzuschreiben sei. Aber Mary hielt treu zu ihrem Ehemann und unterschrieb ihre Briefe weiterhin mit »Mary Keys«. Keys starb 1571 im Gefängnis, Mary wurde kurz darauf freigelassen. Sie überlebte ihren Mann um sieben Jahre.

So waren noch einmal zwei Leben im Interesse des Staates zerstört worden. Elisabeth, die ihre eigene Liebe dem Thron geopfert hatte, zögerte nicht einen Moment, von Katherine und Mary dasselbe zu verlangen.

Im Jahr 1560 sah es einen Augenblick so aus, als könne die so bitter umkämpfte religiöse Spaltung innerhalb der christlichen Welt behoben werden. Der grausame Papst Paul IV. war 1559 gestorben, und sein Nachfolger Pius IV. war weit umgänglicher. Er wollte das Konzil wieder einberufen, das seit 1545 in Trient tagte, und die protestantischen Staaten auffordern, Abgesandte dorthin zu schicken, um die Möglichkeiten einer Reform und Wiedervereinigung der Kirche zu erörtern. In einem Schreiben forderte er die protestantischen Fürsten in Deutschland auf, Vertreter nach Trient zu entsenden. Bei Elisabeth ging er behutsamer vor. Wenn er sie gewinnen konnte, wog das mehr, als wenn er einen der deutschen Fürsten gewinnen konnte. Philipp II. sollte Elisabeth die Einladung des Papstes überbringen und sie bitten, dessen Nuntius Parpaglia zu empfangen, der Elisabeth bereits zur Zeit Marias in England kennengelernt hatte. Bei dieser Gelegenheit sollte Parpaglia die Königin formell auffordern, Abgesandte nach Trient zu schicken. Pius IV. legte einen Brief an Elisabeth bei, in dem er seine »vielgeliebte Tochter in Christus« drängte, »falsche Ratgeber, die nicht Euch, sondern nur sich selbst lieben und ihrer Lust frönen«, abzuweisen und »Unserer väterlichen Überzeugung und Unserem wohlgemeinten Rat zu folgen«.[2] Philipp ließ sich wie üblich viel Zeit. Deshalb, und weil die Beförderung von Briefen viel Zeit in Anspruch nahm, dauerte es fast ein Jahr, ehe die Bitte des Papstes Elisabeth durch den spanischen Botschafter in London übermittelt wurde.

Ein zynischerer Katholik als Pius IV. versuchte es ebenfalls mit einer Politik der Kompromisse. Katharina von Medici ging zwar regelmäßig zur Messe, war aber darüber hinaus keine besonders eifrige Christin. Ihr einziges Ziel war die Sicherung der Macht für ihre Kinder und das Haus Valois. Sie wollte den inneren Frieden in Frankreich bewahren und einen Religionsstreit verhindern. Um dies zu erreichen, war ihr jedes Mittel recht. Solange es sich bei den Protestanten nur um eine Handvoll religiöser Idealisten, akademisch gebildeter Intellektueller, Handwerker und Bauern handelte, war es am besten, sie mit aller Härte zu verfolgen. Als aber der König von Navarra, Condé und Coligny zum Calvinismus übertraten und die Protestanten in weiten Gebieten Frankreichs unter dem Schutz bewaffneter Gefolgsleute der einflußreichen protestantischen Lords und Herrscher königlichen Geblüts ungehindert Gottesdienste abhielten, war ihnen mit Verfolgung nicht länger beizukommen. Katharina versuchte, sie durch Bestechung auf ihre Seite zu ziehen. Es gelang ihr, den König von Navarra wieder zum Katholizismus zu bekehren, indem sie ihm die Rückgabe seines spanischen Königreichs Navarra durch Philipp II. in Aussicht stellte. Das Königreich war fünfzig Jahre zuvor von den Spaniern besetzt und seither von den spanischen Königen beansprucht worden. Navarras Frau und sein Bruder, Johanna von Albret und Condé, blieben ebenso Protestanten wie Admiral Coligny. Königin Johanna verließ gemeinsam mit ihrem siebenjährigen Sohn Prinz Heinrich von Navarra ihren Gemahl und ging nach Südfrankreich.

Katharina von Medici beschloß nun, den Protestanten die Duldung ihres Glaubens anzubieten. Als erstes setzte sie die Verordnungen außer Kraft, wonach Protestanten wegen Ketzerei verbrannt werden konnten, und berief in Poissy eine Versammlung katholischer und protestantischer Geistlicher ein, um über einen Kompromiß in den strittigen religiösen Fragen zu diskutieren. Dann gewährte sie den Protestanten religiöse Toleranz und ließ sie überall in Frankreich ungestört ihre Gottesdienste abhalten.[3]

Leider kam ihr Versuch zu spät oder zu früh. Es war zu spät, die Protestanten nach vierzig Jahren grausamer Verfolgung versöhnen zu wollen. Und es war zu früh, von den katholischen Extremisten und den Protestanten Zustimmung zu erwarten, die nach dreißig Jahren blutigen Bürgerkriegs noch immer nicht erschöpft und des Kämpfens müde waren. Alle örtlichen Parlamente, einschließlich des Parlaments von Paris, lehnten es ab, die königlichen Verordnungen über die Duldung des protestantischen Glaubens bekanntzumachen. Auch große Teile der katholischen Bevölkerung, insbesondere das einfache Volk von Paris, wiesen den Gedanken einer Duldung der Ketzer – der »Hugenotten«, wie sie von ihren Gegnern genannt wurden – empört zurück. Die Protestanten dagegen deuteten die Duldung ihrer Religion als Zeichen der Schwäche der Katholiken. Sie nutzten ihren Vorteil und verstärkten ihre Angriffe auf katholische Kirchen und Heiligenbilder.

In Blois und anderswo drangen Protestanten gewaltsam in katholische Kirchen ein, zerstörten Statuen und Bilder und machten aus den Gebäuden protestantische Gotteshäuser. In Paris, wo die Protestanten keine Kirchen zum Beten fanden, hielten sie außerhalb der Stadt auf freiem Feld eine große Gebetsversammlung ab. Die Katholiken schlossen daraufhin die Tore und wollten die Protestanten nicht wieder in die Stadt lassen. Die Protestanten verschafften sich mit Gewalt Einlaß, wobei auf beiden Seiten mehrere Männer getötet wurden. Auch in Montpellier kam es aus ungeklärten Anlässen zu Kämpfen. Dabei wurden ungefähr hundert Protestanten und ebenso viele Katholiken getötet. In Toulouse wurden viele Protestanten hingerichtet. In

Languedoc ermordeten die Protestanten einen bekannten katholischen Würdenträger. In Angers verteilten die katholischen Priester Pistolen und andere Waffen an die Bevölkerung und forderten sie auf, die »Hugenotten« zu töten.[4]

Die Protestanten wurden nicht nur durch Katharina von Medicis Politik der Toleranz in ihrem Mut und ihrer Aggressivität bestärkt, sondern auch durch Elisabeths Erfolg in Schottland. Der Sieg der Kongregation mit englischer Unterstützung hatte in ganz Europa großen Eindruck gemacht, und die Befürchtungen der Regierungen in Frankreich und Spanien, daß dadurch die Ketzerei und der Aufruhr in ihren Ländern gefördert werde, bewahrheiteten sich. Peter Martyr in Zürich begrüßte den Erfolg der Kongregation als großen Sieg für den Protestantismus.[5] Admiral Coligny erklärte Throckmorton, jeder in Frankreich wisse, daß die Protestanten ihre Erfolge Elisabeth zu verdanken hätten. »Seht Ihr nicht (sagen sie), daß sie in den zwei Jahren seit ihrer Thronbesteigung die Religion nicht nur ihrem eigenen Königreich, sondern auch Schottland eingepflanzt hat?«[6] In den Bergen bei Nizza zerstörten die Protestanten die Kirchen und revoltierten gegen den katholischen Herzog von Savoyen. Im Jahr darauf kam es in König Philipps Territorien in den Niederlanden zu protestantischen Aufständen und zur Zerstörung von Heiligenbildern.[7]

Elisabeth und Cecil taten jetzt genau das, was sie während der Revolution in Schottland sorgsam vermieden hatten: Sie erklärten öffentlich, daß sie in jedem Land der christlichen Welt für den protestantischen Glauben eintreten würden. In seinem Brief an Throckmorton vom 15. Januar 1561 wies Cecil in aller Deutlichkeit auf die neue Linie hin: »Es gilt, die Sache voranzutreiben, zu der wir uns bekennen, und das ist die Kunde von Christus wider den Antichristen von Rom; zudem ist die Zeit günstig, in diesem Reich [Frankreich] mit der Eroberung zu beginnen ... Nun ist es Zeit für Calvin und die adligen Männer, die sich ihr Wissen von dort geholt haben, die Tyrannei der Papisten anzufechten und zu unterdrücken.«[8] Zwei Monate später schrieb Cecil an Randolph in Schottland: »Ihre Majestät sieht jeden Tag aufs neue, daß kein Einvernehmen oder Verständnis zwischen zwei Ländern so sicher ist wie das, welches auf der Einigkeit und dem Einverständnis im christlichen Glauben beruht.« Er fügte hinzu, daß die Ereignisse in Frankreich Mut machen sollten, weil dort an Stelle der strengen Protestantenverfolgung die religiöse Toleranz getreten sei.[9]

Im Januar 1561 schickte Elisabeth den streng protestantischen Graf von Bedford an den französischen Hof, um Katharina von Medici zur Thronbesteigung des jungen Karl IX. zu beglückwünschen und ihr zu versichern, daß Elisabeth weiterhin freundschaftliche Beziehungen zu Frankreich unterhalten wolle. Bedford erklärte Katharina außerdem, Elisabeth glaube, daß die Freundschaft zwischen Frankreich und England nur gedeihen könne, wenn beide Königreiche dieselbe Religion hätten. Deshalb bat er Katharina, über eine Duldung des protestantischen Glaubens hinauszugehen und Frankreich zu einem protestantischen Staat zu machen.[10] Bedford und Throckmorton sollten die französischen Protestanten außerdem ermutigen, der protestantischen Sache weiter treu zu bleiben, und sie der Hilfe Englands versichern. Am 6. Mai 1561 schickte Elisabeth Throckmorton ein von Cecil aufgesetztes Schreiben, in dem sie ihn bat, Coligny ihrer »Unerschütterlichkeit und Entschlossenheit« zu versichern, »die Ehre des Allmächtigen durch die Beibehaltung des wahren Evangeliums Seines Sohnes Jesus Christus zu fördern, durch dessen gewaltige Macht und einzigartige Gunst Wir auf wunderbare Weise beschützt wurden und zu dieser Stellung gelangten.«[11]

Elisabeth und Cecil waren über ihren Erfolg hocherfreut und nicht in der Stimmung, auf Versöhnungsangebote des Papstes einzugehen und Vertreter zum Konzil von Trient zu entsenden. Als Quadra Elisabeth schließlich im Namen König Philipps offiziell ersuchte, den päpstlichen Nuntius zu empfangen und seine Einladung zum Konzil freundlich in Erwägung zu ziehen, riet ihr der Staatsrat, dem Nuntius die Einreise nach England zu verweigern und keine Abgesandten zum Konzil von Trient zu schicken. Denn von einem Konzil, das der Papst einberufen habe, könne nichts Gutes kommen.[12]

Elisabeth und Cecil beobachteten Maria Stuart mit Mißtrauen. Maria hatte seit ihrer Rückkehr nach Schottland nichts gegen die Protestanten unternommen. Sie ließ sich von ihrem Halbbruder Lord James Stuart beraten, einem der aktivsten Führer der Kongregation während der Revolution. Sie ernannte ihn zum Grafen von Moray und erlaubte ihm praktisch, in ihrem Namen Schottland zu regieren und den Gesetzen gegen die Katholiken Geltung zu verschaffen. Während Maria selbst in ihrer königlichen Kapelle an katholischen Messen teilnahm, wurde jeder, der woanders die Messe zelebrierte oder besuchte, streng bestraft. Protestantische Schläger überfielen regelmäßig Marias katholische Priester und schlugen sie zusammen. Sie wurden dafür nicht bestraft. Maria traf sich jedoch heimlich mit zwei Jesuiten, die der Papst nach Edinburgh geschickt hatte, und sie schrieb dem Herzog von Guise, sie wolle ihre Stellung als Königin von Schottland nutzen, um die Interessen der katholischen Kirche zu fördern, soweit dies unter diesen gegenwärtigen schwierigen Umständen möglich sei.[13]

Maria versicherte Randolph, daß es ihr Wunsch sei, freundschaftliche Beziehungen zu Elisabeth zu unterhalten. Sie schickte ihren fähigen Staatssekretär William Maitland von Lethington nach London, um diese Versicherung vor Elisabeth selbst zu wiederholen. Lethington erklärte, Maria erkenne Elisabeth als rechtmäßige Königin von England an. Sie sei aber nach Elisabeths Tod selbst die nächste Anwärterin auf den Thron und bitte Elisabeth, sie öffentlich als ihre Nachfolgerin anzuerkennen, da dies ihre Freundschaft festigen würde. Elisabeth weigerte sich: »Ihr glaubt, Euer Plan werde uns zu Freunden machen, aber ich fürchte eher das Gegenteil.« Könige liebten ihre Nachfolger nicht, oftmals haßten sie deshalb sogar ihre eigenen Söhne. Wenn sie Maria zu ihrer Nachfolgerin ernennen würde, würde sie zugleich beginnen, sie zu hassen, wie König Karl VII. von Frankreich seinen Sohn Ludwig XI. und wie Franz I. Heinrich II. gehaßt hatte. Aber es gab noch einen wichtigeren Grund, Maria nicht als Thronerbin anzuerkennen.

»Ich kenne den Wankelmut des englischen Volkes, wie ihm die gegenwärtige Regierung mißfällt und wie sich sein Blick auf die Person richtet, die die nächste in der Thronfolge ist ... *plures adorat solem orientem quam occidentem* [die meisten huldigen der aufgehenden, nicht der untergehenden Sonne].« Sie habe das während der Regierung ihrer Schwester am eigenen Leib erfahren, als viele bereit gewesen seien, sie an Marias Stelle auf den Thron zu setzen, wenn sie sie dazu ermuntert hätte. Doch einige ihrer Anhänger aus der Zeit, als sie noch Lady Elisabeth gewesen sei, hätten sich nach ihrer Thronbesteigung gegen sie gestellt, weil ihre Hoffnung auf eine Beförderung enttäuscht worden sei. Wenn sie jetzt Maria Stuart zu ihrer Nachfolgerin ernenne, »könnten Wir Unsere gegenwärtige Stellung fragwürdig erscheinen lassen. Ich bin ganz offen zu Euch, obgleich ich meine, daß meine Untertanen mich lieben, wie es sich für sie geziemt, ist es doch nirgends so vollkommen, daß alle zufrieden sind.«[14]

Maria schlug ein Treffen mit Elisabeth vor. Eine Begegnung zwischen Herrschern im 16. Jahrhundert benötigte eine ebenso lange Vorbereitungszeit und war politisch ebenso bedeutungsvoll wie ein Gipfeltreffen im 20. Jahrhundert. Die Minister überlegten, welche Herrscherin von dem Treffen am meisten profitierte und, wenn es stattfand, welche Herrscherin die Ehre haben sollte, Gastgeberin zu sein, wie weit jede reisen sollte, um die andere zu treffen, und welche von beiden den Ehrenplatz zur Rechten einnehmen sollte, wenn sie nebeneinander gingen. Cecil notierte sich in gewohnter Weise die Vor- und Nachteile einer Begegnung mit Maria. Es konnte den Glauben der Protestanten an Elisabeth erschüttern, wenn sie sich mit einer papistischen Königin traf. Andererseits war Marias Wunsch einer Begegnung mit Elisabeth ein Zeichen für Elisabeths Macht, vor allem wenn Maria nach England kam. Wo sollte das Treffen stattfinden? Daß Elisabeth nach Schottland reiste, kam nicht in Frage. Aber wie weit sollte Maria reisen? Maria selbst schlug Newcastle als Treffpunkt vor. Die Engländer waren für York oder Nottingham. Es hieß, Maria sei das Treffen so wichtig, daß sie notfalls nach London kommen werde.[15]

Am 1. März 1562 hielten Protestanten in einer Scheune bei Vassy in der Champagne eine Gebetsversammlung ab. Sie befanden sich auf dem Territorium des Herzogs von Guise, und als dieser von der Versammlung erfuhr, ritt er sogleich an der Spitze einer Abteilung Soldaten nach Vassy. Er befahl den

Protestanten, die Gebetsversammlung abzubrechen und zu verschwinden. Sie weigerten sich, beschimpften Guise und warfen mit Steinen nach ihm und seinen Männern. Ein Stein traf Guise am Kopf. Daraufhin gab er Befehl zum Feuern. Seine Soldaten töteten vierzig Männer, Frauen und Kinder. Sechzig Menschen wurden verletzt.* [16]

Die Protestanten verurteilten das »Massaker von Vassy« scharf, und Condé und Coligny forderten Katharina von Medici auf, Guise wegen Mordes vor Gericht zu stellen. Guise erklärte, er habe das Recht, in seiner Provinz Champagne für Recht und Ordnung zu sorgen, und er habe die Protestanten in Vassy wegen Mißachtung des Gesetzes rechtmäßig bestraft. Später kam er mit einer großen Eskorte Soldaten nach Paris. Als er in der Stadt einritt, wurde er von einer jubelnden Menge begrüßt. Ein Hilfsfonds wurde eingerichtet, auf den Spender Geld zur Finanzierung eines Krieges für die katholische Sache einzahlen konnten. Katharina von Medici war machtlos, da sich sowohl Katholiken als auch Protestanten für einen Bürgerkrieg rüsteten.[17]

Ein paar Tage nach seiner Ankunft in Paris lud der Herzog Throckmorton zu sich ein. Der Tiger von Frankreich zeigte sich von seiner umgänglichsten Seite. Er sagte, seiner Nichte, der Königin von Schottland, sei besonders an einer Verbesserung der Beziehungen zur Königin von England gelegen, deshalb wolle sie sich unbedingt persönlich mit ihr treffen. Einige ihrer schottischen Ratgeber seien gegen die Begegnung, weil sie Elisabeth nicht trauten und weil sie meinten, es sei Marias Ehre abträglich, wenn die beiden Herrscherinnen sich auf englischem Boden träfen. Er selbst befürworte das Treffen, erklärte Guise, und er sehe ein, daß es in England stattfinden müsse. Er hoffe nur, daß Elisabeth aus Rücksicht auf Marias Stellung damit einverstanden sei, das Treffen so nahe wie möglich an der Grenze abzuhalten. Dann brachte Throckmorton die Rede auf den Vorfall in Vassy. Guise sagte, er bedaure das Geschehene, aber die Protestanten hätten sich außerordentlich anmaßend und bedrohlich verhalten.[18]

Elisabeth beschloß, einem Treffen mit Maria zuzustimmen. Es sollte Anfang September in Nottingham stattfinden. Die Verantwortlichen begannen mit den Vorbereitungen. Dem Hauptmann von Norham Castle wurde aufgetragen, für den Empfang der schottischen Königin an ihrem ersten Abend in England Vorkehrungen zu treffen. Die Frauen der Adligen von Yorkshire sollten sie mit der vorschriftsmäßigen Anzahl von Hofdamen und Dienern willkommen heißen.[19] In Frankreich rüstete man unterdessen zum Bürgerkrieg. Condé eroberte Orléans für die Protestanten und zerstörte dort in den katholischen

* Diese Zahlen nennt Throckmorton in einem Brief vom 14. März 1562. Später schrieben protestantische Propagandisten, in Vassy seien zwischen 600 und 700 Menschen getötet worden. Doch es ist unwahrscheinlich, daß Throckmorton bei der Zahl der Opfer untertrieben hat.

Kirchen sämtliche Heiligenbilder. In Blois banden die Katholiken protestantischen Frauen und Kindern Steine um den Hals und ertränkten sie. Im Juni hatte Guise eine Armee von 7 000 Mann aufgestellt, Condé verfügte über 5 000 Mann. Beide Seiten machten sich nun daran, Söldner anzuwerben. Elisabeth bat die lutherischen Fürsten in Deutschland, ihren Untertanen zu verbieten, sich als Söldner in der katholischen Armee zu verdingen. Die deutschen Söldner schlossen sich daraufhin Condés Truppen an, und Philipp II. entsandte 4 000 spanische Söldner, die für Guise kämpfen sollten.[20]

Katharina von Medici stellte sich auf die Seite der Katholiken, die ganz offensichtlich stärker waren, und bot an, mit Condé Frieden zu schließen unter der Bedingung, daß das Toleranzedikt aufgehoben und alle protestantischen Prediger aus Frankreich verbannt würden.[21] Als Condé ablehnte, ernannte sie den abtrünnigen König von Navarra zum Oberbefehlshaber der königlichen Truppen und beauftragte ihn, die protestantische Rebellion niederzuschlagen. Guise war stellvertretender Befehlshaber und der eigentliche Anführer.

Elisabeth unterstützte die protestantische Sache in Frankreich. Sie befahl Throckmorton, Condé Mut zu machen und ihn zu entschlossenem Vorgehen zu drängen. »Erinnert ihn daran, daß in allen Dingen der zweite Anlauf immer gefährlicher ist als der erste.«[22] In diesem Rat steckte mehr Wahrheit, als Elisabeth wußte.

Elisabeth erklärte, sie habe keinen Streit mit dem französischen König, sondern nur mit den Guisen, die die Jugend des Königs ausnutzten und vorgaben, in seinem Namen zu handeln, während sie in Wirklichkeit nur ihre eigenen Ziele im Auge hätten. Dem französischen Botschafter sagte sie, da das Haus ihres Nachbarn brenne, lösche sie das Feuer, bevor es auf ihr eigenes Haus übergreifen könne. Cecil warnte die Königin in einem Memorandum, daß ein Sieg der Katholiken im französischen Bürgerkrieg einen bewaffneten Aufstand der Papisten in England zur Folge haben werde.[23] Er hielt es für unbedingt erforderlich, Condé militärisch zu unterstützen, »den der Allmächtige als Seinen Streiter bewahrt«.[24]

Elisabeth entsandte 6 000 Soldaten nach Frankreich. 2 000 sollten die Hafenstadt halten, die die Engländer Newhaven und die Franzosen Havre de Grâce nannten – das heutige Le Havre. Die restlichen 4 000 sollten den Protestanten bei der Verteidigung von Rouen und Dieppe helfen. Außerdem war Elisabeth bereit, Condé 100 000 Kronen zu leihen. Als Sicherheit räumte Condé ihr die vorübergehende Besetzung Le Havres ein.[25] Elisabeth und Cecil waren sich darüber im klaren, daß Le Havre für sie eine nützliche Verhandlungsbasis sein konnte, wenn sie Calais zurückgewinnen wollten. Nach dem Vertrag von Cateau-Cambrésis sollte Calais erst 1567 wieder an England fallen, aber vielleicht konnte dies schon früher geschehen, wenn die Engländer dafür nach einem Sieg der Protestanten aus Le Havre abzogen. Ursprünglich hatten Elisabeth und Condés Abgesandte vereinbart, daß Le Havre nur von englischen Truppen besetzt werden sollte. Aber wie sich hinterher leider herausstellte, war die englische Garnison mit protestantischen Soldaten aus Frankreich verstärkt worden.

Angesichts des drohenden Bürgerkriegs in Frankreich waren Elisabeths Ratgeber der Ansicht, die Königin müsse die Begegnung mit Maria Stuart verschieben. Zum einen sei es nicht ratsam, daß sie sich während einer internationalen Krise und zu einer Zeit, wo die heftigen Regenfälle des feuchten Sommers die Straßen fast unpassierbar gemacht hätten, so weit von London entferne, zum anderen dürfe sie die französischen Protestanten nicht entmutigen, indem sie sich mit der Nichte des Herzogs von Guise treffe. Elisabeth war anderer Meinung. Sie berief den Staatsrat ein, um die Angelegenheit zu erörtern, und nahm persönlich an der Sitzung teil, was ungewöhnlich war. Entgegen dem einstimmigen Rat der Staatsräte beharrte sie auf einer Zusammenkunft mit Maria. Am 6. Juli bestätigte sie, sie werde Maria zwischen dem 20. August und dem 20. September in York oder Nottingham treffen.[26]

Da traf aus Frankreich die Nachricht ein, daß der Bürgerkrieg tatsächlich ausgebrochen sei. Unter dem Druck ihrer Räte änderte Elisabeth schließlich ihre Meinung und erklärte sich schweren Herzens bereit, die Begegnung mit Maria zu verschieben. Am 15. Juli beauftragte sie Sir Henry Sidney, nach Edinburgh zu reisen und Maria mitzuteilen, daß sie sich angesichts der Lage in Frankreich in diesem Sommer nicht mit ihr treffen könne, daß sie sich aber freuen würde, wenn die Begegnung im Jahr darauf zwischen dem 20. Mai und dem 31. August in York, Pontefract oder Nottingham stattfinden könne. Maria zeigte sich außerordentlich enttäuscht, daß das Treffen verschoben werden mußte.[27]

Elisabeth wies Sidney an, in Edinburgh einen Aspekt der Situation in Frankreich hervorzuheben, der sie besonders schockierte – die Rolle, die das einfache Volk von Paris bei der Unterstützung der katholischen Sache spielte. »In Paris wurde ein Edikt veröffentlicht, das dem gemeinen Volk ausdrücklich gestattet, all diejenigen zu töten und zu zerstückeln, die Kirchen oder Häuser zerstört haben oder mit Randalierern Umgang haben. Noch nie hörte man von solch einem Befehl, dem gemeinen Volk das Schwert zu geben, wodurch täglich viele schreckliche Morde begangen wurden und immer noch begangen werden vom unbesonnenen Pöbel und von kopflosen Leuten, ohne Rücksicht auf Besitz oder Stand der Opfer, ja, ohne Rücksicht auf deren Schuld oder Unschuld.« Sidney sollte Elisabeths königlicher Schwester in Schottland sagen, was Elisabeth bezüglich der Ereignisse in Frankreich am meisten betrübe, sei »der Zweifel an Unserem aufrichtigen Wunsch, Unsere besagte Schwester in diesem Sommer zu sehen«.[28]

Der Krieg in Frankreich wurde mit großer Grausamkeit geführt. Der Herzog von Aumale, der Bruder des Herzogs von Guise, ließ auf dem Marsch durch die Normandie jeden protestantischen Pastor aufhängen, den er erwischte. In mehreren Städten und Dörfern töteten seine Truppen alle Protestanten, einschließlich der Frauen und Kinder. Condé ließ zwar katholische Zivilisten am Leben, aber dafür hängte er alle katholischen Soldaten auf, die er gefangennahm. Der Baron von Adrets, der protestantische Führer im Süden, war weniger wählerisch. Er ließ überall, wo er hinkam, alle Katholiken niedermetzeln. In Toulouse, nicht weit vom Operationsgebiet des Barons entfernt, glaubte der katholische Bischof, die protestantischen Bewohner der Stadt wollten Toulouse besetzen und die Katholiken töten. Um ihnen zuvorzukommen, überredete er die Katholiken, sämtliche Protestanten der Stadt zu töten – insgesamt über tausend.[29]

Die englischen Truppen unter dem Kommando von Robert Dudleys Bruder Ambrose, der den Titel seines Vaters, Graf von Warwick, wiedererlangt hatte, landeten am 4. Oktober in Le Havre. Die Einwohner der Stadt, darunter viele Protestanten, bereiteten ihnen einen begeisterten Empfang. Der Staatsrat befahl Warwick, alle Katholiken aus der Stadt zu jagen, die mit dem Feind sympathisierten, aber keine Gewalt anzuwenden.[30] Englische Soldaten schlossen sich den Protestanten an, die Dieppe und die große Stadt Rouen hielten. Rouen war ein belebtes Handelszentrum und ein wichtiger Stützpunkt der Protestanten.

Katharina von Medici protestierte gegen die englische Intervention, die ihrer Ansicht nach gegen den Vertrag von Cateau-Cambrésis verstieß. Sie versuchte, sich die englische Intervention und die Anwesenheit deutscher Söldner in Condés und Colignys Armee dahingehend zunutze zu machen, daß sie alle Franzosen, Katholiken wie Protestanten, aufforderte, sich gegen die Ausländer zu verbünden, die die Religion als Deckmantel für ihre nationalen Interessen benutzten. Katharina erklärte, es handle sich nicht um einen Glaubenskrieg, sondern um eine von ausländischen Feinden angefachte Revolte gegen die Autorität des jungen Königs. Sie sicherte allen Franzosen Straffreiheit zu, die sich den königlichen Truppen anschlossen und halfen, die Ausländer aus dem Land zu jagen. Zudem bot sie den Protestanten erneut die Duldung ihrer Religion an.[31]

Am 10. Oktober führte Guise den Hauptteil seiner Truppen gegen Rouen. Damit trat der Krieg in Frankreich in seine entscheidende Phase ein. Elisabeth, die sich in Hampton Court aufhielt, klagte an diesem Tag über Unwohlsein. Sie nahm ein Bad, holte sich danach jedoch eine Erkältung und hatte am nächsten Tag hohes Fieber. Zwei Tage später stellten ihre Ärzte fest, daß sie Pocken hatte. Ihr Zustand verschlechterte sich zusehends. Am 16. Oktober teilten die Ärzte dem Staatsrat mit, Elisabeths Leben sei ernstlich in Gefahr und sie werde vermutlich in den nächsten Tagen sterben. Cecil eilte von Westminster nach Hampton Court, und im Staatsrat wurde über die Nachfolge beraten, denn die protestantische Sache in Europa konnte auf einmal zusammenbrechen, wenn Elisabeth starb.

In diesen kritischen Tagen, als Elisabeth dem Tod nahe war, war die einflußreichste Partei am Hof, zu der Cecil, Robert Dudley und der Graf von Pembroke gehörten, entschlossen, Maria Stuart, Katherine Grey und Margaret Douglas bei der Nachfolge zu übergehen und Henry Hastings, den Grafen von Huntingdon, zum König zu machen. Quadra berichtete Philipp II., die Protestanten wollten Huntingdon zum König ausrufen, sobald Elisabeth gestorben sei, und Lord Robert Dudley, dessen Schwester mit Huntingdon verheiratet sei, stelle eine große Armee auf, die Huntingdon unterstützen solle.

Am Abend des 16. Oktober glaubten die Ärzte, Elisabeth werde spätestens in ein paar Tagen sterben. Doch am nächsten Morgen ging es ihr schon viel besser, und am 25. Oktober verließ sie zum ersten Mal das Bett. Sie hatte nur Angst, ihr Gesicht könne durch die Pockennarben für immer entstellt sein. Aber sie hatte Glück: Es blieben keine Narben zurück. Lady Mary Sidney dagegen, die Elisabeth während ihrer Krankheit gepflegt hatte, hatte sich angesteckt und war für den Rest ihres Lebens durch Pockennarben entstellt.[32]

Am 26. Oktober fiel Rouen beim dritten Sturm, nachdem der König von Navarra gefallen und Guise im Kampf verwundet worden war. Guise ließ die gefangenen englischen Soldaten aufhängen, den französischen Gefangenen schenkte er das Leben. Nach dem Desaster in Rouen streckten die Protestanten in Dieppe die Waffen, ohne daß die englische Garnison es hätte verhindern können. Gemäß den Kapitulationsbedingungen wurde das Leben der Verteidiger geschont.[33] In der Normandie hielt jetzt nur noch Le Havre stand, während Condé weiter südlich Orléans hielt, Chartres und Etampes einnahm und bis auf zehn Kilometer an Paris heranrückte.

Elisabeth und Cecil waren über die Kapitulation der Protestanten in Dieppe erstaunt. Die Kapitulation weckte ihr englisches Mißtrauen gegenüber den Franzosen, die französischen Protestanten eingeschlossen. Sie wurden noch mißtrauischer, als Throckmorton ihnen aus Condés Lager schrieb, Condé und Coligny seien am 2. Dezember bei einer Mühle außerhalb von Faubourg St. Marceau mit Katharina von Medici zusammengetroffen, um über Friedensbedingungen zu verhandeln. Condé, der Elisabeth nicht über die Friedensgespräche unterrichtet hatte, war sich mit Katharina einig, daß man den Protestanten gestatten sollte, in bestimmten Teilen Frankreichs Gottesdienste abzuhalten, und daß Protestanten und Katholiken gemeinsam den Rückzug aller ausländischen Truppen aus Frankreich fordern sollten. Doch die Friedensgespräche scheiterten, weil Katharina auf zwei Forderungen Condés nicht eingehen wollte. Condé hatte gefordert, daß die Regierung den Sold seiner deutschen Söldner bezahlen sollte und daß das Eigentum seiner Anhänger, das konfisziert und katholischen Edelleuten übertragen worden war, vollständig zurückgegeben werden sollte.[34]

An dem Tag, als Condé mit Katharina von Medici zusammentraf, schrieb Cecil für Elisabeth einen Brief an Warwick. Elisabeth zeigte sich darin besorgt, daß in Le Havre so viele Franzosen seien, insbesondere französische Soldaten. Sie gab Warwick zu verstehen, es sei wünschenswert, wenn er sie loswerden könnte.[35] Warwick erfuhr ein paar Tage nach Erhalt des Briefes, daß Aumales Armee nach Le Havre unterwegs sei, um die Stadt zu belagern. Bereitwillig schenkte er dem Gerücht Glauben, wonach in der Garnison einige protestantische Soldaten aus Frankreich die Stadt verraten und Aumale die Tore öffnen wollten. Warwick befahl den 2 000 englischen Soldaten, in dieser Nacht besonders auf der Hut zu sein, und er teilte dem Befehlshaber der Franzosen Beauvoir mit, seine Männern dürften während der Nacht ihre Unterkünfte nicht verlassen, »denn wenn sie es täten, würden sie es büßen«. Beauvoir protestierte energisch gegen dieses Mißtrauen gegenüber ihm und seinen Soldaten. Besonders betrübt war er, als Warwick erklärte, es sei besser, wenn alle französischen Soldaten Le Havre verließen. Beauvoir wandte ein, da Rouen und Dieppe gefallen seien, könnten die französischen Protestanten nirgendwo mehr hingehen, ohne von den katholischen Feinden vernichtet zu werden. Schließlich erklärte er sich widerstrebend bereit, die Ausgangssperre zu befolgen.[36] Als Cecil Warwicks Bericht über das Gespräch mit Beauvoir erhielt, befahl er Warwick, alle Franzosen, Zivilisten wie Soldaten, wenn möglich mit Beauvoirs Einverständnis, notfalls aber auch mit Zwang, aus Le Havre auszuweisen.[37]

Am 19. Dezember trafen die Katholiken unter Guise und die Protestanten unter Condé und Coligny in einer wichtigen Schlacht vor den Toren von Dreux aufeinander. Auf beiden Seiten nahmen mindestens 15 000 Mann an der Schlacht teil, und zwischen 6 000 und 10 000 fielen oder wurden verwundet, darunter mehrere von Guises Generälen. Condé geriet in Gefangenschaft, Coligny trat mit den besiegten Protestanten einen geordneten Rückzug nach Orléans an.

Guise belagerte Orléans. Am 18. Februar lauerte ihm ein paar Kilometer hinter den feindlichen Linien ein protestantischer Edelmann namens Sieur Poltrot de Méré hinter einer Hecke auf und schoß ihm in den Rücken. Der Herzog starb sechs Tage später. Poltrot gestand unter Folter, Coligny habe ihn bezahlt, damit er Guise töte, was Coligny heftig bestritt. Poltrot wurde zum Tode verurteilt. Er wurde an Pferden festgebunden und von diesen in Stücke gerissen.

Der Tod des Herzogs machte es den Protestanten leichter, Katharinas Friedensbedingungen zu akzeptieren. Der Kardinal von Lothringen und Guises andere Brüder verließen den Hof und kehrten zusammen mit Guises zwölfjährigem Sohn Henri, dem neuen Herzog von Guise, nach Joinville zurück. Condé war als Gefangener natürlich besonders geneigt, großzügige Friedensbedingungen zu akzeptieren. Im Vertrag von Orléans vom 10. März 1563 wurde den Protestanten das Recht eingeräumt, in sämtlichen Städten, die ihre Armeen zu diesem Zeitpunkt besetzt hielten, außerdem in vier weiteren Städten in jedem Distrikt, den ihnen der König zuteilte, und auf den Ländern der Adligen, die es ihnen gestatteten, zu predigen. Nur in Paris waren keine protestantischen Predigten oder Gottesdienste erlaubt. Condé wurde zum Oberbefehlshaber der königlichen Armee ernannt, Coligny blieb Admiral und Befehlshaber der Kavallerie.[38]

Elisabeth ließ Condé und Coligny wissen, sie habe den Eindruck, die beiden hätten die Religion nur als Weg zur Macht benützt und dazu, sich ihrer Gegner zu entledigen. Condé verkündete, er werde als Oberbefehlshaber der königlichen Armee nach Le Havre gehen und die Operationen gegen die englischen Eindringlinge leiten. Katharina von Medici schrieb Elisabeth im Namen Karls IX. Da Elisabeth erklärt habe, sie interveniere in Frankreich nur, um Karl vor der Tyrannei der Guisen zu schützen, solle sie sich jetzt, da die Guisen den Hof verlassen hätten und der Aufruhr in Frankreich vorbei sei, aus Le Havre zurückziehen. Daraufhin teilte Elisabeth dem französischen Botschafter mit, sie werde Le Havre nur aufgeben, wenn sie dafür umgehend Calais zurückbekomme.[39]

Die 4 363 englischen Soldaten in Le Havre waren bereit, bis zum Ende zu kämpfen. Alle französischen Soldaten und männlichen Zivilisten wurden der Stadt verwiesen. Warwick bestand allerdings darauf, sie so fair wie möglich zu behandeln. Wer sein Hab und Gut nicht bis zum festgesetzten Termin fortschaffen konnte, bekam eine zusätzliche Frist. Die französischen Schiffe, die vom jährlichen Fischfang aus Neufundland zurückkehrten, wurden beschlagnahmt und in englische Häfen gebracht. Neuer Unmut wurde laut, als Warwick zwischen 200 und 300 französische Frauen aus den umliegenden Dörfern zusammentrieb und sie zwang, Holz und Erde nach Le Havre zu schaffen, um daraus Bollwerke zur Verteidigung der Stadt zu errichten.[40]

In Le Havre wurden die Lebensmittelvorräte knapp und die Pest breitete sich aus. Mitte Juli war die Garnison auf ungefähr 2 800 einsatzfähige Männer geschrumpft. Obwohl aus Portsmouth 700 zusätzliche Soldaten geschickt wurden, waren damit nur 3 500 Mann verfügbar, die sich einer nach Le Havre vorrückenden französischen Armee von über 20 000 Mann gegenübersahen. Zudem hatten die Engländer nur noch 300 Schuß Munition. Elisabeth beschloß, ihre Truppen aus Le Havre abzuziehen. Sie beauftragte Warwick, mit dem französischen Befehlshaber über die Übergabe zu verhandeln. Sie habe diese Entscheidung getroffen, erklärte sie, weil ihr die Sicherheit ihrer Soldaten wichtiger sei als jede Stadt. Laut den Übergabebedingungen, die am 28. Juli unterzeichnet wurden, sollten die Engländer Le Havre verlassen und die Stadt innerhalb von sechs Tagen den Truppen des französischen Königs übergeben. Sie durften ihr Kriegsmaterial und ihre Ausrüstung mitnehmen, mußten aber alle beschlagnahmten französischen Schiffe und andere Besitztümer zurückgeben. Auf beiden Seiten sollten Gefangene ohne Zahlung eines Lösegelds freigelassen werden. Warwick teilte Elisabeth mit, die Bedingungen seien besser, als er erwartet habe.[41]

Die aus Le Havre heimkehrenden Soldaten brachten die Pest nach England. Dort breitete sie sich im Süden rasch aus. Es war eine der schlimmsten Epidemien des Jahrhunderts. In London starben 17 000 Menschen, ungefähr ein Sechstel der Gesamtbevölkerung der Stadt.[*][42] Auch der spanische Botschafter Quadra zählte zu den Opfern. Aber die Pest war nicht das einzige Unheil, das aus Elisabeths Entscheidung folgte, im französischen Bürgerkrieg zu intervenieren. Als im Jahr 1567 die Zeit für die Rückgabe Calais' gekommen war, lehnte Katharina mit der Begründung ab, die Engländer hätten den Vertrag von Cateau-Cambrésis durch die Einnahme Le Havres gebrochen, Frankreich sei daher auch seinerseits nicht länger an die Vertragsbestimmungen gebunden. Elisabeth, die Le Havre in der Hoffnung eingenommen hatte, Calais dadurch vier Jahre früher als vereinbart zurückzubekommen, mußte nun feststellen, daß es für immer verloren war. Seit 1558 blieb Calais endgültig bei Frankreich.

Die englische Intervention in Frankreich entpuppte sich als Desaster für die protestantische Sache in Europa. Elisabeth sah ein, daß die französischen Protestanten sie hintergangen hatten, und sie vergaß es ihr Leben lang nicht. Ihr Glaube an die ausländischen Protestanten war zerstört. Sie war fest entschlossen, sie nie wieder zu unterstützen. Auch wenn sie ihnen später bei mehreren Gelegenheiten Truppen zu Hilfe schickte, tat sie es stets widerwillig, verspätet und in unzureichendem Maße.

* Die Schätzungen der Einwohnerzahl Londons schwanken. Um 1500 hatte London vermutlich rund 50 000 Einwohner, 1560 um 100 000 und 1600 um 200 000.

12

# Die tolerante Königin

Die älteren der drei Millionen Untertanen Elisabeths hatten in ihrem Leben zwar schon viele religiöse Veränderungen miterlebt, aber in einer Hinsicht hatte sich nichts geändert: Welche Religion der Souverän seinem Volk auch immer aufzwang, stets verlangte er, daß alle Untertanen sie übernahmen und daß keiner eine andere Lehre oder andere religiöse Bräuche praktizierte. Elisabeth wollte an diesem Prinzip festhalten und nicht mit religiöser Toleranz experimentieren, wie es Katharina von Medici mit so unglücklichen Folgen in Frankreich getan hatte. Camden schrieb, Elisabeth sei entschlossen, »nur eben diese eine Religion im Reich zu dulden, aus Angst, die Verschiedenheit des Glaubens könne zu Aufruhr unter der Bevölkerung führen«.[1]

Doch die religiöse Uniformität wurde zu verschiedenen Zeiten verschieden streng durchgesetzt. Jemand, der 1560 mittleren Alters war, hatte in seiner Jugend erlebt, wie Kirche und Staat die Doktrin der internationalen katholischen Kirche durchsetzten, indem sie einige protestantische Ketzer verbrennen ließen. Einige Jahre später waren dann ein Bischof enthauptet und mehrere Äbte gehängt, geschleift und gevierteilt worden, weil sie dem Papst treu waren, während zugleich immer noch Protestanten verbrannt wurden, wenn sie die Realpräsenz leugneten. Während der sechsjährigen Regierungszeit Eduards VI. wurden katholische Bischöfe ins Gefängnis geworfen und ihrer Bistümer beraubt, wenn sie die protestantischen Lehren ablehnten, aber keiner wurde verbrannt, mit Ausnahme zweier protestantischer Extremisten, die die Lehre von der Dreifaltigkeit leugneten. Unter Königin Maria wurde durchschnittlich alle fünf Tage ein Protestant verbrannt.

Unter Elisabeth wurde die Uniformität wie zur Zeit Eduards VI. wieder auf die sanfte Art durchgesetzt. Die katholischen Bischöfe wurden ihrer Ämter enthoben und eingesperrt, und eine kleine Zahl religiöser Dissidenten, darunter ein paar Gemeindepfarrer, kamen in den Tower oder ins Fleet- oder Marshalsea-Gefängnis. Aber verglichen mit den Verfolgungen unter Heinrich VIII. und Maria war Elisabeths Regierung gegenüber Andersgläubigen außerordentlich nachsichtig.

Wenn der Staatsrat erfuhr, daß sich jemand weigerte, in die Kirche zu gehen, oder die katholische Messe zelebrierte oder besuchte, wurde der Missetäter vor den Rat zitiert. Dort wurde er verhört, und man versuchte, ihn zu bekehren. Blieb er uneinsichtig, wurde er im Haus des Bischofs seiner Diözese oder eines anderen hohen protestantischen Geistlichen unter Arrest gestellt. Dort führten der Bischof und andere erfahrene Theologen lange Gespräche mit ihm. War er nach einigen Monaten immer noch halsstarrig, wurde er erneut vor den Staatsrat zitiert und anschließend ins Fleet- oder Marshalsea-Gefängnis gebracht. Der Staatsrat griff nicht oft zu so strengen Maßnahmen. Auch wenn der Missetäter ins Gefängnis kam, wurden die Gespräche mit protestantischen Theologen fortgesetzt. Der Staatsrat befahl dem Towerkommandanten oder dem Aufseher des Fleet- oder Marshalsea-Gefängnisses, daß bestimmte, namentlich benannte Theologen jederzeit zum Gefangenen Zutritt haben sollten. Nur einige wenige prominente Katholiken wurden viele Jahre im Gefängnis festgehalten. Wurde der Gefangene krank oder konnte ein einflußreicher Freund die Behörden davon überzeugen, daß der Aufenthalt im Gefängnis seiner Gesundheit schadete, konnte der Häftling auf Anordnung des Staatsrats in das Haus eines zuverlässigen Protestanten oder sogar in sein eigenes Haus gebracht werden, wo die Gespräche mit den protestantischen Theologen fortgesetzt wurden.

Wenn der Missetäter nach ein paar Wochen oder Monaten im Gefängnis oder unter Hausarrest Anzeichen von Bekehrung und Reue zeigte, wurde er normalerweise unter der Bedingung freigelassen, daß er sich vor dem Staatsrat einfand, wann immer dieser zusammentrat – in der Regel drei- oder viermal die Woche. Für den straffälligen Katholiken war das natürlich unangenehm. Er mußte Tag für Tag, vielleicht über mehrere Monate, im Sitzungssaal des Rats erscheinen, bis man ihm endlich mitteilte, daß er sich nicht mehr melden müsse und nach Hause gehen könne, um in Zukunft besser aufzupassen. Aber es war keine schwere Strafe verglichen damit, daß dieselben Leute, als sie selbst an der Macht gewesen waren, ihre Glaubensgegner bei lebendigem Leib hatten verbrennen lassen.

Diese Nachsicht gegenüber den Papisten ärgerte Goodman, der mit Knox von Genf nach Schottland gegangen war und im revolutionären Schottland mehr Sympathien und mehr Entfaltungsmöglichkeiten für seine Talente gefunden hatte als in seiner Heimat England unter Elisabeth. Im Oktober 1559 schrieb er aus Edinburgh an Cecil. Er beklagte sich über die halbherzigen Maßnahmen, die in England zur Durchsetzung der Reformation ergriffen würden. Er verurteilte das Kruzifix und die Kerzen in der Kapelle der Königin, das Fehlen einiger protestantischerer Passagen aus dem Gebetbuch von 1552 im Gebetbuch von 1559, die Einhaltung bestimmter Heiligenfeste und die Beibehaltung der »arroganten Bischöfe«. Vor allem aber protestierte er gegen die »Duldung der blutigen Bischöfe und bekannten Mörder am Volk Gottes und Euren lieben Brüdern, gegen die Gott ausdrücklich die Todesstrafe verhängt hat und für deren Hinrichtung Er Euch, die Ihr nun die Macht habt, das Schwert in die Hand gegeben hat«.[2]

Aber es war nicht nur so, daß sich die extremeren Protestanten an ihren Verfolgern rächen wollten, während Elisabeth bereit war, ihnen zu vergeben. In der unterschiedlichen Einstellung zu den papsttreuen Bischöfen wurde der grundlegende Unterschied zwischen Goodmans und Elisabeths Standpunkt bezüglich der Gehorsamspflicht gegenüber dem Fürsten deutlich. Goodman war der Ansicht, die Bischöfe und anderen königlichen Beamten, die den Anordnungen der »verruchten Maria« Folge geleistet hätten und die Instrumente ihrer Grausamkeiten gegen Gottes heilige Männer gewesen seien, verdienten für diese Vergehen gegen Gott die schlimmste Strafe. Elisabeth aber wollte niemanden bestrafen, der auf Befehl seines Fürsten Protestanten verbrannt hatte. Diesen Männern sollten ihre Taten zu Marias Regierungszeit nicht zur Last gelegt werden, und sie sollten nur bestraft werden, wenn sie jetzt die Anordnungen ihrer neuen protestantischen Königin mißachteten.

Auch wenn die Protestanten beweisen konnten, daß sich ihre Verfolger unter Maria einer gesetzwidrigen Tat schuldig gemacht hatten, wollte Elisabeth nichts gegen sie unternehmen. Auf dem Höhepunkt der Verfolgung im Sommer 1556 ließen die Behörden eine junge Frau aus Guernsey als Ketzerin verbrennen. Die Frau war schwanger, hatte aber in Unkenntnis des Gesetzes nicht ihr Recht auf Umwandlung der Todesstrafe geltend gemacht. Infolge der Hitze erlitt sie auf dem Scheiterhaufen eine Frühgeburt. Das Baby – ein Junge – fiel direkt auf das brennende Reisig. Einer der Umstehenden stürzte nach vorn und holte das Kind aus den Flammen. Doch der Vollstreckungsbeamte befahl, das Kind wieder ins Feuer zu werfen, wo es gemeinsam mit seiner Mutter verbrannte.

Im Jahr 1562 klagten Verwandte der Familie den Vollstreckungsbeamten und seine Kollegen des Mordes an. Sie hätten das Kind, das nicht als Ketzer verurteilt worden sei, illegal verbrannt. Der Beamte sagte, er habe nicht gegen das Gesetz verstoßen, da für das Kind das Urteil gegen seine Mutter ebenfalls gegolten habe, weil es sich damals noch im Leib der Mutter befunden habe. Elisabeth beendete den Prozeß vorzeitig, indem sie dem Henker und seinen Beamten für jedes Vergehen, dessen sie sich bei der Verbrennung des Kindes schuldig gemacht haben konnten, Straferlaß gewährte.[3] Sie wollte nicht dazu ermutigen, Beamte für Vergehen unter Maria anzuklagen, weil das unter ihnen zu Unsicherheit und Verstimmung hätte führen können.

Das Verfahren gegen den Henker von Guernsey war noch in der Schwebe, als John Foxe 1563 die erste Auflage seines *Book of Martyrs* (Buch der Märtyrer) herausbrachte. Die Veröffentlichung des Buches war eines der bedeutendsten Ereignisse in Elisabeths Regierungszeit, denn dieses eindrucksvolle protestantische Propagandawerk hatte für den Rest ihrer Regierung und die nächsten 300 Jahre einen tiefgreifenden Einfluß auf die Einstellung der Engländer. Foxe, der während Marias Herrschaft als Flüchtling in der Schweiz gelebt hatte, war nach England zurückgekehrt, als Elisabeth Königin wurde. Er reiste vier Jahre durchs Land und befragte Menschen, die Märtyrer hatten leiden sehen. Er machte Abschriften von den offiziellen Prozeßakten, den Verhören und den Briefen, die die Märtyrer in ihren letzten Tagen aus dem Gefängnis an ihre Frauen und Freunde geschrieben hatten. Nach vier Jahren hatte er seine Informationen in einem Buch zusammengefaßt, in der englischen Erstausgabe seiner *Acts and Monuments of these latter and perilous days touching matters of the Church* (Taten und Zeugnisse dieser letzten und gefährlichen Tage, Angelegenheiten der Kirche betreffend), die sein Freund, der Buchdrucker John Day 1563 in London veröffentlichte. Fast unmittelbar nach seinem Erscheinen wurde das Buch als »Buch der Märtyrer« bekannt. Die katholischen Autoren im Ausland kritisierten das Buch als ungenau, aber es enthält nur wenige Fehler wie gelegentlich eine Namensverwechslung.

Das »Buch der Märtyrer« hatte eine außergewöhnliche Wirkung. Es führte den Lesern plastisch vor Augen, wie einzelne Männer und Frauen, darunter alte und junge, auf Anordnung katholischer Bischöfe und Justizbeamter die Qualen des Feuers erduldet hatten. Die persönliche Verantwortung der katholischen Königin wurde aus Achtung vor der Krone und Elisabeths Familie nicht weiter betont. Zwar brauchten die protestantischen Gemeinden Londons und die Bewohner der Dörfer in Kent, Essex, Sussex und Suffolk nicht an das Schicksal ihrer Glaubensbrüder und Nachbarn, die auf dem Scheiterhaufen gestorben waren, erinnert zu werden. Doch in anderen Teilen Englands, wo es nur wenige Opfer gegeben hatte, spielte das »Buch der Märtyrer« eine wichtige Rolle. Es erinnerte die Menschen daran, was zur Zeit der Papisterei geschehen war.

Ein Abschnitt des Buches handelte von »der wunderbaren Errettung der Lady Elisabeth, der jetzigen Königin von England, aus größtem Unglück und äußerster Lebensgefahr zur Zeit Königin Marias, ihrer Schwester«.[4] Von Elisabeths Besuch der Messe war nicht die Rede, dafür aber von der Gefahr, die ihr auf Grund der Intrigen Gardiners und der anderen intriganten Räte Königin Marias gedroht hatte. Foxe reihte Elisabeth unter die Opfer der Verfolgung ein und brachte die Königin so mit den Protestanten und der protestantischen Sache in Verbindung.

Im Jahr 1570 veröffentlichte Foxe die zweite Ausgabe des *Book of Martyrs* mit allerhand neuem Material, das ihm seit der Veröffentlichung der ersten

Ausgabe zur Verfügung gestellt worden war, sowie mit einigen Auslassungen. Die zweite Ausgabe wurde in zwei großen Bänden mit insgesamt 2 315 Seiten und dreieinhalb Millionen Wörtern herausgebracht – sie war über viermal so dick wie die Bibel.* Das Buch wurde mit geringfügigen Änderungen 1576, 1583, nach Foxes Tod 1596 und noch viermal im 17. Jahrhundert nachgedruckt. 1589 kam eine gekürzte Ausgabe mit einer Widmung an Walsingham heraus.

Es ist nicht bekannt, warum in der zweiten Ausgabe einige Passagen gestrichen wurden. Bezeichnend ist sicher, daß die heftige Kritik an Heinrich VIII. wegen seines tyrannischen Verhaltens beim Prozeß gegen den protestantischen Märtyrer Lambert 1570 aus dem Buch herausgenommen wurde.[5] Foxes »vielgeliebter Herrscherin, Königin Elisabeth, unserer friedfertigen Salomé«[6], der er beide Ausgaben widmete, hat die Kritik an ihrem königlichen Vater vermutlich nicht gefallen, und es war sicher auch nicht in ihrem Sinn, wenn Foxe so nachdrücklich betonte, daß Heinrich Protestanten verfolgt habe.

Im Jahr 1571 ordnete die Kirchenversammlung an, daß in jeder Kathedrale neben der englischen Bibel auch Exemplare der zweiten Ausgabe des *Book of Martyrs* ausgelegt werden sollten. Wie die Colleges in Oxford und Cambridge erhielten auch viele Pfarrkirchen Exemplare des Buches, und viele Vikare lasen im Gottesdienst neben Bibelstellen auch Auszüge aus dem *Book of Martyrs* vor. Während des Seekrieges mit Spanien befahl der Staatsrat, jeder Kapitän solle ein Exemplar des Buches an Bord haben und seiner Mannschaft regelmäßig daraus vorlesen. Nichts könne die Entschlossenheit der Matrosen zum Kampf gegen den grausamen katholischen Feind mehr stärken. Drake übersetzte manchmal sogar Abschnitte des Buches für seine spanischen Kriegsgefangenen.

Als die Protestanten 1563 in Foxes Buch lasen, wie Bonner sich über die von ihm verurteilten Märtyrer lustig gemacht und sich an ihrem Unglück geweidet hatte und wie ein achtjähriger Junge in Bonners Gefängnis zu Tode geprügelt worden war, weil er sich für seinen als Ketzer verhafteten Vater eingesetzt hatte,[7] hatten sie zumindest die Genugtuung, daß Bonner jetzt im Marshalsea-Gefängnis saß. Er hatte sich geweigert, den Eid auf die Suprematie abzulegen und den neuen protestantischen Gottesdienst abzuhalten, wie er in Elisabeths drittem *Book of Common Prayer* vorgeschrieben war. Aber die Protestanten forderten strengere Maßnahmen gegen ihn und die anderen katholischen Bischöfe. Als Elisabeths zweites Parlament im Januar 1563 zusammentrat, erließ es ein strengeres Gesetz, nach dem die Weigerung, den Eid auf die Suprematie abzulegen, ein Kapitalverbrechen war, wenn man nach einer

* Neuere Ausgaben umfassen die erste und zweite Auflage in acht Bänden mit insgesamt über vier Millionen Wörtern.

ersten Weigerung und Verurteilung ein zweites Mal dazu aufgefordert wurde. Elisabeth verabschiedete zwar das Gesetz, setzte es aber nicht in Kraft. Als Bonner im Gefängnis zum zweiten Mal aufgefordert wurde, den Eid zu leisten, weigerte er sich aus einem verfahrenstechnischen Grund, und die Behörden unternahmen keine weiteren Schritte gegen ihn. Er mußte jedoch bis zu seinem Tod im Jahr 1569 im Marshalsea-Gefängnis bleiben.[8]

Die Protestanten wären über Elisabeths Versäumnis, entschiedener gegen die katholischen Bischöfe vorzugehen, weniger beunruhigt gewesen, wenn sie hätten sicher sein können, daß ihnen von diesen Bischöfen keine Gefahr mehr drohte, daß die Bischöfe nie wieder an die Macht kommen würden, um sie doch noch verbrennen zu lassen. Sie konnten sich dessen nicht sicher sein, solange Maria Stuart Anspruch auf den englischen Thron erhob und sie nach ihrer Herkunft, wenn auch nicht nach Heinrichs Testament, die nächste in der Thronfolge war. Diese Gefahr war im Oktober 1562 sehr konkret gewesen, als Elisabeth mit Pocken daniederlag. Das Parlament von 1563 ersuchte Elisabeth in einer Petition, ihre Nachfolgerin zu benennen und ein Gesetz einzubringen, um ihrer Entscheidung Rechtskraft zu verleihen. Die Parlamentarier wollten, daß sie einen anderen Nachfolger als Maria Stuart benannte und Maria von der Thronfolge ausschloß.

In ihrer Antwortrede vertrat Elisabeth wie üblich den Standpunkt, daß ihre Minderwertigkeit als Frau neben ihrer Stellung als Königin nicht ins Gewicht falle. »Die Wichtigkeit und Bedeutung dieser Angelegenheit könnte bewirken, daß ich als Frau, der Verstand und Gedächtnis fehlen, meinem Geschlecht entsprechend nicht zu reden wage und mit Schüchternheit reagiere. Doch das Herrscheramt und der Königsthron, auf den Gott mich gesetzt hat (obwohl ich dessen unwürdig bin), lassen diese Schüchternheit in meinen Augen als nichtig erscheinen.«[9] Schließlich erklärte sie sehr ausführlich, sie wolle über das Ersuchen nachdenken, gab dem Parlament aber keine Antwort. Laut Quadra war sie wütend auf die Parlamentarier.[10]

Elisabeth lehnte es ab, ihre Nachfolgerin zu benennen und Maria Stuart von der Thronfolge auszuschließen. Abgesehen davon, daß sie, wie sie Lethington gegenüber geäußert hatte, Komplotte fürchtete, wenn sie eine Nachfolgerin benannte, wollte sie bei ihren Verhandlungen mit Maria freie Hand behalten. Und offenbar ärgerte sie sich über das Ansinnen der Parlamentsmitglieder, ihren nächsten Herrscher selbst bestimmen zu wollen, anstatt gehorsam den Fürsten anzuerkennen und dem zu gehorchen, den Gott ihnen schenkte.

Eine Mehrheit beider Häuser des Parlaments sowie Cecil, Bacon und andere Mitglieder des Staatsrats unterstützten den Anspruch Lady Katherine Greys. Doch Elisabeth war fest entschlossen, Katherine nicht als Nachfolgerin zu benennen. Katherine hatte die in ihren Augen unverzeihliche Sünde begangen, Hertford ohne ihre Zustimmung zu heiraten, Unzucht mit ihm zu treiben und zwei uneheliche Kinder zur Welt zu bringen. Das sexuelle Vergehen wog dabei für Elisabeth besonders schwer.

John Hales, ein eifriger Protestant und kleiner Beamter der Regierung, verfaßte ein anonymes Flugblatt, worin er erklärte, Katherine und Hertford seien rechtmäßig verheiratet, ihre Kinder seien legitim und falls die Königin kinderlos sterbe, seien Katherine und ihre Kinder nach dem Testament Heinrichs VIII. die Thronerben. Elisabeth ließ Hales in den Tower werfen und wegen Aufwiegelung anklagen. Dann änderte sie ihre Meinung und ließ die Anklage ruhen. Hales blieb einige Zeit im Tower, dann wurde die Gefängnisstrafe in Hausarrest in seinem eigenen Haus in Coventry umgewandelt.

Es gab auch Ärger mit einigen Protestanten in London, mit den »Puritanern«, wie sie jetzt zum ersten Mal genannt wurden. Sie wollten die Kirche vom »Abschaum der Papisterei« reinigen, der ihrer Ansicht nach in der protestantischen Kirche Englands noch immer anzutreffen war. Viele Prediger sprachen bei Paul's Cross über dieses Thema. Unter den Predigern scheint es ebenso viele Kritiker wie Verteidiger der bestehenden religiösen Bräuche gegeben zu haben. Grindal, der Bischof von London, der während seines Exils in Deutschland und der Schweiz unter Maria bis zu einem gewissen Grad von den protestantischen Extremisten beeinflußt worden war, ging zwar gegen die holländischen Wiedertäufer in London vor, war aber gegenüber anderen protestantischen Dissidenten weniger aktiv, als die Königin gewünscht hätte. Den schwerwiegendsten Konflikt löste die Frage der Meßgewänder aus. Sie hatte die Protestanten unter Eduard VI. in zwei Lager gespalten. Zwei bedeutende protestantische Theologen, Laurence Humphrey und Thomas Sampson, lehnten Meßgewänder ab und waren der Meinung, der Klerus solle dieselben Kleider tragen wie die Laien.

Im Januar 1565 entschied Elisabeth, energisch gegen Humphrey und Sampson und die protestantischen Dissidenten in London vorzugehen. Sie schrieb an Erzbischof Parker, »Ungleichheit, Verschiedenheit, Streit und eitle Freude an Einzigartigkeit« müßten ausgemerzt werden, da sie Gott mißfielen, ihr selbst lästig seien und den Frieden und das Wohlergehen ihres Reiches gefährdeten.[11] Im März mußten Humphrey und Sampson vor Parker, Grindal und anderen Bischöfen erscheinen. Die Bischöfe befahlen ihnen, sich in der Frage der Meßgewänder zu fügen. Humphrey willigte zögernd ein und kehrte zu seinen Pflichten am Magdalen College zurück. Sampson weigerte sich, zu gehorchen. Elisabeth entließ ihn aus seinem Amt als Dekan von Christ Church und stellte ihn unter Hausarrest. Nach wenigen Monaten wurde der Arrest wieder aufgehoben. Sampson wurde inoffiziell mitgeteilt, daß gegen ihn keine Klage erhoben werde, wenn er außerhalb des College keine Meßgewänder trage, vorausgesetzt, er trage sie innerhalb des College. Binnen zwei Jahren wurde er zum Rektor von Wigston College in Leicester ernannt, und 1570 war er Domherr von St. Paul's in London und Dozent am Whittington College, obwohl er sich in der Frage der Meßgewänder nie fügte. Zweifellos hatten sich die Dinge seit Heinrich VIII. und Maria geändert. Auch Hooper, der sich unter Eduard VI. geweigert hatte, Meßgewänder zu tragen, war mit mehr Strenge behandelt worden.

Parker wollte nur ungern gerichtlich gegen die Puritaner in London vorgehen, und er wußte, daß Grindal als Bischof der Diözese noch weniger dazu bereit war. Parker warnte Elisabeth vor den Folgen, wenn sie auf der Duchführung des Gesetzes bezüglich der Meßgewänder bestehe. Viele Angehörige des Londoner Klerus, darunter loyale Untertanen und Gegner der Papisterei, würden eher ins Gefängnis gehen, als gegen ihr Gewissen handeln und Meßgewänder tragen. In diesem Fall, erklärte Elisabeth, werde sie alle ins Gefängnis werfen lassen. Parker blieb keine Wahl, und er ergriff Maßnahmen zur Durchführung des Gesetzes. Nicht lange danach beobachtete er, wie ein Geistlicher, der kein Meßgewand trug, bei Hof von Elisabeth mit Wohlwollen empfangen wurde. Er hatte das Gefühl, daß sie ihn nur gedrängt hatte, gegen die Puritaner vorzugehen, um ihn anschließend im Stich zu lassen, damit er sich unbeliebt machte und in den Ruf kam, ein Verfolger der Protestanten zu sein.[12]

Am Aschermittwoch 1565 predigte Alexander Nowell, der Dekan von St. Paul's, in Anwesenheit der Königin. Nowell war ebenfalls ein Glaubensflüchtling, der nach Marias Tod als überzeugterer Protestant aus Deutschland zurückkehrte, als er es bei seiner Flucht aus England gewesen war. In seiner Predigt prangerte er den Götzendienst und die Heiligenbilder an und übte indirekt Kritik an dem Kruzifix und den Kerzen in Elisabeths Kapelle. Elisabeth unterbrach seine Rede und rief laut: »Redet nicht darüber!« Doch Nowell fuhr unbeirrt mit seiner Predigt fort. Sie unterbrach ihn erneut und rief noch lauter: »Unterlaßt das, es hat nichts mit eurem Thema zu tun und ist zu oberflächlich.« Nowell sagte noch ein paar Worte, brach aber dann seine Predigt abrupt ab. Elisabeth ging verärgert hinaus. Der neue spanische Botschafter Guzman de Silva berichtete Philipp II., die Protestanten, die Zeugen des Vorfalls gewesen seien, hätten geweint, aber die Katholiken hätten frohlockt.[13]

Obwohl Nowell vermutlich sehr niedergeschlagen war, blieb er Dekan von St. Paul's. Bei der einzigen überlieferten Gelegenheit, wo Heinrich VIII. eine Predigt unterbrochen hatte, hatte der Prediger (Bruder William Peto) England so bald als möglich verlassen und war nicht zurückgekehrt, solange Heinrich lebte.[14]

Die Protestanten waren auch über das Verhalten der Königin gegenüber Anthony Browne beunruhigt. Browne war Richter am Court of Common Pleas. In Foxes *Book of Martyrs* konnte man nachlesen, daß Richter Browne unter Maria in drei Fällen mit großem Eifer Ketzer in Essex aufgespürt und sie Bonners kirchlichem Gericht zur Anklage überstellt hatte.[15] Als Elisabeth den Thron bestieg, ging Browne als Richter ebenso gewissenhaft gegen die Katholiken vor. Im Jahr 1564 verfaßte er eine Abhandlung als Antwort auf das Buch, in dem Hales Katherine Greys Anspruch auf den Thron unterstützt hatte. Browne erklärte, Maria Stuart sei die Thronerbin von England, wenn Elisabeth kinderlos sterbe. Zum Entsetzen der Protestanten ließ Elisabeth Browne weder verhaften noch seines Richteramts entheben. Im Jahr 1566, als Hales immer noch unter Hausarrest stand, schlug sie Browne für seine ihr und ihren Vorgängern geleisteten Dienste sogar zum Ritter.[16]

Was hatte Elisabeth vor? Wollte sie nach ihrem Tod das Reich Maria Stuart überlassen? Die Antwort auf diese Fragen war in Schottland zu finden, nicht in England.

# 13

## Maria Stuart

Es ist nicht ungewöhnlich, wenn eine Großmacht, der von einer anderen Großmacht eine diplomatische oder militärische Niederlage beigebracht wurde, daraufhin ihre Autorität im eigenen Land entschiedener ausübt. Elisabeth schlug nach der Niederlage in Frankreich gegenüber Maria Stuart einen entschiedeneren Ton an. Wenn sie schon Calais nicht zurückbekam, wollte sie wenigstens Schottland nicht verlieren, und es sollte auch keine andere Macht dort Fuß fassen. Elisabeth wollte sich nie wieder an einem Kreuzzug für die protestantische Sache beteiligen, und sie wollte nichts mehr mit protestantischen Rebellen im Ausland zu tun haben. Sie wollte Schottland mit Hilfe einer ihr freundlich gesinnten und treu ergebenen Königin beherrschen.

Das Verhältnis zwischen Elisabeth und Maria Stuart hat die Menschen 400 Jahre lang fasziniert. Die Charaktere der beiden Königinnen wurden oft miteinander verglichen. In vielerlei Hinsicht ähnelten sie einander. Beide waren gebildet, intelligent und mutig. Beide konnten eigenwillig und hartnäckig sein. Aber während sich Elisabeth mit ihren Entscheidungen Zeit ließ und oft ihre Meinung änderte, handelte Maria oft übereilt. Beide hatten Charme, den sie vor allem im Umgang mit Männern einzusetzen wußten. Beide waren gläubig, und beide verrieten ihren Glauben aus taktischen Gründen – Elisabeth, als sie während der Regierungszeit ihrer Schwester die Messe besuchte, Maria, als sie Moray und den Protestanten gestattete, in ihrem Namen die Katholiken im Norden Schottlands zu vernichten und die Gordons hinzurichten. Weder Elisabeth noch Maria führten ein ausschweifendes Liebesleben oder waren von ihrem Wesen her besonders liebebedürftig, aber beide verliebten sich unsterblich: Elisabeth nur einmal in ihrem Leben, Maria vermutlich zweimal.* Beide benahmen sich in ihrer Verliebtheit vollkommen töricht, doch während Elisabeth sich gerade noch rechtzeitig aus der Affäre ziehen konnte, stürzte Maria sich ins Verderben.

Der größte Unterschied zwischen beiden war, daß Elisabeth Königin von England und Maria Königin von Schottland war. Elisabeth war Königin eines wohlhabenden, mächtigen Landes, in dem Recht und Ordnung herrschten, während Maria ein armes, schwaches und gesetzloses Land regierte. Elisabeth hatte loyale Räte, während Maria von Verrätern umgeben war.

Maria äußerte wiederholt den Wunsch nach einer freundschaftlichen Beziehung zu Elisabeth. Da Elisabeth erklärt hatte, wegen des französischen Bürgerkrieges müsse die Begegnung mit Maria bis zum Sommer 1563 verschoben werden, kamen Maria und ihr Botschafter in London kurz vor Frühlingsbeginn wieder auf das Thema zu sprechen. Aber der französische Bürgerkrieg war noch in vollem Gange, und Elisabeth war tiefer darin verstrickt als zuvor. Elisabeth und Maria kamen überein, sich im August 1563 in York zu treffen, vorausgesetzt, der Krieg in Frankreich war bis zum 30. Juni beendet. Doch am 30. Juni wurden die englischen Truppen in Le Havre besonders hart bedrängt, und Warwick übergab die Stadt erst am 28. Juli. Die Begegnung zwischen Elisabeth und Maria wurde nochmals um ein Jahr verschoben. Vorläufig wurde vereinbart, daß sie im Sommer 1564 in York stattfinden solle.[1]

Elisabeth sann auf Mittel und Wege, sich Marias Freundschaft zu sichern. Sie schlug eine Heirat zwischen Maria und Lord Robert Dudley vor. In Elisabeths Augen sprach dreierlei für diesen Plan. Erstens könnte sie dann Marias Gemahl, dem König der Schotten, absolut vertrauen. Zweitens wäre eine solche Heirat für den Mann, den sie aufrichtig liebte, aber nicht selbst heiraten konnte, eine große Ehre. Und drittens wäre damit das Gerücht aus der Welt geschafft, Robert sei ihr Geliebter und sie wolle ihn heiraten. Elisabeth schnitt das Thema zum ersten Mal bei einem Gespräch mit Marias Botschafter Lethington im März 1563 an.[2] Der Vorschlag erschien Lethington derart ungewöhnlich, daß er das ganze für einen Scherz hielt.

Einen Monat nach dem Debakel in Le Havre trat Elisabeth hinsichtlich einer Heirat formell an Maria heran. Der Anlaß waren Berichte, wonach der Kardinal von Lothringen während eines Besuchs bei Kaiser Ferdinand in Innsbruck eine Heirat zwischen Maria und Erzherzog Karl, dem Sohn des Kaisers, vorgeschlagen hatte. Andere Gerüchte besagten, der Kardinal plane eine Heirat zwischen Maria und ihrem Schwager Karl IX. von Frankreich, wenn der Papst die erforderliche Dispens gewähre. Als mögliche Kandidaten galten auch der

* Maria war ganz sicher in Darnley verliebt. Außerdem spricht jedoch einiges dafür, daß sie sich auch in Bothwell verliebte, obwohl ihre Biographin Antonia Fraser überzeugend dagegen argumentiert.

Infant Don Carlos, der Sohn Philipps II., oder Marias Cousin Henri de Lorraine, der junge Herzog von Guise.[3]

Am 20. August 1563 schickte Elisabeth Randolph schriftliche Anweisungen bezüglich einer Heirat Marias. Elisabeth und Cecil verwandten auf die Formulierung der Anweisungen besondere Sorgfalt. Cecil setzte einen Entwurf auf und korrigierte ihn, anschließend wurde er von Elisabeth nochmals korrigiert. Elisabeth und Cecil sprachen zunächst von den nötigen Gefühlen. Das Allerwichtigste sei, daß Maria einen Mann heirate, den sie liebe. Zweitens müsse die Heirat für ihre Untertanen akzeptabel sei. Und drittens dürfe die Heirat den Interessen Englands nicht schaden. Elisabeth stehe es nur zu, sich zum dritten Punkt zu äußern, und deshalb betrachte sie Marias Heirat einzig und allein von diesem Standpunkt. Obwohl Elisabeth sicher sei, daß Maria keine feindlichen Absichten gegen sie hege, könne es dennoch als eine Bedrohung der englischen Interessen aufgefaßt werden, wenn Maria einen mächtigen ausländischen Fürsten heirate. Wenn sie das tue, könne Elisabeth ihr Parlament unmöglich dazu bringen, Maria als ihre Nachfolgerin anzuerkennen, wenn sie selbst kinderlos sterbe. Sie hoffe daher, daß Maria einen englischen Adligen heiraten werde, »einen Mann von vornehmer Geburt aus Unserem Reich … *Ja, vielleicht jemand, von dem sie kaum glauben würde, daß er Unsere Zustimmung fände*«. Diese letzten Worte, die Elisabeth in Cecils Entwurf unterstrich, deuten darauf hin, daß sie dabei an Lord Robert dachte. Zudem gab Elisabeth Maria damit eindeutig zu verstehen, daß sie ihr einen großen Gefallen erwies, wenn sie einer Heirat mit Dudley zustimmte. Es war außerordentlich gefühllos von Elisabeth, anzunehmen, Maria könne es als Ehre empfinden, einen Mann angeboten zu bekommen, der allgemein als Elisabeths Liebhaber galt.

Elisabeth fügte hinzu, wenn Maria keinen englischen Adligen heiraten wolle, könne sie auch »einen Adligen aus einem anderen Land heiraten, der nicht so einflußreich ist, daß man fürchten muß, er bereitet diesem Reich Schwierigkeiten; denn Ihr könnt Euch stets auf das Argument stützen, daß weder Wir noch Unser Land Uns eingedenk der früheren Versuche, als sie noch mit dem französischen König verheiratet war, einen mächtigen Fürsten als passenden Ehemann für sie vorstellen können.«[4]

Elisabeths Sprache verrät Entschlossenheit, und zweifellos milderte Randolph den Ton ein wenig, als er Maria Elisabeths Botschaft überbrachte. Maria nahm sie ohne sichtliche Verärgerung in Empfang und erklärte lediglich, ihr sei nicht bekannt, daß der Kardinal von Lothringen vorhabe, sie mit Erzherzog Karl oder einem anderen Fürsten zu vermählen. Bei anderer Gelegenheit schnitt Randolph das Thema erneut an.[5] Weihnachten 1563 wurde in Marias Palast Holyrood in Edinburgh ausgelassen gefeiert, aber Maria erkrankte. Sie hatte Schmerzen in der Seite. Als sie Randolph am Fest des heiligen Stephanus empfing, um mit ihm über ihre Heirat zu sprechen, lag sie im Bett. Zum Grafen von Argyll, der bei dem Gespräch ebenfalls anwesend war, sagte sie: »Randolph will mich mit England verheiraten.« Daraufhin fragte Argyll scherzend: »Ist die Königin von England plötzlich ein Mann geworden?«[6] Mit dieser spitzen Bemerkung wollte er Randolph zu verstehen geben, daß nur ein König von England der passende Gemahl für Maria wäre.

Als Randolph Moray und Lethington mitteilte, Elisabeth hoffe, daß Maria einen Engländer heirate, wollten sie wissen, ob Elisabeth eine bestimmte Person im Auge habe. Elisabeths Anweisungen gemäß erwähnte Randolph Lord Robert nicht namentlich, sondern erklärte, Elisabeth überlasse natürlich Maria die Entscheidung. Moray und Lethington wollten den Wink nicht verstehen, und Randolph wollte keinen Namen nennen. Aber schließlich mußte er ihn doch preisgeben. Im März 1564 brachte er Elisabeths Wunsch zum Ausdruck, Maria möge Lord Robert Dudley heiraten. Moray und Lethington waren nicht begeistert. Lord Robert sei zwar von edlem Geblüt, aber selbst kein Adliger, und da sein Vater des Hochverrats überführt worden sei, sei seine Ehre befleckt.[7] Elisabeth ließ die Schotten wissen, sie werde ihren ersten Einwand ausräumen und Lord Robert die Peerswürde verleihen. Im Oktober 1564 ernannte sie ihn zum Grafen von Leicester. Weder Maria noch Moray noch Lethington nannten den wahren Grund für ihre Einwände gegen Leicester – daß er gemeinhin als Geliebter Elisabeths und als Mörder seiner Frau galt.

Der Vorschlag einer Heirat mit Lord Robert wirkte sich auf das geplante Treffen zwischen Elisabeth und Maria, das im Frühjahr 1564 zum dritten Mal in Angriff genommen wurde, außerordentlich nachteilig aus. Diesmal war es Maria, die die Begegnung verschob. Am 4. Juni ließ sie Randolph durch ihren Staatsrat mitteilen, die Begegnung könne in diesem Sommer nicht stattfinden.[8]

Im Herbst 1564 schienen Moray und Lethington dem Gedanken an eine Heirat Marias mit Leicester weniger abgeneigt zu sein, und Randolph hoffte, sie könnten Maria zu der Heirat überreden.[9] Das war freilich nicht der Fall. Von Marias Einwänden abgesehen, war Leicester selbst ganz und gar nicht auf die Heirat scharf. Er wollte den englischen Hof nicht verlassen, wo er bei Elisabeth so viel Einfluß hatte, und er wollte nicht im fernen Schottland leben, nicht einmal als König der Schotten.

Leicester war ein gutaussehender Mann. Wenn er nach Schottland gegangen wäre und Maria kennengelernt hätte und wenn sie sich in ihn verliebt und ihn geheiratet hätte, wäre die Geschichte Englands und Schottlands anders verlaufen. Eine Heirat mit Leicester wäre für Maria die beste Lösung gewesen. In ihrer äußerst schwierigen Lage bestand ihre einzige Chance darin, sich mit ihrer Stellung als englandfreundliche Königin eines protestantischen Reiches abzufinden. Leicester hätte eine liebende Frau dazu bewegen können, alle Versuche zu unterlassen, ihre Stellung zu Gunsten der internationalen katholischen Kirche zu nutzen. Als überzeugter Protestant und Günstling der Königin von England hätte er die schottischen Protestanten dazu bringen können, daß sie Maria gestatteten, für sich privat die Messe zu feiern. Und er hätte die Protestanten von weiteren Angriffen auf Marias Priester abhalten können. Aber Maria heiratete Leicester nicht. Obwohl es damals niemand wußte, vergab sie damit ihre letzte Chance, dem Verhängnis zu entgehen, das sich über ihr zusammenzog. Sie geriet immer mehr in eine Zwangslage, aus der es kein Entrinnen gab.

Schon vor einiger Zeit hatte Elisabeth Lady Margaret Douglas, Gräfin von Lennox und Katholikin, in den Tower werfen lassen, weil die Gräfin mit den englischen Katholiken und dem spanischen Gesandten ein Komplott geschmiedet hatte. Später war sie aus dem Tower entlassen worden, und nun befand sie sich an Elisabeths Hof und genoß offenbar die Gunst der Königin. Sie und die englischen Katholiken heckten einen Plan aus, um Maria mit Margarets Sohn Henry Stewart, Lord Darnley, zu verheiraten. Er war ebenfalls Katholik und hatte durch seine Mutter ein Anrecht auf den englischen Thron, obwohl beide im Testament Heinrichs VIII. übergangen worden waren. Wenn er die Königin der Schotten heiratete, würde die Position der Katholiken in Schottland und England gestärkt. Darnley lebte wie sein Vater und seine Mutter in England, und es wurde ein Plan ausgearbeitet, um ihn nach Schottland zu bringen. Zunächst bat Lennox Elisabeth um die Erlaubnis, nach Schottland reisen zu dürfen, um Maria dazu zu bringen, ihm seine Ländereien in Schottland zurückzugeben. Lennox hatte sein Land verloren, weil er Heinrich VIII. im Krieg gegen die Schotten unterstützt hatte. Elisabeth gab ihm die Erlaubnis und bat Maria zusätzlich in einem Brief, Lennox die Ländereien zurückzugeben.[10]

Im Herbst 1564 bat Lennox Elisabeth, ihm seinen Sohn Darnley nach Schottland nachzuschicken. Zunächst wollte Elisabeth die Bitte ablehnen. Aber als Maria sie schriftlich bat, Lennox' Wunsch zu entsprechen, gab Elisabeth Darnley eine unbefristete Besuchserlaubnis. Im Februar 1565 traf Darnley in Edinburgh ein. Randolph hatte Cecil wissen lassen, ein Besuch Darnleys sei nicht wünschenswert, doch sein Brief hatte sich mit Cecils Brief gekreuzt, in dem dieser Randolph mitteilte, daß er und Leicester Elisabeth geraten hätten, Darnley gehen zu lassen. Die Königin sei einverstanden, und Darnley sei bereits unterwegs. Randolph konnte die veränderte Situation nur mit den größten Bedenken akzeptieren.[11]

Im Februar 1565 war Darnley vermutlich achtzehn,[12] vier Jahre jünger als Maria. Er sah blendend aus, aber hinter seinem feinen, fast zerbrechlich wirkenden Äußeren verbarg sich ein zum Teil brutaler und gewalttätiger Charakter. Maria verliebte sich fast auf den ersten Blick in ihn. Damit kam eine Heirat mit Leicester für sie nicht mehr Frage. Sechs Monate später heiratete sie Darnley, was für beide fatale Folgen hatte.

Cecil wußte bereits seit drei Jahren, daß Margaret Douglas Darnley mit Maria verheiraten wollte.[13] Er und Elisabeth hätten erkennen müssen, daß Darnley nur deshalb um Erlaubnis gebeten hatte, nach Schottland reisen zu dürfen. Zeitgenossen und spätere Historiker haben darüber spekuliert, weshalb sie Darnley gerade in dem Moment gehen ließen, als Maria schon nahe daran war, einer Heirat mit Leicester zuzustimmen. Camden hielt das ganze für das Werk Leicesters. Leicester habe gehofft, wenn Darnley nach Schottland gehe und Maria heirate, brauche er sie nicht zu heiraten und sei frei für Elisabeth. Es spricht einiges für diese Annahme und dafür, daß Cecil einer Reise Darnleys nach Schottland nur widerwillig zustimmte, obwohl er Randolph etwas anderes schrieb.[14]

Die Heirat mit Darnley war für Maria eine derartige Katastrophe, daß damals viele Schotten glaubten, Elisabeth habe die Heirat mit teuflischem Geschick eingefädelt. Einige Historiker sind heute noch dieser Ansicht. Elisabeth soll Maria deshalb so zugesetzt haben, Leicester zu heiraten, und dann Darnley nach Schottland geschickt haben, damit Maria aus Trotz gegen Elisabeths Drängen Darnley heiratete und sich damit selbst vernichtete. Aber kaum ein Staatsmann ist so raffiniert, und Elisabeth wäre die letzte gewesen, die ein derart kompliziertes Manöver geplant und beharrlich ausgeführt hätte. Tatsache ist, daß Elisabeth einen großen Fehler machte, als sie Darnley nach Schottland reisen ließ. Sie erkannte nicht, daß Darnley Maria vermutlich heiraten würde, wenn er nach Schottland ging, und sie dachte nicht an die Angst und die Wut, die eine solche Heirat unter den schottischen Protestanten auslösen würde. Sie ahnte nicht, daß diese Heirat sie zu etwas zwingen würde, das sie vor allem vermeiden wollte: einen Aufstand der protestantischen Rebellen gegen ihre rechtmäßige Fürstin zu unterstützen, was riskant war, viel kostete und ihr den Unwillen der anderen Fürsten einbringen würde.

Randolph erkannte, daß Darnleys Rückkehr nach Schottland katastrophale Folgen hatte. »Wer die Hauptschuld daran trägt«, schrieb er Leicester, »und auf Grund welches listigen oder teuflischen Ratschlags dies geschehen konnte, weiß ich nicht; aber Wehe treffe die Zeit (und so wird es in England und in Schottland heißen), daß je Lord Darnley seinen Fuß in dieses Land setzte.«[15]

Die schottischen Protestanten waren über Darnleys Ankunft außerordentlich beunruhigt. Am schlimmsten war für sie, daß Elisabeth ihn hatte gehen lassen. Ließ sie die protestantische Sache und die Kongregation in Schottland im Stich? Wenige Tage vor Darnleys Ankunft in Edinburgh hatten die Protestanten erfahren, daß Elisabeth Parker befohlen hatte, den puritanischen Klerus zum Tragen von Meßgewändern zu zwingen. Moray und Lethington waren darüber so empört, daß sie bei Elisabeth schriftlich gegen dieses

Zugeständnis an die Papisterei protestierten: Die Katholiken in Schottland erhielten dadurch neuen Auftrieb.[16] Am 29. April 1565 schrieb Randolph an Cecil, wenn Elisabeth Lennox und Darnley an der Reise nach Schottland gehindert hätte, »wäre Ihre Majestät von dem Verdacht frei, der Ihrer Gnaden jetzt fast allenthalben anhaftet, daß sie Lord Darnley absichtlich nach Hause geschickt habe, um ein schlimmeres Ende herbeizuführen, als ich es hier schriftlich niederlegen möchte«.[17] In ihrer Privatkorrespondenz kritisierten Elisabeths Diplomaten und Politiker die Politik der Königin mit einer Kühnheit, wie sie zu Zeiten Heinrichs VIII. undenkbar gewesen wäre.

Endlich sahen Elisabeth und der Staatsrat ein, daß eine Heirat Marias mit Darnley das Zeichen für eine katholische Gegenreformation in Schottland und vielleicht auch in England sein konnte und Elisabeth und das Bündnis mit England dadurch bei der Kongregation in Mißkredit gebracht würden. Elisabeth schickte Throckmorton nach Schottland, um Maria deutlich zu machen, daß die Heirat »für die aufrichtige Freundschaft zwischen den Königinnen und ihren Königreichen unpassend, unvorteilhaft und gefährlich« sei.[18] Nach seiner Audienz bei Maria war Throckmorton klar, daß seine Worte nichts bewirkt hatten. Maria hatte sich in Darnley verliebt, obwohl dieser sich außerordentlich schlecht benahm und sich von seiner brutalsten Seite zeigte. Einmal zog er den Dolch und drohte, einen von Marias Räten niederzustechen, weil dieser ihm eine schlechte Nachricht gebracht hatte. Throckmorton schrieb an Elisabeth, sie könne die Heirat nur verhindern, wenn sie eine starke Armee zur Grenze schicke und Maria mit Krieg drohe.[19]

Elisabeth weigerte sich, Truppen an die Grenze zu entsenden, aber sie ermutigte die schottischen Protestanten, sich Marias Heirat mit Darnley zu widersetzen. Randolph sollte ihnen versichern, daß Elisabeth sie für loyale Diener ihrer Königin halte und daß »Wir sie hierin nicht nur gewähren lassen, schätzen und loben, sondern auch entschlossen sind … bei all Unseren Handlungen gleichfalls darauf zu achten, daß es so bleibt«.[20]

Am 26. Juli heiratete Maria Darnley. Im 16. Jahrhundert war es üblich, daß der Gemahl einer regierenden Königin den Ehrentitel »König« verliehen bekam, so wie die Gemahlin eines regierenden Königs stets »Königin« genannt wurde. Damit wurde dem Gemahl oder der Gemahlin freilich keine königliche Macht übertragen. Macht hatte Darnley – oder König Heinrich, wie er von nun an genannt wurde – erst dann, wenn Maria und ihr Parlament ihm die Mitkönigskrone gewährten, die ihn zum Mitregenten machte, wie es Philipp von Spanien nach seiner Heirat mit Maria Tudor gewesen war. Doch dies hatte Maria nicht vor.

Im August zogen die Lords der Kongregation, die die Revolution von 1560 angeführt hatten, erneut ihre Truppen unter dem Kommando von Châtelherault und Moray zusammen. Maria und König Heinrich, den Elisabeth und die englischen Diplomaten beharrlich »den Gemahl der Königin« nannten, stellten gleichfalls eine Armee auf und ließen sie gegen die Truppen der Kongregation marschieren. Die Rebellen glaubten, Elisabeth werde sie unterstützen, wie sie es 1560 getan hatte. Randolph schrieb, sie erwarteten 8 000 bis 10 000 Pfund als Sold für ihre Soldaten. Von Marias Armee hart bedrängt, zogen die Rebellen sich nach Dumfries zurück und ließen Elisabeth am 15. September wissen, daß sie verloren seien, wenn Elisabeth ihnen nicht bis spätestens zum 4. Oktober mit 3 000 Mann zu Hilfe kam.[21]

Elisabeth schickte dem Grafen von Bedford in Berwick 3 000 Pfund und trug ihm auf, den Lords der Kongregation davon sofort 1 000 Pfund zukommen zu lassen. Den Lords teilte sie mit, sie könne ihnen keine Soldaten schicken, da dies Krieg mit Maria bedeuten würde und sie keinen Krieg wolle. Offiziell erklärte sie, sie bedaure den Konflikt in Schottland und werde ihr möglichstes tun, um Maria davon zu überzeugen, daß die Lords der Kongregation loyale Untertanen seien, denen Maria vergeben müsse.[22]

Als Marias Truppen nach Dumfries marschierten, löste sich die Armee der Rebellen auf. Die Führer flohen über die Grenze und erreichten am 14. Oktober Carlisle. Von dort gingen sie nach Newcastle und baten Elisabeth in einem Brief um die Erlaubnis, nach London kommen und ihren Fall vortragen zu dürfen. Elisabeth wußte, daß jede ihrer Handlungen von den Botschaftern Frankreichs und Spaniens, Paul de Foix und Guzman de Silva, überwacht wurde. Daher verbot sie Moray und den schottischen Lords, sie in London aufzusuchen. Doch Moray war ihr bereits zuvorgekommen. Er hatte seine Kollegen in Newcastle zurückgelassen, war auf der Great North Road nach Süden geritten und hatte zwischen Royston und Ware, nur fünfzig Kilometer vor London, Elisabeths Boten mit dem Brief an ihn und die Lords getroffen. Nachdem er den Brief gelesen hatte, schrieb er von Ware aus an Elisabeth. Er fragte an, ob er ihr nicht doch seinen Fall vortragen dürfe, da er schon so weit geritten sei. Elisabeth erklärte sich bereit, ihm Audienz zu gewähren.

Am 22. Oktober traf Moray in London ein. Dem spanischen Gesandten zufolge fand noch am selben Abend ein geheimes Treffen mit Elisabeth und Cecil statt. Die offizielle Audienz war für den nächsten Tag festgesetzt. Elisabeth bat Foix um seine Anwesenheit bei der Audienz. Foix lehnte zunächst ab. Er meinte, er müsse Moray antworten, wenn dieser, um sich zu rechtfertigen, etwas gegen Maria sage, und er wollte nicht in Anwesenheit der Königin in ein Streitgespräch verwickelt werden. Elisabeth versicherte ihm jedoch, sie werde Moray sofort ins Gefängnis werfen lassen, wenn er etwas gegen Maria vorbringe. Daraufhin war Foix bereit, an der Audienz teilzunehmen, und Moray wurde eingelassen. Als Moray vor der Königin kniete, tadelte sie ihn wegen der Dreistigkeit, gegen seine Königin zu rebellieren. Elisabeth sprach mit ihm Französisch und übersetzte seine Antworten ins Französische, damit

Foix alles verstehen konnte. Sie erklärte, sie werde niemals einem Rebellen helfen, gegen seinen Souverän zu revoltieren, weil sie wisse, daß Gott sie dafür mit einer Rebellion im eigenen Land strafen werde. Moray erwiderte, er und seine Kollegen seien loyale Untertanen Marias. Sie hätten nur zu den Waffen gegriffen, weil Marias Ratgeber ihnen nach dem Leben trachteten. Nachdem Elisabeth die Angelegenheit mit ihrem Staatsrat besprochen hatte, erklärte sie sich bereit, sich bei Maria für Moray und die anderen zu verwenden. In der Zwischenzeit gewährte sie den Rebellen in Newcastle Asyl.[23]

Aber Maria weigerte sich, die Rebellen zu begnadigen. Als sie herausfand, daß sie aus England 3 000 Kronen erhalten hatten, tat sie so, als glaube sie, Randolph habe den Rebellen das Geld ohne Elisabeths Zustimmung gegeben, und forderte ihn auf, Schottland zu verlassen. Randolph bestritt, den Rebellen Geld gegeben zu haben. In Wirklichkeit hatte Bedford es ihnen geschickt. Elisabeth schrieb Maria, sie habe Randolph zu Unrecht beschuldigt. Deshalb werde sie als Vergeltungsmaßnahme Melville, Marias Botschafter in London, des Landes verweisen, auch wenn sie das bedaure, da sie sich über Melville nicht beklagen könne. Randolph zögerte seine Abreise so lange wie möglich hinaus. Am 3. März 1566 wurde er schließlich mit einer Eskorte über die Grenze nach Berwick gebracht.[24] Vor seiner Abreise aus Edinburgh hatte er noch an dem Komplott zur Ermordung von Marias Sekretär David Riccio mitgewirkt.

Riccio stammte aus Savoyen. 1561 war er im Gefolge des Gesandten des Herzogs von Savoyen nach Schottland gekommen. Er war als Lautenspieler und Bassist in Marias Kapelle in ihre Dienste getreten und in Schottland geblieben. Im Herbst 1564 hatte Maria ihn zu ihrem Sekretär befördert. Riccio war Anfang dreißig, Katholik und auffallend klein, bucklig und häßlich. Er kleidete sich übertrieben, war ein aufgeblasener Wichtigtuer und häufte sich in Marias Diensten rasch ein Vermögen an. Wahrscheinlich verdiente er hauptsächlich durch die Annahme von Bestechungsgeldern,[25] was im 16. Jahrhundert unter königlichen Beamten nicht im mindesten ungewöhnlich war.

Im März 1565 schrieb Randolph an Cecil, »David« übe auf Marias Gefolge einen starken und schädlichen Einfluß aus. Randolph und die schottischen Protestanten gelangten zu der Überzeugung, daß Riccio ein gefährlicher papistischer Agent und der Initiator der katholischen Gegenreformation in Schottland sei. Heute wissen wir aufgrund der umfassenden geheimen Korrespondenz Marias mit dem Papst, den Jesuiten und anderen ausländischen Katholiken, daß Riccio nichts weiter als ihr Sekretär war und keinen Einfluß auf politische Entscheidungen hatte.[26] Noch weniger Grund gibt es zu der Annahme, er sei Marias Liebhaber gewesen. Es überrascht jedoch ganz und gar nicht, daß die Protestanten dieses Gerücht verbreiteten, so wie die Katholiken in England das Gerücht verbreiteten, Leicester sei Elisabeths Liebhaber.

Königinnen wurden seit je verdächtigt, Affären mit ihren Lautenspielern und Musikern zu haben, die vor ihnen Liebeslieder sangen und spielten. Und ein Sekretär, der bis spät in die Nacht in Marias Zimmer blieb, Briefe schrieb, die Laute schlug oder zum Zeitvertreib mit ihr Karten spielte, bot natürlich Anlaß zum Klatsch.

Maria und Darnley hatten sich bereits ein halbes Jahr nach ihrer Hochzeit entzweit. Maria hatte Darnleys Sauforgien bald satt. Die beiden stritten sich immer häufiger. Maria verweigerte Darnley seine ehelichen Rechte, und er beleidigte sie in aller Öffentlichkeit. Außerdem war er zutiefst enttäuscht darüber, daß sie ihm die Mitkönigskrone abgeschlagen hatte. Darnley hielt Riccio für Marias Liebhaber und, als Maria schwanger wurde, für den Vater ihres Kindes.

Aus Darnleys Streit mit Maria und seinem Verdacht gegen Riccio ergab sich für die schottischen Protestanten und Elisabeth die einmalige Gelegenheit, die schottischen Katholiken zu spalten. Darnley, James Douglas, Graf von Morton, Moray und die Lords der Kongregation in Newcastle heckten gemeinsam einen Plan aus. Morton war zwar Protestant, hatte sich aber 1560 neutral verhalten. Im September 1565 hatte er Maria und Darnley sogar gegen die Rebellen unterstützt, und aus diesem Grund war er noch immer an Marias Hof. Doch er und andere Höflinge, die an dem Komplott beteiligt waren, ärgerten sich über Riccios Einfluß und Arroganz. Sie kamen mit Darnley überein, ihm bei der Ermordung Riccios zu helfen und ihm die Mitkönigskrone zu verleihen, wenn er dafür sorgte, daß den verbannten Rebellen in Newcastle Straffreiheit gewährt wurde und sie ihre Ländereien in Schottland zurückbekamen.

Am Abend des 9. März 1566 drangen Darnley, Morton und etwa dreißig weitere Männer in einen kleinen Raum in Holyrood ein, wo Maria mit Riccio, der Gräfin von Argyll und vier weiteren Höflingen zu Abend aß.[27] Die Eindringlinge wollten Riccio in einen anderen Teil des Palastes bringen, ihn dort im Schnellverfahren aburteilen und anschließend öffentlich auf dem Marktplatz aufhängen. Doch als Maria zornig protestierte und Riccio sich an ihren Rock klammerte und sie anflehte, ihn zu beschützen, drehten die Verschwörer durch. Sie schleiften Riccio ins Nebenzimmer und stachen ihn dort nieder. Maria wurde mit Gewalt zurückgehalten, und einer der Mörder setzte ihr die Pistole auf die Brust. Das war nicht nur Mord, sondern auch eine ungeheuerliche Majestätsbeleidigung. In England wurde jedem, der in der näheren Umgebung des Hofes auch nur das Schwert zog, die Hand abgehackt. Doch die abscheulichen Umstände von Riccios Tod waren für die Protestanten nur von Nutzen, denn die Kluft zwischen Maria und Darnley wurde dadurch noch weiter aufgerissen.

Randolph in Edinburgh, Bedford in Berwick und Cecil und Leicester in Greenwich wußten mit Sicherheit schon einen Monat im voraus von dem

Mordkomplott gegen Riccio. Es liegen allerdings keine Quellen darüber vor, ob sie bei der Planung des Mordes eine aktive Rolle spielten oder nur davon wußten, den Mund hielten und das Beste hofften. Sicher ist, daß sie den Plan begrüßten und vermutlich auch unterstützten. Vielleicht war auch Elisabeth informiert, obwohl es wahrscheinlicher ist, daß Cecil und Leicester ihr nichts davon erzählten, weil sie wußten, daß sie mit so etwas lieber nichts zu tun haben wollte. Randolph war über sämtliche Einzelheiten unterrichtet worden, nachdem er aus Schottland ausgewiesen worden war und sich Bedford in Berwick angeschlossen hatte.

Am 6. März, drei Tage vor dem Mord, diktierte Bedford Randolph einen Brief, in dem die beiden Cecil von dem Komplott berichteten, »denn wir wissen, wie notwendig es ist ... daß Ihre Majestät nicht über etwas im unklaren gelassen wird, was uns zu Ohren kommt«. Sie hielten es auch »für unsere Pflicht, Euch, dem Staatssekretär, ebenfalls davon Mitteilung zu machen, damit Ihr urteilen könnt, wie es Eurer Klugheit am besten erscheint«.[28] Am Freitag, dem 8. März, wurde Leicester und Cecil mitgeteilt, daß Moray von Newcastle nach Schottland zurückkehren und am Sonntagabend in Edinburgh eintreffen werde und daß »das Vorhaben noch vor seinem Eintreffen ausgeführt wird. Wir beziehen uns damit auf den, dessen Namen Ihr kennt.«[29]

Der Mord an Riccio ist ein Beweis des moralischen Verfalls, der im Laufe des 16. Jahrhunderts und im Zuge der immer heftiger werdenden Religionskriege um sich griff. 1546 hatten die Protestanten Kardinal Beaton ermordet und ihre Tat damit gerechtfertigt, daß er Protestanten verfolgt und zu Märtyrern gemacht habe. Riccio verfolgte 1566 keine Protestanten. Die Mörder und die englischen Diplomaten und Staatsmänner, die sie unterstützten, glaubten zweifellos, Riccio sei ein bedeutender Agent des Papstes und ein Ehebrecher, der die Königin der Schotten verführt habe. Doch das wahre Motiv des Mordes war, daß dadurch als indirekte Folge ein Keil zwischen Maria und Darnley getrieben wurde, was den schottischen Protestanten und Elisabeths Außenpolitik zugute kam.

Aber Maria überlistete und besiegte die Verschwörer. Sie machte sich Darnleys Liebe zunutze, stellte ihm die sexuelle Befriedigung in Aussicht, die sie ihm zuvor verweigert hatte, und überredete ihn, seine Mitverschwörer zu verraten. Sie floh mit ihm aus Holyrood, stellte eine Armee zusammen und trieb Morton und die anderen Mörder über die Grenze. Moray und den Rebellen von 1565 gewährte sie Straffreiheit, nicht aber den Mördern von 1566. Letztere tauschten mit Moray und seinen Kollegen die Rollen und gingen nach Newcastle. Zum zweiten Mal innerhalb von fünf Monaten kam Elisabeth in die unangenehme Lage, entscheiden zu müssen, ob sie gescheiterten Rebellen Asyl gewähren sollte. Diesmal war es noch schwerer, die Aufnahme der schottischen Verräter zu rechtfertigen.

Wenn Cecil Elisabeth von dem Mordkomplott gegen Riccio berichtet hatte, hatte er ihr wahrscheinlich nicht gesagt, daß der Mord in Marias Gegenwart geschehen sollte. Vermutlich wußte er das selbst gar nicht. Elisabeth war darüber schockiert. Als sie am 9. April Guzman de Silva in Audienz empfing, trug sie einen Gürtel, an dem an einer goldenen Kette Marias Porträt hing. Elisabeth brachte ihre aufrichtige Empörung über die »Respektlosigkeit« gegenüber Maria und über Darnleys Rolle bei der Verschwörung zum Ausdruck. Sie an Marias Stelle hätte ihren Gatten in der Mordnacht mit dessen eigenem Dolch niedergestochen. Sie wolle jedoch nicht, fügte sie scherzhaft hinzu, daß Guzman oder König Philipp glaubten, sie werde so mit Erzherzog Karl verfahren, wenn sie ihn heirate. Sie versicherte Guzman, daß keiner der schottischen Flüchtlinge, denen sie nach der Revolte von 1565 Asyl gewährt habe, von dem Mord an Riccio gewußt habe.[30] Das stimmte natürlich nicht, aber vielleicht wußte Elisabeth nicht, daß die Flüchtlinge im Bild waren.

Elisabeth lehnte zwar Marias Bitte ab, Riccios Mörder auszuliefern, aber sie befahl den Verschwörern, England zu verlassen. Morton fuhr am 14. Juni nach Flandern. Einen Monat später kehrte er heimlich nach Newcastle zurück. Elisabeth forderte ihn auf, entweder so bald wie möglich nach Flandern zurückzukehren oder seinen Aufenthalt in England geheimzuhalten. Ihre Beamten wußten, daß Morton sich in Northumberland aufhielt, und zweifellos drückte Elisabeth in seinem Fall ein Auge zu. Unterdessen bemühten sich Mortons Freunde in Schottland, für ihn Straffreiheit zu erlangen. Moray, der treu zu dem Bündnis stand, das er vor dem Mord an Riccio mit Morton geschlossen hatte, nutzte seinen Einfluß bei Maria zu Mortons Gunsten. Bothwell, Marias treuer Anhänger, tat dasselbe. Anscheinend hoffte Bothwell, Morton werde ihm helfen, Darnley los zu werden. Er wußte, daß Morton wütend auf Darnley war, weil er ihn und seine Mitverschwörer an Maria verraten hatte. Im Januar wurden Morton und alle Mörder Riccios begnadigt und durften nach Schottland zurückkehren.[31]

Am 19. Juni 1566 brachte Maria ihr Kind zur Welt. Es war ein Junge, der spätere König Jakob VI. von Schottland und Jakob I. von England. Maria bat Elisabeth, die Patenschaft zu übernehmen. Elisabeth beauftragte Lady Argyll, sie bei der Taufe zu vertreten, und schickte Maria ein kostbares goldenes Taufbecken.[32] Es sah so aus, als habe Elisabeth die freundschaftliche Beziehung zu Maria wiederhergestellt und als habe der Mord an Riccio den gewünschten Erfolg gehabt. Die Katholiken in Schottland waren gespalten, und Maria stützte sich wieder auf Moray und die protestantischen Lords und bekundete ihre Freundschaft zu Elisabeth. Aber das war nur die Ruhe vor einem noch heftigeren Sturm.

# 14

## Zum Schutz der Monarchie

Elisabeth hatte das Parlament 1563 lediglich vertagt. Dennoch war es jetzt seit über drei Jahren nicht mehr zusammengetreten, was im 16. Jahrhundert allerdings nicht ungewöhnlich war. Im Herbst 1566 mangelte es Elisabeth erneut an Geld. Sie berief das Parlament ein, damit die Abgeordneten neue Steuern festlegen konnten, die ihr 250 000 Pfund einbringen sollten. Doch die Parlamentarier waren unzufrieden. Den Puritanern, die im Unterhaus großen Einfluß hatten, mißfiel die Politik, die Elisabeth in den letzten drei Jahren verfolgt hatte: ihre Weigerung, zu heiraten, ihre Kampagne gegen die Abschaffung der Meßgewänder, ihre anhaltende Feindseligkeit gegenüber Katherine Grey und ihre offenkundige Annäherung an Maria Stuart. »Die Königin ist weder bei Katholiken noch bei Ketzern beliebt«, schrieb Guzman de Silva. »Erstere mögen sie nicht, weil sie keine Katholikin ist, die anderen mögen sie nicht, weil sie keine so ungestüme und leidenschaftliche Ketzerin ist, wie sie sich wünschen.«[1]

Elisabeths Räte drängten ebenso auf eine Heirat wie die Parlamentarier, und es sah so aus, als lasse Elisabeths Widerstand allmählich nach. Gespräche über eine mögliche Heirat mit Karl IX. von Frankreich hatten stattgefunden, und Elisabeth hatte dem französischen Gesandten erklärt, die Tatsache, daß Karl siebzehn Jahre jünger sei als sie, sei nicht unbedingt ein Hindernis für eine Ehe.[2] Ihre Staatsräte hielten Erzherzog Karl für die beste Partie. Er war ein mächtigerer Verbündeter gegen Frankreich als Erich XIV. von Schweden, und obwohl er ein Verwandter und Verbündeter Philipps II. war, stand er nicht so sehr unter Philipps Einfluß, daß er Elisabeth im Falle einer Heirat daran gehindert hätte, zwischen Frankreich und Spanien einen neutralen, auf Ausgleich bedachten Kurs zu steuern. Aber die Heiratsverhandlungen kamen nur langsam voran, und Elisabeth bemühte sich nicht, sie zu beschleunigen.

Als das Parlament im Oktober 1566 wieder zusammentrat, bewilligte es nicht sogleich die von Elisabeth benötigten Geldmittel, sondern begann eine Debatte über ihre Heirat und ihren Nachfolger, wenn sie kinderlos starb. Elisabeth war wütend. Das Unterhaus griff mit der Debatte über Heirat und Thronfolge nicht nur in ihre königliche Prärogative ein, es lehnte auch die Bewilligung von Geldmitteln ab, bis die Königin dem Wunsch der Parlamentarier nachkam und heiratete. Die Bischöfe und viele weltliche Peers im Oberhaus teilten die Ansichten der Mitglieder des Unterhauses. Elisabeth bestand auf der Bewilligung der Geldmittel und schalt ihre Staatsräte, als diese ihr rieten, nachzugeben und das Parlament erst über Heirat und Thronfolge debattieren zu lassen.[3]

Elisabeth vertraute sich Guzman de Silva an, den sie gern hatte. Sie beklagte sich, daß die Abgeordneten des Unterhauses sie zu erpressen suchten, indem sie anböten, ihr 250 000 Pfund zu bewilligen, wenn sie sie bezüglich einer Heirat und der Thronfolge zufriedenstelle. Die Abgeordneten würden von den Peers unterstützt, die es einst gewagt hätten, sie und ihre Schwester Bastarde zu nennen – damit meinte sie wahrscheinlich die Anhänger Lady Jane Greys – und die sie zur Regierungszeit ihrer Schwester in Verschwörungen hätten verwickeln wollen. Guzman zeigte Verständnis. Er drängte Elisabeth zu einer Heirat mit Erzherzog Karl, und Elisabeth erklärte, sie werde Karl binnen einer Woche schreiben und seinen Antrag annehmen.

Was ihre Schwierigkeiten mit dem Unterhaus angehe, meinte Guzman, so habe sie von den Ketzern nichts anderes erwarten können. »Ich sagte ihr«, schrieb er an Philipp II., »sie solle auf die bösen Absichten der Menschen achten, die sich zum neuen Glauben bekennen. Das einzige Ziel dieser Menschen sei es, Anordnungen von oben zu mißachten und zu tun, wie ihnen beliebt, ohne Achtung oder Rücksicht. Ich riet ihr, rechtzeitig Maßnahmen zu ergreifen und den Gehorsam und die Folgsamkeit der Katholiken im Vergleich zum Ungestüm der Protestanten zu bedenken. Sie gab mir zur Antwort, sie wisse nicht, was diese Teufel wollten. Ich erklärte, sie wollten ganz einfach Freiheit, und es sei leicht vorauszusehen, wie es mit der zügellosen Freiheit dieser Menschen enden werde, wenn die Könige nicht aufpaßten und sich verbündeten, um sie in Schranken zu halten.«[4]

Als nach fast vierzehn Tagen immer noch keine der beiden Seiten nachgegeben hatte, baten die Mitglieder des Unterhauses darum, Elisabeth eine Petition vorlegen zu dürfen. Die Königin empfing die Abgeordneten am 5. November in Whitehall. Sie warf ihnen vor, unter dem Deckmantel der Loyalität beinahe Hochverrat begangen zu haben, da sie sie zur Heirat hätten zwingen wollen. Und wenn sie heirate, würden sie den Ehemann, den sie sich aussuche, ja ohnehin ablehnen. Mit recht verschlüsselten Worten deutete sie an, daß einige der Anwesenden sie während der Regierungszeit ihrer Schwester –

»gebe Gott, daß sie noch lebte« – hätten überreden wollen, an Komplotten gegen ihre Schwester teilzunehmen. Es sei aber falsch, wenn in einem Gemeinwesen der Fuß über den Kopf befinden wolle. Der Kopf müsse verhindern, daß der Fuß ins Unglück renne. Sie wolle heiraten und auch Kinder bekommen, denn aus einem anderen Grund werde sie nie heiraten. Es könne nützlich sein, zu einem anderen Zeitpunkt über ihre Heirat und die Thronfolge nachzudenken, aber in der gegenwärtigen Sitzungsperiode solle das Parlament derlei Debatten unterlassen.[5]

Der Konflikt hatte über einen Monat gedauert, als Elisabeth am 25. November schließlich nachgab. Sie ließ das Parlament wissen, daß sie bereit sei, der Petition zu entsprechen und eine freie Aussprache über ihre Heirat und die Thronfolge zuzulassen. Ein paar Tage später erklärte sie, sie wolle auf ein Drittel der geforderten Summe von 250 000 Pfund verzichten. Ihr Entgegenkommen wurde von den Parlamentariern mit wortreichen Dankeserklärungen und Loyalitätsbezeigungen aufgenommen. Sie bewilligten die Gelder und gaben sich mit Elisabeths Versprechen zufrieden, bald zu heiraten. Von der Thronfolge war nicht mehr die Rede.[6]

Am 2. Januar 1567 löste Elisabeth das Parlament auf. In ihrer Rede tadelte sie die Abgeordneten wegen der Schwierigkeiten, die sie während der Sitzung gemacht hätten. »Was die Freiheiten betrifft, wer ist so töricht, daran zu zweifeln, daß ein Fürst als Kopf des Gemeinwesens die Füße lenken muß, wenn sie straucheln?«[7] Mit dieser Rede wollte sie das Gesicht wahren und ihre beispiellose Niederlage vertuschen. Heinrich VIII. hatte sich zwar auch manchmal der öffentlichen Meinung gebeugt, aber im direkten Konflikt mit dem Parlament hatte er nie den kürzeren gezogen. Elisabeth hingegen war die Verliererin, und diese Tatsache ließ sich auch mit Worten nicht vertuschen.

Trotz der Schwierigkeiten mit dem Unterhaus hätte Elisabeth sich damit trösten können, daß ihre Untertanen weniger aufsässig waren als die Maria Stuarts. Maria wurde mit ihren Untertanen nicht fertig. Der päpstliche Nuntius in Paris, der Kardinal von Lothringen und die Jesuiten rieten ihr, alle protestantischen Störenfriede auf einen Streich verhaften und als Verräter hinrichten zu lassen.[8] Aber Maria gehörte nicht zu der Sorte Frauen, die in der Lage waren, so grausam und skrupellos zu handeln, und sie lehnte diesen Vorschlag rundheraus ab. Statt dessen verliebte sie sich in einen Protestanten, in den Grafen von Bothwell, und verlor damit die Unterstützung sowohl der Protestanten wie der Katholiken.

Am Abend des 9. Februar 1567 wurde Darnleys Haus in Kirk-o'-Field vor den Toren Edinburghs durch eine heftige Explosion in die Luft gesprengt. Darnleys Leiche wurde im Garten gefunden. Unbekannte hatten ihn erwürgt. Sogleich ging überall das Gerücht um, Bothwell habe den Mord veranlaßt, und viele behaupteten, Maria sei an dem Verbrechen beteiligt gewesen. Als Elisabeth von dem Mord erfuhr, schrieb sie einen persönlichen Brief an Maria, in dem sie Maria ihr Mitgefühl zum Tode ihres Mannes ausdrückte und ihr schwesterliche Ratschläge gab. Elisabeth schrieb, es sei überaus wichtig für Marias guten Ruf, daß Darnleys Mörder gefaßt, vor Gericht gestellt und bestraft würden.[9]

Darnleys Vater Lennox beschuldigte Bothwell des Mordes. Bothwell war bereit, sich vor dem obersten Gericht in Edinburgh zu verantworten. Als Bothwell mit einer Eskorte bewaffneter Gefolgsleute in die Stadt kam, fürchtete Lennox um sein Leben, und er erschien nicht vor Gericht, um seine Klage vorzubringen. Bothwell wurde freigesprochen, und eine Woche später, nur zwei Monate nach der Ermordung Darnleys, teilte er den anderen schottischen Lords mit, er beabsichtige, Maria zu heiraten, und bitte sie um ihre Unterstützung. Alle sicherten ihm schriftlich Hilfe zu. Später vereinbarten sie hinter seinem Rücken, sich gegen ihn zu stellen und ihn zu vernichten. Bothwell entführte Maria. Ob die Entführung echt oder nur vorgetäuscht war, ist unklar. Er brachte Maria nach Dunbar auf seine Burg, wo er sie, ihrer eigenen Aussage zufolge, vergewaltigte. Trotzdem war Maria nach der etwas dubiosen Scheidung Bothwells von seiner ersten Frau sofort bereit, Bothwell zu heiraten und sich nach protestantischem Ritus trauen zu lassen. Papst Pius V. und der Kardinal von Lothringen waren über Marias Heirat mit Bothwell entsetzt und wollten nichts mehr mit ihr zu tun haben. Fast alle Lords in Schottland stellten sich gegen Maria und Bothwell. Am 15. Juni ergab sich Maria in Carberry Hill den Lords, während Bothwell zunächst nach Dunbar, dann auf die Shetland-Inseln und schließlich nach Dänemark floh, wo er gefangengenommen und eingesperrt wurde und zuletzt starb. Maria wurde im Inselschloß von Loch Leven in Kinross-shire in Gewahrsam genommen.

Auch nach den Maßstäben katholischer und protestantischer Propaganda im 16. Jahrhundert war die Kampagne der protestantischen Lords gegen Maria und Bothwell im Sommer 1567 außerordentlich heuchlerisch. Darnley, der lasterhafte und leichtlebige junge Katholik, den die Protestanten erst vor kurzem noch als Marias Ehemann strikt abgelehnt hatten, wurde jetzt zu einem Muster an Tugend erhoben. Er wurde als unbeflecktes, unschuldiges Opfer seiner bösen, ehebrecherischen Frau und deren Geliebtem hingestellt. Cecil und Elisabeth schlugen in dieselbe Kerbe. Cecil bemerkte sogar, Darnley, den er und die englischen Diplomaten vor kurzem noch beharrlich als »den Gemahl der Königin« bezeichnet hatten, sei von Maria zum König ernannt worden, »und deshalb war er eine Persönlichkeit des öffentlichen Lebens und ihr Herr«.[10] Cecil wußte, daß das Unsinn war. Darnley trug zwar den Titel »König«, war aber Marias Gemahl und Untertan. Selbst wenn sie ihm die Mitkönigskrone gewährt hätte, was nicht der Fall war, wäre er ihr nur gleichgestellt gewesen.

Am 23. Juni schrieb Elisabeth an Maria. Sie erklärte, sie wolle ihr Trost spenden, weil in der Freundschaft stets der Satz gelte: »Glück schafft Freunde, Not erprobt sie.« Sie werde alles in ihrer Macht Stehende tun, damit jeder Untertan Marias, der am Mord an Darnley beteiligt gewesen sei, die gebührende Strafe erhalte, »wie wert Ihr ihn auch halten mögt«. Sie werde für Marias Sicherheit und Ehre einstehen und ihren Sohn, Prinz Jakob, beschützen.[11] Ton und Inhalt von Elisabeths Briefen an Maria sowie die darin enthaltenen Anspielungen lassen Elisabeths Verachtung für Maria erkennen. Als Elisabeth sich in Leicester verliebte, hatte sie das Opfer gebracht und von einer Heirat oder Affäre mit ihm abgesehen, weil die Interessen des Staates und der Krone es verlangten. Maria hingegen hatte sich ohne Rücksicht auf die politischen Folgen Hals über Kopf in eine Heirat mit Darnley und Bothwell gestürzt. In Elisabeths Augen hatte sie sich ihrer Stellung als Königin unwürdig erwiesen. Trotzdem wollte Elisabeth nicht zulassen, daß Marias Untertanen sie für ihre Missetaten bestraften. Aus Rücksicht auf die Privilegien eines Souveräns wollte Elisabeth einschreiten und Maria vor den Folgen ihrer eigenen Dummheit bewahren.

Elisabeth beschloß, Throckmorton zu den Lords nach Schottland zu entsenden. Am 30. Juni gab sie ihm entsprechende Anweisungen. Er sollte den Lords ausrichten, sie werde nicht zulassen, daß eine Königin als Gefangene festgehalten oder ihres fürstlichen Standes beraubt werde. Sie gebe zu, daß Maria Fehler und Versehen unterlaufen seien, aber es stehe »Untertanen nicht zu, auf diese Weise ihren Fürsten zu erziehen«. Statt dessen sollten sie »aufrecht und überlegen handeln, und wenn sie damit keinen Erfolg haben, den Rest dem Allmächtigen überlassen«. Sie selbst werde nicht versäumen, Maria für ihre Fehler zu tadeln, »was Wir als Königin gleich ihr und als ihre nächste Cousine und Nachbarin nicht für unzulässig oder unwürdig erachten«.[12]

Die schottischen Lords, insbesondere Morton und Lethington, mit denen Throckmorton hauptsächlich zu tun hatte, reagierten außerordentlich trotzig. Sie verweigerten Throckmorton einen Besuch bei Maria in Loch Leven, weil sie der Königin dort hart zusetzten, um ihre Abdankung zu erzwingen, und nicht wollten, daß sie durch Throckmortons Besuch wieder Auftrieb erhielt. Zudem lehnten sie Elisabeths Vorschlag ab, Prinz Jakob zu seiner Sicherheit nach England zu schicken. Als Throckmorton die Lords daran erinnerte, daß sie Elisabeth für ihre Unterstützung der schottischen Protestanten Dank schuldeten, erklärte Lethington, Elisabeth habe Morton so gut wie nicht geholfen, als er nach der Ermordung Riccios in England Zuflucht gesucht habe.[13]

Elisabeth verlangte, daß Maria einer Scheidung von Bothwell zustimme. Nach seiner Festnahme und Bestrafung sollte Maria auf freien Fuß gesetzt werden. Aber Maria wollte Bothwell nicht opfern. Lethington zufolge hatte sie erklärt, »sie sei bereit, ihr Königreich und ihre hohe Stellung aufzugeben, um mit ihm als einfache Edelfrau zu leben, und sie werde niemals zulassen, daß es ihm schlechter gehe oder daß er mehr Schaden erleide als sie selbst«.[14] Throckmorton beurteilte seine Chancen, Maria zu helfen, immer pessimistischer, weil in Schottland die Abneigung gegen sie sehr stark war. Er schrieb an Elisabeth: »Angehörige aller Stände, mit Ausnahme der Staatsräte, sind der Meinung, sie habe nicht mehr Recht, einen Mord oder Ehebruch zu begehen, als jede andere Person.«[15] Am 21. Juli teilte er Elisabeth mit, wenn Maria nicht zugunsten ihres Sohnes abdanke, würden die Lords ihr öffentlich den Prozeß machen und sie noch vor Ende des Monats zum Tode verurteilen.[16]

Am 24. Juli suchten einige der Lords Maria in Loch Leven auf und zwangen sie, abzudanken. Zuvor drohten sie ihr mit dem Tod, wenn sie es nicht tue. Später erklärte sie, Lord Lindsay habe ihre Hand gepackt und sie mit physischer Gewalt gezwungen, die Abdankungsurkunde zu unterzeichnen. Throckmorton war es gelungen, Maria einen Brief zukommen zu lassen, in dem er ihr versicherte, die Welt werde die Abdankung niemals anerkennen, wenn sie in der strengen Abgeschiedenheit ihres Gefängnisses die Urkunde unter Zwang unterschreibe.[17] Am 29. Juli wurde Marias dreizehn Monate alter Sohn in Stirling als Jakob VI. zum König gekrönt. Moray, der während der Rebellion gegen Maria in Frankreich gewesen und nach einer Begegnung mit Elisabeth nach Schottland zurückgekehrt war, wurde zum Regenten für den unmündigen König ernannt. Morton wurde sein Stellvertreter, Lethington Staatssekretär.

Elisabeth wußte noch nichts von Marias Abdankung, als sie Throckmorton am 27. Juli schrieb, er solle den Lords mitteilen, wenn sie Maria ihres königlichen Amtes beraubten, würden sich die anderen Fürsten der christlichen Welt gemeinsam mit ihr an ihnen rächen, »der Nachwelt zum Beispiel«. Elisabeth erinnerte die Lords daran, daß der heilige Paulus Untertanen zum Gehorsam gegenüber ihren Herrschern ermahnt habe. »Ihr dürft ihnen versichern, daß Wir den Mord an Unserem Cousin, ihrem König, aufs äußerste verurteilen und verabscheuen und daß Uns die Heirat der Königin, Unserer Schwester, mit Bothwell ebenso mißfällt wie ihnen. Aber in einem gehen unsere Ansichten auseinander: Wir betrachten es als ungesetzlich und unerträglich, daß sie als Untertanen von Gottes Gnaden ihre Königin, die ebenfalls von Gott zu ihrer Herrscherin und Fürstin bestimmt wurde, mit Gewalt dazu bringen wollen, auf ihre Anschuldigungen zu antworten. Denn Wir glauben nicht, daß es der Natur entspricht, wenn der Kopf dem Fuß untertan ist.«[18]

Throckmorton konnte Elisabeth lediglich berichten, daß die Schotten nicht auf seine Einwände gehört und Jakob VI. zum König gekrönt hätten. Elisabeth erkannte die Aussichtslosigkeit der Lage. Am 7. August beorderte sie Throckmorton nach England zurück, da es für ihn keinen Grund gab, noch länger in Schottland zu bleiben.[19] Vier Tage später änderte sie ihre Meinung allerdings wieder. Cecil führte den Gesinnungswandel auf ein Gespräch Elisabeths mit

Guzman de Silva zurück, denn dieser hatte Elisabeths Empörung über das Verhalten der Schotten gegenüber ihrer Königin angeheizt. Guzmans Briefe an Philipp II. bestätigen das. Guzman sprach mit Elisabeth am 9. August in Windsor, wo sie auf ihrer Rundreise während der ungewöhnlich heißen Sommertage Station gemacht hatte. Elisabeth erklärte Guzman, sie entsende nur ungern eine Armee nach Schottland, weil sie Angst habe, die Schotten könnten in diesem Fall die Franzosen um Hilfe bitten. Guzman entgegnete, daß sie es ihrem Ansehen schuldig sei, gegen Rebellen vorzugehen, die ihren Souverän abgesetzt hätten. Daraufhin fragte Elisabeth ihn, ob König Philipp sich ihr und den Franzosen bei einer gemeinsamen militärischen Intervention in Schottland anschließen würde.[20]

Am 11. August ließ Elisabeth Cecil gegen fünf Uhr nachmittags in ihre Gemächer in Windsor kommen. Zu seiner Bestürzung erklärte sie ihm in einem Anfall der Empörung, sie wolle mit den Schotten Krieg beginnen, um Maria wieder auf den Thron zu setzen. Cecil riet ihr von diesem Vorhaben ab und wies sie auf die Folgen hin, die ein Krieg gegen die englandfreundliche Partei in Schottland haben würde. Aber Elisabeth wollte nicht auf ihn hören. Cecil versuchte es später am Abend, unterstützt von Leicester und Pembroke, noch einmal. Doch Elisabeth blieb hartnäckig.[21] Noch am gleichen Tag befahl sie Throckmorton, gegen Marias Abdankung zu protestieren. »Und diese Botschaft sollt Ihr so unmißverständlich und deutlich wie möglich vortragen, denn Wir sind sicher, daß Ihr Euch nicht mit mehr Vehemenz ausdrücken werdet, als es Unser Wille und Unsere Absicht ist.«[22] Cecil war der Verzweiflung nahe. Er schrieb an Throckmorton, wenn Elisabeth auf ihrer feindseligen Haltung gegenüber den schottischen Protestanten beharre, müsse er wohl oder übel gehorchen und ihre Politik ausführen.[23]

Die Schotten blieben jedoch standhaft. Throckmorton traf am 21. August mit Moray und Lethington zusammen und überbrachte ihnen Elisabeths Botschaft. Die beiden Lords entgegneten, sie hätten nicht die Absicht, Maria zu schaden. Sie ließen aber durchblicken, daß sie Maria hinrichten lassen würden, wenn Elisabeth Schottland den Krieg erklärte. Den Krieg mit England fürchteten sie nicht. Ein Krieg würde schließlich nur bedeuten, daß die Engländer das schottische Grenzgebiet brandschatzten und die Schotten das englische. Außerdem werde Frankreich ihnen sicher zu Hilfe kommen und nur allzu bereitwillig das alte Bündnis mit Schottland erneuern.[24]

Immerhin hielt Elisabeths Eingreifen die Schotten vermutlich davon ab, Maria öffentlich vor Gericht zu stellen und hinzurichten. Aber mehr konnte Throckmorton nicht tun. Am 29. August befahl Elisabeth ihm, nach Hause zurückzukehren, ohne das übliche Geschenk in Empfang zu nehmen, das Abgesandte in diplomatischer Mission erhielten. Throckmorton wies daher das Tafelsilber zurück, das Moray ihm überreichen wollte.[25]

Als Throckmorton am 12. September in Windsor eintraf, war Elisabeth so wütend auf die schottischen Lords wie eh und je. Doch mittlerweile hatte sie die Nachteile einer militärischen Intervention erkannt. Deshalb zog sie die unbefriedigende Alternative zum Krieg in Betracht: wirtschaftliche Sanktionen. Am 27. September befahl sie Norris, ihrem Botschafter in Frankreich, Karl IX. vorzuschlagen, jedem schottischen Kaufmann die Einreise nach England oder Frankreich zu verwehren, der nicht erklärte, daß er immer noch Maria als seine rechtmäßige Herrscherin anerkenne.[26]

Karl IX. und Katharina von Medici hatten noch nicht auf den Vorschlag reagiert, als in Frankreich ein neuer Bürgerkrieg ausbrach. Aus Sorge darüber, daß der Kardinal von Lothringen die Gunst des Königs wiedererlangt hatte und Karl IX. angeblich das Toleranzedikt widerrufen und die protestantischen Führer verhaften lassen wollte, hatten Condé und die Protestanten zu den Waffen gegriffen. Diesmal hütete sich Elisabeth vor einer Intervention. Philipp II., der Karl IX. und den Katholiken 1 500 Reiter und zwei Regimenter deutscher Fußsoldaten zu Hilfe schickte, ließ Dr. Man, den englischen Gesandten in Madrid, wissen, daß es ernste Folgen haben könne, wenn Elisabeth sich erneut auf die Seite der französischen Hugenotten stelle. Aber Elisabeth war weit davon entfernt, auf das Hilfegesuch der Hugenotten zu reagieren. Norris sollte Karl mitteilen, daß sie ihm bei seinen Schwierigkeiten mit den rebellischen Untertanen jederzeit helfen werde.[27]

Doch wie gewöhnlich reagierten Elisabeths Diplomaten und ihr Volk ganz anders als sie. Norris drängte Elisabeth in einem Schreiben, die Hugenotten zu unterstützen. Viele Engländer und viele niederländische Protestanten, die vor den Verfolgungen nach England geflohen waren, wollten als Freiwillige in Frankreich kämpfen. Guzman erfuhr, daß ein spanischer Protestant namens Ximenes, der im ersten französischen Bürgerkrieg in Condés Armee gekämpft hatte, heimlich den Transport englischer und flämischer Freiwilliger von England nach Frankreich organisierte. Guzman war verärgert, als Ximenes von den französischen Katholiken gefaßt und aufgehängt wurde, noch bevor er über den Weg Auskunft geben konnte, auf dem die Freiwilligen gekommen waren.[28]

Elisabeth war wütend, als sie erfuhr, daß englische Edelleute sich als Freiwillige melden wollten. Laut Guzman soll sie erklärt haben, wenn einer sie um Erlaubnis bitte, gehen zu dürfen, werde sie ihn köpfen lassen. Elisabeth teilte Guzmans Ansicht, daß die französischen Protestanten ebenso Rebellen seien wie die schottischen und daß im Fall eines Sieges der französischen Protestanten die Lage in Frankreich ebenso gefährlich werden könne wie in Schottland. Aber sie unternahm nichts, um die Freiwilligen daran zu hindern, nach Dieppe zu fahren. Sie bestand lediglich darauf, daß den Hugenotten keine Hakenbüchsen oder Pistolen geschickt wurden. Guzman war beruhigt, daß sie den Hugenotten ihre Hilfe so beharrlich verweigerte. Trotzdem hatte er Angst, daß ihre Räte sie umstimmen würden.[29]

Der zweite Bürgerkrieg dauerte nicht lange. Am 10. November kam es in Saint-Denis bei Paris zu einer Schlacht, aber bereits am 4. Januar schlossen die beiden Seiten Frieden. Den Protestanten wurde religiöse Toleranz zugestanden, und sie durften überall, mit Ausnahme von Paris, Gebetsversammlungen abhalten, vorausgesetzt, es nahmen nicht mehr als fünfzig Personen mit ihren Familien daran teil.[30]

Die Kämpfe in Frankreich machten Elisabeths Plan zunichte, gegen die schottischen Protestanten mit wirtschaftlichen Sanktionen vorzugehen. Karl IX. und Katharina von Medici hatten keine Zeit, über wirtschaftliche Sanktionen gegen Schottland nachzudenken, und nach dem Krieg griff Elisabeth den Vorschlag nicht wieder auf. Jetzt war nicht der richtige Zeitpunkt, um sich mit ihren Verbündeten in Schottland zu entzweien. Philipp II. und Karl IX. rückten näher zusammen, und Norris berichtete, die Franzosen wollten sich Gerüchten zufolge nach einem Sieg über die Protestanten im eigenen Land Philipp II. anschließen, um die Ketzer in England zu vernichten.[31] Elisabeth unternahm also gegen die Schotten nichts weiter, lehnte es aber ab, Jakob VI. als König und Moray als Regenten anzuerkennen.

Moray kümmerte das nicht. In der Hoffnung, Taten und das eigene Interesse würden bei Elisabeth schwerer wiegen als Worte und Prinzipien, begab er sich in die Grenzgebiete und ließ dort eine beträchtliche Anzahl Viehdiebe aufhängen und ertränken, die viele Jahre hindurch in Schottland und in England Vieh gestohlen hatten.[32] Das hatte zur Folge, daß englische Farmer jetzt weniger unter den Dieben aus Liddisdale und Teviotdale zu leiden hatten als jemals zuvor. Elisabeths Beamte in Carlisle waren mit Morays Regierung außerordentlich zufrieden. Außerdem hielt Moray seine private Korrespondenz mit Cecil aufrecht, der sein persönlicher Freund war. Am 14. Oktober dankte er Cecil, daß er dazu beigetragen habe, die Freundschaft zwischen den beiden Ländern zu bewahren, »die Gott von Anbeginn auf eine Insel verbannt und vom Rest der Welt abgetrennt hat«.[33] Am 29. Februar 1568 schrieb er erneut an Cecil: »Und obwohl Ihre Majestät die Königin, Eure Herrin, nach außen hin den gegenwärtigen Zustand hier ganz und gar nicht zu billigen scheint, zweifle ich nicht daran, daß er Ihrer Hoheit im Herzen sehr wohl gefällt.«[34] Wir können sicher sein, daß Cecil sich hütete, Elisabeth den Brief zu zeigen.

Elisabeth hatte noch nie etwas so beharrlich verfolgt wie 1567 die Unterstützung Marias. Noch nie hatte sie ihren Staatsräten so viel Angst eingejagt, und noch nie war sie entschlossener gewesen, deren Rat zu mißachten. Doch am Ende gab sie wieder nach. Sie hatte klar erkannt, auf welch unsicheren Boden sie sich begeben hatte, als sie sich bereiterklärt hatte, die protestantischen Rebellen gegen ihre Fürstin zu unterstützen. Jetzt konnte sie freilich nichts tun, um sie zurückzuhalten.

Für Elisabeth hatte die Unterstützung Marias jedoch eine unerwartete und vorteilhafte Folge. Maria war aus Loch Leven geflohen, ihre Armee war jedoch bei Langside geschlagen worden. Im Mai 1568 beschloß sie deshalb, in England Zuflucht zu suchen, anstatt mit ihren Anhängern in Schottland zu bleiben oder nach Frankreich zu fliehen. Sie traf diese Entscheidung vor allem deshalb, weil Elisabeth sie im Sommer davor so entschieden unterstützt hatte. Damit hatte Elisabeth die Königin der Schotten in ihrer Gewalt. Sie nützte diesen Vorteil gegenüber Maria und den schottischen Protestanten jahrelang schamlos aus. Man ist versucht zu sagen, Elisabeth habe Glück gehabt – obwohl den Menschen des 16. Jahrhunderts eine solche Vorstellung fremd gewesen wäre.

# 15

## Die Revolte in den Niederlanden

Im April 1565 erhielt der spanische Botschafter in Frankreich von seinem Geheimagenten einen Bericht über dessen Gespräch mit dem Abbé Mina, einem engen Freund des Kardinals von Lothringen. »Heutzutage«, meinte der Abbé, »müssen katholische Fürsten umdenken. Früher waren Freund und Feind durch die Grenzen der Provinzen und Königreiche geschieden; sie hießen Engländer, Deutsche, Franzosen, Spanier oder Italiener. Heute sollte man nur noch von Katholiken und Ketzern sprechen. Ein katholischer Fürst sollte die Katholiken aller Länder als Freunde betrachten, ebenso wie Ketzer alle Ketzer als ihre Freunde und Untertanen ansehen, ob sie nun ihre eigenen Vasallen sind oder die von anderen.« Die Ketzer seien eine größere Bedrohung, als es Mohammed je gewesen sei, denn sie hätten die Druckerpresse als Waffe. Der Abbé hatte jedoch keine Angst vor dem Ausgang des Kampfes. Zwar gebe es viele Ketzer, aber die Zahl der Katholiken sei fünfmal so groß.[1]

Die katholischen Könige Europas schlossen sich dieser Meinung nur widerwillig an, doch die Ereignisse trieben sie in einen Glaubenskrieg gegen den internationalen Protestantismus. Obwohl Philipp II. ein frommer Katholik war, überzeugte ihn erst die Revolte in den Niederlanden, daß die Ketzer eine größere Bedrohung darstellten als die traditionellen Feinde der Habsburger, die französischen Könige aus dem Hause Valois. Die Niederlande waren seit vierzig Jahren eine Brutstätte der Ketzerei und des protestantischen Extremismus und hatten nicht nur Lutheraner und Calvinisten hervorgebracht, sondern auch alle Arten von Wiedertäufern. Die Ketzer wurden brutal unterdrückt. Das Dekret Karls V. aus dem Jahr 1550, das von Philipp II. erneuert wurde, sah für jeden, der protestantische Bücher verbreitete, über die Bedeutung der Bibel diskutierte, Heiligenbilder schändete oder eine protestantische Gebetsversammlung besuchte, die Todesstrafe vor. Männer, die widerriefen, wurden enthauptet. Frauen, die widerriefen, wurden lebendig begraben. Männer und Frauen, die sich weigerten zu widerrufen, wurden verbrannt. Wer Ketzern Unterschlupf gewährte und sie nicht den Behörden meldete, wurde auf die gleiche Weise bestraft, auch wenn er oder sie kein Ketzer war.[2] Die Zahl der Opfer in den Niederlanden lag weit höher als die in England oder einem anderen Land, obwohl die von Protestanten geschätzten 50 000 bis 100 000 Opfer im Laufe von fünfzig Jahren zweifellos übertrieben sind.

Margarete von Parma, Philipps Statthalterin in den Niederlanden, regierte das Land wie bisher mit Hilfe einheimischer statt spanischer Staatsräte. 1566 waren die bekanntesten unter ihnen Graf Egmont, Graf Horn und Wilhelm von Nassau. Letzterer war von Geburt Deutscher, war aber in den Niederlanden aufgewachsen und hatte seitdem immer am niederländischen Hof gelebt. Er war außerdem Herrscher des kleinen Fürstentums Oranien in Südfrankreich. Diese Tatsache erwies sich später als überaus günstig für ihn, da er behaupten konnte, er kämpfe gegen Philipp wie ein unabhängiger Fürst gegen einen anderen, nicht wie ein Rebell gegen seinen eigenen Fürsten. Egmont, Horn und Wilhelm von Oranien waren Katholiken und König Philipp treu ergeben, aber sie wollten die Härte der religiösen Verfolgung mildern.

Im April 1566 verfaßte eine Gruppe Adliger unter Führung von Graf Brederode, dem Sieur von Sainte Adelgonde und Ludwig von Nassau, dem Bruder Wilhelms von Oranien, eine Petition gegen die zunehmenden Aktivitäten der spanischen Inquisition in den Niederlanden. Die Petition wurde von vielen Angehörigen des Landadels und der Kaufmannschaft unterschrieben. Dreihundert Adlige und Kaufleute zogen nach Brüssel und überreichten die Petition Margarete von Parma. Einer ihrer Staatsräte verspottete die Bittsteller als *Gueux,* Geusen (Bettler), und diese nahmen die Bezeichnung voller Stolz an. Philipp in Madrid hielt die Petition für einen Akt der Rebellion.

Elisabeth war derselben Meinung. Als Guzman de Silva am 17. April 1566 mit ihr über die Ereignisse in den Niederlanden sprach, nannte sie die Vorlage der Petition gegen die Inquisition einen »überaus dreisten Schritt«. In England wäre schon die Absicht, eine solche Petition durchzuführen, streng bestraft worden. Aber sie sei keineswegs überrascht, daß das Volk der Niederlande die Inquisition ablehne, denn diese gehe mit übertriebener Härte vor.[3]

Am 24. Mai kam Elisabeth bei einem Gespräch mit Guzman erneut auf dieses Thema zu sprechen. Verärgert sagte sie, das Vorgehen von Brederode und den anderen Bittstellern sei »äußerst unbesonnen und bösartig, und es war das schöne Christentum, welches die Untertanen dazu verleitete, ihrem Herrscher die Stirn zu bieten«. Diese Unsitte habe in Deutschland und in Frankreich begonnen und sich dann nach Schottland und zuletzt nach Flandern ausgeweitet, »und so, wie es jetzt aussieht, wird sie eines Tages vielleicht auch in England auftauchen«. Elisabeth war empört darüber, daß ein paar

Schurken behauptet hatten, sie habe Brederode und die Bittsteller zu ihrem Tun ermutigt. »Wenn ich diese Menschen in die Finger bekomme«, sagte sie, »werde ich ihnen schon zeigen, mit welchem Interesse ich alle Angelegenheiten des Königs, meines Bruders, betrachte.« Sie bedauerte den um sich greifenden Ungehorsam gegenüber den Fürsten und kam auf die Ermordung Riccios zwei Monate zuvor zu sprechen. »Glaubt Ihr, der Königin von Schottland sei recht geschehen, als bewaffnete Männer in ihre Räume eindrangen wie in die Räume einer gemeinen Frau, um dort ohne Grund einen Mann zu töten?«[4]

Der Widerstand in den Niederlanden konzentrierte sich in der großen Handelsstadt Antwerpen. In Antwerpen hatte sich seit einiger Zeit unter der Bevölkerung Unwillen breit gemacht, und die Hinrichtung protestantischer Märtyrer hatte zu Aufständen geführt. Im August 1566 richtete sich der Zorn des Volkes gegen Heiligenbilder und Kirchen. Margarete von Parma entsandte Wilhelm von Oranien, um den Aufstand niederzuschlagen, und es gelang ihm auch tatsächlich, das Volk zu beschwichtigen.

Viele Protestanten in England freuten sich, als sie von den Ereignissen in Antwerpen erfuhren. In London wurde eine Zeichnung veröffentlicht und zum Kauf angeboten, auf der die Geusen gerade ein Plakat von einem Baum abreißen wollten, das die Einsetzung der Inquisition verkündete, während der katholische Klerus sie daran zu hindern suchte. Elisabeth verbot die Zeichnung und ordnete die Beschlagnahme der Kopien an.[5] Am 31. August sprach sie erneut mit Guzman de Silva über die Angelegenheit. Guzman hatte sie bei einem Besuch in Oxford begleitet. Sie »sprach sehr verärgert von den Aufständischen in den Niederlanden und meinte, sie verdienten eine strenge Bestrafung, da ihre Sache weder tugendhafte noch religiöse Gründe habe; ihr einziges Ziel sei die Freiheit vor Gott und den Fürsten«.[6]

Philipp beschloß, seinen erfahrenen General und Berater, den Herzog von Alba, mit einer Armee in die Niederlande zu entsenden, um die Unruhen niederzuschlagen. Im Winter begann er, in Spanien eine Armee aufzustellen, und in den Niederlanden und ganz Europa ging das Gerücht um, die spanische Armee werde noch im Frühjahr in den Niederlanden eintreffen. Vor der Abreise aus Madrid sprach Alba mit dem englischen Botschafter Dr. Man. Alba erklärte, der König würde ihn nicht mit einer so starken Truppe in die Niederlande entsenden, wenn es sich nur um Religionsstreitigkeiten handelte. Man müsse die Unruhen vielmehr unterdrücken, weil sie einem Aufstand gleichkämen. In diesem Fall, meinte Dr. Man, werde seine Herrin, die Königin, Albas Feldzug unterstützen.[7]

Aber die öffentliche Meinung in England änderte sich auf Grund der Ereignisse in den Niederlanden zusehends zugunsten der Niederländer. Die Menschen in den Niederlanden spürten die Sympathie, die ihnen von englischen

Kaufleuten in Antwerpen entgegengebracht wurde, und glaubten, Elisabeth werde ihnen helfen, wie sie 1562 den französischen Protestanten geholfen hatte. In den Niederlanden kursierte das Gerücht, die Engländer würden kommen und sie retten.[8] Im Januar 1567 erörterte Elisabeth die Lage mit Guzman, »und wie üblich empörte sie sich über die Dreistigkeit und Respektlosigkeit der Rebellen«. Sie habe erfahren, sagte sie, daß Philipp eine Armee entsenden wolle, um die Rebellen zu bestrafen, und sie wünschte, er würde dreimal soviel Soldaten entsenden, um seine bösen Untertanen so zu züchtigen, wie sie es verdienten. Sie bestritt energisch, den Rebellen helfen zu wollen, und erklärte, wenn einer ihrer Räte es wagen sollte, derlei zu behaupten, werde sie ihn als Verräter hängen lassen. Sie wolle den Fehler nicht wiederholen, den sie begangen habe, als sie sich 1562 wider besseres Wissen und zu ihrem großen Schaden habe überreden lassen, den französischen Protestanten zu helfen.[9]

Alba marschierte mit seiner Armee von Genua nach Norden und traf im August 1567 in Brüssel ein. Dort übernahm er die Regierung von Margarete von Parma. Philipp hatte ihm aufgetragen, Wilhelm von Oranien, Egmont und Horn hinzurichten und dadurch unter den Aufständischen Angst und Schrekken zu verbreiten. Wilhelm war noch rechtzeitig nach Deutschland geflohen, aber Egmont und Horn wurden verhaftet und des Hochverrats angeklagt, weil sie das Volk zum Widerstand aufgerufen hätten. Ihre Ehefrauen und Freunde versuchten ihren Einfluß geltend zu machen, um sie zu retten. Alba und Philipp erhielten Gnadengesuche von Philipps Cousin Kaiser Maximilian von Österreich, von mehreren deutschen Fürsten, von den Rittern des Ordens vom Goldenen Vlies und von den Ständen in Brabant.

Die Gräfin von Egmont bat Elisabeth in einem Brief, gleichfalls an Philipp zu schreiben und sich für Egmont zu verwenden. Elisabeth berichtete Guzman von der Bitte der Gräfin und erklärte, sie werde nicht an Philipp schreiben, da sie sich nicht in die internen Angelegenheiten seines Landes einmischen wolle. Doch ein paar Wochen später änderte sie ihre Meinung. Möglicherweise haben Cecil, Leicester und die wachsende Empörung in England sie beeinflußt. Am 20. März 1568 verbrachte Elisabeth einen Tag mit Guzman auf der Jagd. Wieder erwähnte sie, daß die Gräfin Egmont sie um Intervention gebeten habe. Der Brief der Gräfin sei so mitleiderregend, daß sie ihr die Bitte nicht abschlagen könne und Philipp schreiben werde. Aber ehe sie den Brief abschicke, werde sie ihn Guzman zeigen. Sie versicherte Guzman, sie werde den Brief so abfassen, wie es Freunde tun, die einander um einen Gefallen bitten.[10]

Elisabeths Staatsräte waren weniger zurückhaltend. Als in England die Nachricht eintraf, daß Egmont und Horn am 4. Juni vom »Rat der Unruhen« zum Tode verurteilt und tags darauf auf einem öffentlichen Platz in Brüssel enthauptet worden seien, protestierten Leicester und Sussex ganz entschieden bei Guzman.[11]

Als Elisabeth von der Flucht Maria Stuarts aus Loch Leven erfuhr, beglückwünschte sie Maria in einem Schreiben und äußerte die Hoffnung, daß sie sich in Zukunft mehr um ihr eigenes Ansehen als um das Schicksal eines »elenden Schurken«* kümmern werde.[12] Noch ehe Maria den Brief erhielt, wurde ihre Armee in Langside bei Glasgow geschlagen. Maria überquerte die Grenze und befand sich nun in Carlisle Castle. Guzman de Silva und der französische Botschafter berichteten einhellig, Elisabeth habe Maria zuerst wie eine Königin empfangen und sie wieder auf den Thron setzen wollen. Aber Cecil und die übrigen Räte wollten Maria nicht gegen die schottischen Protestanten unterstützen. »Offenbar ergriff die Königin von England für die Königin von Schottland Partei«, schrieb Guzman, »aber sie konnte sich nicht durchsetzen, da die Mehrheit des Staatsrats anderer Ansicht war. Der Herzog von Norfolk und die Grafen von Arundel und Leicester wurden gerufen, damit der Rat vollzählig entscheiden könne, was zu tun sei.«[13] Interessant ist, daß Guzman, der Elisabeth besser kannte als mancher andere, glaubte, politische Entscheidungen seien unter Elisabeth auf diese Weise zustandegekommen.

Cecil erkannte, daß Marias Anwesenheit in England Elisabeth Macht über Maria und über ihre schottischen Gegner verlieh. Er war der Ansicht, daß diese Macht solange wie möglich aufrechterhalten werden müsse, und sann auf Mittel und Wege, dies zu erreichen. Elisabeth erklärte, sie könne die Schotten nicht zwingen, Maria wieder auf den Thron zu setzen, bevor Maria nicht von dem Verdacht gereinigt sei, dem Mord an ihrem Mann Vorschub geleistet zu haben. Maria werde so lange in England bleiben, bis ihre Schuld oder Unschuld bewiesen sei. Elisabeth forderte Moray und Maria auf, vor einer von ihr ernannten Kommission auszusagen. Aber wie konnte sie die Einberufung einer Kommission rechtfertigen, die über Schuld oder Unschuld eines ausländischen Souveräns befinden sollte? Cecil dachte daran, sich auf das alte Argument von der Oberherrschaft der englischen Könige über Schottland zu berufen. Doch das Problem ließ sich am zufriedenstellendsten lösen, wenn Maria sich freiwillig dem Urteil der Kommission Elisabeths unterwarf. Da Marias einzige Hoffnung darin bestand, daß Elisabeth sie unterstützte, erklärte sie sich dazu bereit, um Elisabeth zufriedenzustellen. In der Zwischenzeit wurde sie in Bolton Castle in Wensleydale in Yorkshire festgehalten.

Ein paar Wochen nach ihrer Ankunft in England wurde Maria bewußt, daß man sie wie eine Gefangene behandelte. Durch einen Gesandten ließ sie Elisabeth bitten, sie nach Frankreich ausreisen zu lassen, wenn Elisabeth ihr

* »Un malheureux méchant.« Elisabeth schrieb Maria immer auf Französisch.

schon nicht zum schottischen Thron verhelfen wolle. Karl IX. und Katharina von Medici baten ebenfalls darum, Maria nach Frankreich zu schicken. Elisabeth lehnte mit der Begründung ab, Maria habe, als sie noch in Frankreich lebte, für Unruhe gesorgt, weil sie Anspruch auf den englischen Thron erhoben und französische Truppen nach Schottland gesandt habe.

Im Herbst 1568 erschienen Moray, Lethington und Vertreter Marias zuerst in York und später in Westminster vor der Kommission Elisabeths. Moray legte als Beweismittel gegen Maria die berühmten »Kassettenbriefe« vor, jene außergewöhnlichen Dokumente, die unmöglich von Maria stammen können, die vermutlich aber auch kein Fälscher in dieser Form gefälscht hätte. Vermutlich handelte es sich um eine wahllose Sammlung von aus dem Zusammenhang gerissenen Seiten.[14] Maria bat um die Erlaubnis, persönlich vor Elisabeth und dem Rat erscheinen zu dürfen, um ihren Fall vorzutragen. Doch Elisabeth lehnte eine Begegnung mit Maria ab, solange diese des Mordes an ihrem Ehemann verdächtigt wurde. Vielleicht hatte Cecil Elisabeth überredet, eine Begegnung mit Maria abzulehnen, aus Angst, Maria könne Elisabeth veranlassen, ihre Meinung zu ändern und Maria wieder auf den Thron zu setzen.

Schließlich verließen Marias Vertreter die Verhandlung, ohne auf Morays Anschuldigungen gegen Maria zu antworten. Elisabeth erklärte, die Kommission könne erst dann zu einer Entscheidung gelangen, wenn sie Maria selbst gehört habe. Das bedeutete, daß Elisabeth Maria weiterhin auf unbestimmte Zeit in Gewahrsam halten konnte.

Unter den vielen Dokumenten, die Cecil, Moray, Maria und ihre Stellvertreter über die Anhörung vor der Kommission und über Marias Erhebung auf den schottischen Thron verfaßt haben, befindet sich keines – vermutlich hat es nie eines gegeben –, aus dem hervorgeht, daß Cecil Elisabeth dazu brachte, ihren ursprünglichen Plan, Maria zu unterstützen, aufzugeben und statt dessen Morays Regierung in Schottland anzuerkennen. Vielleicht ließ Elisabeth sich von den Kassettenbriefen beeinflussen, trotz deren zweifelhafter Echtheit. Vielleicht war sie auch beunruhigt, als sie entdeckte, daß Norfolk, der Vorsitzende der Kommission, insgeheim mit Moray und Lethington über eine mögliche Heirat mit Maria nach deren Scheidung von Bothwell verhandelte, was Elisabeths Mißtrauen gegen Maria wecken sollte. Vielleicht betätigten sich Lethington und Moray als *agents provocateurs* und schlugen Norfolk die Heirat mit Maria vor, um anschließend die Information an Cecil und Elisabeth weiterzugeben, damit Elisabeth sich gegen Maria stellte.

Insgesamt jedenfalls konnte Cecil Elisabeth mit dem einen oder anderen Argument überzeugen, daß Maria eine Gefahr für ihre Sicherheit darstelle. Maria war in den Augen der Protestanten die Schlüsselfigur einer internationalen Verschwörung des Katholizismus, die darauf abzielte, den Protestantismus in Europa auszumerzen, Elisabeth zu stürzen, in England die Papisterei wieder einzuführen und in Smithfield wieder Scheiterhaufen zu errichten. Norris berichtete aus Paris von Komplotten der Katholiken mit dem Ziel, Maria aus ihrem englischen Gefängnis zu befreien und nach Frankreich zu bringen. Dies sollte der Anfang eines Feldzuges sein, in dessen Verlauf England erobert werden sollte und die englischen, französischen und niederländischen Protestanten ausgerottet werden sollten. Norris übermittelte eine Warnung Admiral Colignys, die seinen Rat bekräftigte, Maria sorgsam zu bewachen und sie auf keinen Fall nach Frankreich ausreisen zu lassen.[15]

Im Jahr 1568 drangen Wilhelm von Oranien und sein Bruder Ludwig, die mittlerweile Calvinisten geworden waren, mit einer Armee deutscher Söldner und protestantischer Flüchtlinge aus den Niederlanden vom Norden und Süden Deutschlands in die Niederlande vor. Die französischen Hugenotten überschritten bei Mons und Valenciennes die Grenze zu den Niederlanden. Albas Truppen zerstreuten die Armee der Hugenotten, und Alba selbst vernichtete Ludwigs Armee in Friesland und besiegte anschließend Wilhelm im Süden. In Frankreich gab es nur eine kurze Ruhepause, ehe der dritte Bürgerkrieg ausbrach. Karl IX. hatte den Protestanten religiöse Toleranz versprochen, aber die Katholiken wollten sich damit nicht abfinden. Fast täglich wurde in einer Stadt in Frankreich ein Protestant ermordet. Und jeder Mord in Frankreich und jede Hinrichtung in den Niederlanden half das Schicksal Maria Stuarts besiegeln.

Viele Protestanten flohen aus den Niederlanden nach England, um der Verfolgung zu entgehen. Guzman beklagte sich bei Elisabeth, daß nicht nur in der niederländisch-protestantischen Kirche in London, sondern auch in den englischen Kirchen Geld für Waffen gesammelt werde, die für Wilhelm von Oranien und die Rebellen in den Niederlanden bestimmt seien. Er sagte ihr allerdings nicht, daß Gerüchten zufolge auch ihre Staatsräte Geld beigesteuert hätten. Elisabeth erklärte, sie könne das Sammeln von Geld nicht verbieten. Sie erließ jedoch eine Proklamation, nach der keine Waffen an Wilhelm von Oranien und die Rebellen geschickt werden durften. Obwohl die Proklamation bereits am 18. Juli erlassen wurde, wurde sie erst vier Tage später veröffentlicht. Guzman glaubte, die Verantwortlichen hätten die Bekanntgabe absichtlich um vier Tage hinausgeschoben, um vor Inkrafttreten der Proklamation noch weitere Waffen verschiffen zu können.[16]

Am 25. August 1568 bezeichnete Karl IX. die Anschuldigungen der protestantischen Führer, ihre Anhänger würden von Katholiken ermordet, als infame Lügen. Daraufhin griffen die Protestanten erneut zu den Waffen. Karl ernannte seinen Bruder, den siebzehnjährigen Heinrich, Herzog von Anjou, zum Generalleutnant der königlichen Armee, die die Ketzer vernichten sollte. Elisabeth unterstützte die Hugenotten im dritten Bürgerkrieg genausowenig wie 1567, aber viele junge englische Edelleute zogen nach Frankreich, um auf der Seite der Hugenotten zu kämpfen. Zu ihnen gehörte der erst sechzehnjährige Walter Raleigh, ein Edelmann aus Devon. Obwohl er erst sechs war, als Elisabeth den Thron bestieg, hatten er und viele andere junge Männer seines Alters, die sich kaum noch an Königin Maria erinnern konnten, Foxes »Buch der Märtyrer« gelesen. Daher wußten sie, was unter der Herrschaft der Papisten passiert war und was passieren würde, wenn Elisabeth starb und ihr eine papistische Königin auf den Thron folgte.

Im März 1569 besiegte Anjou die Protestanten in der Schlacht von Jarnac bei Bordeaux. Condé wurde gefangengenommen und wenige Stunden später von einem Offizier Anjous kaltblütig erschossen. Die Königin von Navarra übertrug Admiral Coligny und ihrem fünfzehnjährigen Sohn Prinz Heinrich von Navarra an Stelle Condés den Oberbefehl über die protestantischen Truppen. Die Protestanten hängten mehrere ihrer katholischen Gefangenen auf. In Orléans sperrten die Katholiken dreißig protestantische Gefangene in ein Haus und zündeten es an. Alle Gefangenen verbrannten. Weitere fünfzig wurden erstochen und in den Fluß geworfen.[17]

Am 3. Oktober 1569 besiegte Anjou Coligny bei Moncontour. Elisabeth übermittelte dem Herzog ihre Glückwünsche.[18] Sie wollte keinen Streit mit Karl IX. und Katharina von Medici, denn ihre Beziehungen zu Spanien hatten sich zusehends verschlechtert.

Fast 200 Jahre war das Bündnis mit »Burgund«* der Eckpfeiler der englischen Außenpolitik. Es handelte sich um ein Militärbündnis gegen Frankreich, das gleichzeitig den Handel gedeihen ließ. Die Engländer verkauften ihre Wolle in den Niederlanden und importierten Leinen, Öl und Pferde. Zur Zeit Heinrichs VIII. und Karls V. sorgte das Eigeninteresse der beiden Länder dafür, daß der Handel und das Bündnis alle politischen und religiösen Meinungsverschiedenheiten überstanden. Nur für die Botschafter wurde die Lage auf Grund der Religionsstreitigkeiten zusehends schwieriger. Als unter Eduard VI. in England die Messe verboten wurde, verlangte Karl V., daß sein Botschafter in London für sich und seine Mitarbeiter in der Botschaft die Messe feiern dürfe. Dagegen verweigerte er dem englischen Gesandten an seinem Hof die Erlaubnis, in seiner Botschaft den protestantischen Gottesdienst nach dem Book of Common Prayer abzuhalten. Die englische Regierung drang auf Gegenseitigkeit, aber Karl entgegnete, die beiden Fälle seien nicht vergleichbar. Sein Botschafter wolle lediglich die Messe besuchen, wie es seit Jahrhunder-

* Zum unabhängigen Herzogtum Burgund gehörten das heutige Belgien, Holland und der Nordosten Frankreichs bis fünf Kilometer vor Calais. Im 16. Jahrhundert nannten die Engländer das Land meist »Flandern« oder »die Niederlande«, aber sie sprachen weiterhin von »Burgund«, wenn von dem traditionellen Bündnis die Rede war.

ten alle Botschafter getan hätten, während der englische Botschafter einen neuen, ketzerischen Gottesdienst fordere. Karl erklärte, er werde unter keinen Umständen einem Gesandten an seinem Hof gestatten, in der Botschaft einen protestantischen Gottesdienst abzuhalten. Wenn aber sein Botschafter nicht die Messe besuchen dürfe, werde er ihn aus London zurückbeordern.[19] Die englische Regierung fand sich mit der ungleichen Situation ab, da sie die diplomatischen Beziehungen zum Kaiser nicht abbrechen wollte.

Das Problem tauchte erneut auf, als England unter Elisabeth zum Protestantismus zurückkehrte. Feria, Quadra und Guzman de Silva durften in ihren Botschaften die Messe hören. Viele englische Katholiken nahmen unerlaubt an dem Gottesdienst teil, ohne daß die englischen Behörden einschritten. Botschafter in Spanien hatten es dagegen schwerer. Philipps Vorfahren Ferdinand und Isabella hatten der spanischen Inquisition in Religionsangelegenheiten weitreichende Vollmachten eingeräumt und sich weiter nicht eingemischt. Wenn der englische Gesandte sich bei Philipp über das Vorgehen der Inquisition beklagte, antwortete Philipp, er könne daran nichts ändern. Da seine eigenen Räte und Höflinge der Inquisition unterworfen seien, gelte dies auch für ausländische Gesandte und deren Mitarbeiter. Er legte den Gesandten nahe, selbst bei der Inquisition vorzusprechen. Er selbst könne bestenfalls bei der Inquisition ein gutes Wort für sie einlegen.

Als zwischen Philipp und Elisabeth noch einigermaßen freundschaftliche Beziehungen herrschten, wachte die Inquisition nicht allzu streng über die Gottesdienste, die im Haus des englischen Botschafters abgehalten wurden. Größere Probleme gab es außerhalb der Botschaft, vor allem in Zusammenhang mit den religiösen Prozessionen, die oft durch die Straßen spanischer Städte und Dörfer zogen. Dabei wurde die Hostie zur Verehrung in die Höhe gehalten. Die Zuschauer am Straßenrand mußten ihre Hüte abnehmen und niederknien, wenn die Hostie vorbeigetragen wurde. Die Nichtbefolgung dieser Anordnung wurde von der Inquisition als Ketzerei bestraft. Die englischen Gesandten im Ausland hatten von ihrer Regierung die Anweisung erhalten, die Verehrung der Hostie abzulehnen, doch sollte dies so diskret wie möglich geschehen. Normalerweise blieben sie den Zeremonien bei Hof fern, wenn sie wußten, daß dabei auch die Messe gefeiert wurde, oder sie zogen sich vor Beginn der Messe unauffällig zurück. Ernste Schwierigkeiten gab es, wenn Angehörige der Botschaft sich weigerten, ihre Mützen zu ziehen oder niederzuknien, wenn eine Prozession an ihnen vorbeizog. Die Inquisition ließ sie verhaften, und Philipp machte deutlich, daß ihre diplomatische Immunität sie nicht vor einer Bestrafung schützen werde. Ärger gab es auch mit Elisabeths Botschafter Dr. Man, der sich manchmal taktlos in Glaubensdebatten einmischte. Bei einer solchen Gelegenheit nannte er den Papst ein »frömmlerisches Mönchlein«.[20]

Am 19. Februar 1568 sprach Elisabeth mit Guzman de Silva. Er sollte Philipp bitten, Man und seinen Mitarbeitern das Privileg einzuräumen, in ihrer Botschaft Gottesdienste gemäß dem Glauben ihrer Königin und ihres Landes abzuhalten. Schließlich dürfe Guzman in seinem Haus in London auch die Messe feiern.[21] Doch Philipp verfolgte Elisabeth gegenüber einen zunehmend härteren Kurs. Im Februar fragte er Guzman in einem Brief, ob er glaube, »daß noch ein Funken Hoffnung besteht, daß die Königin eines Tages zur Besinnung kommt und ihren Irrtum erkennt ... denn, so weit Wir das hier anhand ihrer Worte und Taten zu beurteilen vermögen, scheint sie sich der Ketzerei in einer Weise verschrieben zu haben, daß es für sie schwer sein wird, sich davon zu befreien«.[22]

Anfang April befahl er Dr. Man, Madrid zu verlassen. Er stellte ihn in einer nahegelegenen kleinen Stadt praktisch unter Hausarrest. Von dort aus konnte Man seinen diplomatischen Pflichten nachkommen, indem er sich, wenn nötig, mit Philipps Räten in Verbindung setzte. Philipp selbst lehnte es angesichts der unwürdigen Angriffe Mans auf die Religion ab, ihn zu empfangen. Wenn Man seine Angriffe fortsetze, schrieb Philipp, werde er von der Inquisition ebenso bestraft wie alle anderen. Er selbst fühle sich ein wenig schuldig, weil er in der Vergangenheit so viel getan habe, um Man vor den Folgen seiner Handlungsweise zu schützen.[23]

Elisabeth erklärte Guzman, sie bedaure, daß Man die Behörden in Spanien verärgert habe, doch wenn er in einer privaten Unterhaltung einige indiskrete Äußerungen gemacht habe, sei dies völlig unerheblich. Guzman erwiderte, in Spanien sei es keineswegs unerheblich, den Papst ein »frömmlerisches Mönchlein« zu nennen. Jeder andere, der kein ausländischer Botschafter sei, wäre dafür streng bestraft worden.[24] Da Philipp nicht nachgab, beschloß Elisabeth, Man aus Spanien zurückzubeordern und ihn nicht durch einen neuen Botschafter zu ersetzen.

Guzman blieb noch drei Monate an Elisabeths Hof. Im September 1568 wurde er nach Spanien zurückbeordert und durch einen neuen Botschafter namens Guerau de Espés ersetzt. Elisabeth bedauerte Guzmans Abreise, da sie ihn immer gemocht hatte. Zu Espés hatte sie vom ersten Moment an ein schlechtes Verhältnis. Espés' Auftreten erschwerte die sowieso schon schwierige Situation womöglich noch. Seine Ankunft fiel zeitlich fast genau mit dem Schwenk in Philipps Politik zusammen, und Espés brannte darauf, die neuen Anweisungen auszuführen: Er sollte mit den Katholiken Kontakt aufnehmen, die Elisabeth stürzen wollten, und sie zu einer Rebellion ermuntern. Maria Stuart sollte aus ihrem Gefängnis befreit und anstelle Elisabeths auf den Thron von England gesetzt werden.

# 16

## Der Streit mit Alba

Neunzig Jahre zuvor, zu einer Zeit, die nur die ältesten der 1568 noch lebenden Leute erlebt hatten, wußte niemand in Europa von der Existenz des amerikanischen Kontinents, und alle glaubten, der Golf von Guinea sei der südlichste Punkt Afrikas. Dann segelten die Portugiesen um das Kap der Guten Hoffnung nach Indien, Kolumbus machte sich von Spanien auf und entdeckte Westindien, und die Spanier eroberten Mexiko und Peru. Die Portugiesen und Spanier teilten die neu entdeckten Territorien unter sich auf. Die Aufteilung wurde durch die päpstliche Bulle von 1494 bestätigt. Portugal erhielt die Gebiete östlich des Längengrades, der 1 800 Kilometer westlich der Kapverdischen Inseln verlief, Spanien die Gebiete westlich davon. Asien und Afrika fielen in die portugiesische Hälfte, Amerika fiel in die spanische.* Elisabeths protestantische Untertanen sprachen 1568 dem Papst das Recht ab, die neuen Länder nur an Portugal und Spanien zu verteilen und die Engländer von der Landverteilung auszuschließen.

In Westindien trafen die Spanier auf eine Bevölkerung, die ein unbeschwertes Leben gewohnt war. Die stundenlange harte Arbeit, zu der die Spanier sie auf den Plantagen zwangen, war ihnen fremd. Nach zwanzig Jahren waren die Eingeborenen fast ausgestorben. Ein mitleidiger spanischer Priester, Bartolomé de Las Casas, erbarmte sich ihrer. Er fuhr nach Spanien und überredete Karl V., den Transport schwarzer Sklaven von der Küste Guineas nach Westindien zu veranlassen. Die Schwarzen aus Guinea seien kör-

* Mit Ausnahme Brasiliens, das erst 1500 von den Europäern entdeckt wurde, sechs Jahre nach Erlaß der päpstlichen Bulle von 1494. Da die Küste Brasiliens östlich der vom Papst angegebenen Linie lag, fiel Brasilien an Portugal, und deshalb wird dort heute Portugiesisch statt Spanisch gesprochen.

perlich kräftiger als die Eingeborenen aus Westindien und könnten die schwere Arbeit auf den Plantagen besser verkraften. Damit begann der Sklavenhandel zwischen Afrika und Amerika, die schreckliche Folge des selektiven Mitleids eines wohlmeinenden Priesters, der seine Tat ein Leben lang bitter bereute. Bereits vor seinem Eingreifen hatten profitgierige spanische *Conquistadores* freilich dieses Reservoir an Arbeitskräften entdeckt.

Der moralische Aspekt der Sklaverei und des Sklavenhandels wurde von den Menschen des 16. Jahrhunderts keineswegs ignoriert, auch wenn die Einführung der Sklaverei von der christlichen Kirche nie verurteilt wurde. Die Bibeltexte aus den Briefen des Paulus, die Diener zum Gehorsam gegenüber ihren Herren ermahnten und die von englischen Geistlichen und Edelleuten so oft zitiert wurden, bezogen sich ursprünglich auf die Sklaven zur Zeit des Paulus. Als das Römische Reich im 4. Jahrhundert christianisiert wurde, ging die Sklaverei mit Zustimmung der christlichen Theologen weiter, und die katholische Kirche unterstützte die Sklaverei sogar bis zum 19. Jahrhundert. Der christlichen Lehre zufolge sollten die Herren ihre Sklaven wie die übrigen Diener freundlich behandeln, und die Sklaven sollten, wie alle Diener, ihren Herrn gehorchen, egal, ob diese sie menschlich oder grausam behandelten. Die Beachtung oder Nichtbeachtung dieser Gebote durch die Herren und die Sklaven würde nach dem Tod im Himmel oder in der Hölle belohnt oder bestraft werden.

Sklaverei war im 16. Jahrhundert in Europa ein verbreitetes Phänomen. Jeder Spanier oder andere Christ, der das Pech hatte, von den Türken oder Mauren in Nordafrika gefangengenommen zu werden, mußte jahrelang als Sklave dienen. Türken und Mauren, die von Christen gefangengenommen wurden, erging es ebenso. Karl V. vollbrachte die stolze Leistung, nach der Einnahme von Tunis im Jahr 1535 20 000 moslemische Gefangene in die Sklaverei zu verkaufen. Selbst in England war die Sklaverei nicht völlig unbekannt. Eine Handvoll Bauern waren nach dem Gesetz immer noch Sklaven. 1547 führte das Parlament die Sklaverei in größerem Umfang als Strafe für Vagabunden wieder ein. Das Gesetz trat jedoch nicht in Kraft und wurde zwei Jahre später wieder zurückgenommen.[1]

Bei den afrikanischen Sklaven aus Guinea spielte noch ein anderer Faktor eine Rolle. Die Schwarzen aus Guinea waren nie mit den christlichen Lehren vertraut gemacht worden. Daher konnten sie unmöglich in den Himmel kommen. Wenn sie dagegen entführt und als Sklaven nach Westindien gebracht wurden, konnten sie zum christlichen Glauben übertreten und dadurch ihre unsterblichen Seelen retten. Soweit die Theorie. Wieviel Zeit tatsächlich investiert wurde, den Sklaven das Christentum näher zu bringen, steht auf einem anderen Blatt. Jedenfalls leuchtete diese Argumentation im 16. Jahrhundert Katholiken wie Protestanten ein. Erst über 200 Jahre später, nachdem die protestantischen Sekten den Kampf gegen katholische Kirche und absolute Monarchie gewonnen hatten, spielten sie eine wichtige Rolle in der Bewegung, die letztlich zur Abschaffung des Sklavenhandels und der schwarzen Sklaverei führte.

William Shakespeare, dieser scharfe Beobachter des menschlichen Charakters, verstand das moralische Problem der schwarzen Sklaverei und die Einstellung seiner Zeitgenossen zu diesem Thema. In den letzten Jahren von Elisabeths Regierungszeit schrieb er seinen *Kaufmann von Venedig*. Dort werfen Christen dem Juden Shylock vor, ohne menschliche Rücksichtnahme auf seinem legalen Recht auf ein Pfund Fleisch zu bestehen. Shylock verteidigt sich, indem er einen Vergleich zieht zur Haltung seiner Kritiker gegenüber der Sklaverei:

> Ihr habt viel feiler Sklaven unter Euch,
> Die Ihr wie Eure Esel, Hund' und Maultier
> In sklavischem, verworfnem Dienst gebraucht,
> Weil Ihr sie kauftet. Sag ich nun zu Euch:
> Laßt sie doch frei, vermählt sie Euren Erben;
> Was plagt Ihr sie mit Lasten? Laßt ihr Bett
> So weich als Eures sein, labt ihren Gaum
> Mit eben solchen Speisen. Ihr antwortet:
> Die Sklaven sind ja unser; und so geb ich
> Zur Antwort: das Pfund Fleisch, das ich verlange,
> Ist teur gekauft, ist mein, und ich will's haben.[2]

Das Land, aus dem die Sklaven kamen, gehörte theoretisch zum portugiesischen Einflußbereich, doch die portugiesische Regierung hatte so tief im Süden, am Golf von Guinea, praktisch kaum eine Möglichkeit der Kontrolle. Die Nachfrage nach Sklaven kam aus Westindien in der spanischen Zone, wo die Autorität der spanischen Regierung gesichert war. Spanien hatte daher eine effektivere Kontrolle über den Sklavenhandel als Portugal, und die Könige von Spanien räumten dem Meistbietenden gegen Bezahlung Vorrechte beim Sklavenhandel ein. Ein französischer oder englischer Kapitän, der dieses Monopol brechen wollte und ein Recht auf freien Handel mit Negersklaven beanspruchte, konnte in Afrika zwar ohne weiteres Schwarze kaufen oder entführen. Viel schwieriger war es jedoch, die Sklaven in Westindien zu verkaufen, ohne mit den spanischen Behörden Ärger zu bekommen. Nur manchmal gelang es, Beamte vor Ort zu bestechen und den spanischen Kriegsschiffen aus dem Weg zu gehen, die die ausgedehnte karibische Küste sowieso nicht effektiv überwachen konnten.

Die ersten Seefahrer, die den Spaniern das Monopol über den Sklavenhandel mit Erfolg streitig machten, waren Franzosen aus Dieppe und La Rochelle.

Beide Städte waren in den fünfziger Jahren des 16. Jahrhunderts protestantisch geworden. Aber bald kamen Seefahrer aus Devon und Cornwall auf dieselbe Idee. William Hawkins segelte auf der Suche nach Sklaven bereits 1538 zur Küste Guineas, und unter Philipp und Maria wurden trotz des Bündnisses mit Spanien weitere Unternehmungen gestartet. Die Seefahrer kamen aus einer der katholischsten Gegenden Englands, wo unter Eduard VI. die Revolte gegen die Abschaffung der Messe ausgebrochen war und wo unter Maria nur ein einziger Protestant verbrannt worden war. Doch die jüngere Generation wurde im protestantischen Glauben erzogen, und bald verknüpften die Seefahrer aus dem Westen den Kampf gegen die Spanier auf dem Atlantik und in der Karibik mit dem Kampf für die protestantische Sache und gegen die Papisterei. Wenn sie auf spanische Handelsschiffe trafen, griffen sie sie an und plünderten sie, wenn sie konnten. Wenn sie von den Spaniern gefangengenommen wurden, wurden sie auf der Stelle als Piraten aufgehängt. Etwas anderes erwarteten sie auch nicht.

Im Jahr 1560 hatte William Hawkins' Sohn John eine Idee, wie man das spanische Sklavenhandelsmonopol in stärkerem Maße als bisher durchbrechen konnte. Seine Expeditionen sollten von einer Gruppe einflußreicher Höflinge finanziert werden, die das Kapital bereitstellten und sich den Profit mit ihm und den anderen Kapitänen teilten. Die Höflinge sollten ihren Einfluß nutzen, um von Elisabeth Kaperbriefe zu bekommen. Diese Kaperbriefe sollten den Status der Kapitäne und ihrer Mannschaft heben. Wenn sie auf See fremde Schiffe plünderten, waren sie nicht mehr kriminelle Piraten, sondern vom Staat dazu ermächtigte Freibeuter. Auch Elisabeth sollte einen Anteil an der Beute bekommen. Vermutlich nutzten die Kaperbriefe wenig, wenn die Seeleute von der Besatzung ausländischer Kriegsschiffe gefangengenommen wurden, aber zumindest konnten sie sie davor bewahren, auf Verlangen ausländischer Regierungen oder Kaufleute in England als Piraten vor Gericht gestellt zu werden.

Elisabeth brauchte eine Weile, um zu einer Entscheidung zu gelangen. Sie wollte nur ungern ein Unternehmen billigen, das sie mit ausländischen Regierungen in Konflikt bringen konnte. Doch die Aussicht auf einen Anteil am Profit genügte ihr, um einen Streit mit Portugal zu riskieren, vorausgesetzt, sie kam nicht mit Spanien in Konflikt. Elisabeth stattete Hawkins also mit Kaperbriefen aus. Hawkins unternahm zwei Reisen nach Guinea – 1562 und 1564 – und konnte jedesmal seine Sklaven in Westindien mit dem stillschweigenden Einverständnis der dortigen spanischen Beamten verkaufen.

Zu Hawkins Mannschaft gehörte sein junger Verwandter Francis Drake. Drake hatte einen ganz anderen Werdegang als Hawkins und die anderen Seefahrer. Er wurde vermutlich 1542 in Crowndale bei Tavistock in Devon geboren. Sein Vater Edmund Drake, ein ehemaliger Seemann, war zum Protestantismus übergetreten. Als 1549 in Devon die katholische Revolte losbrach, floh Edmund Drake mit seiner Familie nach Kent, um nicht dasselbe Schicksal wie die anderen Protestanten zu erleiden, die von den Rebellen ermordet wurden. Es war das erste Mal, daß der siebenjährige Francis Drake mit dem Religionskonflikt in Berührung kam. Eine Zeitlang lebte die Familie auf dem Medway bei Chatham im Rumpf eines abgetakelten Schiffes. Zwischen seinem dreizehnten und sechzehnten Lebensjahr – zwischen 1555 und 1558 – hörte der junge Drake in Kent fast jede Woche von der Verhaftung eines Protestanten in irgendeinem nahegelegenen Dorf und von Hinrichtungen von Märtyrern in Dartford, Rochester, Maidstone oder Canterbury. Nach Elisabeths Thronbesteigung wurde Edmund Drake Geistlicher und übernahm das Amt des Vikars von Upchurch in Kent. Francis, der auf dem Medway die Liebe zur Seefahrt entdeckt hatte, begleitete Hawkins auf seinen Reisen nach Guinea und Westindien.[3]

Im Oktober 1567 brach Hawkins von Plymouth aus mit sieben Schiffen zu seiner dritten Fahrt nach Guinea auf. Francis Drake schloß sich ihm an. An der Küste von Guinea überfielen sie bei Nacht die Dörfer und nahmen einige gesunde junge Eingeborene als Sklaven mit. Ein schwarzer Häuptling bat Hawkins, an einem Feldzug gegen einen feindlichen Stamm teilzunehmen und die 8 000 Einwohner zählende Stadt Conga zu überfallen. Der erfolgreiche Angriff auf Conga brachte Hawkins weitere Sklaven ein. Hätte er seine Matrosen und seine schwarzen Verbündeten daran hindern können, die Einwohner massenweise abzuschlachten, so wären es noch mehr gewesen. Schließlich segelte Hawkins mit 500 Schwarzen nach Amerika.[4]

Einige Sklaven konnte er an der Küste Venezuelas verkaufen. Drake geriet dabei in ein Feuergefecht mit den Spaniern. Im September 1568 trieben Stürme die englischen Schiffe in den kleinen Hafen von San Juan de Ulua bei Vera Cruz. Während sie dort vor Anker lagen, traf der spanische Vizekönig von Mexiko mit seiner Flotte im Hafen ein. Die Flotte hätte nur mit Schwierigkeiten in den Hafen einlaufen können, wenn Hawkins das Feuer auf die Schiffe eröffnet hätte. Aber Hawkins ließ die Flotte einlaufen, nachdem der Vizekönig versprochen hatte, die Engländer nicht zu behelligen. Als er freilich sicher im Hafen war, griff er die englischen Schiffe an.

Drake und Hawkins konnten nur mit Mühe entkommen und gelangten auf getrennten Wegen wieder nach England. Von den 400 Seeleuten, die im Oktober 1567 losgesegelt waren, kehrten fünfzehn Monate später nur 70 zurück. Ungefähr 100 wurden an der Küste Mexikos zurückgelassen, weil für die Heimreise nicht genügend Nahrungsmittel vorhanden waren. Sie fielen schließlich den Spaniern in die Hände. Einige wurden freundlich behandelt, andere wurden als Ketzer der Inquisition überstellt. Ein Teil davon kam in Spanien wegen Ketzerei auf den Scheiterhaufen, ein Teil wurde in Mexiko verbrannt. Wer der Ketzerei abschwor, wurde nachsichtiger behandelt. Er wurde ausgepeitscht und mußte viele Jahre als Galeerensklave auf spanischen Schiffen dienen. Dreiundzwanzig Jahre später sahen einige Engländer ihre Heimat wieder.[5]

Die Nachricht von Albas hartem Regiment in den Niederlanden und dem dritten Bürgerkrieg in Frankreich stieß in England auf heftige Empörung. Fast jeder Protestant, mit Ausnahme der Königin, unterstützte leidenschaftlich den Kampf der Hugenotten und der Niederländer. »Die Ketzer hier sind fanatischer als die im Lager des Prinzen von Oranien«, schrieb Espés im Oktober 1568 an Philipp.[6]

Im November segelten fünf spanische Schiffe mit 85 000 Pfund in Silber von Spanien in Richtung Niederlande. Bankiers aus Genua hatten König Philipp das Geld als Sold für Albas Truppen geliehen. Die spanischen Schiffe wurden auf dem Kanal von Schiffen französischer Hugenotten aus La Rochelle angegriffen und suchten in Plymouth und Southampton Zuflucht. Als Elisabeths Räte erfuhren, daß sich an Bord der Schiffe 85 000 Pfund befanden, die für Albas Truppen bestimmt waren, überlegten sie, wie sie an das Geld herankommen konnten, denn sie wollten verhindern, daß es zu Alba gelangte. Zur selben Zeit traf in London die Nachricht vom Überfall auf Hawkins' Schiffe in San Juan de Ulua ein, obwohl Hawkins und Drake England erst einen Monat später erreichten. Die Räte stellten fest, daß sich den Vereinbarungen der Bankiers mit Philipp zufolge das Geld immer noch im Besitz der Geldgeber befand. Sie überredeten die Agenten der Bankiers in London, das Geld Elisabeth statt Philipp zu leihen. Aus der Sicht der Bankiers hatte dies den Vorteil, daß das Geld auf dem Weg von England nach Antwerpen nicht gestohlen werden konnte. Elisabeth wollte diesem Plan zunächst nicht zustimmen. Sie versprach Espés, ein Kriegsschiff als Eskorte bereitzustellen, damit das Geld sicher in den Niederlanden eintreffe. Doch vierzehn Tage später änderte sie ihre Meinung und befahl, das Geld von den Schiffen zu holen und nach London zu bringen.

Espés war über die Beschlagnahme des Geldes empört, weil er wußte, daß Albas Pläne dadurch ernsthaft gefährdet wurden. Von anderen Schwierigkeiten abgesehen, würde Alba gezwungen sein, in den Niederlanden neue Steuern zu erheben, und sich dort noch unbeliebter machen. Espés riet Alba in einem Schreiben, als Vergeltungsmaßnahme das gesamte englische Vermögen in den Niederlanden zu beschlagnahmen. Alba war zwar ein fähiger Soldat, aber kein kluger Politiker, wie sich bei mehreren Gelegenheiten herausstellte. Vermutlich dachte er, die Beschlagnahme des Vermögens englischer Kaufleute würde Elisabeth dermaßen einschüchtern, daß sie das Geld zurückgeben würde. Am 29. Dezember ordnete er in einer Proklamation die Beschlagnahme des Vermögens an.[7]

Elisabeth revanchierte sich umgehend und beschlagnahmte das Vermögen der niederländischen Untertanen Philipps in England. Daraufhin beschlagnahmte Philipp englisches Eigentum in Spanien und Elisabeth das gesamte spanische Vermögen in England. Sie stellte Espés in seiner Botschaft unter Hausarrest und ließ seine Briefe an Philipp abfangen und öffnen. Als Espés dagegen protestierte, erklärte ihm Cecil, Philipp habe Dr. Man in Spanien noch strengere Beschränkungen auferlegt. Dies sei Elisabeths Vergeltung für die schlechte Behandlung Dr. Mans und für Espés' Rat an Alba, das Vermögen ihrer Untertanen in den Niederlanden zu beschlagnahmen. Der Grundsatz der diplomatischen Immunität hatte sich im 16. Jahrhundert noch nicht endgültig durchgesetzt. Herolde, die in ihrer Heroldsuniform eine Kriegserklärung verlasen, waren vor Gewalt oder Verhaftung sicher. Der Status ständiger Botschafter dagegen war viel weniger eindeutig.

Alba erkannte schon bald, daß er einen Fehler gemacht hatte. Er mußte feststellen, daß der Wert des Vermögens von Philipps Untertanen, das Elisabeth in England beschlagnahmt hatte, etwa fünfmal so hoch war wie der des englischen Vermögens in den Niederlanden und in Spanien. Zudem vermehrte sich das spanische Vermögen in Elisabeths Händen immer dann, wenn ein spanisches Schiff auf dem Weg von Spanien nach den Niederlanden wegen eines Sturmes oder wegen der Kaperschiffe der Hugenotten gezwungen war, einen englischen Hafen anzulaufen. Ein Krieg mit England war nach Albas Ansicht ausgeschlossen, solange nicht mehr Geld zur Verfügung stand. Außerdem hätte ein Krieg den Verlust des Vermögens in England nicht wiedergutgemacht. Alba riet Philipp deshalb, gegenüber Elisabeth eine versöhnliche Haltung einzunehmen. Ein Einlenken Philipps konnte von Elisabeth zwar als Zeichen der Schwäche aufgefaßt werden und sie in ihren Forderungen bestärken, aber Alba schickte trotzdem einen Abgesandten nach England, um Elisabeth vorzuschlagen, den Streit zu beenden und das auf beiden Seiten beschlagnahmte Vermögen zurückzugeben. Dazu zählte er auch das Geld der Bankiers aus Genua, das Elisabeth als erstes beschlagnahmt hatte.[8]

Elisabeth reagierte, wie Alba erwartet hatte. Als sein Abgesandter in Rochester eintraf, wurde ihm mitgeteilt, Elisabeth werde keinen Abgesandten Albas empfangen. Als Begründung gab sie an, Alba habe von den in den Verträgen zwischen England und den Niederlanden festgelegten Verfahrensweisen zur Beilegung von Streitigkeiten keinen Gebrauch gemacht. Statt dessen habe er einfach englisches Vermögen in den Niederlanden beschlagnahmt, während sie rechtmäßig gehandelt und sich das Geld der Bankiers aus Genua mit deren Zustimmung geborgt habe. Sie werde nicht mit einem Abgesandten verhandeln, sondern nur mit Philipp oder einem von Philipp mit der Fortführung der Verhandlungen betrauten Gesandten.[9]

Unterdessen wurde das spanische Vermögen in England versteigert. Alba trug den spanischen Kaufleuten auf, Geheimagenten nach England zu schicken, um das Vermögen bei den Auktionen zu ersteigern. Er sah keine andere Möglichkeit, das Vermögen zurückzubekommen. In den Niederlanden wuchs die Unzufriedenheit, da das Handelsembargo die Niederlande viel härter traf als England. Die Engländer fanden in Hamburg und Emden alternative Absatzmärkte für ihre Wollerzeugnisse, und regelmäßig fuhren Schiffe von Harwich und der Themse nach Deutschland. Die Engländer litten kaum darunter, daß sie kein Öl aus den Niederlanden importieren konnten. Sie lösten das Problem, indem sie auf ihren Feldern Raps anpflanzten und aus den Samen Öl gewannen.[10]

Espés beklagte sich bitter über die Behandlung der Besatzungen beschlagnahmter spanischer Schiffe. Die Matrosen mußten hungern oder auf den Straßen betteln. Hundertfünfzig Seeleute waren im Bridewell-Gefängnis in London interniert. Espés war erbost darüber, daß die englischen Behörden einen spanischen Protestanten ins Gefängnis schickten, der aus Spanien vor der Inquisition geflohen war, damit er dort den gefangenen Spaniern seine Ketzerlehren predige. Seine Schadenfreude war groß, als er erfuhr, daß die Gefangenen dem Prediger gesagt hatten, er solle nach Calahara gehen.* [11]

Im April 1569 hob Elisabeth Espés' Hausarrest auf, und er durfte seine Korrespondenz mit Philipp wieder aufnehmen. Es war ihm sogar gelungen, Philipp während seines Hausarrests Briefe zukommen zu lassen. Er hatte sie mit Fischerbooten von Cornwall nach Spanien bringen lassen.[12] Jetzt versuchte er, eine Revolte gegen Elisabeth zu organisieren. Dazu setzte er sich mit bedeutenden englischen Katholiken in Verbindung. Die Grafen von Northumberland und Westmorland waren bereit, im Norden einen Aufstand anzuzetteln, die Königin von Schottland aus der Gefangenschaft zu befreien, sie an Stelle Elisabeths auf den Thron zu setzen und in England den katholischen Glauben wieder einzuführen. Voraussetzung war die Zusicherung, daß Philipp sie militärisch und finanziell unterstützen würde. Espés drängte Philipp, dies zu versprechen, aber Alba riet davon ab und erklärte Espés, eine mißglückte Revolte werde die Lage für die Königin von Schottland und die englischen Katholiken nur verschlimmern.[13]

Im Oktober 1569 deckte Cecil das Komplott auf, und Northumberland und Westmorland wurden an den Hof beordert. In Panik darüber, daß ihr Plan aufgedeckt worden war, versuchten sie eine übereilte Revolte. Sie weigerten sich, an den Hof zu kommen, und forderten ihre Pächter im Norden auf, sich

* »Calahara« wurde in spanischen Städten der Bezirk genannt, wo in Notzeiten an die Armen Brot verteilt wurde. Die Redensart »Geh nach Calahara« bedeutete, daß der Angesprochene für ein Stück Brot alles tun würde.

zu erheben. Innerhalb weniger Tage standen sie an der Spitze einer Armee von 5 000 Mann. Sie behaupteten zwar, für die Beseitigung religiöser Mißstände zu kämpfen, doch schlossen sie ihre Hilfsappelle mit den Worten: »Gott schütze die Königin und den Adel!«[14] Sie planten einen Sturm auf Tutbury Castle in Staffordshire, wo Maria Stuart gefangengehalten wurde. Aber Maria war rasch in das sechzig Kilometer weiter südlich gelegene Coventry gebracht worden. Am 14. November rückten die Rebellen in Durham ein. Sie zogen zur Kathedrale, verbrannten dort öffentlich die englische Bibel und das Book of Common Prayer und feierten die Messe.[15] Es war das erste Mal seit über zehn Jahren, daß in einer englischen Kirche wieder die Messe zelebriert wurde.

Die Nachricht vom Aufstand machte den Katholiken in ganz Europa wieder Mut. Doch Alba war von Anfang an davon überzeugt, daß der Aufstand zum Scheitern verurteilt sei. Er zögerte deshalb, den Rebellen zu helfen. Maria Stuart schickte er allerdings 10 000 Dukaten. Philipp II. war ebenfalls vorsichtig und zurückhaltend.[16]

Elisabeth reagierte auf die Nachrichten aus dem Norden mit großer Gelassenheit. Sie stellte ein Heer von 28 000 Mann auf, indem sie wie gewohnt die Adligen und Edelleute aufforderte, ihre Pächter und Bediensteten als Soldaten anzuwerben. Den Oberbefehl über die Vorhut des Heeres übertrug sie dem Grafen von Sussex. Sussex marschierte gegen die Rebellen. Er sollte den Edelleuten der nördlichen Grafschaften klarmachen, daß die Rebellen nur vorgaben, für den Glauben zu kämpfen, um ihre wahren Ziele »bei diesem, ihrem verräterischen Unternehmen« zu verbergen. In Wahrheit wollten sie »dieses Reich dem Joch ausländischer Fürsten unterwerfen und es Fremden zur Beute machen«.[17] Der Staatsrat stellte jedoch die religiöse Frage keineswegs in den Hintergrund. Er forderte Sussex und seine Männer auf, »die papistischen Verräter und Todfeinde der göttlichen Wahrheit und ihres Landes zu vernichten« und »dem gottlosen und falschen Götzendienst der Rebellen Einhalt zu gebieten«.[18]

Nach sechs Wochen hatte Sussex die Rebellen über die schottische Grenze getrieben. Er stellte den Frieden in den nördlichen Grafschaften wieder her, indem er Rebellen nach dem Kriegsrecht hinrichten ließ. Rebellen ohne Vermögen wurden ohne viel Federlesens aufgehängt, und ihre Leichen blieben an den Galgen in den Dörfern und an den Bäumen entlang den Straßen hängen. Die wohlhabenderen Rebellen blieben fürs erste verschont. Ihr Besitz sollte nach ihrer Verurteilung wegen Hochverrats an die Königin fallen. Vielen gelang die Flucht, weil sie einflußreiche Höflinge bestachen. Insgesamt wurden 600 Rebellen gehängt.

Moray nutzte die Gelegenheit, um Elisabeth zu zeigen, wer ihre Freunde und wer ihre Feinde waren. Er stellte eine Armee zusammen und ließ sie zur Unterstützung der Truppen der Königin gegen die englischen Rebellen marschieren, die »es gewagt hatten, in den ihnen zugewiesenen Gebieten die papistische Religion einzuführen«.[19] Doch die schottischen Grenzbewohner in Liddisdale, die mit Maria sympathisierten, gewährten den besiegten Rebellen Zuflucht und fielen gemeinsam mit ihnen in England ein.

Moray überredete die Gutsherren der Grenzgebiete, den Grafen von Northumberland festzunehmen und ihm zu überstellen. Als Elisabeth aber um Northumberlands Auslieferung ersuchte, zögerte Moray. Er hatte es nicht eilig, Northumberland auszuliefern, solange Elisabeth sich weigerte, ihm Maria Stuart zu überlassen, und er gedachte Northumberland bei Verhandlungen mit Elisabeth als Trumpfkarte einsetzen. Deshalb wurde Northumberland auf das Inselschloß Loch Leven gebracht, wo zuvor Maria Stuart gefangengehalten worden war. Die Schotten wollten ihn erst ausliefern, wenn Elisabeth ihnen Geld zahlte, vorgeblich, um die Familie Douglas für die Kosten zu entschädigen, die ihr durch Northumberlands Inhaftierung in Loch Leven entstanden waren. Der Graf von Westmorland und die Gräfin von Northumberland konnten Moray entkommen und flüchteten in die Niederlande. Lady Northumberland bot den Schotten Geld an, wenn sie ihren Mann freiließen. Aber Elisabeth war bereit, mehr Geld für Northumberland zu bezahlen, als seine Frau aufbringen konnte. Nach über zweijähriger Haft in Loch Leven wurde er für 2 000 Pfund an Elisabeth ausgeliefert und im August 1572 in York enthauptet.[20]

Selbst wenn Philipp und Alba den katholischen Rebellen in England hätten helfen wollen, wäre ihnen dazu keine Zeit geblieben. Der Papst war jedoch entschlossen, die Rebellen zumindest moralisch zu unterstützen. Am 25. Februar 1570 wurde Elisabeth vom Papst exkommuniziert und abgesetzt. Im Mai wagte es ein dreister englischer Katholik, eine Abschrift der Bulle an die Tür des Londoner Bischofspalasts im Kirchhof von St. Paul's zu nageln. Der Papst verdammte »die Dienerin aller Laster, Elisabeth, angebliche Königin von England, bei der die gottlosesten Menschen wie an einem sicheren Ort Unterschlupf finden«. Elisabeth habe die wahre Religion abgeschafft, die von Königin Maria wieder eingesetzt worden sei, sie habe »gemeine und ketzerische Personen« zu Staatsräten ernannt und ausdrücklich die Veröffentlichung von Büchern in ihrem Reich angeordnet, die den Leser mit »den gottlosen Lehren und den abscheulichen Machenschaften Calvins« bekannt machten. Der Papst erklärte kraft des ihm von Gott übertragenen Amtes, »daß obenerwähnte Elisabeth eine Ketzerin und Helfershelferin von Ketzern ist ... und daß sie hiermit das von ihr beanspruchte Recht auf das obengenannte Königreich gänzlich verloren hat«. Er entband Elisabeths Untertanen von ihrem Treueid und befahl ihnen, Elisabeths Gesetzen und Anordnungen nicht zu gehorchen, da er sie sonst in ähnlicher Weise verdammen würde wie Elisabeth.[21]

Am 21. Januar 1570, wenige Wochen nach der Niederschlagung des Aufstands im Norden, wurde Moray von James Hamilton von Bothwellhaugh ermordet. Bothwellhaugh schoß von einem Fenster auf Moray, als dieser durch die Straßen von Linlithgow ritt. Da Bothwellhaugh entkam und sicher Paris erreichte, konnte nicht in Erfahrung gebracht werden, wer ihn zu dem Mord angestiftet hatte. Morays Anhänger lagen jedoch sicher nicht falsch, wenn sie Erzbischof Hamilton, den Bruder des Herzogs von Châtelherault, verdächtigten, der sich in Dumbarton Castle aufhielt. Maria schrieb später, sie habe nichts von Bothwellhaughs Plänen gewußt. Sie begrüßte jedoch die Ermordung Morays und belohnte Bothwellhaugh mit einer Rente.[22]

Obwohl die Protestanten selbst den Katholiken mit der Ermordung prominenter Führer der gegnerischen Partei vorausgegangen waren, als sie Beaton, Guise und Riccio ermordet hatten, verurteilten sie die Ermordung Morays jetzt als gottlose Greueltat der Papisten. Morays Begräbnis in Edinburgh lieferte den Anlaß zu einer großen öffentlichen Demonstration gegen die Hamiltons. In ganz Schottland wurden Männer mit dem Namen Hamilton von ihren Gegnern unter dem Vorwand angegriffen, sie wollten den Tod des »guten Regenten« rächen. Den Hamiltons blieb keine andere Wahl, als aus Notwehr zu den Waffen zu greifen und nach Edinburgh zu marschieren. Sie versicherten Elisabeth in einem Schreiben ihrer Freundschaft und betonten, daß fast alle Hamiltons, mit Ausnahme des Erzbischofs, Protestanten seien. Sie wollten zwar Bothwell und Darnleys Mörder bestrafen, betrachteten aber immer noch Maria als ihre Königin.[23] Denselben Standpunkt hatte Elisabeth 1567 vetreten. Doch seither hatte sich die Situation geändert und damit auch Elisabeths Politik in Schottland. Sie wies die Freundschaftsbeteuerungen der Hamiltons zurück, bezichtigte sie der Kollaboration mit den Rebellen im Norden und befahl Sussex, in Schottland einzumarschieren und die englischen Rebellen und die Hamiltons zu bestrafen.

Sussex, der Elisabeth erzählte, sein Großvater habe ihn gelehrt, keinem Schotten oder Franzosen zu trauen,[24] brannte darauf, den Befehl auszuführen. »Ich hoffe, noch vor Neumond den Schotten einen solchen Denkzettel zu verpassen, daß sie und ihre Kinder sich hüten werden, England zu bekriegen.«[25] Sussex verwüstete die Ländereien der Anhänger Marias in den Grenzgebieten, brannte das Schloß der Hamiltons in Hamilton nieder und rückte bis auf wenige Kilometer an Edinburgh heran. Die Anhänger der Partei Morays und Mortons – die »Lords des Königs«, wie sie genannt wurden – hofften, Sussex' Armee werde ganze Arbeit leisten und den Widerstand der Hamiltons und der »Lords der Königin« brechen. Doch Karl IX. und Katharina von Medici waren alarmiert bei dem Gedanken, Elisabeth könne Schottland unterwerfen und damit den französischen Einfluß dort völlig zurückdrängen. Sie teilten Elisabeth mit, wenn sie ihre Armee nicht aus Schottland abziehe, würden sie den Lords der Königin französische Truppen zu Hilfe schicken.[26] Das war keine leere Drohung, da Karl und Katharina mittlerweile mit der Königin von

Navarra und den Hugenotten wieder Frieden geschlossen und ihnen religiöse Toleranz gewährt hatten. Und da die Hamiltons Dumbarton Castle hielten, das mit seinen Geschützen die Mündung des Clyde sicherte, konnten die französischen Truppen in Dumbarton an Land gehen.

Elisabeth berief den Staatsrat ein und nahm persönlich an der Sitzung teil. Laut La Mothe Fénélon, dem französischen Botschafter in London, war Cecil eifrig bemüht, Elisabeth dazu zu bewegen, gegen Maria und zugunsten der Lords des Königs in Schottland zu intervenieren. Aber Elisabeth entgegnete: »Herr Sekretär, ich möchte mit dieser Sache nichts mehr zu tun haben und werde auf das hören, was der König [Karl IX.] mir rät. Ich will nicht länger von Euch und Euren Glaubensgenossen behindert werden.«* [27] Es ist unmöglich festzustellen, inwieweit Fénélons Bericht zutrifft. Aber nach allem, was wir über Elisabeth, Cecil und die anderen Staatsräte wissen, spricht einiges dafür, daß Cecil und viele Räte die Königin drängten, mit ihrer Armee die Lords des Königs in Schottland zu unterstützen, und daß Elisabeth darauf beharrte, ihre Truppen abzuziehen, um die Franzosen versöhnlich zu stimmen. Von ihrer üblichen Vorsicht einmal abgesehen, war sie zu einer Zeit, wo die Beziehungen zu Spanien außerordentlich schlecht waren, in besonderem Maße darauf bedacht, eine Auseinandersetzung mit Frankreich zu vermeiden. Statt dessen führten Elisabeth und ihre Berater mit Frankreich ernsthafte Verhandlungen über eine mögliche Heirat zwischen ihr und dem Herzog von Anjou.

Sussex zog mit seiner Armee aus Schottland ab, und Elisabeth beglückwünschte ihn zu seinem Erfolg. Keine englische Armee habe den Schotten jemals mit so wenig Verlusten so viel Schaden zugefügt, erklärte sie.[28] Tatsächlich war Sussex im Grunde auf keinen bewaffneten Widerstand gestoßen, denn den Lords der Königin lag sehr viel daran, Elisabeth günstig zu stimmen.

Nach Morays Tod mußten die Lords des Königs einen neuen Regenten wählen. Sie boten Elisabeth an, jeden zu wählen, den sie benenne.[29] Elisabeth benannte Lennox mit der Begründung, als Großvater des Königs sei er der geeignetste Regent. Obwohl Lennox noch immer Katholik war, galt er Elisabeth und ihren Räten als englischer Untertan, weil er Heinrich VIII. Treue geschworen hatte. Lennox reiste nach Schottland ab, und um sein Wohlverhalten sicherzustellen, wurde seine Frau als inoffizielle Geisel am englischen Hof zurückgehalten.

Viele Schotten waren jedoch erbost darüber, daß eine englische Armee Schottland verwüstete und einem englischen Untertan das Regentenamt übertragen wurde. Andere unterstützten die Lords der Königin nur aus Angst vor Lennox und Morton. Als Lethington von seinen Gegnern der Mittäterschaft an

* »Maistre Secretary, dict elle, je veulx sortyr hors de cest affère et entendre à ce que le Roy me mande, et ne m'en arrester plus à vous aultres frères en Christ.«

der Ermordung Darnleys bezichtigt wurde, überredete er den Kommandanten von Edinburgh Castle, Kirkcaldy von Grange, der seit seiner Beteiligung an der Ermordung Beatons die protestantische Sache tatkräftig unterstützt hatte, ins andere Lager überzuwechseln und das Schloß für Maria zu halten.[30]

Im Oktober 1570 nahm Elisabeth die Verhandlungen mit Maria wieder auf. In erster Linie wollte sie damit die Franzosen zufriedenstellen. Sie bot Maria an, sie wieder auf den schottischen Thron zu erheben, knüpfte daran aber Bedingungen, die kein unabhängiger Souverän uneingeschränkt akzeptieren konnte. Maria sollte nicht nur den Vertrag von Edinburgh aus dem Jahr 1560 bestätigen, sondern sich darüber hinaus verpflichten, den protestantischen Glauben in Schottland beizubehalten und auf ihren Anspruch auf den englischen Thron zu Lebzeiten Elisabeths und »ihrer Nachkommen« zu verzichten. Außerdem sollte sie sich von einem aus zwölf Mitgliedern bestehenden Rat leiten lassen. Sieben Ratsmitglieder sollten von Maria, fünf von den Lords des Königs ernannt werden. Entscheidungen konnten nur getroffen werden, wenn sie von mindestens acht Räten gebilligt wurden. Marias Sohn Jakob sollte nach England geschickt werden. Maria sollte Elisabeth die englischen Rebellen ausliefern, und in drei schottischen Burgen sollten englische Garnisonen stationiert werden.[31]

Maria erhob Einspruch. Sie lehnte vor allem die beiden letzten Bedingungen ab. Doch ihre Lage erlaubte ihr keine langen Verhandlungen, und schließlich ging sie auf Elisabeths Bedingungen ein, nachdem Elisabeth Marias Bitte entsprochen hatte, das Leben aller Rebellen, die an England ausgeliefert wurden, zu schonen. Maria schlug vor, in die Klausel, die sie verpflichtete, auf ihren Anspruch auf den englischen Thron zugunsten von Elisabeth und deren Nachkommen zu verzichten, die gebräuchlichere Formulierung »rechtmäßige Nachkommen« aufzunehmen. Elisabeth erwiderte gereizt, sie hätte Marias Berichtigung als Verletzung ihrer Ehre betrachten können, »doch wenn man bedenkt, daß sie vielleicht das Wesen anderer an ihren eigenen Taten mißt (was Uns, so wahr Wir auf Gott vertrauen, stets fern sein soll), begnügen Wir Uns lieber damit, zu unterdrücken, was Wir davon halten«. Elisabeth lehnte zwar die Formulierung »rechtmäßige Nachkommen« ab, änderte aber den Wortlaut in »die Nachkommen eines rechtmäßigen Gemahls« ab.[32]

Die Lords des Königs waren über Marias mögliche Rückkehr nach Schottland beunruhigt. Sie wollten Elisabeth nicht verärgern, indem sie ihre Bedingungen ablehnten, nachdem Maria sie angenommen hatte, aber sie griffen zu allen möglichen Tricks, um Zeit zu gewinnen. Schließlich erklärten sie, sie könnten sich erst entscheiden, wenn sie sich mit dem schottischen Parlament beraten hätten. Doch ein halbes Jahr später war das Parlament immer noch nicht zusammengetreten, die Lords hatten immer noch keine Antwort gegeben, und Maria befand sich immer noch in Haft.[33]

An einem nebligen Morgen im April 1571 gelang einem von den Lords des Königs bezahlten Söldnertrupp das Kunststück, den hohen Felsen von Dumbarton Castle zu ersteigen, ohne von der dort stationierten Garnison bemerkt zu werden. In einem Überraschungsangriff nahmen sie die Burg ein. Auf Lennox' Befehl wurde Erzbischof Hamilton, der sich in der Burg aufhielt, wegen Beihilfe zum Mord an Darnley und Moray in seinem Bischofsgewand aufgehängt. Der Fall von Dumbarton war ein schwerer Schlag für Maria, denn nun konnten weder die Franzosen noch andere ausländische Truppen an der Mündung des Clyde an Land gehen. Als wenig später Lennox bei einem nächtlichen Überfall auf Stirling Castle ermordet wurde, brachte das den Lords der Königin keinen großen Vorteil. Neuer Regent wurde Lord Erskine, jetzt Graf von Mar, eine ziemlich farblose Gestalt. Anders als der weitaus gefährlichere und verhaßtere Morton war er bisher eher bestrebt gewesen, bei den Kämpfen in Schottland eine neutrale Haltung einzunehmen.

Da Elisabeth den Lords des Königs immer mehr ihre Gunst schenkte, war Maria überzeugt, daß sie nie mehr freigelassen würde, wie sehr sie sich auch Elisabeths Wünschen fügen mochte. Daher überrascht es keineswegs, daß sie bereit war, sich an dem Komplott des florentinischen Bankiers Roberto Ridolfi zu beteiligen, der mit dem Herzog von Norfolk, Espés, Philipp II. und dem Papst in Verbindung stand. Ridolfis Plan sah vor, Elisabeth zu ermorden, Maria aus der Gefangenschaft zu befreien und zur Königin von England auszurufen, eine katholische Rebellion zu entfachen und Albas Armeen in England einmarschieren zu lassen. Das Komplott wurde aufgedeckt. Norfolk kam in den Tower, Espés mußte England verlassen, Maria wurde in Sheffield Castle noch schärfer bewacht.[34] Ihre Sache war verloren.

Im Januar 1572 schließlich traf Elisabeth im Hinblick auf Schottland eine unwiderrufliche Entscheidung. Sie erklärte, sie wolle Jakob VI. als König der Schotten anerkennen und all ihren Einfluß geltend machen, die Lords der Königin zur Unterwerfung unter den Regenten zu bewegen. Sie setzte Grange und Lethington in Edinburgh Castle unter Druck und bestand darauf, daß die beiden die Herrschaft Jakobs VI. und des Grafen von Mar anerkannten. Wenn sie es taten, wollte sie zu ihren Gunsten beim Regenten vermitteln. Andernfalls sollten sie als ihre Feinde gelten. Sie lehnte jedoch die Bitte der Lords des Königs ab, eine Armee zu entsenden und Edinburgh Castle einzunehmen. Diese Aufgabe sollten die Lords selbst übernehmen. Im April fanden Karl IX. und Katharina von Medici sich mit der Lage in Schottland ab und unterzeichneten mit Elisabeths Botschafter Francis Walsingham den Vertrag von Blois. Die Verhandlungen bezüglich einer Heirat Elisabeths mit dem Herzog von Anjou sollten fortgesetzt werden.[35]

Als das Parlament im Mai 1572 zusammentrat, drängten die Parlamentarier Elisabeth, gegen Maria Stuart drastische Maßnahmen zu ergreifen. Im gleichen

Monat wurde Norfolk wegen seiner Beteiligung an der Ridolfi-Verschwörung als Verräter enthauptet. Die Parlamentarier verlangten, daß Maria dasselbe Schicksal erleiden solle. Der Abgeordnete für New Windsor beschimpfte Maria als Klytämnestra, als Mörderin ihres Mannes und als Ehebrecherin. Der Abgeordnete für Weymouth verglich die beiden Königinnen miteinander: »Die eine, unsere Herrscherin, Lady Elisabeth, die andere, eine Schottin, eine Feindin Englands, eine Ehebrecherin und Mörderin«. Die Bischöfe im Oberhaus veröffentlichten eine Erklärung, in der es hieß, Elisabeth begehe »eine ernste Sünde vor Gott«, wenn sie Maria nicht bestrafe. Beide Häuser schickten sich an, ein Gesetz zu verabschieden, in dem sämtliche Missetaten der »höchst abscheulichen Schwester« der Königin, »Lady Maria Stuart, der ehemaligen Königin der Schotten«, aufgezählt wurden. Nach dem Gesetz sollte Maria wegen Hochverrats hingerichtet werden, wenn sie oder einer ihrer Anhänger sich irgendwann in der Zukunft an einem Komplott gegen die Königin beteiligen oder einen ausländischen Herrscher dazu ermutigen sollten, in das Königreich einzumarschieren. Ein Abgeordneter wies allerdings darauf hin, daß es ungerecht wäre, Maria für eine Tat hinzurichten, die von ihren Anhängern begangen worden sei und von der sie selbst möglicherweise gar nichts gewußt habe.[36]

Elisabeth teilte dem Parlament mit, sie wünsche nicht, daß weiter über das Gesetz beraten werde. Daraufhin legten die Abgeordneten einen zweiten Gesetzentwurf vor. Danach war Maria von der englischen Thronfolge ausgeschlossen, und wenn sie in Zukunft Anspruch auf den Thron erhob, Elisabeths Sturz plante oder einen ausländischen Fürsten anstiftete, in England einzumarschieren, sollte sie wegen Hochverrats den Tod erleiden. Sechs Jahre zuvor wäre Elisabeth verärgert gewesen, wenn das Parlament versucht hätte, sie zur Hinrichtung eines ausländischen Souveräns zu drängen. Als sie aber 1572 mit dieser Gesetzesvorlage konfrontiert wurde, dankte sie den Peers und den Abgeordneten für ihre Sorge um ihr Wohlergehen. Gleichzeitig erklärte sie freilich, sie wolle die Entscheidung, ob sie dem Gesetz ihre königliche Zustimmung geben werde, noch aufschieben. Anschließend löste sie das Parlament auf und berief vier Jahre lang kein neues Parlament ein.[37]

Nach den verheerenden Niederlagen Wilhelm von Oraniens und seines Bruders 1568 schien die protestantische Sache in den Niederlanden verloren. Aber Wilhelm wollte nicht aufgeben. Er machte verwegene protestantische Seeleute ausfindig, die bereit waren, den Kampf auf See fortzusetzen. Die Gegner der Tyrannei Philipps waren verächtlich »Geusen« genannt worden und hatten diese Bezeichnung voll Stolz übernommen. Jetzt nannten sich die Seeleute selbst *Gueux de mer,* Wassergeusen. Wilhelm, als Prinz von Oranien ein unabhängiger Souverän, händigte den Wassergeusen Kaperbriefe aus und beauftragte sie, spanische Schiffe und Schiffe, die mit den von Spanien besetzten Niederlanden Handel trieben, zu plündern. Nachdem Alba das englische Vermögen in den Niederlanden beschlagnahmt hatte, war Elisabeth bereit, den Wassergeusen zu helfen. Sie gestattete ihnen, englische Häfen anzulaufen und dort Proviant an Bord zu nehmen. Die englischen Hafenbehörden unterstützten die Freibeuter auf jede erdenkliche Weise, damit sie den Kampf gegen Alba, Spanien und die Papisterei fortsetzen konnten.

In dieser Zeit der Spannungen zwischen England und Spanien konnten die englischen Protestanten zumindest einen der papistischen Ketzerverfolger aus der Zeit Philipps und Marias vor Gericht bringen: John Story. Die meisten seiner Kollegen hatten sich einem Verfahren entzogen. John Story war bei Cranmers Ketzerprozeß einer der Ankläger gewesen. Nach Elisabeths Thronbesteigung hatte er die religiösen Veränderungen in einer Rede vor dem Unterhaus angeprangert. Er hatte damit geprahlt, wie er mit den Ketzern in Uxbridge verfahren war, und bedauert, daß sie unter Maria nicht »mit der Wurzel ausgerottet« worden seien.[38] Story wurde in seiner Anwaltsrobe im westlichen Gerichtsbezirk verhaftet. Er konnte jedoch mit Quadras Hilfe in die Niederlande fliehen, wo ihn Alba als Ketzerverfolger in den Dienst der Inquisition in Antwerpen stellte. Außerdem sollte Story dafür sorgen, daß keine ketzerischen Bücher ins Land geschmuggelt wurden.

Englische Agenten stellten Story eine Falle. Sie schickten ein Schiff nach Bergen-op-Zoom und ließen Story wissen, im Hafen liege ein englisches Schiff mit einer Ladung aus staatsgefährdenden und ketzerischen Propagandaschriften, die die Protestanten in den Niederlanden verteilen wollten. Story begab sich zu Ermittlungen an Bord des Schiffes. Er wurde festgenommen, und das Schiff fuhr mit Story an Bord nach England. In Yarmouth ging es vor Anker, und Story wurde nach London gebracht und in den Tower geworfen. Er wurde beschuldigt, Alba zum Einmarsch in England angestiftet und den Aufstand im Norden angezettelt zu haben. Nachdem Story unter Folter verhört worden war, wurde er wegen Hochverrats vor Gericht gestellt. Obwohl er sich nicht zu seiner Verteidigung äußern wollte, weil er spanischer Untertan war, wurde er für schuldig befunden. Espés protestierte bei Cecil und dem Staatsrat gegen Storys Entführung und Verurteilung, Story aber wurde trotzdem im Juni 1571 in Tyburn gehängt, geschleift und gevierteilt.[39] Philipp II. schickte Storys Witwe in den Niederlanden Geld und schrieb Espés, sie sollten Gott für Märtyrer wie Dr. Story dankbar sein, die in der Stunde ihres Todes »dem katholischen Glauben so fest und treu verbunden sind«.[40]

Elisabeth hatte es nicht eilig, auf Albas Angebot einzugehen und den Streit um die Beschlagnahme der Vermögen in England und den Niederlanden zu beenden. Sie entsandte jedoch Sir Henry Cobham nach Madrid, um die Angelegenheit mit Philipp zu erörtern, und führte in England Verhandlungen mit spanischen Kaufleuten und inoffiziellen Abgesandten Albas. Ende Dezember 1572, fast auf den Tag vier Jahre nach der Beschlagnahme der englischen Güter durch Alba, kam endlich eine Vereinbarung zustande. Der Vertrag wurde freilich erst im April 1573 unterzeichnet. Beide Seiten kamen überein, ihre Schadenersatzansprüche hinsichtlich des von der anderen Seite beschlagnahmten und veräußerten Vermögens fallenzulassen. Das bedeutete, daß Elisabeth den Erlös aus dem Verkauf der Güter behalten konnte, die ungefähr fünfmal so viel wert waren wie die, die Philipp und Alba in den Niederlanden und Spanien beschlagnahmt hatten. Der Handel zwischen beiden Ländern sollte wieder aufgenommen werden. Elisabeths Bitte um Schutz englischer Kaufleute vor der Verfolgung durch die Inquisition dagegen wurde von Philipp und Alba strikt abgelehnt.[41]

Im Verlauf der Verhandlungen beschloß Elisabeth, die Kaperfahrten der Wassergeusen Wilhelm von Oraniens nicht länger zu dulden. Sie wünschte verbesserte Beziehungen zu Spanien, und außerdem hatten die deutschen Hansestädte sie zum Einschreiten gedrängt. Die Schiffe der Hansestädte waren oft von den Wassergeusen angegriffen worden, wenn sie mit den Niederlanden Handel trieben. Im März 1572 verweigerte Elisabeth den Wassergeusen die Einfahrt in englische Häfen.[42] Das war ein schwerer Schlag für Wilhelm von Oranien und den holländischen Widerstand. Wenn die Wassergeusen den Kampf fortsetzen wollten, blieb ihnen nur die Möglichkeit, einen Hafen in den Niederlanden zu erobern und von dort zu operieren. Im April eroberten sie Brill. Als sich die Nachricht davon in den Niederlanden verbreitete, erhob sich das ganze Land gegen die Spanier, und es begann jener Unabhängigkeitskrieg, der siebenunddreißig Jahre später mit dem Sieg der Unterdrückten endete.

Elisabeths Anordnung, die Wassergeusen aus englischen Häfen zu vertreiben, war der unmittelbare Anlaß für die Einnahme von Brill und den landesweiten Aufstand in Holland. Damals glaubten ihre katholischen Gegner – wie heute noch viele Historiker –, es habe sich um einen bewußten Schachzug gehandelt, mit dem Elisabeth den Rebellen in den Niederlanden habe Mut machen wollen. Elisabeth habe den Rebellen insgeheim Hilfe zugesagt, die kurz darauf in Gestalt englischer Freiwilliger eingetroffen sei. Doch wenn Elisabeth den Rebellen auf diese Weise hätte helfen wollen, hätte sie es wohl kaum zu einem Zeitpunkt getan, als sie nach drei Jahren der Feindschaft eine Annäherung an Philipp und Alba versuchte. Nach allem, was wir über Elisabeths Abneigung gegen die niederländischen Rebellen wissen, ist es wahrscheinlicher, daß sie ihnen schaden wollte, ihre Sache aber ungewollt unterstützte. Dieselbe Ironie kennzeichnet auch ihr Verhältnis zu den calvinistischen Revolutionären in Schottland. Obwohl sie die Rebellen haßte, sorgten unvorhersehbare Umstände dafür, daß sie ihnen zum Sieg verhalf.

# 17

## Das Massaker der Bartholomäusnacht

Elisabeth hatte den Wirtschaftskrieg mit Alba gewonnen und sich durch das Bündnis mit Frankreich gegen Spanien abgesichert. Jetzt geriet sie jedoch zunehmend in Konflikt mit protestantischen Extremisten, mit den Puritanern in England und mit Rebellen im Ausland, die sich gegen ihre Fürsten erhoben und auf Elisabeths Unterstützung hofften. Elisabeths größtes Problem war, daß sie von Räten umgeben war, die mit den Puritanern und den ausländischen Rebellen sympathisierten. Der Einfluß dieser Räte nahm stetig zu.

In den ersten zehn Jahren von Elisabeths Regierung war Cecil gegen den halbherzigen Widerstand Arundels, Bacons und der Königin selbst die treibende Kraft einer aktiv protestantenfreundlichen Politik gewesen. Trotzdem hatte Elisabeth stets Vertrauen zu Cecil gehabt und sich geweigert, andere Räte in ihren Bemühungen zu unterstützen, Cecil loszuwerden. Im Jahr 1571 erhob sie ihn zum Peer und ernannte ihn zum Oberschatzmeister. Den Titel Lord Burghley leitete er vom Namen seines Wohnsitzes in Stamford ab. Seine Nachfolger als Staatssekretär waren Francis Walsingham und Thomas Wilson. Wilson war von der Inquisition in Rom als mutmaßlicher Ketzer eingesperrt und gefoltert worden. Als das Gefängnis von Aufständischen gestürmt wurde, gelang ihm die Flucht. Walsingham und Wilson sowie ihre Mitarbeiter Robert Beale und William Davison traten noch fanatischer für die protestantische Sache ein als Burghley. Sie wurden von Leicester unterstützt, der in der Vergangenheit aus unklaren Gründen die französischen und spanischen Botschafter manchmal in dem Glauben bestärkt hatte, er bevorzuge eine prokatholische oder zumindest gemäßigte Politik. Im Jahr 1572 stellte Leicester sich jedoch entschlossen auf die Seite der Protestanten. Vielleicht hatte das mit seiner Beziehung zu Knollys' Tochter Lettice zu tun, der Gräfin von Essex, die er ein paar Jahre nach Essex' Tod heiratete. Angesichts der Zuneigung, die

Elisabeth für Leicester hegte und an der auch seine Heirat mit Lady Essex nichts änderte, war seine Unterstützung der protestantischen Sache unbezahlbar.

Elisabeth geriet in nahezu allen politischen Fragen mit ihren Ratgebern aneinander, ob es sich nun um Maria Stuart, die Lords des Königs in Schottland, die Protestanten in den Niederlanden, die französischen Hugenotten oder die Puritaner in England handelte. Die Geschichte ihrer Regierung ist eigentlich eine Geschichte dieser Konflikte. Elisabeth hatte allerdings gegenüber ihren Staatsräten einen großen Vorteil: Sie war die Königin, und fast alle ihre Untertanen – darunter die Staatsräte – betrachteten es als ihre Pflicht, der Königin zu gehorchen. Doch Elisabeth konnte ihre Anordnungen nicht ohne Unterstützung der Räte durchsetzen, und sie mußte feststellen, daß diese sie bei jedem Schritt hemmten. Die Räte zögerten die Durchführung ihrer Anordnungen hinaus und drückten bei Verstößen ein Auge zu. Gelegentlich verhinderten sie gemeinsam, daß Elisabeth ins Bild gesetzt wurde, indem sie Berichte unterschlugen und ihr nicht die Wahrheit sagten. Der Ausgang des Kampfes war unterschiedlich. Manchmal setzte Elisabeth ihren Willen durch, manchmal nicht.

Sie hätte sich gern durchgesetzt wie Heinrich VIII., und oft meinte sie bitter, ihr Vater hätte den Widerstand, den sie ertragen müsse, nie geduldet. Aber die Zeiten hatten sich geändert. Man schrieb das Jahr 1570, nicht 1540. Heinrich VIII. hatte seine protestantischen Räte beim leisesten Anzeichen von Widerstand verbrennen oder enthaupten lassen. Er ernannte absichtlich einen Staatsrat, dem Katholiken und Protestanten angehörten, und spielte beide Parteien gegeneinander aus. Er konnte mit der Unterstützung des Volkes oder wenigstens wichtiger Teile der Bevölkerung rechnen. Die Lords, der Landadel, die Friedensrichter und die Kaufleute der Städte billigten es, wenn Heinrich VIII. lutherische Unruhestifter und Sakramentierer verbrennen ließ. Zu Elisabeths Regierungszeit standen die Söhne dieser Adligen und Kaufleute den Puritanern in vielen Fällen zumindest wohlwollend gegenüber, und selbst wenn sie nicht mit ihnen übereinstimmten, hätten sie ihrer Hinrichtung niemals zugestimmt.

Es stärkte und schwächte Elisabeths Position, daß sie einer größeren Bedrohung durch das katholische Europa ausgesetzt war als Heinrich VIII. Ein Aufschrei der Entrüstung war durch das Ausland gegangen, als Heinrich Kardinal Fisher hinrichten und die Gebeine Thomas Beckets verbrennen lassen hatte. Aber damals gab es keine Mordkomplotte, keine Jesuiten-Missionare reisten durchs Land, keine spanischen Soldaten landeten in Irland und drohten mit der Invasion Englands, und kein Aufruf des Papstes erging an die englischen Katholiken, sich gegen den ketzerischen Souverän aufzulehnen und ihn abzusetzen. Wie sehr Elisabeth auch das Vorgehen der protestantischen Rebellen in den Niederlanden, in Schottland und in Frankreich mißbilligen mochte, die Katholiken waren überzeugt, daß sie die Rebellen insgeheim militärisch und finanziell unterstützte und daß die Meinungsverschiedenheiten mit ihren protestantischen Räten nur Theater waren, um diese Tatsache zu verschleiern. Elisabeth mochte sich noch so sehr wünschen, wie die Tochter Heinrichs VIII. handeln zu können, für die Katholiken war sie die Tochter ihrer Mutter, der lutherischen Hexe, die für das ihnen zugefügte Leid verantwortlich war.

Dies hatte zur Folge, daß die Verehrung der Protestanten für Elisabeth zunahm und ihren protestantischen Gegnern jede Möglichkeit genommen wurde, ihr offen die Stirn zu bieten. Es bedeutete aber auch, daß es keine Gruppe gab, bei der Elisabeth Unterstützung gegen die Protestanten finden konnte. Die Ereignisse unter ihrer Vorgängerin Maria und der Widerstand der katholischen Bischöfe in Elisabeths erstem Parlament von 1559 hatten das Wiederaufleben einer anglo-katholischen Partei unmöglich gemacht, die Elisabeth gegen ihre protestantischen Räte hätte einsetzen können, wie Heinrich VIII. Gardiner und Norfolk gegen Cranmer und Thomas Cromwell eingesetzt hatte.

Elisabeth verstand es wie ihr Vater und ihre Schwester, im persönlichen Kontakt mit ihren Untertanen freundlich und charmant zu sein. Außerdem wußte sie wie Heinrich VIII., daß es wichtig war, Reichtum und Pracht zur Schau zu stellen, um das Volk und ausländische Botschafter und Gäste zu beeindrucken. Sie hielt an einem Brauch fest, der in ganz Europa fester Bestandteil des höfischen Lebens war: Sie ließ die Öffentlichkeit teilnehmen, wenn sie morgens zum Gottesdienst in die königliche Kapelle ging und auf dem Weg dorthin Petitionen von Bittstellern entgegennahm. Diese Bittsteller hatten zuvor die zuständigen Beamten bestochen, damit sie auf die Königin warten und vor ihr niederknien durften, um ihr die Petitionen zu überreichen.

Auch wenn die Königin durchs Land reiste, hatte das Volk Gelegenheit, sie zu sehen und über ihren Reichtum, den Prunk und die wertvollen Ringe und Juwelen, die sie trug, und über die vielen Lords, Ladies, Edelleute und Diener ihres Gefolges zu staunen. Auf ihren Reisen konnte Elisabeth zudem Geld sparen, denn sie wohnte immer in den Häusern ihrer Adligen und Edelleute und lebte auf deren Kosten.

In Westminster wohnte sie meist in ihrem Palast in Whitehall, manchmal auch in St. James. Wie Heinrich VIII. stieg sie allerdings häufiger in Greenwich oder Richmond ab, daneben auch in Hampton Court und in Nonesuch bei Ewell, dem größten ihrer Paläste. Heinrich hatte ihn in seinen letzten Lebensjahren erbauen lassen, aber er war nicht mehr rechtzeitig vor seinem Tod fertig geworden. Im Gegensatz zu Westminster waren diese Paläste weiter von London und seiner schlechten Luft entfernt, und das Risiko einer Infektion war geringer. Das Schweißfieber, die gefürchtete Krankheit aus Elisabeths Kindertagen, war nach der großen Epidemie von 1551 nicht mehr aufgetreten. Aber die Pest war wiederholt in London ausgebrochen, wenn auch nicht so stark wie bei der furchtbaren Epidemie von 1563. Eine ähnlich starke Epidemie brach erst wieder im Jahr 1603 aus, ein paar Monate nach Elisabeths Tod.[1] Zwar geriet Elisabeth angesichts solcher Epidemien nicht in Panik wie Heinrich VIII., der alles unternommen hatte, um sich ja nicht mit dem Schweißfieber anzustecken, aber sie traf vernünftige Vorsichtsmaßnahmen.

Im allgemeinen war sie bei guter Gesundheit. Sie hatte einen gesunden Appetit und verschaffte sich viel Bewegung. Neben Ausritten und Jagden ging sie oft mit ihren Damen und Edelleuten in den Gärten und Parks ihrer Paläste spazieren. Dabei entfernte sie sich oft drei oder vier Kilometer vom Palast. Wurde sie einmal krank, löste das unter ihren Staatsräten und Höflingen regelmäßig Besorgnis aus. Abgesehen von den Pocken, die sie sich 1562 geholt hatte, bekam sie mehrmals Fieber, erholte sich aber jedesmal rasch wieder.

Ihre Rundreisen im Sommer führten Elisabeth weiter von London weg. Sie brach Ende Juli oder Anfang August auf und kehrte erst Anfang Oktober wieder zurück. Sie besuchte dann nicht nur Windsor Castle und ihre königlichen Landsitze Enfield in Middlesex, Oatlands bei Weybridge in Surrey, Easthampstead in Berkshire, Woodstock in Oxfordshire und Grafton in Northamptonshire. Im Gegensatz zu ihren Vorgängern bereiste sie fast jedes Jahr regelmäßig den Südosten Englands oder die Midlands. Sie legte am Tag höchstens 15 bis 20 Kilometer zurück. Schuld daran waren nicht nur der schlimme Zustand der Straßen im 16. Jahrhundert und die Reisegeschwindigkeit des langen Trosses von Kutschen, Sänften, Handwagen und Reitern, der die Königin begleiteten, sondern auch die formellen Begrüßungsempfänge in den Grafschaften und Gemeinden mit ihren Ergebenheitsadressen, den huldvollen Erwiderungen und den weinseligen Trinksprüchen.

Im Jahr 1560 begab sich Elisabeth nach Winchester und Basing House, der Residenz ihres Schatzmeisters, des Marquis von Winchester, in der Nähe von Basingstoke. Im Jahr darauf reiste sie durch Essex und über Colchester und Harwich nach Ipswich, und 1564 nach Huntingdonshire und Cambridge, wo sie an der Universität mit allen Ehren empfangen wurde. Sie hielt eine ausgezeichnete lateinische Rede und eroberte sich die Herzen mit ihrem Charme.[2]

Im Jahr 1565 besuchte sie Coventry, ein Jahr später reiste sie nach einem kurzen Aufenthalt bei Cecil in Stamford nach Oxford weiter, wo sie mit derselben Herzlichkeit empfangen wurde wie in Cambridge.[3] Einer der Doktoren der Universität, die sie begrüßten, war Laurence Humphrey, der nur ungern der Anordnung gefolgt war, an der Universität seine scharlachrote Robe zu tragen, sie aber bei Elisabeths Begrüßung dennoch angelegt hatte. Als er der Königin die Hand küßte, schenkte sie ihm ein charmantes Lächeln und sagte:

»Dr. Humphrey, mich dünkt, diese Robe und diese Kleidung stehen Euch gut zu Gesicht, und ich wundere mich, daß Ihr in dieser Beziehung so prüde seid; aber ich bin nicht gekommen, um Euch zu tadeln.«[4] Wie anderswo, wo sie auf ihrer Reise verweilte, wurde sie auch in Oxford von Jungen und Mädchen willkommen geheißen, die lateinische Verse zum Lobpreis jungfräulicher Königinnen rezitierten.

Im Jahr 1569 besuchte Elisabeth Southampton. 1572 begab sie sich nach Warwickshire und Gloucestershire. Es war die längste Rundreise, die sie bis dahin unternommen hatte.[5] In der Regel begleiteten die ausländischen Gesandten in London die Königin und den Hof. Am 18. August 1572 sprach Elisabeth in Warwick mit Fénélon über eine mögliche Heirat zwischen ihr und Franz, dem Herzog von Alençon, dem jüngsten Bruder Karls IX. Leider war der Herzog erst achtzehn, während Elisabeth bereits neununddreißig war. Außerdem galt er als überaus häßlich: Sein Gesicht war durch Pockennarben entstellt. Doch eine Verbindung mit Alençon hatte große politische Vorteile. Im Gegensatz zu seinem Bruder, dem Herzog von Anjou, war er mit der katholischen Sache nicht besonders eng verbunden. Statt dessen sympathisierte er eher mit den Hugenotten, die seine Heirat mit Elisabeth befürworteten.

Die bevorstehende Heirat zwischen König Heinrich von Navarra und Margarete von Valois, der Schwester Karls IX., gab zu der Hoffnung Anlaß, daß auf den Friedensschluß zwischen dem König und den Hugenotten nicht gleich wieder ein Bürgerkrieg folgen würde. Admiral Coligny verbrachte viel Zeit bei Hof und schien bei Karl in besonderer Gunst zu stehen. Gemeinsam arbeiteten sie einen Plan aus, nach dem Karls Armeen und die Hugenotten zur Unterstützung Wilhelm von Oraniens in den Niederlanden einfallen, die Spanier schlagen und die Protestanten in den Niederlanden dazu bringen sollten, Alençon als Herrscher anzuerkennen. Den beiden war bewußt, daß Elisabeth angesichts des traditionellen englischen Bündnisses mit Burgund gegen Frankreich darüber beunruhigt sein würde. Aber wenn Elisabeth Alençon heiratete, war sie sicher bereit, ihn als Herrscher der Niederlande zu akzeptieren.

Burghley befürwortete die Heirat mit Alençon, und er war zuversichtlich, Elisabeth dazu überreden zu können. Wie üblich wollte Elisabeth sich nur ungern festlegen. Bei ihrem Gespräch mit Fénélon in Warwick erklärte sie, sie könne einer Heirat mit Alençon erst zustimmen, wenn sie ihn gesehen habe.[6] Dagegen ließ sich nicht viel einwenden, obgleich Fürsten und Fürstinnen oft diplomatischen Heiraten zustimmten, ohne ihren Ehepartner vorher gesehen zu haben. Burghley war enttäuscht. Am 22. August, als der Hof in Kenilworth eingetroffen war, schrieb er an Coligny in Paris, die Heirat der Königin bedeute »für das Wohl dieses Reiches und der Christenheit im allgemeinen sowie für die Förderung der Religion mehr, als wir mit unseren Sünden, wie ich fürchte, zu bekommen verdient haben«.[7] Doch noch ehe Burghleys Brief in Paris eintraf, war Coligny tot.

Die Hochzeit Heinrich von Navarras mit Margarete von Valois fand am 18. August in der Kathedrale Notre-Dame zu Paris statt. Am Morgen des 22. August wurde Coligny nach einer Unterredung mit dem König auf dem Weg vom Louvre zu seinem Palast angeschossen. Die Schüsse wurden von einem Mörder abgegeben, den der Herzog von Guise gedungen hatte. Der Herzog war überzeugt, daß Coligny den Mord an seinem Vater angestiftet habe. Die Kugeln der Hakenbüchse rissen Coligny zwei Finger der rechten Hand ab und zerschmetterten seinen linken Ellenbogen. Als der König von dem Anschlag erfuhr, war er sehr aufgebracht und versprach, die Verantwortlichen zu bestrafen. Die Protestanten in Paris waren wütend und drohten den ganzen Nachmittag damit, zu den Waffen zu greifen und den Anschlag auf das Leben des Admirals zu rächen.

Die Protestanten ganz Europas glaubten später, das Massaker der Bartholomäusnacht sei von Katharina von Medici und den Katholiken schon lange im voraus geplant worden. Die Hugenotten seien nur deshalb zur Hochzeit von Heinrich und Margarete nach Paris eingeladen worden, um am Vorabend des Bartholomäustages umgebracht zu werden. Das ist sicher falsch. Alles deutet darauf hin, daß Katharina und Anjou, vielleicht auch der Herzog von Nevers, Marschall Tavannes, der Graf von Retz und Guises Mutter, die Herzogin von Nemours, am Abend des 22. August in panischer Angst das Massaker befahlen, weil sie glaubten, die Hugenotten würden aus Empörung über den Mordanschlag auf Coligny die Katholiken in Paris niedermetzeln. Man wollte den Hugenotten zuvorkommen und sie töten, ehe sie ihren Plan ausführen konnten. An Guise erging die Aufforderung, die Gelegenheit zu nutzen und den Tod seines Vaters zu rächen. Er sollte das Werk fortführen, das der bezahlte Attentäter begonnen hatte, und Coligny erledigen. Daß die Bevölkerung von Paris das von den königlichen Wachen und Guises Anhängern in Angriff genommene Werk vollenden würde, war gewiß. Um elf Uhr nachts stimmte Katharina Karl IX. um, und vierundzwanzig Stunden später, am Abend des 23. August, begann das Morden.

Guise begab sich zu Colignys Haus und sah zu, wie seine schweizerischen Soldaten den verwundeten Admiral töteten, der in seinem Schlafzimmer saß. Guise nahm nicht weiter an dem Morden teil, sondern überließ das Feld weitgehend der Bevölkerung von Paris. Das Gemetzel ging noch zwei Tage weiter. Fast alle Hugenotten in Paris wurden getötet. Der König von Navarra und der Prinz von Condé wurden unter der Bedingung verschont, daß sie zum katholischen Glauben übertraten. Sie wurden praktisch als Gefangene am Hof festgehalten. Als die Nachricht in den Provinzen eintraf, kam es dort zu weiteren Massakern, vor allem in Rouen, Orléans, Lyon, Meaux, Bordeaux und Toulouse. Insgesamt wurden etwa 8 000 Protestanten getötet.

Die englische Botschaft lag außerhalb von Paris, auf der anderen Seite der Seine im Vorort Saint-Germain-des-Prés. Walsingham stand dort unter dem Schutz der königlichen Garde, die sein Haus umstellt hatte. Er gewährte einigen Engländern Zuflucht, die wegen der königlichen Hochzeit nach Paris gekommen waren oder sich auf der Durchreise befanden. Zu ihnen gehörten der junge Walter Raleigh und der junge Philip Sidney. Eine Zeitlang wußten sie nicht, was in Paris vor sich ging, obwohl vom anderen Seineufer Schreie und Schüsse herüberdrangen. Sobald Walsingham erfuhr, was vorgefallen war, schrieb er Elisabeth einen Bericht. Die Beförderung des Briefes verzögerte sich allerdings um ein paar Tage, weil der Kurier in Calais auf günstigen Wind wartete. Die verzweifelten Hugenotten hatten es eiliger als der Kurier, den Kanal zu überqueren. Sie gelangten sicher nach England und überbrachten die Nachricht von dem Massaker, bevor Walsinghams Brief am 3. September eintraf.[8]

Die Nachricht von der Bartholomäusnacht wurde in den katholischen Ländern mit großer Freude aufgenommen, und es wurden offizielle Dankgottesdienste abgehalten. In Rom rief Papst Gregor XIII. ein Jubeljahr aus, um das ruhmreiche Ereignis zu feiern. Die englischen Protestanten dagegen waren entsetzt und forderten Vergeltung an der prominentesten Katholikin, die sich in ihrer Gewalt befand: der unglücklichen Maria Stuart, die ganz sicher nicht für das Massaker verantwortlich war und den Rat führender papsttreuer Geistlicher in Europa zurückgewiesen hatte, als diese sie drängten, in Schottland in ähnlicher Weise vorzugehen. Sandys, der Bischof von London, legte Burghley in einem Schreiben nahe, »der schottischen Königin unverzüglich den Kopf abzuschlagen«. Als Erzbischof Parker hörte, daß die englischen Katholiken über die Nachricht aus Paris frohlockten, war er ebenfalls der Meinung, Maria, »diese gar schreckliche Person«, solle beseitigt werden. In Schottland gingen die Protestanten noch weiter. In seiner letzten Predigt verurteilte der bereits vom Tod gezeichnete Knox das Massaker und forderte die Bestrafung der Papisten. Die Kirche von Schottland sandte Jakob VI. und seinem Regenten eine Petition, wonach jeder Katholik im Reich ohne Prozeß hingerichtet werden sollte, wenn er nicht bereit war, zum protestantischen Glauben überzutreten.[9]

Fénélon, der Elisabeth auf ihrer Rundreise nach Süden begleitete, an Bristol vorbei nach Berkeley Castle und weiter Richtung Osten nach Oxfordshire, bekam die Empörung der Höflinge und der anderen Protestanten, denen er begegnete, deutlich zu spüren.[10] Elisabeth vermied jede Begegnung mit ihm. Erst am 8. September empfing sie ihn in Woodstock und zog sich mit ihm in eine der Fensternischen auf der langen Galerie des Palastes zurück, wo man sich ungestört unterhalten konnte. Der Bericht über das Gespräch, den Fénélon an Karl IX. schickte, unterscheidet sich in mancher Hinsicht von dem, den Burghley an Walsingham schrieb. Fest steht jedoch, daß Elisabeths Protest gegen das Massaker milde ausfiel, denn sie war fest entschlossen, ihre guten Beziehungen zu Frankreich nicht dadurch beeinträchtigen zu lassen. Sie bat Fénélon um eine Stellungnahme zu den Ereignissen in Paris, und Fénélon folgte der offiziellen Linie der französischen Regierung: Nicht die Religion sei der Anlaß gewesen, vielmehr hätten Coligny und die Hugenotten in Paris einen Aufstand geplant, und der König sei gezwungen gewesen, zu handeln und sie kollektiv zu bestrafen, um ihren Verrat zu verhindern. Da sie zahlreich und gut bewaffnet gewesen seien, habe man sie nicht verhaften und vor ein ordentliches Gericht stellen können.

Elisabeth gab zu verstehen, daß Fénélons Argumente sie nicht überzeugten. Sie fürchtete aber vor allem, daß die veränderte Politik des französischen Königs gegenüber den Hugenotten auch eine veränderte Politik gegenüber England und einen Bruch des Bündnisses nach sich ziehen könnte. Fénélon versicherte ihr, daß Karl zu einer Fortsetzung der freundschaftlichen Politik gegenüber England entschlossen sei. Anschließend bat Elisabeth Fénélon, die Unterhaltung mit ihrem Staatsrat fortzusetzen. Der Rat bereitete Fénélon einen anderen Empfang: Die Räte brachten offen ihre Empörung über das Massaker zum Ausdruck.[11]

Karl IX. und Katharina von Medici machten alles nur noch schlimmer, als sie das Massaker zum Anlaß nahmen, Coligny und die Hugenotten als Verräter zu brandmarken und die Entlassung aller Protestanten aus dem Richteramt und anderen öffentlichen Ämtern anzuordnen. Das Parlament von Paris machte Coligny noch nach seinem Tod den Prozeß und befahl, seinen Leichnam vierundzwanzig Stunden lang auf dem Place de Grève in Paris aufzuhängen. Anschließend sollte er in Montfaucon außerhalb der Stadt auf unbestimmte Zeit am Galgen an den Füßen aufgehängt werden. Jedes Jahr am Bartholomäustag, wenn in ganz Paris Dankgottesdienste abgehalten wurden, sollten sein Banner und sein Wappen an den Schweif eines Pferdes gebunden, durch die Straßen von Paris geschleift und in Stücke gerissen werden. Das Schloß seiner Familie in Châtillon sollte niedergebrannt, die Bäume des Schloßparks sollten gefällt werden. Sein Besitz sollte an den König fallen, seinen Söhnen sollten die bürgerlichen Ehrenrechte aberkannt werden, und Amt und Würden sollten ihnen in Frankreich versagt bleiben. Aber weder das, was in Frankreich geschah, noch die öffentliche Empörung in England konnte Elisabeth davon abhalten, ihre Politik der Freundschaft gegenüber Karl IX. weiterzuverfolgen. Im Januar 1573 entsandte sie den Grafen von Worcester in spezieller diplomatischer Mission. Worcester sollte das Bündnis festigen und die Heiratsverhandlungen fortführen. Er wurde in Paris mit großem Zeremoniell empfangen.[12]

Obwohl Coligny tot war und der König von Navarra und Condé sich als Gefangene in der Hand Katharinas von Medici befanden, waren die Hugenotten noch immer in der Lage, Widerstand zu leisten. Sie hielten nach wie vor La Rochelle besetzt und baten Elisabeth, ihnen Waffen und Geld zu schicken. Elisabeth lehnte ihre Bitte ab, doch mit Hilfe protestantischer Freibeuter aus Frankreich und England, die die Blockade von Anjous Armee durchbrechen konnten, hielten die Bewohner von La Rochelle durch. Nach viermonatiger Belagerung begannen Friedensverhandlungen. Den Hugenotten wurde in La Rochelle, Montauban, Sancerre und Nîmes religiöse Toleranz zugestanden, überall sonst in Frankreich war ihre Religion verboten. Dale, der Walsingham als Botschafter am französischen Hof ablöste, schrieb an Burghley, La Rochelle hätte ohne die Unterstützung Englands nie so lange durchhalten können.[13] Nach dem Friedensschluß priesen die Einwohner von La Rochelle Elisabeth als Verteidigerin des christlichen Glaubens und baten die englischen Protestanten um finanzielle Unterstützung beim Wiederaufbau der Stadt, denn »wir sind alle ein Ganzes, und wenn ein Teil Schaden erleidet, bekommt es auch der Rest zu spüren«.[14]

Auch in den Niederlanden wurden die Protestanten hart bedrängt, und sie wehrten sich verzweifelt gegen Albas Armeen. Von Elisabeth kam keine Hilfe, aber dafür wurden sie vom englischen Volk und von französischen und schottischen Protestanten unterstützt. Im Mai 1572 trafen innerhalb von zwei Wochen allein 150 Freiwillige aus Dieppe in Flushing ein. Hinzu kamen noch 200 Freiwillige aus der französischen Gemeinde in London und 120 aus Norwich. In der darauffolgenden Woche kamen noch einmal 450 Freiwillige aus Frankreich und weitere Freiwillige aus Norwich. Sir Humphrey Gilbert führte mit 1 200 Engländern, vielen Franzosen und 100 Wallonen einen erfolgreichen Angriff auf Sluis und nahm es ein. Der protestantische Kurfürst der Rheinpfalz entsandte seine Kavallerie, gut geschulte deutsche Reiter. Auf der anderen Seite stachen 120 englische Katholiken von Lowestoft aus in See, um für Alba zu kämpfen. Zu ihrer Absicherung hatten sie erklärt, sie wollten Alba gegen alle Feinde dienen, mit Ausnahme der Königin von England.[15]

Im Juli 1572 verfügte Wilhelm von Oranien über eine Armee von 13 500 Infanteristen und 7 500 Reitern. Die Wassergeusen unter Führung des verwegenen Patrioten Wilhelm de La Marck, Graf von Lumey, setzten unterdessen ihren erfolgreichen Guerillakrieg gegen die spanische Besatzungsarmee fort. Die gefangenen spanischen Soldaten hängten sie in der Regel auf, außerdem töteten sie viele katholische Priester und Mönche. Die Spanier metzelten dafür die Soldaten und die Zivilbevölkerung der von ihnen eroberten Städte nieder und verbrannten in jedem Bezirk, in dem sie auf Widerstand stießen, die Häuser der Bauern.[16]

In den befriedeten Gebieten wurden weiterhin Verräter hingerichtet und Ketzer verbrannt. Unter den Opfern war auch ein Holländer, der als Flüchtling nach England gekommen war und achtundzwanzig Jahre in Rye gelebt hatte. Als sich der Widerstand formierte, war er wieder in die Niederlande gegangen und hatte Frau und Kinder in Rye zurückgelassen. In Antwerpen ging er während der Messe in eine Kirche, ergriff die Hostie, als der Priester sie hochhielt, warf sie zu Boden und rief, es verstoße gegen Gottes Wort, fremde Götter zu verehren. Er wurde zum Tode verurteilt und in Antwerpen hingerichtet. Mit einer langen Haarnadel wurde ihm die Zunge durchstochen, dann wurde ihm mit einem Meißel die rechte Hand abgetrennt, und er mußte zusehen, wie sie verbrannt wurde. Anschließend wurde er an den Brandpfahl gebunden und so lange im Feuer gelassen, bis ihm die Eingeweide heraushingen. Danach wurde er aus dem Feuer gezogen, in der Hoffnung, er sei noch am Leben, und auf freiem Feld an einem Galgen aufgehängt. Dort blieb sein Leichnam monatelang hängen.[17]

Die Protestanten hielten nur noch die Inseln von Seeland und einen schmalen Küstenstreifen im Westen der Provinz Holland. Zwar gelang es ihnen nicht, Amsterdam einzunehmen, aber dafür schlossen sich ihnen die Calvinisten aus Haarlem an. Im Dezember 1572 schickte Alba seinen Sohn aus, um die Stadt zurückzuerobern. Nachdem die Spanier zweimal vergeblich versucht hatten, die Stadt im Sturm zu nehmen, wollten sie die 4 000 Verteidiger durch Hunger zur Übergabe zwingen. Aber Haarlem hielt stand. Die Verteidiger der Stadt hielten durch Kuriere, die in den nebligen Winternächten das Eis überquerten, Kontakt zu den Wassergeusen. Allerdings schlugen alle Versuche Wilhelm von Oraniens und La Marcks fehl, Haarlem zu befreien. Sieben Monate verfolgten die Protestanten in England das Geschehen mit großer Besorgnis und priesen den Heroismus der Soldaten und Bürger von Haarlem und der Verteidiger von La Rochelle. Auf seiner Reise durch Deutschland schrieb Philip Sidney am 29. März von Frankfurt aus an seinen Onkel, den Grafen von Leicester: »Aller Augen sind nur auf Frankreich und Flandern gerichtet, so daß hier von keinem anderen Land mehr die Rede ist.«[18]

Schließlich wurde Haarlem ausgehungert, und am 11. Juli 1573 erfolgte die Übergabe. Die Spanier hängten die 1 600 Überlebenden der Garnison auf, mit Ausnahme der deutschen Söldner, die gegen Zahlung eines Lösegelds freigelassen wurden. Vierhundert prominente Bürger Haarlems wurden ebenfalls gehängt, und den Einwohnern, deren Leben geschont wurde, wurde eine Geldbuße von 250 000 Gulden auferlegt. Die Nachricht wurde von Delft aus nach England übermittelt. Delft wurde von Sir Humphrey Gilberts Leuten gehalten. Die Engländer hatten bei ihrem vergeblichen Versuch, Haarlem zu befreien, schwere Verluste erlitten. Sie berichteten, die Spanier hätten sich nicht an die Kapitulationsbedingungen gehalten, als sie die Verteidiger von Haarlem gehängt hätten.[19]

In den Religionskriegen des 16. Jahrhunderts wurden die Soldaten der Garnison nach der Einnahme einer Stadt oder Festung häufig hingerichtet, und anschließend wurden dann Vorwürfe laut, der Sieger habe sich nicht an die Kapitulationsbedingungen gehalten. Der Vorwurf wurde später auch gegen Elisabeths Feldherrn in Irland erhoben. Gewöhnlich traf er nicht zu, sondern basierte auf Mißverständnissen, die manchmal freilich beabsichtigt waren. Es gab allgemein anerkannte Regeln, nach denen die Übergabe durch die Garnison erfolgte. Eine ehrenvolle Übergabe erlaubte es den Verteidigern, mit wehenden Fahnen, Waffen, voller Ausrüstung und Pferden abzuziehen. Unter weniger günstigen Bedingungen durfte die Garnison die Stadt erst verlassen, nachdem sie Waffen, Ausrüstung, Pferde und Fahnen den Belagerern abgeliefert hatte. Noch ungünstiger war es, wenn die Verteidger lediglich die Zusage erhielten, daß ihr Leben geschont werde. Denn das bedeutete, daß sie solange Gefangene blieben, bis über ihre Freilassung verhandelt wurde. Entweder mußte ein Lösegeld gezahlt werden oder es fand ein Gefangenenaustausch statt. Das Schlimmste war, wenn die Belagerer auf einer Übergabe »auf Gedeih und Verderb« beharrten und die Verteidiger darin einwilligen mußten. Bei dieser bedingungslosen Kapitulation konnte der siegreiche Kommandant nach Belieben entscheiden, ob die Verteidiger aufgehängt, gefangengenommen oder freigelassen werden sollten. In der Regel wurden ein paar von ihnen gehängt, manchmal genau so viele, wie Soldaten bei der Einnahme der Festung gefallen waren. Die vermögenderen Offiziere, die ein gutes Lösegeld brachten, wurden gefangengenommen, die übrigen freigelassen.

Wenn sich die Verteidiger nicht ergaben, ließ der General der Belagerungstruppen die Festung stürmen, wenn Kanonen ein Loch in die Mauer gesprengt hatten, durch das die Soldaten in die Festung gelangen konnten. Waren die Verteidiger vor Eröffnung des Geschützfeuers nicht zur Übergabe bereit – wollten sie »den Kanonen standhalten« –, gab es kein Pardon und alle wurden hingerichtet, wenn die Festung gefallen war. Den Verteidigern blieb daher, wenn sie keine besseren Bedingungen aushandeln konnten, als Alternative, sich auf Gedeih und Verderb auszuliefern, weil in diesem Fall die Möglichkeit bestand, daß nur ein paar von ihnen gehängt wurden. Andernfalls wurden sie nach Einnahme der Festung niedergemetzelt, ohne daß die Sieger sich dabei eines Vertrauensbruchs schuldig gemacht hätten. Wenn freilich die, die sich in der Hoffnung auf Gnade bedingungslos ergeben hatten, trotzdem zum Tod verurteilt wurden, beschuldigten sie den Feind fast immer, die Kapitulationsbedingungen verletzt zu haben. Natürlich hofften die Belagerer angesichts der zu erwartenden Verluste, daß es ihnen erspart bleiben würde, die Festung zu stürmen. Manchmal waren einzelne Offiziere versucht, anzubieten oder anzudeuten, daß man das Leben der Verteidiger schonen werde, während diese in Wahrheit gezwungen wurden, sich auf Gedeih und Verderb auszuliefern.

Auch wenn die Protestanten in Holland und Frankreich Niederlagen hinnehmen mußten, in Schottland zumindest waren sie Herr der Lage. Als die Armeen Karls IX. La Rochelle belagerten, unternahm Elisabeth endlich die notwendigen Schritte, um den Widerstand der Lords der Königin zu brechen. Im Oktober 1572 starb Mar, und Morton übernahm mit Elisabeths Zustimmung das Amt des Regenten. Am 1. Januar 1573 forderte er die Übergabe von Edinburgh Castle. Grange und Lethington wollten nicht auf Mortons Gnade vertrauen, wenn sie erst einmal die schützende Burg verlassen hatten. Unter der Bedingung, daß Grange Edinburgh Castle halten dürfe, boten sie an, Jakob VI. als König anzuerkennen und Elisabeth vier Geiseln zu überlassen, die sicherstellen sollten, daß sie keine fremde Armee nach Schottland holen würden. Doch Morton beharrte auf der Übergabe der Burg und belagerte sie.[20]

Edinburgh Castle war nur einmal in seiner langen Geschichte eingenommen worden, und Morton war überzeugt, daß er es ohne Belagerungsgeschütze nicht schaffen konnte. Er hatte jedoch keine Kanonen zur Verfügung, während Grange die Geschütze der Burg hatte. Als Mortons Männer rund um die Burg Gräben aushoben und mit der Belagerung begannen, ließ Grange 87 Schüsse auf die Stadt abgeben. Die Lords des Königs behaupteten jedoch, dabei sei lediglich ein Hund getötet worden, der gerade in Mortons Haus habe laufen wollen. Nun bat Morton Elisabeth, ihm englische Soldaten mit Geschützen zu schicken.[21]

Elisabeth schickte Kanonen aus den Eisengießereien von Sussex Weald und mit ihnen Sir William Drury mit Soldaten aus Berwick. Vor seinem Abmarsch aus Berwick schrieb Drury Burghley über die letzten Neuigkeiten aus Haarlem und La Rochelle.[22] Für ihn und viele andere ging es in Haarlem, La Rochelle und Edinburgh Castle um dieselbe Sache.

Am 25. April hatten die Engländer Edinburgh erreicht und zusammen mit Mortons Truppen rund um die Burg Stellung bezogen. Es dauerte einen Monat, bis Drury und Morton die Burg eingenommen hatten, denn die dicken Mauern hielten den Geschützen vortrefflich stand. Schließlich wurde ein Turm von Kanonenkugeln getroffen und ein Teil des Turms stürzte in den Burgbrunnen und verstopfte ihn fast. Das wenige Wasser, das noch aus dem Brunnen geholt werden konnte, war durch Schutt verunreinigt. Damit war es für die Verteidiger unmöglich, die Burg länger zu halten. Am 27. Mai war Grange zur Übergabe bereit, wenn das Leben der Verteidiger geschont werde. Morton bot an, alle Verteidiger zu verschonen außer Grange, Lethington, Lord Home und acht anderen, deren Schicksal von der Entscheidung der Königin von England abhängen sollte. Grange ging darauf ein, und am nächsten Morgen wurde die Burg übergeben.[23]

Elisabeth war nicht erfreut, daß Morton ihr die Entscheidung überlassen hatte, was mit den Anführern der Belagerer von Edinburgh Castle geschehen sollte. Sie erklärte, ihrer Ansicht nach stehe es einem fremden Herrscher nicht zu, über das Schicksal schottischer Rebellen zu entscheiden. Das sei Mortons Aufgabe als Regent.[24] Lethington war mittlerweile in Gefangenschaft gestorben. Angeblich hatte er Gift genommen, doch in Wirklichkeit war er bereits vor der Übergabe der Burg krank gewesen.

Die Gefangenen hatten genug Geld, um Morton und seine Freunde zu bestechen, damit sie ihnen das Leben schenkten. Aber die Geistlichen der Kirche von Schottland forderten ihren Tod. Knox, der sechs Monate zuvor gestorben war, hatte in den letzten Monaten seines Lebens seinen alten Kameraden Grange immer wieder als Verräter an der protestantischen Sache angeprangert. Und die Pfarrer sprachen in ihren Predigten von dem göttlichen Gebot, Götzendiener zu bestrafen, und von der Sünde Sauls, der die Stadt Amalek verschont hatte. Grange wurde am 3. August zusammen mit seinem Bruder und zwei seiner Offiziere auf dem Markt von Edinburgh aufgehängt.[25] Die übrigen Gefangenen wurden nach kurzer Haft auf freien Fuß gesetzt. Drei Wochen zuvor hatten die Spanier in Haarlem weit mehr als nur vier Menschen gehängt.

# 18

# Puritaner und Wiedertäufer

Philipp II. beorderte Alba nach Spanien zurück und ernannte den Großkomtur Don Luis de Requesens zu Albas Nachfolger in den Niederlanden. Im Frühjahr 1574 belagerten Requesens' Truppen Leiden, und die Protestanten richteten sich auf eine Verteidigung ein, die ebenso heroisch sein sollte wie die Verteidigung Haarlems. Die Spanier errangen ferner einen entscheidenden Sieg über Ludwig von Nassau. Ludwig und ein weiterer Bruder Wilhelm von Oraniens fielen in der Schlacht. In diesem äußerst kritischen Moment für die Protestanten der Niederlande kam es zwischen Wilhelm und Elisabeth zu einer Auseinandersetzung über die Kaperfahrten der Wassergeusen. Zur Finanzierung ihrer Unternehmungen beschafften die Wassergeusen sich Geld von einheimischen und ausländischen Kaufleuten. Diese mußten dafür bezahlen, daß sie mit den von Spanien besetzten niederländischen Provinzen Handel treiben durften. Trieben sie ohne Genehmigung Handel, wurden ihre Schiffe von den Wassergeusen beschlagnahmt und geplündert.

Auch Londoner Kaufleute mußten für eine Lizenz der Wassergeusen zahlen, wenn sie nicht wollten, daß ihre Schiffe und Güter beschlagnahmt wurden. Man mußte schon ein außerordentlich fanatischer Protestant sein, um diesen Beitrag gutwillig zu leisten und darin keine skandalöse Erpressung durch Piraten zu sehen. Einige der Kaufleute beschwerten sich bei Elisabeth. Diese bat Wilhelm, die Wassergeusen anzuweisen, sich nicht in den Handel ihrer Untertanen einzumischen. Da ihre Proteste erfolglos blieben, ordnete sie die Beschlagnahme der Schiffe von Kaufleuten aus Dordrecht an, die in englischen Häfen vor Anker lagen. Dordrecht wurde von Wilhelms Truppen gehalten. Am 2. Januar 1574 bat Wilhelm Elisabeth in einem Schreiben, die Schiffe freizugeben und nicht unschuldige Kaufleute aus Dordrecht für seeräuberische Handlungen zu bestrafen, die von Piraten ohne seine Zustimmung in seinem Namen begangen worden seien. Ausgerechnet in dem Augenblick, wo alle Protestanten Europas den heldenhaften Verteidigern von Alkmaar und Leiden zujubelten und Elisabeths protestantische Untertanen in Holland mutig für Wilhelm und die protestantische Sache kämpften, fiel ihre Königin ihnen in den Rücken, indem sie die Schiffe protestantischer Kaufleute aus den befreiten Gebieten beschlagnahmte.[1]

Am 22. April 1574 schrieb Wilhelm Elisabeth, daß es der von ihr und ihm unterstützten Sache des Glaubens sehr schaden würde, wenn er den freien Handel mit den von Spanien besetzten Niederlanden zuließe. Er bat um Verzeihung, wenn er sich weigere, ihre Bitte zu erfüllen. Elisabeth sandte Rogers zu Wilhelm, um ihm zu sagen, daß er in den Augen der Welt eine gute Sache auf Grund der Methoden, mit denen er sie vorantreibe, in ihr Gegenteil verkehre. Rogers sollte Wilhelm ausrichten, daß Elisabeth das ihren Untertanen widerfahrene Unrecht »rächen« werde, wenn er die Beschlagnahme von Schiffen fortan nicht unterlasse.[2]

Angesichts von Elisabeths unfreundlicher Haltung und ihrer Weigerung, den Protestanten in den Niederladen beizustehen, beschloß Wilhelm, Frankreich um Hilfe zu bitten und Alençon aufzufordern, die Protestanten zu unterstützen und an Stelle von Philipp Herrscher der Niederlande zu werden. Als Elisabeth davon erfuhr, sorgte sie sich, die Niederlande könnten unter die Kontrolle Frankreichs geraten. Rogers sollte Wilhelm mitteilen, sie werde sich mit Philipp verbünden, um eine Machtübernahme Alençons in den Niederlanden zu verhindern, und sie werde den Kaiser und die deutschen Fürsten drängen, sich England und Spanien gegen Frankreich und Wilhelm anzuschließen.[3]

Die Freibeuter von Flushing kaperten weiterhin Schiffe, und Elisabeth wurde immer ungehaltener. Im Sommer 1576 ließ sie vier von Wilhelms Schiffen beschlagnahmen, die in Falmouth eingelaufen waren. Sie schickte Sir William Winter zu Wilhelm, um ihm mitzuteilen, daß die Wassergeusen in einem Monat dreißig englische Schiffe gekapert hätten und in Flushing englische Waren im Wert von 200 000 Pfund zurückhielten. Elisabeth werde die vier Schiffe erst freigeben, wenn den englischen Kaufleuten die 200 000 Pfund erstattet würden. Wilhelm beharrte auf seinem Standpunkt, daß die protestantische Sache in den Niederlanden ohne die Kaperfahrten verloren sei und daß Philipp dann auch gegen England ziehen würde. Elisabeth zeigte sich nicht beeindruckt. Winter sollte Wilhelm erklären, sie sei stark genug, um sich auch ohne seine Hilfe zu verteidigen. »Nebenbei könnt Ihr ihm sagen, daß es in den Augen der Welt für Ihre Majestät das Beste wäre, wenn sie sich mit dem König von Spanien gegen ihn verbünden würde, um so der Gefahr zu trotzen oder zuvorzukommen, die ihr seiner Meinung nach durch seinen Sturz erwachsen könnte.« Wenn diese Argumente bei Wilhelm nichts bewirkten, sollte Winter sich mit den englischen Offizieren in Verbindung setzen, die für Wilhelm kämpften, und sie auffordern, sich entweder den Spaniern anzuschließen oder eine von Wilhelms Städten einzunehmen und sie für Elisabeth zu halten.[4]

Walsingham bot seine ganze Kraft auf, um Elisabeth zu besänftigen und Wilhelm zu helfen. Er überredete Elisabeth, Wilhelms Schiffe in Falmouth freizugeben, und er drängte Wilhelm, die Kaperfahrten der Freibeuter von Flushing einzuschränken, da diese von spanienfreundlichen Elementen in England benutzt würden, die Königin gegen die holländischen Protestanten aufzubringen. Wilhelm ließ Elisabeth wissen, wie betrübt er sei, daß er sie gekränkt habe. Der Streit wurde beigelegt, nachdem Wilhelm ein Schiff zurückgegeben hatte, das unter besonders fragwürdigen Umständen gekapert worden war. Doch die Piraten von Flushing behielten fast alle englischen Waren, die sie beschlagnahmt hatten.[5]

Elisabeth stritt sich mit Morton und den schottischen Protestanten genauso wie mit Wilhelm von Oranien und den Holländern. Nach dem Fall von Edinburgh Castle hatte Morton seine Autorität in Schottland gefestigt. Er hatte sich erst spät zum Protestantismus bekannt, ohne daß es ihm dabei wirklich ernst war, aber er war jetzt der stärkste und skrupelloseste Führer in Schottland und fest mit dem Protestantismus und der englischen Allianz verbunden. Er schlug vor, zum Schutz der protestantischen Religion einen neuen Bündnisvertrag zwischen England und Schottland zu schließen, dem sich die lutherischen Fürsten in Deutschland und die protestantischen Könige von Dänemark und Schweden anschließen sollten. Walsingham unterstützte den Vorschlag, aber Elisabeth verweigerte ihre Zustimmung.[6]

Elisabeth hatte in bezug auf Mortons Vorschlag noch keine Entscheidung getroffen, da gefährdete ein bedauerlicher Vorfall die englisch-schottische Freundschaft und die protestantische Sache. Seit vielen Jahren war es üblich, daß sich die englischen und schottischen Grenzbeamten regelmäßig viermal im Jahr trafen, um die Probleme zu erörtern, die durch Raubüberfälle von Engländern und Schotten in das jeweils andere Land entstanden. Bei diesen Zusammenkünften, die abwechselnd auf der englischen und der schottischen Seite der Grenze stattfanden, herrschte normalerweise eine freundschaftliche Atmosphäre. Die Bemühungen, die Raubüberfälle der Schotten in Liddisdale und die der Engländer in Tynedale zu verhindern, blieben allerdings ohne großen Erfolg.

Am 7. Juli 1575 fand das vierteljährliche Treffen in Reedswire in Schottland statt. Teilnehmer waren Sir John Forster, der englische Schutzherr der Mittleren Marken, und Sir James Carmichael, der schottische Aufseher von Liddisdale, ein Gefolgsmann Mortons. Über den Verlauf des Treffens liegen widersprüchliche Angaben vor. Den Engländern zufolge griff eine Gruppe von Reitern aus Jedburgh, die Carmichael zu dem Treffen begleitet hatte, die Engländer plötzlich an, wobei die Männer schrien: »Ein Jedworth, ein Jedworth!« Die Schotten hingegen behaupteten, Männer aus Tynedale, die Forster begleitet hätten, seien über sie hergefallen und hätten geschrien: »Ein Tynedale, ein Tynedale!« Die Schotten gewannen die Oberhand und trieben die Männer aus Tynedale über die Grenze nach England. Dort stießen sie auf eine englische Truppe unter Führung von Forsters Schwager Sir Giles Heron. In dem anschließenden Kampf wurden Heron und fünf weitere Engländer getötet und mehrere verletzt, ehe die Schotten mit einigen englischen Gefangenen nach Schottland zurückkehrten. Unterdessen hatte Carmichael in Reedswire Forster und seine Eskorte gefangenommen und zu Morton nach Dalkeith gebracht.[7]

Morton ließ Forster und seine Leute am nächsten Tag frei und schickte sie nach England zurück. In einem Brief an Elisabeth brachte er sein Bedauern über den Vorfall zum Ausdruck. Er schlug vor, sie solle einen Abgesandten zu ihm schicken, der sich in der Nähe von Eyemouth, sechs Kilometer nördlich der Grenze, mit ihm treffen solle, um zu beratschlagen, wie in Zukunft derlei Vorkommnisse verhindert werden könnten. Elisabeth schrieb daraufhin einen wütenden Brief an Killigrew, ihren Agenten in Berwick. Mortons Tat habe sie so tief in ihrer Ehre verletzt und sei derart abscheulich, daß sie durch nichts zu entschuldigen sei. Wenn sie gerechte Rache nehmen würde, würde ihm klar werden, was es für einen Mann seines Standes bedeute, eine Frau ihrer Stellung zu beleidigen. Aber da nicht ganz Schottland für die Torheit eines Mannes büßen solle, sei sie bereit, den Grafen von Huntingdon, den Vorsitzenden des Rates des Nordens, zu Morton zu schicken, obwohl sie Mortons Vorschlag anmaßend finde, das Treffen solle sechs Kilometer innerhalb der Grenzen Schottlands stattfinden. Huntingdon solle Morton am Bound Rock an der Grenze nördlich von Berwick treffen.[8]

Walsingham hatte Elisabeth nicht nur überredet, von unmittelbaren Vergeltungsmaßnahmen gegen die Schotten abzusehen, er hatte auch dafür gesorgt, daß sie den unerschütterlichen Protestanten Huntingdon als ihren Vertreter zu den Verhandlungen mit Morton entsandte. Huntingdon und Morton trafen sich im August an der Grenze und einigten sich darauf, den Vorfall friedlich zu regeln. Huntingdon versuchte Elisabeths Zorn auf die Schotten zu besänftigen, und gleichzeitig brachte er Morton dazu, Carmichael als Gefangenen an Elisabeth auszuliefern.[9] Aber Elisabeths Zorn war noch längst nicht besänftigt. Sie tadelte Huntingdon und Killigrew, daß sie gegenüber den Schotten nicht entschieden genug aufgetreten seien. Huntingdon trug sie auf, Morton daran zu erinnern, »daß sich ein anderer König an meiner Stelle mit Taten gerächt und ihm die Worte überlassen hätte«.[10]

Morton lieferte Carmichael Huntingdon aus. Huntingdon behielt Carmichael jedoch in York und schickte ihn nicht nach London. Sechs Wochen später wurde Carmichael nach Schottland zurückgeschickt, und Morton wurde mitgeteilt, Elisabeth betrachte den Vorfall damit als erledigt. Der alte schottische Protestant Captain Cockburn schrieb am 4. November von Edinburgh aus an Burghley, all ihre Feinde, die auf einen Krieg zwischen England und Schottland hofften, seien enttäuscht.[11]

Auch in ihrer Politik gegenüber den protestantischen Extremisten im eigenen Reich blieb Elisabeth erfolglos. Nachdem sich der Streit von 1566 über die Meßgewänder gelegt hatte, begann eine Gruppe von Puritanern in London, Northamptonshire und anderswo eine Kampagne mit dem Ziel der Entlassung der Bischöfe und der Gründung einer presbyterianischen Kirche in England. Die Puritaner verteidigten ihre Lehren in Predigten und sogenannten »Prophesyings«, öffentlichen Predigt- und Exegeseübungen, bei denen die Teilnehmer selbst einen vorgegebenen Bibeltext auslegten und die unterschiedlichen Ansichten miteinander verglichen. An diesen Gesprächsrunden nahmen nicht nur Geistliche teil, sondern auch Edelleute und andere Laien.

Elisabeth stand den Puritanern und ihren »Prophesyings« außerordentlich feindselig gegenüber. Erzbischof Parker tat sein Möglichstes, um die Gespräche zu unterbinden. Aber mehrere Bischöfe, Mitglieder des Staatsrats und einflußreiche Höflinge befürworteten und förderten sie. Zu ihnen gehörten Grindal, der 1569 zum Erzbischof von York ernannt worden war, Leicester, Huntingdon, Bedford, Knollys, Walsingham, Wilson, Beale und Davison. Im Staatsrat sträubten sich nur der Graf von Sussex und Sir Christopher Hatton dagegen, während sich Burghley eher neutral verhielt.[12] »Die Unterstützung, die diese Puritaner erhalten, und ihre Haltung sind einfach erstaunlich«, schrieb Parker im März 1573 an Burghley. »... und wenn wir nicht unser ganzes Vertrauen auf Gott, Ihre Majestät und zwei oder drei ihrer Räte setzen, sehe ich für uns in England keinen Platz mehr.«[13]

Am Ostersonntag 1575 wurden siebenundzwanzig holländische Wiedertäufer – zwölf Männer, vierzehn Frauen und ein Junge – von einem Wachtposten bei einer Gebetsversammlung in einem Haus bei Aldgate in London entdeckt. Zwei der Männer konnten entkommen, die anderen fünfundzwanzig wurden verhaftet und von Sandys, dem Bischof von London, verhört. Sie bestritten, daß Christus sowohl Mensch als auch Gott sei und daß ein Christ »Magistrat« sein könne, also Regierungsbeamter. Außerdem verurteilten sie die Kindstaufe und das Schwören von Eiden. Sandys setzte Elisabeth davon in Kenntnis. Elisabeth beauftragte Sandys und fünf weitere Bevollmächtigte, die Wiedertäufer der Ketzerei anzuklagen. Zu den Bevollmächtigten gehörte Richter Monson vom Court of Common Pleas, der mit den Puritanern sympathisierte.

Fünf Wiedertäufer widerriefen. Nachdem sie sich öffentlich am Paul's Cross zu ihrem Irrtum bekannt hatten, mußten sie der niederländisch-protestantischen Kirche in London beitreten. Den anderen wurde am 15. Mai in der St. Paul's-Kathedrale der Prozeß gemacht, und sie wurden als Ketzer verurteilt. Das bedeutete, daß sie verbrannt werden konnten,* obwohl seit Elisabeths Thronbesteigung niemand mehr wegen Ketzerei verbrannt worden war.

In vielen Gegenden regte sich erstaunlicher Widerstand gegen die Hinrichtung der Wiedertäufer, denn seit Marias Regierung und der Veröffentlichung von Foxes »Buch der Märtyrer« wurde das Verbrennen von Ketzern mit papistischer Tyrannei in Zusammenhang gebracht. Eine der verurteilten Frauen widerrief. Die anderen Frauen und der Junge wurden nach Holland verbannt, nachdem man den Jungen hinten an einen Karren gebunden und mit Schlägen durch die Straßen von London getrieben hatte. Den übrigen fünf Männern drohte noch immer die Hinrichtung. Die Behörden beschlossen, dreien das Leben zu schenken und die anderen beiden zu verbrennen. Bei den beiden handelte es sich um Henry Terwoort, einen 35jährigen Goldschmied, und John Pieters, einen armen Mann von über fünfzig, dessen erste Frau in Gent als Ketzerin verbrannt worden war. Dem ersten Mann seiner jetzigen Frau war das gleiche Schicksal widerfahren.[14]

Elisabeth erhielt mehrere Gnadengesuche, in denen sie gebeten wurde, die beiden Männer zu verschonen. Ein Gnadengesuch kam von der niederländisch-protestantischen Kirche in London, ein anderes von Sir Thomas Bodley, Elisabeths ehemaligem Agenten in den Niederlanden. Auch John Foxe schickte ein bemerkenswertes Gnadengesuch. Obwohl er die Lehren der Wiedertäufer verachte, schrieb er Elisabeth, sei er der Ansicht, daß sie mit Verbannung, Gefängnis oder Prügel bestraft werden sollten, nicht mit dem Tod auf dem Scheiterhaufen, der »eher dem Beispiel Roms entspricht als dem Geist des Evangeliums«. Der Gedanke, ein menschliches Wesen oder ein Tier zu töten, sei ihm unerträglich. Jedesmal, wenn er am Hof eines Schlachters vorbeikomme, sei er bedrückt.[15]

Elisabeth teilte Foxe mit, sie habe die Entscheidung über das Schicksal der Männer den Kommissionsmitgliedern überlassen, die die Verhandlung führten. Foxe setzte sich bei der Kommission vergeblich für die Männer ein. Es gelang ihm auch nicht, die Wiedertäufer zum Widerruf zu bewegen. Am 15. Juli unterzeichnete Elisabeth die Todesurteile, am 22. Juli wurden die beiden Männer in Smithfield verbrannt. Sie starben »in großer Furcht mit Schreien und Wehklagen«.[16] Es ist nicht bekannt, wie Elisabeth selbst über die Hinrichtung von Terwoort und Pieters dachte und ob die Geschichte eines niederländisch-protestantischen Autors des 17. Jahrhunderts der Wahrheit entspricht.

* Das Parlamentsgesetz von 1401, auf Grund dessen Ketzer verbrannt werden konnten, war 1547 aufgehoben, 1555 wieder in Kraft gesetzt und 1559 erneut aufgehoben worden. Doch im Fall von Joan Bocher hatten die Richter 1550 entschieden, daß der König das Recht habe, die Verbrennung von Ketzern unabhängig vom geschriebenen Gesetz nach dem Gewohnheitsrecht anzuordnen.

Danach soll Elisabeth wütend auf ihre Hofdamen gewesen sein, als diese ihr ein Gnadengesuch vorlegten.

Die Puritaner mit ihren einflußreichen Sympathisanten in der Kirche und bei Hof waren eine weitaus größere Gefahr als die Wiedertäufer, und Elisabeth war zunehmend aufgebracht darüber, daß sie ihre Beamten nicht bewegen konnte, die Puritaner ein für allemal auszurotten. Im Mai 1575 starb Parker. Elisabeth erklärte sich nur widerwillig bereit, Grindal zu seinem Nachfolger als Erzbischof von Canterbury zu ernennen, denn sie hatte Angst, er werde den Puritanern gegenüber zu tolerant sein.[17]

Bald darauf bewahrheiteten sich Elisabeths schlimmste Befürchtungen. Als sie Grindal befahl, die puritanischen Klerikerkonferenzen zu verbieten, verweigerte er ihr den Gehorsam. Im Dezember 1576 schrieb er ihr einen berühmten Brief: »Ich muß in aller Demut und doch offen gestehen, daß ich nicht mit ruhigem Gewissen und ohne Gott in seiner Majestät zu kränken meine Zustimmung zum Verbot der besagten Übungen geben kann… Ich flehe Euch an, Madam, habt Nachsicht mit mir, wenn ich lieber Eure irdische Majestät beleidige als die Majestät Gottes im Himmel.« Grindal erinnerte Elisabeth an den Heiligen Ambrosius, der sich im vierten Jahrhundert dem Versuch des Kaisers Theodosius widersetzt hatte, ihn zur Ausübung seiner geistlichen Autorität als Bischof von Mailand zu zwingen. Grindal ermahnte Elisabeth eindringlich: »Denkt daran, Madam, daß Ihr ein sterbliches Wesen seid.«[18]

Die puritanischen Sympathisanten bei Hof waren verärgert, daß Grindal so undiplomatisch gewesen war, Elisabeth mit seinen Bedenken zu konfrontieren, statt sich theoretisch zu fügen und in der Praxis Obstruktion zu betreiben. Diese Taktik hatten sie bisher immer mit Erfolg angewandt, um Elisabeths puritanerfeindliche Politik unter Kontrolle zu halten, wenn nicht gar völlig zu hintertreiben. Immerhin gelang es ihnen, Grindal vor den schlimmsten Folgen seiner Kühnheit zu bewahren. Elisabeth unternahm ein halbes Jahr lang nichts gegen ihn. Dann stellte sie ihn im Lambeth-Palast unter Hausarrest und entband ihn von seinen Pflichten als Erzbischof. Sie enthob ihn jedoch nicht seines Amtes, wie sie eigentlich vorgehabt hatte, denn man hatte sie vor rechtlichen Schwierigkeiten gewarnt.[19]

Elisabeths Staatsräte waren nicht erfreut darüber, daß die Königin Grindal absetzen wollte, und sie scheuten sich nicht, sich in Briefen gegenseitig ihre Meinung zu bekunden. Walsingham schrieb an Burghley, er bedaure, daß »wir noch immer gegen Gott Krieg führen«. Burghley war ebenfalls der Ansicht, daß »dieses Vorgehen unseren gnädigen Gott nur verärgern kann«.[20] Elisabeth wandte sich direkt an die Bischöfe und befahl ihnen, die »Prophesyings« zu verbieten, die das Volk, »insbesondere das gemeine«, das sich lieber ehrlicher Arbeit zuwenden solle, veranlaßten, an Diskussionen »über theologische Fragen« teilzunehmen, »die für Unbelesene fremd und unpassend sind«.[21]

Schließlich durfte Grindal wieder einige seiner Aufgaben übernehmen. Als er im Juli 1583 starb, hatte er sein Amt immer noch inne. Elisabeth ernannte Whitgift zu seinem Nachfolger. Endlich hatte sie einen Erzbischof gefunden, der ihre Abneigung gegen die Puritaner teilte.

Wie üblich gab es Ärger, als das Parlament nach fast vierjähriger Pause im Februar 1576 wieder zusammentrat. Am ersten Tag der neuen Sitzungsperiode übte Peter Wentworth, der Abgeordnete für Barnstaple, in seiner Rede Kritik an Elisabeth, weil sie bei der letzten Parlamentssitzung im Jahr 1572 den Gesetzesvorlagen gegen Maria Stuart nicht zugestimmt habe. »Sicher ist, Mr. Speaker, daß niemand ohne Fehler ist; nein, nicht einmal unsere edle Königin. Da Ihre Majestät große Fehler begangen hat – ja, Fehler, die für sie selbst und den Staat gefährlich sind –, läßt die Liebe, die reine Liebe ohne Verstellung nicht zu, daß ich diese Fehler zum Schaden Ihrer Majestät verschweige, sondern befiehlt mir, sie zur Sicherheit Ihrer Majestät zu nennen.«[22]

Die Mitglieder des Unterhauses verurteilten Wentworths Rede und verlangten, daß er in den Tower gebracht werden solle. Nachdem Wentworth einen Monat im Tower verbracht hatte, übermittelte Elisabeth dem Parlament eine Botschaft, worin sie sich für die Maßnahmen gegen Wentworth bedankte, aber gleichzeitig erklärte, sie werde ihn wieder auf freien Fuß setzen, da sie erkannt habe, daß er aus Eifer für ihre Interessen so gesprochen habe. Die Anregung zu Wentworths Verhaftung hatte Knollys im Unterhaus gegeben.[23] Knollys und seine Fraktion waren der Ansicht, Elisabeth dürfe von Puritanern nicht öffentlich kritisiert werden, denn dadurch könne sie in die Arme der Katholiken getrieben werden, so wie der Widerstand der katholischen Bischöfe und die päpstliche Bulle sie gezwungen hätten, auf die Unterstützung der Protestanten zu vertrauen. Klüger sei es, sich in der Öffentlichkeit über Wentworths Verhalten empört zu zeigen und hinter den Kulissen Elisabeth dazu zu bringen, ihm zu vergeben. Die puritanischen Sympathisanten bei Hof waren erfahrene Politiker, und sie verstanden es, mit Elisabeth umzugehen.

# 19

## Reibereien mit Spanien

Elisabeths Einstellung zum Kampf der Niederländer gegen Philipp II. war von Widersprüchen geprägt. Sie sympathisierte insofern mit ihnen, als sie Protestanten waren, aber sie verachtete sie als Rebellen, die sich gegen ihren Fürsten erhoben. Viele ihrer Untertanen unterstützten den Kampf der Niederländer für die protestantische Sache, und einige nahmen sogar daran teil. Doch die englischen Kaufleute waren verbittert über die Kaperfahrten der Wassergeusen und die Zahlungen, die sie ihnen leisten mußten, um mit den von Spanien besetzten Gebieten Handel treiben zu können. Elisabeth wurde sich immer mehr der Gefahr bewußt, die ihr von Spanien drohte. Ihre protestantischen Räte warnten sie fortwährend, daß Philipp die Häfen Flanderns und Seelands als Ausgangsbasis für eine Invasion Englands benutzen würde, wenn es ihm gelänge, die Revolte in den Niederlanden niederzuschlagen. Auf der anderen Seite fürchtete Elisabeth, darin der traditionellen englischen Außenpolitik und der alten Allianz mit Burgund verhaftet, die Franzosen könnten die Niederlande unter dem Vorwand erobern, das Land von Spanien befreien zu wollen.

An einem ließ sie freilich keinen Zweifel: Es war unerträglich, daß Philipps Regierung in den Niederlanden den katholischen Rebellen aus England Schutz und finanzielle Hilfe gewährte. Der Graf von Westmorland und die Gräfin von Northumberland hielten sich in den Niederlanden auf, und weitere englische Katholiken waren nach Douai und in andere Städte der Niederlande geflohen und erhielten von Philipp Pensionen. Im Dezember 1574 schickte Elisabeth Sir Thomas Wilson nach Brüssel, um bei Requesens zu protestieren, daß die Aufnahme englischer Rebellen einen Bruch des Vertrages von 1495 zwischen England und Burgund darstelle. Die englischen Flüchtlinge kannten Wilsons Vergangenheit, und angeblich war in Lady Northumberlands Haus in

Brüssel die Bemerkung gefallen, es sei schade, daß Papst Paul IV. Wilson nicht habe verbrennen lassen, als er in Rom Gefangener der Inquisition gewesen sei.[1]

Wilson hatte mehrere unerfreuliche Begegnungen mit Requesens. Dieser erklärte ihm, er könne der englischen Regierung nicht trauen, weil deren Mitglieder derselben Religion anhingen wie die Rebellen im Land seines Herrn. Gefragt, ob er Elisabeth traue, meinte Requesens, er vertraue ihr, weil er hoffe, daß sie eines Tages zum katholischen Glauben übertreten werde, wenn sie erkenne, daß sie von den Ketzern in ihrem Staatsrat irregeführt werde. »An dieser Stelle entbrannte zwischen uns ein heißer Disput, welche Religion besser sei«, schrieb Wilson an Burghley. »Er verurteilte meine und ich seine. Und ich sagte ihm, mein Vorteil sei, daß ich die Autoren seiner Religion gelesen hätte, während er von meinen nichts gelesen habe.« Als Wilson Requesens eine lateinische Übersetzung der Liturgie des Abendmahlsgottesdienstes der Kirche von England zeigen wollte, erklärte dieser, er wolle die Schrift nicht lesen. »Ich sagte ihm, es sei falsch, die Religion Englands zu verurteilen, ehe er sie kenne. ›Nein‹, erwiderte er, ›es genügt, daß die Kirche England verdammt... Ich habe Seine Heiligkeit in Rom um Absolution gebeten, weil ich mit einem Mann wie Euch rede‹.«[2]

Auf Philipps Anweisung gewährte Requesens allen Rebellen in den Niederlanden Amnestie, auch Wilhelm von Oranien. Obendrein versprach er, ihre Hauptforderung zu erfüllen und alle spanischen Truppen und Berater abzuziehen und die Niederlande ausschließlich von einheimischen Räten regieren zu lassen. Er lehnte es jedoch strikt ab, den Niederländern religiöse Toleranz zuzugestehen, denn Philipp beharrte darauf, daß alle seine Untertanen sich zum katholischen Glauben bekannten. Das einzige Zugeständnis, das er den Protestanten in dieser Hinsicht machen wollte, war, sie ausreisen zu lassen.[3]

Wilhelm von Oranien war über die neue Versöhnungspolitik der Spanier beunruhigt. Er hatte Angst, Philipp könne damit die Katholiken im Süden auf seine Seite ziehen, die sich dem Kampf gegen die Spanier nur angeschlossen hatten, weil sie die Anwesenheit spanischer Truppen und Räte in den Niederlanden ablehnten. Seine Sorgen wuchsen noch, als Requesens an einem Fieber starb und Philipps illegitimer Halbbruder Don Juan d'Austria sein Nachfolger wurde. Don Juan, der Sohn Karls V. und seiner Geliebten Barbara Blomberg, einer Regensburger Kaufmannstochter, war der Held der Seeschlacht von Lepanto, bei der die Spanier die Türken besiegt hatten. Außerdem war er ein charmanter Mann. Ein holländischer Protestant schrieb, als Verführer übertreffe er noch Circe, und er gewinne jeden für sich, dem er begegne. Auch bei Wilson ließ der Prinz seinen Charme spielen, und er befahl den englischen Rebellen, die Niederlande zu verlassen. Die Rebellen blieben jedoch heimlich in Cambrai, wo sie weiterhin von Philipp ihre Pensionen bekamen. Don Juan schrieb außerdem einen freundlichen Brief an Wilhelm von Oranien. Er bot an, sich mit ihm zu treffen und alle spanischen Truppen und Beamten aus den Niederlanden abzuziehen. Auf Philipps Befehl beharrte er jedoch darauf, daß neben dem katholischen Glauben keine andere Religion geduldet würde. Er erließ eine Proklamation, nach der gegen Ketzer die schlimmsten Strafen verhängt und alle ketzerischen Bücher verboten werden sollten.[4]

Nachdem Elisabeth zunächst wie üblich gezögert hatte, lehnte sie im Januar 1576 das Hilfeersuchen der Protestanten in den Niederlanden entschieden ab, weil sie dadurch möglicherweise in einen Krieg mit Spanien verwickelt wurde und dies den Verlust des Vermögens ihrer Kaufleute in Spanien und den Niederlanden bedeuten konnte. Sie wollte den Protestanten auf andere Weise helfen und sich bei Philipp für sie verwenden.[5]

Elisabeth schickte also Edward Horsey zu Don Juan d'Austria und Sir John Smith zu Philipp II. Sie ließ Don Juan und Philipp ausrichten, sie habe die Generalstaaten der Niederlande, die sich Wilhelm von Oranien und dem Kampf gegen Spanien angeschlossen hätten, gewarnt, daß sie sich mit Philipp gegen sie verbünden werde, wenn sie ihre natürliche Bindung an Philipp nicht anerkannten und gegen ihren Fürsten rebellierten. Sie habe jedoch erkannt, daß die Niederländer nicht rebellieren, sondern lediglich ihr Land von der spanischen Unterdrückung befreien wollten. Deshalb sollten, wie zu Zeiten Karls V., wieder einheimische Räte die Regierung für König Philipp übernehmen. Elisabeth riet Philipp, die Spanier in seinem eigenen Interesse abzuziehen und in den Niederlanden religiöse Toleranz walten zu lassen. Sie rechtfertigte ihre Einmischung in die inneren Angelegenheiten seines Landes als wohlmeinenden Rat einer liebenden Schwester. Zudem habe sie Angst, Philipps Untertanen würden ihrem Fürsten die Gefolgschaft aufkündigen und die Franzosen zu Hilfe rufen, wenn er ihnen nicht gewisse Zugeständnisse mache. Da eine Intervention der Franzosen die englischen Interessen ernsthaft gefährden konnte, drängte sie Philipp, dies unbedingt zu verhindern.[6]

Ihrer Botschaft an Philipp fügte Elisabeth eine persönliche Bemerkung hinzu. Sie schrieb, sie werde nie vergessen, wie freundlich er während der Regierungszeit ihrer Schwester zu ihr gewesen sei, und deshalb habe sie um so mehr Grund, ihm zu einem politischen Kurs zu raten, der seinen und ihren Interessen gleichermaßen dienen und die Beziehungen zwischen England und Spanien verbessern werde.[7]

Philipp und Don Juan dankten Elisabeth höflich für ihren gutgemeinten Vermittlungsversuch, versicherten ihr aber, daß ihre Bemühungen völlig unnötig seien, da sie auch ohne ihre Hilfe mit der Revolte in den Niederlanden fertig würden. Sie erklärten, sie hätten den Niederländern bereits angeboten, alle Spanier aus dem Land abzuziehen, aber unter keinen Umständen werde

Philipp ihnen religiöse Toleranz zugestehen. Schließlich gewähre Elisabeth den englischen Katholiken auch keine religiöse Toleranz. Elisabeth und ihre Abgesandten entgegneten, die Katholiken in England würden im Gegensatz zu den Protestanten in den Niederlanden nicht verfolgt, es sei denn, sie wären Rebellen oder hätten sich des Hochverrats oder der Anstiftung zum Aufruhr schuldig gemacht. Überhaupt sei die Situation in England eine ganz andere.[8]

Elisabeths Einstellung zur religiösen Toleranz war nicht so unlogisch, wie es für Menschen des 20. Jahrhunderts den Anschein haben mag. Die Königin gab unumwunden zu, daß Philipp wie sie selbst und alle anderen Fürsten das Recht habe, zu entscheiden, ob er seinen Untertanen religiöse Uniformität aufzwingen oder ihnen Toleranz gewähren wolle. Sie wies ihn lediglich darauf hin, daß religiöse Uniformität zwar in England und Spanien durchgesetzt werden könne, derselbe Versuch in den Niederlanden aber wegen der starken protestantischen Bewegung politisch zum Scheitern verurteilt sei. Philipp wußte natürlich, daß Elisabeth selbst Protestantin war, und deshalb glaubte er auch nicht, daß ihr schwesterlicher Rat, den Protestanten in den Niederlanden Toleranz zu gewähren, uneigennützig war.

In Frankreich war die Lage wieder anders. Dort wurden die hugenottischen Rebellen von Prinzen königlichen Geblüts wie dem König von Navarra und dem Prinzen von Condé angeführt, und die aktivsten Kräfte, die Handwerker und die Pariser Unterschicht, standen auf der Seite der Katholiken. Elisabeth war nach ihrer verhängnisvollen Intervention von 1562 fest entschlossen, diesen Fehler nicht zu wiederholen, doch legte sie Karl IX. und Katharina von Medici wiederholt nahe, den Hugenotten religiöse Toleranz einzuräumen. Mehr verlangten die Hugenotten nicht, erklärte Elisabeth, und sie seien keine Rebellen, sondern loyale Untertanen, die gezwungen seien, sich gegen Verfolgung und Mordanschläge der Agenten ehrgeiziger und anmaßender Untertanen wie der Guisen zur Wehr zu setzen.

Im März 1574 wurden Heinrich von Navarra und Alençon verhaftet, der Teilnahme an einem Mordkomplott gegen Karl IX. bezichtigt und im Louvre eingesperrt. Alençon gelang es, mit dem englischen Botschafter Kontakt aufzunehmen. Er bat ihn um Geld, um die Wachen bestechen und fliehen zu können. Burghley riet Elisabeth, ihm das Geld zu schicken, doch noch ehe sie sich entschieden hatte, war Alençon bereits ohne ihre Hilfe die Flucht geglückt. Er verbündete sich mit den Hugenotten und rüstete sich zu einem weiteren Bürgerkrieg gegen seinen Bruder König Heinrich III., der nach einer kurzen Zeit als König von Polen nach dem Tod Karls IX. im Mai 1574 König von Frankreich geworden war. Der junge Prinz von Condé konnte ebenfalls aus dem Louvre entkommen und übernahm zusammen mit Alençon die Führung der hugenottischen Truppen. Er stellte in Deutschland eine Reiterarmee zusammen und bat Elisabeth um Geld für den Sold der Truppe.

Burghley konnte Elisabeth nur mit Mühe dazu bewegen, Condé 3 000 Pfund zu leihen.[9]

Condés und Alençons Truppen waren denen des Königs überlegen, zumal sich ihnen Heinrich von Navarra anschloß, der ebenfalls aus Paris geflohen und wieder zum Protestantismus übergetreten war. Im Mai 1576 stimmte Heinrich III. einem Friedensvertrag zu, der den Hugenotten überall in Frankreich religiöse Toleranz gewährte. Coligny und die Opfer der Bartholomäusnacht wurden nachträglich rehabilitiert und von der Anklage des Hochverrats freigesprochen.[10] Alençon bekam seinen alten Titel Herzog von Anjou zurück. Er war Frankreichs Thronerbe, bis Heinrich III. eigene Nachkommen hatte. Heinrich von Navarra erhielt die Provinz Guienne und machte Nérac zu seiner Hauptstadt.

Aber die Katholiken weigerten sich erneut, der religiösen Toleranz zuzustimmen. Sie schlossen ein neues Bündnis, die Heilige Liga, um unter der Führung des Herzogs von Guise für den katholischen Glauben und gegen die Ketzer zu kämpfen. In Paris und anderswo kam es zu Angriffen auf Protestanten, und im Februar 1577 begann Heinrich von Navarra den sechsten Bürgerkrieg.

Sir Amyas Paulet, der englische Botschafter in Paris, drängte Elisabeth, den Hugenotten zu helfen. Am 4. März schrieb er an Burghley, nie werde sich eine bessere Gelegenheit bieten, die Macht der Franzosen einzuschränken.[11] Aber Elisabeth wollte die Hugenotten nicht unterstützen. Statt dessen versuchte sie, zwischen Heinrich III. und den Hugenotten zu vermitteln. Sie drängte die Hugenotten, sich Heinrich III. zu unterwerfen, und Heinrich III. riet sie, den Hugenotten religiöse Toleranz einzuräumen. Sie lehnte die Bitte Heinrichs von Navarra ab, ihm Geld zu leihen, damit er deutsche Reiter anheuern konnte, und drängte Condé, die 3 000 Pfund zurückzuzahlen, die sie ihm im letzten Krieg geliehen hatte. Da Heinrich von Navarra über keine Mittel mehr verfügte, um den Krieg fortzusetzen, war er gezwungen, einem Friedensvertrag zuzustimmen, der den Hugenotten weniger Vorteile brachte als der Friedensvertrag im Jahr zuvor. In Paris und in allen Provinzhauptstädten sollte ihnen keine religiöse Toleranz mehr zugestanden werden, auf den Ländereien des Hochadels durften sie ihre Gottesdienste nur mit Zustimmung des Lehnsherrn abhalten. Das bedeutete, daß sie nur in den kleineren Städten und auf dem Territorium protestantischer Adliger toleriert wurden. Die protestantischen Adligen hatten das Recht, auf ihrem Land das Feiern der Messe zu verbieten, und sie machten davon auch Gebrauch.[12]

Elisabeths protestantische Räte waren enttäuscht von Elisabeths Politik. Am 10. August 1577 schrieb Leicester an Walsingham, er wünschte, »sie wäre nicht nur willens (wo sie doch dazu in der Lage ist), eine so gute Sache zu verteidigen, die jetzt die gemeinsame Sache der Christenheit ist, sondern würde auch, wie eine weise Herrscherin, für ihre eigene Sicherheit sorgen«. Denn wenn die Protestanten in Frankreich und in den Niederlanden geschlagen würden, »kann Ihre Majestät ohne Gottes wunderbaren Beistand nicht lange durchhalten, denn dann hat sie alle mächtigen Fürsten der Welt gegen sich, und es ist nicht ein Freund übrig, dem sie vertrauen und der sie retten kann. Der allmächtige Gott führe ihr Herz auf den besten Weg, auf daß ihr nichts zustoße.«[13] Fünf Tage später schrieb er um Mitternacht an Walsingham, er habe den Abend mit Elisabeth verbracht und sie zu überzeugen versucht, wie gefährlich »dieser nachlässige Umgang mit ihren Freunden« sei.[14]

Wilhelm von Oranien unternahm, bevor er seine Sache unwiderruflich dem Bündnis mit Anjou anvertraute, einen letzten Vorstoß, um von Elisabeth finanzielle Unterstützung zu erhalten. Er bat sie, den Generalstaaten 100 000 Pfund zu borgen. Elisabeth schickte Davison zu Wilhelm, um ihm zu erklären, warum sie dies nicht tun könne. Wenn sie die Generalstaaten unterstütze, werde Philipp II. die Waren englischer Kaufleute in Spanien beschlagnahmen, und diese Waren seien doppelt so viel wert. Leicester war darüber unglücklich und schrieb an Davison, er selbst bedaure Elisabeths Entscheidung.[15]

Schließlich zogen Leicester und Walsingham Elisabeth doch noch auf ihre Seite. Am 14. Dezember 1577 teilte Elisabeth den Generalstaaten mit, daß Don Juan d'Austria ihr Vermittlungsangebot abgelehnt habe. Da sie wisse, daß die Niederländer nicht gegen den König von Spanien rebellierten, sondern lediglich die spanischen Truppen und Räte aus ihrem Land verbannen wollten und sich für religiöse Toleranz einsetzten, sei sie bereit, ihnen die Hilfe zu gewähren, um die sie gebeten hätten.[16] Drei Monate später hatte sie allerdings noch immer keine Vorbereitungen getroffen, das Geld abzuschicken, und im März 1578 erhielt der entsetzte Davison den Befehl, den Generalstaaten mitzuteilen, Elisabeth habe ihre Meinung geändert und werde doch kein Geld schicken. Davison schrieb an Leicester, er bedaure sehr, daß Elisabeth kein Geld schikke, um die Niederlande und »die ganze Gemeinschaft der Christenheit« zu retten, was soviel bedeute wie »das Feuer weiter zu schüren, das hier bereits entfacht wurde.«[17]

Davison war derart verärgert, daß er sich nicht nur Leicester und Walsingham mitteilte, sondern auch den Niederländern. Als dies an Elisabeths Hof bekannt wurde, mußte Walsingham Davison in einem Brief daran erinnern, daß es in Antwerpen seine Aufgabe sei, Elisabeths Politik zu verteidigen, nicht, sie zu kritisieren.[18]

Als Folge von Elisabeths Entscheidung schickten die Generalstaaten am 19. April 1578 Abgesandte zu Anjou, um ihn aufzufordern, in den Niederlanden einzumarschieren, gegen Don Juan Krieg zu führen und Herrscher der Niederlande zu werden. Elisabeth war über die Verhandlungen der Generalstaaten mit Anjou ernstlich besorgt. Zuerst drohte sie Wilhelm von Oranien,

Elisabeth I.
Gemälde, Gwilm Street zugeschrieben

*Im Besitz des Earl of Warwick*
*Archiv für Kunst und Geschichte, Berlin*

Heinrich VIII., Vater Elisabeths I., im Kreise seiner sechs Frauen
Rechts unten: Anne Boleyn, Mutter Elisabeths I.; im Uhrzeigersinn weiter: Katharina von Aragon, Catherine Parr, Jane Seymour, Anna von Cleve, Catherine Howard.
Englischer Kupferstich des 19. Jh.

*Bildarchiv Preußischer Kulturbesitz, Berlin*

Maria I., die Katholische, Halbschwester Elisabeths I. Gemälde von Hans Etworth, um 1554

*The Society of Antiquarians, London*
*Archiv für Kunst und Geschichte, Berlin*

Ketzer werden unter Maria I., genannt die Blutige, auf der Richtstätte zu Smithfield verbrannt. Holzschnitt, 16. Jh.

*Archiv für Kunst und Geschichte, Berlin*

Elisabeth I., Königin von England, im Parlament
Kupferstich anonym, 17. Jh.

*Archiv für Kunst und Geschichte, Berlin*

Maria Stuart, Königin von Schottland
Gemälde aus der Schule von F. Clouet, 16. Jh.

*Victoria und Albert Museum, London*
*Archiv für Kunst und Geschichte, Berlin*

Robert Devereux, Earl of Essex

*Historia-Photo, Hamburg*

Die Babington-Verschwörung zur Befreiung Maria Stuarts.
Im Hintergrund die Hinrichtung auf dem St. Giles Feld
Zeitgenössischer Kupferstich, 1586

*Archiv Gerstenberg, Wietze*

Sir Walter Raleigh, Englischer Seefahrer und Entdecker
Kupferstich von J. Houbraken nach einem zeitgenössischen Bildnis

*Archiv für Kunst und Geschichte, Berlin*

Sir Francis Drake
Zeitgenössischer Kupferstich

*Archiv Gerstenberg, Wietze*

Links:
Englischer Seesieg über die spanische Armada im Ärmelkanal, Juli 1588
Rechte Hälfte des Gemäldes „Die Seeschlacht“ von Hendrik Cornelisz Vroom, um 1600

*Bildteppichentwurf für das House of Lords, London*
*Archiv für Kunst und Geschichte, Berlin*

Philipp II., König von Spanien und Portugal,
Sohn Kaiser Karls V.
Reiterbildnis in der Schlacht von St. Quentin 1557
Gemälde von Peter Paul Rubens, 1628

*Museo del Prado, Madrid*
*Archiv für Kunst und Geschichte, Berlin*

sie werde sich mit Philipp II. verbünden und gegen ihn und die Franzosen Krieg führen. Als die Generalstaaten trotzdem die Verhandlungen mit Anjou fortsetzten, erklärte sie Wilhelm, es sei zu riskant, den Franzosen zu trauen. Wilhelm versicherte ihr, er habe überhaupt nichts für die Franzosen übrig und betrachte die Verhandlungen lediglich als letzten Ausweg, so wie ein Sterbender die Hilfe jedes verfügbaren Arztes in Anspruch nehmen müsse. Elisabeth schickte Walsingham und Lord Cobham in die Niederlande. Gemeinsam mit Davison sollten sie Don Juan überreden, Elisabeth als Vermittlerin anzuerkennen, und die Generalstaaten dazu bewegen, die Verhandlungen mit Anjou abzubrechen.[19]

Für Elisabeth wurde es wieder einmal Zeit, sich auf ihre sommerliche Rundreise zu begeben, wie sie es auch weiterhin fast jedes Jahr tat. Im Jahr 1573 reiste sie durch Kent, über Knole, Eridge und Benenden nach Rye, dann über Sissinghurst nach Dover Castle und Sandwich, ehe sie bei Erzbischof Parker in Canterbury zwei Wochen Station machte und schließlich über Faversham, Sittingbourne, Rochester und Dartford nach Greenwich zurückkehrte. Im Jahr 1574 besuchte sie Bristol und Salisbury, 1575 Kenilworth, Lichfield, Stafford, Worcester und Sudeley Castle in Gloucestershire. In den Jahren 1576 und 1577 reiste sie nur nach Surrey, Hertfordshire und Berkshire.[20]

Ende Juli 1578 machte sie sich in Begleitung von Leicester, Wilson und Burghley, der mit seinen achtundfünfzig Jahren und seiner Gicht sonst lange Reisen vermied, auf den Weg nach Suffolk und Norfolk.[21] Unterwegs drängten ihre Räte sie fortwährend, die Generalstaaten zu unterstützen. Elisabeth konnte sich nicht entscheiden und änderte ihre Meinung von einem Tag zum andern. Nachdem sie den Generalstaaten im Dezember 1577 finanzielle Hilfe zugesagt und im März 1578 die Zusage wieder zurückgezogen hatte, beauftragte sie Davison im Mai, das Geld an der Börse von Antwerpen zu beschaffen und es den Generalstaaten auszuhändigen. Doch am 18. Juli schrieb sie Davison, er solle das Geld behalten und den Generalstaaten nichts davon auszahlen, bis er von ihr neue Anweisungen erhalte.[22]

Am 29. Juli schrieb Burghley von Audley End an Walsingham, er habe Elisabeth zu überreden versucht, Davison das Geld an die Generalstaaten überweisen zu lassen, »aber noch kann sie kein Argument dazu bewegen... Es ist seltsam, zu sehen, wie Gottes Güte, die zur Sicherheit Ihrer Majestät in so reichem Maße dargeboten ist, so wenig Beachtung geschenkt wird.«[23] Am gleichen Tag schrieb Wilson an Walsingham, daß sie es nur sich selbst zuzuschreiben hätten, wenn Anjou sich die Situation zunutze mache, »wegen unseres bisherigen unbedachten Verhaltens«.[24]

Auch Sussex wollte nicht untätig bleiben. Als Elisabeth und ihre Begleiter auf ihrer Reise am 6. August Bury St. Edmunds erreichten, schrieb er an Walsingham: »Ihr habt getan, was Ihr konntet... Jetzt liegt es bei Gott, sie nach seinem Willen zu lenken... Abzuwarten, so daß entweder die Spanier oder die Franzosen in den Niederlanden ihren Willen durchsetzen, ist meiner Meinung nach das Schlimmste, was der Königin von England passieren kann.«[25] Am nächsten Tag teilte Leicester Walsingham mit, Elisabeth habe ihre Meinung bezüglich der Unterstützung der Generalstaaten wieder völlig geändert, seit sie in Oatlands und Windsor seien. »Es tut mir leid, daß unser beider Bemühungen nicht mehr Erfolg gezeitigt haben, guter Herr Sekretär... Es ist merkwürdig, wie wenig Neigung sie hat, sich zu entscheiden, und vor allem, wie ungern sie Verantwortung übernimmt.«[26]

Der Hof hielt sich noch immer in Bury auf, als Burghley, Leicester und Knollys mit Elisabeth die Lage in den Niederlanden erörterten und sie überredeten, Leicester mit einem Expeditionskorps zur Unterstützung der Generalstaaten in die Niederlande zu schicken, vorausgesetzt Walsingham und Cobham bestätigten, daß dies wirklich notwendig sei. Burghley hielt eine erneute Meinungsänderung Elisabeths jedoch für durchaus möglich. »Ihre Majestät beunruhigt der Gedanke, daß die Niederlande französisch werden könnten, und solange sie davor Angst hat, ist sie offenbar bereit, keine Kosten zu scheuen... Obwohl sie im Augenblick ernsthaft dieser Meinung ist, kann ich für nichts garantieren, sondern kann nur das eine sagen, daß ich mir hier in vielem unsicher bin.«[27]

Die Entscheidung kam zu spät. Am 18. August unterzeichneten die Generalstaaten mit Anjou einen Vertrag. Betrübt schrieb Walsingham an Burghley, er wisse nicht, wer Elisabeth veranlaßt habe, ihre Freunde in den Niederlanden so schlecht zu behandeln, aber er sei sicher, daß der Tag kommen werde, an dem sie diejenigen verfluchen werde, die ihr diesen Rat gegeben hätten. Als er im Oktober aus den Niederlanden nach Richmond zurückkehrte, konnte er Elisabeth »nach langen Verhandlungen und mit viel Überredungskunst, wie man es bei Ihrer Majestät gewöhnt ist« dazu bewegen, daß Davison von dem Geld, das er in Händen hatte, den Generalstaaten 8 000 Pfund aushändigen durfte.[28]

Nachdem der Streit mit Philipp und Alba über die Beschlagnahmung des englischen Vermögens beigelegt war, bemühte sich Elisabeth um eine Verbesserung der Beziehungen zu Spanien. Im Herbst 1575 schickte sie Sir Henry Cobham nach Madrid, fünfzehn Monate später folgte Sir John Smith. Die beiden Männer sollten Philipp der Dankbarkeit Elisabeths und ihrer freundschaftlichen Gefühle ihm gegenüber versichern. Alba, der nach Madrid zurückgekehrt war, erklärte Cobham, auch Philipp wolle das englisch-spanische Verhältnis verbessern, und es würde die Sache erleichtern, wenn Elisabeth einen katholischen Botschafter nach Spanien entsende. Elisabeth ging auf den Vorschlag nicht ein. Sie ernannte keinen ständigen Botschafter in Madrid, weil

Philipp ihm nicht gestatten wollte, in der Botschaft protestantische Gottesdienste abzuhalten.[29] Nach Espés' Ausweisung aus England nahm Antonio de Guaras seinen Platz ein. Guaras war ein spanischer Kaufmann, der in der Londoner Kaufmannschaft eine Zeitlang eine einflußreiche Stellung innegehabt hatte. Philipp beauftragte Guaras, in England seine Interessen zu vertreten, obwohl Guaras offiziell nicht als Botschafter akkreditiert war. Er hatte ein gutes Verhältnis zu Burghley und führte mit Elisabeth einige freundliche Gespräche.

Das Wirken der spanischen Inquisition sorgte allerdings für weitere Spannungen zwischen Elisabeth und Philipp. Die Inquisition beanspruchte die Zuständigkeit für alle ausländischen Schiffe in spanischen Gewässern, und von Zeit zu Zeit tauchten ihre Agenten in den Häfen von Cádiz, Ferrol und Coruña an Bord englischer Handelsschiffe auf. Fanden sie an Bord Exemplare des englischen Book of Common Prayer, verhafteten sie den Kapitän und die Besatzung wegen des Besitzes ketzerischer Schriften. In einigen Fällen fanden die Agenten zwar kein belastendes Material, verhafteten die Mitglieder der Besatzung trotzdem als Ketzer, weil diese zugaben, auf hoher See oder in englischen Kirchen an protestantischen Gottesdiensten teilgenommen zu haben. Gelegentlich wurde in Spanien auch ein Engländer wegen Ketzerei verbrannt. In den meisten Fällen zeigte sich die Inquisition freilich gnädiger und erkannte als strafmildernd an, daß die englischen Ketzer in einem ketzerischen Land aufgewachsen und von ihren ketzerischen Eltern und Lehrern verdorben worden waren. Deshalb wurden sie nicht verbrannt, sondern mußten ein paar Jahre als Sklaven auf spanischen Galeeren Dienst tun. Nach spanischem Recht fiel das Vermögen eines verurteilten Ketzers der Inquisition zu. Wenn ein englischer Seemann als Ketzer verurteilt wurde, beschlagnahmte die Inquisition manchmal all sein Hab und Gut an Bord und das Schiff dazu.[30]

Im März 1575 begegnete Guaras Elisabeth, als sie, umgeben von ihren Höflingen, in einiger Entfernung vom Palast in Richmond spazierenging. Die Königin forderte ihn auf, sie auf ihrem Spaziergang zu begleiten. Die beiden gingen voraus, die Höflinge folgten ihnen in geringem Abstand. Zuerst tauschten sie belanglose Höflichkeiten aus. Elisabeth sagte, sie würde mit Guaras gern Spanisch sprechen, aber obwohl sie die Sprache mühelos lesen und verstehen könne, fühle sie sich nicht kompetent genug, sie zu sprechen. Guaras sagte, er sei überrascht, schließlich wisse doch jeder, daß ihr Spanisch ebenso perfekt sei wie ihr Französisch, Italienisch und Latein. Dann wandten sie sich heikleren Themen zu. Als das Gespräch auf die Verfolgung von Engländern durch die spanische Inquisition kam, reagierte Elisabeth ziemlich heftig. »Ich versichere Euch«, sagte sie, »daß mein Vater sich das nicht hätte gefallen lassen, und wenn die Angelegenheit nicht in Ordnung gebracht wird, sehe ich mich gezwungen, die Verhaftung von Untertanen des Königs von Spanien zu veranlassen und sie auf dieselbe Weise zu behandeln.« Dann wurde sie wieder sehr freundlich und meinte: »Ihr wißt schon, alten Wein, altes Brot und alte Freunde soll man hochschätzen, wenn auch nur deshalb, um es den Franzosen zu zeigen, die abwägen, ob unsere Freundschaft stabil ist oder nicht.«[31]

Philipp behauptete nach wie vor, er sei nicht befugt, sich in die Rechtsprechung der Inquisition einzumischen. Doch im Oktober 1576 vereinbarten Alba und der Generalinquisitor neue Richtlinien für den Umgang mit ausländischen Ketzern, die Spanien besuchten. Die Inquisition sollte sich nicht mit ketzerischen Vergehen befassen, die die Ausländer begangen hatten, ehe sie nach Spanien kamen, aber sie sollte sie als Ketzer bestrafen, wenn sie während ihres Aufenthalts in Spanien Ansichten äußerten, die »im Widerspruch zum katholischen Glauben stehen, wie er von der Kirche in Rom geglaubt, verkündet und gelehrt wird«, oder ketzerische Bücher nach Spanien brachten. Ausländer ohne festen Wohnsitz in Spanien brauchten nicht in die Kirche zu gehen, aber wenn sie es taten, mußten sie das heilige Sakrament respektieren. Wenn sie auf der Straße auf eine Prozession trafen, konnten sie ihr aus dem Weg gehen, indem sie in ein Haus oder eine Seitenstraße gingen, aber wenn sie der Prozession nicht ausweichen konnten, mußten sie vor der Hostie niederknien. Wurde einer von ihnen der Ketzerei überführt, sollten nur seine persönlichen Habseligkeiten konfisziert werden, nicht jedoch die Güter der Kaufleute oder Schiffseigner, die sich in seinem Besitz befanden. Diese Zugeständnisse wurden jedoch nur Ausländern ohne festen Wohnsitz eingeräumt. Ausländer, die in Spanien wohnten, waren in gleichem Maße dem Gesetz unterworfen wie spanische Untertanen.[32] Für die Gräfin von Feria, Maria Stuarts langjährigen Berater Sir Francis Englefield und die anderen englischen Flüchtlinge bedeutete die Neuregelung keine Verschlechterung ihrer Lage, genausowenig wie für den Abenteurer Sir Thomas Stucley, der in Madrid ein luxuriöses Leben führte, während er darauf wartete, ein spanisches Expeditionskorps nach Irland zu führen.

Obwohl die neuen Vorschriften zweifellos eine Verbesserung darstellten, waren die Probleme damit nicht aus dem Weg geräumt. Englische Seeleute, die in spanischen Häfen an Land gingen, wurden oft in Kneipen und andernorts von Spaniern als Ketzer verspottet und dazu provoziert, die Lehren der Kirche von England zu verteidigen, was Ketzerei bedeutete. Dann landeten sie in Gefängnissen der Inquisition. Wann immer sich Sir John Smith beklagte, verwiesen ihn Philipp und seine Räte an die Inquisition. Am 19. Mai 1577 wandte sich Smith an den Generalinquisitor, den Erzbischof von Toledo, und bat ihn um die Freilassung der englischen Untertanen. Die Unterhaltung verlief keineswegs freundschaftlich und endete damit, daß der Erzbischof dem

Botschafter erklärte, er hätte ihn verhaften und als warnendes Beispiel für alle Engländer bestrafen lassen, wenn er nicht gewisse Rücksichten nehmen müßte. Er befahl Smith, sein Haus zu verlassen. Smith sagte, er werde sich bei König Philipp darüber beschweren, in welchem Ton der Erzbischof mit dem Gesandten der Königin gesprochen habe. Daraufhin entgegnete der Erzbischof, er könne sich beschweren, bei wem er wolle, wenn er nur sein Haus verlasse.[33]

Am 20. Oktober 1577 drangen Beamte Elisabeths um Mitternacht in Guaras' Haus ein und durchsuchten es. Sie hielten Guaras einige Tage in seinem Haus fest und brachten ihn anschließend in den Tower. Er wurde beschuldigt, mit dem Grafen von Westmorland, der sich in Maastricht aufhielt, eine neue katholische Revolte in England geplant zu haben und mit Maria Stuart in Verbindung zu stehen. Als er gegen diese Behandlung eines Gesandten des spanischen Königs protestierte, wurde ihm erklärt, er sei kein ordnungsgemäß akkreditierter Botschafter, sondern nur ein gewöhnlicher Ausländer, der in England lebe. Guaras schmuggelte Philipp einen Brief zu, worin er beteuerte, er habe weder mit Westmorland noch mit der Königin von Schottland ein Komplott geschmiedet. Er glaube, die Engländer wollten ihn als Geisel festhalten und gegen Hawkins' Matrosen austauschen, die in Spanien in Gefängnissen der Inquisition eingesperrt seien.[34]

Philipp entsandte an Stelle Guaras' einen neuen Botschafter. Don Bernardino de Mendoza war ein spanischer Adliger, der in der Armee eine bemerkenswerte Karriere gemacht hatte und noch vor kurzem in den Niederlanden gedient hatte. Sein Rang und die Tatsache, daß er ein voll akkreditierter Botschafter war, verschafften ihm eine stärkere Position als Guaras. Da Elisabeth Philipps letzte beiden Gesandten hatte verhaften lassen, kannte Mendoza das Risiko, das er in England einging. Aber er war kein Feigling. Er glaubte, den Interessen seines Königs und seiner eigenen Sicherheit am besten zu dienen, wenn er gegenüber der Königin und ihren Räten einen harten Kurs steuerte. Deshalb galt er als arrogant und unangenehm, und in englischen Geschichtsbüchern wird er als stolzer und halsstarriger spanischer Aristokrat dargestellt, der vergeblich versucht hat, Elisabeth einzuschüchtern. Aber er war intelligenter und taktvoller als Guerau de Espés, und im Gegensatz zu Espés überschätzte er die Stärke der englischen Katholiken nicht.

Seine Gespräche mit Elisabeth waren manchmal freundlich und manchmal außerordentlich unfreundlich. Zuweilen sprachen sie sogar Drohungen gegeneinander aus. Gelegentlich ließ Elisabeth ihren Charme spielen und sagte, sie bitte Mendoza um irgendetwas nicht als Königin, die von einem Gesandten etwas fordere, sondern als Dame, die einen spanischen Kavalier um einen Gefallen ersuche.[35] Bei diesen Gelegenheiten antwortete Mendoza gewöhnlich mit einem schmeichelhaften Kompliment, ohne in irgendeiner Weise nachzugeben.

Philipp hatte Mendoza angewiesen, sein möglichstes zu tun, um die Freilassung Guaras' zu erreichen und Elisabeth davon abzubringen, die Protestanten in den Niederlanden zu unterstützen. Außerdem sollte er sich um Schadenersatz für die spanischen Kaufleute bemühen, deren Schiffe und Waren von Drake, Hawkins und anderen englischen »Piraten« an der Nordostküste Südamerikas, auf dem Atlantik und in der Karibik geplündert worden waren.[36] Drei Monate vor Mendozas Ankunft in England im März 1578 war Drake mit fünf Schiffen und 164 Mann Besatzung am 13. Dezember von Plymouth zu einer Reise um die Welt aufgebrochen. Walsingham hatte die Reise geplant, und er, Leicester und Hatton waren Mitglieder des Konsortiums, das die Reise finanzierte. Elisabeth wußte davon, und sie kannte auch den Zweck der Expedition: die Plünderung spanischer und portugiesischer Schiffe, vielleicht auch spanischer Städte in Amerika.[37]

Maßnahmen wurden ergriffen, um die Spanier glauben zu machen, die Schiffe segelten zum Mittelmeer. Guaras berichtete, die Schiffe nähmen Kurs auf die Karibik.[38] In Wirklichkeit segelten sie nach Brasilien, durch die Magellan-Straße und entlang der Westküste Amerikas zu einem Ort an der heutigen Küste Kanadas. Unterwegs plünderten sie Callao. Dann ging es weiter über den Pazifik zu den Philippinen – in 68 Tagen wurde kein einziges Mal Land gesichtet –, den Molukken und um das Kap der Guten Hoffnung zurück nach England. Die 57 Überlebenden erreichten nach 1 013 Tagen am 26. September 1580 Plymouth.

Die Kosten der Unternehmung beliefen sich auf 5 000 Pfund. Drake brachte Gold- und Silberbarren sowie Schmuck im Wert von 600 000 Pfund nach England. Heute wären das umgerechnet 150 000 000 Pfund. Die Mitglieder des Konsortiums bekamen für jedes Pfund, das sie investiert hatten, 47 Pfund. Elisabeth hatte Anspruch auf die Hälfte der gesamten Beute. Burghley, Sussex und Wilson rieten ihr, Drake zu verstoßen und das Geld zurückzugeben, um einen Krieg mit Spanien zu vermeiden. Aber Leicester, Hatton und Walsingham drängten sie, Mendozas Protest zu ignorieren und die Schätze für sich selbst und ihre Räte einzubehalten.

Diesmal stand Elisabeth auf der Seite der antispanischen Partei im Staatsrat. Schneller als sonst war sie entschlossen, Mendoza und Philipp die Stirn zu bieten und ihren Anteil an Drakes Beute anzunehmen. Bei den Festlichkeiten an Neujahr trug sie einige der Juwelen, die Drake ihr geschenkt hatte. Und als Drake im April 1581 mit seinem Schiff, der *Golden Hind*, in Deptford anlegte, begab sich Elisabeth an Bord, schlug Drake zum Ritter und speiste mit ihm.[39]

# 20

# Die jungfräuliche Königin

Während Anjou sich zum Schrecken Elisabeths anschickte, die Protestanten in den Niederlanden zu unterstützen, bemühte er sich zugleich um die Hand der englischen Königin. Was die vielen Heiratsverhandlungen betrifft, die Elisabeth geführt hat, so ist die Geschichte ihrer Beziehung zu Anjou die seltsamste von allen.

Elisabeths Zeitgenossen und Historiker späterer Zeiten haben darüber spekuliert, warum Elisabeth nicht geheiratet hat und immer die jungfräuliche Königin blieb. Gelegentlich wird behauptet, es sei ihr auf Grund einer körperlichen Mißbildung unmöglich gewesen, mit einem Mann zu schlafen oder Kinder zu gebären. Andere glauben, sie habe eine unüberwindbare innere Abneigung gegen Sexualität und Ehe gehabt, wieder andere, persönliche und psychologische Motive hätten in ihrer Einstellung zur Ehe überhaupt keine Rolle gespielt, da es lediglich um Belange der Außenpolitik gegangen sei. Laut einer vierten Richtung wollte sie deshalb nicht heiraten, weil sie nicht Leicester – oder, laut Clapham, Edward Courtenay[1] – heiraten konnte.

Es ist unwahrscheinlich, daß eine körperliche Mißbildung die Heirat verhindert hat. Schon als Kind zur Zeit Heinrichs VIII. und als junges Mädchen zur Zeit Eduards VI. war Elisabeth als Heiratskandidatin für eine Reihe ausländischer Fürsten im Gespräch gewesen. Bei Verhandlungen über königliche Heiraten war es üblich, daß die Botschafter nicht nur die Schönheit, die Tugend und die Frömmigkeit der als Braut angebotenen Prinzessin hervorhoben, sondern auch betonten, daß die Prinzessin nach Auskunft der Ärzte in der Lage sei, gesunde Kinder zu gebären, und daß Ärzte und Astrologen der Meinung seien, sie werde eher Söhne als Töchter bekommen. In Elisabeths Fall machten die Botschafter Heinrichs VIII. und Eduards VI. ganz sicher derlei Zusicherungen, was sie kaum gewagt hätten, wenn Elisabeth körperlich nicht in der

Lage gewesen wäre, mit einem Mann zu verkehren oder Kinder zu gebären. Eine starke innere Abneigung gegen die Ehe ist wahrscheinlicher, denn es ist schwer, ihre beharrliche Weigerung, zu heiraten, einzig und allein mit politischer Zweckmäßigkeit zu erklären.

Als Heinrich VIII. starb, war Elisabeth erst dreizehn, aber als Eduard VI. starb, war sie knapp zwanzig, und es überrascht, daß sie damals nicht bereits verheiratet war. Unter Maria wurden die Heiratsverhandlungen eine Zeitlang ausgesetzt, weil Elisabeth eingesperrt und in Ungnade gefallen war. Aber in den letzten drei Jahren von Marias Regierung wurde sie dem Herzog von Savoyen und anderen Bewerbern als Braut offeriert. Elisabeth wußte, daß sie auf diese Weise aus England verbannt und vielleicht sogar von der Thronfolge ausgeschlossen werden sollte, und hatte deshalb einen guten Grund, eine Heirat abzulehnen. Als offizielle Begründung gab sie freilich an, sie wolle als Jungfrau leben und sterben. Das war die beste Entschuldigung, die sie gegenüber Maria vorbringen konnte. Nach ihrer Thronbesteigung gebrauchte sie dieselbe Entschuldigung, als sie sich weigerte, Philipp II. oder den jungen Grafen von Arran zu heiraten. Wieder nannte sie für ihre ablehnende Haltung den Grund, der am wenigsten Anstoß erregte.

Es gab gute politische Gründe, sich nicht durch ein Ehebündnis an den papsttreuen Philipp oder den schottischen Protestanten Arran zu binden. Als Erich XIV. von Schweden Elisabeth in den ersten Jahren ihrer Regierungszeit einen Antrag machte, hatte er sich zwar noch nicht zu den brutalen Grausamkeiten hinreißen lassen, die seine Adligen schließlich veranlaßten, ihn wegen Geisteskrankheit abzusetzen. Ein Bündnis mit Schweden wäre für Elisabeth aber nur von geringem Nutzen gewesen, und sie wollte auf mächtigere Fürsten warten. Für den Herzog von Holstein galt dasselbe. Erzherzog Karl dagegen wäre eine gute Partie gewesen. Elisabeth bestärkte ihn über mehrere Jahre in seinem Werben, und einmal teilte sie Guzman de Silva sogar mit, sie wolle Karls Antrag annehmen.[2] Doch im letzen Moment änderte sie ihre Meinung wieder und wies ihn ab.

Im Jahr 1571 sprachen überzeugende diplomatische Argumente für eine Heirat mit Heinrich, dem Herzog von Anjou. Es gab jedoch auch Hindernisse. Sein katholischer Eifer wäre in England sicher auf Ablehnung gestoßen, und Elisabeth wollte den Protestanten auf keinen Fall zu nahe treten oder die Katholiken ermutigen, indem sie einen Mann heiratete, der darauf bestand, nicht nur in seiner privaten Kapelle, sondern auch öffentlich, in Begleitung von Priestern und Mönchen, die Messe zu besuchen. Zudem war Heinrich leidenschaftlich in die Schwester seines Gegners, des Prinzen von Condé, verliebt und wollte Elisabeth gar nicht heiraten. Elisabeth selbst zögerte wie üblich. Burghley war für die Heirat mit dem Herzog von Anjou, aber die Argumente dagegen und Elisabeths Zögern veranlaßten ihn schließlich, Elisabeth zu raten, sie solle, wenn sie die Heiratsverhandlungen abbrechen wolle, Heinrich am besten mitteilen, daß sie ihm im Falle einer Heirat nicht gestatten werde, die Messe zu besuchen.[3] Elisabeth befolgte Burghleys Rat, und Heinrich brach die Verhandlungen ab.

Heinrich wurde zunächst König von Polen, dann König von Frankreich. Er überwand seine Liebe zur Prinzessin von Condé und heiratete Luise von Lothringen, eine Verwandte der Guisen. Dann schlug er eine Heirat Elisabeths mit seinem Bruder Franz vor, dem Herzog von Alençon, der ihm als Herzog von Anjou nachfolgte. Trotz der überzeugenden politischen Argumente für diese Heirat spielte Elisabeth zwar sieben Jahre mit dem Gedanken, konnte sich jedoch nicht entschließen, Franz zum Gemahl zu nehmen. Im Jahr 1579 ging sie schließlich auf Franz' Vorschlag ein, sie in England zu besuchen. Am 14. August traf Franz in Greenwich ein. Er blieb dreizehn Tage.

Der 7. September 1579 war Elisabeths sechsundvierzigster Geburtstag, der wie jedes Jahr im ganzen Königreich von ihren treuen Untertanen gefeiert wurde. In früheren Zeiten war dem englischen Volk das Geburtsdatum seines Herrschers nicht bekannt gewesen. Die Idee, den Geburtstag der Königin zu feiern, scheint spontan enstanden zu sein, ohne Anordnung oder Anregung von offizieller Seite. Auf die Geburtstagsfeier folgten zwei Monate später die großen Feiern zum Jahrestag ihrer Thronbesteigung am 17. November. Anjou war damals gerade vierundzwanzig. Elisabeth hatte gehört, er sei klein, häßlich und pockennarbig, aber sie war von ihm entzückt und er von ihr. Anjou sprach zärtlich und leidenschaftlich zu ihr, und sie schien Gefallen daran zu finden. Alles deutete darauf hin, daß sie in ihn verliebt war. Ihre protestantischen Untertanen freilich waren über Anjous Besuch nicht erfreut, denn als Franzose und Katholik weckte er ihre nationalistisch und religiös begründete Abneigung. Besonders bedauerlich war, daß sein Besuch in Greenwich mit dem Massaker der Bartholomäusnacht zusammenfiel.

Auch nach Anjous Abreise tobte der Sturm des Protests weiter. Im Staatsrat sprachen sich Burghley und Sussex für die Heirat aus, Leicester war strikt dagegen. Puritanische Prediger bezeichneten die Heirat in ihren Predigten als ersten Schritt zur Einführung der Papisterei in England und verglichen sie mit der Heirat zwischen Königin Maria und Philipp von Spanien fünfundzwanzig Jahre zuvor.

John Stubbs, Anwalt des Lincoln's Inn und Schwager des bekannten Puritaners Thomas Cartwright, kritisierte die geplante Heirat in seinem Buch *The Discovery of a Gaping Gulf whereinto England is like to be swallowed in another French Marriage if the Lord forbid not the banns by letting Her Majesty see the sin and punishment thereof* (Die Entdeckung eines gähnenden Abgrunds, der England zu verschlingen droht, wenn die französische Heirat zustandekommt und Gott der Herr das Aufgebot nicht dadurch verhindert, daß er Ihrer Majestät die sträfliche Sünde dieses Schrittes aufzeigt). Stubbs erwies der Königin allen Respekt und pries ihre Tugenden, aber er verurteilte Anjou als Schlange, die in Gestalt eines Mannes gekommen sei, »um unsere Eva zu verführen, damit sie und wir dieses englische Paradies verlieren«. Anjou werde die Messe nach England bringen, und auf seine Hochzeit mit der Königin werde wie auf die Hochzeit Heinrichs von Navarra und Margaretes von Valois in Paris ein Massaker folgen. Zwar habe das Parlament stets verlangt, die Königin solle heiraten, um einem Erben das Leben zu schenken, aber aus ihrer Ehe mit Anjou würden schwerlich Kinder hervorgehen, da Elisabeth inzwischen schon zu alt sei, um Kinder zu haben. Und wenn ihr und Anjou Kinder geschenkt würden, hätten diese sicher die Syphilis. Anjou habe sich die Krankheit durch sein ausschweifendes Leben geholt und werde die Königin damit anstecken.[4]

Philip Sidney drängte Elisabeth in einem Brief, Anjou nicht zu heiraten, obwohl er damit riskierte, in Ungnade zu fallen. Anjou sei »ein Franzose und Papist ... der Sohn einer Isebel unserer Tage«, und die englischen Protestanten, »Eure wichtigste, wenn nicht gar Eure einzige Stütze«, seien strikt gegen die Heirat.[5] Sidney drückte sich jedoch gemäßigter aus als Stubbs, und er veröffentlichte seinen Brief nicht.

Elisabeth war trotzdem wütend auf Sidney, aber das einzige, was er verlor, war ihre Gunst. Stubbs' Vergehen aber war viel schlimmer, denn sein Buch war veröffentlicht worden, und viele Exemplare, die William Page in seinem Buchladen in der Londoner Innenstadt verkauft hatte, waren im gesamten Süden Englands von Wiltshire bis Lincolnshire und Staffordshire in Umlauf. Elisabeth war empört über Stubbs' Angriff auf Anjou, den Bruder eines mit ihr befreundeten Königs. Es war allgemein üblich, daß Herrscher Publikationen und Predigten verboten, in denen ausländische Fürsten kritisiert wurden, auch wenn sie keine freundschaftlichen Beziehungen zu ihnen unterhielten. Elisabeth hatte Philipp II. erst kurz zuvor überredet, ein spanisches katholisches Buch über die Reformation in England zu verbieten, in dem sie als Ketzerin und Bastard beschimpft wurde. Zudem fühlte sich Elisabeth durch die Beleidigung Anjous, in den sie zumindest ein bißchen verliebt war, und durch Stubbs' Hinweis auf ihr Alter und ihre Unfähigkeit, Kinder zu haben, persönlich getroffen. Am meisten ärgerte sie sich freilich über den ihrer Ansicht nach umstürzlerischen Versuch der Puritaner, sich in Dinge einzumischen, die sie nichts angingen, und ihre Entscheidung in Bezug auf eine Heirat und die Außenpolitik zu beeinflussen. Stubbs hatte zwar seine Ergebenheit ihr gegenüber bekundet, aber laut Camden ließ sie sich »nicht überzeugen, daß der Verfasser dieses Buches ein anderes Ziel verfolgt hat, als sie bei ihren Untertanen in Mißkredit zu bringen und eine Bresche zu schlagen für gewaltige Neuerungen«.[6]

Elisabeth ließ Stubbs, seinen Verleger Singleton und den Buchhändler Page verhaften. Die drei sollten Opfer einer furchtbaren, endgültigen Abrechnung mit den Puritanern werden. Als die Anwälte Elisabeth erklärten, die Gefangenen könnten nicht des Hochverrats angeklagt werden, wurden sie auf Grund des Gesetzes gegen staatsgefährdende Parolen und Gerüchte aus dem Jahr 1555 vor Gericht gestellt.[7]

Das Gesetz war erlassen worden, um die Kritik an Maria und Philipp II. zu unterdrücken, als dieser König von England war. Nach dem Gesetz sollte jedem die rechte Hand abgehackt werden, der etwas »schreibt, druckt oder veröffentlicht, worin Ihre Majestäten der König und die Königin zusammen oder einzeln verleumdet, gerügt und beleidigt werden«. Überraschenderweise verstand Froude das Gesetz falsch.[8] Er und andere Autoren nach ihm erklärten, das Gesetz, wonach Verleumdungen »des Gemahls der Königin« bestraft wurden, sei in Stubbs' Fall ausgedehnt worden, um auch auf die Kritik am »Freier der Königin«, Anjou, angewendet werden zu können. Das Gesetz von 1555, das verabschiedet wurde, nachdem Philipp König von England geworden war, enthielt jedoch keinen Hinweis auf »den Gemahl der Königin«, sondern bezog sich lediglich auf Angriffe auf den Souverän. Stubbs und seine Kollegen wurden nicht wegen der Verleumdung Anjous vor Gericht gestellt, sondern wegen Beleidigung der Königin: In dem Buch hieß es, Elisabeths Plan, Anjou zu heiraten, sei töricht, und wenn sie ihn heirate, werde sie zulassen, daß er die protestantische Religion untergrabe, die sie in ihrem Reich eingeführt habe.

Elisabeth erließ eine lange Proklamation, die der Bürgermeister von London den Gilden der Stadt vorlesen mußte, während die Bischöfe sie in den Kirchen im südlichen Teil Englands verkünden sollten. In der Proklamation wurde Stubbs' Buch »Trompete des Aufruhrs« genannt, die, »unter dem Vorwand, die Königin von einer Heirat mit dem Herzog von Anjou, dem Bruder des französischen Königs, abbringen zu wollen«, »einen Haufen Verleumdungen und Schmähungen über besagten Fürsten, aufgebauscht durch handfeste Lügen«, in die Welt gesetzt und dadurch die Angst des Volkes angeheizt habe, »durch die Heirat Ihrer Majestät werde die christliche Religion geändert«. Das Buch habe für »allgemeines Murren und Unwillen unter ihrem geliebten Volk in bezug auf die Vorgehensweise Ihrer Majestät in dieser Sache« gesorgt. Anjou habe nie versucht, den Protestantismus in England zu untergraben. Statt dessen habe er den Protestanten in Frankreich geholfen, die die meisten ihrer Erfolge ihm zu verdanken hätten. Das war nur zu wahr, schließlich hatte Anjous Intervention im fünften Bürgerkrieg den Protestanten bessere Friedensbedingungen verschafft, als sie je davor oder danach erlangt hatten. Am Schluß der Proklamation wurde die Beschlagnahme und Vernichtung sämtlicher Exemplare von Stubbs' Buch angeordnet.[9]

Am 27. September beauftragte der Staatsrat den Bürgermeister von London, die Anordnungen der Proklamation zu vollstrecken. Dabei wurde nochmals betont, daß Anjou niemals versucht habe, die protestantische Religion zu untergraben, die die Königin mehr als jeder andere Fürst verteidige. Leicester, Walsingham und Sir Henry Sidney, Philip Sidneys Vater, unterzeichneten den Brief ebenso wie Burghley, Hatton, Lordkanzler Bromley und Hunsdon.[10] Wenn das Gerücht stimmte, nach dem Stubbs' Buch auf Betreiben von Leicester und seinen Anhängern veröffentlicht worden war, dann gaben diese sich jetzt alle Mühe, sich davon zu distanzieren. Einem Bericht zufolge, der den venezianischen Botschafter in Paris erreichte, machte Elisabeth Walsingham für die Veröffentlichung verantwortlich.[11]

Stubbs, Singleton und Page wurde im Court of Queen's Bench der Prozeß gemacht. Die Geschworenen sprachen die Angeklagten unter der strengen Aufsicht des Lordoberrichters Sir Christopher Wray schuldig und verurteilten sie zum Verlust ihrer rechten Hand. Einige Anwälte hielten das Urteil für ungesetzlich, da sich das Gesetz von 1555 mit dem Verweis auf »Ihre Majestäten der König und die Königin« lediglich auf Philipp und Maria beziehe und mit Marias Tod seine Gültigkeit verloren habe. Aber Wray hatte keine Mühe, diesen Einwand zu widerlegen. Das Parlamentsgesetz galt auf Grund des Prinzips »Der König stirbt nie« auch unter dessen Nachfolger, außerdem war das Gesetz von 1555 ausdrücklich von Elisabeths erstem Parlament im Jahr 1559 wieder in Kraft gesetzt worden. Ein Anwalt namens Dalton, der das Urteil mit, wie Camden sich ausdrückte, »lautstarken Worten«* kritisierte, kam in den Tower.[12] Richter Monson vom Court of Common Pleas, der das Urteil ebenfalls für ungesetzlich hielt, wurde scharf gerügt. Er mußte seinen Sitz im Gericht aufgeben und auf seinen Landsitz in Lincolnshire zurückkehren.

Elisabeth begnadigte zwar den Verleger Singleton, beharrte aber bei Stubbs und dem Buchhändler Page auf der Vollstreckung des Urteils, obwohl der französische Gesandte und Anjou selbst sie um Gnade für die beiden ersuchten. Am 3. November wurden sie zum Palace Yard von Westminster gebracht. Bevor das Urteil vollstreckt wurde, wandte sich Stubbs an die Umstehenden. »Ich bitte euch alle, mit mir zu beten, daß Gott mir die Kraft gibt, den Schmerz, den ich erleiden muß, zu ertragen, und daß er mir die Gnade gewährt, daß ich durch den Verlust meiner Hand nicht meine Pflicht und meine Zuneigung gegenüber Ihrer Majestät vergesse... Meine Herren, wer unter euch mich liebt, nicht aber auch Gott und Ihre Majestät, dessen Liebe weise ich zurück.« Nachdem der Scharfrichter ihm die Hand abgeschlagen hatte, nahm Stubbs mit der

* Diese Worte stehen in der englischen Ausgabe von 1625. In der englischen Ausgabe von 1635 heißt es: »Dalton, der es häufig offen aussprach«, und Camdens lateinischer Text lautet: *»Daltonus qui hoc clamitabat«*.

linken Hand den Hut ab und rief: »Gott schütze die Königin!« Dann brach er ohnmächtig zusammen. Anschließend war Page an der Reihe. Er erklärte, er habe seinen Lebensunterhalt stets mit der rechten Hand verdient, deshalb wäre es freundlicher von der Königin gewesen, ihm die linke Hand abzuhakken oder gleich das Leben zu nehmen. Er sei jedoch überzeugt, daß Gott für ihn sorgen werde, wenn er seinen Lebensunterhalt nicht mehr selbst verdienen könne. Nachdem ihm die Hand abgehackt worden war, sagte er: »Ich lasse hier die Hand eines echten Engländers.«[13]

Nicht viele Zeitgenossen scheinen Sir John Neales im 20. Jahrhundert geäußerte Ansicht geteilt zu haben, die Strafe sei nach den Maßstäben der damaligen Zeit nicht streng gewesen.[14] Stow und Camden, die bei der Vollstreckung des Urteils zugegen waren, erklärten, die Menge sei entsetzt gewesen. Als Stubbs rief »Gott schütze die Königin!«, war das Volk laut Camden »ganz still, entweder vor Entsetzen über diese neue, ungewöhnliche Strafe oder aus Mitleid für einen Mann von makellosem Ruf ... oder aus Unwillen über die Heirat, die, wie die meisten fürchteten, zum Untergang der Religion führen würde«.[15] Die Bedeutung von Camdens Worten wurde gelegentlich übersehen. Die Menge verstummte nicht, als die Hand abgeschlagen wurde, sondern als Stubbs rief: »Gott schütze die Königin!«

Aus dem Tower schrieb Stubbs an Elisabeth und den Staatsrat. In dem Brief an Elisabeth bedauerte er, die Königin beleidigt zu haben, und bat sie, Gnade walten zu lassen und ihn auf freien Fuß zu setzen.[16] Dem Staatsrat schrieb er, als er »Gott schütze die Königin!« gerufen habe, nachdem ihm die Hand abgeschlagen worden sei, sei dies nicht mehr gewesen, »als jeder tun sollte, der den anderen kein schlechtes Beispiel geben will, indem er sich mit dem ehrwürdigen Gericht oder der gebührende Vollstreckung des Rechts unzufrieden zeigt«.[17] Nach etwas mehr als einem Jahr wurde Stubbs freigelassen. Die puritanischen Sympathisanten hatten ihm zwar nicht helfen können, aber sie überredeten Elisabeth, ihn in Zukunft als Propagandisten gegen die Katholiken in Dienst zu nehmen und ihn als Agenten zu den holländischen Protestanten zu schicken. Stubbs genoß auch weiterhin das Vertrauen der Einwohner seiner Heimatstadt Great Yarmouth, die ihn ins Parlament wählten. Seine Briefe unterschrieb er häufig mit »*Scaeva*« (linkshändig) oder schloß sie mit den Worten: »Geschrieben mit der linken Hand, John Stubbs.«

In Anbetracht des weitverbreiteten Widerstands gegen eine Heirat mit Anjou bat Elisabeth die Mitglieder des Staatsrats um eine Stellungnahme. Das Thema wurde auf mehreren Sitzungen erörtert. Entscheidend war die Sitzung am 7. Oktober. Die Ratsschreiber wurden weggeschickt, und die Räte tagten ununterbrochen von acht Uhr morgens bis sieben Uhr abends im Ratssaal. In Abwesenheit der Schreiber führte Burghley selbst Protokoll. Burghley, Sussex, Wilson und Hunsdon waren für die Heirat. Walsingham nahm nicht an der

Sitzung teil, vermutlich weil Elisabeth ihm befohlen hatte, der Sitzung fernzubleiben, oder weil er es angesichts ihres Zorns auf ihn für klüger hielt, nicht zu erscheinen. Leicester und Sir Henry Sidney und mit ihnen die die Mehrheit der Ratsmitglieder waren gegen die Heirat. Sie rieten Elisabeth, Anjous Antrag abzulehnen, da ihre Untertanen eine Heirat mit einem Katholiken strikt ablehnten.[18]

Elisabeth folgte ihrem Rat nur sehr zögernd. Sie erklärte sich bereit, die Heirat abzulehnen, schickte Anjou jedoch keine eindeutige Absage, denn weder sie noch ihr Staatsrat wollten die Freundschaft mit Frankreich zu einem Zeitpunkt gefährden, wo sich die Beziehungen zu Spanien zusehends verschlechterten. Elisabeth hoffte, der Antrag werde sich von selbst erledigen, wenn sie nicht reagierte. Mendoza berichtete, die Königin sei überaus betrübt und habe ihren Hofdamen und engsten Vertrauten erklärt, sie habe Anjou wirklich heiraten und Kinder bekommen wollen. Sie sei auf alle Gegner der Heirat wütend und behandle sie unfreundlich. Zu Walsingham habe sie gesagt, er tauge nur als Beschützer von Ketzern.[19] Mendoza nennt so viele Einzelheiten aus Gesprächen Elizabeths und weiß so gut über ihre Gefühle Bescheid, daß er seine Informationen von einem engen Vertrauten Elisabeths bekommen haben muß. In der Regel sind seine Informationen zuverlässig. Ein greifbares Zeichen für Elisabeths Liebe zu Anjou gab es auch. Zwei Wochen, nachdem sie beschlossen hatte, ihn nicht zu heiraten, überreichte sie seinem Abgesandten Schmuck im Wert von 8 000 Kronen als Geschenk für ihn.[20] Achtzehn Monate später, im Sommer 1581, wurde erneut eine Heirat mit Anjou in Erwägung gezogen. Die Beziehungen zwischen England und Spanien hatten sich weiter verschlechtert, und es war für Elisabeth wichtiger denn je, sich durch ein Bündnis mit Frankreich vor Philipp zu schützen. Alle ihre Räte waren für ein Bündnis mit den Franzosen, um so mehr, als Anjou das Angebot der niederländischen Rebellen angenommen hatte, ihn zu ihrem Herrscher zu machen. Wenn ein französischer Fürst die Niederlande beherrschte, war es wichtig, daß er ein Verbündeter Englands war. Angesichts des heftigen Widerstands der Engländer gegen die Heirat mit Anjou erstrebten die Räte wenigstens ein Militärbündnis mit Frankreich.

Im Juni 1581 trug Walsingham Cobham auf, Heinrich III. und Katharina von Medici zu erklären, Elisabeth sei zwar an einem Bündnis gelegen, sie habe aber nie heiraten wollen und immer gewünscht, Jungfrau zu bleiben. Sie habe eine Heirat nur in Erwägung gezogen, weil ihr Volk sie früher dazu gedrängt habe. Nun, da ihr Volk dagegen sei, sei es besser, wenn Heinrich III. und Elisabeth lediglich ein Bündnis schlössen. Katharina von Medici lehnte den Vorschlag ab. Abgesehen davon, daß sie ihren Sohn unbedingt verheiraten wollte und Elisabeth für Anjou eine ausgezeichnete Partie war, glaubte sie fest, daß nur eine Heirat die Dauerhaftigkeit des Bündnisses gewährleisten und sicherstellen könne, daß Elisabeth das Bündnis nicht irgendwann löste und das alte Bündnis mit Burgund und Spanien gegen Frankreich wieder aufleben ließ.[21]

Elisabeth und ihre Räte standen vor einem schwierigen Problem. Im Juni 1581 besuchte Anjou Elisabeth heimlich, im Oktober stattete er ihr einen offiziellen Besuch ab. Wieder tauschten sie leidenschaftliche Liebeserklärungen aus. Höhepunkt war eine Szene in Whitehall am 22. November. Im Beisein des französischen Gesandten Mauvissière nahm Elisabeth einen ihrer Ringe und steckte ihn Anjou an den Finger. Dann teilte sie Mauvissière mit, daß sie und Anjou heiraten wollten. Katharina von Medici war hocherfreut. Sie und Heinrich III. betrachteten dies als offizielle Verlobung. Sie ließen die Neuigkeit bei Hof verkünden und feierten das Ereignis mit einem Ball im Louvre. Aber ein paar Tage später änderte Elisabeth ihre Meinung, und sie versicherte Burghley und ihren Räten, sie habe zu Anjou nichts gesagt, was sie zu einer Heirat mit ihm verpflichte.[22] Ende November, nur wenige Tage, nachdem sie Anjou in Whitehall den Ring geschenkt hatte, beauftragte sie Cobham, Heinrich III. mitzuteilen, falls er ein Bündnis ohne Heirat ablehne, werde sie Anjou unter der Bedingung heiraten, daß Heinrich III., sollte Elisabeth aufgrund von Anjous Intervention in den Niederlanden und ihrer Beziehung zu ihm in einen Krieg mit Spanien verwickelt werden, Spanien den Krieg erklären, zusammen mit den Generalstaaten der Niederlande England für die gesamten Kriegskosten entschädigen und ohne Gegenleistung sämtliche Ausgaben für die gemeinsamen militärischen Unternehmen tragen würde. Heinrich III. lehnte ab. Im Februar 1582 schrieb Elisabeth ihm, sie sei sehr traurig, daß die Heirat nicht stattfinden könne, hoffe aber, daß dies ihrer Freundschaft keinen Abbruch tun werde. Da Heinrich III. einem Bündnis ohne Heirat nicht zustimmen wollte, wurde kein Vertrag unterzeichnet, und Anjou verließ England, um sich seiner Armee in den Niederlanden anzuschließen. Elisabeth begleitete ihn nach Canterbury und verabschiedete sich überaus liebevoll von ihm. Sie war bereit, ihm für seinen Feldzug in den Niederlanden 60 000 Pfund zur Verfügung zu stellen, und gab ihm 10 000 Pfund sofort.[23]

Elisabeths Verhalten gegenüber Anjou im November 1581 ist das beste Beispiel für ihren unberechenbaren Umgang mit Freiern und ihren Wankelmut im Hinblick auf eine Heirat. Wie vieles andere hat man auch dieses Verhalten verschieden interpretiert – als Unentschlossenheit, Koketterie oder Berechnung. Außenpolitisch nützten die Tändelei mit Anjou und die Szene in Whitehall am 22. November allerdings nichts. Zwar war von Elisabeths Standpunkt aus die beste Lösung sicher ein Bündnis mit Frankreich ohne Heirat. Aber wenn Elisabeth entschlossen war, Anjou auf keinen Fall zu heiraten, und Heinrich III. ohne die Heirat kein Bündnis schließen wollte, stand damit von vornherein fest, daß es weder Einigung noch Heirat, noch Bündnis geben würde, und dann brachte es keinen Vorteil, Anjou, Heinrich III. und alle anderen wochenlang irrezuführen. Daß Elisabeth trotz des 22. November die Verlobung wieder löste, indem sie der anderen Seite unmögliche Bedingungen auferlegte, mußte die Franzosen zwangsläufig verärgern und das Verhältnis zwischen England und Frankreich gerade zu einer Zeit trüben, als Elisabeth auf eine Verbesserung der Beziehungen aus war. Wahrscheinlicher ist deshalb, daß sie sich von der belebenden Wirkung ihrer Affäre mit Anjou hinreißen ließ und am 22. November einfach übereilt handelte. Später änderte sie ihre Meinung dann wieder und machte den völlig unsinnigen Vorschlag, die Franzosen sollten sämtliche Kosten eines möglichen Krieges mit Spanien tragen, weil sie genau wußte, daß Heinrich III. den Vorschlag ablehnen und ihr damit einen Grund für die Lösung des Verlöbnisses geben werde. Ein Beobachter, der sie einmal sehr gut gekannt hatte, war über das Ergebnis der Heiratsverhandlungen nicht erstaunt. Philipp II. schrieb an Mendoza, er sei immer überzeugt gewesen, daß sich Elisabeth zuletzt weigern würde, Anjou zu heiraten.[24]

Das war das letzte Mal, daß Elisabeth, die mittlerweile achtundvierzig war, eine Heirat in Erwägung zog. Danach fanden sie und alle anderen sich damit ab, daß sie für immer die jungfräuliche Königin bleiben würde. Elisabeth war einer Heirat niemals näher gewesen als am 22. November 1581. Sie hatte sich tatsächlich ein wenig in ihren Frosch verliebt, wie sie Anjou nannte. Es war zwar nicht die leidenschaftliche Liebe, die sie 1560 für Leicester empfunden hatte, aber es reichte aus, um sie in Schwierigkeiten zu bringen. Elisabeth wollte Anjou heiraten, konnte sich letztlich aber nicht dazu durchringen.

Die Ehe war nicht das einzige, wozu Elisabeth sich nicht entscheiden konnte. Ihre Abneigung, Entscheidungen zu fällen, und ihre Unfähigkeit, sich an bereits getroffene Entscheidungen zu halten, wurden mit zunehmendem Alter noch schlimmer und waren der entscheidende Zug ihres Charakters und ihrer Innen- und Außenpolitik. Das ist sicher die einfachste und zutreffendste Erklärung, weshalb sie nie heiratete. Als es darum ging, in Schottland einzumarschieren oder den Holländern zu helfen, änderte sie ihre Meinung täglich. War sie erst einmal verheiratet, gab es kein Zurück mehr, denn sie wollte nicht wie ihr Vater in eine Reihe von Scheidungen mit langwierigen und peinlichen theologischen Erörterungen und Annullierungsverfahren verwikkelt werden.

Es gibt keine bessere Erklärung für Elisabeths Ehelosigkeit, es sei denn, wir folgen dem, was Clapham vier Monate nach Elisabeths Tod in einem kleinen Buch schreibt: Elisabeth habe vielleicht deshalb nie geheiratet, weil »Gott selbst es am Ende so bestimmt hat, daß ihre Nachkommen in ihrem Leib ruhen sollen, damit die beiden Königreiche England und Schottland heute in der Person des jetzigen Königs vereint sind«.[25]

# 21

# Irland

Vierhundert Jahre waren die Könige von England die Lehnsherren Irlands – ein Titel, den Heinrich VIII. 1541 in »König von Irland« umgewandelt hatte. Aber sie hatten immer nur einen kleinen Teil im Osten des Landes unter ihrer Kontrolle gehabt, einen Halbkreis mit einem Radius von ungefähr 100 Kilometern um Dublin und ein kleineres Gebiet um Wexford, Waterford und Cork. Der Rest des Landes wurde von irischen Fürsten regiert. Irland war nominell seit über tausend Jahren ein christliches Land, und die katholische Kirche war dort ebenso etabliert wie anderswo in Europa. Doch die Moral der irischen Kirche war lax, und die Engländer klagten, daß es in den abgelegenen Gebieten immer noch Heiden gebe. Irische Bistümer und Pfründen wurden in der Regel an Priester ohne Ehrgeiz und Tatendrang vergeben, die zufrieden waren, wenn sie sich aus dem harten Kampf um Geld und Macht heraushalten konnten, an dem sich die habgierigeren und ehrgeizigeren Kirchenmänner in England beteiligten.

Auch als Heinrich VIII. das päpstliche Supremat ablehnte, änderte sich in Irland nichts. Nur Erzbischöfe von Dublin und Armagh und ihre Bischöfe und Vikare paßten sich der neuen Religionspolitik an und waren bemüht, sie im Osten Irlands durchzusetzen. Im übrigen Irland blieb alles beim alten. Zu Marias Regierungszeit suchten ein paar englische Protestanten in Irland Zuflucht, weil sie wußten, daß dort die Verfolgung von Ketzern nur sehr nachlässig betrieben wurde. Nach Marias Tod wurde der römisch-katholische Glaube erst 1922 wieder Staatsreligion in Irland, mit dem Ergebnis, daß Irland neben Skandinavien das einzige Land Westeuropas ist, wo nie jemand wegen Ketzerei verbrannt wurde.

Heinrich VIII. versuchte nicht, seine Macht über den östlichen Teil Irlands hinaus auszudehnen. Es genügte ihm, wenn ihm die irischen Führer, die er nach Hampton Court einlud, die übliche Reverenz erwiesen. Unter Maria betrieben die Engländer jedoch in Munster und anderen Teilen Irlands eine neue Besiedlungspolitik. Als theoretisch uneingeschränkte Herrscher des ganzen Landes vergaben der König und die Königin von Irland, Philipp und Maria, Brachland an englische Edelleute und andere Abenteurer, damit sie es auf eigene Kosten und eigenes Risiko bebauten. Zuerst stellten die neuen Grundbesitzer irische Arbeitskräfte ein, aber bald schon ließen sie Pächter und Landarbeiter aus England kommen, die weniger feindselig waren als die Iren und sich mit der englischen Landwirtschaft besser auskannten.

Dadurch nahm die Verbitterung zwischen Engländern und Iren zu. Die meisten englischen Siedler verachteten die Iren. Sie sahen in ihnen primitive Barbaren mit seltsamen Bräuchen und Kleidern, Untermenschen, auf die die üblichen Regeln von Moral und Anstand nicht anwendbar waren. Die Iren haßten die Ausländer, die in Irland eingedrungen waren, ihr Land gestohlen hatten und ihre althergebrachten Sitten mißachteten. Angesichts der langen Geschichte des religiösen Hasses in Irland bis heute ist es eine Ironie, daß das Kolonialsystem, das später so eng mit der Religion verbunden war, ausgerechnet von den katholischen Herrschern Philipp und Maria eingeführt wurde. Erst unter Elisabeth entwickelte es sich allerdings zu voller Blüte.

Unter Elisabeth wurden die englisch-irischen Beziehungen durch die Religionsfrage belastet. Nach Elisabeths Thronbesteigung und Englands Rückkehr zum Protestantismus machten sich die Katholiken das religiöse Vakuum in Irland ebenso erfolgreich zunutze, wie es die Calvinisten zehn Jahre zuvor in Schottland getan hatten. Ein paar Jahre nach Elisabeths Thronbesteigung klagten ihre protestantischen Bischöfe und Beamten in Irland über ungesetzliche Bekehrungsversuche katholischer Missionare und deren außergewöhnlichen Erfolg bei der irischen Bevölkerung. Protestantische Eiferer führten das auf die Nachlässigkeit der Regierung zurück, denn die Gesetze, wonach Katholiken bestraft wurden, die an der Messe teilnahmen und den protestantischen Gottesdiensten fernblieben, galten in Irland nicht.[1]

William Walsh, der von Maria zum Bischof von Meath ernannt und von Elisabeth wieder abgesetzt worden war, weil er sich weigerte, den Eid auf die Suprematie abzulegen, wurde vom Papst weiterhin als Bischof anerkannt. Obwohl er eine Zeitlang in Dublin im Gefängnis saß, konnte er die katholische Propaganda in Irland zunächst im Land selbst und später vom Exil in Spanien aus lenken. Der »irische Bischof«, wie Elisabeths Beamte ihn nannten, galt als gefährlicher Gegner.

Kurz nach ihrer Thronbesteigung wurde Elisabeth mit einer anderen Gefahr konfrontiert, die nicht neu war. Shane O'Neill, ein irischer Führer in Ulster, beanspruchte für sich die Vormachtstellung über alle benachbarten Häuptlinge und hatte schon bald von seiner Burg in Benburb bei Armagh aus seine

Macht über die Provinz ausgebaut. Einige seiner Nachbarn beschwerten sich bei Elisabeths Statthalter in Irland, dem Grafen von Sussex. Dieser war der Meinung, Shanes zunehmende Stärke bedrohe die Sicherheit der englischen Beamten in Irland. Ab und zu fiel Shane im Osten Irlands ein und stahl Vieh. Shanes Hauptgegner in Ulster waren die M'Donnells, die mit den M'Donnells in Schottland verwandt waren. Oft übequerten auch Plünderer und Einwanderer die dreißig Kilometer breite Wasserstraße zwischen Schottland und Ulster. Sie waren keine Protestanten aus dem schottischen Tiefland wie die schottischen Einwanderer im darauffolgenden Jahrhundert, sondern Katholiken von den Äußeren Hebriden und aus dem Gebiet des Grafen von Argyll. Als Maria Stuart noch in Schottland regierte, beklagte sich Elisabeth mehrmals bei ihr über die Überfälle von Argylls Schotten auf Irland, doch Maria konnte nichts dagegen tun.

Sorley Boy M'Donnell war der Anführer der irischen M'Donnells. 1561 verbündete sich Sussex mit Sorley Boy gegen Shane O'Neill. Widerstrebend erlaubte Elisabeth Sussex, mit einer Armee in Ulster einzumarschieren, um Shane O'Neill zu überwältigen, während Sorley Boy ihn gleichzeitig an der Flanke angriff. Sussex' Armee konnte Shane jedoch nicht in die Wälder der Gegend folgen. Daraufhin empfahl Sussex Elisabeth, Shane durch einen Agenten in Benburb umbringen zu lassen. Doch Elisabeth lud statt dessen Shane zu sich ein, damit er ihr gegen die Bestätigung als Herr seiner Territorien seine Reverenz erweisen konnte.[2]

Sussex und die meisten seiner Beamten in Dublin waren unglücklich über Elisabeths Versöhnungspolitik. Aber Elisabeth beharrte darauf, Shane einen Geleitbrief auszustellen, damit er an ihren Hof kommen konnte. Im Dezember 1561 traf er in London ein. Die Londoner waren erstaunt und belustigt über die sonderbare irische Kleidung Shanes und seiner Begleiter. Elisabeth bereitete ihm am Dreikönigstag einen liebenswürdigen Empfang.[3] Shane konnte kein Englisch und Elisabeth kein Gälisch, aber sie konnten sich gut auf Lateinisch unterhalten.

Kaum war Shane wieder in Ulster, beschwerte sich Sussex bei Elisabeth erneut über seine Umtriebe. Am 27. August 1562 schrieb er ihr, Shane habe seinen Nachbarn sowie im östlichen Teil Irlands innerhalb weniger Monate 20 000 Stück Vieh gestohlen. Als Elisabeth auch von anderer Seite Klagen über Shanes Raubzüge zu Ohren kamen, beauftragte sie Sussex, eine Armee zusammenzustellen und gemeinsam mit Sorley Boy M'Donnell gegen Shane zu marschieren. Aber Shane schlug Sussex und Sorley Boy. Nachdem Sussex einen Abgesandten zu Shane nach Benburb geschickt hatte, der um Frieden bitten sollte, erklärte sich Elisabeth im September 1563 bereit, Shane zu vergeben und ihn als Herrscher von Ulster zu bestätigen. Einen Monat später schrieb sie Sussex, sie sei entsetzt über die Nachricht gewesen, daß einer von Shanes Gegnern versucht habe, Shane mit einem Becher Wein zu vergiften.[4]

Sussex beklagte sich weiter über Shanes Raubzüge. Zu allem Unglück bat Shane auch noch den Kardinal von Lothringen, ihm 6 000 französische Soldaten zu Hilfe zu schicken, da er für den katholischen Glauben kämpfe.[5] Im Mai 1565 überfiel Shane eine schottische Truppe, die den M'Donnells zu Hilfe gekommen war, und tötete 700 Mann. Damit begann ein neuer Krieg in Ulster, obwohl Elisabeth Shane und Sorley Boy zu überreden suchte, ihre Differenzen auf friedlichem Weg vor Gericht beizulegen. Sie rief Sussex nach England zurück und ernannte an seiner Stelle Sir Henry Sidney zum Lord Deputy. Sie beauftragte Sidney, einen zweiten Feldzug gegen Shane zu führen. Als Sidney über die vielen Schotten beunruhigt war, die von den schottischen Inseln herüberkamen, um die M'Donnells zu unterstützen, trug Elisabeth ihm auf, den Zustrom von Schotten nach Irland so weit als möglich zu unterbinden.[6]

Schließlich besiegten die M'Donnells Shane O'Neill. Im Juni 1567 suchte er sie auf, um mit ihnen Übergabebedingungen auszuhandeln. Da die Engländer eine Belohnung auf Shanes Kopf ausgesetzt hatten, hackten ihn die M'Donnells in Stücke und schickten seinen Kopf an Kommandant Piers, den Gouverneur von Carrickfergus, der die M'Donnells betrog und die Belohnung für sich beanspruchte.[7] Die größte Sorge der Regierung war nun, die übrigen M'Donnells wieder los zu werden, die mit Frauen und Kindern aus Schottland gekommen waren, um gegen Shane zu kämpfen. Am 10. Dezember 1567 schrieb Elisabeth an den Rat in Dublin, die Schotten sollten schleunigst aus Irland vertrieben werden.[8] Dazu hätte man freilich eine kostspielige Armee aufstellen und Krieg gegen die M'Donnells führen müssen. Elisabeth verhandelte statt dessen fast sieben Jahre und erkannte viele Forderungen Sorley Boys in bezug auf Ländereien und die Oberherrschaft in Ulster an, wobei sie ihm abwechselnd drohte und schmeichelte. Sorley Boys Selbstvertrauen wuchs, als er merkte, daß Elisabeth nichts gegen ihn unternahm. Gelegentlich überfiel er Carrickfergus und die nördlichen Teile im Osten Irlands sowie die Ländereien seiner Nachbarn in Ulster.

Während irische Herrscher wie Shane O'Neill und Sorley Boy schon seit Jahren für Unruhe sorgten, beschworen die englischen Siedler und katholischen Missionare mit ihren erstaunlich erfolgreichen Bekehrungsversuchen eine neue Gefahr herauf. Im Frühjahr 1569 brach in Munster unter der Führung von James FitzMaurice FitzGerald, dem Neffen des Grafen von Desmond, eine groß angelegte Revolte gegen die englischen Siedler los. Elisabeth ließ Lord Desmond in den Tower werfen. Als er wieder freigelassen wurde, blieb er, halb als Gefangener, halb als Kollaborateur, an Elisabeths Hof und appellierte an seine Pächter in Munster, gegenüber der Königin loyal zu bleiben. Doch fast alle folgten seinem Neffen und vertrieben die englischen Siedler, die unter Aufgabe ihres Besitzes in den Osten Irlands flohen. Sie berichteten von Engländern, die von Rebellen ermordet worden seien, was allerdings wohl nur sehr selten vorkam. In der Grafschaft Leix und in anderen Teilen der Provinz Leinster kam es ebenfalls zu Aufständen. Auch die wenigen englischen Siedler, die sich in Connaught niedergelassen hatten, wurden überfallen und mußten fliehen.

Sechs Monate zuvor hatte Alba das englische Vermögen in den Niederlanden beschlagnahmt, und das Verhältnis zwischen Philipp und Elisabeth war außerordentlich schlecht. Die Rebellion in Irland kam Philipp sehr gelegen. James FitzMaurice und der Bischof von Meath baten ihn um Unterstützung. Die Spione, die die englische Regierung unter die englischen Kaufleute in Ferrol und anderen spanischen Häfen eingeschleust hatte, berichteten von militärischen Vorbereitungen, und die Regierungen in London und Dublin glaubten schon, Stucley werde mit einer spanischen Armee lossegeln, um den Rebellen in Munster zu helfen. Stucley, der allgemein als illegitimer Sohn Heinrichs VIII. galt, war bisher ein Abenteurer, Spion, Doppelagent für England und Frankreich, Freibeuter und Pirat ohne strenge religiöse Grundsätze gewesen. Nach einem Streit mit einigen von Elisabeths Beamten in Irland ging er grollend nach Spanien, wurde katholisch und erhielt von Philipp den Titel Herzog von Irland, eine luxuriöse Villa bei Madrid und eine monatliche Pension von 2 000 Dukaten.

Philipp war wie immer vorsichtig, denn er wollte nur ungern in einen Feldzug gegen Irland oder England hineingezogen werden. Außerdem hatte er neben Elisabeth noch andere Feinde. Er beschloß, eine große Seestreitmacht unter dem Kommando von Don Juan d'Austria gegen die Türken ins östliche Mittelmeer zu entsenden, und Stucley, der sich in Madrid mit Don Juan angefreundet hatte, kämpfte gegen die Türken genauso gern wie gegen jemand anders. Anstatt nach Munster zu segeln, nahmen er und seine Männer im Oktober 1571 an der Schlacht von Lepanto teil, in der Don Juan die türkische Flotte vernichtete. Obwohl der Streit mit Spanien über die Beschlagnahme englischen Eigentums damals auf dem Höhepunkt war, gratulierte Elisabeth dem venezianischen Botschafter zu dem großen Sieg Philipps und der Venezianer über die ungläubigen Türken.[9]

Die Engländer in Irland gingen rücksichtslos gegen die Rebellen vor. Sie betrachteten sie jetzt nicht mehr nur als Wilde, sondern auch als Papisten, ein weiterer Grund, sie einfach niederzumetzeln. Die Engländer waren empört, als innerhalb kurzer Zeit fast ganz Irland über das Massaker der Bartholomäusnacht Bescheid wußte. Priester hatten die gute Nachricht im ganzen Land verbreitet.[10] Sir Humphrey Gilbert, ein fanatischer Protestant, führte eine Abteilung Soldaten gegen die Rebellen in Munster, bevor er sich mit Freiwilligen aufmachte, um für die protestantische Sache in den Niederlanden zu kämpfen. Am 6. Dezember 1569 schrieb er aus Limerick an Sir Henry Sidney, er lehne Verhandlungen mit den Rebellen ab, lasse viele über die Klinge springen und werde keinen schonen, der ihm in die Hände falle.[11] Er und andere englische Befehlshaber ließen viele Rebellen aufhängen.

Im Jahr 1573 flaute die Revolte in Munster endlich ab. Zu diesem Zeitpunkt stand fest, daß keine unmittelbare Hilfe von Spanien zu erwarten war, weil Philipp und Elisabeth hinsichtlich der Beschlagnahme des Vermögens zu einer Einigung gelangt waren und den Handel zwischen England, den Niederlanden und Spanien wieder aufgenommen hatten. James FitzMaurice floh nach Spanien, und Elisabeth begnadigte fast alle überlebenden Rebellen. Nur die englischen Beamten in Irland waren gegen eine Amnestie. Der Rat in Dublin war den Iren gegenüber nachtragender als Elisabeth, und die örtlichen Befehlshaber und Siedler waren noch nachtragender als der Rat in Dublin.[12]

Nach der Niederschlagung der Revolte in Munster konnte sich Elisabeth mit den M'Donnells in Ulster befassen. Im Sommer 1573 betraute sie den Grafen von Essex, dessen Sohn später eine wichtige Rolle in ihrem Leben spielen sollte, mit der Durchführung des Feldzuges. Essex lieferte sich mit den M'Donnells einige erfolgreiche Gefechte, aber mit den wenigen verfügbaren Truppen konnte er vor Einbruch des Winters nicht mehr viel ausrichten. Es lag auf der Hand, daß er für den Feldzug im nächsten Jahr Verstärkung brauchte. Aber Elisabeth gelangte zu keiner Entscheidung. Im April 1574 beharrte sie darauf, den Feldzug gegen Ulster fortzusetzen; Essex und der Lord Deputy von Irland, Fitzwilliam, sollten den Rebellen bei Verhandlungen auf keinen Fall allzu günstige Bedingungen einräumen. Im Juli dagegen drängte sie Essex, die derben Iren mehr durch Besonnenheit als durch Blutvergießen zur Höflichkeit zu erziehen. Wegen Elisabeths Unentschlossenheit passierte im Sommer 1574 gar nichts, und die M'Donnells überfielen weiterhin ihre Nachbarn in Ulster und im Osten Irlands. Essex ärgerte sich, daß einige Iren behaupteten, der geplante Feldzug gegen Ulster sei sein Krieg und nicht der der Königin.[13]

Als die Frage anstand, ob die langerwartete Invasion von Ulster im Sommer 1575 stattfinden sollte, schob Elisabeth Fitzwilliam die Verantwortung zu. Am 24. Februar 1575 schrieb sie dem Lord Deputy, sie überlasse ihm die Entscheidung, ob der Feldzug gegen Ulster unternommen werden solle oder nicht. Burghley genügte das freilich nicht. Seine Gicht plagte ihn zu sehr, um selbst an den Hof zu gehen, deshalb schickte er seinen Sekretär Edward Tremayne mit einem Schreiben nach Richmond. Darin riet er Elisabeth, Essex die erforderliche Verstärkung für einen Feldzug im Sommer zu schicken. Am 13. März teilte Tremayne Burghley mit, Elisabeth könne sich nicht entscheiden. Zwei Tage später schrieb Elisabeth an Fitzwilliam, sie zweifle an den Erfolgsaussichten einer Expedition nach Ulster und gebe nur ungern ihre Zustimmung.

Gleichzeitig aber betonte sie noch einmal, daß sie die endgültige Entscheidung ihm überlasse.[14] Unter diesen Umständen wagte Fitzwiliam nicht, die Verantwortung für den Feldzug zu übernehmen, und er befahl, ihn abzublasen. Essex, der in Dublin zwanzig Monate auf den Beginn des Feldzugs gewartet hatte, wurde mitgeteilt, seine Dienste würden nicht mehr benötigt. Er erhielt von Elisabeth einen freundlichen Brief, worin sie ihm für seine großen Leistungen dankte.[15] Essex schrieb an Burghley: »Mein Dienst endet in größter Schande. Wenn ich doch wenigstens eine Frist von zehn Tagen hätte!«[16]

Essex gab sich noch nicht geschlagen. Mit voller Rückendeckung durch seine Offiziere und die englischen Siedler bemühte er sich, Elisabeth und Fitzwilliam doch noch zu überreden, ihn gegen die M'Donnells marschieren zu lassen. Zunächst hatte er keinen Erfolg. Am 22. Mai teilte Elisabeth ihm mit, obwohl sie eine hohe Meinung von ihm habe, habe sie beschlossen, den Feldzug gegen Ulster nicht zu genehmigen. Aber Essex und seine Männer wollten Elisabeth zum Handeln zwingen und stellten sie vor vollendete Tatsachen. Es kam zu Zusammenstößen mit den Rebellen aus Ulster, die weiterhin im Osten Irlands plünderten. Am 22. Juli schrieb Essex an Elisabeth, er habe am 6. Juli die Verfolgung der Plünderer aufgenommen und ihnen so viele Verluste beigebracht, daß Sorley Boy um Frieden bitte.[17]

Sorley Boy hatte alle Frauen und Kinder des M'Donnell-Clans zur Sicherheit nach Rathlin Island vor der Nordküste von Ulster geschickt. Rathlin Island war von all seinen Territorien am weitesten von den englischen Truppen in Drogheda entfernt. Unterdessen bereiteten er und seine Männer einen Angriff auf Carrickfergus vor. Auf Rathlin Island gab es nur die Burg der M'Donnells und ein paar Bauernhöfe. Die Insel war nur über eine schwer zu findende schmale Fahrrinne erreichbar, die zu der einzigen Bucht führte, in der man an Land gehen konnte. Essex schickte eine Seestreitmacht aus, um Rathlin Island im Rücken Sorley Boys einzunehmen, während er und seine Truppen in Carrickfergus alle Hände voll zu tun hatten. Drake, der von einer Kaperfahrt in der Karibik zurückgekehrt war und vorübergehend in heimischen Gewässern kreuzte, bevor er die Reise um die Welt antrat, erhielt das Kommando über drei Fregatten und sollte dreihundert Soldaten und zwei Kanonen nach Rathlin Island bringen.[18] Die Soldaten standen unter dem Kommando von John Norris, einem fähigen und erfahrenen Berufssoldaten, der ein fanatischer Protestant war und alle Papisten haßte. Er war der Enkel von Anne Boleyns Freund Sir Henry Norris.

Drake fand den Zugang zu der kleinen Bucht, in der man an Land gehen konnte, und setzte Norris und die Soldaten auf der Insel ab. Sie marschierten zur Burg, wo alle Frauen und Kinder der M'Donnells zur Sicherheit untergebracht waren und von einer zweihundert Mann starken Garnison bewacht wurden. Nachdem Norris die Burg mit seiner Kanone bombardiert und vergeblich versucht hatte, sie im Sturm zu nehmen, überredete er den Burgvogt, die Burg unter der Bedingung zu übergeben, daß sein Leben geschont werde. Die anderen sollten sich auf Gedeih und Verderb ergeben. Mittlerweile hatte Sorley Boy von dem englischen Überfall auf Rathlin erfahren und kehrte rasch von Carrickfergus an die Nordküste zurück. Aber da die Engländer seine Schiffe verbrannt hatten, konnte er seinen Leuten nicht zu Hilfe kommen und mußte vom Ufer aus zusehen, was auf der zehn Kilometer entfernten Insel geschah.

Norris verschonte den Burgvogt und die Familie eines einflußreichen Adligen aus Ulster, für deren Auslieferung er sich ein Lösegeld erhoffte. Die zweihundert Soldaten der Garnison und die übrigen Frauen und Kinder wurden getötet. Einigen Frauen gelang mit ihren Kindern die Flucht, und sie versteckten sich in Höhlen am Ufer. Aber Norris' Männer entdeckten sie, räucherten sie aus und töteten sie, als sie aus den Höhlen krochen.

Norris dachte zweifellos daran, daß Gott von seinen Auserwählten erwartete, daß sie alle Götzendiener bestraften, und er erinnerte sich wohl, daß Moses den Israeliten ausdrücklich befohlen hatte, die Frauen und Kinder der Midianiter nicht zu schonen. Essex' Briefe vom 31. Juli an Elisabeth, den Staatsrat und Walsingham enthalten drei verschiedene Versionen von den Ereignissen in Rathlin. Elisabeth teilte er lediglich mit, alle Menschen in der Burg und die, die sich in Höhlen versteckt hätten, seien getötet worden. Es habe sich um »alle möglichen« Leute gehandelt, zweihundert an der Zahl. Er erwähnte nicht eigens, daß Frauen und Kinder getötet wurden. Seinem Brief an den Staatsrat fügte er keine weiteren Einzelheiten hinzu. Walsingham schrieb er: »Sorley Boy und seine Edelleute schickten ihre Frauen und Kinder nach Rathlin; sechshundert wurden gefangengenommen und getötet.« Sorley Boy habe vom Festland aus zugesehen, »wie die Insel eingenommen wurde. Wahrscheinlich war er fast wahnsinnig vor Kummer. Er raufte sich die Haare und erklärte, er habe dort alles verloren, was er je besessen habe.« Elisabeth beglückwünschte Essex zu seinem Erfolg und bat ihn, Norris ihren Dank zu übermitteln.[19]

Was immer Sorley Boy empfunden haben mag, er verbarg seine Gefühle. Er schloß mit Elisabeth Frieden, und nachdem er seine Ländereien behalten durfte, arbeitete er in den nächsten fünfundzwanzig Jahren bei mehreren Gelegenheiten mit den englischen Behörden zusammen.

Zwei Jahre lang war es in Irland ruhig. Aber 1577 wurden Elisabeth und ihre Räte von Berichten ihrer Spione aufgeschreckt, daß wieder einmal eine Intervention Spaniens drohe. Elisabeths Beziehungen zu Philipp hatten sich erneut verschlechtert, da ihre Untertanen weiterhin auf der Seite der niederländischen Rebellen kämpften und Stucley nach Madrid zurückgekehrt war, um eine neue Flottenexpedition vorzubereiten. James FitzMaurice und Walsh ihrerseits hatten festgestellt, daß der Papst bereit war, mehr für sie zu tun als Philipp. Er bot ihnen das nötige Geld an, um eine Armee aus spanischen und italienischen Freiwilligen und Söldnern zusammenzustellen und Irland von den Ketzern zu befreien. Philipp war einverstanden, daß die beiden in Spanien Freiwillige anwarben, sich mit Ausrüstung und Proviant versorgten und von spanischen Häfen aus losfuhren, solange die Soldaten offiziell die Armee des Papstes waren und das päpstliche Banner trugen. Die Expedition sollte von Stucley geführt werden.

Walsinghams Nachrichtendienst funktionierte. Sein wichtigster Spion war Roger Bodenham, der sich in San Lucar als englischer Kaufmann ausgab. Walsingham hatte jedoch noch andere Agenten in spanischen Hafenstädten und in ganz Spanien und Italien plaziert, wo für die päpstliche Streitmacht Soldaten angeheuert werden sollten. Die Spione berichteten ihm, eine mächtige Flotte werde ausgerüstet, die im Frühjahr 1578 eine große Armee nach Irland bringen solle. Doch wieder wurde die geplante Expedition nach Irland auf ein anderes Ziel umgeleitet. Der Papst befahl Stucley, mit seinen Schiffen nach Lissabon zu fahren und sich den Truppen anzuschließen, die König Sebastian von Portugal gegen die Mauren in Nordafrika führen wollte. Wieder war Stucley bereit, auch anderswo Dienst zu tun, und gehorchte dem Befehl des Papstes willig. Aber am 4. August 1578 rieben die Mauren in der Schlacht von Ksar el-Kebir die portugiesische Armee auf, und König Sebastian und Stucley wurden getötet.

Eine dritte Expedition nach Irland wurde vorbereitet, wenngleich diesmal ohne einen Befehlshaber, der Stucley an Kühnheit gleichgekommen wäre. Wieder schickten Walsinghams Spione ihre Berichte, und im März 1579 warteten die Garnisonen und Häfen von Munster täglich auf die bevorstehende Invasion. Sie kam nicht, aber als sich im Land die Nachricht verbreitete, die spanischen Befreier seien unterwegs, brach in Munster erneut eine furchtbare Revolte aus, obwohl sich Connaught diesmal ruhig verhielt.[20]

James FitzMaurice beschleunigte seine Vorbereitungen in Spanien, damit so bald wie möglich wenigstens eine kleine Streitmacht nach Irland geschickt werden konnte. Mit zwei Schiffen und fünfzig Mann stach er von Ferrol aus in See. Am 17. Juli 1579 ging er in Dingle auf der Halbinsel Kerry an Land. Sein geistlicher und politischer Berater während des Feldzuges war Nicholas Sanders, ein Priester und Autor, der aus England geflohen war. Nach Elisabeths Thronbesteigung war er in die Niederlande gegangen, wo er das Buch *The Anglican Schism* geschrieben hatte, das noch heute zu den wichtigsten katholischen Geschichtsbüchern über die Reformation in England zählt. FitzMaurices Armee bestand zu annähernd gleichen Teilen aus italienischen und spanischen Soldaten. Alle hatten sich freiwillig gemeldet. Einige waren Edelleute oder Männer niederen Standes, die sich aus Treue zum katholischen Glauben gemeldet hatten, andere Söldner. Sie marschierten zum westlichsten Punkt der Halbinsel und errichteten am Meer bei Smerwick ein Fort, das sie Fort del Oro nannten. Hier wollten sie warten, bis aus Spanien Verstärkung eintraf. Neu ankommende Truppen konnten bequem im Hafen von Smerwick, etwa fünf Kilometer vom Fort entfernt, an Land gehen.[21]

Ein paar Tage nach der Ankunft verließ James FitzMaurice seine Truppe und begab sich zur Abtei Holycross in Tipperary, um zu beten. Er hoffte, dort mit den Rebellen von Munster Kontakt aufnehmen zu können. Auf dem Weg wurde er jedoch von englischen Truppen überfallen und getötet. Sein Tod hatte für die Katholiken wenigstens einen Vorteil: FitzMaurices Onkel, der Graf von Desmond, der aus Haß auf seinen Neffen gegen den vorangegangenen Aufstand gewesen war, übernahm nun die Führung der Rebellen.

Bald hatten die Rebellen nahezu ganz Munster unter Kontrolle. Am 3. August schrieb Waterhouse, der bei der Armee in Limerick war, an Walsingham, diese Rebellion sei die gefährlichste, die je in Irland ausgebrochen sei.[22] Sanders besaß ein Exemplar der Bulle, worin der Papst Elisabeth exkommuniziert und ihre Untertanen von ihrer Gehorsamspflicht entbunden hatte. Der Priester rief das Volk auf, »in diesem heiligen Unternehmen für die Erhaltung des katholischen Glaubens und die Freiheit des Landes« zu kämpfen. Jeder, der in Elisabeths Armee gegen die Rebellen kämpfe, werde exkommuniziert. Sanders Anhänger drohten damit, jeden Priester zu enthaupten, der sich weigerte, die Messe zu zelebrieren. Die Rebellen brannten Youghal, Kinsale, Dingle und Tralee nieder. Cork hielt den Rebellen stand, aber kein Engländer wagte sich weiter als »eine halbe Viertelmeile« vor die Stadt.[23] Im November teilte Sir Warham St. Leger Burghley mit, ganz Munster habe sich der papistischen Religion gebeugt.[24]

Die englischen Truppen setzten sich energisch und rücksichtslos zur Wehr. Im März 1579 befanden sich trotz Verstärkung aus England lediglich 1 211 englische Soldaten in Munster, und bei jedem Gefecht waren die Rebellen den Regierungstruppen zahlenmäßig mit fünf zu eins überlegen. Dennoch gewannen die Engländer auf Grund ihrer größeren Disziplin und besseren Ausbildung fast jedes Gefecht, und in kurzer Zeit hatten sie die Rebellen gezwungen, in den Wäldern Zuflucht zu suchen.[25] Im März 1580 schrieb ein englischer Offizier an Walsingham, die Verräter hielten sich wie wilde Tiere an unwegsamen, verlassenen Orten und in Wäldern versteckt.[26]

Die Engländer hatten auch eine Anzahl Iren in die Armee eingezogen. Viele von ihnen wechselten zu den Rebellen über und nahmen Waffen und Munition mit. Einige englische Soldaten aus Lancashire, wo viele Katholiken lebten, kämpften nur widerwillig gegen die irischen Rebellen und wurden bald nach England zurückgeschickt.[27] Die meisten Engländer waren jedoch loyal und kannten keine Gnade gegenüber ihren Feinden. »Wenn Ihre Majestät ihr

Schwert nicht schärfer führt, wird sie Schwert und Reich verlieren«, schrieb Malby an Walsingham.[28] Nicht einmal »Satan selbst«, so eine andere Nachricht, übertreffe die Iren »an Niedertracht, Hinterlist und Grausamkeit.«[29] Wann immer die Engländer in den Wäldern einen Iren aufspürten, hängten sie ihn ohne viel Federlesens auf.[30] Die englischen Truppen unter dem Grafen von Ormond marschierten von Cork nach Limerick und nahmen das Haus von Carrigafoyle ein, das von sechzehn spanischen Soldaten verteidigt wurde und Frauen und Kinder beherbergte. »Einige versuchten wegzuschwimmen«, schrieb Kommandant Zouche an Walsingham, »aber nicht einer entkam, weder Mann noch Frau, noch Kind.«[31] Die Rebellen nahmen nicht oft englische Soldaten gefangen, aber wenn sie es taten, töteten sie sie.[32]

Im September 1580 trafen drei spanische Schiffe mit Verstärkung für die Garnison im Fort del Oro in Smerwick ein. Damit hatte die Truppe jetzt insgesamt eine Stärke von 600 Mann. Angehörige der ursprünglichen Garnison hatten die Festung verlassen, um an den Kämpfen in Munster teilzunehmen, und Sanders war mit ihnen gegangen. Die Engländer schickten ebenfalls Verstärkung nach Irland. Im Oktober waren 6 437 Mann in Irland stationiert, weitere 1 344 befanden sich an Bord der Schiffe vor der irischen Küste.[33] Die Engländer beschlossen, Fort del Oro zu belagern. Sechshundert Fußsoldaten und zweihundert Reiter wurden unter dem Kommando von Lord Grey of Wilton nach Smerwick geschickt, während Winter mit einer Flotte losfuhr, um den Eindringlingen den Fluchtweg abzuschneiden. Obwohl Greys Truppen die Verteidiger zahlenmäßig kaum übertrafen, wartete er nicht auf Verstärkung, sondern begann am 7. November 1580 mit der Belagerung des Forts.

Zwei Tage lang lieferten sich Belagerer und Belagerte Feuergefechte und Scharmützel, bis die Garnison am Abend des 9. November um Verhandlungen bat. Grey schilderte die Ereignisse in einem langen Brief, den er drei Tage später an Elisabeth schrieb. Ein italienischer und ein spanischer Offizier kamen aus dem Fort, um mit ihm zu sprechen. Grey erklärte dem Spanier, er verstehe nicht, was er und seine Männer hier zu suchen hätten, da der König von Spanien mit seiner Herrin, der Königin, verbündet und befreundet sei und sicher keine Armee losgeschickt habe, um in ihr Reich einzufallen. Der spanische Offizier erwiderte, daß nicht König Philipp sie geschickt habe, sondern daß der Gouverneur von Bilbao ihm befohlen habe, mit seinen Männern nach Santander zu marschieren und sich dort dem Kommando von Oberst Don Sebastian de San Giuseppe zu unterstellen, der jetzt in Smerwick ihr Befehlshaber sei. Der italienische Offizier erklärte, der Papst habe sie geschickt, um für den katholischen Glauben zu kämpfen.

Grey entgegnete, er könne verstehen, wenn Männer auf Befehl ihres eigenen und absoluten Fürsten unrechtmäßig handelten, aber nicht, daß Männer aus guter Familie, wie sie es offenbar seien, »sich von einem Menschen zu unrechtmäßigem, verzweifeltem und schlimmem Handeln verleiten lassen, dem weder von Gott noch von den Menschen königliche Macht oder Herrschaft verliehen wurde, sondern der ein abscheulicher Pfaffe, ein rechter Antichrist, ehrgeiziger Tyrann über alle rechtschaffenen Fürsten und Förderer teuflischer Machenschaften ist«. Er wollte sich nur auf die bedingunglose Übergabe einlassen: Sie sollten ihm das Fort übergeben und sich ihm auf Leben oder Tod ausliefern.

Die beiden Offiziere kehrten ins Fort zurück. Nach einem weiteren Feuergefecht zwischen den beiden Armeen war Oberst Don Sebastian bereit, das Fort am nächsten Tag auf Gedeih und Verderb zu übergeben. Am darauffolgenden Morgen ließ Grey seine Soldaten vor dem Fort in Schlachtordnung antreten. Don Sebastian kam mit seinen Offizieren heraus, und sie legten ihre Fahnen und Waffen vor Grey auf den Boden. »Dann teilte ich die, die gleich hingerichtet werden sollten, in bestimmte Gruppen ein«, schrieb Grey an Elisabeth. »Sechshundert wurden getötet... Andere, denen ich das Leben schenkte, habe ich den Kommandanten und Edelleuten überlassen, die sich verdient gemacht haben.« Sie konnten sie gegen ein Lösegeld freilassen. Grey dankte Gott, daß er der Königin diesen großen Sieg geschenkt hatte, denn während der zweitägigen Belagerung hatte er nur einen Offizier verloren.[34]

Greys Bericht wird durch Briefe ergänzt, die zwei Offiziere seiner Armee am 11. und 14. November an Walsingham schrieben. Sie berichteten, alle irischen Männer und Frauen im Fort seien aufgehängt worden, und mehr als vierhundert Italienern, Spaniern und Basken sei der Kopf mit dem Schwert abgeschlagen worden. Zwanzig oder dreißig Offiziere und andere Soldaten seien verschont und freigelassen worden, damit sie in Spanien und Italien von der Armseligkeit und Treulosigkeit ihrer irischen Genossen berichten konnten.[35] Ein irischer katholischer Priester und ein englischer und ein irischer Laie, die mit Sanders aus Spanien gekommen waren, blieben zwar von dem ersten Massaker am 9. November verschont, wurden dafür aber wie Verräter behandelt. Sie wurden zu einem Schmied gebracht, der ihnen mit seinem Hammer als eine Art Folter die Arme und Beine brach. Zwei Tage später wurden sie nach einer kurzen Verhandlung vor dem Kriegsgericht hingerichtet.[36]

Entgegen den Erwartungen der englischen Offiziere erzählten die zwanzig oder dreißig freigelassenen Offiziere in Spanien und Italien nicht von der Treulosigkeit der Iren, sondern von der Treulosigkeit der Engländer. Bald wurde in allen katholischen Ländern Europas berichtet, die Garnison in Smerwick habe sich ergeben, nachdem den Soldaten versprochen worden sei, ihr Leben werde geschont. Die englischen Ketzer hätten die Kapitulationsbedingungen schamlos verletzt und ihre Gefangenen hingerichtet.[37] Dasselbe hatten die Protestanten behauptet, als die Spanier die Verteidiger von Haarlem töteten, nachdem diese sich ergeben hatten. Wenn den Verteidigern tatsächlich versprochen worden war, daß ihr Leben geschont würde, dann war Greys ausführlicher Bericht über sein Gespräch mit Don Sebastian und den beiden anderen Offizieren pure Erfindung, was zwar unwahrscheinlich, aber nicht unmöglich ist.

Edmund Spenser war im Alter von zweiunddreißig Jahren bereits ein bekannter Dichter. Da ihm die Dichtkunst aber nicht viel Geld einbrachte, war er durch Vermittlung seines guten Freundes Philip Sidney Sekretär bei Lord Grey geworden. Spenser begleitete Grey nach Smerwick. In seinem 1596 erschienenen Buch *View of the present state of Ireland* verteidigt Spenser Grey gegen den Vorwurf, er habe gegenüber den Verteidigern von Fort del Oro sein Wort gebrochen, und wiederholt, von Einzelheiten abgesehen, dieselbe Version der Vorfälle, die Grey Elisabeth übermittelt hatte. Spenser zufolge fragte Grey Don Sebastian, ob er ihm eine Vollmacht des Papstes oder des Königs von Spanien zeigen könne. Als Don Sebastian erklärte, er besitze keine Vollmacht, erwiderte Grey, es verletze die Ehre der Königin, wenn er mit solchen »Schurken« verhandeln solle, er müsse daher auf einer Übergabe auf Gedeih und Verderb bestehen.

Es ist vielleicht bezeichnend, daß Spenser nicht nur bestritt, daß Grey absichtlich einen Vertrauensbruch begangen habe, sondern auch schreibt, daß »er ihnen zumindest Hoffnung gemacht hat«, ihr Leben würde geschont.[38] Wenn weder Grey noch ein untergebener Offizier Don Sebastian irgendwelche derartigen Hoffnungen gemacht haben, ist es schwer zu begreifen, warum sich sechshundert Mann in einer Festung achthundert Belagerern auslieferten, die sicher mehr als einen Offizier verloren hätten, wenn sie gezwungen gewesen wären, das Fort im Sturm zu nehmen. Es sei denn, Don Sebastian erwartete, als reicher Edelmann nicht getötet, sondern gegen Lösegeld freigelassen zu werden, und riskierte deshalb, daß seine Soldaten niedergemetzelt wurden. Obwohl Sanders und andere Katholiken ihm Feigheit und Verrat vorwarfen, gibt es freilich keine eindeutigen Beweise für die Behauptung einiger bedeutender moderner Historiker, Don Sebastian habe mit Grey vereinbart, seine Soldaten zu töten, damit keiner seinen Verrat aufdecken könne.[39]

Elisabeth gratulierte Grey in einem Schreiben zu seinem Erfolg in Smerwick. Obwohl der Brief wie üblich von einem Sekretär geschrieben wurde, fügte Elisabeth mit eigener Hand einen Absatz hinzu. Sie erklärte, sie sei froh, daß Grey das Werkzeug von Gottes Ruhm gewesen sei. Durch ihn habe der Allmächtige seine Stärke bewiesen, indem er einem Mitglied ihres schwachen Geschlechts den Sieg habe zuteil werden lassen. Sie kritisierte jedoch, daß Grey das Leben des spanischen Kommandeurs und der wohlhabenden Gefangenen geschont hatte, anstatt ihr die Entscheidung zu überlassen, ob jemand geschont werden sollte. Denn auf diejenigen, die daran dächten, sich auf »ein so schlimmes Unternehmen« einzulassen, hätte es abschreckender gewirkt, wenn die Führer ebenso wie die gemeinen Soldaten hingerichtet worden wären.[40] Auf den ersten Blick scheint zu diesem Brief Camdens Behauptung im Widerspruch zu stehen, Elisabeth habe die Notwendigkeit des Massakers zwar eingesehen, habe aber gewünscht, es wäre nie geschehen.[41] Es ist jedoch durchaus möglich, daß sie in späteren Jahren ihre Meinung änderte und angesichts der Kritik, die das Massaker im Ausland hervorgerufen hatte, das Vorgefallene bedauerte.

Don Bernardino de Mendoza protestierte nicht gegen die Ermordung der Gefangenen in Smerwick. Der Botschafter blieb bei seiner Behauptung, wenn tatsächlich Spanier in Irland seien, wisse König Philipp nichts davon und es habe nichts mit ihm zu tun. Elisabeth beklagte sich mehrmals bei Mendoza über die spanische Intervention in Irland. Mendoza bestritt, daß es eine solche Intervention gebe, und verwies auf die Engländer, die zusammen mit den Rebellen in den Niederlanden kämpften. Er wisse das, erklärte er, weil er selbst gegen sie gekämpft habe.[42]

Zuweilen kam es zu hitzigen Diskussionen. Bei ihrem Gespräch in Whitehall am 6. April 1580, vor der Entsendung von Hilfstruppen nach Smerwick, sagte Elisabeth zu Mendoza, sie habe erfahren, daß fünfzehn Spanier sich den irischen Rebellen in einem Fort in Irland angeschlossen hätten. Mendoza erwiderte, wenn englische Untertanen weiterhin in den Niederlanden intervenierten, würden bald nicht nur fünfzehn, sondern viele tausend Spanier kommen, und zwar so schnell, daß ihr keine Zeit bliebe, zu bereuen, was sie getan habe.[43]

Die Engländer in Irland griffen zu Maßnahmen, die später als einzige Möglichkeit galten, eine Revolte irischer Rebellen niederzuschlagen: In der ganzen Gegend wurde die Ernte vernichtet, um die Rebellen durch Hunger zur Aufgabe zu zwingen. Die Rebellen selbst hatten schon viel Schaden angerichtet, indem sie die Häuser und Farmen der englischen Siedler in Munster niederbrannten, und nun taten die englischen Soldaten den Rest. Von Cashel bis Dingle, auf einer Strecke von fast 160 Kilometern, wurden alle Häuser und die gesamte Ernte verbrannt.[44] Die Rebellion wurde niedergeschlagen, aber die Hungersnot hielt auch noch Jahre nach der Unterwerfung der Rebellen an. Spenser berichtete von den schrecklichen Auswirkungen der Hungersnot in einer Provinz, die früher reich an Korn und Vieh war. Er glaubte allerdings, die Iren hätten sich diese Strafe selbst eingehandelt. »Aus allen Ecken des Waldes und aus den Tälern kamen sie auf Händen angekrochen, weil ihre Beine sie nicht mehr trugen«, um die Kadaver der Tiere zu essen, die tot auf den Feldern lagen. Als auch diese Nahrungsquelle versiegt sei, hätten sie die Gräber auf dem Friedhof geöffnet, um die Leiber der Toten zu essen. »In diesem Krieg kamen nicht viele durch das Schwert um. Die meisten fielen der Hungersnot zum Opfer, die sie selbst verursacht hatten.«[45]

Im April 1581 begnadigte Elisabeth fast alle Rebellen, die sich ergaben, darunter auch den Grafen von Desmond. Von der Amnestie ausgenommen waren nur die, die besonders abscheuliche Morde begangen hatten.[46] Elisabeths Beamten in Irland gefiel das nicht. »Wenn die Proklamation und die Amnestie in Kraft treten, wird das großen Schaden anrichten«, schrieb Grey an Walsingham, und fast ebenso eindringlich wandte er sich an Elisabeth.[47] Andrew Trollope schrieb an Walsingham, daß »jede Amnestie eines Rebellenführers den Tod von hundert Mann« bedeute. Er war der Meinung, man habe den Iren zu sehr vertraut und ihnen zuviel Gutes getan. »Die Iren, außer denen in den befestigten Städten, sind keine Christen, ja, nicht einmal menschliche Wesen, sondern Heiden oder vielmehr Wilde, und primitive Bestien.«[48] Sir William Gerard, der Lordkanzler von Irland, hatte Walsingham bereits 1577 erklärt, die einzig zufriedenstellende Lösung des irischen Problems sei, »die ganze irische Sippe dem Schwert zu unterwerfen«, damit der fruchtbare Boden von Engländern bebaut werden könne, deren Geschicklichkeit und harte Arbeit Irland zu einem ertragreichen Land machen würde, nachdem alle Iren ausgerottet seien.[49]

Auch Sir Warham St. Leger, ein rauher Soldat, mißbilligte wie fast alle Elisabeths Begnadigung der Rebellen.[50] Er machte sich jedoch Sorgen über die Folgen der Hungersnot in Munster. Im März 1582 schätzte er, daß in den vergangenen sechs Monaten mindestens 30 000 Menschen an Hunger gestorben waren. Er schrieb an Elisabeth, dies werde »vier große Unannehmlichkeiten« mit sich bringen: viele arme, unschuldige Menschen müßten sterben, die Städte würden verfallen, Elisabeth würde Einkünfte verlieren, und im ganzen Land würde eine neue Revolte losbrechen.[51]

Auf die Rebellen, die sich nicht ergeben hatten, wurde gnadenlos Jagd gemacht. Sanders wurde durch die Wälder verfolgt. Sein Abendmahlskelch und seine Meßgewänder wurden gefunden und sein Diener wurde gefangengenommen und hingerichtet, aber er selbst konnte entkommen. Im Frühjahr 1581 starb er im Wald an der Ruhr. Die englischen Truppen und die Iren, die sich ihnen in der Hoffnung auf Straferlaß anschlossen, waren auch dem Grafen von Desmond dicht auf den Fersen. Auch Desmond konnte zunächst immer wieder fliehen, bis er im November 1583 von fünf Iren, die ihn haßten und die mit den Engländern kollaborierten, im Wald im Schlaf überrascht und ermordet wurde.

# 22

# Die Jesuiten

Für die Iren waren die spanischen Verbände, die auf der Halbinsel Kerry an Land gingen, nur die Vorhut einer Armee, die sie von fremder Unterdrückung befreien würde. Für die Engländer hingegen bildeten sie die Speerspitze der Bemühungen des internationalen Katholizismus, von Irland aus England für den Papismus zurückzuerobern. Die englischen Protestanten wußten freilich, daß der Schlag genausogut auch von Schottland aus geführt werden konnte. Daher waren Burghley, Walsingham und alle Räte Elisabeths entschlossen, die Macht, die Elisabeth seit 1560 in Schottland ausübte, aufrechtzuerhalten. »Schottland ist die Hintertür zu allem Unheil und jeder Gefahr, die dieses Reich heimsuchen mag«, schrieb Walsingham. »Darum ist es die Pflicht Ihrer Majestät, ein wachsames Auge darauf zu haben.«[1]

Elisabeth selbst stand solchen Zielen freilich eher abwartend gegenüber. Sie mochte weder Puritaner noch Presbyterianer, und sie verachtete Rebellen, die sich gegen ihren Herrscher erhoben. Nachdem sie sich hatte überreden lassen, Jakob VI. als rechtmäßigen König von Schottland anzuerkennen, hatte sie Bedenken, sich allzusehr in die inneren Angelegenheiten seines Landes einzumischen. Zudem wollte sie keinen Ärger mit Frankreich, und sie wollte keine teure Armee nach Schottland entsenden. Walsingham und Leicester war es zwar gelungen, Elisabeth nach dem Vorfall in Reedswire vom Bruch mit Morton abzubringen, sie konnten sie jedoch nicht dazu bewegen, Mortons Vorschlag anzunehmen, nach dem England und Schottland einen neuen Vertrag für ein antikatholisches Bündnis unterzeichnen sollten.[2]

Heinrich III. und Katharina von Medici hatten Schottland praktisch abgeschrieben, so wie Elisabeth die Hoffnung aufgegeben hatte, Calais jemals zurückzubekommen. Doch die Guisen, Maria Stuarts Cousins, interessierten sich noch immer für schottische Angelegenheiten, denn sie wußten ebensogut wie Walsingham, daß Schottland die Hintertür zu England war und daß sie Marias Interessen und dem katholischen Glauben dort am besten dienen konnten. Der alte Kardinal von Lothringen war 1574 gestorben, aber die jüngere Generation der Guisen, die Söhne François de Lorraines, des Herzogs von Guise, waren bereits im Mannesalter – Henri de Lorraine, Herzog von Guise, und seine drei Brüder Charles, Herzog von Mayenne, Louis, der neue Kardinal von Lothringen, und François de Lorraine. Die Brüder hatten auch eine Schwester, die einflußreiche Cathérine, Herzogin von Montpensier, die Louis de Bourbon, den Herzog von Montpensier, geheiratet hatte. Obwohl ihr Mann mit Heinrich von Navarra und dem Prinzen von Condé verwandt war und mit den Hugenotten sympathisierte, war Cathérine eine fanatische Katholikin und begeisterte Anhängerin ihrer Brüder.

Guise hatte enge Verbindungen zu den schottischen Katholiken in Paris, und diese schmiedeten Pläne, wie sie zuerst Schottland und dann England erobern konnten. Sie wußten, daß sie äußerst vorsichtig zu Werk gehen mußten und daß es verfrüht wäre, sich für die Gewährung religiöser Toleranz für die Katholiken in Schottland einzusetzen. Aber sie ermutigten und unterstützten Jesuiten und andere katholische Priester, heimlich und unter Lebensgefahr nach Schottland zu gehen und potentielle Anhänger zum Katholizismus zu bekehren. Außerdem nahmen sie heimlich Kontakt zum Grafen von Huntley und anderen katholischen Lords in Schottland auf und setzten sich mit Protestanten in Verbindung, die Morton nicht leiden konnten, unter anderem auch einigen ehemaligen Lords der Königin, die Jakob VI. als König anerkannt hatten.

Im März 1578 warf der Graf von Atholl Morton übertriebenen Ehrgeiz vor. Atholl berief eine Versammlung hoher Würdenträger ein, die Morton als Regent absetzten und entschieden, der König, der im Juni zwölf wurde, sei jetzt alt genug, um selbst zu regieren. Sie stellten den jungen König unter die Obhut von Lord Erskine und schlossen Morton und seine Anhänger von der Macht aus. Elisabeth war wütend, als sie davon erfuhr, und schickte einen Gesandten zu den neuen Räten Jakobs VI., um gegen Mortons Ausschluß zu protestieren. Außerdem beauftragte sie Lord Hunsdon, in Berwick eine Armee zusammenzustellen, die Morton unterstützen sollte. Noch ehe sie freilich entschieden hatte, was zu tun sei, führte der junge Graf von Mar am 26. April in Schottland erneut einen Staatsstreich durch, der Morton wieder zur Macht verhalf. Morton verzichtete zwar auf den Titel Regent, hatte aber in der Praxis dieselbe Macht wie früher.[3]

Guise und die Flüchtlinge in Paris setzten jetzt all ihre Hoffnungen darauf, den jungen König zu beeinflussen. Jakobs Cousin, Esmé Stuart, Sieur von Aubigny, war ein charmanter Mann Ende dreißig, der die meiste Zeit seines Lebens in Frankreich verbracht hatte. Er war immer ein Katholik gewesen.

Jetzt schickten ihn die Guisen nach Schottland, wo er zum Protestantismus übertrat, eine List, die vermutlich die Guisen ersonnen hatten. Er wurde ein enger Vertrauter Jakobs VI., und bald entwickelte sich zwischen den beiden eine homosexuelle Beziehung. Das hatten die Guisen wahrscheinlich nicht vorausgesehen, aber es war ein unerwarteter Vorteil für sie. D'Aubigny freundete sich auch mit Lord Ochiltres Sohn Captain James Stewart an, dessen Halbschwester John Knox geheiratet hatte. Obwohl James Stewart in den Niederlanden auf seiten der Protestanten gekämpft hatte, arbeitete er jetzt eng mit D'Aubigny zusammen. Auch er unterhielt homosexuelle Beziehungen zu Jakob VI., der D'Aubigny zum Grafen von Lennox und James Stewart zum Grafen von Arran ernannte. Lennox wurde obendrein Lordkanzler von Schottland.

Am 31. Dezember 1580 beschuldigte Lennox Morton im Ratssaal der Mitwirkung an der Ermordung des Vaters des Königs vor vierzehn Jahren. In den vergangenen vierzehn Jahren war fast jeder prominente Schotte, der mit der Regierung in Konflikt geraten war, der Mitwirkung an der Ermordung Darnleys beschuldigt worden. Nun sollte Morton für das Verbrechen vor Gericht gestellt werden, für das er bereits mehrere seiner Gegner hatte hinrichten lassen. Er wurde nach Edinburgh Castle gebracht und wartete dort auf seinen Prozeß.[4]

Elisabeth und ihr Staatsrat betrachteten Mortons Verhaftung als schweren Schlag für die englische Partei in Schottland und als ersten Schritt der Papisten, ihre Pläne hinsichtlich der Eroberung Schottlands und Englands in die Tat umzusetzen. Die Engländer wollten Morton retten, um zu zeigen, daß Elisabeth ihre Anhänger beschützen konnte. Kaum waren die Kuriere mit der Nachricht von Mortons Verhaftung in Whitehall eingetroffen, da befahl Elisabeth Randolph am 6. Januar, sich sofort nach Edinburgh aufzumachen und Mortons Freilassung und Wiedereinsetzung in sein Amt sowie Lennox' Verbannung aus Schottland zu fordern. Hunsdon trug sie auf, in Berwick eine Armee von 2 500 Mann bereitzustellen, mit der er die Grenze nach Schottland überqueren sollte, wenn die Schotten nicht auf Randolphs Forderungen eingingen. Außerdem entsandte sie Schiffe zur Überwachung der schottischen Küste, um jegliche Kontakte zwischen Lennox und den Guisen und englischen Flüchtlingen in Frankreich zu unterbinden.

Der schottische Staatsrat lehnte Randolphs Forderungen strikt ab und ließ Morton nach Dumbarton Castle bringen, wo es für Randolph erheblich schwieriger war, seine Flucht zu organisieren. Randolph mußte feststellen, daß die Lage ernster war, als er zunächst angenommen hatte. Er war überzeugt, daß nicht nur Morton umgehend hingerichtet würde, wenn eine englische Armee in Schottland einmarschierte, sondern auch die große Mehrheit der Bevölkerung sich den Eindringlingen widersetzen würde, obwohl die

Priester der Kirche von Schottland immer noch loyal zu Morton standen und sich gegen Lennox heftig zur Wehr setzten. Randolph wandte sich deshalb an die mit Morton verwandte Familie Douglas, die seit sechzig Jahren Agentendienste für Heinrichs VIII. und Elisabeths leistete. Das Oberhaupt der Familie, der Graf von Angus, kam mit Randolph überein, gegen Lennox und die Grafen von Argyll und Montrose, die stets mit Maria Stuart sympathisiert hatten, ein Mordkomplott zu schmieden. Sie wollten den König in ihre Gewalt bringen, Morton freilassen und ihm und der englischen Partei wieder zur Macht verhelfen. Randolph riet Elisabeth, von einer militärischen Intervention abzusehen und alles weitere Angus und seinen Mitverschwörern zu überlassen, auch wenn Hunsdon der Meinung war, die einzige Hoffnung sei die Entsendung einer englischen Armee.

Randolph und Walsingham konnten Elisabeth die Zustimmung zu Angus' Komplott nur mit Mühe abringen. Schließlich war sie einverstanden, daß die Verschwörer Lennox »überraschten«, aber nur unter der Bedingung, daß es nicht in Gegenwart des Königs geschah, um jedes Risiko zu vermeiden, daß ihm Schaden zugefügt wurde. Als Elisabeth vor Jahren erfahren hatte, daß Riccio im Beisein Maria Stuarts ermordet worden war, war sie schockiert gewesen, und sie wollte nicht, daß sich dieser ungeheuerliche Affront gegen einen Souverän wiederholte. Wenn Elisabeth wußte, daß die Verschwörer Lennox umbringen wollten, als sie davon sprachen, ihn zu »überraschen«, dann zogen sie und ihre Räte es vor, kein Wort darüber zu verlieren. Offenbar war ihr jedoch nicht bekannt, daß Argyll und Montrose ebenfalls getötet werden sollten.[5]

Am 20. März erfuhr Randolph, daß einer der Verschwörer das Komplott an die schottische Regierung verraten hatte und daß, »was auch immer wir mit Hilfe meines Herrn, des Grafen von Angus, vorhatten, entdeckt ist«.[6] Durch das Geständnis des Verschwörers wurde Randolph belastet, und er floh mit Angus nach Berwick. Jetzt glaubte auch Randolph, nur noch eine militärische Intervention könne Morton retten. Gemeinsam mit Walsingham und Elisabeths Räten drängte er die Königin, eine Armee von 9 000 bis 10 000 Mann zusammenzustellen und so bald wie möglich in Schottland einzumarschieren. Elisabeth war einverstanden. Am 31. März befahl sie Hunsdon, die Armee auszuheben und die Grenze zu überqueren. Vier Tage später änderte sie jedoch ihre Meinung, nachdem der französische Gesandte Mauvissière bei ihr gegen ihm vorliegende Berichte protestiert hatte, nach denen Elisabeth einen Einmarsch in Schottland plane. Am 4. April befahl sie Hunsdon, keine weiteren Soldaten anzuwerben und von der 2 500 Mann starken Truppe, die seit Januar in Berwick in Bereitschaft stand, bis auf 500 Mann alle nach Hause zu schicken. Walsingham teilte Hunsdon mit, obwohl der Staatsrat Elisabeth geraten habe, in Schottland einzumarschieren, »wollte sie nichts davon wissen, wegen der Kosten, die notgedrungen daraus entstehen«.[7] Am 9. April schrieb Mauvissière an Heinrich III., er habe Elisabeth überredet, Morton seinem Schicksal zu überlassen.

Am 1. Juni wurde Morton in Edinburgh vor Gericht gestellt. Er bestritt, an Darnleys Ermordung beteiligt gewesen zu sein, gab jedoch zu, von Bothwells Absicht, Darnley zu ermorden, gewußt zu haben. Morton wurde schuldig gesprochen und am nächsten Tag mit Hilfe eines mechanischen Instruments enthauptet, das mit Rollen betrieben und »maid« genannt wurde. Dieses Instrument ähnelte dem zweihundert Jahre später von Dr. Guillotin entwickelten Fallbeil, das seither als Guillotine bekannt ist.

Nach Mortons Tod arbeiteten Walsingham und Elisabeths Agenten in Schottland weiterhin auf den Sturz von Lennox und seiner Fraktion hin. Angus nahm Kontakt zu anderen Lords auf und heckte einen neuen Plan aus. Er sagte Elisabeth die Unterstützung aller Lords in Schottland zu, wenn sie jedem Grafen 4 000 Kronen und jedem Baron 2 000 Kronen zahle, der sich an einer Rebellion gegen Lennox beteilige. Elisabeth erklärte, sie könne ihnen das Geld möglicherweise geben, aber sie wolle nichts versprechen. Schließlich gab sie Angus 1 000 Pfund und nicht mehr. Infolgedessen beteiligten sich nur wenige schottische Lords an der Verschwörung, die Walsingham mit den Grafen von Gowrie und Mar und anderen plante. Robert Bowes, Elisabeths Botschafter in Schottland, nannte die Verschwörer »Personen«, die »Ihrer Majestät und der Sache außerordentlich zugetan sind«.[8] Im August 1582 wurde Jakob VI. entführt und nach Ruthven Castle gebracht, Lennox wurde gestürzt. Das Unternehmen ging als »Überfall von Ruthven« in die Geschichte ein.

Elisabeth schickte einen Abgesandten zu Jakob VI. Er sollte dem König raten, den Lords zu vertrauen, die ihn nach Ruthven Castle gebracht hatten, und Lennox und Arran als Verräter vor Gericht stellen und hinrichten lassen. Walsinghams und Bowes' Ratschlag, die schottischen Lords durch Zahlung großer Pensionen auf ihre Seite zu ziehen, befolgte Elisabeth nicht. Als Walsingham sie drängte, zu diesem Zweck 10 000 Pfund zu bewilligen, erklärte sie sich nur mit 100 Pfund einverstanden, zu denen einige Zeit später noch einmal 100 Pfund kamen. Walsingham befürchtete das Schlimmste. »Ich fürchte, Ihre Majestät wird auf Grund der gefährlichen Folgen ihren Irrtum einsehen«, schrieb er im Februar 1583 an Bowes.[9]

Lennox verließ Schottland und kehrte nach Frankreich zurück. Im August 1583 konnte der mittlerweile siebzehnjährige Jakob VI. den Lords der englischen Partei entkommen, und Arran brachte die Lords durch einen Staatsstreich zu Fall. Im Oktober wurde Gowrie wegen Hochverrats hingerichtet, weil er die Verschwörung von Ruthven in die Wege geleitet hatte. Elisabeth unternahm nichts und gab ihre Bemühungen auf, in Schottland eine englische Partei zu unterstützen. Die ganze Sache ging für Elisabeth nicht so schlecht aus, wie ihre Räte erwartet hatten, denn Jakob VI. wollte Elisabeth nicht kränken und dadurch seine Chancen vermindern, nach ihrem Tod König von England zu werden. Elisabeth hatte das schottische Problem gelöst, indem sie sich irgendwie durchwurstelte.

Die Aktionen der Katholiken bedrohten Elisabeth und die protestantische Sache in England ebenso wie in Irland und Schottland. Die katholischen Flüchtlinge aus England mit ihren Kollegien in Douai und Rom und ihren Kontakten in Paris und Madrid bildeten Missionare aus, die in England die Moral der Katholiken stärken und heimlich Menschen zum katholischen Glauben bekehren sollten. Nach Sanders Tod waren William Allen und Robert Parsons die Führer der englischen Katholiken im Ausland. Beide waren Priester und hatten während des ersten Jahrzehnts von Elisabeths Regierung an der protestantischen Universität in Oxford studiert. Sie hatten sich jedoch nie wirklich der englischen Staatskirche unterworfen. Danach waren sie ins Ausland gegangen, um dort den Kampf für die katholische Kirche fortzusetzen. Von Reims aus lenkten sie den katholischen Widerstand in England und im Ausland. Die meisten Priester, die sie nach England schickten, waren Jesuiten, Mitglieder der Gesellschaft Jesu, die Ignatius von Loyola vierzig Jahre zuvor gegründet hatte.[10]

Als es zwischen Elisabeth und Philipp II. wegen der Beschlagnahme von englischem Vermögen im Jahr 1568 zum Streit kam, hofften Allen, Parsons und ihre Anhänger auf eine spanische Invasion Englands. Philipps Flotte und Armee sollten als Befreier kommen, um in ihrer Heimat den wahren Glauben wiedereinzuführen. Wie so viele andere oppositionelle Gruppen der Weltgeschichte, angefangen vom alten Rom bis hin zum Zweiten Weltkrieg, warteten sie sehnsüchtig darauf, daß die Regierung ihres Landes von den Armeen eines ausländischen Feindes gestürzt würde. Die Mitglieder der englischen Regierung nannten sie Verräter, sie selbst hielten sich für bessere Patrioten als die Anhänger der Regierung.

Elisabeth behandelte die Katholiken ihres Reiches nach wie vor vergleichsweise milde. Die sechsmonatige Gefängnisstrafe und eine Geldbuße von 100 Mark (66 Pfund, 13 Schillinge und 4 Pfennige) für die Teilnahme an der Messe beim ersten Mal sowie lebenslängliche Haft für Zelebrant und Teilnehmer beim dritten Verstoß waren zwar keine geringen Strafen, sie wurden aber in der Praxis nicht rigoros angewendet.[11] In jedem Fall war diese Art der Bestrafung weniger schlimm als der Tod auf dem Scheiterhaufen, mit dem die Katholiken, als sie noch an der Macht gewesen waren, die Protestanten und die Protestanten ihrerseits die Wiedertäufer bestraft hatten. Zumindest theoretisch unterschied Elisabeth genau zwischen Katholiken, die nur illegal die Messe besuchten, und solchen, die die päpstliche Bulle veröffentlichten, in der Elisabeth exkommuniziert und abgesetzt und ihre Untertanen von der Gehorsamspflicht entbunden wurden. Das war Hochverrat, und wer sich dessen schuldig machte, wurde aufgehängt, geschleift und gevierteilt. Verdächtige Personen wurden verhaftet und unter Folter gezwungen, Informationen über ihre verräterischen Aktionen preiszugeben oder ihre Schuld einzugestehen.

Im Jahr 1574 schickte Allen drei Priester nach England. Sie waren die ersten von über hundert Missionaren, die heimlich durchs Land reisten und mit den Katholiken in London, Northamptonshire, Lancashire und anderswo Kontakt aufnahmen. Unterschlupf fanden sie bei den Mitgliedern ihrer heimlichen Gemeinden, insbesondere bei Adelsfamilien, die der alten Religion treu geblieben waren. Die Adligen versteckten die Priester in ihren Häusern und gelegentlich auch in den verborgenen »Priesterhöhlen«, die heute noch zu sehen sind. Manche wurden nie gefaßt, aber die meisten gingen zuletzt dem gut funktionierenden Sicherheitsdienst Walsinghams ins Netz und wurden verhaftet. Walsingham schleuste seine Agenten, Informanten und Lockspitzel in die illegalen katholischen Organisationen in England und in deren Hauptquartiere in Frankreich, den Niederlanden und Italien ein.

Im Jahr 1580 trafen zwei Jesuiten, Edmund Campion und Parsons selbst, in England ein, und von da an waren die Missionare meistens Jesuiten. Nachdem Parsons über ein Jahr in England zugebracht hatte, floh er nach Frankreich. Campion wurde in Berkshire verhaftet und in den Tower gebracht. Er wurde wiederholt von Leicester, Bedford und anderen Räten verhört, einmal sogar von Elisabeth selbst. Nachdem er fast fünf Monate im Tower gefangengehalten und dreimal auf der Streckbank gefoltert worden war, wurde er am 1. Dezember 1581 gehängt, geschleift und gevierteilt. Campions Umtriebe sowie seine Verhaftung und Hinrichtung wurden von der Regierung überall bekanntgemacht.[12]

Wurden Jesuiten und andere Missionare verhört, bestritten sie, Verräter zu sein, und erklärten, die englischen Katholiken seien treue Untertanen und würden nie einen ausländischen Fürsten gegen ihre Königin und ihr Land unterstützen, ganz gleich, was einige englische Flüchtlinge im Ausland behaupteten. Auf der anderen Seite stritten Elisabeth und ihre Räte stets ab, Katholiken wegen ihres Glaubens zu verfolgen. Es würden nur solche Katholiken eingesperrt, gefoltert und hingerichtet, die gegen ihre Königin Hochverrat begangen hätten. Francis Bacon schrieb, Elisabeth sei »nicht geneigt, Fenster in die Herzen und geheimen Gedanken der Menschen zu reißen«. Sie bestrafe sie nur, wenn sie »Ihrer Majestät oberste Gewalt« anzweifelten und »eine fremde Gerichtsbarkeit verteidigten und rühmten«.[13]

Doch in der Praxis war diese Unterscheidung immer schwerer zu treffen. Es gab Katholiken, die lediglich ihre Religion ausüben wollten und ihrer protestantischen Königin treu ergeben waren. Aber viele andere standen, zumindest was die Sympathien betraf, im internationalen Religionskonflikt auf seiten der Katholiken. Sie waren betroffen, wenn sie von einem Sieg der Protestanten in Schottland, Frankreich oder den Niederlanden hörten, und sie freuten sich über die Nachricht, daß die Katholiken in Paris durch rechtzeitiges Handeln in der Bartholomäusnacht dem Vorhaben der Ketzer, die Katholiken niederzumetzeln, zuvorgekommen waren. Es überrascht keineswegs, wenn die Protestanten glaubten, daß die Katholiken die Politik ihres geistigen Vaters, des Papstes, unterstützten und sie nur leugneten, solange sie in englischen Gefängnissen saßen, um der Bestrafung für ihren Verrat zu entgehen.

Deshalb wurden die inhaftierten Priester und Laien, die Priestern Zuflucht gewährt hatten, bei ihrer Vernehmung gefragt, ob sie glaubten, daß der Königin trotz der päpstlichen Bulle von 1570 als Königin Gehorsam geleistet werden müsse, und ob sie den Papst oder die Königin unterstützen würden, wenn der Papst eine Armee nach England entsende. Die Katholiken nannten diese Frage die »blutige Frage« und eine List, die sie dazu verleiten sollte, sich entweder zum Verrat zu bekennen oder Gottes Stellvertreter abzulehnen. Für Elisabeth und ihre Räte war die Frage jedoch außerordentlich relevant.

Nachdem mehrere katholische Märtyrer gestorben waren, weil sie auf die »blutige Frage« die falsche Antwort gegeben hatten, überlegten die Jesuiten in Rom mit Zustimmung des Papstes eine geeignete Antwort. Sie erklärten, die Bulle von 1570 sei zum Zeitpunkt des Aufstands im Norden erlassen worden und daher nicht mehr wirksam. Deshalb wollten sie der Königin gehorchen, bis der Papst die Bulle erneuere.[14] Elisabeths Räte meinten, daß dies für die englischen Katholiken kein zufriedenstellender Standpunkt sei.

Die Jesuiten und ihre Anhänger konnten mit Recht behaupten, daß die Missionare nicht in der Absicht nach England gekommen seien, Hochverrat zu begehen, da sie sich lediglich um die englischen Katholiken kümmern und Menschen zum katholischen Glauben bekehren wollten. Aber damit blieb die katholische Kirche in England als Institution erhalten, die gegen Elisabeth vorgehen und sie zu gegebener Zeit stürzen konnte. Im Jahr 1581 brachten die Puritaner im Parlament einen Gesetzentwurf ein, wonach es Hochverrat war, Untertanen der Königin zum römischen Glauben zu bekehren, um sie von ihrer Gehorsamspflicht gegenüber der Königin abzubringen. Nur widerwillig gab Elisabeth dem Gesetz in modifizierter Form und weiteren Bestimmungen ihre Zustimmung, nach denen die Strafen für den Besuch der Messe und die Abwesenheit bei den rechtmäßigen Gottesdiensten verschärft wurden.[15]

Die Katholiken, die unter Elisabeth des Hochverrats überführt und gehängt, geschleift und gevierteilt wurden, ertrugen die furchtbare Strafe mit großer Tapferkeit. In einem der letzten Briefe, die Campion vor seiner Verhaftung schrieb, erklärte er, die Qualen der Katholiken hätten die der Protestanten unter Maria in den Schatten gestellt: »Jetzt rühmen sie sich ihrer Märtyrer nicht mehr. Denn wir können ihren wenigen Renegaten und Besserwissern, die verbrannt wurden, jetzt Bischöfe, Lords, Ritter, den alten Adel ... und unzählige Menschen von niederem Stand entgegensetzen, die entweder sofort den Märtyrertod starben oder den langsamen Tod im Gefängnis.«[16] Die protestantischen Leser von Foxes *Book of Martyrs* sahen das natürlich anders. Als Philipp II. dagegen Mendozas Bericht über die Hinrichtung der Katholiken in England las, schrieb er ihm, er sei bekümmert über ihr Leid, aber er freue sich auch über die Standhaftigkeit, mit der sie dieses Leid ertragen hätten. Es habe sich gezeigt, wie recht er daran getan habe, den niederländischen Protestanten die religiöse Toleranz zu verweigern.[17]

Die Beziehungen zwischen Philipp und Elisabeth verschlechterten sich zusehends. Mendoza konnte Elisabeth zwar endlich dazu bewegen, Guaras aus dem Tower zu entlassen und ihm nach neunzehnmonatiger Haft im Mai 1579 die Ausreise aus England zu gestatten.[18] Doch als Philipp sich endlich in der Lage sah, es Elisabeth mit gleicher Münze heimzuzahlen, gab es noch mehr Ärger. Im September 1580 entsandte Elisabeth Daniel Rogers, der bereits mehrere diplomatische Missionen bei den Protestanten in den Niederlanden erfüllt hatte, um mit den lutherischen Fürsten in Deutschland Verbindung aufzunehmen und mit ihnen über ihren möglichen Beitritt zu einem allgemeinen Bündnis der protestantischen Staaten zu sprechen. Rogers wurde auf dem Weg durch das Herzogtum Kleve von Martin Schenck, einem Söldnerführer, der bei Philipp II. in Sold stand, gefangengenommen. Schenck weigerte sich, Rogers ohne Zahlung eines hohen Lösegelds freizulassen, bezichtigte ihn der Spionage und drohte ihm mit Folter. Elisabeth schickte einen Abgesandten zum Statthalter der Niederlande Alessandro Farnese, dem Herzog von Parma und Sohn Margaretes von Parma, der nach dem Tod Don Juans d'Austria 1578 dessen Nachfolger geworden war. Sie protestierte gegen Rogers' Festnahme und forderte seine Freilassung. Parma leitete die Sache an Philipp weiter. Dieser befahl, Rogers nicht freizulassen, sondern ihn bis auf weiteres als Gefangenen unter Schencks Aufsicht zu belassen.

Elisabeth wurde ungehalten und drohte Parma mit Repressalien gegen Mendoza, wenn Rogers nicht freigelassen werde. Parma schrieb ihr einen sehr höflichen Brief, worin er nach zahllosen Komplimenten erklärte, Rogers werde festgehalten, solange gewisse, ihn betreffende Verdachtsmomente geprüft würden. Er sei jedoch sicher, daß Elisabeth einem völlig unschuldigen Mann wie Mendoza keine Unannehmlichkeiten bereiten werde. Schließlich sei Mendoza an ihrem Hof offizieller Botschafter König Philipps, während Rogers, ein Mann von niedererem Rang als Mendoza, nur ein Gesandter auf dem Weg zu einer dritten Partei, nämlich den deutschen Fürsten sei. Schließlich trug Parma Schenck auf, die geforderte Lösegeldsumme herabzusetzen. Rogers wurde jedoch erst im Sommer 1584 nach über dreijähriger Haft freigelassen.[19]

Als Begründung für Rogers lange Haft gaben Schenck und Parma an, er habe einen Stammbaum der portugiesischen Königsfamilie bei sich gehabt, deshalb habe man ihn für einen englischen Agenten gehalten, der nach Portugal geschickt werden sollte.[20] Auch Portugal war nämlich mittlerweile zum Schauplatz eines Konflikts zwischen Philipp und Elisabeth geworden. Als König Sebastian in der Schlacht von Ksar el-Kebir getötet worden war, waren seine nächsten lebenden Verwandten und Erben die Kinder und Nachkommen seines Urgroßvaters König Emanuel I. Der nächste Thronerbe war König Emanuels siebtes Kind Prinz Heinrich, der Kardinal geworden war. Mit siebenundsechzig bestieg Heinrich den Thron, aber jeder wußte, daß der »Kardinal-König« nicht mehr lange leben würde, und sogleich wurden Intrigen gesponnen, wer nach seinem Tod regieren sollte.

König Emanuels Tochter Isabell hatte Karl V. geheiratet und war die Mutter Philipps II. Daher erhob Philipp Anspruch auf den Thron. Der andere Thronanwärter war Don Antonio. Sein Vater Luis, Herzog von Beja, war Emanuels Sohn, seine Mutter war eine Jüdin, die Luis' Geliebte gewesen und später zum Christentum übergetreten und Nonne geworden war. Hatte sie Luis heimlich geheiratet, bevor sie Nonne geworden war? Wenn dem so war, wäre ihr illegitimer Sohn Don Antonio durch die nachträgliche Heirat seiner Eltern ehelich geworden und hätte ein Anrecht auf den Thron. Es gab noch eine Reihe weiterer Prätendenten, darunter König Emanuels Enkelin Katharina, Herzogin von Bragança. Etwas weit hergeholt war der Anspruch Katharinas von Medici als Nachfahrin König Alfonsos III., der im 13. Jahrhundert regiert hatte.

Philipp machte sich daran, die portugiesischen Adligen durch hohe Bestechungsgelder und Propaganda auf seine Seite zu ziehen. Doch die Mehrheit des Adels war für die Herzogin von Bragança. Don Antonio erfuhr vom Adel und der Geistlichkeit zwar recht wenig Unterstützung, war dafür aber bei Handwerkern und Bauern um so beliebter. Auch Katharina von Medici machte ihren eher vagen Anspruch mit großer Entschlossenheit geltend, denn sie wollte nicht, daß Portugal und die zu Portugal gehörenden Gebiete in Asien, Afrika und Amerika in die Hände Spaniens fielen.

Der Kardinal-König starb im Januar 1580. Philipp war bereit, mit Flotte und Armee in Portugal einzufallen. Er überredete den portugiesischen Staatsrat, ihn als König anzuerkennen, nachdem er versprochen hatte, Portugal mit seinen Überseeterritorien als unabhängiges Königreich zu erhalten, das von portugiesischen Räten regiert werden und mit Spanien nur durch die Vereinigung der beiden Kronen in seiner Person verbunden sein sollte. Unterdessen wurde in Lissabon Don Antonio zum König ausgerufen. Don Antonio rief seine Anhänger auf, sich Philipp zu widersetzen, und bat Elisabeth um Hilfe. Sie versicherte ihn ihrer Unterstützung in seinem Kampf zur Bewahrung der Unabhängigkeit Portugals von spanischer Vorherrschaft und drängte seine Anhänger, sich gemeinsam unter einem König gegen Philipp zu stellen, statt sich zu spalten und mehrere der rivalisierenden Prätendenten zu unterstützen. Sie schickte auch einen Abgesandten zu Don Antonio, um ihm mitzuteilen, daß sie für seine Freundschaft zwar dankbar sei, ihn aber, falls sein Anspruch auf den Thron unberechtigt sei, wozu sie sich nicht äußern könne, nicht unterstützen werde und in diesem Fall hoffe, er werde seine Pläne nicht weiterverfolgen.[21]

Philipp befahl dem zweiundsiebzigjährigen Alba, in Portugal einzumarschieren. Alba hatte in kurzer Zeit das ganze Königreich unter Kontrolle. Antonio floh nach Frankreich und bat Elisabeth und Katharina von Medici um Hilfe. Elisabeth erklärte, sie stehe zwar auf seiner Seite, könne aber keinen Krieg mit Philipp riskieren, indem sie ihn militärisch oder finanziell unterstütze. Katharina von Medici jedoch war bereit zu helfen. Sie wollte Don Antonios Anspruch auf den Thron von Portugal unterstützen, wenn er sich verpflichtete, ihr Brasilien abzutreten.[22]

Philipp hatte schon bald Antonios Hoffnung, die Kontrolle über Ceuta, Tanger, Mallorca und die Molukken in Ostindien zu erlangen, zunichte gemacht. Antonio konnte nur die Bewohner der Azoreninsel Terceira überreden, sich für ihn zu entscheiden, obwohl die Garnison auf der Insel São Miguel auf Philipps Seite stand. Sowohl Philipp als auch Katharina von Medici bereiteten eine Flottenexpedition vor, um die 1 400 Kilometer vor der portugiesischen Küste gelegenen Inseln in Besitz zu nehmen. Katharina bat Elisabeth, sich mit Kriegsschiffen an dem Feldzug zu beteiligen. Elisabeth wollte nur ungern in die Sache hineingezogen werden. Angesichts ihrer schlechten Beziehungen zu Philipp und seiner Intervention in den Niederlanden war sie allerdings bereit, ihm einen Bärendienst zu erweisen. Außerdem war es für Drake und ihre Seeleute bei Fahrten über den Atlantik von Nutzen, wenn die Azoren sich in Händen einer befreundeten Macht befanden. Elisabeth wollte jedoch auf keinen Fall in einen offenen Krieg mit Spanien verwickelt werden, denn sie wußte genau, daß Don Antonio und Katharina von Medici und nicht sie die Nutznießer sein würden, wenn die Expedition erfolgreich verlief. Elisabeth beauftragte Cobham, ihren Botschafter in Frankreich, die Entsendung von Schiffen anzubieten, wenn sich Heinrich III. für den Fall, daß ihre Intervention zu einem Krieg mit Spanien und zur Beschlagnahme der Waren englischer Kaufleute auf Philipps Territorium führte, dazu verpflichtete, sie für den Verlust der Waren aus dem Gewinn des von ihm in Frankreich eingezogenen spanischen Vermögens zu entschädigen. Sie erklärte Cobham, sie müsse auf dieser Vorsichtsmaßnahme bestehen, denn da Spanien und Frankreich katholische Staaten seien, werde der Papst sie vielleicht veranlassen, sich friedlich zu einigen, und dann werde England das ganze Ausmaß von Philipps Rache zu spüren bekommen.[23]

Heinrich III. und Katharina von Medici gingen nicht auf Elisabeths Angebot ein. An der Expedition, die am 16. Juni 1582 von Belle-Île-en-Mer aus startete, nahmen daher keine englischen Kriegsschiffe teil. Das Expeditionskorps bestand aus 55 Schiffen und 5 000 Soldaten, darunter 1 200 Portugiesen unter Führung von Don Antonio. Die übrigen waren zumeist Franzosen, unter ihnen viele Hugenotten aus La Rochelle. Sieben englische Transportschiffe hatten französische Soldaten an Bord. Nach vier Wochen erreichte die Flotte die Azoren. Zwei Tage später traf jedoch eine spanische Flotte mit 98 Schiffen und 15 765 Mann aus Lissabon ein und besiegte die französische Flotte. Die Spanier enthaupteten die gefangenen Adligen, alle anderen Gefangenen, die älter als siebzehn waren, wurden aufgehängt.[24] Als Cobham Katharina von Medici sein Mitgefühl ausdrückte, machte sie Elisabeth bittere Vorwürfe und schrieb die Niederlage Elisabeths Versäumnis zu, sich mit Kriegsschiffen an dem Unternehmen zu beteiligen.[25]

Don Antonio verbrachte die nächsten Jahre abwechselnd in Frankreich und in England und bemühte sich, Katharina von Medici und Elisabeth dazu zu bewegen, ihn finanziell zu unterstützen. Elisabeth lehnte Philipps Ersuchen um Antonios Auslieferung ab und stellte Don Antonio so viel Geld zur Verfügung, daß er sich und seinen kleinen Haushalt ernähren konnte. Sie weigerte sich jedoch, ihn auf breiter Basis finanziell zu unterstützen. Antonios Nachrichtendienst war für die englische Regierung von Nutzen, denn seine Agenten in Portugal, Spanien und Frankreich schickten ihm oft Informationen über Philipps militärische und diplomatische Pläne, die Antonio dann an Walsingham weiterleitete. Gelegentlich versuchten Philipps Agenten, Don Antonio zu ermorden, aber es gelang ihnen nicht.[26]

# 23

# Intervention in den Niederlanden

Am 15. März 1580 erließ Philipp II. eine Proklamation: Da Wilhelm von Nassau, Prinz von Oranien, der größte Unruhestifter der Christenheit und besonders der Niederlande sei, beauftrage der König alle Menschen, über ihn herzufallen und ihn wie eine lästige Seuche auszumerzen. Philipp wollte jedem eine Belohnung zahlen, der seinem Aufruf nachkam. Im Juni befahl der Herzog von Parma den Statthaltern aller Provinzen der Niederlande, die Proklamation zu veröffentlichen.[1] Die Protestanten waren entsetzt. Der König von Spanien rief tatsächlich öffentlich zum Mord an einem ihrer prominenten Führer auf. In England sah man darin den Beweis, daß die Katholiken auch die Königin umbringen wollten, und deshalb mußten die Katholiken strenger unterdrückt werden.

Am 18. März 1582 wurde Wilhelm in Antwerpen von einem Biscayer, der bei einem spanischen Kaufmann der Stadt als Kontorist arbeitete, angeschossen und an der Wange verletzt. Wilhelms Ärzte konnten die Blutung nur mit Mühe stillen, und erst sechs Wochen später war Wilhelm außer Lebensgefahr. Der Arbeitgeber des Attentäters war in das Komplott verstrickt, und es wurden noch weitere Verschwörer verhaftet. Einer von ihnen gestand, von Philipps Sekretär mit dem Mord beauftragt worden zu sein. Der Sekretär habe den Mördern eine Belohnung von 80 000 Kronen versprochen.

Wilhelm bat die Behörden in Antwerpen, das Leben des Attentäters zu schonen, aber die Räte bestanden darauf, ihn und seinen Arbeitgeber von Pferden vierteilen zu lassen. Auf Wilhelms Bitten hin waren sie bereit, den Männern einen gnädigeren Tod zu gewähren und sie zu strangulieren. Die Hinrichtung fand auf einem öffentlichen Platz in Antwerpen statt.[2]

Parma hörte, daß Wilhelm tot sei. In einer Proklamation rief er das Volk der Niederlande auf, sich zu unterwerfen, da es Gott gefallen habe, durch den

Tod des Prinzen von Oranien den Weg dafür freizumachen.[3] Als Maria Stuart von dem Mordanschlag erfuhr, ließ sie Mendoza aus ihrem Gefängnis einen Brief zukommen. »Betet zu Gott«, schrieb sie am 6. April, »daß Er an dem Prinzen von Oranien und all seinen Anhängern, den Feinden der Religion und des öffentlichen Friedens, gerechte Vergeltung üben möge.« Am 22. April schrieb sie noch einmal an Mendoza: »Ich habe erfahren, in welcher Gefahr der Prinz von Oranien erst kürzlich schwebte, als er wegen der Wunde unter dem Auge so viel Blut verlor. Ich danke Gott dafür, denn ich sehe den Vorteil, der Seiner Kirche und meinem Bruder, dem König, der jetzt ihr oberster Hüter ist, daraus erwächst.«[4]

Marias Cousin, der Herzog von Guise, plante insgeheim einen Feldzug, um Maria zu befreien und auf den britischen Inseln den katholischen Glauben wieder einzuführen. Anfang Mai 1582 fand im Haus des päpstlichen Nuntius in Paris eine geheime Besprechung statt, an der der Nuntius, Guise, Dr. Allen und die drei führenden schottischen Katholiken Frankreichs teilnahmen – der Erzbischof von Glasgow James Beaton und die Jesuiten Creighton und Hay. Guise schlug vor, der Papst solle eine Armee von 6 000 Italienern und 4 000 deutschen Söldnern und Freiwilligen zusammenstellen, die von spanischen Häfen aus nach Schottland übersetzen solle. König Philipp werde den Soldaten jede Unterstützung gewähren, doch sollten sie wie bei der Expedition nach Smerwick unter dem päpstlichen Banner als Armee des Papstes marschieren, nicht als Philipps Armee. Nach der Landung in Schottland sollten sie nach Absprache mit den Beamten Jakobs VI. die Burgen in Edinburgh und Dumbarton besetzen. Unterdessen wollte Guise selbst eine Truppe von 4 000 Freiwilligen und Söldnern nach Sussex führen und Elisabeth ablenken, um zu verhindern, daß sie ihre Armeen gegen die Invasoren in Schottland marschieren ließ. Ein paar Tage später trafen sich der Nuntius, Allen und die Schotten noch einmal heimlich im Hause von Tassis, dem spanischen Botschafter in Paris, und unterbreiteten ihm ihre Vorschläge.[5] Weder der englische Botschafter Cobham noch einer von Walsinghams Agenten in Frankreich erfuhren von den geheimen Treffen und Guises Plänen.

Tassis informierte Philipp, aber wie gewöhnlich war der König äußerst vorsichtig. Er beriet sich mit Kardinal Granvelle, der seit seinem Rücktritt als Minister Margaretes von Parma in Brüssel relativ zurückgezogen lebte und jetzt in Madrid wohnte. Granvelle konnte sich für die Pläne der jüngeren katholischen Eiferer nicht begeistern. Wenn die geplante Invasion Englands und Schottlands fehlschlage, erklärte er Philipp, werde dies »das Ende der schottischen und englischen Katholiken bedeuten, ohne Hoffnung auf Wiederbelebung«. Zudem gebe es keine Garantie dafür, daß Guise im Falle der Eroberung Englands und Schottlands die beiden Länder nicht dem König von Frankreich überlasse.[6] Spanische Staatsmänner der älteren Generation wie

Granvelle hielten immer noch das Haus Valois für einen schlimmeren Feind als die ketzerische Königin von England. Philipp überredete den Papst, Guises Vorschlag abzulehnen.

Elisabeth erkannte jedoch, daß sich die Situation seit damals, als Granvelle noch in der Blüte seiner Jahre stand, verändert hatte und daß jetzt Spanien, nicht Frankreich, ihr Hauptfeind war. Verändert hatte sich die Situation durch Vorgänge im spanischen Machtbereich in der Karibik und im westlichen Atlantik. Dort kaperten Drake und andere englische Freibeuter die mit kostbaren Schätzen beladenen spanischen Schiffe. Elisabeth wollte nicht auf die reiche Beute verzichten, mit der sie zurückkehrten, auch wenn dies den Krieg mit Spanien bedeutete, den sie unbedingt vermeiden wollte.

Bei seinen Gesprächen mit Elisabeth erinnerte Mendoza die Königin daran, daß sie ihre Krone und ihr Leben Philipp verdanke, der sie zu Marias Regierungszeit beschützt habe, und er warf ihr Undankbarkeit vor. Elisabeth erklärte, sie werde Philipp stets dankbar sein, daß er sie damals beschützt habe, aber nachdem sie den Thron bestiegen habe, habe er sie im Stich gelassen. Er habe mit Frankreich Frieden geschlossen, und dadurch hätten die Franzosen Calais zurückbekommen. Außerdem habe sie in Schottland allein gegen die Franzosen kämpfen müssen. Anschließend habe er zugelassen, daß Alba englisches Eigentum in den Niederlanden beschlagnahmte, und er habe die Rebellen in Irland unterstützt. Daher sei er für die Verschlechterung ihrer Beziehungen verantwortlich, nicht sie.[7]

Wenn Spanien der potentielle Feind war, war es wichtig, Frankreich als Verbündeten zu haben. Aus diesem Grund zögerte Elisabeth jetzt mehr denn je, die französischen Hugenotten zu unterstützen. Im Februar 1580 erfuhr Heinrich von Navarra, daß ein katholischer Adliger ihn auf der Jagd töten oder entführen wollte. Heinrich nahm dies zum Anlaß, den siebten Bürgerkrieg zu beginnen. Im Mai nahm er bei einem dreisten Überfall die Stadt Cahors im Süden Frankreichs ein, mußte dann aber feststellen, daß er kein Geld mehr hatte, um den Krieg fortzusetzen. Elisabeth lehnte es ab, ihm Geld zu leihen, damit er deutsche Söldner anheuern konnte. Sie drängte ihn, sofort Frieden zu schließen und sich nicht als Rebell gegen seinen Fürsten zu erweisen. Gleichzeitig versicherte sie Heinrich III., daß Heinrich von Navarra und die Hugenotten keine Rebellen seien, sondern sich lediglich gegen Angriffe der Katholiken zur Wehr setzten.[8] Heinrich von Navarra sah sich nach wenigen Monaten gezwungen, Frieden zu schließen. Er durfte zwar Cahors behalten, konnte aber für die Hugenotten keine besseren Bedingungen aushandeln als zuvor.

Elisabeths neue Politik führte zu einer völlig veränderten Haltung gegenüber den Niederlanden. Jetzt drängte sie Heinrich III., seinem Bruder Truppen zu Hilfe zu schicken und sich an den Kosten des Unternehmens zu beteiligen.

Aber Heinrich III. wollte erst gegen Philipp II. vorgehen, wenn Elisabeth Anjou heiratete.[9] Elisabeth befand sich jetzt in einer Lage, die noch ein paar Jahre zuvor undenkbar gewesen wäre: nämlich in eigener Regie einem französischen Prinzen zu helfen, die Niederlande zu erobern. Sie konnte dies guten Gewissens tun, denn es war zwar für ein Volk eine Sünde, gegen seinen Fürsten zu rebellieren, aber es war durchaus annehmbar, daß ein Fürst versuchte, das Territorium eines anderen Fürsten zu erobern.

Elisabeth war den Protestanten in den Niederlanden nach wie vor feindlich gesinnt. »Beim letzten Gespräch mit Ihrer Majestät über die Niederlande mußte ich feststellen, daß Ihre Hoheit eine große Abneigung gegen die Generalstaaten hegt«, schrieb Wilson am 2. Januar 1579 an Davison.[10] Und diese auf Emotionen gegründete Feindseligkeit wurde noch stärker. Elisabeth unternahm keinen Versuch, die Generalstaaten zu versöhnen, sondern behandelte sie fortwährend wie zweitklassige Verhandlungspartner, denen sie zuerst den einen Kurs und dann den entgegengesetzten aufzwingen konnte. 1576 hatte sie ihnen mit Krieg gedroht, wenn sie Anjou zu ihrem Herrscher machten. Jetzt schrieb sie am 6. Februar 1582, als Anjou von England aus in die Niederlande reisen wollte, in fast drohendem Ton an Wilhelm von Oranien, daß er »Unseren liebsten Cousin, den Herzog von Anjou« mit allen Ehren zu behandeln habe, da sie jede Beleidigung Anjous als Beleidigung ihrer eigenen Person betrachten werde.[11]

Wilhelm war tatsächlich der stärkste Befürworter eines Bündnisses mit Anjou. Viele seiner Anhänger waren davon jedoch weit weniger begeistert. Anjou versprach, die protestantische Religion in den Niederlanden beizubehalten und sowohl Protestanten als auch Katholiken religiöse Toleranz zu gewähren. Zwar gelang es Wilhelm mit Mühe, die Zustimmung der Generalstaaten zu erlangen, aber die lokalen Behörden in vielen protestantischen Provinzen, insbesondere in Gent, lehnten es ab, den Katholiken religiöse Toleranz zu gewähren. Die größten Schwierigkeiten gab es in Antwerpen, wo Anjou sein Hauptquartier aufschlug. Die Behörden waren einverstanden, daß Anjou und sein Gefolge im engeren Sinn heimlich die Messe besuchten, aber den katholischen Offizieren seiner Armee wollten sie es nicht gestatten.[12]

Kaum war Wilhelm von seiner Verletzung genesen und hatte sich von dem Schock über den Tod seiner Frau erholt, der unmittelbar nach dem Attentat auf ihn erfolgt war, da begann Elisabeth ihn und die Generalstaaten zu drängen, für das Darlehen, das sie ihnen gewährt hatte, die fälligen Zinsen zu zahlen. Außerdem protestierte sie gegen die Schwierigkeiten, die Anjou gemacht wurden. Am 9. August 1582 schrieb sie Wilhelm, sie sei überrascht, daß sich das Volk der Niederlande gegenüber Anjou, einem Fürsten, dem es so viel zu verdanken habe, so undankbar erweise, und daß die Generalstaaten von ihr keine Hilfe zu erwarten hätten, wenn Anjou sie aus Verärgerung über ihre Haltung im Stich lassen und sie Philipp auf Gedeih und Verderb ausliefern würde. Doch Elisabeth erkannte, daß Wilhelm der letzte war, den man für die Feindseligkeit gegen Anjou verantwortlich machen konnte. Am Ende des formellen Schreibens, das Elisabeths Sekretär aufgesetzt und mit einem vorwurfsvollen Unterton versehen hatte, fügte Elisabeth von eigener Hand noch eine freundlichere Bemerkung hinzu, die sich auf Anjou bezog: »Quält ihn nicht zu sehr.«[13] Wilhelm versicherte ihr, er werde alles in seiner Macht Stehende tun, damit die Generalstaaten Anjou anerkennen und beschwichtigen würden.[14]

In den Niederlanden hatte die heroische Stimmung von 1573 und 1574 Zynismus und Selbstsucht Platz gemacht. Die Führer der siebzehn Provinzen stritten untereinander, mit den Generalstaaten und mit dem Staatsrat – dem höchsten Exekutivorgan der vereinigten Provinzen –, dessen Mitglieder ebenfalls in persönliche Fehden und Intrigen verstrickt waren. Die Soldaten der Armee hatten keinen Sold bekommen und drohten mit Meuterei. Während die Wassergeusen von Flushing weiterhin Schiffe und Waren ausländischer Kaufleute beschlagnahmten, die mit den von Spanien besetzten Gebieten Handel trieben, machten die niederländischen und flämischen Kaufleute mit dem Feind Geschäfte. Die Generalstaaten hatten Glück, daß die Spanier selbst auch in Schwierigkeiten waren. Sie waren knapp bei Kasse, und auch Parmas spanische und italienische Soldaten drohten mit Meuterei, wenn sie ihren noch ausstehenden Sold nicht bekamen. Die militärischen Operationen beschränkten sich auf den gelegentlichen Versuch, eine Stadt zu belagern. Die Generalstaaten nahmen Eindhoven und Aalst ein, dafür eroberte Parma Tournai, wo sich die Verteidiger nach zweimonatiger Belagerung unter ehrenvollen Bedingungen ergaben.

Die englischen Freiwilligen in Norris' Regiment beklagten sich bitter, daß ihr Sold seit fünf Monaten ausstehe und sie kaum zu essen und für das kalte Winterwetter keine passenden Kleider hätten. Als sie die Niederländer, für deren Freiheit sie kämpften, in ihrer Not um Hilfe baten, mußten sie feststellen, daß viele ihnen nur widerwillig halfen. Im Oktober 1582 meuterten die Engländer beinahe, als sie hörten, daß Oberst Norris im Haus der englischen Kaufleute in Antwerpen ein Bankett veranstaltet hatte, zu dem er Anjou, Wilhelm von Oranien, prominente Bürger von Antwerpen und vierundzwanzig der teuersten Mätressen der Stadt geladen hatte. Als die Soldaten die Einwohner Antwerpens baten, ihnen Nahrung und Obdach zu gewähren, erwiderten diese, sie sollten ihren Oberst darum bitten, der es sich leisten könne, Anjou, Wilhelm und einige Huren so reichlich zu bewirten.[15]

Anjou war verärgert über das kleinliche Gezänk der Behörden in Antwerpen und über ihre Weigerung, seinen katholischen Offizieren den Besuch der Messe zu gestatten. Schließlich ließ er sich von seinen Offizieren überreden, das Problem auf militärischem Wege zu lösen. Obwohl er in Antwerpen eine Eskorte von 600 französischen Soldaten hatte, zog er außerhalb der Stadt eine Armee von 4 000 französischen Soldaten und Söldnern aus der Schweiz zusammen. Am 17. Januar* 1583 teilte er den Behörden in Antwerpen mit, er wolle die Stadt mit 200 Reitern verlassen. Doch als das Kipdorf-Tor geöffnet wurde, um ihn hinauszulassen, fiel seine Armee in die Stadt ein, und die Soldaten riefen »Die Stadt ist eingenommen!« und »Lang lebe die Messe!« Der Bürgermeister und der Stadtrat riefen die Bevölkerung zum Widerstand auf, und die örtliche Miliz griff zu den Waffen. Nachdem auf beiden Seiten zwischen 700 und 800 Mann gefallen waren, wurden die Franzosen aus Antwerpen vertrieben. Zurück blieben zwischen 1 400 und 1 500 Gefangene, darunter mehrere Lords und Edelleute. Noch am gleichen Tag versuchte eine französische Truppe, Brügge einzunehmen, aber die Einwohner verwehrten den Soldaten den Zutritt. Als die Franzosen von der Niederlage in Antwerpen erfuhren, zogen sie sich zurück. Die Einwohner von Brügge feierten und riefen: »Hilf, gute Königin von England, hilf!«[16]

Anjou zog sich mit seiner Armee in das vierundzwanzig Kilometer südlich von Antwerpen gelegene Düffel zurück. Er versuchte, das Geschehene als bedauerlichen Vorfall zu bagatellisieren, für den einer seiner Obersten verantwortlich sei. Aber die Behörden in Antwerpen veröffentlichten eine Erklärung, in der sie Anjou und die Franzosen scharf kritisierten, sich auf das Massaker der Bartholomäusnacht beriefen und ankündigten, daß sie Anjou angesichts dieses neuerlichen Verrats nicht länger als ihren Herrscher anerkennen könnten. Wilhelm von Oranien fürchtete, die Niederländer könnten in einen doppelten Krieg gegen Spanien und Frankreich verwickelt werden, und bemühte sich sehr um eine Aussöhnung. Aber die Bewohner der südlich von Antwerpen gelegenen Gegend erhoben spontan die Waffen gegen die Franzosen, verhinderten, daß Nahrungsmittel an Anjous Armee geliefert wurden, und rissen die Deiche südlich von Antwerpen ein, um die Franzosen zu ertränken oder zu vertreiben.[17]

Norris' englisches Regiment war in der Nähe von Antwerpen stationiert. Anjou befahl Norris, seine Männer im Lager festzuhalten und an keiner Operation mehr teilzunehmen. Aber die englischen Soldaten, die Franzosen und Papisten gleichermaßen haßten, glaubten, Anjou und seine katholischen Beamten hätten unter den Protestanten Antwerpens ein Massaker wie in der Bartholomäusnacht anrichten wollen, und sie schlossen sich sogleich dem

* Dank Anjou wurde der neue Kalender Papst Gregors XIII. an Weihnachten 1582 in den befreiten Gebieten der Niederlande eingeführt. Wie ein Korrespondent aus Antwerpen Walsingham mitteilte, wurde Weihnachten dort am 15. Dezember gefeiert. Der 17. Januar 1583 in Antwerpen war demnach in England der 7. Januar (siehe Vorbemerkung).

allgemeinen Widerstand an. Am Ufer der Schelde wurden Soldaten aufgestellt, um Anjous Truppen daran zu hindern, den Fluß zu überqueren und nach Antwerpen zu marschieren. Das war ein schwerer Schlag für Anjou, denn seine Armee hatte am Südufer der Schelde kaum noch Vorräte und konnte nicht an den Nachschub am nördlichen Ufer gelangen, ohne mit Norris' Männern zu kämpfen. Anjou warf Norris Verrat vor und erklärte ihn zu seinem schlimmsten Feind.[18]

Als Elisabeth von den Ereignissen in den Niederlanden erfuhr, stellte sie sich sofort auf Anjous Seite. Sie schickte einen Abgesandten zu Anjou nach Termonde, um ihm ihr Mitgefühl zu bekunden, und schrieb empörte Briefe an die Generalstaaten, an Wilhelm und an Norris. Besonders verärgert war sie darüber, daß Norris sich den Generalstaaten gegen Anjou angeschlossen hatte.[19] Norris hielt sich in einem Brief an Walsingham nicht lange mit Entschuldigungen auf. »Hier sind Gerüchte im Umlauf«, schrieb er, »die mich nicht wenig bekümmern. Ihre Majestät soll über mich verstimmt sein, und der Kurs, den ich eingeschlagen hatte, soll ihr mißfallen haben. Ich will nicht auf mein eigenes Urteil pochen, aber als ich erfuhr, daß Seine Hoheit versucht hat, sich zum absoluten Herrscher über zehn oder zwölf der wichtigsten Städte im Land zu machen, daß er gerufen hat *Vive la messe!* und daß unsere englischen Truppen angewiesen wurden, im Lager zu bleiben, und später etliche Soldaten entwaffnet und ermordet wurden, glaubte ich, ich würde Ihrer Majestät keinen Dienst erweisen, wenn ich ein solches Vorgehen unterstützte.«[20] Ein anderer englischer Offizier erklärte Walsingham, Norris habe seine ganze Kraft aufbieten müssen, um die englischen Soldaten daran zu hindern, die Franzosen anzugreifen.[21]

Elisabeth befahl Norris, seine Soldaten vom Scheldeufer abzuziehen und Anjous Armee über den Fluß zu lassen, damit sie sich mit Proviant versorgen konnte. Daraufhin schrieb Norris an Walsingham, die Königin sei falsch informiert, wenn sie glaube, Anjous Truppen jenseits des Flusses müßten hungern. In Wirklichkeit hätten sie mehr Vorräte als er und seine Männer. Da es den Interessen der Königin schaden würde, wenn er ihren Anordnungen Folge leiste, werde er ihre Befehle solange mißachten, bis er die Bestätigung erhalte, daß sie tatsächlich seinen Rückzug von der Schelde wünsche.[22] Unterdessen hatten die Behörden in Antwerpen Elisabeth ihre Version des Geschehens mitgeteilt, und Wilhelm hatte ihr versichert, er werde sein möglichstes tun, um die Generalstaaten und Anjou auszusöhnen. Ehe Elisabeth Norris weitere Befehle zukommen lassen konnte, hatten sich die Generalstaaten bereit erklärt, Verhandlungen über eine friedliche Einigung mit Anjou aufzunehmen. In der Zwischenzeit sollte Anjous Armee neue Vorräte erhalten, und Norris sollte seine Soldaten von der Schelde abziehen.[23]

Als Elisabeth im März 1583 einen Abgesandten zu den Generalstaaten schickte, hatte sie sich beruhigt und zu einer ausgeglicheneren Haltung gefunden. Wenn die Franzosen in Antwerpen Fehler gemacht hätten, erklärte sie, hätten sie bereits dafür gebüßt. Die Generalstaaten sollten also daran denken, daß sie ohne Unterstützung eines mächtigen ausländischen Souveräns der Tyrannei des Königs von Spanien nicht widerstehen könnten. Sie hätten Anjou als ihren Fürsten anerkannt und dürften jetzt seine wohlgemeinten Bemühungen nicht zurückweisen, sich in aller Freundschaft mit ihnen zu einigen und ihren berechtigten Beschwerden abzuhelfen.[24] Schließlich söhnten sich die Generalstaaten mit Anjou aus, nachdem er einige seiner französischen Offiziere entlassen hatte, die zu Sündenböcken für das Geschehen in Antwerpen gemacht wurden, und zugesagt hatte, die Zahl der Soldaten zu begrenzen, die in den Städten der Niederlande stationiert werden sollten.

Parma versuchte, aus dem Streit zwischen den Generalstaaten und Anjou Nutzen zu ziehen. Er drängte die Niederländer, König Philipps Amnestieangebot anzunehmen und sich von den verhaßten Franzosen zu befreien.[25] Die Protestanten wollten das Angebot solange nicht annehmen, wie Philipp sich weigerte, ihnen religiöse Toleranz zu gewähren. Doch die Katholiken im Süden waren nach dem Ärger mit den Franzosen immer mehr versucht, darauf einzugehen. Im Sommer 1583 nahm Parma Dünkirchen, Nieuport, Eindhoven und Zutphen ein. Die protestantische Sache in den Niederlanden war in größerer Gefahr als je zuvor seit jenen unheilvollen Tagen von 1574.

Im Sommer 1583 fuhr erneut ein englisches Expeditionskorps nach Westindien. Als in Europa Berichte über die Beschlagnahmung spanischer Schiffe und Reichtümer eintrafen, protestierte Mendoza bei Elisabeths Räten und bat um eine Audienz bei der Königin. Elisabeth erfand eine Ausrede nach der anderen, um Mendoza nicht empfangen zu müssen. Aber als er darauf beharrte und erneut Protest erhob, erklärte ihm der Staatsrat, Elisabeth werde ihn nicht eher empfangen, als bis Philipp ihr für seine Intervention in Irland Genugtuung geleistet habe.[26]

Am 9. Januar 1584 wurde Mendoza zu einem Gespräch mit Lordkanzler Bromley, Leicester, Walsingham, Lord Howard von Effingham und Hunsdon geladen. Walsingham erklärte, da er besser Italienisch spreche als die anderen, wolle er ihr Sprecher sein. Dann teilte er Mendoza mit, sie hätten erfahren, daß er heimlich mit Maria Stuart korrespondiere und mit Guise ihre Flucht aus England vorbereite. Die Königin verlange daher, daß er England innerhalb von zwei Wochen verlasse. Im Gegenzug beschuldigte Mendoza Elisabeth und ihre Räte, Philipps Rebellen in den Niederlanden und Don Antonio in Portugal zu unterstützen. Es war eine hitzige Debatte. Sie »waren so unverschämt«, schrieb Mendoza an Philipp, »daß ich nicht wage, ihre Worte gegenüber Eurer Majestät zu wiederholen«. Die Staatsräte erklärten, Mendoza solle dankbar sein, daß Elisabeth ihn für das, was er getan habe, nur des

Landes verweise und ihn nicht bestrafe. Mendoza ließ sich durch diese Warnung oder die Erinnerung daran, wie Elisabeth Guaras behandelt hatte, nicht abschrecken. Da Elisabeth eine Frau sei, meinte er, sei es nicht ungewöhnlich, daß sie sich gegenüber denen, die ihr dienen wollten, wie er es getan habe, undankbar erweise. Da er ihr aber offensichtlich als Friedensminister nicht gefallen habe, werde er künftig versuchen, sie im Krieg zufriedenzustellen.[27]

Philipp schickte Mendoza als Botschafter an den französischen Hof nach Paris. Mendoza blieb weiterhin mit den Katholiken in England in Kontakt und lenkte von Frankreich aus ihre Komplotte gegen Elisabeth. Obwohl seine Sehkraft rasch nachließ, erfüllte er seine verschiedenen Aufgaben mit Hingabe und Geschick.

Nachdem Anjou seinen Streit mit den Generalstaaten beigelegt hatte, stattete er Frankreich einen längeren Besuch ab. In Château-Thierry erkrankte er, und dort starb er nach längerem Siechtum am 10. Juni 1584 (nach dem Gregorianischen Kalender) an der Schwindsucht. Er war erst dreißig, und da es keine zufriedenstellende Erklärung für seine Krankheit gab, nahm man allgemein an, er sei von den Guisen vergiftet worden, die zwei Jahre zuvor in ein Mordkomplott gegen ihn verstrickt gewesen waren.[28] Elisabeth war betrübt, denn sie hatte Anjou sehr gern gehabt.

Anjous Tod sorgte in den Niederlanden und in Frankreich für schwerwiegende politische Probleme. Die Generalstaaten mußten sich einen neuen Herrscher suchen. In Frankreich war Heinrich III. immer noch kinderlos. Obwohl er früher viel für Frauen übrig hatte, widmete er sich jetzt gemeinsam mit männlichen Günstlingen fast ausschließlich religiösen Exerzitien und Geißelungen. Es war ziemlich unwahrscheinlich, daß er und seine Königin noch einen Erben bekommen würden. Heinrich III. war der letzte noch lebende Sohn Heinrichs II., und da das Salische Gesetz Frauen und ihre Nachkommen von der Thronfolge ausschloß, war der Thronerbe der Nachkomme des sechsten Sohnes des Heiligen Ludwig (Ludwig IX.), der 300 Jahre zuvor regiert hatte. Dieser Thronerbe war niemand anders als Heinrich von Navarra. Auf Anraten der Guisen verkündete die Heilige Liga jedoch, sie werde niemals einen Ketzer als König dulden, und der Papst entschied, daß kein Ketzer König werden könne. Heinrich von Navarras Cousin, der Kardinal von Bourbon, war der nächste Katholik in der Thronfolge.

Heinrich III., der Guise mißtraute, wollte Heinrich von Navarra als seinen Thronerben anerkennen, wenn er Katholik wurde. Heinrich von Navarra war kein religiöser Fanatiker. Nach dem Massaker der Bartholomäusnacht war er schon einmal zum Katholizismus übergetreten, und es hätte niemanden überrascht, wenn er es wieder getan hätte, um die Krone zu erlangen. Doch diesmal stand er vor einer schwierigen politischen Entscheidung. Wenn er

Katholik wurde, würden die Liga, der Papst und viele Katholiken wahrscheinlich an der Aufrichtigkeit seiner Bekehrung zweifeln und sich ihm weiterhin widersetzen. Zugleich würde er die Unterstützung der französischen Hugenotten, Elisabeths und der lutherischen Fürsten in Deutschland verlieren, die sich auf die Seite seines Cousins Condé stellen würden. Damit wäre er völlig isoliert. Nach ein paar Tagen Bedenkzeit erklärte er Heinrich III. deshalb, er könne es nicht mit seinem Gewissen vereinbaren, den protestantischen Glauben abzulegen.[29]

Daraufhin wandte sich Heinrich III. an Elisabeth und bat sie, Heinrich von Navarra zu überreden, zum Katholizismus überzutreten, damit er ihn als seinen Erben anerkennen und sich mit ihm gegen die Guisen verbünden könne. Elisabeth antwortete, sie habe stets ihren Einfluß bei Heinrich von Navarra dazu benutzt, ihn zur Loyalität gegenüber seinem König zu bewegen, und er sei immer dazu bereit gewesen, aber es würde ihr Gewissen belasten, wenn sie ihn überreden müßte, den protestantischen Glauben aufzugeben, auf den sie selbst zutiefst vertraue. Sie sei überzeugt, daß er sich weigern würde, selbst wenn sie ihn darum bitte. Zudem liege es kaum im Interesse Heinrichs III., daß Heinrich von Navarra Katholik werde, denn dann werde dieser die Unterstützung der französischen Hugenotten verlieren und die Hugenotten würden ihren König nicht mehr gegen die Guisen verteidigen.[30]

Einen Monat nach Anjous Tod erhielt Wilhelm von Oranien, der in Delft wohnte, Besuch von einem siebenundzwanzigjährigen jungen Mann. Der Mann sollte ihm über Anjous letzte Stunden berichten. Wilhelm hatte ihn nach Frankreich geschickt, um die ganze Wahrheit zu erfahren. Wilhelm und sein Haushalt hielten den Mann für François Guion, den Sohn eines Protestanten aus Besançon, der wegen seiner Religion von den Katholiken hingerichtet worden war. Doch in Wirklichkeit handelte es sich um Balthasar Gérard, einen Katholiken, dessen Eltern in Villefons in Burgund lebten. Seit sieben Jahren wartete er auf die Gelegenheit, Wilhelm zu töten. Zwei bedeutende Jesuiten und ein nicht weniger bedeutender Franziskaner hatten ihm versichert, er werde der Kirche damit einen großen Dienst erweisen. Er hatte auch mit Parmas Sekretär gesprochen, und der hatte ihm zugesichert, König Philipp werde ihm die Belohnung auszahlen, wenn er überlebe. Andernfalls bekämen seine Erben das Geld.

Als Gérard am 8. Juli (neue Zeitrechnung, n. Z.) mit Wilhelm sprach, konnte er ihn nicht töten, weil er keine Waffe hatte. Er bat Wilhelm jedoch, ihm etwas Geld zu geben, um seine Not zu lindern, und damit kaufte er sich eine Pistole. Am 10. Juli (n. Z.) schlich er sich in Wilhelms Haus, und als Wilhelm vom Eßzimmer zur Treppe ging, die zu seinem Arbeitszimmer führte, schoß Gérard auf ihn. Wilhelm starb noch in derselben Stunde.

Gérard versuchte über den Gartenweg zu entkommen. Er wollte über die Mauer in den Stadtgraben springen und zu einem Platz schwimmen, wo er ein Pferd zurückgelassen hatte, mit dem er fliehen konnte. Aber er stolperte über einen Abfallhaufen und wurde von Wilhelms Pagen ergriffen. Am Abend peitschten Wilhelms erboste Wachen Gérard aus und schnitten ihm mit den Spitzen von Federkielen ganze Stücke aus dem Fleisch. Anschließend tauchten sie ihn in eine Wanne mit Salzwasser und zogen ihm ein Hemd über, das sie in Essig und Weinbrand getränkt hatten. Am nächsten Tag wurde er mit offizieller Genehmigung der Justizbehörden auf der Streckbank gefoltert. Er machte zwar ausführliche Angaben über seinen Plan, Wilhelm zu töten, aber seine Kontakte zu Parmas Sekretär erwähnte er nicht.

Die Behörden sagten Gérard nicht, daß es ihm gelungen war, Wilhelm zu töten, denn sie wollten ihm diese Genugtuung nicht gönnen. Er wurde nur wegen versuchten Mordes am Prinzen von Oranien vor Gericht gestellt und zum Tode verurteilt. Zuerst sollte seine rechte Hand verbrannt werden. Dann sollten seinem Körper an sechs verschiedenen Stellen mit glühendheißen Zangen Brandwunden beigebracht werden. Anschließend sollten ihm der Bauch aufgeschlitzt und das Herz aus dem Leib geschnitten werden, um es ihm ins Gesicht zu werfen, bevor er enthauptet und gevierteilt wurde. Das Urteil wurde am 14. Juli (n. Z.) öffentlich auf dem Marktplatz von Delft vollstreckt. Gérard ertrug die Folter schweigend und mit einem zufriedenen Lächeln.[31]

Parma bat Philipp, Gérards Eltern die Belohnung auszuzahlen, die er sich durch seine »lobenswerte und edle Tat wohl verdient« habe, und Philipp entsprach der Bitte.[32] In den katholischen Ländern wurde Gérard als edler Märtyrer der Kirche gefeiert, während seine Tat in den protestantischen Ländern tiefe Abscheu weckte und als warnendes Beispiel dafür genommen wurde, welche Gefahr den protestantischen Herrschern und vor allem Elisabeth drohte. In London wurde ein Pamphlet mit dem Titel *Die Bestrafung des gottlosen Verräters, der den edlen Prinzen von Oranien auf niederträchtige Weise ermordete und nach Vollendung dieser abscheulichen Tat eine solche Halsstarrigkeit zeigte* veröffentlicht und in den Buchhandlungen und auf der Straße verkauft. Das Pamphlet enthielt einen detaillierten, wenngleich ungenauen Bericht über die Folter und Hinrichtung Gérards. In Paris veröffentlichten die Katholiken eine ähnliche Schrift, in der Gérards Tapferkeit gerühmt wurde.[33]

Parma startete im psychologisch günstigsten Moment eine neue Offensive. Zehn Tage nach Wilhelms Ermordung standen seine Armeen vor den Toren Antwerpens, und im Oktober nahm er die protestantische Stadt Gent ein. Das war ein schwerer Schlag für die Protestanten, aber der drohende Verlust von Antwerpen wog noch schwerer, denn Antwerpen, die Hauptstadt der Generalstaaten, war eines der größten Handelszentren Europas. Dort wurden 70 Prozent aller Waren der Niederlande umgeschlagen. Unter Führung des Sieur de Sainte Aldegonde bereitete sich die Stadt auf die Verteidigung gegen Parmas Armeen vor. Aldegonde war von Anfang an einer der Führer der nationalen Bewegung gewesen, und vermutlich war er der Verfasser der bekannten Schlachthymne *Wilhelmus van Nassouwe*.

Während Parma im Herbst 1584 an der Mündung der Schelde eine Sperre errichtete, um Antwerpen vom Meer abzuschneiden, berieten die Männer des Staatsrats, die Generalstaaten und die Provinzialversammlungen, wen sie zu ihrem Herrscher machen sollten. Einige wollten Heinrich III. bitten, seinem Bruder als Souverän nachzufolgen. Andere zogen die protestantische Königin Elisabeth einem katholischen König vor, der einer der Initiatoren der Bartholomäusnacht gewesen war, obwohl Elisabeth die niederländischen Protestanten nur halbherzig unterstützt und ihre Meinung häufig geändert hatte.[34] Elisabeth wollte sich nur ungern in größerem Umfang in den Niederlanden engagieren, da dies Geld kostete und Krieg mit Spanien bedeuten konnte. Aber ihre Räte waren überzeugt, daß man alles tun müsse, um Philipp daran zu hindern, die Niederlande zurückzuerobern, da er in diesem Fall die holländischen Häfen für eine Invasion Englands benutzen könnte. Am 10. Oktober 1584 wurde die Situation im Staatsrat erörtert. Es wurde beschlossen abzuwarten, ob Heinrich III. den Niederlanden half. Tat er es nicht, mußte Elisabeth eingreifen, um die Niederlande zu retten.[35]

Im Januar 1585 schickten die Generalstaaten Abgesandte nach Paris, um Heinrich III. aufzufordern, ihr Herrscher zu werden. Er wurde jedoch von Mendoza und Guise unter Druck gesetzt, den Rebellen in den Niederlanden jede Hilfe zu verweigern und sich statt dessen Philipp II. anzuschließen, um zu einem gemeinsamen Schlag der Katholiken gegen die Ketzer auszuholen.[36] Im März 1585 eroberte Guise Châlons, und er und die Liga gaben ein »Manifest« heraus. »Manifest«, erklärte Sir Edward Stafford, der englische Botschafter in Paris, Walsingham, sei ein neues italienisches Wort und bedeute so viel wie ein Dokument, in dem eine politische Gruppierung ihren politischen Kurs erläutere. Guise und die Liga kündigten an, sie wollten gegen Heinrich von Navarra und die Ketzer die Waffen erheben. Heinrich III. lehnte das Angebot der Generalstaaten ab und schickte Katharina von Medici zu Guise, um mit ihm zu verhandeln.[37]

Anfang März nahmen die Verteidiger von Brüssel und Mecheln mit Parma Verhandlungen über die Übergabe der beiden Städte auf. Unterdessen gelang es den Spaniern in Antwerpen, auch den letzten Zugang zur Stadt zu versperren. Als die Generalstaaten erkannten, daß von Heinrich III. keine Hilfe zu erwarten war, wandten sie sich an Elisabeth. Am 7. März teilte Elisabeth den Generalstaaten mit, sie sei zwar nicht bereit, die Souveränität der Niederlande anzuerkennen, wolle ihnen aber Schutz gewähren und eine Armee entsenden, um sie im Kampf gegen Philipp zu unterstützen. Als Pfand verlangte sie dafür die Hafenstädte Flushing, Brill und Enkhuizen. Elisabeth wollte die Städte solange halten, wie ihre Armeen in den Niederlanden blieben, und bis die Staaten das von ihr gewährte Darlehen zurückgezahlt hatten. Die Generalstaaten waren mit diesen Bedingungen nicht einverstanden. Doch Davison erklärte ihnen, Elisabeth habe nicht vergessen, wie sie 1563 von den französischen Protestanten verraten worden sei. Deshalb beharre sie auf der Übergabe der drei Häfen.[38]

Walsinghams Agenten in den Niederlanden zweifelten nicht daran, daß die Generalstaaten Elisabeths Bedingungen akzeptieren würden. Aber Davison war beunruhigt wegen der Gefahr für Antwerpen, und er fürchtete, Elisabeths halbherzige Haltung gegenüber den Generalstaaten könne deren Widerstandswillen schwächen.[39] Walsingham fürchtete, Elisabeth könne die Generalstaaten tatsächlich im Stich lassen. Am 22. April schrieb er an Davison, diejenigen, auf deren Urteil sie am meisten vertraue, stünden der Sache derart gleichgültig gegenüber, daß er nur wenig Hoffnung auf Erfolg habe. Aber da die Herzen der Fürsten in Gottes Hand lägen, sei es möglich, zu einer Übereinkunft zu gelangen, wenn die Generalstaaten Abgesandte nach England schickten.[40]

Anfang Mai hielten es die Katholiken in Antwerpen für ratsam, die Stadt an Parma zu übergeben, während die Protestanten auf der Fortsetzung des Widerstands beharrten. Die Generalstaaten versuchten zweimal, die Stadt zu befreien, indem sie Soldaten auf dem Deich absetzten. Doch beide Versuche schlugen fehl, obwohl beim zweiten Mal die englischen Soldaten des Entsatzheeres den Deich von drei Uhr morgens an sieben Stunden hielten, bevor sie von den Spaniern vertrieben wurden. In der Zwischenzeit kamen die Verhandlungen zwischen Elisabeth und den Generalstaaten nur sehr langsam voran. Am 27. Mai (n. Z.), dem Tag, an dem der zweite Versuch, Antwerpen zu befreien, fehlschlug, schifften sich die Abgesandten der Generalstaaten endlich nach England ein. Als jedoch Anfang Juni in Antwerpen die Vorräte zur Neige gingen, zog die Einwohnerschaft vor das Rathaus und forderte die Übergabe. Sainte Aldegonde verweigerte seine Zustimmung und erklärte, in Kürze werde aus England Hilfe eintreffen. Doch die meisten wollten nicht daran glauben. Am 12. Juli (n. Z.) war er bereit, Abgesandte zu Parma zu schicken, um Bedingungen für die Übergabe auszuhandeln.[41]

Drei Wochen zuvor waren die Abgesandten der Generalstaaten in London eingetroffen und hatten mit Elisabeths Räten Verhandlungen aufgenommen. Sie baten dringend um die Entsendung von Hilfstruppen nach Antwerpen. Elisabeth wollte dem erst zustimmen, wenn über die Gegenleistungen Einigkeit erzielt worden war. Sie ließ eine Armee aufstellen, die Antwerpen helfen sollte, doch am 20. Juli, drei Wochen nach Ankunft der Abgesandten aus den Niederlanden, wußte Walsingham immer noch nicht, ob Elisabeth der Entsendung der Armee zustimmen würde oder nicht.[42] In Antwerpen traf die Nachricht ein, Elisabeth habe Norris mit einer Armee losgeschickt, um die Stadt zu retten. Aber mittlerweile war sogar Sainte Aldegonde dafür, Parmas ehrenvolle Bedingungen zu akzeptieren. Er erklärte den Bürgern von Antwerpen, es sei töricht, sich auf das Hilfsversprechen einer Frau zu verlassen, noch dazu der wankelmütigsten Frau der Welt.[43]

Am 17. August (n. Z.) wurde Antwerpen übergeben. Parma versprach, die Einwohner nicht zu bestrafen. Obwohl er jede Forderung nach religiöser Toleranz ablehnte, gab er den Protestanten in Antwerpen vier Jahre Zeit, sich zu entscheiden, ob sie zum Katholizismus übertreten oder lieber ihr Hab und Gut verkaufen und die Niederlande verlassen wollten.[44]

Der Vertrag zwischen Elisabeth und den Generalstaaten wurde am 10. August (20. August n. Z.) im Palast von Nonesuch unterzeichnet. Elisabeth erkannte zwar die Souveränität der Niederlande nicht an, erklärte sich aber als deren Schutzherrin bereit, 4 000 Fußsoldaten, 400 Pferde und 700 Mann als Garnison zur Verfügung zu stellen. Elisabeth sollte drei Engländer für den niederländischen Staatsrat benennen, und sie und die Generalstaaten sollten jeder einen festgelegten Anteil an den Kosten der militärischen Operationen tragen. Elisabeth verzichtete auf Enkhuizen, erhielt aber Flushing und Brill als Pfand. Sie erklärte sich bereit, den Bürgern der beiden Hafenstädte die gleichen Handelsprivilegien einzuräumen wie ihren englischen Untertanen.[45]

Sechs Tage später stach Norris mit der Vorhut von Queenborough auf der Insel Sheppey aus in See. Er kam mindestens drei Wochen zu spät, um Antwerpen zu retten. Aber die Nachricht, daß Elisabeth eine Armee in die Niederlande entsandt habe, machte den Protestanten in Antwerpen und ganz Europa wieder Mut, denn noch konnte verhindert werden, daß Seeland, Holland und die nördlichen Provinzen dem katholischen Tyrannen aus Spanien in die Hände fielen.[46] Leider bedauerte Elisabeth ihre Entscheidung fast umgehend wieder, und sie suchte nach einer Möglichkeit, sich von ihren Verpflichtungen gegenüber den Niederlanden wieder frei zu machen.

Der Vertrag zwischen Elisabeth und den Generalstaaten enthielt eine Klausel, nach der keiner der beiden Vertragspartner mit Philipp Friedensverhandlungen aufnehmen sollte, ohne die andere Seite davon zu unterrichten und zu den Verhandlungen zuzuziehen. Doch zwölf Tage nach Vertragsschluß und sechs Tage nach Norris' Abfahrt schickte Elisabeth Sir John Smith in geheimer Mission nach Calais, um mit Parma Kontakt aufzunehmen. Wenn Parma Smith empfing, sollte dieser ihm mitteilen, daß Elisabeth ihren Einfluß bei den Generalstaaten geltend machen werde, um sie zu überreden, Philipp als ihren Souverän anzuerkennen und ihrer Gehorsamspflicht wieder nachzukommen. Philipp solle dafür versprechen, die Niederlande von einheimischen Beamten verwalten zu lassen und religiöse Toleranz zu gewähren.[47]

Parma wußte, daß Philipp niemals zu religiöser Toleranz bereit sein würde, und ging nicht auf Elisabeths Vorschläge ein, obwohl er und Philipp den Frieden genauso wollten wie Elisabeth und Burghley. Doch keine Seite wollte den ersten Schritt tun und Friedensgespräche vorschlagen, aus Angst, dies könne als Zeichen der Schwäche gedeutet werden. Deshalb wurden die weiteren Verhandlungen von vier italienischen Bankiers geführt, die alle inoffiziell agierten. Andrea De Loo verkehrte in London mit Burghley und manchmal sogar mit Elisabeth persönlich, während Carlo Lanfranchi in Antwerpen mit Parma und seinem Sekretär konferierte. De Loo und Lanfranchi hielten sich gegenseitig über die Fortschritte ihrer Verhandlungen auf dem laufenden. Ihre Bemühungen wurden ergänzt durch die Arbeit von Elisabeths Finanzvertreter Horatio Pallavino in Frankfurt am Main und Lorenzo Grimaldo in Genua. Grimaldo machte ab und zu einen Abstecher nach Madrid und sprach mit Philipp und dessen Ministern.[48] Elisabeth rechtfertigte ihr Versäumnis, die Generalstaaten zu informieren, damit, daß die Gespräche keine Friedensverhandlungen darstellten, sondern lediglich eine Vorabklärung der Möglichkeit künftiger Friedensverhandlungen.[49]

Sie ernannte Leicester zum Befehlshaber ihrer Armee in den Niederlanden. Leicester machte seinen Neffen Sir Philip Sidney zum Statthalter von Flushing und Burghleys Sohn, Sir Thomas Cecil, zum Statthalter von Brill. Sidney, der schon im Begriff gewesen war, sich Drakes neuer Expedition nach Westindien anzuschließen, nahm die Stelle in Flushing an, überzeugt, der Königin und der protestantischen Sache auch so dienen zu können.

In den Niederlanden schlug die Begeisterung in Sorge um, als Leicester, Sidney und Cecil im November 1585 noch immer nicht eingetroffen waren, obwohl seit der Vertragsunterzeichnung zwischen Elisabeth und den Generalstaaten bereits drei Monate vergangen waren. Als Davison aus Den Haag an Leicester schrieb und ihm von den Ängsten der Niederländer berichtete, versicherte ihm Leicester, er sei für die Verzögerung nicht verantwortlich.[50] Der eigentlich Grund war, daß Elisabeth sich weigerte, die für die Expedition notwendigen Gelder zu bewilligen. Walsingham teilte Davison mit, alle Schwiergkeiten in den Niederlanden »wären rasch behoben, wenn wir hier einen entschlossenen Kurs einschlagen könnten, worum man freilich eher beten muß, als daß man darauf hoffen dürfte«.[51]

Norris' Truppen nahmen in den Niederlanden eine Festung der Spanier ein. Elisabeth beglückwünschte Norris zwar zu seinem Erfolg, erklärte aber, sie hätte es vorgezogen, wenn er nicht die Offensive ergriffen, sondern abgewartet hätte, bis der Feind ihn angegriffen hätte. Sie sorge sich um das Leben ihrer Untertanen, »das ein Angriff nur in unnötig große Gefahr bringt«. Zudem habe sie vor aller Welt verkündet, sie habe Truppen in die Niederlande geschickt, um das Land zu verteidigen, nicht um selbst anzugreifen. Sie fügte hinzu,

Norris solle besonders darauf achten, daß das Leben der »jungen Edelmänner von vornehmer Herkunft« nicht bei riskanten Unternehmungen aufs Spiel gesetzt werde, damit diese ihr in England noch gute Dienste leisten könnten.[52] Norris schrieb an Walsingham, er bedaure, daß die Königin über seine Offensive ungehalten sei, aber »ich weiß nicht, was das für ein Krieg sein soll, bei dem uns der Feind einfach vier oder fünf Städte wegnehmen darf, die wir leicht retten könnten«. Was Elisabeths Abneigung betreffe, das Leben ihrer Soldaten aufs Spiel zu setzen, so habe er aus Mangel an Proviant mehr Männer verloren als bei seinem Angriff auf die Spanier.[53]

Sidney war noch vor Ende November in Flushing eingetroffen. Er gewann sofort das Wohlwollen der Bevölkerung, weil er Feingefühl in seinem Umgang mit ihr bewies und Plünderungen und Verfehlungen seiner Soldaten streng bestrafte.[54] Elisabeth ärgerte sich jedoch immer mehr darüber, daß sie sich hatte überreden lassen, den Niederländern zu helfen. Sie machte Schwierigkeiten, als es darum ging, Leicester das nötige Geld zu schicken, obwohl er aus eigener Tasche bereits 2 000 Pfund mehr bezahlt hatte, als er von Elisabeth bekommen hatte. Zudem war sie wütend, weil sie gehört hatte, daß Leicester seine Frau mit in die Niederlande nehmen wolle, was allerdings gar nicht stimmte. Und sie tadelte Walsingham, weil er sie drängte, Leicester Geld zu schicken.[55]

Am 8. Dezember ging Leicester endlich in Harwich an Bord.[56] In den Niederlanden wurde er begeistert empfangen. Er stellte fest, daß die Menschen all ihre Hoffnung auf Elisabeth setzten. Aber das Gezänk ging weiter. Die englische Garnison in Ostende war in Schwierigkeiten, weil der Sold noch ausstand und die Soldaten nicht genug Geld hatten, um Proviant und passende Kleider zu kaufen. Elisabeth weigerte sich, ihnen Geld zu schicken, und erklärte, laut den Vereinbarungen mit den Generalstaaten sei es deren Pflicht, die Garnison in Ostende zu entlohnen.[57] Die Generalstaaten erklärten das für falsch, und während Elisabeth und die Generalstaaten sich stritten, litten die Soldaten in Ostende immer größere Not.

In Holland und Seeland waren viele über diese ständigen Streitereien aufgebracht und wollten, daß Leicester die unumschränkte Macht übernahm. Am 11. Januar 1586 (n. Z.) forderten die Generalstaaten Leicester auf, für Elisabeth die Regierung der Niederlande zu übernehmen. Er erwiderte, der Vertrag zwischen Elisabeth und den Generalstaaten enthalte keine Bestimmung, die es ihm erlaube, das Amt des Statthalters zu übernehmen, deshalb könne er vorerst ihr Angebot nicht annehmen oder ihnen eine andere Antwort erteilen. Als Elisabeth davon erfuhr, befahl sie dem Staatsrat, Leicester einen scharfen Verweis zu erteilen. Er hätte das Angebot der Generalstaaten rundheraus ablehnen und ihnen erklären müssen, daß Elisabeth ihm unter keinen Umständen gestatten werde, Statthalter zu werden.[58] Doch noch ehe

Leicester den Brief erhielt, beschloß er, Elisabeth vor vollendete Tatsachen zu stellen.

Am 4. Februar (n. Z.) wurde Leicester in Den Haag zum Statthalter der Niederlande und zum obersten Befehlshaber der Armeen der Generalstaaten ernannt. Nachdem der Vorsitzende des Staatsrats Elisabeth für ihre Hilfe gedankt hatte, schworen die Mitglieder des Staatsrats Leicester Gehorsam, und Leicester schwor, den Generalstaaten zu dienen. In allen befreiten Teilen der Niederlande wurde eine Proklamation veröffentlicht, worin Leicesters Ernennung zum Statthalter verkündet wurde.[59]

Elisabeth war wütend, als sie davon hörte. Sie schickte ihren treuen Beamten Sir Thomas Heneage mit Briefen an Leicester und die Generalstaaten nach Den Haag.[60] Darin erklärte sie, die Generalstaaten hätten sich mit Leicesters Ernennung trotz ihres ausdrücklichen Befehls über ihre Anordnungen hinweggesetzt, weshalb »die Welt zurecht annehmen muß, daß Unsere Untertanen Uns nicht den gebührenden Respekt entgegenbringen, wie es ihre Pflicht wäre, vor allem, wenn Unsere Befehle von einem so offenkundig mißachtet werden, den Wir vor den Augen der Welt von Anbeginn Unserer Herrschaft erhöht haben und der so große Vergünstigungen erhielt, wie sie noch nie ein Untertan aus den Händen eines Fürsten empfangen hat«.[61]

Burghley und Walsingham versuchten, Leicesters Verhalten zu entschuldigen, aber Elisabeth reagierte darauf so wütend, daß sich Burghley kurzerhand ins Bett legte und erklärte, er habe Gicht, und Walsingham es für das beste hielt, das Thema nicht mehr zu erwähnen. Elisabeth gab Davison und Sir Philip Sidney die Schuld: Sie hatten Leicester ihrer Ansicht nach zu diesem Schritt getrieben. Die Königin wußte, daß Davison und Sidney die Protestanten der Niederlande eifrig unterstützten und England und die Generalstaaten fester aneinander binden wollten.

Leicester schickte Davison mit einem Brief zu Elisabeth. Bei seiner ersten Audienz bei der Königin durfte Davison kaum ein Wort zu Leicesters Verteidigung sagen, und als er ihr Leicesters Brief überreichte, wollte sie ihn nicht annehmen. Bei einer zweiten Audienz am nächsten Tag versuchte es Davison wieder. Diesmal nahm Elisabeth den Brief an, las ihn und schien ein wenig besänftigt.[62] Aber drei Wochen später schrieb der Graf von Warwick, Leicesters Bruder, an Davison: »Der Zorn unserer Herrin wird nur schlimmer statt besser, und sie stößt drohende Worte gegen Euch aus.«[63]

Weder Davison, Burghley und Walsingham noch Leicesters reumütige Briefe konnten Elisabeth davon abbringen, Heneage zu den Vertretern der Generalstaaten zu schicken. Er sollte darauf beharren, daß Leicester unverzüglich aus seinem Amt als Statthalter und oberster Befehlshaber entlassen wurde, auch wenn ihm das zwangsläufig Schande einbrachte und er bei den Niederländern dadurch in Mißkredit geriet. Zudem sollte Heneage bei den Generalstaaten Zweifel an Elisabeths Entschlossenheit wecken, sie gegen die Spanier zu unterstützen. Doch der Staatsrat überredete Elisabeth, ihren Anweisungen an Heneage einen Passus beizufügen, wonach er nach eigenem Ermessen den Zeitpunkt bestimmen konnte, um Elisabeths Forderung nach Leicesters Entlassung vorzubringen.[64] Das genügte bereits, denn wie fast allen Beamten und Diplomaten Elisabeths war Heneage viel mehr daran gelegen als Elisabeth, den Niederlanden zu helfen und zu verhindern, daß sich die Kluft zwischen England und den Generalstaaten vergrößerte. In Middelburg traf Heneage mit Philip Sidney zusammen. Dieser war von Heneages Haltung so ermutigt, daß er an seinen Schwiegervater Walsingham schrieb, er sei sicher, daß Heneage den angerichteten Schaden möglichst gering halten werde, »wenn von dort nicht wieder neue Gewalt ausgeht, sondern alles gut vorangeht, dem Willen Ihrer Majestät Genüge getan und sie, wie ich hoffe, in ihrer Meinung überzeugt wird«. Für Sidney war die Lage insgesamt zufriedenstellend, vorausgesetzt »die armen Soldaten müssen unterdessen nicht aus Geldmangel hungern«.[65]

Nachdem er mit Leicester die Lage erörtert hatte, beschloß Heneage, die Handlungsfreiheit zu nutzen, die ihm in seinen Anweisungen eingeräumt worden war, und die Botschaft an die Generalstaaten, in der Elisabeth Leicesters sofortige Entlassung forderte, vorerst zu unterschlagen. Inzwischen hatte Elisabeth sich durch eine Reihe von Briefen ein wenig besänftigen lassen, in denen Leicester ihr seine Treue und Zuneigung versicherte und sein tiefes Bedauern darüber zum Ausdruck brachte, daß er sie beleidigt habe.[66] Außerdem hatten Burghley, Walsingham, Hatton und andere Räte es erneut gewagt, sich für Leicester zu verwenden. Am 30. März schrieb Elisabeth an die Generalstaaten, obwohl sie zurecht darüber verärgert gewesen sei, daß Leicester das Amt des Staathalters der Niederlande angenommen habe, bestehe sie nicht mehr auf seiner sofortigen Entlassung. Er dürfe das Amt solange innehaben, bis es an der Zeit sei, neue Vereinbarungen zu treffen.[67]

Leicester hatte sich auf die alte Zuneigung verlassen, die Elisabeth immer für ihn empfunden hatte. Kein anderer hätte gewagt, so weit zu gehen und sich ihren Wünschen und Befehlen zu widersetzen. Obwohl er schon fast zu weit gegangen war, war er ungestraft davongekommen.

# 24

## Hinrichtung einer Königin

Grindal starb im Juli 1583. Damit war Elisabeth den lästigen Erzbischof von Canterbury endlich los, und sie fand für ihn einen Nachfolger ganz nach ihrem Geschmack: John Whitgift. In seiner Jugend hatte Whitgift als radikaler Protestant gegolten, doch er hatte sich geändert. Als Leiter des Trinity College, Vizekanzler der Universität Cambridge und Bischof von Worcester hatte er sich entschieden gegen die Puritaner gestellt. Er haßte die Papisten zwar noch genauso wie damals, als er als Theologiestudent in einer Doktorarbeit bewiesen hatte, daß der Papst der Antichrist sei, doch die Puritaner betrachtete er jetzt als den größten Feind.

Im Jahr 1582 planten die puritanischen Führer auf einer Konferenz in Cambridge eine aktive Kampagne, um die Kirche von England zum Presbyterianertum zu bekehren. In verschiedenen Teilen des Landes, insbesondere auf den großen internationalen Messen in London und Cambridgeshire, wurden Versammlungen veranstaltet, außerdem wurden Predigten gehalten und Flugblätter verteilt. Als das Parlament zusammentrat, schickten die Puritaner ihre Anhänger zum Palast von Westminster, um die Abgeordneten zu beeinflussen. So etwas war noch nie dagewesen.

Whitgift schlug zurück, indem er alle Geistlichen aufforderte, eine Erklärung zu unterzeichnen, daß sie Elisabeths Supremat über die Kirche unterstützten, an den Neununddreißig Glaubensartikeln von 1562 festhielten, den Inhalt des Book of Common Prayer von 1559 ohne Ausnahme akzeptierten und keine andere Form des Gottesdienstes befolgten. Die Puritaner standen voll und ganz hinter dem königlichen Supremat und akzeptierten mit wenigen Ausnahmen auch die Neununddreißig Artikel. Aber sie glaubten, das Gebetbuch enthalte noch Reste der Papisterei und einige der dort vorgeschriebenen Zeremonien seien sündhaft. Whitgift befahl, jeden Geistlichen, der sich weigerte, die Erklärung zu unterzeichnen, seiner Pfründe zu berauben und seiner sämtlichen Kirchenämter zu entheben.

Dann griff er zu einer Maßnahme, die die Anwälte ebenso schockierte wie die Puritaner und ihre Sympathisanten. Jeder Geistliche mußte vor einem von Whitgift ernannten Kommissar erscheinen und unter Eid die ihm gestellten Fragen beantworten. Weigerte er sich, den Eid abzulegen, kam er wegen Mißachtung des Gerichts ins Gefängnis. War er bereit zu schwören, mußte er unter Eid Fragen bezüglich seiner religiösen Überzeugung beantworten, was zu seiner Entlassung führen konnte, wenn er wahrheitsgemäß antwortete. Für die Anwälte war das ein Verstoß gegen die Prinzipien des Common Law. Sie fühlten sich an die römische Inquisition erinnert. Whitgift tat ihre Einwände verächtlich als juristische Haarspalterei ab.

Die Freunde der Puritaner, die hohe Ämter bekleideten, stellten sich auf deren Seite. Leicester, Walsingham, Knollys und Burghley protestierten bei Whitgift gegen die Verfolgung der Puritaner. Whitgift kümmerte sich nicht darum. Im Hinblick auf die puritanischen Aktivisten und ihre Anhänger im Staatsrat verließ er sich auf die schweigende Mehrheit der nach wie vor konservativen Räte. Er erklärte Burghley und anderen Kritikern, in seiner Diözese Canterbury lehnten nur zehn Gemeindepfarrer sein Vorgehen gegen die Puritaner ab, während über hundert ihn begeistert unterstützten.[1]

Am allerwichtigsten war jedoch, daß er Elisabeths Unterstützung hatte. Für Elisabeth waren die Puritaner aufrührerische Revolutionäre und Unruhestifter. Und wie sie die protestantischen Rebellen in den Niederlanden mehr haßte als Philipp II., Parma und die Spanier, so haßte und fürchtete sie ihre begeisterten puritanischen Anhänger mehr als die Papisten, die sie absetzen und umbringen wollten. Jahrelang hatte sie sich, umgeben von Sympathisanten der Puritaner, isoliert gefühlt und war sich fast hilflos vorgekommen. Jetzt hatte sie einen streng konservativen Erzbischof von Canterbury, der bereit war, den Puritanern die Stirn zu bieten, weil er die Königin hinter sich wußte. Elisabeth erklärte, sie werde nicht zulassen, daß das Unterhaus sich »mit Dingen außerhalb seiner Kompetenz« befasse und Whitgift und die Bischöfe angreife. Und falls Mitglieder ihres Staatsrats weiterhin puritanische Abgeordnete in ihren Angriffen unterstützten, werde sie »einige von ihnen aus dem Rat entfernen«.[2]

Obwohl Elisabeth die Puritaner haßte, hielten diese treu zu ihr, als sie hörten, daß die ausländischen Papisten und deren Freunde, die katholischen Verräter in England, Elisabeth ermorden wollten, so wie sie den Prinzen von Oranien ermordet hatten. Im Herbst 1584 schlossen sich viele Protestanten im ganzen Land zu einem Bund zusammen. Sie legten einen Eid ab, daß sie, wenn jemand die Königin ermordete oder zu ermorden versuchte, um eine andere Person auf den Thron zu setzen, all diejenigen töten würden, die an dem Mordkomplott beteiligt waren, sowie die Person, die die Mörder auf den Thron erheben wollten, und jeden, der über diese Person Anspruch auf den Thron erhob. Wenn also die Katholiken versuchen sollten, Elisabeth zu ermorden, um Maria Stuart zur Königin von England zu machen, wollten die Mitglieder des Bundes die Mörder und Maria Stuart töten und möglicherweise auch Jakob VI., wenn er aufgrund seiner Abstammung Anspruch auf den Thron von England erhob. Als das Parlament im November zusammentrat, legten die Abgeordneten einen Gesetzentwurf vor, um diesem »Eidbund« Gesetzeskraft zu verleihen.[3]

Der Eidbund wurde offenbar von Walsingham und anderen Staatsräten ohne Elisabeths Wissen gebildet, denn die Königin erklärte einer Abordnung von Parlamentariern, es sei »passiert (Ich schwöre bei Gott), ehe ich überhaupt eine Ahnung davon hatte«. Sie habe das erste Mal davon erfahren, als man ihr in Hampton Court die Eidesformel vorgelegt habe, nachdem diese bereits von Tausenden von Menschen unterzeichnet worden sei.[4] Als die Gesetzesvorlage zur Legalisierung des Eides im Parlament eingebracht wurde, verweigerte Elisabeth ihre Zustimmung. Schließlich genehmigte sie das Gesetz in einer äußerst modifizierten Form. Danach durften ihre treuen Untertanen nur diejenigen Personen töten, die vom Staatsrat als Teilnehmer an einem Mordkomplott gegen Elisabeth überführt worden waren.[5]

Das genügte jedoch nicht, um der größten Gefahr entgegenzuwirken, die die protestantische Sache in England und in ganz Europa bedrohte. Wenn Elisabeth ermordet wurde, würde ihr Maria Stuart auf den Thron folgen. Viele Engländer, die Elisabeth zu ihren Lebzeiten stets treu ergeben waren, würden dann Maria aufgrund der Erbfolge als ihre rechtmäßige Königin anerkennen und ihr gehorchen, wenn sie aus England wieder ein katholisches Königreich machte. Elisabeth wollte nichts tun, um das zu verhindern. Sie verweigerte Gesetzesvorlagen ihre königliche Zustimmung, in denen Maria von der Thronfolge ausgeschlossen wurde. Zudem lehnte sie Burghleys Vorschlag ab, der Staatsrat und das Parlament sollten nach Elisabeths Tod einen von ihnen ausgewählten neuen König ausrufen.[6] Hinderte ihr Gewissen Elisabeth daran, eine künftige katholische Königin von vornherein auszuschließen? Erinnerte sie sich daran, daß die Katholiken sie während der Regierungszeit ihrer Schwester auch nicht von der Thronfolge ausgeschlossen hatten? Oder erschreckte sie der Gedanke an eine, wenn auch nur vorübergehende, Machtübernahme des Parlaments so sehr, daß sie lieber eine katholische Königin den Thron besteigen und die protestantische Religion ausmerzen lassen wollte? Hätte sie Burghleys Plan zugestimmt, so hätten die Protestanten nicht so dringend nach einem Grund für Marias Hinrichtung suchen müssen.

Im Frühjahr 1585 plante der Abgeordnete Dr. William Parry zusammen mit Agenten Maria Stuarts in Paris die Ermordung Elisabeths. Das Komplott wurde aufgedeckt, Parry wurde gehängt, geschleift und gevierteilt. Doch im Jahr darauf plante eine Gruppe junger katholischer Edelleute unter Führung von Anthony Babington erneut ein Attentat. Die Verschwörer hatten Kontakt zu Mendoza in Paris und zu Maria Stuart in ihrem Gefängnis Chartley Hall in Staffordshire. Einer der Verschwörer, Gilbert Gifford, dachte sich eine raffinierte Methode aus, mit deren Hilfe Briefe an und von Maria in einem Bierfaß versteckt befördert werden konnten. Zu Marias großem Pech war Gifford ein Agent Walsinghams. Er händigte sämtliche Briefe in dem Bierfaß Marias Bewacher Sir Amyas Paulet und Walsingham aus. Noch mindestens zwei weitere Mitglieder von Babingtons Gruppe waren Walsinghams Spione. Wahrscheinlich arbeiteten insgesamt nicht weniger als sieben Agenten mit den Verschwörern zusammen.* [7]

Walsingham suchte eifrig nach Beweisen, die Maria belasteten und Elisabeth veranlassen würden, gegen Maria vorzugehen. Er bekam seine Beweise, als er die abgefangenen Briefe von Babington und Maria las. Babington hatte Maria geschrieben, er wolle sie aus dem Gefängnis befreien. Anschließend solle Elisabeth von sechs Edelleuten ermordet werden, und eine spanische Armee werde in England einmarschieren. Am 17. Juli schrieb Maria an Babington, ehe ihre Befreiung in Angriff genommen werde, müßten »alle Vorbereitungen getroffen und Truppen außerhalb und innerhalb des Reiches in Bereitschaft sein. Erst dann ist es Zeit, daß sich die sechs Edelleute an die Arbeit machen. Und man muß Auftrag geben, daß ich nach Ausführung des Planes sogleich von hier weggebracht werde«.[8] Walsingham beauftragte einen Agenten, Marias Brief ein gefälschtes Postskriptum hinzuzufügen, bevor er an Babington weitergeleitet wurde, um Babington dazu zu verleiten, die Namen der sechs Edelleute preiszugeben. Es ist jedoch höchst unwahrscheinlich, daß er den Absatz des Briefes fälschen ließ, der den fatalen Satz enthielt: »Dann ist es Zeit, daß sich die sechs Edelleute an die Arbeit machen.«**

Walsingham berichtete Elisabeth von dem Komplott und zeigte ihr eine Abschrift von Marias Brief. Elisabeth war mit seinem Plan einverstanden, Maria zur Jagd einzuladen, sie während der Jagd plötzlich des Hochverrats zu beschuldigen und sie festzuhalten, während ihr Zimmer in Chartley durchsucht und ihre Papiere beschlagnahmt wurden. Babington und die meisten

* Darunter ganz sicher William und Gilbert Gifford sowie Nicholas Berden, vielleicht auch Robert Poley, Thomas Bowes, Barnard Maude und Captain Jacques.

** Bezüglich der Echtheit von Marias Brief und der Schlußfolgerung, daß nur das Postskriptum von Walsinghams Agenten gefälscht worden sei, siehe Conyers Read (*Walsingham*, III, 33-44). Pater Pollen (in *Mary Queen of Scots and the Babington Plot*, 32) und Antonia Fraser (in *Maria, Königin der Schotten*, 386-90) erkennen die Echtheit des belastenden Absatzes in dem Brief an, sind aber beide der Meinung, der Wortlaut lasse lediglich auf eine passive Zustimmung Marias zu dem Mordkomplott gegen Elisabeth schließen.

anderen Verschwörer wurden verhaftet. Im September 1586 wurden sie wegen versuchten Mordes an der Königin in Westminster Hall vor Gericht gestellt und des Hochverrats überführt.

Die Nachricht von dem Komplott stieß im ganzen Land auf große Empörung, und niemand war aufgebrachter als Elisabeth selbst. Ihre Schwester Maria war gegen Ketzer immer strenger vorgegangen als gegen Verräter. Manchmal war sie sogar bereit gewesen, Beleidigungen gegen ihre eigene Person zu verzeihen, aber niemals Beleidigungen gegen Gott. Elisabeth war das genaue Gegenteil. Sie war nachsichtig gegenüber Katholiken, die nur ihre Religion ausüben wollten, betrachtete jedoch Verrat und vor allem versuchten Königsmord als unverzeihliches Verbrechen. Man darf nicht annehmen, sie habe nur aus Angst um ihre eigene Sicherheit oder aus persönlichen Rachegelüsten gehandelt. Elisabeth glaubte, daß Verrat an einem Fürsten, an Gottes Stellvertreter auf Erden das größte Verbrechen sei und daß es, wenn Gott ihr, der Unwürdigen, dieses Amt übertragen habe, ihre Pflicht sei, Verbrechen gegen ihre Person mit der größten Strenge zu bestrafen.

Während des Prozesses gegen Babington und seine Komplizen schrieb Elisabeth an Burghley, die Gefangenen sollten als zusätzliche Strafe einen langsamen und qualvollen Tod erleiden, um die Schwere ihres Vergehens deutlich zu machen. Hängen, Schleifen und Vierteilen sei ein zu gnädiger Tod. Nachdem der Lordoberrichter das vom Gesetz vorgeschriebene Urteil verhängt habe, wonach Babington und die anderen gehängt, lebend vom Galgen heruntergeholt, kastriert, aufgeschlitzt und anschließend enthauptet und gevierteilt werden sollten, solle Burghley erklären, daß er angesichts der Niedertracht des Vergehens den Fall an den Staatsrat verweise, damit dieser die Art der Hinrichtung festlege. Die Räte sollten sich dann eine noch grausamere Todesart ausdenken. Burghley erklärte, das sei ungesetzlich. Er versicherte Elisabeth, daß der Tod durch Hängen, Schleifen und Vierteilen außerordentlich qualvoll sein könne, wenn der Henker die Hinrichtung ordnungsgemäß ausführe, und daß das Leben während des Aufschlitzens verlängert werden könne. In der Praxis war das nicht immer der Fall, denn oft wurde der Henker vom Opfer oder dessen Freunden bestochen, damit er dem Leben des Delinquenten so rasch wie möglich ein Ende machte oder ihn, entgegen dem Urteil des Gerichts, so lange am Galgen hängen ließ, bis er tot war.

Elisabeth wies Burghleys Argumente zurück und beharrte darauf, mit den Richtern über die Möglichkeit eines qualvolleren Todes der Gefangenen zu beraten. Die Richter erklärten jedoch einmütig, dies verstoße gegen die Gesetze, und Elisabeth mußte sich ihrer Entscheidung beugen. Am 20. September wurden Babington und drei seiner Komplizen gehängt, geschleift und gevierteilt, und die Hinrichtung wurde so gut es ging in die Länge gezogen. Als

Elisabeth von ihren Qualen berichtet wurde, empfand sie plötzlich Abscheu. Tags darauf wurden sieben weitere Verschwörer hingerichtet. Auf Elisabeths Anordnung durften sie so lange am Galgen hängen bleiben, bis sie tot waren.[9]

Mit Maria war es etwas anderes. Elisabeth zögerte noch immer, eine Königin vor Gericht zu stellen und hinzurichten. Sie war sich der rechtlichen, diplomatischen und politischen Schwierigkeiten vollauf bewußt. Marias Einwand, daß ein englisches Gericht sie nicht verurteilen könne, ließ sich relativ leicht entkräften. Man konnte argumentieren, sie sei nach ihrer Abdankung kein Souverän mehr und damit rechtlich jedem anderen Ausländer in England gleichgestellt, und deshalb könne sie, wenn sie gegen das Gesetz des Landes verstoße, vor Gericht gestellt und bestraft werden. Dazu kam noch das alte Argument, daß die Könige von Schottland Vasallen der Könige von England seien und ihnen im 12. und 13. Jahrhundert gehuldigt hätten.

Die diplomatischen Einwände wogen schwerer. Heinrich III. warnte Elisabeth, er werde es sehr übelnehmen, wenn seine Schwägerin, eine ehemalige Königin von Frankreich, vor Gericht gestellt und hingerichtet werde. Jakob VI. protestierte ebenfalls. Die Schotten, die Elisabeth noch ein paar Jahre zuvor gedrängt hatten, ihnen die Erlaubnis zu geben, ihre Königin hinzurichten, wollten jetzt nichts mehr davon hören.[10] Doch grundlegender als all diese Einwände war Elisabeths eigene hohe Meinung von der Monarchie und ihre Überzeugung, daß keine Königin oder ehemalige Königin vor Gericht gestellt und hingerichtet werden könne, auch nicht auf Befehl einer anderen Königin. Sagte ihr eine Vorahnung, daß der Prozeß gegen Maria und ihre Hinrichtung einst, 62 Jahre später, von John Milton als Präzedenzfall angeführt werden würde, um die Hinrichtung eines Königs von England durch seine Untertanen zu rechtfertigen?

Weniger anrüchig wäre es gewesen, Maria wie Eduard II., Richard II. und Heinrich VI. heimlich ermorden zu lassen. Dann konnte das Verbrechen wenigstens geleugnet werden und mußte nicht schamlos entschuldigt werden. Laut Camden schlug Leicester vor, Maria zu vergiften.[11] Aber Walsingham und Burghley wollten sie vor Gericht stellen, und sie überredeten alle anderen Räte, ihnen beizupflichten. Der Gedanke an einen öffentlichen Prozeß gegen Maria war für die Puritaner verlockend, während er Elisabeth eher erschreckte.

Der Staatsrat überredete Elisabeth, das Parlament, das sich vertagt hatte, wieder einzuberufen, um dem Verfahren gegen Maria Gesetzeskraft zu verleihen. Durch die Einberufung des Parlaments verstärkte sich der Druck auf Elisabeth, denn die puritanischen Abgeordneten bekräftigten die Forderungen des Staatsrats nach einem Prozeß gegen Maria und ihre Hinrichtung. Diesem Druck und der Stimme ihres Gewissens gleichermaßen ausgesetzt, geriet Elisabeth ins Wanken und änderte wiederholt ihre Meinung.

Als Babington und seine Komplizen vor Gericht gestellt wurden, beharrte Elisabeth darauf, daß Maria weder in den Anklageschriften noch in den Zeugenaussagen oder Plädoyers erwähnt würde. Vierzehn Tage später, Ende September, war Elisabeth bereit, 42 Bevollmächtigte zu benennen, die über Maria zu Gericht sitzen sollten. Sie lehnte es jedoch ab, Maria in den Tower zu werfen oder den Prozeß in London abzuhalten. Der Prozeß sollte auch nicht in Hertford Castle stattfinden, weil die Burg ihrer Meinung nach zu sehr in der Nähe von London lag. Er sollte in Fotheringhay Castle in Northamptonshire abgehalten werden, wo er in der Öffentlichkeit weniger Beachtung finden würde.[12]

36 Kommissionsmitglieder, darunter Burghley und Walsingham, begaben sich nach Fotheringhay, wo am 14. und 15. Oktober die Verhandlung stattfand. Maria bestritt jede Schuld, doch eine Abschrift ihres Briefes an Babington und die Aussage ihrer beiden Sekretäre wurden als Beweise gegen sie verwandt. Das Gericht sprach sie schuldig und lehnte ihren Einwand hinsichtlich der Zuständigkeit des Gerichts ab.[13]

Einen Tag vor Prozeßbeginn änderte Elisabeth ihre Meinung. Sie befahl Davison, der erst kürzlich nach seiner Rückkehr aus den Niederlanden zum Staatssekretär ernannt worden war, die Kommissionsmitglieder anzuweisen, den Prozeß zwar durchzuführen, aber kein Urteil gegen Maria zu fällen. Statt dessen sollten sie erklären, sie würden ihr Urteil zu einem späteren Zeitpunkt verkünden. Davison jedoch, der mit den Puritanern sympathisierte, wollte ebenso wie Walsingham und Burghley die Hinrichtung Marias. Er übermittelte der Kommission Elisabeths Anordnungen, schrieb aber heimlich an Walsingham, er hoffe und vertraue darauf, daß der Kurier zu spät in Fotheringhay eintreffe, um die Kommissionsmitglieder davon abzuhalten, ein Urteil zu fällen. Der Kurier erreichte Fotheringhay jedoch noch rechtzeitig, und am Ende des zweiten Verhandlungstages erklärte der vorsitzende Richter Lordkanzler Bromley, die Urteilsverkündung werde ausgesetzt.[14]

Das Parlament sollte am 15. Oktober zusammentreten. Elisabeth verlegte den Termin auf den 27. Oktober, weil sie nicht wollte, daß die Abgeordneten des Unterhauses auf der Sitzung lautstark Marias Tod forderten, während in Fotheringhay noch der Prozeß in Gang war. Sie verschob die Sitzung ein zweitesmal auf den 29. Oktober.[15] Unterdessen drängte der Staatsrat Elisabeth, die Kommission ein Urteil fällen zu lassen. Am 23. Oktober empfing Elisabeth den französischen Botschafter Mauvissière, der ihr ein Schreiben seines Herrn überbrachte. »Es gibt in England kein spezielles Gesetz«, schrieb Heinrich III., »nach dem meine Schwägerin strafrechtlich zur Verantwortung gezogen und wegen dieser oder jeder Anschuldigung der Gerichtsbarkeit unterstellt werden kann, da sie als unumschränkte Herrscherin geboren wurde und durch das Privileg, das allen Königen gemein ist, von menschlicher Gerichtsbarkeit ausgenommen und nur Gottes Urteil unterworfen ist.«[16] Er fügte hinzu, Marias Hinrichtung würde alle Könige des Christentums in Empörung versetzen.

Offenbar war Elisabeth über Mauvissière verärgert, denn seine Intervention hatte nicht die beabsichtigte Wirkung. Sie erklärte ihm, der Prozeß könne jetzt unmöglich unterbrochen werden, und jede weitere Intervention Heinrichs III. zugunsten Marias werde ihre Freundschaft gefährden. Elisabeth befahl der Kommission, das Urteil zu verkünden. Am 25. Oktober versammelten sich die Kommissionsmitglieder in der Sternkammer in Whitehall und erklärten Maria des versuchten Mordes an der Königin für schuldig.[17] Ihr Urteil hatte keine Gesetzeskraft, denn ein Ad-hoc-Tribunal konnte nicht die Todesstrafe verhängen. Doch der Staatsrat hatte entschieden, nach dem Gesetz von 1585 gegen Maria vorzugehen, wonach jeder berechtigt war, eine Person hinrichten zu lassen, die des versuchten Mordes an der Königin überführt worden war. Bevor dies geschehen konnte, mußte Elisabeth jedoch die Schuld Marias in einer Proklamation bestätigen.

Als das Parlament am 29. Oktober endlich zusammentrat, verlangten sowohl die Hinterbänkler als auch die Regierungssprecher in Ober- und Unterhaus Marias Hinrichtung. Sir Ralph Sadler, unter Heinrich VIII. für schottische Angelegenheiten zuständig und jetzt, mit 79, Schatzkanzler des Herzogtums Lancaster, drängte Elisabeth, »diese gottlose und furchtbare Frau zu beseitigen«, die ihren Ehemann ermordet habe und »die verabscheuungswürdigste Verräterin an unserem Souverän und unser aller Feindin« sei.[18]

Elisabeth kam meist nach Whitehall oder einen ihrer anderen Paläste in Westminster, wenn das Parlament tagte. Doch diesmal blieb sie in Richmond, um sich so weit wie möglich vom lautstarken Protest des Parlaments gegen die Königin der Schotten zu distanzieren. Deshalb schickte das Parlament eine Abordnung von zwanzig Peers und vierzig Mitgliedern des Unterhauses zu ihr nach Richmond, um sie zu bitten, Maria hinrichten zu lassen. Elisabeth empfing die Abordnung am 12. November. Sie hielt eine Rede, die anschließend niedergeschrieben und von ihr nach vielen kleineren Korrekturen genehmigt wurde. Sie dankte den Abgesandten für ihre Treue, als sie spontan den Eidbund geschlossen hätten, und erklärte am Schluß, sie werde über ihre Bitte nachdenken und ihnen später ihre Entscheidung mitteilen. Die Abordnung kehrte nach Westminster zurück und wartete auf Antwort, aber nichts geschah. Am 21. November unternahm Mauvissière einen zweiten Versuch, Marias Leben zu retten. Diesmal war Elisabeth freundlicher. Sie versprach Mauvissière, in den nächsten zehn Tagen keine Proklamation gegen Maria zu erlassen.[19]

Am 24. November kehrten die Parlamentarier nach Richmond zurück, um Elisabeths Antwort zu erfahren. Elisabeth hielt erneut eine Rede. Es war eine ziemlich weitschweifige Verteidigungsrede, die offenbar zu gegebener Zeit als

Rechtfertigung gegenüber ausländischen Herrschern veröffentlicht werden und ihre Abneigung widerspiegeln sollte, gerichtlich gegen Maria vorzugehen. »Seitdem nun feststeht, daß meine Sicherheit nicht gewährleistet werden kann, ohne daß der Kopf einer Fürstin fällt, habe ich guten Grund, darüber zu klagen, daß ich, die ich zeit meines Lebens so manchem Rebellen verziehen habe ... jetzt zu einem derartigen Vorgehen gegen eine Frau solchen Ranges gezwungen werde.« Die Rede war typisch für Elisabeth: umständlich und schwierig, mit einer Anspielung auf Alkibiades aus dem klassischen Altertum und Schmeicheleien für die Zuhörer. Am Ende entsprach sie der Petition nicht, hatte sie aber auch nicht abgelehnt. »Wenn ich sagen würde, ich werde nicht tun, was Ihr verlangt, ist das vielleicht mehr, als ich will, und zu sagen, ich werde es tun, könnte vielleicht gefährden, was Ihr erhalten wollt, weil es mehr wäre, als in Anbetracht von Ort und Zeit Eurer eigenen Weisheit und Verständigkeit angebracht erschiene.«[20]

Als die Delegation gegangen war, beschloß Elisabeth noch am selben Abend, das Parlament am nächsten Tag zu vertagen. Burghley und die anderen Räte waren bestürzt, denn sie wußten, wie verärgert die Abgeordneten reagieren würden, wenn das Parlament vertagt wurde, ohne daß das Urteil gegen Maria verkündet worden war. Am nächsten Morgen erklärte Elisabeth, sie habe ihre Meinung geändert, sie werde das Parlament nur um eine Woche statt auf unbestimmte Zeit vertagen. Der Staatsrat schickte in aller Eile einen Kurier von Richmond nach Westmisnter. Er traf dort rechtzeitig ein, um zu verhindern, daß Bromley die Vertagung der beiden Häuser auf unbestimmte Zeit bekanntgab.

Die Staatsräte setzten Elisabeth weiter unter Druck, eine Proklamation bezüglich Marias zu erlassen. Elisabeth weigerte sich sechs Tage lang, aber am 1. Dezember, einen Tag, bevor das Parlament nach zehntägiger Unterbrechung wieder zusammentrat, unterzeichnete sie schließlich Burghleys Entwurf der Proklamation, worin Maria als Verräterin bezeichnet wurde, die Elisabeths Tod geplant habe. Tags darauf verkündete Burghley im Oberhaus, die Königin werde die Proklamation erlassen, und am 4. Dezember wurde sie offiziell veröffentlicht. Die Bevölkerung Londons und vieler anderer Teile des Landes feierte das Ereignis wie üblich mit Freudenfeuern.[21]

Damit war jeder berechtigt, Maria umzubringen, aber ohne Genehmigung der Königin wollte es keiner tun, und die Räte warteten darauf, daß Elisabeth Marias Hinrichtungsbefehl unterzeichnete. Sie tat es nicht. Statt dessen machte sie Walsingham bittere Vorwürfe. Dieser schrieb an Burghley, er fürchte, Elisabeth werde Marias Hinrichtung am Ende doch nicht zustimmen.[22] Doch bei allem Zögern ärgerte Elisabeth sich über die Bemühungen des französischen und des schottischen Botschafters, Marias Leben zu retten, denn sie hatte das Gefühl, daß die Botschafter damit gleichsam von ihr verlangten, ihr eigenes

Leben aufs Spiel zu setzen. Ihr Leben war schließlich in Gefahr, solange Maria lebte. Anfang Januar schrieb sie selbst an Heinrich III.: »Mein Bruder … wie könnt Ihr nur so unvernünftig sein und annehmen, es sei ehrenhaft oder zeuge von guter Freundschaft, die Bedrängte an der Flucht zu hindern und dem Tod einer Unschuldigen Vorschub zu leisten, indem Ihr sie zur Beute einer Mörderin werden laßt?«* [23]

Ein paar Tage später teilte Walsingham Elisabeth mit, William Stafford, der Bruder Sir Edward Staffords, des englischen Botschafters in Frankreich, habe gestanden, daß er und ein anderer Mann mit Sieur Des Trappes, einem Attaché der französischen Botschaft in London, Elisabeths Ermordung geplant hätten und daß Mauvissière von dem Komplott wisse. Des Trappes wurde auf dem Weg nach Dover, von wo aus er die Heimreise nach Frankreich antreten wollte, in Rochester verhaftet, und er und William Stafford wurden vom Staatsrat vernommen. Die Räte verhörten auch Mauvissière. Dieser bestritt, daß Des Trappes in ein Komplott verwickelt sei, gab jedoch zu, daß Babington an ihn herangetreten sei und ihm von seinem Mordplan erzählt habe, den er allerdings nicht habe unterstützen wollen. Als Burghley erklärte, Mauvissière hätte die englischen Behörden von Babingtons Komplott unterrichten müssen, meinte Mauvissière, es sei nur seine Aufgabe, seinen König zu informieren, nicht die englische Regierung. Mauvissière wurde in seiner Botschaft unter Hausarrest gestellt, Des Trappes kam in den Tower.[24]

Elisabeth schickte Waad nach Paris, um Heinrich III. über die Verhaftung Des Trappes' und Mauvissières zu berichten. Sie schrieb einen freundlichen Brief an Sir Edward Stafford, worin sie ihm erklärte, sie habe Waad und nicht ihn mit dieser Aufgabe betraut, um ihm die Peinlichkeit zu ersparen, in einer Angelegenheit handeln zu müssen, die seinen Bruder betreffe. Sie bedaure außerordentlich, welch großen Kummer William Stafford Sir Edward und seiner Mutter durch sein Handeln bereitet habe. Staffords Mutter war eine der Hofdamen Elisabeths. Sir Edward Stafford hatte seine Agenten in Frankreich mit großem Erfolg in die Organisationen katholischer Flüchtlinge aus England eingeschleust. Es war ihm gelungen, unter ihnen Zwietracht zu säen und persönliche Fehden anzuzetteln, und er versorgte Walsingham kontinuierlich mit Informationen über Jesuiten und andere Katholiken in England. Jetzt brachte er in einem Brief sein Bedauern über den Verrat seines Bruders zum Ausdruck.[25] Die ganze Sache war Sir Edward Stafford peinlicher, als Elisabeth und Walsingham wußten, weil er selbst ein Agent Mendozas war und diesem regelmäßig wichtige diplomatische und militärische Geheimnisse verriet. Eli-

* »Monsieur mon frère … Comment estes vous forcené a croire que se soit honneur ou bonne amitié a resprendre l'opprimé et recherchir la mort d'une innocent pour la faire proye d'une meurtrière.«

sabeth und Walsingham erfuhren nie von seinem Verrat. Historiker haben sich gestritten, ob er ein Verräter oder ein Doppelagent war, der den Spaniern, vielleicht mit Burghleys Einverständnis, irreführende Informationen weitergab, um ihr Vertrauen zu gewinnen und sie an die englische Regierung zu verraten.[26]

Elisabeth war wütend und beunruhigt zugleich, als sie von dem neuen Mordkomplott erfuhr. Vielleicht gab dies den Ausschlag, daß sie schließlich gegen Maria tätig wurde. Am 1. Februar 1587 unterzeichnete sie das Todesurteil und übergab es Davison. Sarkastisch bemerkte sie, er solle Walsingham davon erzählen, der krank zu Hause lag. Die Neuigkeit werde ihn sicher umbringen. Als Davison mit dem Hinrichtungsbefehl in der Hand das Zimmer verlassen wollte, rief Elisabeth ihn zurück und fragte ihn, ob es nicht möglich sei, daß jemand Maria auf eigene Verantwortung ermorde, ohne daß sie den Befehl erteilen müsse.[27]

Ihr Vorschlag wurde im Staatsrat erörtert. Walsingham und Burghley waren strikt dagegen, und die meisten anderen Räte stimmten ihnen zu, während Whitgift dafür war, Maria von einer Privatperson ermorden zu lassen. Whitgift glaubte auf Grund seiner konservativen und autoritären Ansichten, es sei besser, eine Königin zu ermorden, statt sie hinzurichten. Aber die puritanerfreundlichen Mitglieder des Rats wollten, mit den Worten der Königsmörder, die sechzig Jahre später Karl I. zum Tode verurteilten, daß die Tat am hellichten Tag und nicht heimlich in einer dunklen Ecke geschehen solle.

Elisabeth beauftragte Walsingham, Sir Amyas Paulet, Marias puritanischen Aufseher in Fotheringhay, in einem Brief zu bitten, Maria zu ermorden. Paulet lehnte strikt ab und erklärte, er werde niemals einen schändlichen Mord begehen. Elisabeth war wütend. Sie beklagte sich, daß weder Paulet noch ein anderes Mitglied des Eidbundes den Eid erfüllen und eine Person töten wolle, die nach dem Gesetz des versuchten Mordes an ihr überführt worden sei.[28] Davison hatte mittlerweile den Hinrichtungsbefehl, den Elisabeth ihm gegeben hatte, dem Lordkanzler überbracht, damit dieser wie gewohnt das Großsiegel darauf anbrachte. Der Lordkanzler gab den gesiegelten Befehl an Davison zurück, der den Staatsrat informierte. Auf Anregung von Burghley beschloß der Staatsrat, den Hinrichtungsbefehl nach Fotheringhay zu schikken, ohne zuvor mit Elisabeth zu sprechen. Am 8. Februar (18. Februar n. Z.) wurde Maria enthauptet.

Elisabeth wußte vier Tage lang nicht von der Hinrichtung. Als sie davon erfuhr, wurde sie von Trauer und Zorn überwältigt. Sie erklärte, die Hinrichtung sei ohne ihre Genehmigung erfolgt und die Verantwortlichen würden bestraft werden. Zunächst wollte sie offenbar Walsingham die Schuld zuschieben. Doch der hatte mehrere Wochen krank zu Hause im Bett verbracht und war bei der Sitzung am 5. Februar nicht anwesend gewesen, als der Beschluß gefaßt wurde, den Hinrichtungsbefehl nach Fotheringhay zu schicken. Elisabeth wußte, daß Burghley der Hauptverantwortliche war, aber er wurde von der Gicht geplagt, und außerdem hatte sie seine jahrelangen treuen Dienste und ihre lange persönliche Freundschaft nicht vergessen. Sie hatte Angst, er würde sterben, wenn sie ihn in den Tower werfen ließ. Deshalb hielt sie sich an Davison, der wie alle Räte für die Puritaner und gegen Maria war und als Staatssekretär leicht für das Geschehene verantwortlich gemacht werden konnte. Elisabeth ließ ihn in den Tower bringen.

In den folgenden Tagen wurde ihr Zorn auf Davison so stark, daß sie beschloß, ihn hinrichten zu lassen. Danach wollte sie alle Ratsmitglieder wissen lassen, daß auch sie hingerichtet werden konnten. Sie wollte jedoch allen oder den meisten vergeben. Am 24. Februar ließ sie Sir Edmund Anderson, den Vorsitzenden des Court of Common Pleas, nach Greenwich kommen. Dort fragte sie ihn, ob sie Davison nach dem Gesetz aufhängen lassen könne. Anderson zögerte offenbar mit seiner Antwort, aber als sie ihn drängte und fragte, ob ihre Prärogative nicht absolut sei, bejahte er ihre Frage. Obwohl Anderson die Puritaner haßte und stets bemüht war, die königliche Prärogative in all ihren Formen zu unterstützen, überrascht es, daß er so weit ging und Elisabeth sagte, sie könne jeden ihrer Untertanen ohne gesetzliche Vollmacht und ohne ordentliches Verfahren hängen lassen. Doch diesen Eindruck vermittelte er ihr, und es war genau die Antwort, die sie sich gewünscht hatte.[29]

Elisabeths Ratgeber und Cousin Lord Buckhurst war resoluter als Anderson. Er erklärte Elisabeth, sie dürfe keinen Untertanen ohne Prozeß hinrichten lassen. Elisabeth wurde wütend und beschimpfte ihn. Sie wollte allerdings noch die anderen Richter befragen. Burghley setzte sich rasch mit ihnen in Verbindung und schrieb: »Ich sähe es nur ungern, wenn eine Frau von solcher Klugheit, wie sie es ist, aus Angst oder Schwäche falsch beraten würde ... und von ihren Richtern zu hören bekäme, daß ihre Prärogative über dem Gesetz steht.«[30]

Offensichtlich teilten die Richter Elisabeth mit, sie könne Davison nicht hängen lassen, denn in der Sternkammer wurde nur wegen Unterlassung der Anzeige und Mißachtung der königlichen Autorität gegen ihn verhandelt, und diese Vergehen wurden lediglich mit einer Geldbuße oder mit Gefängnis bestraft. Anderson, der den Prozeß leitete, erklärte, Davison habe fahrlässig und nicht böswillig gehandelt, und er verurteilte ihn zu einer Geldstrafe von 10 000 Mark und zu Haft auf unbestimmte Zeit. Als die Monate verstrichen, wagten es ein paar Höflinge, unter ihnen Elisabeths neuer Günstling Robert Devereux, Graf von Essex, sich bei Elisabeth für Davison einzusetzen. Sie wollte jedoch weder ihre Bitten anhören noch Gnadengesuche entgegennehmen. Davison blieb zwanzig Monate im Tower. Im Oktober 1588 wurde er freigelassen und unter Hausarrest gestellt, der erst im

Sommer 1589 aufgehoben wurde. Die Geldstrafe wurde ihm ebenso erlassen wie die Kosten für Essen, Trinken und Petroleum während seines Aufenthalts im Tower. Elisabeth lehnte jedoch alle Vorschläge ab, ihn wieder in ihren Dienst zu nehmen. Davison zog sich ins Privatleben zurück und lebte noch fast zwanzig Jahre in seinem Haus in Stepney. Dort starb er 1608, fünf Jahre nach Elisabeth.[31]

Die Franzosen klagten seit einigen Monaten über Fälle von Piraterie, begangen von englischen Seefahrern an französischen Kaufleuten. Klagen und Gegenklagen über Piraterie gehörten zum Alltag und wurden meist friedlich geregelt, aber die Verhaftung Des Trappes' und Mauvissières Hausarrest in seiner Botschaft belasteten das Verhältnis zwischen England und Frankreich zusätzlich. Am 5. Februar (n. Z.) wies Heinrich III. in einem Schreiben an Elisabeth die Behauptung zurück, Des Trappes sei an einem Mordkomplott gegen sie beteiligt gewesen, und verlangte seine sofortige Freilassung und Rückkehr nach Frankreich. Vier Tage später wurden in Rouen und Saint-Jean-de-Luz als Vergeltung für die Überfälle auf französische Kaufleute die Waren englischer Kaufleute beschlagnahmt.[32]

Am 3. März (n. Z.), dreizehn Tage nach Marias Hinrichtung, erfuhr Heinrich III. schließlich von ihrem Tod, und bald wußte es ganz Paris. Die Nachricht sorgte für große Empörung. Heinrich lehnte es ab, Stafford oder Waad zu empfangen, die um Audienz gebeten hatten. Er stellte Waad in der Botschaft unter Hausarrest und machte ihm klar, daß er ihn als Geisel festhalten und erst wieder freilassen werde, wenn Mauvissière und Des Trappes zurück in Frankreich seien. Waad war froh, in der Botschaft bleiben zu können, denn als die Nachricht von Marias Hinrichtung in Paris eingetroffen war, war er auf der Straße bespuckt worden.[33] Stafford war über die heftigen Reaktionen beunruhigt, oder zumindest tat er so. »Heute sind hier alle Menschen sehr aufgebracht«, schrieb er am 22. Februar (4. März n. Z.) an Walsingham, »und alle, die Ihrer Majestät nicht wohlgesonnen sind, hegen die Hoffnung, ihr deswegen großen Schaden zufügen zu können... Gott ist ein guter Gott, und ich hoffe, Er wird Ihre Majestät beschützen, wie Er es immer getan hat. Aber wenn die Lage nicht durch umsichtiges Handeln entspannt wird, wird es angesichts der hier herrschenden Wut zum Äußersten kommen.«[34] Was mag Stafford seinem spanischen Auftraggeber Mendoza erzählt haben? Und was dachte er wirklich?

Auch in Frankreich wäre die Bevölkerung weniger schockiert gewesen, wenn Maria ermordet und nicht offiziell hingerichtet worden wäre. Stafford betonte in seinen Berichten, es sei der Umstand ihres Todes, der die Menschen besonders schockiere. Als er Bellièvre, dem Ratgeber Heinrichs III., erklärte, er hoffe auf Verbesserung der englisch-französischen Beziehungen, entgegnete Bellièvre, die Möglichkeit hätte bestanden, wenn nicht »ein Henker* den Kopf einer Königin von Frankreich angerührt hätte (und daß das so ist, stört die Beziehungen am meisten)«.[35]

Am 13. März (n. Z.) wurde in der Kathedrale Notre-Dame für die Königin der Schotten eine Totenmesse gelesen. Die Predigt hielt der Erzbischof von Bourges, der vor fast dreißig Jahren Marias Hochzeit mit dem Dauphin beigewohnt hatte. Obwohl es nicht üblich war, daß ein König oder eine Königin von Frankreich an einer Totenmesse für einen ausländischen Souverän teilnahm, setzten sich Heinrich III. und Katharina von Medici über alle Konventionen hinweg und kamen inkognito nach Notre-Dame. In Frankreich wuchs der Zorn. Sogar die Hugenotten, die sich zuerst über Marias Tod gefreut hatten, änderten bald ihre Einstellung – möglicherweise aus taktischen Gründen – und schlossen sich der öffentlichen Meinung an, die die Hinrichtung verurteilte.[36]

In Schottland herrschte fast ebenso große Empörung wie in Frankreich. Jakob VI. und sein Botschafter in London spielten mit dem Gedanken an einen Krieg. Auch Philipp II. zeigte sich entsetzt. Allen schrieb ihm von Rom aus und drängte ihn, seine »ruhmreichen Bemühungen um die heilige Sache Christi« dadurch zu krönen, daß er »diese Frau, die von Gott und den Menschen verachtet wird, bestraft und dem Land wieder zu seiner alten Herrlichkeit und Freiheit verhilft«.[37] Charles Arundel – ein Katholik, der früher in Elisabeths Dienst gestanden, sich dann aber den Flüchtlingen in Paris angeschlossen hatte – schrieb an Philipps Minister Idiaquez, der König solle »das Unrecht rächen, das die abscheulichste und barbarischste Vertreterin ihres Geschlechts, die jemals Krone und Zepter trug, ihm angetan« habe.[38]

Burghley und Walsingham waren besorgt, wie Elisabeth auf die Proteste im Ausland reagieren würde. Sie drängten Stafford, seine Berichte an Elisabeth über die Empörung in Frankreich abzumildern oder an den Rat statt an die Königin zu schicken. Sie teilten ihm mit, sie hätten Elisabeth seine Briefe nicht gezeigt, aus Angst, sie könnten sie noch mehr gegen den unglücklichen Davison und die anderen Mitglieder des Staatsrats aufbringen.[39] Stafford erklärte, es tue ihm leid, wenn seine Briefe Davisons Lage verschlimmert hätten. Und an Burghley schrieb er: »Ich muß Eurer Lordschaft einfach die Wahrheit sagen. Ich habe noch nie erlebt, daß groß und klein, alt und jung und Menschen aller Glaubensrichtungen so empört über etwas waren wie über den Tod der schottischen Königin, vor allem die Art und Weise, wie er zustande kam.«[40]

Burghley, Leicester und Walsingham wollten unbedingt den Streit zwischen Elisabeth und Heinrich III. beilegen, denn sie waren überzeugt, daß Spanien,

* Stafford spricht von *hangman* (Henker). Bellièvre sagte zweifellos *bourreau*, was sich auch auf einen Scharfrichter beziehen konnte, der sein Opfer enthauptete.

nicht Frankreich, der wahre Feind sei. Sie versuchten, Elisabeth zu überreden, Des Trappes freizulassen und Mauvissière in Audienz zu empfangen. Aber Elisabeth, die sich durch Des Trappes' Komplott in ihrer Ehre gekränkt fühlte, ließ sich nur schwer überzeugen und weigerte sich hartnäckig, nachzugeben. Ihre Räte hofften, daß sich die Empörung in Frankreich und Schottland legen werde, da Eigennutz ihrer Erfahrung nach immer über Sympathie und monarchistische Grundsätze obsiegte. Sie hofften auch, daß Jakob VI. weiterhin gute Beziehungen zu Elisabeth aufrechterhalten würde, damit sie ihn zum Thronerben machen konnte, und daß Heinrich III. aus Angst vor Philipp II., den Guisen und der Liga das englisch-französische Bündnis erneuern werde. Ihre Hoffnungen wurden bestätigt. Jakob VI. unternahm keine weiteren Schritte. Burghley und Walsingham überredeten Elisabeth nach zweimonatigem zähen Ringen, Des Trappes freizulassen und nach Frankreich zurückzuschicken und Mauvissière gnädig Audienz zu gewähren. Die französischen Kaufleute wurden für die Verluste, die sie durch die englischen Piraten erlitten hatten, entschädigt, die englischen Schiffe in Frankreich wurden freigegeben. Ganz allmählich verbesserten sich die Beziehungen zwischen Elisabeth und Heinrich III. wieder.[41]

Elisabeth erklärte Jakob VI. und Heinrich III., sie sei nicht für Marias Tod verantwortlich, da Davison den Hinrichtungsbefehl ohne ihre Genehmigung nach Fotheringhay geschickt habe. Doch der Staatsrat erlag nicht der Versuchung, Davison zum Sündenbock zu machen, ohne sich nach Kräften für ihn einzusetzen. In den Anweisungen an Stafford hieß es, alles sei ein höchst bedauerlicher Irrtum. Als die Königin den Hinrichtungsbefehl unterzeichnet und Davison ausgehändigt habe, habe sie ihm erklärt, er solle ihn erst nach Fotheringhay schicken, wenn er weitere Anordnungen von ihr erhalte. Aber Davison habe sie so verstanden, als wolle sie nichts mehr von der Angelegenheit hören.[42] Die Tatsache, daß Davison und der Rat eine solche Erklärung abgaben, beweist, wie sehr sich die Dinge in den vergangenen vierzig Jahren verändert hatten. Zur Zeit Heinrichs VIII. hätte Davison kleinlaut zugegeben, daß er allein die Schuld trage, und seine Kollegen hätten ihn aufs übelste beschimpft.

Die ausländischen Herrscher und die Katholiken schenkten Elisabeths Version natürlich keinen Glauben. Sie waren überzeugt, daß Elisabeth Marias Hinrichtung befohlen und die Geschichte von Davisons Ungehorsam nur erfunden hatte, um sich selbst reinzuwaschen. Spätere Generationen schlossen sich dieser Auffassung an. Dabei werden jedoch viele relevante Tatsachen übersehen, wie zum Beispiel Elisabeths Zorn auf Davison und Burghley, als sie von Marias Tod erfuhr, und ihr Wunsch, Davison aufzuhängen. Außerdem wird dabei die Frage außer acht gelassen, die dem Streit zwischen Elisabeth und ihren Räten zugrundelag und die sie gegenüber ausländischen Herrschern oder vor der Öffentlichkeit nicht nennen konnte: Sollte Maria hingerichtet oder ermordet werden?

Burghley und Walsingham waren dafür, daß Maria hingerichtet wurde, Elisabeth dagegen wollte, daß sie ermordet wurde. Nachdem sie am 1. Februar den Hinrichtungsbefehl unterzeichnet hatte, hoffte sie immer noch, daß Paulet oder ein anderer Maria ermorden würde. Vielleicht hatte Elisabeth Davison gar nicht gesagt, daß der Hinrichtungsbefehl nicht ohne weitere Rückfrage abgeschickt werden solle, aber Davison und alle Räte wußten, daß sie den Befehl vermutlich zurückhalten wollte, bis sie einen Mörder gefunden hatte, und daß sie, wenn sie keinen fand, ihre Meinung wieder ändern und Marias Leben schonen würde. Nachdem die Räte den mit dem Großsiegel versehenen Hinrichtungsbefehl für Maria in Händen hatten, gingen sie das Risiko ein und schickten ihn ohne Elisabeths Zustimmung nach Fotheringhay, obwohl sie wußten, daß Elisabeth dagegen war.

Den Puritanern war es gelungen, eine Königin zu töten, aber sie mußten ihren Erfolg teuer bezahlen. Elisabeth verzieh ihnen nie. Als das Parlament im Februar 1587 wieder zusammentrat, brachten die Puritaner einen Gesetzentwurf ein, wonach das Book of Common Prayer abgeschafft und durch ein Book of Discipline ersetzt werden sollte, das dem Book of Common Order ähnelte, das Knox in Genf ausgearbeitet hatte und das als Gebetbuch der presbyterianischen Kirche Schottlands zugrundelag. Elisabeth ließ die Befürworter des Gesetzentwurfs in den Tower werfen, weil sie sich ohne ihre Zustimmung in die Verwaltung der Kirche von England eingemischt und damit ihre königliche Prärogative verletzt hatten. Die Abgeordneten blieben auch nach Ende der Sitzungsperiode weiter in Haft.[43] Elisabeth übermittelte dem Parlament eine Botschaft, worin sie den Vorschlag, das Gebetbuch abzuschaffen, ablehnte. »Ihre Majestät ist auf Grund ihrer eigenen Lektüre und ihres fürstlichen Urteils fest zur Wahrheit der Reformation entschlossen, die wir bereits haben... Ihre Majestät betrachtet die Petition daher als Verletzung der Prärogative der Krone.«[44]

Schon bald wurden Todesurteile gegen puritanische Verfasser von Flugblättern verhängt. Es war Maria Stuarts nachträgliche Rache an den Gegnern der absoluten Monarchie.

# 25

## Cádiz

Der europäische Protestantismus war nie in größerer Gefahr gewesen. Im Sommer 1585, als Parma in den Niederlanden einen Erfolg nach dem anderen für sich verbuchen konnte, überredete Katharina von Medici Heinrich III., das Abkommen, das sie mit Guise in Lagny getroffen hatte, zu ratifizieren und sich mit der Liga gegen Heinrich von Navarra und die Protestanten zu verbünden. Im Juni widerrief der König sämtliche Toleranzedikte, die er den Hugenotten gewährt hatte. Alle protestantischen Pfarrer bekamen einen Monat Zeit, um entweder zum Katholizismus überzutreten oder Frankreich zu verlassen. Danach sollte jeder, der blieb, als Ketzer vor Gericht gestellt werden. Heinrich von Navarra sollte alle Städte übergeben, die er für den König hielt, oder die königliche Armee würde sich Guises Truppen anschließen und die Städte mit Gewalt nehmen.[1]

Heinrich von Navarra schickte seinen Abgesandten Ségur Pardeilhan nach London. Er sollte Elisabeth um Geld für eine Armee deutscher Söldner bitten, die Pfalzgraf Johann Casimir nach Frankreich führen sollte, um dort gemeinsam mit Heinrich die katholischen Armeen zu schlagen. Ségur schilderte Elisabeth die Dringlichkeit der Lage, aber Elisabeth brauchte drei Wochen, um sich zu entscheiden. Sie erklärte sich bereit, Heinrich 100 000 Kronen zu leihen unter der Bedingung, daß das Geld innerhalb eines halben Jahres nach Beendigung des Krieges zurückgezahlt würde. Ségur begab sich sogleich nach Heidelberg, mußte allerdings nach seiner Ankunft dort feststellen, daß Elisabeth bezüglich des Geldes noch keine Vorbereitungen getroffen hatte. Am 21. Oktober 1585 schrieb Johann Casimir an Walsingham, wenn Elisabeth das Geld wie versprochen geschickt hätte, hätte er bereits eine Armee aufgestellt, um dem König von Navarra zu helfen, denn wenn Navarra im Stich gelassen werde, werde er alle Protestanten mit sich ins Verderben ziehen.

Ségur wartete drei Monate in Deutschland, aber von Elisabeth kam kein Geld. Am 27. Januar schrieb er voller Verbitterung an Davison, er bedaure, daß die Königin von England, die ihm Hilfe zugesagt habe, nun die letzte sein werde, die ihrer Pflicht nachkomme. Drei Wochen später schickte Elisabeth endlich Geld. Es waren allerdings nur 15 468 Pfund und 15 Schillinge, die Hälfte der versprochenen Summe.[2]

Die Verhandlungen zogen sich noch monatelang hin. Unterdessen bemühte sich Elisabeth, den König von Dänemark und die protestantischen Fürsten in Deutschland dazu zu bewegen, sich an den Kosten für die Aufstellung einer Armee zur Unterstützung des Königs von Navarra zu beteiligen. Elisabeth und die Deutschen feilschten um die Bedingungen für die Rückzahlung des Darlehens, um Garantien und die Haftung der Bürgen. Damit ging ein ganzes Jahr verloren, und es war unmöglich, eine Armee aufzustellen, um die französischen Hugenotten schon im Sommer 1586 zu unterstützen. Zum Glück für die Protestanten konnte Heinrich von Navarra seine Stellung halten, indem er Zeit zu gewinnen suchte und mit Katharina von Medici und mit Abgesandten der Schweizer Kantone, die zwischen ihm und Heinrich III. zu vermitteln versuchten, Friedensgespräche aufnahm.

Im November 1586 gelangten Elisabeth, Casimir und die Deutschen schließlich zu einer Einigung. Es wurden Vorkehrungen getroffen, um für das kommende Jahr eine Armee aufzustellen. Mit einem Darlehen von 39 000 Gulden, die er von Elisabeth bekam, stellte Casimir eine Armee von 25 000 Infanteristen und 8 000 Reitern zusammen, die Hälfte davon aus der Schweiz, die andere Hälfte aus Deutschland. Im Juli 1587 führte er seine Armee nach Frankreich. Aber nachdem die Soldaten durch Plünderungen und anderweitiges schlechtes Benehmen den Haß der Bevölkerung Lothringens auf sich gezogen hatten, wurden sie von einer katholischen Armee unter der Führung des Herzogs von Guise und seines Bruders, des Herzogs von Mayenne, angegriffen und aufgerieben. Die meisten fielen, der versprengte Rest kehrte nach Deutschland und in die Schweiz zurück. Die Katastrophe wurde allerdings durch einen glänzenden Sieg Heinrichs von Navarra und seiner protestantischen Soldaten über die Armee Heinrichs III. bei Coutras in der Nähe von Bordeaux zum Teil wieder wettgemacht.[3]

Elisabeth ärgerte sich, daß ihr Geld infolge der Niederlage von Casimirs Armee verschwendet worden war. Zudem mißfiel ihr, daß Heinrich von Navarra seinen Sieg nicht ausgenutzt und nach Paris marschiert oder sich mit Casimir zusammengetan hatte, sondern nach Pau gegangen war, um seiner ehemaligen Geliebten Corisande de Gramont die Fahnen des Feindes zu überbringen und sich unterwegs mit dem bekannten Philosophen Montaigne über Politik und Philosophie zu unterhalten.[4] Aber Heinrich von Navarra hatte nicht verantwortungslos gehandelt. Aus politischen Gründen wollte er gegen den König nicht die Offensive ergreifen. Er hoffte, wenn er sich nur gegen die Angriffe der königlichen Armeen zur Wehr setzte, Heinrich III. und die gemäßigten Katholiken davon überzeugen zu können, daß er ein loyaler Untertan sei, der sich mit ihnen verbünden wolle, um den König gegen rebellische Untertanen, die Guisen und die Liga, zu verteidigen. Den einzigen Schritt, mit dem er sie auf seine Seite gezogen hätte, wollte er freilich nicht tun: Er wollte kein Katholik werden.

Der Krieg in den Niederlanden verlief keineswegs günstig, obwohl er in England große Begeisterung hervorrief. Dort lasen die Leute dramatische, aber weitgehend erfundene Balladen über die Kämpfe in Zutphen und Gent und über die ruhmreichen Taten Norris', »des tapferen Lord Willoughby«, und der Soldatin Mary Ambree.[5] Im Oktober 1586 trauerte die ganze Nation über den Tod Sir Philip Sidneys. Sidney war bei der Belagerung Zutphens bei einem Scharmützel am Oberschenkel verletzt worden und starb einen Monat später an Wundbrand. Tausende von Trauergästen nahmen im Februar 1587 an seinem Begräbnis in St. Paul's teil.

Im Laufe des Jahres 1586 wurde die Kluft zwischen Elisabeth und den Niederländern immer größer. Anfang des Jahres hatte Elisabeth die Generalstaaten gescholten, daß sie Leicester zu ihrem Statthalter machen wollten, und ihnen erklärt, er sei ein ungehorsamer Untertan. Ende des Jahres hatte sie Leicester schon wieder alles vergeben und schickte den Generalstaaten regelmäßig Schmähbriefe, in denen sie ihnen vorwarf, Lord Leicester, ihren geliebten Cousin und Stellvertreter in den Niederlanden, nicht mit dem angemessenen Respekt zu behandeln.[6] Leicester wurde in den Streit zwischen den führenden niederländischen Politikern verstrickt. Einige baten ihn gegen ihre Rivalen um Hilfe, andere verschworen sich gegen ihn, weil er ihre Gegner unterstützte.

Elisabeth beauftragte den irischen Oberst Sir William Stanley, die Stadt Deventer mit einer Garnison irischer Soldaten zu belegen. Die niederländischen Protestanten waren beunruhigt, als sie feststellten, daß Stanley und viele seiner Soldaten Katholiken waren. Elisabeth war immer bereit, die Religion ihrer katholischen Untertanen außer acht zu lassen und sie in ihren Dienst zu stellen, wenn sie überzeugt war, daß sie ihr treu ergeben waren. Stanley hatte ihr fast zwanzig Jahre lang in Irland treu gedient. Bei der Niederschlagung der Rebellion in Munster 1579 bis 1581 hatte er sich besonders ausgezeichnet, und er hatte in Arklow massenweise Rebellen hinrichten lassen.[7]

Elisabeth und Leicester kümmerten sich nicht um die Proteste der niederländischen Protestanten gegen die Stationierung von Stanleys Garnison in Deventer. Am 29. Januar 1587 (n. Z.) übergab Stanley Deventer an Parma, mit dem er wochenlang heimlich korrespondiert hatte. Am gleichen Tag übergab Rowland Yorke die wichtige Festung Venlo bei Zutphen an Parma. Die Neuigkeit vom Fall Deventers und der Festung bei Zutphen war ein Trost für Mendoza in Paris. Er wurde davon unterrichtet, als er stündlich die Nachricht von der Hinrichtung Maria Stuarts erwartete.[8]

Drei Wochen bevor Stanley Deventer übergab, hatte er sich bei Walsingham beklagt, daß seine Soldaten große Not litten und daß er seine eigenen Kleider habe versetzen müssen, um Proviant für sie kaufen zu können. Er übergab die Stadt jedoch nicht aus Ärger, daß Elisabeth seine Truppen vernachlässigte, und auch nicht wegen der Belohnung von 50 000 Pfund, die Parma ihm angeblich für seinen Verrat bezahlte. Stanley war jahrelang ein heimlicher Anhänger der katholischen Sache gewesen und hatte mit den katholischen Gegnern Elisabeths in England in Kontakt gestanden. Am 26. Dezember 1586 (n. Z.) teilte Mendoza Parma mit, daß einige der Beteiligten an der Verschwörung Babingtons den Behörden bei ihrer Vernehmung gesagt hätten, sie hätten auch mit Stanley in Verbindung gestanden. Mendoza drängte Parma, Stanley mitzuteilen, daß die Behörden ihn verhaften würden, wenn er nach England zurückkehre, und daß er besser bei Parma Zuflucht suchen solle, indem er ihm Deventer übergebe. Stanley und seine Soldaten traten in Parmas Dienste und kämpften in der spanischen Armee gegen ihre ehemaligen Waffenbrüder.[9]

Die Niederländer waren empört über den Verlust der wichtigen Stadt Deventer durch den Verrat eines Offiziers ihrer englischen Verbündeten. Die Schuld gaben sie Elisabeth, die nicht auf ihre Warnungen vor Katholiken hatte hören wollen. Ein deutscher Besucher schrieb im Februar 1587 aus Arnheim, nach dem Verrat von Deventer sei der Haß auf die Engländer ebenso groß wie der Haß auf die Franzosen damals, als Anjou versucht habe, Antwerpen einzunehmen, mit dem Unterschied, daß sich der Haß bisher lediglich verbal äußere. Der Deutsche war bekümmert, daß sich der Haß gegen die armen englischen Soldaten richtete, die für die Sache eines undankbaren Volkes großes Elend und große Not erdulden müßten.[10]

Elisabeth machte die Generalstaaten für alles Unheil und die Schwierigkeiten verantwortlich und tadelte sie wegen ihrer Weigerung, ihren Anteil an den Kosten des Krieges zu tragen. Sie wies ihre Bitte um mehr Geld strikt zurück. Eine Woche später änderte sie jedoch ihre Meinung. Am 21. Februar schickte sie der englischen Garnison in Ostende 600 Pfund, und Leicester erhielt 3 000 Pfund.[11]

Während Elisabeths Verhandlungen mit Parma über die Vermittler De Loo und Lanfranchi nur langsam vorangingen, erhielt Walsingham von seinen Agenten in den spanischen Häfen, in Italien und in Frankreich erneut Berichte, wonach sich die Spanier auf eine Invasion Englands, Irlands oder Schottlands vorbereiteten. Die Spanier waren ihrerseits beunruhigt, als sie erfuhren, daß Drake mit einer Flotte von 21 Schiffen und 2 000 Mann Besatzung in See stechen wolle.[12] Sie hätten gern gewußt, was Drake vorhatte, denn für eine Kaperfahrt nach Westindien brauchte man keine so große Flotte und nicht so viele Soldaten. Die Flotte war zehnmal so groß wie die, mit der er um die Welt gesegelt war.

Drake stach am 14. September 1585 mit seinem Flaggschiff *Elizabeth Bonaventura* in Plymouth in See, und zwölf Tage später erreichte er Vigo in Nordspanien und die Inseln vor der Küste. Nach Aussagen entsetzter Spanier rissen seine Männer der Statue Unserer Lieben Frau von Bongo auf der Insel Bongo die kostbaren Gewänder herunter und bombardierten vom Schiff aus das Große Kreuz von Vigo mit ihren Kanonen. Als Drake zehn Monate später nach Portsmouth zurückkehrte, hatte er die Kapverdischen Inseln überfallen, Saint Augustine, die Hauptstadt der spanischen Kolonie in Florida, verwüstet und Cartagena, die größte und reichste Stadt der Neuen Welt, geplündert. Er kehrte mit einer Beute im Wert von 60 000 Pfund nach England zurück.[13] Keine seiner früheren Expeditionen hatte in Europa so viel Beachtung gefunden. Dieses Unternehmen machte ihn zum Helden des internationalen Protestantismus. In den Augen der Spanier und der Katholiken dagegen war er ein teuflischer Pirat, für weniger engagierte Leute, die nur den tapferen Mann bewunderten, war er ein romantischer Abenteurer.

Aus Paris, Lyon, Antwerpen, Bordeaux und Frankfurt erreichten Walsingham und Elisabeth Berichte über Drakes Reise und das Ausmaß des Schadens, den er den Spaniern zugefügt hatte. Maria Stuart schrieb wiederholt Briefe aus dem Gefängnis, um ihrer Empörung über Drakes Kaperfahrten Ausdruck zu verleihen. In Spanien erinnerten sich die Menschen daran, wie Karl V. im Jahr 1541 aufgrund der öffentlichen Meinung gezwungen gewesen war, seine unheilvolle Expedition nach Algerien durchzuführen, um algerische Piraten zu bestrafen, die weit weniger Schaden angerichtet hatten als Drake, der mit kostbaren Gütern beladene Schiffe aus der Levante, aus Mexiko und aus Peru abfing. Die Spanier forderten König Philipp auf, aus den Niederlanden und von den Schiffen, die für den Angriff auf England gerüstet wurden, Truppen abzuziehen und sie nach Westindien zu entsenden, um dort die spanischen Städte zu schützen und Drake aufzuspüren, gefangenzunehmen und zu bestrafen. Ein paar Tage später segelten 24 spanische Schiffe mit 6 000 Mann von spanischen Häfen aus in Richtung Westindien. Drake verfehlten sie allerdings, denn er befand sich bereits wieder auf dem Heimweg nach Portsmouth.[14]

De Loo und Lanfranchi stellten fest, daß die Kluft zwischen Elisabeth und Parma nicht unüberwindlich war. Beide waren sich einig, daß Philipps Pläne für die Armada und Drakes Flottenvorbereitungen fallengelassen werden sollten. Elisabeth sollte die englischen Truppen aus den Niederlanden abziehen und die Hilfe für die Generalstaaten einstellen, die sich wieder Philipp unterwerfen sollten, während Philipp davon Abstand nehmen sollte, die Iren oder andere Rebellen in Elisabeths Reich zu unterstützen. Parma erklärte sich bereit, sämtliche Rebellen in den Niederlanden zu begnadigen, die spanischen Truppen und Berater abzuziehen und das Land der Regierung einheimischer Minister zu überlassen, wie es Karl V. getan hatte. Als jedoch das alte Problem der Toleranz angeschnitten wurde, das seit Jahren den Frieden in den Niederlanden verhinderte, gerieten die Verhandlungen in eine Sackgasse. Auf Philipps Anweisung lehnte Parma Elisabeths Forderung ab, den Niederländern religiöse Toleranz zu gewähren.

Lanfranchi erklärte De Loo, daß über diese Frage nicht verhandelt werden könne. Parmas Ratgeber meinten, Elisabeth könne nicht von Philipp als souveränem Herrscher erwarten, daß er sich selbst sein absolutes Recht nehme, von seinen Untertanen Uniformität zu verlangen oder ihnen Toleranz zu gewähren. Sie seien sicher, daß auch Elisabeth so etwas nie tun würde, deshalb hätten sie es auch nicht von ihr verlangt. Wahrscheinlich beeindruckte dieses Argument Elisabeth am meisten. Als sich die Verhandlungen immer mehr in die Länge zogen und Parma in diesem Punkt hartnäckig blieb, gab Elisabeth allmählich nach. Sie gab zu verstehen, daß ihr eine eingeschränkte Toleranz genüge. Sie wolle nicht darauf beharren, daß Philipp die Protestanten in den Niederlanden den Katholiken gleichstelle und ihnen das Recht einräume, protestantische Gebetsversammlungen abzuhalten. Philipp, der für seine große Güte bekannt sei, solle lediglich versprechen, die Protestanten so lange nicht zu verfolgen, als sie sich dem Gesetz beugten, die katholische Religion respektierten und in aller Stille in ihren Häusern beteten. Parma wollte Philipp diesen Vorschlag unterbreiten, doch zu gegebener Zeit ließen Lanfranchi und Grimaldo in Genua verlauten, Philipp habe den Vorschlag abgelehnt. Da Elisabeth Philipps Güte kenne, müsse sie es ihm überlassen, nach seinem Ermessen Gnade walten zu lassen, und dürfe nicht versuchen, seine Macht als Souverän vertraglich einzuschränken.[15]

Nach der Plünderung Cartagenas und den enormen Verlusten, die der spanische Handel durch Drake erlitten hatte, beschloß Philipp schließlich, in England selbst einzufallen. Nach der Hinrichtung Maria Stuarts stand er unter dem moralischen Zwang, Elisabeth zu bestrafen. Außerdem war mit Marias Tod die alte Furcht der Spanier gebannt, Maria könne Elisabeths Nachfolgerin werden, wenn diese gestürzt würde, und eine frankreichfreundliche Königin könne den englischen Thron besteigen. Maria hatte vor ihrem Tod ihren Anspruch auf die englische Krone Philipp übertragen, für den Fall, daß Jakob VI. zum

Zeitpunkt ihres Todes immer noch ein Ketzer war.[16] Philipp wollte den Thron für sich beanspruchen, ihn dann aber seiner Tochter, der Infantin, zum Geschenk machen, um damit jeden Verdacht der Engländer zu beseitigen, er wolle England Spanien unterwerfen.

Walsinghams Agenten berichteten, daß die Vorbereitungen für die Armada in Lissabon und Cádiz vorangetrieben würden und die spanische Flotte im Sommer 1587 für eine Invasion Englands gerüstet sein werde. Walsingham drängte Elisabeth, Drake nach Cádiz zu schicken und die spanischen Transportschiffe versenken zu lassen, bevor sie lossegeln konnten. Elisabeth zögerte. Sie wollte die Verhandlungen mit Parma nicht gefährden und dadurch einen Krieg unvermeidlich machen. Doch nicht nur ihre Räte, sondern auch Drake und seine Leute erklärten, Parma ziehe die Verhandlungen absichtlich so lange hinaus, bis die Armada zum Auslaufen bereit sei, und Elisabeth könne dies nur verhindern, wenn Drake die Flotte in Cádiz versenke. Schließlich war sie einverstanden, und Anfang März 1587 gab sie Drake den Befehl, so bald wie möglich in See zu stechen.

Walsingham und Drake planten gemeinsam die Einzelheiten der Expedition und sorgten für strengste Geheimhaltung. Sie informierten nicht einmal die englischen Botschafter im Ausland. Erst am 21. April, zwei Tage nach Drakes Ankunft im Hafen von Cádiz, teilte Walsingham Stafford mit, daß Drake Cádiz angreifen werde. Diese Vorsichtsmaßnahme war vernünftiger, als Walsingham wissen konnte.[17]

Mendoza hatte sich nach Kräften bemüht, zu verheimlichen, daß Stafford ein von ihm bezahlter Agent war. Walsingham und Elisabeth fanden es nie heraus, obwohl Walsingham Stafford mißtraute und ihn von Agenten bespitzeln ließ. Mendoza formulierte seine Berichte an Philipp über Stafford sehr vorsichtig, aus Angst, sie könnten von Hugenotten auf den Straßen Südwestfrankreichs oder, wenn sie mit dem Schiff befördert wurden, vor der Küste von La Rochelle abgefangen werden. Da die Hugenotten die Briefe an Walsingham weiterleiten würden, dessen Sekretäre den codierten Text entziffern konnten, verfaßte Mendoza die Briefe so, daß sie, wie er hoffte, jeden außer Philipp verwirren würden. Er berichtete Philipp etwa von Briefen Walsinghams an den englischen Botschafter in Paris, die von einem Agenten mit dem Decknamen Julio abgefangen worden seien. In Wirklichkeit hatte Mendoza die Information von Stafford. Oft berichtete Mendoza über Pläne der englischen Regierung und behauptete, die Informationen von Julio aus London bekommen zu haben. Gelegentlich schrieb er in ein und demselben Brief über diplomatische Schritte des englischen Botschafters in Paris oder über ein Gespräch, das er mit dem Botschafter geführt habe, und lieferte danach Informationen von Julio oder einem anderen Agenten, den er »den neuen Vertrauten« nannte. Nichts deutete darauf hin, daß der englische Botschafter, Julio und der neue Vertraute ein und dieselbe Person waren.[18] Aber wenn Philipp Mendozas Briefe las, erkannte er, woher Mendoza seine Informationen in Wirklichkeit hatte.

Mendoza teilte Philipp mit, er habe dem neuen Vertrauten für seine Dienste 2 000 Kronen bezahlt. Wie die anderen Botschafter Elisabeths beklagte sich auch Stafford regelmäßig bei Burghley und Walsingham, daß er knapp bei Kasse sei. Dadurch sollte verschleiert werden, daß er von Mendoza 2 000 Kronen erhalten hatte.[19]

Doch da Walsingham diesmal die englischen Botschafter vorsichtshalber nicht informiert hatte, wußte Stafford nichts von der Expedition nach Cádiz und konnte nur vermuten, wohin Drake segelte. Am 13. März (n. Z.) berichtete einer von Mendozas Agenten in England, in Gravesend lägen 24 Schiffe mit 2 500 Mann an Bord vor Anker, es werde aber noch mindestens achtzehn Tage dauern, um die als Proviant benötigten Ochsen einzupökeln, gleichfalls 2 500 an der Zahl, da bei einer viermonatigen Reise üblicherweise auf einen Mann ein Ochse komme. Ein anderer Agent teilte Mendoza mit, die Flotte werde erst auslaufen, wenn Lord Buckhurst mit Nachrichten aus Holland zurück sei. Obwohl der Agent keine Ahnung hatte, wohin Drakes Reise gehen sollte, vermutete er, daß sein Ziel Westindien sei. In Wirklichkeit wollte Drake von Plymouth aus in See stechen, und er hatte nicht die Absicht, auf Buckhurst zu warten.[20]

Am 2. April stach Drake in See. Am selben Tag erhielt Elisabeth aus Spanien die Nachricht, daß die Vorbereitungen für das Auslaufen der Armada zum Stillstand gekommen seien. Elisabeth entschied, daß Drake Cádiz nicht angreifen sollte, und schickte einen Kurier nach Plymouth, um Drake mitzuteilen, er solle nur vor der spanischen Küste kreuzen, auf keinen Fall aber einen spanischen Hafen anlaufen und die Armada angreifen. Drake war bereits ein paar Stunden auf See, als der Kurier in Plymouth eintraf. Deshalb schickte Elisabeth sofort eine Pinasse los, die Drake nachfahren und ihm den neuen Befehl überbringen sollte.[21] Walsingham machte sich Sorgen. Am 11. April schrieb er an Leicester: »Dieser Entschluß gründet sich auf die Hoffnung auf Frieden, was, wie ich fürchte, Ihrer Majestät auf Grund der Entfremdung der Herzen der betroffenen Menschen in den Niederlanden einen gefährlichen Krieg einbringen wird.«[22]

Mendoza hatte noch immer keine eindeutigen Informationen über die Pläne Drakes. Am 12. und 19. April (n. Z.) teilte er Philipp aus Paris mit, Drake sei am 27. März (n. Z.) von Gravesend nach Plymouth gefahren, von wo aus er in See stechen wolle. Zweifellos habe er die Absicht, die spanische Flotte abzufangen, die auf dem Weg von Westindien nach Spanien sei. Aber »der neue Freund« – gemeint war Stafford – habe ihm berichtet, Drake plane möglicherweise auch einen Angriff auf die Armada in Cádiz oder einem anderen spanischen Hafen. Das Ziel der Expedition werde jedoch so geheim gehalten, daß nur Drake es wisse.[23]

Elisabeth änderte ihre Meinung erneut. Jetzt wollte sie Drake nach England zurückbeordern, um sicherzugehen, daß er die Armada nicht angriff. Dann kam sie wieder auf ihre zweite Entscheidung zurück, daß die Flotte vor der Küste Spaniens kreuzen, aber nicht angreifen sollte. Doch die Pinasse, die Drake den neuen Befehl überbringen sollte, wurde durch schlechtes Wetter aufgehalten und konnte ihn nicht mehr einholen. Drake erreichte am 29. April (n. Z.) die Bucht von Cádiz und erfuhr, daß dreißig Schiffe der Armada im Hafen der Stadt ankerten. Er beschloß, sie sofort angreifen. Er lief mit siebenundzwanzig Schiffen in den Hafen ein, bombardierte die Armada und die Befestigungsanlagen der Stadt und ließ Brander gegen die spanischen Schiffe treiben, um sie zu verbrennen. Nachdem er sechsunddreißig Stunden unter schwierigen Bedingungen gegen gut gesicherte Verteidigungsanlagen gekämpft hatte, verließ er die Bucht am 1. Mai (n. Z.) und segelte nach Südosten.

An der Algarve und am Kap St. Vincent beschädigte Drake weitere spanische Schiffe und machte mehrere Gefangene. Als der spanische Admiral, der Marquis von Santa Cruz, den angebotenen Gefangenenaustausch ablehnte, erklärte Drake ihm, er werde seine spanischen Gefangenen als Sklaven an die Mauren verkaufen und mit dem eingenommenen Geld die englischen Seeleute freikaufen, die bei den Mauren als Sklaven dienten. Nachdem er noch die spanische Ostindien-Flotte bei den Azoren geplündert hatte, trat er die Heimreise nach England an. Er traf mit einer Beute im Wert von 57 000 Pfund in Plymouth ein. Elisabeth bekam davon 40 000 Pfund, die restlichen 17 000 Pfund behielt Drake für sich.[24]

Am 13. Mai (n. Z.) schrieb Philipp an Mendoza, der Bericht über einen möglichen Angriff Drakes auf Cádiz sei richtig gewesen, aber unglücklicherweise habe ihn Mendozas Brief in Aranjuez erst ein paar Stunden nach dem Einlaufen von Drakes Schiffen in den Hafen von Cádiz erreicht, deshalb sei seine Warnung an die Behörden von Cádiz zu spät gekommen. Mendoza erklärte, er habe Philipp die Information unmittelbar nach Erhalt geschickt, aber aufgrund der schleppenden Arbeit der französischen Behörden bei der Ausstellung eines Passes für den Kurier seien vier Tage verlorengegangen.[25]

Aufgrund der Verluste in Cádiz konnte die Armada in diesem Sommer nicht mehr in See stechen, und die Expedition mußte um mindestens sechs Monate verschoben werden. Der frühestmögliche Termin für die Invasion Englands war jetzt der Januar 1588. Die schweren Verluste schadeten auch Philipps Ansehen. Der venezianische Botschafter in Spanien berichtete: »In Spanien heißt es, der König überlegt und plant, während die Königin von England handelt«.[26] Die Engländer brüsteten sich damit, daß Drake dem spanischen

König den Bart versengt habe. In Ferrara wurde ein altes Porträt Drakes, das aus Frankreich stammte und dessen Farben schon verblaßt waren, wieder aufgefrischt und in einem Schaufenster ausgestellt. Die Überschrift lautete: »*Il Draco, quel gran corsaro inglese*«. Vor dem Schaufenster versammelten sich viele Menschen.[27]

Wie Elisabeths Räte erwartet hatten, setzte Parma die Friedensverhandlungen trotz des Überfalls auf Cádiz fort. Lanfranchi teilte De Loo allerdings mit, Parma sei peinlich überrascht gewesen, daß Elisabeth den Überfall während der laufenden Verhandlungen gebilligt habe. Burghley versicherte De Loo, Elisabeth habe Drake einen Kurier nachgeschickt mit dem Befehl, Cádiz nicht anzugreifen, aber leider sei der Kurier zu spät gekommen. Parma selbst war durchaus imstande, Krieg und Frieden miteinander zu verbinden. Während die Friedensverhandlungen weitergingen, belagerte er Sluys und zwang die Garnison im August 1587 zur Übergabe. Das war ein schwerer Rückschlag für die Niederländer, aber ein noch schwererer Schlag für Elisabeth, denn Sluys war ein wichtiger Hafen, den Parma für einen Angriff auf England nutzen konnte. Elisabeth war verärgert und machte den Niederländern Vorwürfe, weil sie es versäumt hätten, die englische Garnison in Sluys zu unterstützen. Die Niederländer dagegen gaben den Engländern die Schuld, und Leicester wiederum machte die ihm untergebenen Befehlshaber verantwortlich.[28]

Die Friedensverhandlungen waren an einem Punkt angelangt, an dem Elisabeth es für richtig hielt, den Generalstaaten mitzuteilen, daß Parma sie aufgefordert habe, Bevollmächtigte zu Friedensverhandlungen zu entsenden, und daß sie die Generalstaaten hiermit davon unterrichte, wie vertraglich vereinbart, und sie auffordere, gleichfalls Abgesandte zu den Gesprächen zu schicken. In den Niederlanden sorgte die Nachricht allerdings für große Empörung, denn die Führer der Generalstaaten und die meisten Niederländer glaubten, Elisabeth wolle sie hintergehen und auf ihre Kosten mit den Spaniern ein Abkommen treffen.[29] Die Bevölkerung der nördlichen Provinzen war besonders beunruhigt. Nach fünfzehn Jahren Unabhängigkeit wollte man dort nicht wieder von Philipp regiert werden, auch wenn Elisabeth ihn überreden konnte, religiöse Toleranz zu gewähren. Leicester schrieb über die Niederländer an Burghley: »Sie sind auf ewig auf Volksherrschaft ausgerichtet.«[30] Und Sir Thomas Sherley schrieb an Walsingham: »Das Friedensangebot hat diese Menschen erstaunlicherweise beleidigt, und deshalb ist ihnen unser Volk verhaßt. Sie sind kurz davor, uns aus ihren Städten zu treiben und uns offen zu mißtrauen.«[31] Einige Niederländer glaubten sogar, Elisabeth habe von Anfang an mit Philipp unter einer Decke gesteckt und den Vertrag mit den Generalstaaten nur geschlossen, um die Städte Flushing und Brill zu bekommen und den Spaniern übergeben zu können. Doch die französischen Hugenotten mahnten die Generalstaaten, Elisabeth nicht zu kränken. Immerhin sei sie ihnen, wie unberechenbar sie auch sonst sein mochte, in einer verzweifelten Lage zu Hilfe gekommen, und die Niederlande seien verloren, wenn Elisabeth sie im Stich lasse.[32]

Auch fast alle englischen Protestanten, mit Ausnahme Elisabeths und Burghleys, waren gegen Friedensgespräche. Sie glaubten, Parma habe Elisabeth hinterlistig zur Teilnahme an den Verhandlungen gebracht, um Philipp Zeit für die Ausrüstung der Armada zu verschaffen. »Es verursacht mir kein geringes Unbehagen«, schrieb Sir William Russell aus Flushing an Walsingham, »daß sich Ihre Majestät so leidenschaftlich für den Frieden einsetzt, was weder für sie noch für die Niederlande gut sein kann.«[33] Sir Wiliam Pelham war derselben Meinung,[34] und Stephen Powle in Venedig glaubte, daß »ein spanischer Friede gefährlicher ist als offener Haß«.[35] Leicester forderte Elisabeth auf, daran zu denken, daß es »nicht nur um die Sache Gottes und dieser Länder« gehe, »sondern auch um Eure eigene Ehre und Sicherheit«, denn »Eure Majestät müssen sich auf eine außerordentlich gefährliche und beschwerliche Zeit gefaßt machen, sollte der König von Spanien wieder die absolute Herrschaft über diese Länder erlangen«.[36] Seiner Ansicht nach hatte Parma nur deshalb Friedensverhandlungen aufgenommen, um zwischen Elisabeth und den Niederländern Unfrieden zu stiften, was ihm ja auch gelungen war.[37]

Die Vorbereitungen zum Auslaufen der Armada wurden fortgesetzt, als ein spanisches Schiff, das vor der Küste von San Sebastian patrouillierte, ein Boot abfing, das auf dem Weg von San Sebastian nach Frankreich war. An Bord befand sich ein etwa fünfundzwanzigjähriger Engländer, der sich als Katholik ausgab und behauptete, er sei in Spanien gewesen, um ein Versprechen einzulösen. Er habe den Schrein Unserer Lieben Frau von Monserrat besucht und wolle nun nach Frankreich. Die Spanier hielten ihn für einen englischen Spion und sperrten ihn in San Sebastian ein. Nach ein paar Tagen bat der Mann, mit Sir Francis Englefield sprechen zu dürfen. Er wurde in Englefields Haus in Madrid gebracht, wo er Englefield eine lange Geschichte erzählte. Englefield bat ihn, sie niederzuschreiben, und nachdem er es getan hatte, schickte Englefield das Schreiben sogleich an den König.[38]

Der junge Mann hieß Arthur Dudley. Soweit er sich erinnern konnte, war er in einem Dorf ungefähr hundert Kilometer von London entfernt mit mehreren anderen Kindern, die angeblich seine Geschwister waren, bei einem gewissen Robert Southern aufgewachsen, den er für seinen Vater hielt. Southern war ein Bediensteter von Katherine Ashley, Königin Elisabeths ehemaliger Gouvernante. Eines Tages – Arthur war ungefähr fünf – setzte Southern ihn vor sich aufs Pferd, brachte ihn nach London und gab ihn in die Obhut von Kate Ashleys Mann John Ashley. Arthurs Geschwister blieben im Dorf zurück. Arthur erhielt die Erziehung eines Gentleman. Er wurde in Latein, Französisch,

Italienisch, Fechten, Musik und Tanz unterrichtet und mit den Grundlagen des englischen Rechts vertraut gemacht. Später ernannte John Ashley Southern zu seinem Stellvertreter als Aufseher des königlichen Haushalts in Enfield. Den Winter verbrachte Arthur in London, im Sommer wurde er nach Enfield gebracht, um sich nicht mit der Pest anzustecken.

Mit vierzehn oder fünfzehn erklärte Arthur Ashley und Southern, er wolle, wie so viele junge Männer seines Alters, ins Ausland reisen. Man sagte ihm, das sei unmöglich. Deshalb riß er aus und ging nach Milford Haven, um sich nach Spanien einzuschiffen. Er wurde verhaftet und vom örtlichen Friedensrichter nach London zurückgeschickt. Der Friedensrichter zeigte Arthur eine Verfügung des Staatsrats, nach der er um jeden Preis daran gehindert werden sollte, das Königreich zu verlassen. Schließlich durfte sich Arthur als Freiwilliger für den Kampf in den Niederlanden melden. Im Jahr 1580 reiste er unter der Obhut eines Dieners des Grafen von Leicester nach Ostende.

Ende 1583 erhielt Arthur die Mitteilung, er solle umgehend nach England zurückkehren, da sein Vater schwer krank sei und ihm vor seinem Tod noch etwas Wichtiges sagen wolle. Bei Arthurs Rückkehr lag Southern in Evesham im Sterben. Southern sagte Arthur, daß er nicht sein Vater sei. Kate Ashley habe ihn eines Tages nach Hampton Court geschickt, wo Lady Harrington, eine Hofdame der Königin, ihm einen Säugling übergeben habe. Sie habe ihm erklärt, das Kind sei der illegitime Sohn einer der Damen bei Hof, die ruiniert sei, wenn die Königin von ihrem Fehltritt erführe. Daher gebe sie Southern das Kind, damit er es in seinem Dorf wie seinen eigenen Sohn aufziehe. Später habe Ashley ihm befohlen, das Kind zu ihm zu bringen. Southern erklärte Arthur, daß er dieses Kind sei und daß Ashley und nicht er seine Ausbildung bezahlt habe. Arthur fragte den sterbenden Southern, wer sein richtiger Vater sei. Zunächst meinte Southern, er wisse es, könne es aber nicht sagen. Aber schließlich erzählte er Arthur, daß er der illegitime Sohn Leicesters und der Königin sei.

An dieser Stelle wurde Arthur Dudleys Geschichte recht umständlich und kompliziert. Arthur berichtete Englefield von seinen Reisen in die Niederlande, nach Frankreich und Deutschland, von seinem Versuch, eine Stadt in Holland an die Spanier zu verraten, wie seine Tat entdeckt und er verhaftet, aber von Leicester beschützt worden sei, und von seinen Begegnungen mit Leicester, Walsingham und Mauvissière. Die Geschichte endete mit seiner Entscheidung, als frommer Katholik, der er inzwischen geworden war, eine Pilgerfahrt zum Schrein Unserer Lieben Frau von Monserrat bei Barcelona zu unternehmen und dann, wie er versucht hatte, nach Frankreich zu gehen, als er von der dortigen Empörung über den Tod Maria Stuarts hörte. Er erklärte Englefield, er habe Angst, daß Elisabeths Agenten versuchen könnten, ihn zu ermorden, um seine schmachvolle Geburt zu vertuschen. Arthur bot jedoch an, in einem Buch die Wahrheit zu enthüllen, wenn König Philipp ihm Schutz gewähre.[39]

Englefield war überaus mißtrauisch. Nachdem er sich mit Philipp beraten hatte, stellte er Arthur eine Reihe von Fangfragen, um seine Behauptung nachzuprüfen, er habe eine gute Erziehung genossen, und um seine Kenntnisse über Elisabeths Haushalt und die Leute, die er angeblich in England gekannt hatte, zu testen. Englefield mußte zwar zugeben, daß Arthur sämtliche Fragen hinreichend beantwortet hatte, dennoch war er überzeugt, daß Arthur ein englischer Spion sei und nur vorgebe, Katholik zu sein. Der Bericht, den Englefield Philipp gab, war fast so kompliziert wie Arthurs Geschichte. Englefield glaubte, daß Elisabeth die Geschichte von Arthur, ihrem unehelichen Sohn, nur erfunden habe, damit sie ihn notfalls anerkennen und durch Parlamentsbeschluß zu ihrem Thronerben ernennen lassen könne. Damit wäre der Anspruch des Königs von Schottland null und nichtig, mit dem sie infolge der Hinrichtung seiner Mutter aneinandergeraten war. Und vor allem wäre auch König Philipps Anspruch auf den englischen Thron ausgeräumt. Elisabeth wolle jedoch die Lüge, Arthur Dudley sei ihr Sohn, ohne öffentliches Eingeständnis eines Fehltritts mit Leicester benutzen: Arthur sollte den Katholiken einfach seine Geschichte erzählen und sie dadurch spalten, da einige ihn statt Philipp als katholischen Thronprätendenten unterstützen würden.[40] Und »vielleicht benutzen sie ihn auch auf andere Weise für ihre schändlichen Zwekke«.[41]

Philipp erklärte Englefield, da es offenbar Zweifel an Arthur Dudleys Identität gebe und nicht vorhersehbar sei, welche Auswirkungen eine Veröffentlichung seiner Geschichte haben werde, sei es das beste, ihn vorläufig in einem spanischen Kloster einzusperren.[42] In den noch erhaltenen spanischen Dokumenten taucht sein Name nicht mehr auf. Vielleicht wurde er für den Rest seines Lebens in dem Kloster festgehalten.

# 26

# Die Armada

Am 4. September 1587 (n. Z.) teilte Philipp Parma mit, er wolle England so bald wie möglich angreifen. Die Armada sollte von spanischen und portugiesischen Häfen aus nach Margate fahren und dort einen Brückenkopf errichten. Parma sollte sofort eine Invasionsarmee zusammenstellen, von den Niederlanden gleichfalls nach Margate fahren und sich den Soldaten der Armada anschließen, um England zu erobern. Philipp war sich der Risiken bewußt, mitten im Winter eine Flotte in nördliche Gewässer zu entsenden, aber er vertraute darauf, daß Gott der Armada günstiges Wetter bescheren würde, da sie für seine Sache kämpfte.[1]

Auch Parma hielt das Unternehmen für durchführbar, denn die Engländer hatten weder auf dem Kanal noch in der Nordsee eine Flotte postiert, um die Invasion zu verhindern. Er borgte sich das nötige Geld von Bankiers in Antwerpen, heuerte spanische, wallonische und italienische Söldner an und versammelte in Dünkirchen, Nieuport und Sluys eine Flotte von Transportschiffen. Er hatte zwar weder Galeeren noch Kriegsschiffe, die es mit der englischen Flotte aufnehmen konnten, aber schließlich war die englische Flotte nicht in der Nähe. Um die Engländer in Sicherheit zu wiegen, wandte sich Parma am 9. November (n. Z.) zum ersten Mal direkt an Elisabeth und forderte sie auf, Abgesandte nach Ostende zu schicken, um mit seinen Vertretern über Friedensbedingungen zu verhandeln. Elisabeth war unter der Bedingung einverstanden, daß Parma auch Vertreter der Generalstaaten an den Gesprächen teilnehmen ließ. Als Parma dazu bereit war, drängte sie die Generalstaaten, Abgesandte zu den Verhandlungen zu entsenden. Friesland war jedoch die einzige nördliche Provinz, die Vertreter entsenden wollte, und der Staatsrat der Niederlande versuchte, Zeit zu gewinnen, und wollte vor Einberufung einer Versammlung der Generalstaaten keine Vertreter benennen. Elisabeth verlor langsam die Geduld. Am 16. Dezember teilte sie den Generalstaaten mit, daß sie angesichts der Verzögerungstatktik ihre Abgesandten ohne die Vertreter der Generalstaaten zu den Friedensgesprächen entsenden werde. Und da die Generalstaaten ihrem Generalstatthalter Leicester so wenig Respekt entgegenbrächten, werde sie ihn nach England zurückbeordern und Lord Willoughby zu seinem Nachfolger ernennen.[2]

Die bevorstehenden Friedensverhandlungen hinderten Elisabeths Räte nicht, alle notwendigen Schritte zu unternehmen, um der Armada, wenn sie tatsächlich kam, wirkungsvoll entgegentreten zu können. Elisabeth bat die Generalstaaten gleichzeitig mit ihrer Drohung, sich an ihre vertraglichen Verpflichtungen zu halten und Schiffe zu entsenden, um sie gegen die Armada zu unterstützen. Einige Niederländer waren so wütend auf Elisabeth, daß sie sich weigern wollten. Aber die verantwortungsbewußteren Führer, darunter die Mitglieder der Synode der protestantischen Kirchen in den Niederlanden, gaben zu bedenken, daß es für die protestantische Sache in den Niederlanden und ganz Europa die größte Katastrophe bedeuten würde, wenn die Spanier Elisabeth in England stürzten. Am 1. Januar 1588 (n. Z.) teilten die Generalstaaten Elisabeth mit, sie würden dreißig Schiffe unter dem Kommando von Graf Justin von Nassau, dem illegitimen Sohn Wilhelms von Oranien, entsenden. Die Schiffe sollten vor der Küste Seelands patrouillieren und Parmas Schiffe angreifen, wenn sie von Nieuport und Sluys aus nach England segeln wollten.[3]

Elisabeth war für die Hilfe der Niederländer wenig dankbar und beklagte sich bald bei den Generalstaaten über die Qualität der Schiffe.[4] Parma dagegen nahm sie sehr viel ernster. Er wartete in Brügge auf die Ankunft der englischen Unterhändler und der Armada, aber zu seinem Leidwesen traf die Armada nicht ein. Am 31. Januar (n. Z.) teilte er Philipp mit, er sei im November und Dezember vorbereitet gewesen, in England einzufallen, aber jetzt habe sich die Situation geändert. In den vergangenen Wochen habe sich die englische Flotte auf dem Kanal und in der Nordsee für den Einsatz gerüstet, und dreißig Schiffe der niederländischen Rebellen patrouillierten vor der Küste Seelands. Er wage sich mit seinen Transportschiffen nicht aus dem Hafen, da sie sonst von den feindlichen Kriegsschiffen zerstört würden. Die Armada solle nach Nieuport und Sluys kommen, um seine Armee nach Margate zu begleiten. Doch das war nicht Parmas einzige Sorge. Er mußte sein Geld für eine Armee vergeuden, die untätig in den Häfen wartete, und er konnte die Bankiers in Antwerpen nur mit Mühe überreden, ihm noch mehr Geld zu borgen. Außerdem grassierte in seiner Armee die Pest. Während er im November noch 28 000 einsatzbereite Männer zur Verfügung hatte, schrieb er am 22. Februar (n. Z.), ihre Zahl sei mittlerweile auf 18 000 gesunken.[5]

Als Elisabeths Vertreter am 8. März (n. Z.) in Ostende eintrafen, war Parma deshalb vermutlich ernsthafter an einem Friedensvertrag interessiert als vier Monate zuvor, als er Elisabeth zur Entsendung von Vertretern aufgefordert hatte. Elisabeth legte diesmal besonders Wert darauf, alles zu vermeiden, was ihrem Ansehen als Königin von England schaden konnte. Sie war bereit, um des Friedens willen in der Frage der religiösen Toleranz für die niederländischen Protestanten nachzugeben, aber sie wollte auf keinen Fall ihr Ansehen vor der Welt schmälern, indem sie sich zu Friedensgesprächen auf Philipps Territorium bereiterklärte. Ihre Bevollmächtigten sollten darauf beharren, daß die Gespräche in Ostende stattfanden. Parma jedoch wollte die Verhandlungen nicht in einer Stadt führen, die von englischen Truppen besetzt war, und schlug Antwerpen im von Spanien besetzten Gebiet vor. Elisabeth ihrerseits war gegen Antwerpen als Verhandlungsort. Am 26. März wies sie ihre Abgesandten an, die Verhandlungen abzubrechen und in Flushing die weiteren Entwicklung abzuwarten, sollte Parma Ostende als Verhandlungsort ablehnen. Nachdem fast drei Jahre lang Vorverhandlungen geführt worden waren, wollte Burghley freilich jetzt die Hoffnung auf Frieden nicht dahinschwinden sehen, nur weil man sich nicht auf einen Verhandlungsort einigen konnte. Deshalb überredete er Elisabeth, ihren Unterhändlern neue Anweisungen zu geben: Wenn Parma sich weiterhin weigerte, seine Vertreter nach Ostende zu entsenden, sollten sie vorschlagen, die Gespräche in Zelten außerhalb von Ostende an der Straße nach Oldenburg abzuhalten. Oldenburg war von den Spaniern besetzt.[6]

Dann erkannten Burghley und Walsingham allerdings, daß es schwierig war, die Gespräche in Zelten abzuhalten, da es in Ostende an Transportmöglichkeiten fehlte. Burghley überredete daher Elisabeth am 8. April, über ihre Vertreter nun doch Antwerpen als letztem Ausweg zuzustimmen. Aber ein paar Stunden später änderte sie ihre Meinung wieder, tat die Einwände gegen die Zelte ab und wies die Bevollmächtigten an, auf keinen Fall nach Antwerpen zu gehen.[7]

Die erste Begegnung der Vertreter Englands und Spaniens fand am 21. April (n. Z.) in Zelten statt. Aber Parmas Vertreter wollten nur darüber verhandeln, wo die nächste Begegnung stattfinden sollte, und sie weigerten sich, in den Zelten weitere Gespräche zu führen. Die Engländer lehnten Parmas Vorschlag ab, sich in Gent zu treffen. Sie boten Sluys an, wo sie und ihre Bediensteten womöglich nützliche Informationen über Parmas militärische Vorbereitungen erhalten konnten. Aber Parma erkannte ihre Absicht und lehnte Sluys ab. Daraufhin erklärten die Engländer sich mit Brügge einverstanden, wenn Parma und die katholischen Flüchtlinge aus England sich während der Gespräche aus der Stadt zurückzögen, was Parma ablehnte. Schließlich einigten sich beide Seiten auf Bourbourg in der Nähe von Dünkirchen. Das

Städtchen Bourbourg lag auf spanischem Territorium, und die dortige Kirche war in der große Ebene Flanderns viele Kilometer weit zu sehen. In Bourbourg hatten in den letzten fünfzig Jahren wiederholt internationale Friedenskonferenzen stattgefunden.[8]

Die Unterhändler trafen sich am 30. Mai (n. Z.) in Bourbourg. Die Engländer schlugen vor, beide Seiten sollten für die Dauer der Gespräche einen Waffenstillstand vereinbaren. Parma lehnte ab. Nachdem einen Monat lang über den Waffenstillstand diskutiert worden war, wies Elisabeth ihre Abgesandten an, nachzugeben, und am 24. Juni (n. Z.) konnte endlich über das eigentliche Thema gesprochen werden. Die Frage der religiösen Toleranz erwies sich erneut als Haupthindernis. Elisabeths Vertreter machten jetzt den Vorschlag, Philipp solle den Protestanten in den nördlichen Provinzen auf zehn Jahre religiöse Toleranz gewähren. Danach sollte die Frage erneut zwischen dem König von Spanien und den Generalstaaten der Niederlande erörtert werden. Elisabeth und Burghley machten diesen Vorschlag unter anderem deshalb, weil sie annahmen, Philipp, der sich so hartnäckig gegen religiöse Toleranz sträubte, werde innerhalb der nächsten zehn Jahre sterben. Immerhin war er mit einundsechzig Jahren einer der ältesten Herrscher Europas.[9]

Parma lehnte zwar den Vorschlag ab, ließ sich aber zum ersten Mal hinsichtlich der religiösen Toleranz zu einem kleinen Zugeständnis bewegen. Er bot an – Philipps Einverständnis vorausgesetzt –, die Häresiegesetze in den Niederlanden erst zwei Jahre nach Unterzeichnung des Friedensvertrags in Kraft zu setzen, damit die Protestanten sich in Ruhe entscheiden konnten, ob sie zum Katholizismus übertreten oder ihren Besitz verkaufen und ins Ausland gehen wollten. Jeder Protestant, der nach Ablauf der zwei Jahre noch in den Niederlanden war, sollte als Ketzer vor Gericht gestellt und verbrannt werden. Die englischen Vertreter waren damit nicht einverstanden.[10]

Elisabeth trug ihren Abgesandten auf, eine neue Forderung vorzulegen. Sie fürchtete, wenn sie mit Philipp Frieden schloß, könnten die erbosten Niederländer sich weigern, das Darlehen zurückzuzahlen, das sie ihnen gewährt hatte und für das die Niederländer ihr Flushing und Brill als Pfand überlassen hatten. Sie verlangte von Parma eine Garantie für die Rückzahlung der Darlehen durch die Niederländer und seine Zustimmung, daß sie Flushing und Brill solange behalten konnte, bis die Generalstaaten oder Philipp die Schulden zurückgezahlt hatten. Parma wies den Vorschlag als unerhört zurück, Philipp solle die Kosten tragen, die Elisabeth sich durch die Unterstützung der rebellierenden Untertanen des Königs aufgeladen habe. Elisabeth erklärte jedoch, da die Niederländer stets Philipps Untertanen gewesen seien, müsse er für ihre Schulden aufkommen.[11]

Am 30. Mai (n. Z.) stach die Armada unter dem Kommando des Herzogs von Medina-Sidonia von Lissabon aus in See. Die Armada bestand aus 130 Schiffen, 16 973 spanischen und 2 000 portugiesischen Soldaten, 8 052 Matrosen und 167 Geschützoffizieren. Zusammen mit den Dienern der Edelleute, den Priestern, dem Sanitätspersonal, den Justizbeamten und den Angestellten der Finanzabteilung waren es 30 693 Mann.* Die Spanier verfügten über 2 431 Geschütze und 123 790 Kanonenkugeln. Kurz nachdem die Flotte den Hafen von Lissabon verlassen hatte, geriet sie in einen Sturm. Die Schiffe wurden zerstreut, und Sidonia war gezwungen, Coruña anzulaufen, wo er einen Monat wartete, bis sich alle Schiffe wieder eingefunden hatten. Der Statthalter von Coruña mußte den Hafen von Soldaten umstellen lassen, um zu verhindern, daß die Männer der Armada desertierten.[12]

Die Entwicklungen in Frankreich kamen der Armada zugute. Am 8. Mai (n. Z.) traf Guise in Paris ein. Vier Tage später, am »Tag der Barrikaden«, erhob sich das Volk und übernahm die Kontrolle über die Stadt. Ein Revolutionskomitee der Sechzehn übernahm die Regierung. Das Komitee bestand aus Anhängern der Guisen, der Heiligen Liga und der katholischen Kirche. Heinrich III. floh aus Paris und bereitete sich auf einen Krieg gegen Guise vor. Doch obwohl Elisabeth ihn ihrer Sympathie und Unterstützung versicherte und ihn drängte, mit Hilfe seiner loyalen hugenottischen Untertanen entschlossen gegen Guise und die Rebellen in Paris vorzugehen, ließ er sich von Katharina von Medici überreden, mit der Liga Frieden zu schließen und Guise zu seinem Generalstatthalter zu ernennen.[13] Aus Elisabeths Sicht war das schlimmste daran, daß die Normandie und der größte Teil der Kanalküste nun unter Guises Kontrolle kamen, obwohl der Statthalter von Calais, der die Stadt für Heinrich III. hielt, neutral blieb und es ablehnte, sich Guise anzuschließen.

Die katholischen Flüchtlinge aus England glaubten, die Stunde der Befreiung sei endlich gekommen. Einige waren zuversichtlich, daß die Katholiken in England die spanischen Invasionstruppen unterstützen würden. Doch einer von ihnen, der der spanischen Regierung eine Liste mit Namen katholischer Edelleute in England gegeben hatte, denen man vertrauen konnte, fürchtete, die Armada werde von den Engländern nur willkommen geheißen, wenn sie in Westmorland oder Northumberland lande, obwohl auch von den Katholiken in Lancashire und Norfolk Unterstützung zu erwarten sei. Er nannte Sir Henry Bedingfield, den Bewacher der unter Maria verhafteten Elisabeth, und fügte hinzu: »Ich wünschte bei Gott, man hätte sie damals, als sie es verdiente, mit den übrigen Ketzern verbrannt, die zu Recht hingerichtet wurden. Wäre dies geschehen, könnten wir jetzt in Ruhe und Frieden leben.«[14] Allen, der kurz zuvor zum Kardinal ernannt worden war, glaubte, daß viele Protestanten zum Katholizismus übertreten würden, wenn die Soldaten der Armada sich in England festsetzten, vor allem, wenn die spanischen Generäle erklärten, die

* Andere Berichte nennen geringfügig abweichende Zahlen.

Ländereien aller Protestanten würden beschlagnahmt und Katholiken übereignet.[15]

Elisabeth erfuhr, daß Allen eine Schrift mit dem Titel *An Admonition to the Nobility and People of England and Ireland concerning the present Wars* verfaßt hatte (Eine Mahnung an Adel und Volk von England und Irland betreffend der gegenwärtigen Kriege). Die Schrift war in Antwerpen in englischer Sprache veröffentlicht worden, da Exemplare davon nach England geschickt werden sollten, wenn die Armada dort gelandet war. In dieser Schrift wurde Elisabeth als Abkömmling der »blutschänderischen Verbindung« ihres »angeblichen Vaters« Heinrichs VIII. mit »einer berüchtigten Kurtisane namens Anne Boleyn« beschimpft. Sie habe die katholische Kirche unterdrückt, das Fest der Heiligen Jungfrau am 8. September abgeschafft und statt dessen den Tag davor, »ihren eigenen unreinen Geburtstag«, zum Feiertag erhoben, England zu »einem Zufluchtsort für Atheisten, Wiedertäufer, Ketzer und Rebellen aller Nationen« gemacht und Maria Stuart ermordet. Allen rief die Engländer auf, sich zu weigern, für »eine verrufene, abgesetzte, abscheuliche, exkommunizierte Ketzerin, eine Schande ihres Geschlechts und ihres königlichen Namens«, zu kämpfen, sich der spanischen Armee anzuschließen, wenn sie in England eintraf, Elisabeth abzusetzen und in »unserem geliebten Land« gemäß den Anordnungen »des Führers dieses heiligen Krieges« den katholischen Glauben wieder einzuführen.[16]

Am 29. Juni wies Elisabeth ihre Unterhändler in Bourbourg an, Dr. Dale solle zu Parma nach Brügge reisen und verlangen, daß er Allens Schrift verbiete und den Herausgeber und Drucker bestrafe. Zudem sollte Parma die neue päpstliche Bulle für nichtig erklären, die ihn zum Befehlshaber der Armee machte, die in England einfallen und Elisabeth absetzen sollte. Wenn Parma sich weigerte, wollte Elisabeth die Verhandlungen abbrechen und ihre Vertreter zurückbeordern. Parma behauptete, nichts von Allens Schrift und der Bulle zu wissen. Als Dale Elisabeth dies berichtete, beorderte sie ihre Abgesandten am 17. Juli nach England zurück. Allerdings sollten sie Parmas Vertretern zuvor noch mitteilen, sie werde die Friedensgespräche gerne wieder aufnehmen, wenn Philipp seine Kriegsvorbereitungen einstelle und Allens Schrift und die Bulle aus dem Verkehr ziehe. Das nächste Mal sollten die Verhandlungen jedoch in England stattfinden.[17] Zwei Tage, nachdem Elisabeth diesen Brief geschrieben hatte, wurde die Armada auf der Höhe von Kap Lizard gesichtet. Die Unterhändler kehrten erst nach Beendigung der Schlacht nach England zurück.

Sidonias Befehl lautete, direkt nach Margate zu segeln und nicht von seinem Kurs abzuweichen, um einen englischen Hafen einzunehmen oder die englische Flotte anzugreifen, es sei denn, sie hinderte ihn an der Weiterfahrt. Er hatte eine versiegelte Ordre für Parma dabei, die er ihm aushändigen sollte, wenn die Flotte in England landete. Darin wurde Parma ermächtigt, falls er keinen völligen Sieg davontragen könne, mit den Engländern unter drei Bedingungen Friedensverhandlungen aufzunehmen – den englischen Katholiken sollte religiöse Toleranz gewährt werden, Elisabeth sollte ihre Truppen aus den Niederlanden abziehen, und die Engländer sollten für den Schaden aufkommen, der Philipp und seinen Kaufleuten durch Drake und andere Piraten entstanden war.[18]

Doch in Philipps Anweisungen an Sidonia und Parma lag eine gewisse Zweideutigkeit, die für die Spanier fatale Folgen haben sollte. Der umsichtige und gewissenhafte König, der die meiste Zeit im Escorial verbrachte und dort Dokumente verfaßte und kommentierte, die sich eingehend mit Fragen der Verwaltung seines gesamten Reich von den Niederlanden bis Peru beschäftigten, hatte Sidonia nicht genau über Parmas Bedenken unterrichtet, ohne den Schutz der Armada nach Margate zu segeln, und er hatte ihm nicht gesagt, daß Parma die Häfen der Niederlande erst verlassen wollte, wenn die Armada ihn abholte.[19]

Die Nachricht, daß die Armada unterwegs sei, erweckte im englischen Volk patriotische Gefühle, die zu Bekundungen der Treue gegenüber der Königin führten. Elisabeth war noch nie so beliebt gewesen wie im Sommer 1588, als ihre treuen Untertanen beschlossen, die gemeinen Machenschaften des Papstes und des Königs von Spanien zu vereiteln. Nachdem es Philipp nicht gelungen war, die Königin von den Jesuiten, den katholischen Verrätern in England und der schottischen Isebel Maria Stuart ermorden zu lassen, hoffte er offenbar nun, seinen Mißerfolg dadurch wettzumachen, daß er grausame spanische Soldaten nach England schickte, die in London ebenso morden, vergewaltigen und plündern würden wie 1576 in Antwerpen, als dort der »spanische Zorn« tobte.[20]

In der Stunde der Gefahr traten Elisabeths beste Eigenschaften zutage. Dies war nicht die Zeit für kleinliches Gezänk wie mit den Niederländern oder den Puritanern, sondern jetzt mußte sich das ganze Volk, angefangen von Whitgifts autoritären Anglikanern bis hin zu Cartwright, Wentworth und den Puritanern, unter der Führung seiner englischen, protestantischen Königin gegen die fremden papistischen Eindringlinge zusammenschließen. Auch viele Katholiken in England waren bereit, loyal für Elisabeth zu kämpfen, statt Allens Aufforderung nachzukommen und ihre Dienste dem spanischen General anzubieten. Doch der Staatsrat traf Vorsichtsmaßnahmen und ließ die bekannteren katholischen Edelleute in ganz England verhaften und in Wisbech Castle in Cambridgeshire internieren. Andernsfalls wären sie vielleicht zur Zielscheibe von Angriffen des patriotischen, protestantischen Pöbels geworden.[21]

Elisabeth zeigte sich deshalb von ihrer besten Seite, weil sie keine wichtigen Entscheidungen mehr treffen mußte. Die Entscheidung über Krieg oder

Frieden war gefallen, und sie hatte einen aus Admirälen und Generälen bestehenden Kriegsrat mit der Leitung der täglichen Operationen betraut. Lordadmiral Lord Howard von Effingham hatte den Oberbefehl über die Flotte, Drake war sein Stellvertreter. Drake war zwar zum Nationalheld geworden, aber nur ein Adliger konnte mit dem Oberkommando betraut werden, ohne das Anstandsgefühl Elisabeths und fast all ihrer Untertanen zu verletzen und ohne den Unmut und Neid der anderen Marineoffiziere zu wecken. Leicester wurde zum Statthalter der Königin und zum Generalkapitän der Landstreitkräfte in England ernannt, die in aller Eile rekrutiert wurden, um den Invasoren bei ihrer Landung Widerstand zu leisten.

Der Kriegsrat wußte, daß die Armada den Kanal entlangfahren und sich mit Parmas Truppen vereinigen wollte, denn Parma hatte nicht versucht, seine Vorbereitungen geheimzuhalten. Allerdings war dem Kriegsrat nicht bekannt, daß Margate das erste Ziel der Spanier war. Man nahm vielmehr an, die Spanier würden in Essex landen und nach London marschieren. Daher sollten 22 000 Mann in einem Lager bei Tilbury versammelt werden, um Parma den Weg nach London zu versperren, und zwischen Tilbury und Gravesend sollte aus Schiffen eine Brücke gebaut werden, auf der die Soldaten die Themse überqueren konnten, wenn Parma in Kent landete. Der Rest der Landstreitkräfte sollte vorläufig in den Grafschaften in Bereitschaft bleiben und auf neue Befehle warten.[22] Elisabeth blieb in Richmond. Sie hatte keine Angst und vertraute darauf, daß Gott ihr den Sieg über ihre Feinde schenken würde.

Außerdem waren Vorbereitungen getroffen worden, auf bestimmten Hügeln Leuchtfeuer anzuzünden, sobald sich die Armada näherte. Nur so konnten Nachrichten in wenigen Stunden vom Kanal bis zur schottischen Grenze übermittelt werden.

Am 22. Juli (n. Z.) verließ die Armada bei herrlichem Wetter endlich Coruña, und am 19. Juli (29. Juli n. Z.) wurde sie auf der Höhe von Kap Lizard gesichtet. Die Leuchtfeuer wurden entzündet, und Lord Howard und Drake bereiteten in Plymouth den Angriff auf den Feind vor, denn sie wollten verhindern, daß sich die Armada mit Parmas Armee verband. Langsam fuhren die spanischen Schiffe durch den Kanal ostwärts. Da Windstille herrschte, betrug ihre Geschwindigkeit weniger als zwei Knoten, und sie legten pro Tag kaum vierzig Meilen zurück. Am 21. Juli griff Drake die spanischen Schiffe bei Eddystone Point an, am 23. Juli bei Portland Bill. In fünf Tagen lieferten sich beide Seiten vier Gefechte. Die englischen Schiffe schnitten dabei besser ab, denn aufgrund ihrer großen Wendigkeit und der größeren Reichweite ihrer Geschütze konnten die Spanier nicht ihre übliche Taktik anwenden und die feindlichen Schiffe entern. Doch den Engländern genügte dieser Erfolg nicht. Obwohl Drake ein feindliches Kriegsschiff kaperte, ein anderes in Flammen aufging und ein drittes in Le Havre Zuflucht suchte, blieben immer noch 127 spanische Schiffe übrig, die am 25. Juli die Insel Wight passierten, um sich, wie geplant, mit Parma zu vereinigen.[23]

Im »königlichen Lager« in Tilbury war die Begeisterung größer als die Effizienz. Als Leicester am 24. Juli im Lager eintraf, stellte er fest, daß der Proviant für die Soldaten nicht angekommen war. Am nächsten Tag mußte er deshalb nach Chelmsford reiten und dafür sorgen, daß rasch ein Notvorrat an Proviant nach Tilbury geschickt wurde.[24] Die Schiffbrücke über die Themse nach Gravesend war noch immer nicht errichtet worden, aber die Bevölkerung von London war siegessicher, da sie eine Bürgerwehr aufgestellt hatte, um die Stadt gegen Parma zu verteidigen. Elisabeth wollte ihren Untertanen noch näher sein, deshalb siedelte sie am 25. Juli von Richmond in den St. James-Palast über.[25]

Sidonia wußte nicht, wie er weiter vorgehen sollte, da Parma nichts von sich hatte hören lassen. Er wußte nur, daß ihre Flotten bei Margate zusammentreffen sollten. Unterdessen wartete Parma darauf, daß Sidonia mit seiner Flotte in Dünkirchen, Nieuport und Sluys eintraf. Er glaubte, Sidonia wisse, daß seine Armee den Hafen nur unter dem Schutz der Armada verlassen könne. Als der Wind im Kanal auffrischte, beschloß Sidonia, auf offener Reede vor Calais zu ankern und auf Nachricht von Parma zu warten. Am 27. Juli (6. August n. Z.) erreichte er am Spätnachmittag Calais und wartete dort dreißig Stunden. Unterdessen versammelten Howard und Drake 150 Schiffe und bereiteten sich in aller Eile auf eine Schlacht vor, die die Entscheidung bringen und einer der größten Siege in der englischen Geschichte werden sollte.

In Cádiz hatte Drake Brander gegen die spanische Flotte eingesetzt, war aber nur teilweise erfolgreich gewesen. Die vor Calais herrschenden Bedingungen waren für den Einsatz von Brandern viel günstiger. Drake suchte acht geeignete Schiffe aus, setzte sie in Brand und ließ sie auf die auf offener Reede ankernde Armada zutreiben. Die einzige Möglichkeit, Brander abzuwehren, war, sie durch Geschützfeuer zu versenken oder mit einer Breitseite ihren Kurs zu ändern, bevor sie näherkamen. Aber der starke Wind, der sie mit hoher Geschwindigkeit vorwärtstrieb, erschwerte die Abwehr der Brander. Obwohl die Spanier nach ihren Erfahrungen in Cádiz mit dem Einsatz von Brandern rechnen mußten, hatten sie keinerlei Vorkehrungen getroffen, sie abzuwehren. Sie gerieten in Panik, als sie die brennenden Schiffe auf sich zutreiben sahen, kappten hastig die Ankertaue und flohen aufs offene Meer. Als Sidonia sah, daß viele seiner Schiffe einfach losfuhren, ließ er die ganze Flotte in See stechen.[26]

Dort wurden die Spanier von den Engländern angegriffen und außerdem vom Sturm zerstreut, der sie nach Norden trieb – »gleich einer Herde Schafe«, wie Drake sich ausdrückte –, vorbei an Nieuport und Sluys, wo Parma mit

16 000 Mann wartete, die bereits eingeschifft waren, und weiter in die Nordsee. Mehrere Schiffe sanken vor der Küste Seelands, und in den folgenden Wochen wurden die Leichen spanischer Soldaten und Matrosen an die Küsten von Friesland und Emden gespült. Die englischen Schiffe verfolgten die Spanier, doch die meisten kehrten am 2. August nach Newcastle zurück, da die Munition aufgebraucht war.[27]

Den Engländern war bald klar, daß sie in Calais den Sieg davongetragen hatten, aber sie begriffen nicht sofort, daß sie die Armada bereits entscheidend geschlagen hatten. In Paris behauptete Mendoza noch einige Zeit, die Armada sei unterwegs, um England zu erobern.[28] Doch Parma wußte, daß alles verloren war. »Gott weiß, wie betrübt ich über diese Nachricht bin«, schrieb er am 31. Juli (10. August n. Z.) aus Dünkirchen an Philipp, »gerade jetzt, wo ich hoffte, Eurer Majestät zur erfolgreichen Durchführung Eurer Pläne gratulieren zu können … Ich kann nur sagen, daß dies aus der Hand Gottes kommen muß, der genau weiß, was Er tut, und alles wiedergutmachen kann, indem Er Eure Majestät zu gegebener Zeit mit vielen Siegen und der Erfüllung Eurer Wünsche belohnt.«[29]

Als Elisabeth Leicesters Einladung annahm, ihre Armee im königlichen Feldlager zu besuchen, glaubte sie immer noch, daß die Armada sich neu formieren, südwärts segeln und England angreifen könne. Am 8. August bestieg sie in Westminster eine Barke und begab sich nach Tilbury. Dort angekommen, ritt sie die letzten drei Kilometer zum Lager auf dem Hügel, wo heute die Pfarrkirche von West-Tilbury steht.* Sie verbrachte die Nacht in Arderne Hall und kehrte am nächsten Tag ins Lager zurück, um ihre Armee zu inspizieren und eine Ansprache zu halten. Es gibt mehrere zeitgenössische Wiedergaben ihrer Worte in Reimen und in Prosa, aber die bekannteste noch erhaltene Version ist sicher die richtige, denn Elisabeths Rede wurde offensichtlich niedergeschrieben und von Elisabeth im Hinblick auf die Veröffentlichung genehmigt.[30] Wenn es nicht darum ging, die richtige Entscheidung zu treffen, sondern die richtigen Worte zu finden, gelang es Elisabeth meist, ihre Zuhörer zu überzeugen. Wie schon des öfteren im Parlament, in Oxford und Cambridge und auf den Stationen ihrer Rundreisen, traf sie auch in Tilbury den richtigen Ton.

> Mein geliebtes Volk! Uns rieten einige, die um unsere Sicherheit besorgt sind und Verrat fürchten, wir sollten uns sehr in acht nehmen, wenn wir uns unter bewaffnete Mengen begeben. Aber ich versichere Euch, solange ich lebe, kenne ich kein Mißtrauen meinem geliebten und treuen Volk gegenüber. Mögen Tyrannen Angst haben.

* Die Kirche wurde 1981 geschlossen und im Juni 1987 in ein Privathaus umgewandelt.

Elisabeth erwähnte nicht, daß sie auf Drängen Leicesters ins Lager gekommen war. Leicester hatte ihr versichert, daß sie dort sicher sei.[31] Zugleich hatte er ihr geraten, sich von der Küste fernzuhalten, um nicht von plündernden Soldaten der spanischen Armada gefangengenommen zu werden.

> Ich habe mich immer so betragen, daß ich, bei Gott, meine größte Stärke und meinen sichersten Schutz in den treuen Herzen und dem guten Willen meiner Untertanen gefunden habe; und deshalb bin ich auch jetzt zu Euch gekommen, nicht etwa zu meiner Zerstreuung und zu meinem Vergnügen, sondern weil ich entschlossen bin, inmitten der Hitze der Schlacht mit Euch allen zu leben oder zu sterben und für meinen Gott, für mein Reich, für mein Volk meine Ehre und mein Blut darzubringen und, wenn es sein muß, in den Staub zu legen. Ich weiß, ich habe nur den Körper einer schwachen, kraftlosen Frau, aber ich habe das Herz und den Mut eines Königs, und zwar eines Königs von England. Ich spotte der Vorstellung, daß Parma oder Spanien oder sonst ein Fürst in Europa es wagen sollte, die Grenzen meines Reiches zu überschreiten. Ehe denn durch meine Mitschuld solche Unehre über mein Land kommt, will ich lieber selbst die Waffen ergreifen und Euer General und Richter sein, und einen jeden belohnen nach den Tugenden, die er im Felde zeigt. Ich weiß, daß Ihr schon für Eure Bereitwilligkeit Lohn und Ehre verdient habt, und wir versprechen Euch auf Königswort, beides soll Euch gegeben werden![32]

Elisabeth ließ sich Zeit mit der Erfüllung dieses letzten Versprechens. Die Männer, die die Armada besiegten, mußten wie die englischen Soldaten in den Niederlanden wochenlang halbverhungert auf ihren Sold warten.[33]

Während Elisabeth noch im Lager war, traf ein Kurier mit der Nachricht ein, daß die Armada auf ihrer Flucht zuletzt nördlich von Newcastle gesichtet worden sei. Als Elisabeth am Spätnachmittag des 9. August das Lager verließ, um vor ihrer Rückkehr nach St. James die Nacht in Belhus zu verbringen, wußte sie, daß die Gefahr einer Invasion gebannt und die Armada geschlagen war.[34]

Sidonia beschloß, mit der Armada um Schottland herumzufahren und westlich von Irland nach Spanien zurückzukehren. Er ließ die Tagesration der Matrosen und Soldaten und der Offiziere und Edelleute auf ein halbes Pfund Brot, einen halben Liter Wasser und einen halben Liter Wein kürzen. Auf den Schiffen breiteten sich Epidemien aus. Als Sidonia nach heftigen Stürmen bei Cape Wrath und im Golf von Biscaya am 23. September (n. Z.) in Santander eintraf, waren allein auf seinem Flaggschiff 180 Mann gestorben. Nur 67 von 130 Schiffen der Armada kehrten nach Spanien zurück.[35]

Sidonia hatte seinen Kapitänen befohlen, sich von der tückischen irischen Küste fernzuhalten und Kurs nach Nordwest zu nehmen, bis sie 61° 30' nördlicher Breite erreichten. Dann sollten sie auf südwestlichen Kurs gehen und am 58. Grad nördlicher Breite auf Süd drehen. Doch siebzehn Schiffe, die in dem Sturm bei Cape Wrath von der Flotte getrennt worden waren, wurden an die Westküste Irlands getrieben. Ein Schiff lief in Tralee ein, wo die Besatzung von den dortigen »Wilden« unfreundlich aufgenommen wurde. Als die notwendigen Reparaturen nach einer Woche abgeschlossen waren, fuhr das Schiff sicher nach Spanien weiter. Die anderen fünfzehn oder sechzehn Schiffe mit 6 000 oder 7 000 Mann an Bord sanken vor Mayo und Galway. 1 100 Überlebende gingen in Sligo an Land, die Besatzung eines weiteren Schiffes in Donegal. 3 500 meist neapolitanische Untertanen König Philipps landeten an der Nordostküste von Ulster.[36]

Lord Deputy Sir William Fitzwilliam war beunruhigt, als er hörte, daß etwa 5 000 spanische Soldaten in Irland gelandet seien. Er hatte Angst, die Iren könnten sich ihnen anschließen und erneut rebellieren. Deshalb befahl er seinen Offizieren, den englischen Edelleuten und den loyalen irischen Anführern zu befehlen, alle Überlebenden der Armada, die sie auf ihrem Gebiet antrafen, zu töten. Jeder, der einen der Eindringlinge aufspürte, sollte ihn bei Todesstrafe innerhalb von vier Stunden zu einem Friedensrichter bringen. Aber trotz dieser Anordnung gewährten die Iren vielen Überlebenden der Armada Zuflucht, auch wenn andere Spanier sich beklagten, die »Wilden« hätten sie beraubt und ihre Gefährten ermordet oder sie an die Behörden verraten.[37]

Fünfhundert spanische und italienische Soldaten der Armada, die sich auf einem venezianischen Schiff befanden, landeten an der Ostküste, ungefähr dreißig Kilometer nördlich von Drogheda. Dort stießen sie auf eine Kompanie von zweihundert englischen Soldaten, deren Hauptmann sie fragte, warum sie in das Königreich eingedrungen seien. Sie antworteten, sie seien keine Eindringlinge, sondern Schiffbrüchige, und baten um ein Schiff, das sie nach Spanien zurückbringen könne. Den Spaniern zufolge erwiderte der englische Hauptmann darauf, das sei unmöglich, aber wenn sie ihre Waffen abgäben, werde er ihr Leben schonen und sie als Kriegsgefangene nach Dublin bringen. Nach kurzem Zögern ergaben sie sich und marschierten mit den Engländern in Richtung Dublin. Nachts lagerten sie auf freiem Feld. Am nächsten Morgen trennte der englische Hauptmann einundvierzig Offiziere und an ihrer besseren Kleidung kenntliche Edelleute von den gewöhnlichen Soldaten, die übrigen Gefangenen wurden einfach niedergemetzelt. Einige von ihnen flohen in die Wälder, wo sie von Sorley Boys Vasallen entdeckt und gerettet wurden. Sie bekamen zu essen, wurden gesund gepflegt und eingeladen, als Glaubensbrüder mit ihren Gastgebern die Messe zu besuchen. Sorley Boy ließ sie mit seinen Schiffen nach Schottland bringen, wo Jakob VI. ihnen Almosen gab und ihre Heimreise nach Spanien arrangierte.[38]

Elisabeth sicherte allen Spaniern in Schottland freies Geleit zu, wenn sie auf dem Heimweg in englischen Häfen anlegten. Einige von ihnen wurden auf See vor Dünkirchen von den Niederländern angegriffen, die dreihundert Gefangene machten und ins Meer warfen. Die Spanier glaubten, Elisabeth habe die Niederländer von ihrem Kommen unterrichtet und den Überfall angezettelt.[39]

Die einundvierzig Offiziere und Edelleute waren von den übrigen Soldaten abgesondert worden, weil die Engländer glaubten, für sie Lösegeld bekommen zu können. Sie wurden nach Drogheda gebracht und den Militärbehörden überstellt. Diese widerstanden der Versuchung, für die Gefangenen Lösegeld zu verlangen, und töteten alle, auch den Kommandanten Don Diego de Cordoba.[40]

In England waren bei den ersten Gefechten mit der Armada einige Spanier gefangengenommen worden. Drake behandelte ihren Befehlshaber außerordentlich höflich. Der Staatsrat ordnete an, daß die gemeinen Soldaten ins Bridewell-Gefängnis nach London gebracht und dasselbe Essen und dieselbe Behandlung erhalten sollten wie die englischen Seeleute, die in Spanien inhaftiert waren. Außerdem sollten alle Flamen und Niederländer, die gegen ihren Willen zum Dienst in der Armada herangezogen worden waren, auf freien Fuß gesetzt werden.[41]

Elisabeth verhandelte sofort mit Parma über den Freikauf der Gefangenen. Sie war bereit, alle Soldaten mit Ausnahme der höchsten Offiziere freizulassen. Letztere sollten bis zur Zahlung eines hohen Lösegelds festgehalten werden. Die übrigen Gefangenen übergab sie den englischen Kaufleuten, deren Diener in Spanien gefangengehalten wurden oder deren Eigentum in Spanien beschlagnahmt worden war, damit sie mit den Spaniern private Vereinbarungen über den Austausch der Gefangenen treffen oder die spanischen Gefangenen freilassen konnten, wenn sie für den Verlust ihres Eigentums entschädigt worden waren. Die meisten waren noch vor Ende des Winters nach Hause zurückgekehrt.[42]

Am 14. September schrieb Elisabeth Fitzwilliam und dem Rat in Dublin, sie habe erfahren, daß die Armada Kurs auf Irland halte und möglicherweise dort landen und einen Brückenkopf errichten werde, bis aus Spanien Verstärkung eintreffe. Sie befahl Fitzwilliam, gegen die Spanier zu marschieren und sie zu vernichten. Der Staatsrat bat Fitzwilliam, über alle Gefangenen Meldung zu machen. Außerdem sollte ein Beamter nach Irland geschickt werden, der die Anführer der Spanier kannte und sich um die Kriegsgefangenen kümmern sollte. Der Graf von Ormond, der sich mit Elisabeth in St. James aufhielt, schrieb an Fitzwilliam, wenn Sidonia gefangengenommen werde, solle er mit großem Respekt behandelt werden. Er dürfe auf keinen Fall in Ketten gelegt werden und solle sein Pferd behalten. Die anderen Gefangenen sollten in Galway, Clonmel, Kilkenny und Waterford in Gewahrsam genommen werden.[43]

Fitzwilliam teilte Elisabeth mit, er werde gegen die 3 000 Spanier in Ulster marschieren. Zudem habe er eine Proklamation erlassen, worin er allen Schonung anbiete, die sich ergeben wollten. Außerdem halte er es für klug, von einer Bestrafung der Iren abzusehen, die den Eindringlingen Unterschlupf gewährt hätten. Elisabeth und der Staatsrat billigten sein Vorgehen.[44] Doch als Fitzwilliam wissen wollte, was er mit den Spaniern tun solle, »die zweifellos gerne Gefangene wären«[45], blieb der Rat offenbar die Antwort schuldig. Eine Anzahl von Spaniern, die sich ergaben, wurden geschont und als Gefangene nach England geschickt. Aber Fitzwilliam erklärte dem Rat, er habe die meisten Spanier hinrichten lassen, bevor er das Gnadenangebot gemacht habe.[46]

Auch die Berichte Sir Richard Binghams, der früher in der spanischen Armee gedient, aber erst vor kurzem in den Niederlanden gegen die Spanier gekämpft hatte, illustrieren das Vorgehen der Engländer. Bingham erklärte Fitzwilliam, sein Bruder George habe sieben- bis achthundert Spanier in Mayo, Thormond und Galway über die Klinge springen lassen oder »auf die eine oder andere Weise hingerichtet«. Elisabeth teilte er mit, er selbst habe die 1 100 Überlebenden der Armada in Sligo gefangengenommen und alle hingerichtet, mit Ausnahme von 30 Offizieren und vornehmen Edelleuten, für die er sich ein hohes Lösegeld erhoffe. Außerdem habe er fünf oder sechs jungen Niederländern, alle noch Knaben oder ganz junge Männer, das Leben geschenkt, weil sie erklärten, gegen ihren Willen von den Spaniern zum Dienst in der Flotte verpflichtet worden zu sein. Er habe sie in die Obhut mehrerer englischer Edelleute gegeben, nachdem sie versprochen hätten, sich zu ergeben, als er sie dazu aufgefordert habe. Doch ein paar Wochen später sei Fitzwilliam in Athlone eingetroffen und habe befohlen, die 30 überlebenden Offiziere und die jungen Niederländer hinzurichten.[47]

In dieser Zeit der allgemeinen Freude in England, die in einem Dankgottesdienst am 24. November in St. Paul's gipfelte, an dem auch Elisabeth teilnahm, hatte die Königin eher Grund zur Trauer.[48] Am 4. September war Leicester im Alter von sechsundfünfzig Jahren in seinem Haus in Oxfordshire gestorben, kaum einen Monat, nachdem Elisabeth mit ihm in Tilbury gewesen war. Es ging das Gerücht um, er sei von Sir Christopher Blunt vergiftet worden, der später Leicesters Witwe heiratete, doch kann kein Zweifel bestehen, daß Leicester eines natürlichen Todes gestorben ist. Am 27. August hatte er Elisabeth in einem Brief gebeten, einem alten Diener einen Gefallen zu tun. Unten auf der Seite vermerkte Elisabeth: »Sein letzter Brief.« Sie bewahrte ihn bis zu ihrem Tod in einer Schatulle neben ihrem Bett auf. Leicesters Witwe Lettice hatte sie jedoch nie gemocht, und deshalb zwang sie sie jetzt, einen Großteil seines Besitzes zu verkaufen, um die Schulden zu begleichen, die Leicester bei der Krone hatte. Dabei berücksichtigte Elisabeth nicht einmal den Schmuck, den Leicester ihr in seinem Testament vermacht hatte.[49]

# 27

## Meutereien und Mißerfolge

Während die englischen Seeleute die Armada besiegten, waren Elisabeths Truppen in den Niederlanden in ein weniger ruhmreiches Unternehmen verwickelt. Es überrascht kaum, daß der Name »Geertruidenberg« nicht wie die »spanische Armada« in die Annalen der englischen Geschichte eingegangen ist.

Im August 1588 waren in den Niederlanden offiziell 7 400 englische Soldaten stationiert. Die Generalstaaten beschwerten sich jedoch, daß es in Wirklichkeit nur 5 741 Soldaten seien, weil die englischen Kompanien nicht in voller Stärke angetreten seien. Der Sold für die Soldaten wurde den Befehlshabern ausbezahlt, und es war allgemein üblich, daß die Befehlshaber die Zahl der Soldaten in ihren Kompanien reduzierten und dann den Sold für die volle Stärke in Empfang nahmen und den Rest in die eigene Tasche steckten. Elisabeth klagte ihrerseits ständig darüber, daß die Generalstaaten ihren Anteil an den Kosten der Unternehmungen nicht bezahlten. Der Staatsrat der Niederlande sah sich dazu nicht imstande, da das Volk der Niederlande zwar fest entschlossen war, seine Freiheit zu verteidigen, die Kaufleute sich aber nur widerwillig an den Kosten der Kämpfe beteiligten. [1]

Eine der Haupteinnahmequellen des niederländischen Staatsrats waren die Gelder, die die Kaufleute für Lizenzen bezahlen mußten, um mit den von Spanien besetzten Gebieten Handel treiben zu können. Für das Denken des 20. Jahrhunderts erscheint es seltsam, daß ein Staat einen Krieg mit Gebühren finanziert, die seine Bürger bezahlen, um mit dem Feind Handel treiben zu können. Auch Elisabeth konnte sich nicht damit abfinden, wenn auch aus einem ganz anderen Grund als 1572, als sie schon einmal dagegen Einspruch erhoben hatte. Nachdem sie jahrelang dagegen protestiert hatte, daß sich die Wassergeusen in den Handel ihrer Untertanen mit den von Spanien besetzten

Niederlanden einmischten, hatte sie jetzt ein Handelsverbot mit allen Königreichen Philipps verhängt, und sie verlangte, daß die Generalstaaten jeden Bürger mit dem Tode bestraften, der mit dem Feind Handel trieb. Englische Kriegs- und Kaperschiffe auf dem Kanal und in der Nordsee fingen englische, niederländische, dänische, schwedische und hanseatische Schiffe ab, und alle Waren, die für Spanien oder die von Spanien besetzten Gebiete der Niederlande bestimmt waren, wurden beschlagnahmt, auch wenn die Spediteure von den Generalstaaten eine Lizenz erhalten hatten. Die Kaufleute suchten nach Auswegen: Sie transportierten Waren aus Holland und Seeland, die für Antwerpen und andere, von Spanien besetzte Städte bestimmt waren, auf den Binnengewässern. Einige Kaufleute aus Amsterdam verschifften Waren nach Spanien auf dem Umweg über Schottland, um den englischen Kriegsschiffen aus dem Weg zu gehen.[2]

Mit dem Geld für die Lizenzen konnte der Staatsrat sein Budget jedoch nicht ausgleichen. Im Mai 1588 betrugen die Einnahmen 20 000 Pfund im Monat, während die Ausgaben sich auf 23 000 Pfund beliefen.[3] Aufgrund der mangelnden Einkünfte war es schwierig, die Söldner zu bezahlen.

Eine der Söldnerkompanien, die bei den Generalstaaten in Sold standen, war in Geertruidenberg stationiert, einer Kleinstadt am Rhein an der Grenze zwischen Holland und Seeland. Geertruidenberg war Erbbesitz des Grafen Moritz von Nassau, eines Sohnes Wilhelm von Oraniens. Wenn Parma Geertruidenberg einnahm, stand ihm der Weg nach Holland offen. Der Sold für die Garnison stand schon seit Monaten aus, und im April 1588 meuterten die Soldaten. Sie entwaffneten die Zivilbevölkerung und sperrten die führenden Mitglieder des Stadtrats ein. Sie weigerten sich, weiterhin in der Armee der Generalstaaten zu dienen, waren aber bereit, Soldaten der Königin von England zu werden und sich unter das Kommando eines von Elisabeth ernannten Befehlshabers zu stellen, wenn sie umgehend den Sold für dreiundzwanzig Monate zum Tagessatz von einem Schilling erhielten, obwohl die englischen Soldaten in den Niederlanden nur acht Pfennige am Tag bekamen. Das ergab eine Summe von 210 000 Gulden. Stieß ihr Angebot auf Ablehnung, wollten sie mit Parma verhandeln, wieviel er ihnen für die Übergabe der Stadt bezahlen würde.

Elisabeth machte zwischen Meutereien ihrer eigenen Soldaten und fremder Söldner einen Unterschied, wie sie wenig später die englische Garnison in Ostende wissen lassen sollte.[4] Die Engländer waren verpflichtet, ihrer rechtmäßigen Königin und ihrem Land zu dienen. Aber fremde Söldner mußten ihren Dienst nur gemäß den Vertragsbedingungen erfüllen und hatten das Recht, zu meutern, wenn die Anwerber vertragsbrüchig wurden und keinen Sold zahlten. Jedenfalls wollte Elisabeth weder Soldaten noch Geldmittel einsetzen, um die Meuterei in Geertruidenberg zu beenden, da damals täglich mit der Armada zu rechnen war. Sie erklärte sich bereit, die Garnison von Geertruidenberg unter einem von ihr ausgewählten Kommandeur in Dienst zu nehmen, die Stadt für die Generalstaaten zu halten und dafür zu sorgen, daß Moritz von Nassau seine Pacht erhielt, unter der Bedingung, daß die Generalstaaten die Kosten übernahmen und den Söldnern umgehend die 210 000 Gulden auszahlten.

Die Generalstaaten waren empört. Sie erklärten, sie könnten das Geld unmöglich aufbringen, und ihr Vertrag mit Elisabeth enthalte keine Klausel, wonach sie die Söldner entlohnen müßten, die in Elisabeths Dienst stünden. Aber Lord Willoughby überzeugte sie davon, daß sie keine andere Wahl hatten, wenn Geertruidenberg gegen Parma verteidigt werden sollte. Moritz versprach, den Söldnern das Geld so bald wie möglich zu schicken. Doch als Willoughby am 21. Juli (n. Z.) nach Geertruidenberg kam und erklärte, die Zahlung der 210 000 Gulden werde sich etwas verzögern, sagten die Anführer der Meuterer verärgert, sie würden mit Parma verhandeln, wenn sie das Geld nicht innerhalb von achtundvierzig Stunden bekämen.

Willoughby überredete die Meuterer, den Generalstaaten noch etwas Zeit zu geben, um das Geld aufzubringen. Am 26. Juli (n. Z.) kamen Moritz und Willoughby nach Geertruidenberg und übergaben den Meuterern 210 000 Gulden in Gold. Das war drei Tage, bevor die Armada auf der Höhe von Kap Lizard gesichtet wurde.[5]

Elisabeth ernannte Hauptmann Schenck zum Befehlshaber der Garnison in Geertruidenberg. Schenck hatte früher in der Armee Don Juans d'Austria in den Niederlanden gedient und Elisabeths Gesandten Rogers auf dem Weg nach Deutschland gefangengenommen. Aber sein Vertrag mit den Spaniern war abgelaufen, und er war auf der Suche nach einer neuen Beschäftigung. Die Männer in Geertruidenberg lehnten Schenck ab, weil er ihnen zu brutal und autoritär war. Zu Schencks Empörung veranlaßte Willoughby Elisabeth, Schencks Ernennung rückgängig zu machen und ihm selbst freie Hand zu geben, im Einvernehmen mit den Söldnern einen anderen Befehlshaber zu bestimmen. Willoughby einigte sich mit ihnen auf seinen Schwager Sir John Wingfield.[6]

Im August meuterte die englische Garnison in Ostende. Die Soldaten waren verärgert, weil ihr Sold ausstand und der von Elisabeth bestellte Proviantlieferant Mr. Cox für den Proviant zu viel berechnete.[7] Zu einer Zeit, wo man den Scheffel Weizen auf jedem Markt in England für 12 Pfennige kaufen konnte, verlangte Cox von den Soldaten 14 Pfund für 70 Barrel, viermal so viel, wie er in England dafür bezahlen mußte. Cox verkaufte den Soldaten gesalzene Butter für 18 Schillinge das Faß zu 52 Pfund, während in England die entsprechende Menge 13 Schillinge kostete. Außerdem war »die Butter so ranzig und widerlich, daß man sie nicht essen konnte«. Er lieferte »verdorbenen, stinkenden und ungenießbaren Käse« für drei Pfennige das Pfund, obwohl in England der beste Käse aus Suffolk schon für eineinhalb Pfennige das Pfund zu bekommen war.[8] Doch Cox versicherte Elisabeth, nach Abzug der Kosten für den Transport nach Ostende bleibe für ihn nur eine kleine Verdienstspanne übrig. Was die Qualität der Nahrungsmittel betraf, so berichtete Sir John Conway, der Kommandant der Garnison, bis auf eine Lieferung Käse und Butter sei daran nichts auszusetzen gewesen.[9]

Am 28. August brachte einer von Cox' Angestellten eine neue Lieferung Getreide nach Ostende. Die Soldaten warfen den Mann in den Fluß und machten Krawall. Als Conway nach einem Spieß griff und die Ordnung wiederherstellen wollte, sperrten sie ihn und ihre Offiziere in die Festung. Dann schickten die Soldaten eine Abordnung zu Elisabeth nach St. James, um ihr zu versichern, daß sie treue Untertanen und wahre Engländer seien, die ihr stets loyal dienen und niemals zum Feind überlaufen würden.[10]

Elisabeth erklärte, sie habe von den Klagen über Cox gehört und bereits eine Überprüfung seiner Geschäfte veranlaßt. Das rechtfertige jedoch nicht ihre Meuterei und die Gefangensetzung ihres Kommandeurs.[11] Sie sollten sich bedingungslos fügen, da es für »Untertanen wie sie« unpassend sei, »ihrem natürlichen Fürsten und Souverän gegenüber auf Vereinbarungen zu bestehen«.[12] Wenn sie sich fügten, könnten sie von jeder Kompanie vier Soldaten nach Flushing schicken, um bei der Untersuchung gegen Cox auszusagen, und sie könnten sicher sein, daß sie nicht bestraft würden.

Auf Anraten Conways gewährte Elisabeth allen Meuterern Pardon, die daraufhin Conway und die Offiziere freiließen und den Dienst wieder aufnahmen. Doch wenige Wochen später zettelten Unruhestifter in Ostende eine neue Meuterei an. Sie nahmen Conway gefangen und ließen ihn erst frei, nachdem er versprochen hatte, ihren Sold zu erhöhen und ihnen das Geld notfalls aus der eigenen Tasche auszuzahlen, wenn die Regierung es versäumte. Um dieselbe Zeit meuterte die Garnison in Bergen-op-Zoom wegen des noch ausstehenden Solds. Diese beiden Ereignisse brachten Conway und Willoughby zu der Überzeugung, daß strengere Methoden angewandt werden mußten.

Conway machte sich die Loyalität der Meuterer gegenüber der Königin und England zunutze. Er behauptete einfach, die Spanier wollten Ostende angreifen, und sofort nahmen die Soldaten ihren Dienst wieder auf und bemannten die Verteidigungsanlagen. Conway vereinbarte mit Willoughby, daß eine weitere Kompanie mit dreihundert englischen Soldaten nach Ostende geschickt werden sollte, um die widerspenstige Garnison unter Kontrolle zu halten. Zunächst wollten die Meuterer die Soldaten nicht in die Stadt lassen. Als Conway ihnen aber sagte, die Soldaten kämen als Verstärkung im Hinblick auf den erwarteten feindlichen Angriff, lenkten sie ein. Am 28. Oktober teilte der Staatsrat Willoughby mit, es sei im Hinblick auf das Ansehen der Königin notwendig, an einigen Rädelsführern in Ostende und Bergen-op-Zoom ein Exempel zu statuieren. Er solle dafür sorgen, daß die Hinrichtungen in beiden Städten am selben Tag stattfänden, damit keine der beiden Garnisonen vorgewarnt sei.[13]

Am 16. November marschierte Kommandeur Thomas Wilson mit dreihundert Mann in Ostende ein, ohne bei den Meuterern auf Widerstand zu stoßen, auch wenn einige von ihnen »deswegen murrten«. In derselben Nacht wurden mehrere Rädelsführer verhaftet, und innerhalb der nächsten Tage wurden dreizehn von ihnen gehängt. Weitere Missetäter wurden aus Ostende verbannt und aus der Armee ausgestoßen. Die übrigen nahmen ihren Dienst wieder auf.[14] Auch die Hinrichtungen in Bergen-op-Zoom stießen nicht auf Widerstand.

Die Söldner in Geertruidenberg waren ein anderer Fall. Da es ihnen an Patriotismus mangelte, war es für die Behörden schwerer, mit ihnen zurechtzukommen. Einen Monat nach Erhalt der 210 000 Gulden verlangten sie noch mehr Geld und plünderten die benachbarten Farmen und Dörfer. Sie hielten die Schiffe an, die den Rhein hinunterfuhren und mit Genehmigung der Generalstaaten Güter von Holland in die spanischen Gebiete transportierten, und behielten die Waren so lange ein, bis die Besitzer für die Freigabe der Waren bezahlten. Die Briefe und Forderungen der Söldner wurden stets von ihrem Kommandeur Sir John Wingfield unterzeichnet. Deshalb glaubten die Generalstaaten und das Volk der Niederlande, Elisabeth unterstütze die Meuterer. Doch Sir Thomas Bodley, den Elisabeth zu ihrem Stellvertreter in Den Haag ernannt hatte, erklärte, obwohl Wingfield nominell Statthalter von Geertruidenberg sei, werde die Stadt in Wirklichkeit von einem Komitee der Meuterer beherrscht, die Wingfields Namen benutzten. Auf Anordnung Elisabeths versicherte Willoughby Moritz von Nassau in einem Schreiben, er werde alles in seiner Macht Stehende tun, um Geertruidenberg von den Meuterern zu befreien.

Im Februar 1589 erfuhr Moritz, daß die Meuterer insgeheim Verhandlungen mit Parma aufgenommen hatten. Ohne Rücksprache mit dem Staatsrat, Willoughby oder Elisabeth beschloß er, Geertruidenberg gewaltsam zur Raison zu bringen. Am 14. März (n. Z.) traf er mit 200 Schiffen und 4 000 Mann vor Geertruidenberg ein und bombardierte die Stadt. Doch schon nach knapp einer Woche mußte er den Versuch aufgeben, die Stadt im Sturm zu nehmen – vermutlich wegen des schlechten Wetters. Die Generalstaaten baten Willoughby, noch einmal mit den Meuterern zu verhandeln. Aber Moritz hatte den Meuterern die Abschrift eines Briefes von Willoughby geschickt, in dem dieser versprach, Moritz bei der Rückeroberung der Stadt zu helfen. Moritz hatte gehofft, die Meuterer dadurch zur Aufgabe zu bewegen. Das Resultat war, daß die Meuterer nichts mehr mit Willoughby zu tun haben wollten.

In einem Schreiben an Moritz mißbilligte Elisabeth seinen törichten Versuch, Geertruidenberg einzunehmen. Sie versicherte den Meuterern, daß sie den Angriff gegen sie verurteile und es als Verletzung ihrer eigenen Ehre betrachten werde, wenn die Generalstaaten sich weigern sollten, die Forderungen der Meuterer zu erfüllen.* Aber die Meuterer hatten Geertruidenberg bereits Parma übergeben, nachdem dieser sich bereiterklärt hatte, ihnen den Sold von fünfzehn Monaten zu zahlen, jeden Söldner in seine Armee aufzunehmen, der dies wollte, und der Zivilbevölkerung die Wahl zu lassen, entweder in Geertruidenberg zu bleiben oder in das von den Generalstaaten verwaltete Gebiet zu übersiedeln. Wingfield kam als Gefangener nach Breda.

Der Verlust Geertruidenbergs schaffte böses Blut zwischen Elisabeth und den Generalstaaten. Die Lage verschärfte sich noch, als der niederländische Staatsrat in einer Proklamation die gesamte Garnison von Geertruidenberg einschließlich Wingfields des Verrats bezichtigte und jedem eine Belohnung versprach, der einen Angehörigen der Garnison tötete. Die Generalstaaten warfen Elisabeth vor, sie dazu verleitet zu haben, den Meuterern, die Geertruidenberg gar nicht beschützt hätten, 210 000 Gulden zu zahlen und nichts zur Niederschlagung der Meuterei getan zu haben. Elisabeth ihrerseits machte Moritz von Nassau und die Generalstaaten für den überstürzten und dilettantischen Angriff auf Geertruidenberg verantwortlich.[15] Zuletzt hatte die Katastrophe für Elisabeth und die Generalstaaten freilich doch noch ein Gutes. Elisabeth erklärte sich bereit, Moritz als Oberbefehlshaber aller Streitkräfte in den Niederlanden anzuerkennen, und versprach, daß keiner ihrer Offiziere und Diplomaten sich in irgendeiner Weise in die militärischen oder politischen Aktionen der Generalstaaten einmischen werde. Das führte in den Niederlanden zu einem Wiedererwachen des alten Heldenmuts und des Geistes der Selbstaufopferung, die in den Jahren der ärgerlichen Abhängigkeit von Elisabeth allmählich verschwunden waren. Innerhalb kurzer Zeit trugen die Menschen nicht nur bereitwillig zu ihrem eigenen Schutz bei, sondern spendeten auch, mit weit mehr Begeisterung als Elisabeth, für einen Fonds, damit Heinrich von Navarra zur Verteidigung der protestantischen Sache in Frankreich Söldner anheuern konnte.[16]

Im Frühjahr 1589 zog Elisabeth einige ihrer Truppen aus den Niederlanden ab, die an einer Expedition nach Portugal teilnehmen sollten. Drake sollte die Flotte kommandieren, Norris die Landstreitkräfte. Don Antonio und die Flüchtlinge, die sich ihm angeschlossen hatten, sollten die Engländer begleiten und die Portugiesen auffordern, sie zu unterstützen und die spanischen

* Elisabeth änderte Burghleys Entwurf des Briefes ab, um das Ausmaß ihrer Unterstützung der Forderungen der Meuterer etwas zu mildern (siehe *For.Cal.Eliz.*, XXIII, 213).

Eindringlinge zu verjagen. Nach ihrem Sieg über die Armada waren die Engländer siegessicher, denn ein Agent in Spanien hatte berichtet, schon »der Name Drake töte sie«.[17] Doch die Expedition war von Anfang an von Pech verfolgt.

Mendoza wurde von Stafford über Drakes Pläne informiert. Noch weitaus wichtigere Hinweise kamen von einem Agenten namens Antonio de Veico, einem Mitarbeiter Don Antonios in London. Bereits am 24. Oktober 1588 schickte er Mendoza die Pläne für die Expedition. Drake stach am 18. April 1589 mit 85 englischen und 60 niederländischen Schiffen in Plymouth in See. An Bord der Schiffe befanden sich 3 000 englische und 900 niederländische Matrosen sowie eine Armee von 11 000 Mann.[18]

Nach sechs Tagen erreichten sie Coruña, griffen die spanischen Schiffe im Hafen an und bombardierten die Stadt. Sie blieben vierzehn Tage in Coruña und kämpften gegen die Spanier, mußten aber Verluste hinnehmen. Mehrere Männer wurden beim Einsturz eines Turms getötet, den englische Pioniere vermint hatten. Anschließend segelten sie in Richtung Süden nach Peniche, fünfundsechzig Kilometer nördlich von Lissabon. Die Soldaten gingen an Land und marschierten nach Lissabon, die Flotte segelte zum Hafen von Lissabon weiter.

2 000 Portugiesen liefen zu Don Antonio über, und die Stadt Torres Vedras ergab sich ihm. Aber Philipps Neffe, der Kardinal-Erzherzog Albert, Erzbischof von Toledo und Vizekönig von Portugal, hatte für eine wirkungsvolle Verteidigung vorgesorgt. Don Antonio erkannte, daß er sich mit seinen Truppen nicht nach Lissabon durchschlagen konnte. Deshalb zog er nach Cascais, nahm die Stadt ein und überredete den Kommandanten der Burg, sie unter ehrenvollen Bedingungen zu übergeben, damit die Garnison abziehen konnte. Als die Garnison in Lissabon eintraf, ließ der Kardinal-Erzherzog den Kommandanten als Verräter hinrichten.

Drake hatte unterdessen festgestellt, daß er Lissabon nicht vom Meer her angreifen konnte, da er über nicht genügend Artillerie für ein dem Sturm vorausgehendes Bombardement verfügte und die zusätzlichen Kanonen, die Elisabeth ihm versprochen hatte, noch nicht eingetroffen waren. Deshalb segelte er nach Cascais und schloß sich Norris und Don Antonio an. Nach drei Wochen auf portugiesischem Boden glaubte Don Antonio, er könne dort nichts mehr ausrichten, da sich ihm nicht genug Portugiesen angeschlossen hätten. Am 13. Juni (n. Z.) schiffte die Armee sich ein, fünf Tage später lichtete die Flotte Anker. Die 2 000 Portugiesen, die sich auf die Seite der Engländer und Niederländer gestellt hatten, blieben ihrem Schicksal überlassen. Viele von ihnen wurden als Verräter hingerichtet, einige englische Soldaten, die gefangen wurden, erlitten dasselbe Schicksal. Andere wurden jedoch geschont, nachdem Drake dem Kardinal-Erzherzog mitgeteilt hatte, wenn Engländer gehängt oder von der Inquisition als Ketzer verbrannt würden, werde er als Vergeltungsmaßnahme Spanier gefangennehmen und aufhängen oder verbrennen lassen.

Auf dem Heimweg nach England griff Drake Vigo an. Er verbrannte die Schiffe im Hafen und einen Teil der Stadt. Santander ließ er unbehelligt. Dort ankerten zwar fünfundfünzig Schiffe, die mit der Armada zurückgekehrt waren, aber Drake hielt die Befestigungsanlagen im Hafen für zu stark. Ein englischer Agent jenseits der französischen Grenze in Saint-Jean-de-Luz berichtete allerdings später, im Hafen von Santander gebe es keine ausreichenden Verteidigungsanlagen und fast alle Schiffskanonen seien für Reparaturen an Land gebracht worden; wenn Drake Santander angegriffen hätte, hätte er die spanische Flotte vernichten können.

Auf dem Rückweg starben viele englische Soldaten und Matrosen an der Pest, eine Art später Rache der Besatzung der Armada, denn die Engländer glaubten, daß Drakes Männer sich die Pest von der verseuchten Kleidung der spanischen Seeleute geholt hätten, deren Leichen bei der Ankunft der Engländer immer noch im Hafen von Coruña lagen und langsam verwesten. Als Drake und seine Männer in Plymouth eintrafen, begannen Nachforschungen und gegenseitige Beschuldigungen. Sir Roger Williams, der an der Expedition teilgenommen hatte, erklärte, mit genügend Artillerie hätte Lissabon eingenommen und gehalten werden können. Andere machten Drake Vorwürfe, weil er die spanische Flotte in Santander nicht vernichtet hatte.[19] Nach seiner mehr als siebzehn Jahre andauernden Glückssträhne hätten ihm seine Landsleute diesen einen Mißerfolg ruhig verzeihen können. Doch Drake wurde sechs Jahre lang nicht mehr auf See geschickt. Totzdem behielt er das Vertrauen der Bürger von Plymouth, die ihn zu ihrem Bürgermeister und Parlamentsabgeordneten wählten. Drake sorgte unter anderem für eine bessere Wasserversorgung der Stadt.[20]

Am 23. Dezember 1588 (n. Z.) hatte Heinrich III. den Herzog von Guise in Blois ermorden lassen, wo der Hof sich aufhielt. Nichts hatte darauf hingedeutet, daß Heinrich sich Guises entledigen wollte, der in den vorausgegangenen fünf Monaten sein Verbündeter und wichtigster Minister gewesen war. Doch an diesem Morgen wurde Guise, der an einer Sitzung des Staatsrats teilnahm, aufgefordert, sich vom Ratssaal in die königlichen Gemächer zu begeben, da ihn der König zu sprechen wünsche. Auf dem Weg dorthin wurde er von Mitgliedern der königlichen Leibgarde, der »Fünfundvierzig«, überfallen. Ein paar hielten seine Arme fest, damit er sein Schwert nicht ziehen konnte, während die anderen mit Dolchen auf ihn einstachen.[21]

Guises Bruder, der Kardinal von Lothringen, der sich ebenfalls in Blois aufhielt, wurde verhaftet und am nächsten Tag auf Befehl Heinrichs III. erdrosselt. Heinrich wollte auch den dritten Bruder töten, den Herzog von Mayenne, der in Lyon weilte. Aber Mayenne wurde gewarnt, daß die Mörder unterwegs seien, und konnte fliehen.[22] Er ging nach Paris, wo er und seine Schwester, die Herzogin von Montpensier, alle frommen Katholiken aufforderten, Guise zu rächen, der wegen seiner Treue zur katholischen Kirche von dem verräterischen König auf schändliche Weise ermordet worden sei.

Unter der Führung des Revolutionskomitees der Sechzehn kamen die Einwohner von Paris der Aufforderung nach. Die Priester verurteilten Heinrich III. in ihren Predigten. Ein bewegendes Gedicht wurde gedruckt und verteilt. Es trug den Titel: »Die Trauer und der Jammer der Madame von Guise über den Tod ihres Gemahls, des verstorbenen Herzogs von Guise.« Darin beklagte die Hinterbliebene den Tod von »ihm, den ich die Ketzer bezwingen sah«, und betete zu Gott, daß nicht die »blutige Krone« über den Mord frohlokke.* [23] Vertreter der Theologischen Fakultät der Pariser Sorbonne erklärten, Heinrich III. habe die Krone verwirkt, und auf der Synode der Kirche Frankreichs wurde er exkommuniziert. Der Papst war vorsichtiger und legte sich nicht fest, als Heinrich III. ihn um Absolution für den Mord an dem Kardinal ersuchte. Vom spanischen Hof wurde berichtet, Philipp II. sei über Guises Tod mehr bekümmert als über den Verlust der 20 000 Soldaten der Armada. Parma riet ihm, der Liga in Frankreich eine Armee zu Hilfe zu schicken. Katharina von Medici, die zwei Wochen nach Guises Ermordung starb, erklärte auf dem Sterbebett, ihr Sohn habe einen Fehler begangen, der ihn den Thron kosten werde.[24]

Die Protestanten frohlockten überall. Heinrich von Navarras Ratgeber Du Pin berichtete Walsingham von »Gottes wunderbaren Taten in diesem Königreich«[25], und Buzenal, sein Vertreter in London, versicherte Burghley, »das Ereignis in Blois wird diesen Streit beenden«.** [26] Heinrich III. hoffte auf die Unterstützung jener Katholiken, die Guise und die Liga nicht mochten. Er veröffentlichte eine Erklärung, in der es hieß, Guise habe seit 1585 geplant, ihn der Krone zu berauben und zu ermorden, deshalb habe er ihn als Verräter hinrichten lassen. Heinrich betonte, er habe seine Abscheu vor der Ketzerei dadurch bewiesen, daß er seine Armeen gegen die Hugenotten habe kämpfen lassen. Zwar habe er zu deren Vernichtung noch mehr tun können, doch seine Aufmerksamkeit sei durch Guises verräterische Umtriebe von dieser Aufgabe abgelenkt worden. Er rief seine Untertanen auf, sich geschlossen hinter ihn, ihren König, zu stellen und ihm in den Kampf gegen die Hugenotten zu folgen.[27]

* »A toi mon Dieu, j'adresse ma prière dolante,
Et justice je requiens de la vertu criante,
Ne permets se moquer la couronne sanglante.«

** »Le faict de Blois desmelera cette querelle.«

Als Elisabeth von Guises Tod erfuhr, gratulierte sie Heinrich III. und drängte ihn, wie schon so oft, bei der Unterdrückung der verräterischen Umtriebe der Liga und der katholischen Rebellen auf die Hilfe seiner loyalen Untertanen, der Hugenotten, zu bauen. Als kurz darauf Katharina von Medici starb, beschloß Elisabeth, Wotton zu Heinrich III. zu entsenden, um ihm ihr Beileid zu bekunden. Wotton sollte seinen Anweisungen zufolge, deren Wortlaut auf Walsingham zurückging, dem französischen König erklären, »daß es seine Pflicht ist, künftig einen entschiedenen Kurs einzuschlagen, angesichts der Tatsache, daß er infolge seines bisherigen langen Zögerns und der Nachsicht, mit der er auf die Demütigungen des Herzogs von Guise reagiert hat, zuletzt zu seiner eigenen Sicherheit zur Gewalt greifen und ihm das Leben nehmen mußte«.[28]

Noch vor Wottons Abreise hörte Elisabeth von Stafford aus Vendôme. Heinrich III. hatte Elisabeths Brief gelesen und Stafford erklärt, er sei nicht erbaut darüber, daß sie ihm geschrieben habe, da seine Stellung bei den Katholiken gefährdet sei, wenn er als ihr Verbündeter gelte. Sie solle ihm deshalb vergeben, wenn er ihren Brief zum gegenwärtigen Zeitpunkt nicht beantworte.[29] Elisabeth hatte Verständnis und schickte Wotton nicht nach Frankreich.

Sie tat gut daran, die Entwicklung der Dinge abzuwarten. Obwohl Heinrich III. von vielen loyalen Katholiken unterstützt wurde, merkte er bald, daß er ohne die Hilfe der Hugenotten nichts gegen die Liga ausrichten konnte. Er nahm heimlich Verhandlungen mit Heinrich von Navarra auf. Am 30. April 1589 trafen die beiden sich in Plessis-les-Tours und beschlossen, gemeinsam gegen die Rebellen der Liga Krieg zu führen. Heinrich III. bat Elisabeth um ein Darlehen, um in Deutschland 8 000 Reiter und 14 000 Fußsoldaten anheuern zu können. Er schickte einen Abgesandten nach London, der im Verlauf der zweimonatigen Verhandlungen die geforderte Summe von 27 000 Pfund auf 60 000 Pfund hinaufschraubte. Unterdessen besiegten Heinrich III. und Heinrich von Navarra mit einer Armee von 30 000 Mann bei mehreren Gefechten die Truppen der Liga, und Mitte Juli standen sie schon vor Paris. In der Stadt verfügten Mayenne und die Liga nur über 5 000 Soldaten, und die Vorräte reichten nur noch für wenige Wochen.[30] Es sah so aus, als würde Paris fallen. Dann würde, wie ein französischer Flüchtling in London an Walsingham schrieb, die Bestrafung der Pariser die anderen Städte so überraschen und ihnen solche Angst einjagen, daß sie sich dem König ergeben würden.[31]

Elisabeths Reaktion auf die Bitte Heinrichs III. um Geld zeigt, wie wenig ihre Außenpolitik von religiösen Sympathien und wie sehr sie von nüchternen Überlegungen zum nationalen Nutzen beeinflußt war. Außerdem wird deutlich, daß Elisabeth durchaus bereit war, ihre übliche Sparsamkeit aufzugeben, wenn sie glaubte, sich dadurch Vorteile zu verschaffen. Es war klar, daß die entscheidenden Schlachten im Kampf mit Spanien in Kürze in Frankreich ausgetragen und Philipp II. und Parma der Liga Truppen zu Hilfe schicken würden. Und England war ernsthaft gefährdet, wenn die Liga weiterhin als Verbündete des Königs von Spanien die Normandie und die Kanalhäfen hielt. Dagegen war es von großem Vorteil, wenn der Anführer des Kampfes gegen Spanien in Frankreich nicht nur der rechtmäßige, sondern auch ein katholischer König war, der mit der Loyalität vieler französischer Katholiken und mit der Unterstützung der Protestanten rechnen konnte. Elisabeth hielt es für eine bessere Investition, Heinrich III. finanziell zu unterstützen, als streitende protestantische Rebellen in den Niederlanden, eine unliebsame hugenottische Minderheit in Frankreich oder gar englandfreundliche Lords in Schottland zu subventionieren. Deshalb entsprach sie lieber dem Gesuch des papistischen Heinrich III., der einer der Initiatoren des Massakers der Bartholomäusnacht gewesen war, als auf die mitleiderregenden Hilfsappelle ihrer Glaubensbrüder zu hören, deren Kampf für die protestantische Sache gegen eine überwältigende gegnerische Übermacht bei den protestantischen Engländern so große Begeisterung auslöste.

Obwohl Elisabeth für ihre eigenen Unternehmungen auf See gegen die Spanier Geld brauchte und bereits mit Bankiers in Frankfurt und Augsburg über ein Darlehen von 100 000 Kronen zu einem Zinssatz von zehn Prozent verhandelte, bot sie offenbar aus eigener Initiative an, Heinrich III. weitere 327 000 Kronen (60 000 Pfund) zu leihen.[32] Sie reagierte damit grundlegend anders als in den vorangegangenen zwanzig Jahren, als die niederländischen Protestanten sie um Geld gebeten hatten. Am 23. Juli bat der Staatsrat den Bürgermeister von London, der Königin eine Bürgschaft über 60 000 Pfund auszustellen, die sie in Deutschland »für einen bestimmten Zweck« aufnehmen wolle.[33] Elisabeth wußte noch nicht, daß tags zuvor – am 1. August (n. Z.) – ein Jakobinermönch namens Jacques Clément von Paris nach Saint-Cloud gekommen war, sich unter dem Vorwand, er könne ihm einen geheimen Zugang nach Paris zeigen, Zutritt zum König verschafft und Heinrich III. mit einem Dolch schwer verletzt hatte. Heinrich starb sieben Stunden später.[34]

Dieser Königsmord wurde von den Protestanten mit großer Empörung aufgenommen. Clément blieb freilich ein qualvoller Tod erspart, da Heinrich III. den Attentäter im Handgemenge getötet hatte. Der Mord an Heinrich III. galt als weiteres Beispiel für die mörderischen Pläne der Papisten. Ungefähr ein Jahr später wurde Christopher Marlowes Drama *The Massacre at Paris* in London aufgeführt. Das Stück beginnt mit dem Massaker der Bartholomäusnacht, aber Marlowe verurteilt die Ermordung Heinrichs III. in der letzten Szene noch schärfer als das Massaker selbst. Der sterbende König wendet sich an Heinrich von Navarra:

Navarra, deine Hand. Hier schwör' ich dir,
Die schlimme Kirche Roms zu stürzen,
Die solche blutigen Taten ausheckt;
Und hier beteuere ich dir ewige Liebe,
Und auch der Königin von England,
Die Gott gesegnet hat, weil sie den Papst verachtet.[35]

Doch im Frankreich der Jahre 1588 und 1589 machte sich Mord wieder einmal bezahlt. So wie der Mord an Guise der katholischen Sache einen schweren Schlag versetzt hatte, bewahrte der Mord an Heinrich III. Frankreich vor einer drohenden Niederlage. Heinrich von Navarra wurde im Lager von Saint-Cloud sofort als Heinrich IV. zum König ausgerufen, und einige der Katholiken der königlichen Armee waren bereit, ihn als König anzuerkennen und weiter unter ihm zu dienen. Viele von ihnen weigerten sich jedoch, für einen ketzerischen König zu kämpfen, obwohl er versprach, den katholischen Glauben als Staatsreligion beizubehalten, die Edikte Heinrichs III. gegen die Protestanten in Kraft zu lassen und sich von Priestern im Hinblick auf einen Übertritt zum Katholizismus beraten zu lassen. Da Heinrichs Armee immer mehr zusammenschrumpfte, konnte er Paris nicht weiter belagern. Er beschloß, in die Normandie zu marschieren und Dieppe zu besetzen, einen Kanalhafen, von dem aus er den Kontakt zu England aufrechterhalten konnte. Denn es war klar, daß sein Überleben von der Hilfe Elisabeths abhing.[36]

# 28

## Essex

Zwei Monate nach dem großen Sieg über die Armada wurden allgemeine Parlamentswahlen abgehalten, und am 4. Februar 1589 trat das neue Parlament zusammen. Der Lordkanzler Sir Christopher Hatton eröffnete die Sitzung mit einer eindrucksvollen Rede, in der er den gegenwärtigen Papst Sixtus V., »der seine Vorgänger noch an Willkür und Grausamkeit übertrifft«, ganz besonders aber »diesen verruchten Priester, diesen schamlosen Atheisten und blutigen Kardinal Allen« scharf kritisierte. Anschließend wandte er sich dem Feind zu, der Elisabeth im Augenblick die größte Sorge bereitete – den Puritanern und ihren Anhängern im Unterhaus. Er teilte den Abgeordneten mit, die Königin habe angeordnet, daß »sich diese Versammlung nicht so viel wie früher mit derlei Angelegenheiten und Religionsfragen befassen soll, außer wenn es gilt, die zu bändigen, die mit dem gegenwärtigen Zustand unzufrieden sind, seien es nun Papisten oder Puritaner«.[1]

Die Auseinandersetzung mit den Puritanern war schärfer geworden. Im Herbst 1588 veröffentlichte eine kleine Gruppe von Presbyterianern unter dem Pseudonym »Martin Marprelate« eine Reihe von sarkastischen und grob polemischen Schriften gegen die Bischöfe. Die Autoren waren vermutlich John Penry, ein walisischer Geistlicher, und Job Throckmorton, ein Edelmann aus Warwickshire. Da ohne Genehmigung eines Bischofs nichts veröffentlicht werden durfte, wurden die Schriften illegal in einem Privathaus in East Molesey in Surrey gedruckt. Als die Behörden davon Wind bekamen, gingen Penry und Throckmorton nach Warwickshire. Dort brachten sie ihre Druckerpresse von einem Ort zum anderen, um nicht entdeckt zu werden. Whitgift postierte Geheimagenten in den Londoner Buchhandlungen, um die Verteiler zu verhaften und die Exemplare der Schriften zu beschlagnahmen.[2] Doch die Exemplare wurden heimlich in Umlauf gebracht und von vielen gelesen.

Die Druckerpresse wurde von Warwickshire nach Lancashire gebracht, und nachdem die Behörden ein Jahr lang ohne Erfolg nach ihr gesucht hatten, wurde sie schließlich in Manchester entdeckt und zerstört. Im Frühjahr 1590 wurde Throckmorton mit mehreren anderen puritanischen Verfassern von Flugschriften verhaftet. Penry konnte nach Schottland entkommen. Elisabeth verlangte seine Auslieferung, aber die Pfarrer der Kirche von Schottland wollten nicht, daß Jakob VI. ihrer Bitte nachkam. Penry predigte in Edinburgh, wo er Elisabeth zum ersten Mal öffentlich anprangerte, weil sie sich gegen Christus gewandt und zugelassen habe, daß Whitgift die Puritaner unterdrücke.

Einige Zeit später forderte Jakob VI. Penry auf, Schottland zu verlassen. Er kehrte nach London zurück, wo er erkannt und verhaftet wurde. Er wurde wegen Hochverrats vor Gericht gestellt, weil er die Königin in seiner Predigt in Edinburgh öffentlich geschmäht hatte, und zum Tod durch Erhängen, Strekken und Vierteilen verurteilt. Er durfte jedoch so lange am Galgen hängen bleiben, bis er tot war. Seine beiden Kollegen Barrow und Greenwood wurden nach dem Gesetz verurteilt, das im Jahr 1581 gegen die Papisten erlassen worden war. Danach war es ein Verbrechen, staatsgefährdende Schriften zu veröffentlichen. Beide wurden ebenfalls hingerichtet. Throckmorton bestritt, die Briefe unter dem Pseudonym »Martin Marprelate« verfaßt zu haben, und wurde zu gegebener Zeit freigelassen.

Im Februar 1593, auf dem Höhepunkt der Kampagne gegen die Puritaner, trat ein neues Parlament zusammen. Elisabeth machte von Anfang an deutlich, daß sie keine Kritik von seiten der Parlamentarier dulden werde. Dies erklärte Sir John Puckering, der nach Hattons Tod zum Lordsiegelbewahrer ernannt worden war, in seiner Antwort auf die traditionelle Bitte des Speakers an die Königin, die Privilegien des Unterhauses zu garantieren. »Was die Redefreiheit betrifft, so gebietet mir Ihre Majestät, Ihnen zu sagen, daß Gott nicht will, daß bei der Annahme oder Ablehnung von Gesetzentwürfen jemand zurückgehalten wird oder Angst hat, nach seinem Gutdünken zu antworten, sondern er soll vielmehr eine kurze Begründung geben und dabei frei reden dürfen. Das ist die wahre Freiheit des Parlaments. Nicht, wie einige vermuten, von allen Dingen zu sprechen, wie es einem gerade beliebt, und eine Form der Religion oder der Regierung zu entwerfen, wie sie trägen Geistern am passendsten erscheint. Sie sagt, kein König, der seiner Stellung würdig ist, wird derlei Unsinn dulden... Sie hofft, keiner der hier versammelten Männer sehnt sich so sehr nach seinem Untergang, daß er seine eigene Sicherheit auf solche Weise in Gefahr bringen wollte.«[3]

Religion war nicht das einzige Thema, das für die Parlamentarier tabu war. Peter Wentworth, der 1576 wegen seiner Äußerungen im Unterhaus ein paar Wochen im Gefängnis verbracht hatte, kam auf die Thronfolge zu sprechen. Er trat für den Anspruch Jakobs VI. von Schottland ein. Er bat das Parlament, eine Petition an die Königin zu unterstützen, in der die Regelung der Thronfolge gefordert wurde, und lud eine kleine Gruppe von Abgeordneten ein, die Frage mit ihm in seinen Räumen zu erörtern. Vermutlich waren es solche privaten Zusammenkünfte von Parlamentariern, die Elisabeth am meisten beunruhigten. Sie ließ Wentworth und mehrere seiner Kollegen verhaften, weil sie sich in Angelegenheiten einmischten, die über ihren Stand hinausgingen. Während seine Kollegen bald wieder freigelassen wurden, mußte Wentworth vier Jahre bis zu seinem Tod im Tower bleiben.[4]

Der puritanische Abgeordnete James Morice hatte sich strikt geweigert, Wentworths Einladung zu diesen Treffen Folge zu leisten. Er erklärte, er werde »weder in diesem Fall noch in irgendeiner anderen Sache des Parlaments mit jemandem konferieren«.[5] Morice legte jedoch im Unterhaus einen Gesetzentwurf gegen den Amtseid vor, den Whitgift und seine Vertreter den puritanischen Geistlichen aufzwangen, wenn sie vor die kirchlichen Gerichte zitiert wurden. Whitgift war beunruhigt. Er schrieb Elisabeth, Morice wolle die Puritaner schützen, »die wie in Schottland eine neue kirchliche Verwaltung einführen und, soweit sie sich trauen, die Machtbefugnisse Eurer Majestät in kirchlichen Angelegenheiten in Frage stellen wollen ... Am Ende wird Eure Majestät feststellen, daß diejenigen, die jetzt die kirchliche Rechtsprechung anfechten, auch die weltliche schwächen und sogar Könige und Fürsten ihrer Kritik aussetzen wollen.«[6] Elisabeth war sich dessen durchaus bewußt. Noch ehe sie Whitgifts Brief erhielt, hatte sie Morices Verhaftung angeordnet. Er wurde jedoch bereits nach achtundfünfzig Tagen wieder freigelassen.

Das Parlament verabschiedete ein neues Statut gegen staatsgefährdende Aktivitäten von Papisten und Puritanern. Während die Papisten Bußgelder zahlen sollten, sollten die Puritaner aus dem Reich verbannt werden. Elisabeth hielt die Puritaner inzwischen für eine größere Bedrohung als die Papisten, und die Puritaner wurden jetzt strenger verfolgt, als andere protestantische Sekten – von den niederländischen Wiedertäufern 1575 abgesehen – seit der Zeit Königin Marias in England verfolgt worden waren. Die Puritaner beschwerten sich sogar, daß sie in Lancashire, wo den Katholiken seit je große Sympathie entgegengebracht wurde, vor Assisengerichte gestellt und von Richter Walmesley abgeurteilt würden, der angeblich mit den Katholiken sympathisierte und dessen Frau als katholische Rekusantin wegen des illegalen Besuchs der Messe angeklagt worden war.[7]

Am 10. April 1593 erschien Elisabeth im Oberhaus und löste das Parlament auf. Wie üblich hielt sie eine eindrucksvolle, wenn auch etwas weitschweifige Rede. »Ihr hattet manch weiseren Fürsten als mich, aber, einen einzigen ausgenommen – den ich mit dem Respekt eines Kindes achten muß und dem ich zutiefst verbunden bin –, keinen, dessen Liebe und Fürsorge größer sein könnte als die meine oder der sich mehr wünschte, künftigen

Euch drohenden Gefahren vorzubeugen oder ihnen zu widerstehen, als ich. Das sage ich Euch in Liebe und um Euch besorgt.«[8] Es überrascht nicht, daß Elisabeth wenige Wochen nach der Hinrichtung Penrys und der anderen Puritaner an Heinrich VIII. dachte und ihn als den einzigen englischen Souverän bezeichnete, dessen Liebe und Fürsorge für sein Volk noch über die ihre hinausgegangen sei. Unter Liebe und Fürsorge verstand sie die unbarmherzige Entschlossenheit, die Aufwiegelung des Volkes durch Unruhestifter zu verhindern, welche die religiöse Uniformität und die bestehende Ordnung in Frage stellten und England zu Revolution und Bürgerkrieg führten.

Wäre es anders gekommen, wenn Leicester noch gelebt hätte? Er und die meisten anderen Sympathisanten der Puritaner im Staatsrat waren inzwischen tot – Bedford starb 1585, Mildmay 1589 und Walsingham 1590. Burghley war alt und krank. Er hatte Glück, daß er wegen seiner Beteiligung an Maria Stuarts Hinrichtung so glimpflich davongekommen war, und er wollte es nicht riskieren, den Puritanern zu helfen, zumal er unbedingt sicherstellen wollte, daß sein Sohn Robert Cecil ihm als Elisabeths erster Minister nachfolgte.

Knollys war fast achtzig, aber immer noch voller Energie. »Ich wundere mich«, schrieb er an Burghley, »wie Ihre Majestät glauben kann, daß ihr von den sogenannten Puritanern ebenso große Gefahr drohe wie von den Papisten.«[9] Aus Protest gegen die antipuritanische Politik der Regierung bot Knollys seinen Austritt aus dem Staatsrat an und ergriff im Unterhaus die Partei Morices. Doch obwohl ihm auf Grund seines Alters und seiner früheren Freundschaft mit Elisabeth die Konsequenzen erspart blieben, die andere Puritaner tragen mußten, war er machtlos. Vielleicht hätte nicht einmal Leicester Elisabeth davon abhalten können, Whitgift, »ihren kleinen schwarzen Gemahl«, wie sie ihn nannte, zu unterstützen. Diesmal war sie fest entschlossen, die Puritaner zu vernichten, die im Unterhaus stets für Ärger sorgten, die den Rebellen in den Niederlanden näher standen als ihren und ihres Vaters getreuen Untertanen, die wollten, daß der Fuß über den Kopf regierte, und die sie dazu verleitet hatten, der Hinrichtung einer Königin zumindest halbwegs zuzustimmen.

Die verfolgten Puritaner erhofften sich von Elisabeths neuem Günstling Robert Devereux, Graf von Essex, Unterstützung, die sie auch bekamen. Robert Devereux hatte 1573 nach dem Tod seines Vaters, des ersten Grafen von Essex, im Alter von siebzehn Jahren den Titel geerbt. Damals war Burghley zu seinem Vormund ernannt worden. Die Familie hatte verwandschaftliche Beziehungen zu einflußreichen puritanischen Sympathisanten. Essex' Mutter war Knollys' Tochter, und nach dem Tod seines Vaters hatte sie Leicester geheiratet. Er selbst war mit Walsinghams Tochter verheiratet, der Witwe Sir Philip Sidneys. Mit neun Jahren war er der Königin vorgestellt worden, mit der er durch die Familie Knollys und die Boleyns verwandt war. Elisabeth hatte ihm einen Kuß geben wollen, aber er war angstvoll zurückgewichen. Ein andermal hatte der kleine Junge vergessen, in ihrer Gegenwart die Mütze abzunehmen. Doch keine dieser Jugendsünden nahm Elisabeth gegen ihn ein, als er im Jahr 1587 als gutaussehender Jüngling von zwanzig Jahren an den Hof kam. Elisabeth war damals dreiundfünfzig.[10]

Sie war Essex so zugetan, daß sie ihm die Erfüllung seines für einen jungen Adligen nur natürlichen Wunsches, auf dem Schlachtfeld Ruhm zu gewinnen, nur ungern zugestehen wollte. Gegen ihren Willen schloß er sich 1589 der Expedition nach Portugal an. Als Elisabeth Drake und Norris während des Feldzugs neue Anweisungen schickte, trug sie ihnen gleichzeitig auf, den Grafen von Essex umgehend nach Hause zu schicken. Als Essex den Befehl mißachtete, forderte Elisabeth Drake und Norris mit noch mehr Nachdruck auf, Essex sofort zurückzuschicken, denn »wenn Sie es nicht tun, werden Sie es büßen«.[11] Essex kehrte zu der verärgerten Königin zurück und bekam ihre Unzufriedenheit mit dem Verlauf des Feldzugs in Portugal zu spüren.

Gelegentlich intervenierte Essex zugunsten eines verfolgten Puritaners. Es hieß, als Elisabeth einmal zu ihm gesagt habe, sie werde jeden bestrafen, der mit den Flugblättern des Martin Marprelate erwischt werde, habe Essex ein Flugblatt aus der Tasche gezogen und gesagt, in dem Fall müsse sie auch ihn bestrafen.[12] Er war jedoch darauf bedacht, einen Streit mit Whitgift zu vermeiden. Außerdem war er vollauf damit beschäftigt, mit Robert Cecil, der nach 1591 immer mehr die Aufgaben eines Staatssekretärs übernahm, und Sir Walter Raleigh, einem Edelmann aus Devon, der an den Hof gekommen war und Elisabeths Wohlwollen erlangt hatte, um Elisabeths Gunst zu konkurrieren.

Raleigh war zum einen ein skrupelloser Abenteurer, zum andern ein puritanischer Intellektueller. Seine Zeitgenossen zweifelten an seiner moralischen Integrität. Zumindest bei einer Gelegenheit bot er Philipp II. seine Dienste als Spion an – vielleicht, um ein doppeltes Spiel mit ihm zu treiben und ihn mit falschen Informationen zu versorgen. Erst nach Elisabeths Tod, als Gefangener im Tower unter Jakob I., hatte er Zeit, seine politischen Ideen zu entwikkeln, die in manchem an die modernen Lehren der liberalen Demokratie erinnern. An Elisabeths Hof beteiligte er sich an Intrigen, um Ländereien zu ergattern und Schiffe für Kaperfahrten nach Westindien ausrüsten zu können. Er gründete eine Kolonie auf dem nordamerikanischen Festland und nannte sie zu Ehren der jungfräulichen Königin »Virginia«.

Elisabeth mochte Raleigh. Sie probierte eine seiner Kartoffeln und rauchte den Tabak, den er aus Amerika mitgebracht hatte. Sie ernannte ihn zum Hauptmann ihrer Garde und machte ihm wertvolle Geschenke. Aber er war kein ernster Rivale für Essex, mit dem sie immer vertrauter wurde: Am Tag ritten sie zuammen aus und gingen auf die Jagd, am Abend spielten sie in Elisabeths Gemächern bis spät in die Nacht Karten.[13]

Heinrich IV. von Frankreich war in ernster Gefahr. Einen Monat nach dem Tod Heinrichs III. wurde er in der Nähe von Dieppe mit einer kleinen Armee eingeschlosen, während die Truppen der Liga sich zum Marsch gegen ihn rüsteten. Er bat Elisabeth, ihm umgehend 400 Reiter und 4 000 Fußsoldaten zu schicken und ihm Geld zu leihen, damit er seine Schweizer Söldner bezahlen könne, die drohten, nach Hause zu gehen, wenn sie ihren Sold nicht bekämen.[14] Aber Elisabeth zögerte jetzt noch mehr als vor einem Monat, als es darum gegangen war, Heinrich III. 60 000 Pfund zu leihen. Inzwischen hatte sich gezeigt, daß viele Katholiken sich weigerten, für einen protestantischen König zu kämpfen, und es war unwahrscheinlich, daß Heinrich je als König anerkannt würde.

Ein paar englische Edelleute, darunter Sir Roger Williams und Essex' Bruder Walter Devereux, hatten sich Heinrichs Armee angeschlossen. Sie und Elisabeths diplomatische Vertreter in Dieppe drängten die Königin, ihm sofort Soldaten und Geld zu schicken. Aber Elisabeth hatte Bedenken und sprach mit Heinrichs Abgesandten in Oatlands, während sich Mayennes Armee Dieppe näherte. Am 21. September 1589 (n. Z.) griff Mayenne Heinrich in Arques an. Obwohl die gegnerische Armee zahlenmäßig um das Dreifache überlegen war, trug Heinrich einen glänzenden Sieg davon. Seine persönliche Tapferkeit brachte ihm die Bewunderung der englischen Beobachter ein.

Elisabeth feilschte unterdessen immer noch mit Heinrichs Botschafter. Am 20. September (30. September n. Z.) – neun Tage nach Heinrichs Sieg in Arques – trug sie Lord Willoughby schließlich auf, mit den von Heinrich geforderten 400 Reitern und 4 000 Fußsoldaten nach Dieppe zu fahren und auf ihre Kosten einen Monat in der Armee Heinrichs zu dienen. Heinrich blieb nicht viel Zeit, ihre Dienste zu nutzen, da Elisabeth darauf beharrte, den Beginn des Monats von dem Zeitpunkt an zu rechnen, wo die Soldaten von Dover abfuhren. Willoughby sollte Heinrich mitteilen, Elisabeth hätte ihm gern mehr Soldaten für einen längeren Zeitraum geschickt, aber ihre Untertanen seien von den Kämpfen mit den Spaniern in England, Irland und den Niederlanden erschöpft. Gegen Spanien habe ihr keiner geholfen, obwohl eigentlich alle Protestanten hätten helfen müssen, schließlich habe sie für die protestantische Sache gekämpft. Sie befahl Willoughby, nach einem Monat nach Hause zurückzukehren, wenn Heinrich die Soldaten nicht bezahlte, damit sie länger blieben.[15]

Noch vor Willoughbys Abreise erfuhr Elisabeth von Heinrichs Sieg in Arques. Daraufhin widerrief sie ihren Befehl und hielt Willoughby zurück. Ihre Agenten in Dieppe veranlaßten sie jedoch, ihre Meinung erneut zu ändern. Am 28. September landeten Willoughby und seine Soldaten in Dieppe – 17 Tage zu spät, um noch in die entscheidende Schlacht bei Arques eingreifen zu können. Heinrich hatte seine Goldketten verkauft, um die Schweizer Söldner bezahlen zu können, damit sie noch ein paar Tage blieben. Am 30. Oktober erklärte sich Elisabeth schließlich bereit, ihm 15 000 Pfund zu leihen, wenn er versprach, die Summe mit 750 Pfund Zinsen innerhalb von sechs Monaten zurückzuzahlen.[16]

Mayennes geschlagene Armee zog sich nach Paris zurück, und Heinrich folgte ihr. Er wollte Paris allerdings nicht im Sturm nehmen, denn er wußte, daß dies die Plünderung der Haupstadt durch seine ausländischen Söldner zur Folge haben würde, was ihn bei seinen Untertanen nur unbeliebt machen konnte. Deshalb wollte er die Stadt lieber durch Verhandlungen zur Übergabe bewegen oder sie durch Hunger zur Aufgabe zwingen. Aber das kostete Zeit, und Willoughbys befristeter Dienst wäre schon vorher abgelaufen. Die englischen Soldaten marschierten mit Heinrich in die Vororte von Paris, und Heinrich lobte ihr Geschick und ihre Tapferkeit. Elisabeth beließ ihre Soldaten noch zwei weitere Monate in Heinrichs Dienst, bestand aber darauf, daß sie im Dezember zurückkehrten. Da viele Söldner aus der Schweiz ebenfalls in ihre Heimat zurückkehrten, mußte Heinrich seinen Plan aufgeben, Paris einzunehmen, und sich auf kleinere Städte und Burgen konzentrieren. Ein paar englische Edelleute blieben aus Treue zur protestantischen Sache und zu Heinrich in Frankreich. Am 14. März 1590 (n. Z.) errang Heinrich bei Ivry (heute Ivry-la-Bataille) in der Nähe von Dreux einen weiteren Sieg über Mayenne. Seine englischen Bewunderer in der Armee berichteten, er habe in der Schlacht 30 Feinde mit eigener Hand getötet.[17]

Im Sommer 1590 stand Heinrich wieder kurz vor Paris und schien im Begriff, die Stadt einzunehmen, da in Paris die Vorräte knapp waren. Da gab Philipp Parma den Befehl, Paris zu retten. Parma brach mit 12 000 Mann von Brüssel auf, und im Osten Frankreichs schloß sich ihm Mayenne mit 7 000 Mann an. Heinrich IV. hatte ein Heer von 27 000 Mann aufgestellt, darunter freilich 8 000 Söldner aus Deutschland und der Schweiz, die nach Hause gehen würden, wenn sie im September keinen Sold bekamen. Deshalb bat Heinrich Elisabeth im Juni erneut um Geld. Beauvoir erläuterte Burghley, wie sehr Heinrich sich der protestantischen Sache verschrieben habe. Denn wäre er nach der Ermordung Heinrichs III. am 2. August 1589 in Saint-Cloud zur Messe gegangen, hätten sich ihm 40 000 Katholiken angeschlossen, die viele Jahre gegen ihn gekämpft hatten.[18]

Elisabeth stand der Bitte wohlwollend gegenüber, denn Heinrich war der rechtmäßige König von Frankreich, kein Rebell wie die Protestanten in den Niederlanden. Aber sie wollte ihr Geld auch nicht vergeuden. Sie versprach Beauvoir, Palavicino binnen drei Tagen nach Deutschland zu schicken, um mit den protestantischen Fürsten zu beratschlagen, wie sie Heinrich IV. gemeinsam helfen könnten. Beauvoir war beunruhigt, als Palavicino auch nach siebzehn Tagen noch nicht abgereist war, aber kurz darauf brach Palavicino auf. Am Abend des 12. August, als Elisabeth von der Jagd nach Oatlands zurückkehrte, teilte sie Beauvoir mit, sie hoffe, er werde ihr bald von der Einnahme von Paris berichten, und sie schickte ihm einen Smaragd als Geschenk für Heinrich.[19]

Drei Wochen nach seinem Abmarsch aus Brüssel traf Parma in Bondy 13 Kilometer vor Paris ein, wo Heinrich ihm den Weg versperrte und sich ihm zum Kampf stellte. Aber Parma wich nach Süden aus, und am 1. September (n. Z.) nahm er Lagny ein, wo seine Soldaten 1 500 Einwohner niedermetzelten. Von Lagny konnte er auf dem Wasserweg Lebensmittelvorräte nach Paris schicken. Wieder mußte Heinrich seinen Plan aufgeben, Paris einzunehmen, und sich damit begnügen, Parmas Armee auf dem Rückmarsch in die Niederlande zu bedrängen.[20]

Heinrichs Söldner mußten jetzt entlohnt werden, aber Elisabeth hatte noch kein Geld geschickt. Am 25. September erklärte sie sich bereit, ihm sofort 10 000 Pfund zu schicken. Zehn Tage später wurde das Geld von Dover abgeschickt. Die Verhandlungen in Deutschland über ein höheres Darlehen gingen langsamer voran. Elisabeth und die deutschen Lutheraner wetteiferten miteinander in ihrer Bewunderung für Heinrich und betonten immer wieder, wie wichtig es sei, ihm zu helfen, da seine Niederlage das Ende der protestantischen Sache in Europa bedeuten würde. Aber jeder wollte, daß der andere das Geld zur Verfügung stelle.

Die benötigte Summe wurde auf insgesamt 360 000 Gulden oder 72 000 Pfund geschätzt. Obwohl Elisabeth erklärte, sie habe bereits genug getan und überdies in den Niederlanden und im Seekrieg gegen die Spanier noch andere Verpflichtungen, beauftragte sie Palavicino, 10 000 Pfund anzubieten, wenn die Deutschen den Rest übernähmen. Burghley überredete sie, ihren Anweisungen an Palavicino eine geheime Klausel hinzuzufügen, damit er notfalls auf 13 000 Pfund erhöhen konnte, wenn die Deutschen das Geld nicht zur Verfügung stellen wollten. Elisabeth strich die Klausel zuerst wieder aus Burghleys Entwurf, änderte dann aber ihre Meinung und ließ sie stehen.[21]

Am 30. November 1590 übermittelte Elisabeth Palavicino einen weiteren geheimen Befehl. Obwohl sie, wie sie betonte, eigentlich gar nichts mehr zu zahlen brauche, erkläre sie sich bereit, notfalls auch 15 000 Pfund zur Verfügung zu stellen. Jetzt ließen sich die Deutschen bewegen, den Rest des Geldes bereitzustellen, und Palavicino unterzeichnete in Elisabeths Namen einen Kontrakt über 15 000 Pfund. Als Elisabeth davon erfuhr, meinte sie verärgert, Palavicino habe sie mißverstanden und seine Befugnisse überschritten. Zu Palavicinos Leidwesen schickte sie keine Bürgschaft für das Geld. Am 1. April 1591 beauftragte sie ihn endlich, dem Viscount Turenne, Heinrichs Vertreter in Frankfurt, 50 000 Gulden (9 760 Pfund) auszuzahlen. Am 25. April teilte Palavicino Burghley mit, da die Bürgschaft über die restlichen 5 000

Pfund nicht eingetroffen sei, habe er das Geld aus eigener Tasche bezahlt, um Elisabeths Ruf in Deutschland zu retten, der auf Grund der Verzögerung bereits genug gelitten habe. Elisabeth zahlte ihm später die 5 000 Pfund zurück.[22]

Im Winter 1590/91 nahm Heinrich mehrere Städte ein, von denen Chartres wohl die wichtigste war. Aber in der Bretagne hielt der einflußreiche Herzog von Mercoeur einen Großteil des Gebiets für die Liga und kämpfte erfolgreich gegen Heinrichs General, den Viscount Dombes. Im November 1590 ließ Dombes Elisabeth wissen, daß die Spanier auf Mercoeurs Bitte hin eine Truppe losgeschickt hätten, um den Hafen von Blavet (gegenüber dem heutigen Hafen von Lorient) einzunehmen, und er ersuchte sie um Hilfe gegen die Spanier. Beauvoir gab seiner Hoffnung Ausdruck, daß diesmal, wo so viel auf dem Spiel stehe, nicht um die Kosten gefeilscht würde. Vielmehr sollten sie »keine Zeit verlieren« und »dieses Gebiet nicht dem Ehrgeiz eines Feindes überlassen, den nicht einmal drei Welten zufriedenstellen würden«.[23] Elisabeth teilte Dombes mit, sie bedaure, ihm nicht helfen zu können. Doch sie änderte ihre Meinung, als Norris ihr klar machte, daß die Spanier, wenn sie die Bretagne eroberten, englische Schiffe an der Überquerung des Kanals hindern und die Häfen der Bretagne dazu benutzen konnten, um in England einzufallen. Am 31. Dezember drängte Sir Roger Williams Elisabeth, so bald als möglich 2 000 Soldaten in die Bretagne zu entsenden.[24]

Ein paar Wochen später unterbreitete Heinrich IV. einen anderen Vorschlag. Wenn Elisabeth ihm 4 000 Mann schickte, wollte er sie seinen 10 000 französischen Soldaten und 5 000 Schweizer Söldnern eingliedern und Rouen erobern. Dann konnte er von den reichen Kaufleuten in Rouen Geld aufnehmen, die Schweizer Söldner entlohnen und das Geld zurückzahlen, das Elisabeth ihm geliehen hatte. Der Plan fand bei Elisabeth keinen Anklang, da die drohende Gefahr für die Bretagne sie mehr beschäftigte. Nur mit Mühe gelang es Essex, Elisabeth zu überreden, für das Unternehmen 4 000 Mann unter seinem Befehl für zwei Monate in die Normandie zu entsenden.[25] Essex' Auftrag lautete, den französischen König gegen die Rebellen und die Spanier zu unterstützen.[26] Aber Elisabeths Begeisterung für die protestantische Sache hielt sich wie üblich in Grenzen. Bevor Essex und seine Kommandeure Greenwich verließen, befahl sie ihnen, »bei diesem Unternehmen, bei dem es nur darum geht, einem fremden König zu helfen, nicht ihr Leben zu wagen, wie sie es tun würden, wenn es um ihr eigenes Land oder ihren Fürsten ginge«.[27] Zusätzlich schickte Elisabeth Norris mit 900 Soldaten in die Bretagne, um gegen die Spanier zu kämpfen.

Norris landete mit seiner Truppe Anfang Mai in Paimpol und schloß sich Heinrichs Armee unter Dombes an, der Guingamp, den Stützpunkt der Armeen der Liga, belagerte. Nach zwei Wochen wurde Guingamp unter ehrenvollen Bedingungen übergeben, aber dann entbrannte ein Streit zwischen Dombes und Norris. Dombes wollte nach Süden marschieren und sich als Vorbereitung auf die Einnahme von Rennes an einem Angriff auf Bloin beteiligen. Norris hingegen wollte in der Nähe der Küste bleiben, um zu verhindern, daß die Spanier die Kanalhäfen einnahmen, und um sie, wenn möglich, aus Blavet zu vertreiben. Er weigerte sich, an der Belagerung von Blois teilzunehmen, und Dombes mußte ohne ihn marschieren. Als Elisabeth von dem Streit zwischen Dombes und Norris hörte, drohte sie mit dem Abzug ihrer Truppen aus der Bretagne und tadelte Heinrich, weil er keine Verstärkung in die Bretagne schicke. Heinrich erklärte, Rouen und die Normandie seien wichtiger als die Bretagne, und er machte Norris' mangelnde Kooperationsbereitschaft dafür verantwortlich, daß Blois nicht erobert werden konnte.[28]

Als Essex und Williams Ende Juli 1591 in Dieppe landeten und sich Heinrichs Truppen in Pont-de-l'Arche anschlossen, stellten sie zu ihrem Erstaunen fest, daß Heinrich selbst nicht dort war. Er hatte sich mit einer anderen Truppe aufgemacht, um in Lothringen mit deutschen Söldnern zusammenzutreffen, die sich ihm anschließen wollten. Unterwegs belagerte er Noyon bei Compiègne. Als er hörte, daß Essex in Dieppe gelandet war, forderte er ihn auf, in Compiègne zu ihm zu stoßen, um über den Feldzug gegen Rouen zu sprechen. Essex wollte mit einer Eskorte von fünfzig Reitern nach Compiègne reiten. Das beunruhigte Williams, denn es gab im französischen Bürgerkrieg keine feste Frontlinie. Auf beiden Seiten machten bewaffnete Banden die Gegend unsicher und überfielen versprengte Feinde. Williams fürchtete, Essex und seine Reiter könnten vom Feind angegriffen werden, und deshalb begleitete er ihn mit dreihundert Reitern nach Compiègne.

Heinrich nahm Essex in seinem Hauptquartier in Atterly bei Compiègne für eine Woche gastlich auf. Die beiden wurden gute Freunde, und sie und ihre Edelleute wetteiferten miteinander beim Tennis und beim Ringstechen. Heinrich erklärte, er wolle vor Beginn des Feldzugs gegen Rouen Noyon einnehmen, sich mit den deutschen Söldnern vereinigen und an der Hochzeit der Herzogin von Bouillon, die aus einer der führenden Familien Frankreichs stammte, mit seinem hugenottischen General Viscount Turenne in Sedan teilnehmen. Ende August ritten Essex und Williams nach Pont-de-l'Arche zurück. Yate, der in ihrer Abwesenheit das Kommando über die englischen Truppen in Pont-de-l'Arche übernommen hatte, erfuhr, daß Villars, der Rouen für die Liga hielt, 2 500 Reiter losgeschickt habe, um Essex auf dem Rückweg aufzulauern. Deshalb zog Yate Essex mit seiner Armee entgegen, und alle trafen sicher in Pont-de-l'Arche ein.[29]

Elisabeth war wütend, als sie von Essex' Reise nach Compiègne erfuhr. Heinrich hatte ihr erklärt, er wolle Rouen belagern, und zu diesem Zweck hatte sie ihm Truppen geschickt. Doch statt mit der Belagerung zu beginnen, war er nach Noyon gegangen, von wo aus er nach Sedan zu einer Hochzeit wollte. Er hatte ihren General, Essex, beleidigt, indem er ihn nach Noyon kommen ließ. Und während Essex mit Heinrich in Atterly Tennis gespielt hatte, wurden ihre Soldaten in Pont-d-l'Arche fürs Nichtstun bezahlt. Essex hatte riskiert, auf seinem tollkühnen Ritt nach Compiègne vom Feind gefangengenommen zu werden, und Yale hatte ihn auf dem Rückweg, wieder auf ihre Kosten, mit seiner Armee nach Pont-de-l'Arche begleiten müssen, statt Rouen zu belagern.[30]

Essex fühlte sich durch den Vorwurf gekränkt, er habe seine Zeit vertan, statt gegen den Feind zu kämpfen. Kurz nach seiner Rückkehr nach Pont-de-l'Arche führte er deshalb einen Angriff auf eine Festung bei Rouen an. Seine Soldaten schlugen sich tapfer, aber der Angriff wurde abgwehrt, und Essex' Bruder Walter Devereux fiel. Williams hielt das Unternehmen für gerechtfertigt. Die nicht ausgebildeten englischen Truppen sollten Erfahrung sammeln, bevor sie auf Parmas kampferprobte Soldaten stießen, die mit Sicherheit bald wieder in den Kampf eingreifen würden.[31] Aber Elisabeth war verärgert und schrieb Essex einen vorwurfsvollen Brief. Es sei ein großer Fehler gewesen, »daß Ihr Euch so nah an Rouen herangewagt und dort den Feind in Sichtweite der Stadt herausgefordert habt, wobei Ihr zu Eurem eigenen größten Schaden, als Lohn für Eure Unbesonnenheit, Euren einzigen Bruder verloren habt«.[32]

Selbst nach damaligen Begriffen war es gefühllos, so von Devereux' Tod zu sprechen. Als Essex den Brief erhielt, bekam er Fieber und war zutiefst verletzt. Er hatte nie Angst gehabt, seine Meinung über Elisabeth zu äußern, und so bat er jetzt Sir Robert Cecil in einem Brief, »aufrichtig zu urteilen, ob die Königin nicht eine herzlose Frau ist und ich ein unglücklicher Diener«.[33]

Elisabeth teilte Essex mit, daß die zweimonatige Dienstzeit der Truppen am 26. September auslaufe und er und seine Männer an diesem Tag nach England zurückkehren sollten. Essex, Williams und andere englische Offiziere baten Elisabeth inständig, sie nicht zurückzubeordern. Wenn sie es tue, werde dies Essex in der Öffentlichkeit Schande bereiten, und vermutlich werde sich Heinrichs Armee auflösen, denn wenn die Engländer gingen, würden auch viele andere Soldaten den Heimweg antreten. Schließlich war Elisabeth bereit, nur Essex zurückzubeordern und die Soldaten in Frankreich zu lassen. Sie beharrte jedoch darauf, daß Essex erst in England erfahren sollte, daß die anderen noch geblieben waren, damit er sich nicht weigerte, nach Hause zu kommen. Nach seiner Ankunft in England überredete Essex Elisabeth, ihn nach Dieppe zurückzuschicken, um dort wieder das Komando über die englischen Soldaten zu übernehmen.[34]

Am Abend des 9. November (n. Z.) wurde Rouen von den englischen Truppen eingeschlossen, und die Belagerung begann. Zwei Wochen später traf Heinrich selbst von Osten ein. Obwohl die englischen Offiziere und Soldaten Heinrichs Tapferkeit bewunderten, zweifelten einige an seinen Fähigkeiten als Feldherr. Er befahl wiederholt Angriffe gegen die Festung St. Cathérine, koordinierte sie aber nie mit Angriffen auf die Festungen auf der anderen Seite der Stadt. Am 3. Januar 1592 (n. Z.) nahmen die Engländer die Festung St. Cathérine ein, wurden aber später wieder vertrieben. Ende Februar zeichneten sie sich aus, als sie einen Ausfall der Verteidiger abwehrten.[35]

Im Januar teilte der Markgraf von Anhalt Heinrich mit, er werde seine Söldner aus Rouen abziehen, weil ihr Sold noch ausstehe. Elisabeth bat den Markgrafen, seine Männer noch eine Weile dort zu lassen, weil Heinrich sie erst nach der Einnahme von Rouen entlohnen könne. Sie selbst wollte Heinrich jedoch kein Geld vorstrecken, damit er die Söldner des Markgrafen bezahlen konnte. Als Heinrich sie um weitere Truppen bat, weil Parma im Begriff war, in Frankreich einzufallen, trug sie Burghley am 12. Dezember 1591 auf, Heinrich mitzuteilen, sie habe aus zuverlässiger Quelle in den Niederlanden erfahren, daß Parma im kommenden Jahr nicht marschieren werde.[36]

Elisabeth irrte, denn Parma war bereits unterwegs. Zwölf Tage zuvor hatte er mit 18 400 Mann Saint-Quentin erreicht. Über Beauvais im Norden marschierte er direkt auf Rouen. Heinrich zog ihm mit einem Teil seiner Armee entgegen und störte ihn auf dem Marsch. Aber Parma befahl seinen Soldaten, im geschlossenen Verband zu marschieren, und so konnte Heinrich ihm kaum Schaden zufügen. Der Rest von Heinrichs Armee, darunter die Engländer, belagerte weiterhin Rouen. Elisabeth billigte dieses Vorgehen nicht, und sie erklärte Heinrich rundheraus, es sei ein Fehler gewesen, die Armee zu teilen.[37]

Am 20. April (n. Z.), als Parma noch zwanzig Kilometer von Rouen entfernt war, brach Heinrich die Belagerung ab und konzentrierte sich darauf, Parma zur Schlacht zu zwingen. Parma zog am 30. April (n. Z.) in Rouen ein. Ein paar Tage später gelang es Heinrich, Parmas Armee auf der kleinen Halbinsel zwischen Yvetot und Caudebec einzuschließen, und er bereitete sich vor, die Spanier in einer entscheidenden Schlacht zu vernichten. Doch in der Nacht vom 5. auf den 6. Mai (n. Z.) überquerte Parma auf einer Schiffbrücke, die er in Caudebec gebaut hatte, die Seine und marschierte mit seiner Armee zurück nach Brüssel. Er hatte sein Ziel erreicht und Rouen gerettet. Bei einem Scharmützel in Caudebec war er jedoch verwundet worden, und vermutlich trug diese Verwundung dazu bei, daß er acht Monate später starb.[38]

Heinrich IV. war während des Feldzugs ebenfalls verwundet worden und hatte einige seiner besten Generäle verloren. Elisabeth sandte ihm vorwurfsvolle Briefe, worin sie ihn beschuldigte, die Belagerung von Rouen verpatzt und Zeit und Geld vergeudet zu haben, da er im vergangenen Herbst nach Noyon und Sedan gegangen sei, statt mit der Belagerung von Rouen zu beginnen, sobald Essex und die englischen Soldaten eingetroffen seien. Ihr Zorn war vielleicht noch durch einen verschlüsselten Zusatz zu einem Bericht angeheizt worden, dem zufolge Heinrich Noyon nur belagert hatte, weil die Stadt dem Vater der schönen Gabrielle d'Estrées gehörte, in die Heinrich angeblich verliebt war: Heinrich habe, so der Bericht, Noyon für Gabrielles Familie zurückerobern wollen, um Gabrielle zu gefallen. Elisabeth erwähnte das Heinrich gegenüber allerdings nicht. In seinem Antwortschreiben an Elisabeth verteidigte Heinrich seinen Abstecher in den Nordosten Frankreichs. Immerhin habe ihm die Einnahme von Noyon die Kontrolle über die Picardie eingebracht. Wäre er nicht mit den deutschen Reitern in Lothringen zusammengetroffen, wären diese möglicherweise vom Feind überfallen und zerstreut worden. Seine Anwesenheit bei der Hochzeit der katholischen Herzogin von Bouillon und dem protestantischen Turenne schließlich sei politisch bedeutsam, denn vermutlich könne er so viele Katholiken auf seine Seite ziehen.[39]

Wenige Tage nach Parmas Flucht aus Caudebec lief die verlängerte Frist der englischen Truppen aus. Elisabeth beharrte auf ihrer Rückkehr nach England. Ihre Generäle waren enttäuscht. »Hätte der König nur für zehn Tage 3 000 Engländer mehr gehabt«, schrieb Yate am 23. April an Burghley, »wären Frankreich und die Niederlande befreit und Spanien vernichtet worden. Denn solange die Welt besteht, wird es keine ähnlich günstige Gelegenheit mehr geben, den König von Spanien zu vernichten.« Der Staatsrat brachte Elisabeth freilich dazu, ihre Meinung zu ändern, und Williams und seine Soldaten durften in Frankreich bleiben.[40]

Der Krieg in Frankreich dauerte noch ein Jahr. Heinrich nahm in dieser Zeit noch einige Städte ein, aber da er Paris und Rouen nicht hatte erobern können und nichts darauf hindeutete, daß er den Krieg für sich würde entscheiden können, dachte er nochmals über die beharrliche Forderung der katholischen Offiziere seiner Armee nach, er solle zum Katholizismus übertreten und die Messe besuchen. Vier Jahre lang hatte er ihnen immer dieselbe Antwort gegeben: Als König von Frankreich werde er die katholische Kirche zwar unterstützen, aber er selbst könne erst zum Katholizismus übertreten, wenn er von dessen Wahrhaftigkeit aufrichtig überzeugt sei. Sobald er Zeit habe, werde er sich von katholischen Priestern unterweisen lassen, im Augenblick habe er aber leider keine Zeit, weil er zu sehr mit seinen rebellischen Untertanen beschäftigt sei.

Heinrich zögerte, Protestanten in hohe militärische oder zivile Ämter zu berufen. Er setzte nicht einmal die Edikte außer Kraft, die Heinrich III. 1585 erlassen hatte und die die Ausübung der protestantischen Religion in ganz Frankreich verboten. Diese Diskriminierung der Protestanten ärgerte seine eifrigsten Anhänger, und deshalb erließ er im Juli 1591 in Mantes-le-Ville ein Edikt, das die Edikte Heinrichs III. vom Juli 1585 aufhob, mit der Begründung, der verstorbene König sei von seinen rebellierenden Untertanen zum Erlaß jener Edikte gezwungen worden.[41]

Die Katholiken, die Heinrich unterstützten, waren nicht glücklich über das Edikt von Mantes. Heinrich schickte einen katholischen Gesandten zu Elisabeth, um sie vom Erlaß des Edikts zu unterrichten. Vielleicht sagte der Gesandte etwas, woran Elisabeth merkte, daß ihm Heinrichs Vorgehen mißfiel, denn sie erklärte, ihrer Ansicht nach habe Heinrich unklug und überstürzt gehandelt. Du Plessis, Heinrichs protestantischer Vertreter in London, war verärgert, als er hörte, was Elisabeth gesagt hatte. Am 3. Januar 1592 legte er bei Burghley schriftlich Protest ein. Elisabeth habe mit ihren Worten die Katholiken ermutigt, noch mehr Druck auf Heinrich auszuüben, damit er zum Katholizismus übertrete. Dem Bericht des Gesandten zufolge habe Elisabeth offenbar nichts dagegen.[42]

Am 23. Juli 1593 (n. Z.) verkündete Heinrich, er sei Katholik geworden und habe in der Abtei von St. Denis am Stadtrand von Paris die Messe besucht. Als erste Reaktion bezeichneten der Papst und die konservativen Führer der Liga Heinrichs Konversion als unaufrichtig. Aber nach einigen erfolgreichen politischen Intrigen der Kardinäle in Rom, wobei Philipp Neri die entscheidende Rolle spielte, gewährte der Papst Heinrich für seine Ketzereien Absolution und nahm ihn in die katholische Kirche auf. Im März 1594 ergab sich Paris unter ehrenvollen Bedingungen.

Wenn Heinrich, der Elisabeths Reaktion auf das Edikt von Mantes nicht vergessen hatte, erwartete, daß sie jetzt die Gründe für seinen Übertritt zum Katholizismus verstehen würde, dann irrte er sich gründlich. Sie schrieb ihm einen vorwurfsvollen Brief, worin sie ihn wegen seiner Abtrünnigkeit scharf kritisierte.[43] Elisabeth neigte mit ihren sechzig Jahren dazu, alle für alles zu tadeln. Sie hatte Essex getadelt, als er seine Truppen in Rouen nicht sofort zum Einsatz brachte, ihn aber auch gerügt, als er es tat, und sie hatte Heinrich kritisiert, weil er Rouen und nicht die Seehäfen der Bretagne erobern wollte, und dann, weil er Noyon belagerte statt Rouen. Sie hatte Heinrich verurteilt, weil er sich seine katholischen Anhänger durch das Edikt von Mantes zum Feind gemacht hatte, und jetzt warf sie ihm vor, sie dadurch besänftigen zu wollen, daß er selbst Katholik wurde.

Ihr Verhalten war freilich nicht völlig abwegig. Wenn ein Souverän vor der Frage stand, ob er seine Rechte und seine Macht einsetzen sollte, um seinen Untertanen religiöse Toleranz zu gewähren oder um ihnen Uniformität aufzuzwingen, war er gut beraten, nach den Prinzipien politischer Zweckmäßigkeit vorzugehen. Doch von Elisabeths frommen Gedichten wissen wir, daß sie eine zutiefst religiöse Frau und überzeugte Protestantin war. Für einen Protestanten war der Übertritt zum Katholizismus ein unverzeihlicher Treuebruch, der durch nichts zu rechtfertigen war, es sei denn, er geschah aus Gehorsam gegenüber dem Fürsten. Aus diesem Grund war sie selbst während der Regierung ihrer Schwester zum Katholizismus übergetreten. Aber diese Entschuldigung galt natürlich nicht für einen protestantischen Fürsten, der Katholik wurde.

Elisabeth war über Heinrichs Konversion derart schockiert, daß sie all ihre Truppen aus Frankreich abziehen wollte. Aber Burghley überredete sie, die Truppen zu den Kanalinseln zu schicken und die weitere Entwicklung abzuwarten. Am Ende blieben die Soldaten in der Bretagne, um gegen die Spanier zu kämpfen.[44]

In Frankreich führte Heinrich IV. ein vereintes Volk von Katholiken und Protestanten in den Krieg gegen Spanien. Elisabeth und ihre Ratgeber waren beunruhigt, als die Spanier Amiens und Calais einnahmen. Aber wenige Monate später holte sich Heinrich beide Städte zurück. Auf See ging der Krieg relativ erfolglos weiter. Auf die Katastrophe der Portugal-Expedition von 1589 folgten weitere Fehlschläge. Wieder schafften es die englischen Schiffe nicht, die aus Indien und Peru kommende spanische Schatzflotte abzufangen. Die englische Expedition zu den Azoren endete mit einer Niederlage, in der der heldenhafte Kapitän Sir Richard Grenville den Tod fand. Den englischen Soldaten in der Bretagne gelang es nicht, die Spanier zu vertreiben. 1595 fielen die Spanier von den Häfen der Bretagne aus plündernd in Cornwall ein und brannten Penzance, Newlyn und Mousehole nieder. Noch im gleichen Jahr stach Drake das erst Mal seit sechs Jahren wieder in See. Doch seine Expedition nach Westindien war von Rückschlägen und Pannen gekennzeichnet. Noch während der Reise wurde Drake krank und starb. Elisabeth sparte nicht mit ihrer Kritik an den Beteiligten, als sie von den Mißerfolgen erfuhr.

Nach dem großen Sieg in Cádiz 1596 waren die Niederlagen freilich schnell vergessen. Es war Essex' Plan gewesen. Er war der prominenteste Sprecher der Partei, die sich für die Fortsetzung des Krieges gegen Spanien bis zum endgültigen Sieg der protestantischen Sache einsetzte. Damit hatte sich Essex beim Volk, insbesondere bei den Londonern, außerordentlich beliebt gemacht. Er schlug vor, ein gewaltiges Flottenunternehmen zu starten, um Cádiz zu überfallen und einzunehmen. Lord Howard von Effingham sollte das Kommando über die Flotte übernehmen, mit Lord Thomas Howard und Sir Walter Raleigh als Vizeadmiral und Konteradmiral, und Essex wollte die Landstreitkräfte befehligen.

Natürlich zögerte Elisabeth, der Expedition zuzustimmen, denn sie mußte berücksichtigen, daß das Unternehmen fehlschlagen und damit Geld verschwendet werden konnte. Aber schließlich ließ sie sich von Essex überreden. Am 1. Juni 1596 stach die Flotte mit 93 englischen und 18 niederländischen Schiffen in Plymouth in See und erreichte drei Wochen später Cádiz. Der spanische Nachrichtendienst hatte kläglich versagt – Mendoza hatte sich, völlig erblindet, in ein Kloster zurückgezogen –, und die Spanier waren überzeugt, daß die englische Flotte Lissabon angreifen werde. Sie hatten keinerlei Vorkehrungen getroffen, um Cádiz zu verteidigen. Die Engländer zerstörten die spanischen Schiffe im Hafen, und Essex und seine Soldaten gingen an Land und nahmen die Stadt im Sturm. Essex wollte in Cádiz eine Garnison zurücklassen, um die Stadt zu halten, wurde aber von den anderen Kommandeuren überstimmt. Deshalb wurde den Bewohnern eine hohe Geldstrafe auferlegt, und die Stadt wurde niedergebrannt. Auf dem Heimweg plünderten die Engländer Faro. Essex beschlagnahmte die Bücher der Bibliothek des Bischofs von der Algarve und schenkte sie den Bibliotheken der Universität Oxford. Für König Philipp war das eine große Demütigung.[45]

Im Herbst 1597 nahm Heinrich IV. mit Spanien Friedensverhandlungen auf. England und die Niederlande schlossen sich den Gesprächen an. Elisabeth und Burghley waren für Frieden mit Spanien, aber natürlich nur zu zufriedenstellenden Bedingungen. Burghley beharrte darauf, daß Philipp die Unabhängigkeit der nördlichen Provinzen der Niederlande anerkennen müsse. Essex, Raleigh und die jüngeren Offiziere der Armee wollten den Krieg gegen die Papisten fortführen. Die öffentlich Meinung hatten sie auf ihrer Seite. Sie erinnerten die Vertreter der Friedenspartei daran, daß die Papisten sich zum Grundsatz gemacht hätten, das Vertrauen der Ketzer zu mißbrauchen.[46]

Im April 1598 erließ Heinrich IV. das Edikt von Nantes. Darin gestand er den Protestanten das Recht zu, in zwei Städten jedes Distrikts, mit Ausnahme von Paris, ihre Gottesdienste abzuhalten. Andernorts waren protestantische Gottesdienste verboten, aber dafür durften die Protestanten in ihren Häusern beten und waren von der Verfolgung ausgenommen. Einen Monat später schloß Heinrich mit Philipp II. einen Separatfrieden. Der Krieg zwischen England und Spanien dagegen ging weiter.

Elisabeth war auf der Suche nach Verbündeten gegen Philipp II. Das Ergebnis war überraschend. Sechzig Jahre zuvor hatten Heinrich VIII. und alle Könige der christlichen Welt ein Lippenbekenntnis zu der Idee abgelegt, an einem Kreuzzug gegen die Türken teilzunehmen, obwohl sie in Wirklichkeit nicht daran dachten. Noch 1571 hatte Elisabeth den Venezianern zu Philipps Sieg über die Türken bei Lepanto gratuliert.[47] Im Jahr 1585 versuchte sie, die Unterstützung des Sultans und seiner Vasallen in Nordafrika für einen Krieg gegen Spanien zu gewinnen. Sie hatte wenig Erfolg, denn den Türken, die in einen Krieg mit Persien verstrickt waren, war an Feindseligkeiten mit Spanien nicht gelegen.

Elisabeth schickte Abgesandte zum König von Marokko nach Fez, wo ihre Kaufleute Handel trieben. Doch obwohl der König ihr freundliche Botschaften sandte und ihr versicherte, daß die englischen Händler in Marokko willkommen seien, konnte sie ihn nicht dazu bewegen, mit Don Antonio gegen Philipp und seine Regierung in Portugal ein Militärbündnis zu schließen. Der »König von Fez« antwortete auf Antonios Angebot mit der Bitte, er solle ihm seinen Sohn als Geisel ausliefern, um seine ehrliche Absicht unter Beweis zu stellen. Als Don Antonio der Bitte nachkam, hielt der König seinen Sohn in Fez fest, machte aber keine Anstalten, das Bündnis einzugehen.[48]

Elisabeths Beziehungen zum Sultan in Konstantinopel waren befriedigender, obgleich es ihr nicht gelang, ihn zum Krieg mit Philipp zu überreden. Sie schickte zuerst William Harborne, dann Edward Barton als Botschafter zum Großtürken. Die beiden mußten eine lange und beschwerliche Landreise auf sich nehmen. Den Seeweg durch das Mittelmeer wollten sie nicht nehmen, weil sie fürchteten, von den Spaniern oder deren Verbündeten, den italienischen Staaten, gekapert zu werden. Die Reise führte sie durch Deutschland, Böhmen, Ungarn und den Balkan. Es dauerte zwei bis drei Monate, bis die Briefe der Botschafter in Konstantinopel London erreichten.

Elisabeth und Sultan Amurath III. versicherten sich gegenseitig ihren Wunsch nach freundschaftlichen Beziehungen, und beide wollten den Handel ihrer Untertanen miteinander fördern. Elisabeth warnte den Sultan davor, seinem hinterhältigen Gegner, dem König von Spanien, zu trauen. Der Sultan seinerseits gratulierte ihr zum Sieg über die Armada. Elisabeth überredete ihn, seinen Einfluß beim König von Marokko geltend zu machen, damit er Don Antonios Sohn freiließ, und gegen die Plage der Korsaren aus Algier und Tunis vorzugehen. Als der französische Botschafter in Konstantinopel nach der Ermordung Heinrichs III. die Liga unterstützte, überredete Barton Sultan Amurath und seine Wesire, den Botschafter abzulehnen und statt dessen einen neuen Botschafter Heinrichs IV. anzuerkennen.

Seit über einem Jahrhundert sahen die Könige der christlichen Welt zufrieden zu, wie sich die Türken und das persische Reich der Safawiden in Anatolien und Aserbaidschan gegenseitig bekämpften. Sie waren froh, wenn die Armeen des Großtürken Täbris statt Wien belagerten. Doch jetzt bemühten sich Harborne und Barton vergeblich, den Sultan dazu zu bewegen, mit Persien Frieden zu schließen, damit die Türken den Rücken frei hatten, um die Spanier im Mittelmeer anzugreifen.

Im Jahr 1590 hatte Barton mehr Glück. Damals brachen in Transsilvanien an der Grenze zwischen dem türkischen Reich und dem Königreich Polen Kämpfe aus. Amurath stellte eine Armee auf und erklärte, er werde die Polen für ihre Überheblichkeit bestrafen. Elisabeth bot sich in dem Streit als Vermittlerin an, in der Hoffnung, daß die Türken dann nicht gegen die Polen, sondern gegen Spanien kämpfen würden. Obwohl die Bedingungen der Türken hart waren, überredete Barton die Polen, sie anzunehmen. Aber Amurath fand immer wieder neue Ausreden, um die Feindseligkeiten gegen Spanien nicht wieder aufnehmen zu müssen.[49]

Größere Schwierigkeiten bereiteten Elisabeth die Beziehungen zu dem gewaltigen russischen Reich, dessen Herrscher imstande war, eine Armee von 150 000 Mann aufzustellen und sie gegen Polen, Schweden oder die Wolga-Tataren marschieren zu lassen. Gegen Ende der Regierungszeit Eduards VI. stach eine Flotte unter dem Kommando von Willoughby und Chancellor von London aus in See, um die Nordostpassage nach China und Indien zu suchen. Willoughby erlitt Schiffbruch und kam um, aber Chancellor erreichte Archangelsk und begab sich von dort nach Moskau, um mit Zar Iwan Wassiljewitsch zusammenzutreffen, den spätere Generationen »Iwan den Schrecklichen« nannten. Englische Kaufleute gründeten eine Gesellschaft für den Handel mit Rußland und eröffneten in Moskau eine englische Handelsniederlassung. Sie trieben Handel mit Archangelsk und dem Westen und mit Astrachan und dem Osten. Im Jahr 1568 berief Elisabeth Randolph aus Edinburgh ab und schickte ihn auf eine fünfmonatige Reise nach Moskau über Archangelsk, um Iwan einen Höflichkeitsbesuch abzustatten und etwaige Probleme bezüglich der Kaufleute zu klären. Nach 1570 war Elisabeth auf halbwegs diplomatischer Basis durch die Sprecher der Handelsgesellschaft ständig in Moskau vertreten.

Die englischen Botschafter waren in viele Reibereien mit dem Zaren und seinen Höflingen verwickelt. Die Engländer beklagten sich über die Arroganz der Russen und erregten ihrerseits Anstoß, weil sie beim Essen auf der falschen Seite der Tafel saßen und die ungewohnten Regeln der Etikette am Zarenhof auch in anderer Weise verletzten. Der Grund allen Übels war, daß der Zar und sein Gefolge ausländische Herrscher nicht als ebenbürtig betrachteten und von deren Gesandten erwarteten, daß sie dem Zaren mit einer Unterwürfigkeit begegneten, die von ausländischen Botschaftern in Westeuropa nicht verlangt wurde. Iwan nahm an allem Anstoß, was der englische Gesandte Sir Jerome Bowes tat. Dann war er wieder gekränkt, weil er von Elisabeth oder ihren Räten einen Brief erhalten hatte, der seiner Ansicht nach nicht respektvoll genug abgefaßt war, oder weil Elisabeth ihm ein Geschenk geschickt hatte, das nicht so wertvoll war wie erwartet. Obendrein ärgerte er sich, daß sie Ausflüchte machte und Zeit zu gewinnen suchte, als er um die Hand ihrer Hofdame Lady Mary Hastings anhielt, der Schwester des Grafen von Huntingdon. Elisabeth war fest entschlossen, Lady Mary nicht die zweifelhafte Ehre zuteil werden zu lassen, Braut des russischen Zaren zu werden.

Insgesamt ging sie mit Iwan und seinem anfälligen Temperament äußerst taktvoll um. Zwar achtete sie darauf, daß ihre Ehre in den Beziehungen zu ihm so weit wie möglich gewahrt blieb, aber sie wußte, daß ihre Kaufleute in Moskau dem Zaren auf Gedeih und Verderb ausgeliefert waren, und sie wollte deren Leben oder den Handel in Rußland auf keinen Fall gefährden. Bowes meisterte die schwierige Lage, in der er sich befand, nicht immer so erfolgreich. In späteren Jahren berichteten Hakluyt, Pepys und Dr. Collins von seinen Abenteuern in Rußland und von seinem erfolgreichen Bemühen, Elisabeths Ehre und die Privilegien ihres Abgesandten zu wahren. Doch Bowes' Briefe aus Moskau sprechen von etwas ganz anderem. Ihr Inhalt läßt die Beleidigungen und Erniedrigungen ahnen, denen er ausgesetzt war, und die Angst, die er um sein Leben hatte.

Nach Iwans Tod im Jahr 1584 wurde alles noch schlimmer. Sein schwachsinniger Sohn Fjodor folgte ihm auf den Zarenthron. Fjodor wurde völlig von seinem Minister Schalkan beherrscht, einem der führenden Bojaren am Hof. Schalkan ließ sich von den Vertretern der Hansestädte in Moskau bestechen oder anderweitig überreden, die Hansekaufleute auf Kosten der Engländer zu bevorzugen. Er nutzte jeden Verstoß Bowes' gegen die Etikette aus oder erfand andere Ausreden, um ihm Schwierigkeiten zu machen und die englischen Kaufleute zu benachteiligen.

Die Situation änderte sich, als Schalkan stürzte und Boris Godunow seinen Platz einnahm. Godunows Schwester war mit Zar Fjodor verheiratet. Godunow zog die Engländer den Hansekaufleuten vor und stand mit Elisabeths neuem Gesandten Horsey auf gutem Fuß. Er und Elisabeth schrieben einander eine Reihe höflicher Briefe. Als Fjodor 1598 starb, bestieg Godunow den Thron. Auch als Zar hielt er die freundschaftlichen Beziehungen zu Elisabeth aufrecht. Er schickte einen Botschafter nach London, der im Oktober 1600 von Elisabeth in Ehren empfangen wurde. Der Botschafter versicherte ihr, daß der neue Zar seiner Abstammung nach der rechtmäßige Thronerbe des russischen Reiches sei. Der Zar starb erst zwei Jahre nach Elisabeth.[50]

## 29

# Die alte Königin

Elisabeth wurde alt und war darüber unglücklich. Sir John Harington, der Sohn ihrer Hofdame und ihr Patenkind, schrieb nach ihrem Tod: »Fast alle, die an Königin Elisabeths Hof dienten und aufmerksame Beobachter waren, können sagen, daß es ihr sehr gefiel, jung zu erscheinen, für jung gehalten zu werden und das auch gesagt zu bekommen.«[1]

Anthony Rudd, der Bischof von St. Davids, wußte das nicht, als er 1597 in der Fastenzeit in Richmond in Anwesenheit der Königin predigte.* Damals war Elisabeth dreiundsechzig. Der Bischof predigte über eine Stelle aus dem 90. Psalm: »Lehre uns bedenken, daß wir sterben müssen, auf daß wir klug werden.« Anschließend sprach er von heiligen und mystischen Zahlen. Drei sei die Zahl der Dreieinigkeit, sieben die Zahl des Sabbats und sieben mal neun das Jahr der großen Wende. Als Rudd bemerkte, daß die Königin verärgert war, da ihr die Anspielung auf die Zahl 63 mißfiel, wechselte er rasch das Thema und wandte sich der Zahl 666 zu, der Zahl des Antichristen, der Rudds Ausführungen zufolge kein anderer sein konnte als der Papst. Dann nannte er die Zahl 88, die, wie die Gegner der Königin gehofft hätten, für das Jahr ihres Sturzes stehe, statt dessen aber das Jahr ihres Triumphes über die Armada geworden sei.

Elisabeth hatte wie gewöhnlich von der übrigen Gemeinde getrennt hinter einem Fenster gesessen und der Predigt gelauscht. Nach der Predigt war es üblich, daß sie das Fenster öffnete und dem Prediger dankte. Doch diesmal rief sie laut, der Bischof hätte seine Rechenkunst lieber für sich behalten sollen, und sie fügte hinzu: »Aber wie ich sehe, sind die höchsten Geistlichen

* Harington, der die Predigt auf die Fastenzeit 1596 datiert, benutzt noch den alten Kalender, nach dem das Jahr am 25. März begann.

nicht immer die klügsten Männer.«[2] Puckering, der Lordsiegelbewahrer, merkte, wie verletzt Elisabeth war, und befahl Rudd, sein Haus vorläufig nicht zu verlassen. Als Elisabeth freilich drei Tage später davon erfuhr, war sie wütend, daß dem Bischof derlei Beschränkungen auferlegt worden waren. Harington berichtet, er sei dabei gewesen, als eine der Hofdamen in Elisabeths Gegenwart über Rudds Predigt gespottet habe. Sofort habe Elisabeth die Hofdame wegen ihrer Kritik getadelt, aber gleichzeitig hinzugefügt, sie sei mit dreiundsechzig noch längst nicht so alt, wie der Bischof behauptet habe. Ihr Appetit, ihre Stimme und ihre Augen seien noch genausogut wie früher. Zum Beweis holte sie ein Schmuckstück hervor, worauf in winzigen Buchstaben eine Widmung eingraviert war. Weder der Bischof von Worcester noch Sir James Croft konnten die Widmung lesen, aber Elisabeth konnte es.[3]

Elisabeth war inmitten des Prunks bei Hof eine beeindruckende Erscheinung. Der Deutsche Heutzner, der sie 1598 in Greenwich sah, beschreibt sie als »überaus majestätisch« mit ihrem länglichen und hübschen, wenngleich faltigen Gesicht, den kleinen dunklen Augen, der leicht gebogenen Nase, den schmalen Händen und langen Fingern und der rothaarigen Perücke. Ihre Zähne freilich waren, wie die aller englischen Ladies, wegen des vielen Zukkers schwarz. Sie trug ein Kleid aus weißer Seide mit einem tiefen Dekolleté, wie es bei unverheirateten englischen Frauen Mode war. Ihre lange Schleppe wurde von einer Marquise getragen, und sie war mit viel kostbarem Schmuck behängt. Auf dem Weg zur Kapelle wechselte sie freundliche Worte mit ihren Untertanen und unterhielt sich mit ausländischen Besuchern in der Menge auf Englisch, Französisch oder Italienisch, und alle knieten nieder, wenn sie mit ihnen sprach. Heutzner war überrascht, mit welchem Zeremoniell die Diener das Essen hereinbrachten. Eine Gräfin amtierte als Vorkosterin, und alle Bediensteten knieten dreimal vor den Speisen der königlichen Tafel nieder.[4]

Elisabeth hatte noch immer einen gesunden Appetit und nahm mehrmals in der Woche an Parforcejagden teil. Sie machte immer noch lange Spaziergänge im Park von Hampton Court und in den Anlagen der anderen Paläste. Außerdem tanzte sie, und zwar nicht nur die würdevolle Pavane, sondern auch die ausgelassenere Gaillarde. Die unschickliche Volta, die sie früher manchmal mit Leicester getanzt hatte, ließ sie allerdings aus. Bei diesem Paartanz legte der Herr seine Arme um die Taille der Dame und stemmte sie in die Höhe.

Dagegen unternahm Elisabeth jetzt seltener weite Reisen, obwohl das vermutlich mehr mit dem erhöhten Risiko eines Attentats als mit ihrem fortgeschrittenen Alter zu tun hatte. 1582 hatte sie noch Anjou nach Canterbury begleitet, als er England verließ und in die Niederlande reiste. In den darauffolgenden neun Jahren entfernte sie sich nicht weiter von London als bis Windsor, auch wenn sie häufig zwischen Greenwich, Richmond, Nonesuch und Oatlands hin und her pendelte und gelegentlich Burghley in seinem Haus in Theobalds in Hertfordshire besuchte. Im August und September 1591 unternahm sie eine längere Rundreise nach Sussex, Hampshire und Surrey, dann über Cowdray und Chichester nach Portsmouth und Southampton, worauf sie mit kurzen Aufenthalten in Winchester, Basing House, Odiham, Farnham und Sutton Place bei Guildford nach Richmond zurückkehrte.[5]

Im Sommer und Herbst 1592 reiste sie durch Berkshire und Oxfordshire nach Alderton und Sudeley Castle in Gloucestershire, wieder nach Woodstock und nach Oxford, wo sie zuletzt vor sechsundzwanzig Jahren von der Universität gastlich aufgenommen worden war. In Christ Church sah sie sich Schauspiele an und nahm an einer Debatte teil, bei der es darum ging, ob Luft, Speise oder Trank den Menschen am meisten verändere. Wieder bezauberte sie, wie bereits im Jahr 1566, ihre Zuhörer mit einer Rede an die Universität in St. Mary's Church. Während sie sprach, merkte sie, daß der zweiundsiebzigjährige Burghley stand, und sie wollte nicht eher mit ihrer Rede fortfahren, als bis man ihm einen Stuhl gebracht hatte.[6]

Im letzten Jahrzehnt des 16. Jahrhunderts herrschte in England eine euphorische Stimmung. Die Engländer feierten den Sieg ihrer Flotte – und ihrer Königin – über die spanische Armada und sahen darin den sicheren Beweis dafür, daß Gott auf ihrer Seite stand. Musik und Literatur erlebten eine Blütezeit. Die musikalischen Werke von Morley, Byrd, Dowland und Weelkes fanden breiten Absatz, die Dramen von Marlowe, Ben Johnson, Dekker, Middleton und Webster wurden aufgeführt. Shakespeare veröffentlichte seine ersten Stücke. Wäre er nicht im sechsten Jahr von Elisabeths Regierungszeit zur Welt gekommen, sondern fünfzig Jahre früher, ehe das Drama sich aus der Beschränkung der mittelalterlichen Moralität befreit hatte, in der es bis zur Reformation gefangen war, er hätte seine Stücke niemals schreiben können.

Es war aber auch eine schwere Zeit. Im Sommer 1594 regnete es den ganzen Mai, Juni und Juli hindurch ununterbrochen, und nach einer kurzen Schönwetterperiode fing es im September erneut an zu regnen. Die Ernte war vernichtet, die Nahrungsmittelpreise schnellten in die Höhe. Im Jahr darauf war der Sommer so kalt und es schien so wenig Sonne, daß keiner geglaubt hätte, daß Sommer war, wenn nicht die Bäume grünes Laub getragen hätten. »Unsere Sommer sind keine Sommer«, meinte ein Prediger, »denn kaum ein Tag vergeht, an dem es nicht regnet.«[7] Wegen der heftigen Regenfälle im Sommer und Herbst 1596 stiegen die Preise erneut. Es war die dritte Mißernte in Folge. In vier Jahren stiegen die Nahrungsmittelpreise in London um 48 Prozent, während die Löhne nicht angehoben wurden. Der Versuch der Regierung, durch Einfuhr von Getreide aus dem Ausland der Lage Herr zu werden, konnte den Mangel an Nahrungsmitteln nicht beheben, der im Jahr 1595 in London und im Jahr darauf in Oxfordshire zu Aufständen führte.[8] Die Menschen fanden Trost in einem neuen Vergnügen: Sie rauchten in langen

Tonpfeifen Tabak, der Ende des Jahrhunderts in großen Mengen aus Amerika importiert wurde.

Im Hinblick auf etwaige Attentatsversuche der Jesuiten und anderer Papisten gegen die Königin waren die Beamten Elisabeths nach wie vor wachsam. Im Jahr 1593 wurden einige Portugiesen verhaftet, die als spanische Agenten entlarvt wurden. Eine Spur führte zu Elisabeths Arzt, dem Portugiesen Dr. Roderigo Lopez, der der Beteiligung an einem Komplott verdächtigt wurde. Ziel der Verschwörer war gewesen, Elisabeth zu vergiften. Lopez war ursprünglich Jude, lebte aber bereits seit fünfunddreißig Jahren als Christ und Protestant in London. Er war Arzt am St. Bartholomew's Hospital und behandelte Patienten aus der vornehmen Gesellschaft. Leider war er nicht nur Arzt, sondern auch Leiter von Don Antonios Nachrichtendienst, und in dieser Eigenschaft hatte er Kontakt zu spanischen Agenten, die Don Antonio nach dem Leben trachteten. Offenbar erklärte Lopez den Spaniern, er werde dafür sorgen, daß Don Antonio vergiftet werde. Gleichfalls sicher ist, daß er einem Spion zur Flucht verhalf, der Mendoza die Pläne für die Portugal-Expedition von 1589 verraten hatte. Lopez selbst sagte freilich, er habe alles mit Walsinghams Einverständnis getan, um mit den Spaniern ein doppeltes Spiel zu treiben.

Bei Hof wurde er in einen Machtkampf zwischen Essex und den Cecils verwickelt. Antonio Perez, der Staatssekretär Philipps II., war verhaftet und des Mordes an einem bekannten spanischen Politiker bezichtigt worden. Er hatte den Mord zwar in Philipps Auftrag ausgeführt, sollte aber jetzt dafür zum Sündenbock gemacht werden. Perez floh nach England, wo er von Essex als wichtiger Überläufer willkommen geheißen wurde. Perez denunzierte Lopez als spanischen Agenten und überzeugte Essex von seiner Schuld, während Burghley und dessen Sohn Robert ihn für unschuldig hielten. Zunächst glaubte Elisabeth Robert Cecil und erklärte Essex, er habe sich zum Narren gemacht. Aber dadurch wurde Essex nur noch mehr angespornt, nach weiterem belastenden Material gegen Lopez zu suchen. Die Geständnisse von Philipps portugiesischen Agenten und einige mysteriöse und zweideutige Briefe von Lopez an sie genügten: Elisabeth änderte ihre Meinung und glaubte an seine Schuld, obwohl sicher mehr dafür sprach, daß Lopez Don Antonio vergiften wollte, nicht die Königin.

Lopez wurde verhört und gestand schließlich auch ohne Folter. Er wurde des Hochverrats überführt und zum Tod durch Erhängen, Schleifen und Vierteilen verurteilt. Elisabeth wartete vier Monate, ehe sie den Hinrichtungsbefehl ausstellte, aber im Juni 1594 wurde das Urteil ordnungsgemäß vollstreckt.[9]

Zweifellos waren die Menschen gegen Lopez voreingenommen, weil er ein Jude war, auch wenn man dem keine übertriebene Bedeutung beimessen darf. Es ist fraglich, inwieweit Lopez das Vorbild für Shakespeares Juden Shylock im *Kaufmann von Venedig* war. Lopez' Charakter war ganz verschieden von dem Shylocks. Die Flugschrift, die, wie in solchen Fällen üblich, zum Zeitpunkt seiner Hinrichtung in London veröffentlicht und in Umlauf gebracht wurde, enthält keinen Hinweis darauf, daß Lopez Jude war. In ihr wird »dieser gottlose Mensch, Dr. Lopez ... dieser meineidige, blutrünstige Verräter«, der einen Anschlag geplant hatte auf »das kostbare Leben unserer heiligen, souveränen Fürstin, von deren Leben so viele andere Leben abhängen«, lediglich »Dr. Roger Lopez, von Geburt Portugiese« genannt.[10] Camden freilich nannte ihn »Roderigo Lopez von der jüdischen Sekte« und schrieb, als Lopez auf dem Schafott erklärt habe, »er habe die Königin ebenso geliebt wie Jesus Christus«, sei diese Behauptung »eines Mannes jüdischen Glaubens nicht ohne Gelächter aufgenommen worden«. Die Engländer haßten Lopez vermutlich mehr, weil er Ausländer war, als wegen seines jüdischen Glaubens. Camden warnte vor den Gefahren, die die Anwesenheit anderer Portugiesen mit sich bringe, die sich »als Gefolgsleute des im Exil lebenden Don Antonio in England eingeschlichen« hätten.[11]

Lopez' Hinrichtung festigte Essex' Stellung bei Hof. Doch während Essex im Juni 1596 in Cádiz kämpfte, überredete Burghley Elisabeth, Robert Cecil zum Staatssekretär zu ernennen. Zwei Jahre später, am 4. August 1598, starb Burghley im Alter von achtundsiebzig Jahren. Elisabeth besuchte den Sterbenden und gab ihm eigenhändig mit einem Löffel Suppe zu essen.[12]

In Irland gab es wie gewohnt Ärger. Kaum war man mit den Spaniern der Armada fertiggeworden, da brach im Frühjahr 1589 unter Führung der Bourkes in Connaught eine Revolte los. Mehrere Mitglieder des Rates des Lord Deputy in Dublin, darunter Thomas Jones, der Bischof von Meath, glaubten, der Aufstand sei durch die Gewaltherrschaft Sir Richard Binghams, des Gouverneurs von Connaught, und der ihm unterstellten Beamten heraufbeschworen worden. Der Bischof erklärte, Bingham habe mehrere ortsansässige irische Edelleute ohne Gerichtsverfahren hinrichten lassen und zwei Kinder im Alter von neun und sieben Jahren als Geiseln aufhängen lassen, weil sich ihr Vater den Rebellen angeschlossen habe. Außerdem habe er einen einbeinigen Mann von über achtzig ohne Prozeß hinrichten lassen. Sodann habe er von jeder Baronie zwanzig Stück Vieh beschlagnahmt, um bei der Ankunft Lady Binghams aus England ein Festmahl zu geben. In Sligo habe Binghams Agent William Taaffe Vieh und Pferde beschlagnahmt, und »sogar Ehefrauen und Töchter, an denen Taaffe Gefallen fand, mußten ihm zu Willen sein«.[13]

Bingham nannte diese Anschuldigungen Lügen, die von den Rebellen verbreitet würden. Er hielt es für »unmöglich, das irische Volk zu regieren, ohne hin und wieder das Schwert einzusetzen«[14], weil ein Ire nicht besser sei als ein gieriger Wolf.[15] Walsingham stellte sich auf Binghams Seite. Er erteilte dem

Bischof von Meath und dem Lord Deputy Fitzwilliam einen scharfen Verweis und erklärte, wer Bingham verleumdet habe, sei entweder sein persönlicher Feinde oder ein Verräter. Elisabeth ordnete schließlich eine Überprüfung der gegen Bingham erhobenen Vorwürfe an, erklärte dann aber, ihrer Meinung nach sei er vollkommen unschuldig.[16]

Für Bingham bestand an der Ursache der Rebellion kein Zweifel. Das Volk wollte die alten, dummen Bräuche wieder einführen,[17] insbesondere die irischen Erbfolgegesetze, die die Engländer abgeschafft hatten. Andere glaubten, die Religion sei die Wurzel allen Übels, außerdem die Nachlässigkeit der Behörden, das Gesetz gegen katholische Rekusanten in Kraft zu setzen, wie es in England der Fall war. Wie konnte man von einem Volk, das nicht einmal seine Pflicht gegenüber Gott kannte, Gehorsam gegenüber seinem Fürsten erwarten? Sowohl der Erzbischof von Cashel im Jahr 1592 als auch Sir John Dowdall in Duncannon in Munster vier Jahre später waren sich über die alarmierende Ausbreitung der Papisterei in Irland einig.[18] Während die Iren 1568 regelmäßig die protestantischen Gottesdienste besucht hätten, gehe jetzt kaum noch jemand in die Kirche. Zuerst seien die Frauen dem Gottesdienst ferngeblieben und hätten heimlich die Messe besucht, dann die Männer. In jeder Stadt und jedem Dorf gebe es eine Papisten-Schule mit einem Lehrer, der von einem Jesuiten überwacht würde. Aus jeder Stadt führten geheime Wege zu Papisten-Zentren im Ausland. Kein Ire könne dazu gebracht werden, vor Gericht gegen einen anderen Iren auszusagen, denn sie hingen alle »der römischen Religion an, die sie den katholischen Glauben nennen«.[19] Unter Eduard VI. habe es in Dublin keine sechs Papisten gegeben, jetzt gebe es in ganz Irland keine sechs Protestanten.[20]

Die englischen Siedler haßten die Iren nicht weniger, als die Iren sie haßten. Unter den Engländern in Connaught hieß es allgemein: »Man kann nichts Besseres tun, als sie alle umbringen«,[21] denn erst dann könne das Land unter den Engländern aufgeteilt werden. Das war das Lieblingsthema der protestantischen Befehlshaber und des anglikanischen Klerus in Irland und England: Es konnte nicht Gottes Wille sein, daß papistische Wilde ein so fruchtbares und angenehmes Land wie Irland besaßen. Gott hatte das Land den Engländern geschenkt, wie er das Land Kanaan den Israeliten geschenkt hatte. John Bell, der Vikar von Christchurch, schickte Burghley 1597 unaufgefordert ein Memorandum über Irland. »Gott, der Herr, der eine besondere Zuneigung zu uns hegt, hat Ihrer Majestät das Königreich Irland geschenkt«, schrieb er und schlug vor, die Königin solle jedem englischen Siedler in Ulster 120 Hektar Land zu einem jährlichen Pachtzins von fünf Pfund überlassen.[22] Elisabeth befolgte seinen Rat nicht. Sie gab jedoch Sir Walter Raleigh 5 000 Hektar Land in Munster als Entschädigung dafür, daß Essex ihn von seinem Platz als Günstling bei Hof verdrängt hatte.[23]

Die größte Gefahr ging von Hugh O'Neill aus, dem Grafen von Tyrone, der 1588 von seiner Burg in Dungannon aus ganz Ulster beherrschte. Wenn es ihm paßte, bezeichnete Tyrone sich als irischer Patriot und frommer Katholik, und er datierte seine Briefe stets nach dem neuen Kalender des Papstes. Aber keiner konnte je sicher sein, auf welcher Seite er gerade stand. Er war aktiv an der Ermordung der schiffbrüchigen Soldaten und Seeleute der Armada beteiligt gewesen, zu der der Lord Deputy in einer Erklärung aufgefordert hatte.* Kurz darauf nahm er Shane O'Neills Sohn gefangen und ließ ihn wegen einer Familienfehde aufhängen. Er leugnete allerdings, ihn mit eigener Hand stranguliert zu haben.[24]

Der Rat in Dublin war über diese Verletzung des Gesetzes und der Autorität der Königin beunruhigt, vor allem weil seine Spione in Dungannon berichteten, Tyrone stehe insgeheim mit Philipp II. in Verbindung. Doch die Räte wußten nicht, was sie tun sollten. Noch nie war eine Landstreitmacht aus dem östlichen Teil Irlands mit Erfolg in Ulster eingefallen, denn ein irischer Führer, der vom Volk unterstützt wurde, konnte sich jederzeit in die Wälder von Tyrone und Fermanagh zurückziehen, wo er außerhalb der Reichweite der Invasionsarmee war.[25] Elisabeth hielt es deshalb für sinnvoller, einen Feind oder untreuen Leibwächter Tyrones zu bestechen, damit er ihn entführte.[26] Aber als der Rat in Dublin niemanden fand, der diese Aufgabe übernehmen wollte, riet er Elisabeth, Tyrone versöhnlich zu stimmen.

Zunächst lehnte Elisabeth den Vorschlag des Rates in Dublin ab. Statt dessen wollte sie eine Armee nach Irland entsenden, auch wenn sie das Geld kostete. Im Februar 1595 ließ sie 2 000 englische Soldaten aus der Bretagne abziehen, um sie gegen Tyrone einzusetzen. Sir William Russell, Fitzwilliams Nachfolger im Amt des Lord Deputy, marschierte in Ulster ein. Aber Tyrone zog sich in die Wälder zurück und bewaffnete jeden Schafhirten mit einer Pike.[27] Ulster schien uneinnehmbar. Der papsttreue Bischof von Kildare schrieb aus Lissabon an Tyrone, auch wenn der letzte Funke des Glaubens in den anderen drei Provinzen Irlands ausgelöscht sei, werde der allergnädigste Gott den Glauben in Ulster am Leben erhalten, bis er sich von dort wieder ausbreite und das ganze Reich dem Glauben des heiligen Patrick zurückgewinne.[28]

Elisabeth war bereit, Tyrone unter gewissen Bedingungen Gnade zu gewähren. Am 12. August 1595 schrieb Cecil Tyrone, wenn sein stolzes Herz sich der Gnade Ihrer Majestät absolut unterwerfen wolle, werde ihm diese Gnade nicht verweigert werden.[29] Aber Tyrone war noch nicht dazu bereit

* Ein Überlebender der spanischen Armada erfuhr von einem Iren, daß »der Mann, der die Ermordung aller [spanischen] Soldaten anordnete«, der irische Graf O'Neill gewesen sei (*Span.Cal.Eliz.*, IV, 508-9).

und wollte sich alle Möglichkeiten offenhalten. Am 27. September (n. Z.) baten er und sein Schwiegersohn Hugh Roe O'Donnell, Lord von Tyrconnel, Philipp II. und dessen Minister und Generäle um Hilfe: Wenn der katholische Glauben im Königreich Irland jetzt nicht gerettet würde, sei es spät. Als einen Monat später noch immer keine Hilfe aus Spanien in Sicht war, erklärte sich Tyrone bereit, das Gnadenangebot der Königin anzunehmen und ihr als Strafe 20 000 Kühe zu überlassen.[30]

Elisabeths Agenten hatten Tyrones und O'Donnells Briefe an Philipp abgefangen. Elisabeth beschloß jedoch, so zu tun, als wisse sie nichts von diesem Verrat. Sie wollte Tyrone und allen anderen, die sich unterwarfen, vergeben. Aber Tyrone und O'Donnell forderten für die Katholiken Irlands religiöse Toleranz.[31] Das war für die Protestanten unannehmbar. »Die Katholiken behaupten, sie kämpften mit Tyrone nur für die Freiheit des Gewissens«, schrieb der anglikanische Bischof von Limerick, »aber wenn ihnen ehemals nicht zu viel Freiheit gegeben worden wäre, hätten sie jetzt kein solches Gewissen.«[32]

Im Mai 1596 erfuhr Tyrone, daß ein Abgesandter Philipps II. in Liffey eingetroffen sei. Er ritt dem Gesandten sechzig Kilometer entgegen und nahm einen ermutigenden Brief von Philipp in Empfang. Anschließend schickte er den Brief zum Beweis seiner Treue gegenüber Elisabeth an Russell. Er bat allerdings darum, ihm den Brief zurückzugeben und keine Abschrift davon anzufertigen. Die Spanier und seine katholischen Anhänger sollten nicht erfahren, daß er den Brief Russell geschickt habe. Aber Russell schickte den Brief an Elisabeth weiter und ignorierte Tyrones drohende Forderung, den Brief zurückzugeben.

Elisabeth überlistete Tyrone. Sie sandte Philipp den Brief zurück und erklärte, Tyrone habe ihn ihr geschickt. Er habe sich unterworfen, da der Aufstand in Irland endlich unterdrückt sei. Die Königin glaubte, Philipp dadurch von einer Intervention in Irland abhalten zu können. Außerdem wollte sie verhindern, daß er Tyrone in Zukunft vertraute und unterstützte. Doch Philipp griff nun seinerseits zu einer List. Er teilte Tyrone mit, Elisabeth habe ihm den Brief geschickt, aber er sei sicher, daß Elisabeth lüge, wenn sie behaupte, Tyrone habe ihn Russell geschickt. Er sei überzeugt, daß sie den Brief auf andere Weise erhalten habe, denn er vertraue Tyrone völlig. Tyrone schrieb Philipp, sein Sekretär habe den Brief gestohlen und ihn an Russell weitergegeben. Er selbst habe sich gegenüber Philipp stets loyal verhalten.[33] Zuletzt war Tyrone überzeugt, daß er weder Elisabeth noch sonst einem Engländer trauen konnte, und er beschloß, so bald wie möglich eine neue Revolte anzuzetteln.

Die Engländer hatten in der Festung Blackwater am gleichnamigen Fluß bei Dungannon eine Garnison zurückgelassen. Im Juli 1598 griff Tyrone die Festung an und belagerte sie. Eine Armee von 3 500 Fußsoldaten und 300 Reitern sollte die belagerte Garnison befreien. Auf dem Weg von Armagh nach Blackwater wurden die Soldaten am 14. August in der Nähe des Yellow Ford von Tyrone angegriffen. Fast die Hälfte der Soldaten wurden getötet, und einige irische Soldaten liefen zu den Rebellen über. Nur 1 500 Überlebende kehrten nach Armagh zurück.[34]

Der Sieg über die englische Armee am Yellow Ford gab den irischen Rebellen Auftrieb und erschütterte die Engländer. Cecil und Lord Howard von Effingham, der nach dem Sieg in Cádiz zum Grafen von Nottingham ernannt worden war, teilte dem Rat in Dublin mit, daß »Ihre Majestät tief in ihrer Ehre getroffen sei«.[35] Elisabeth schrieb Ormond und dem Rat in Dublin einen empörten Brief und beschloß, 2 000 englische Soldaten nach Irland zu entsenden, die in den Niederlanden Dienst taten, und als Ersatz in England 2 000 Männer anzuwerben, auch wenn sie das 12 000 Pfund kostete. Sie drängte Ormond und den Rat, keine weiteren Iren in die Armee aufzunehmen.[36]

Russell hatte gar nicht die Absicht, dies zu tun, denn er und seine Offiziere waren schon besorgt genug, daß zwei Drittel der Soldaten der Armee in Irland Iren waren.[37] »Der Rebell ist ein Ire, der Soldat ebenfalls«, schrieb Sir George Clifford.[38] Wie er und seine Kollegen befürchteten, desertierten wiederholt irische Soldaten, die dann die Rebellen mit Waffen und Munition versorgten. Die Engländer vermuteten, daß in jeder Stadt Anhänger der Rebellen dafür sorgten, daß ihnen Vorräte geschickt wurden. Der Bürgermeister und die Stadtverwaltung von Limerick taten dies ganz offen. Ein englischer Offizier schlug vor, den Metzgern zu verbieten, durch das Land zu fahren, um zu verhindern, daß sie die Rebellen im Feld mit Fleisch versorgten. Zudem sollten kleine tragbare Folterbänke erfunden werden, damit die örtlichen Befehlshaber der Armee überall, wo sie hinkamen, die Einwohner foltern konnten, um Informationen über die Pläne der Rebellen zu erhalten.[39]

Erlitten die Rebellen in Irland eine Niederlage, mußten die irischen Männer, Frauen und Kinder des ganzen Distrikts darunter leiden. Waren die Rebellen siegreich, so waren Elisabeths Hofdamen die Leidtragenden. Wie alle königstreuen Engländer bewunderte auch Sir John Harington die Königin, und er war ihr dankbar für die Freundlichkeit, mit der sie ihn all die Jahre behandelt hatte.[40] Aber er kannte sie auch von einer weniger angenehmen Seite, und nach ihrem Tod berichtete er darüber in Briefen an seine Freunde. Er hat nicht geahnt, daß seine Nachfahren die Briefe zweihundert Jahre später veröffentlichen würden. Harington schrieb, daß Elisabeths Höflinge, vor allem aber ihre Ehrendamen, häufig Opfer ihrer Wutanfälle wurden. Im Mai 1597 schrieb Sir William Fenton Harington, das Verhalten der Königin gegenüber ihren Hofdamen sei seit den letzten Unruhen in Irland noch viel schlimmer geworden.[41]

Ihre Stimmung konnte von einem Moment auf den anderen umschlagen. »Wenn sie lächelte«, schrieb Harington, »war es wie ein Sonnenstrahl, in dem sich jeder gern sonnte, wenn er konnte. Aber sogleich ballten sich wieder Wolken zu einem Gewitter zusammen, und dann ging auf alle der Donner hernieder.«[42] Oft war das Thema Ehe und Sexualität der Anlaß für Elisabeths Wutausbrüche. Elisabeth lag aus politischen Gründen, aber auch aufgrund ihrer Religiosität daran, daß ihr Hof den Ruf der Reinheit behielt, den er sich in den vergangenen hundert Jahren unter Heinrich VII., Heinrich VIII., Eduard VI. und Maria erworben hatte. In London gab es keine schändlichen Affären wie die, in die am französischen Hof unter Franz I., Heinrich II. und seinen drei Söhnen sowie unter Heinrich von Navarra männliche und weibliche Mitglieder der königlichen Familie verstrickt waren. Anne Boleyns ketzerische Tochter mußte jeden Skandal vermeiden, besonders nach Amy Robsarts Tod. Aber Elisabeths Sorge um ihren Ruf und die Aufgabe, für angemessene Heiraten ihrer Ehrendamen zu sorgen, erklären noch nicht die Boshaftigkeit und kleinliche Rachsucht, mit der sie ihr Mißfallen zeigte, wenn eine der Damen es wagte, den Wunsch nach Heirat zu äußern. Bei diesen Gelegenheiten redete und handelte sie nicht wie eine Königin, sondern wie eine verbitterte alte Jungfer, der es nicht vergönnt gewesen war, den Mann zu heiraten, den sie liebte.

Elisabeth fragte ihre Hofdamen häufig, ob sie heiraten wollten, um dann deren eifrige und oft wiederholte Beteuerungen zu hören, daß ihnen der Gedanke daran höchst zuwider sei. Die junge Tochter Sir Robert Arundells jedoch war verliebt, und da sie erst vor kurzem an den Hof gekommen war, wußte sie nicht, welche Antwort die Königin erwartete. Sie zögerte und blickte verlegen drein und weckte so Elisabeths Mißtrauen. Elisabeth nahm sie beiseite und ermutigte sie, sich ihr anzuvertrauen. Sie erfuhr, daß das Mädchen in einen jungen Edelmann verliebt war und hoffte, ihn heiraten zu können. Bisher hatten die beiden freilich noch nicht den Mut gehabt, den Vater des Mädchens um Erlaubnis zu bitten. Elisabeth erklärte, sie werde die Sache in die Hand nehmen und Sir Roberts Erlaubnis einholen.

Die Königin sprach unter vier Augen mit Sir Robert Arundell und teilte ihm mit, seine Tochter wolle einen Edelmann heiraten. Dann fragte sie ihn, ob er irgendwelche Einwände habe. Wenn die Königin dafür sei, antwortete er, wolle er gern seine Zustimmung geben. Auf Elisabeths Bitte hin gab er ihr sein schriftliches Einverständnis. Anschließend befahl sie seine Tochter zu sich und erklärte ihr, Sir Robert habe der Heirat zugestimmt. »Dann bin ich glücklich und werde Euer Gnaden zufriedenstellen«, sagte das Mädchen. »Das solltest du«, antwortete Elisabeth, »aber du solltest nicht so dumm sein und heiraten. Ich habe das schriftliche Einverständnis deines Vaters, und ich schwöre, daß du es nie bekommen sollst. Und jetzt geh an deine Arbeit. Ich sehe, du bist so kühn, deine Torheit offen zuzugeben.«[43]

Lady Mary Howard wurde von der Königin in aller Öffentlichkeit gedemütigt. Sie hatte die Standesschranken verletzt und die Königin überdies verärgert, weil sie mit Essex flirtete. Wie Heinrich VIII. trug auch Elisabeth prächtige Gewänder und kostbaren Schmuck, weil sie das für einer großen Königin angemessen hielt. Sie erwartete auch von ihren Bischöfen, daß sie sich prächtig kleideten und nicht den Forderungen der Puritaner nachgaben, jeglichen Pomp und Prunk zu vermeiden. Im April 1594 hielt Aylmer, der Bischof von London, der 35 Jahre zuvor die Rechte eines weiblichen Souveräns gegen Knox verteidigt hatte, in Elisabeths Gegenwart eine Predigt. Er sprach von der Eitelkeit, sich zu sehr mit Kleidern aufzuputzen. Nach der Predigt sagte Elisabeth zu ihren Hofdamen, wenn er weiterhin solche Predigten halte, werde sie ihn »für den Himmel vorbereiten, aber er soll ohne Bischofsstab dorthin gehen und seinen Mantel zurücklassen«.[44] Aylmer kam früher in den Himmel als erwartet, denn zwei Monate später starb er.

Elisabeth war der Meinung, jeder solle sich so prächtig kleiden, wie es seinem Rang entsprach. Als sie aber Lady Mary Howard in einem kostbaren Samtkleid mit einer mit Gold und Perlen besetzten Borte erblickte, das von allen Höflingen bewundert wurde, glaubte sie, Lady Mary sei prächtiger gekleidet, als es ihrem Stand entsprach. Sie nahm Lady Mary beiseite und fragte, ob sie sich das Kleid borgen könne. Lady Mary konnte natürlich nicht ablehnen. Elisabeth zog das Kleid an und erschien damit vor dem gesamten Hofstaat. Doch das Kleid war Elisabeth zu kurz, weil Lady Mary kleiner war als die Königin. Elisabeth fragte die Höflinge und die anwesenden Damen, wie ihnen das Kleid gefalle, und nachdem alle es gelobt hatten, wollte sie von Lady Mary wissen, ob es nicht vielleicht zu kurz sei. Verlegen bejahte Lady Mary. »Nun gut«, sagte Elisabeth, »wenn es mir nicht steht, weil es zu kurz ist, so muß ich sagen, daß es Euch nie stehen wird, weil es zu vornehm ist. Deshalb steht es keinem von uns beiden.« Schließlich gab sie Lady Mary das Kleid zurück. Diese trug es zu Lebzeiten der Königin nicht mehr, sondern bewahrte es im Schrank auf und zog es erst wieder an, als Jakob I. den Thron bestieg.[45]

Lady Mary ließ sich vom Unmut der Königin nicht allzusehr beeindrucken und reagierte darauf mit passivem Widerstand. Sie glänzte durch Abwesenheit, wenn die Königin im Garten spazierengehen wollte und sie hinter ihr hergehen und ihren Mantel halten sollte oder wenn sie der Königin beim Abendessen Wein einschenken sollte.[46] Essex war in dieser Beziehung viel dreister. Im Sommer 1598 hatte er mit Elisabeth in Gegenwart anderer Höflinge eine heftige Auseinandersetzung, weil es ihr widerstrebte, einem seiner Freunde ein bestimmtes Amt zu übertragen. Essex war verärgert und kehrte ihr demonstrativ den Rücken zu. Elisabeth gab ihm wütend eine Ohrfeige. Daraufhin legte Essex die Hand an sein Schwert, schrie, er hätte eine derartige

Beleidigung nicht einmal von ihrem Vater hingenommen, und verließ den Raum.[47]

Elisabeth stellte ihn unter Hausarrest und wartete darauf, daß er sich entschuldigte und sich fügte. Statt dessen warf er ihr Lieblosigkeit vor. »Ich habe jederzeit Eure Schönheit über alle Dinge gestellt und die Lust meines Lebens in nichts anderem gefunden als im Gedeihen Eurer Huld gegen mich.« Aber »Eure Majestät hat durch das unerträgliche Unrecht, das Ihr sowohl mir als Euch selbst zugefügt habt, nicht allein alle Gesetze der Liebe durchbrochen, sondern sich auch an der Ehre Eures Geschlechtes vergangen.«[48] Elisabeth unternahm keine weiteren Schritte gegen ihn, und nach ein paar Wochen stand er wieder in ihrer Gunst. Im Frühjahr 1599 ernannte sie ihn zum Oberbefehlshaber ihrer Armeen in Irland und beauftragte ihn, den Erzverräter Tyrone zu stürzen.

Die Niederlage am Yellow Ford hatte die Engländer in ihrem Stolz getroffen. Der alte Soldat und Autor Barnabe Rich brachte die Meinung des Volkes zum Ausdruck: Die Armeen der Königin hatten schon so oft über den König von Spanien in dessen Ländern triumphiert, »ja, fast vor seinen eigenen Schloßtoren«; wie war es dann möglich, daß »ein niedriges und barbarisches Volk, ein erbärmliches Volk« die Königin in ihrem eigenen Land besiegte, »zur großen Schmach des ganzen englischen Volkes, die uns unter allen Königreichen der christlichen Welt verachtenswert und minderwertig erscheinen läßt?«[49] Aber nun sollte ein Nationalheld die Situation retten. Der ungeheuer populäre Graf von Essex sollte mit einer Armee von 16 000 Fußsoldaten und 1 300 Reitern nach Irland aufbrechen, und ein wenig später sollten ihm weitere 2 000 Mann folgen.[50]

Elisabeth klagte über die Kosten, wollte aber diesmal ohne lange Diskussion zahlen, auch wenn es sich nicht nur um 10 000 oder 15 000 Pfund handelte, eine Summe, die sie den niederländischen und französischen Protestanten von Zeit zu Zeit widerwillig geliehen hatte, sondern um 250 963 Pfund, 10 Schillinge und 10 Pfennige. Pro Monat sollten 15 738 Pfund, 16 Schillinge und ein dreiviertel Penny ausgegeben werden.[51] Die Königin erließ eine Proklamation, in der sie erklärte, sie sei den Menschen beider Königreiche stets eine gütige Herrscherin gewesen, und sich gegen die von den Rebellenführern verbreitete Lüge zur Wehr setzte, sie wolle das irische Volk ausrotten und Irland wie ein erobertes Land behandeln.[52] Vielmehr wolle sie denen vergeben, die es verdienten, aber »den Rest als Feinde Gottes und Verräter an unserer Krone und unserer Würde vernichten«.[53]

Essex wollte in Irland militärischen Ruhm gewinnen, aber er wollte auch nicht zu lange dort bleiben und zusehen, wie unterdessen sein Rivale Cecil seinen Einfluß bei Hof unterminierte. Er bat Elisabeth um die Erlaubnis, nach

Hause zurückkehren zu dürfen, wann immer er wollte, und er überredete sie, seinem Auftrag eine dementsprechende Klausel hinzuzufügen. Elisabeth erklärte, sie sei sicher, er werde nicht zurückkehren, wenn das seiner Aufgabe in Irland schade.[54]

Essex wollte sich in Chester nach Dublin einschiffen. Seine Reise begann am 27. März 1599 mit einem Ritt durch London. Die jubelnde Menge bereitete ihm einen Empfang, wie er normalerweise der Königin vorbehalten war. Das Volk vertraute darauf, daß Essex in Kürze, wenn er die Rebellen bestraft hatte, im Triumphzug zurückkehren würde. Als im selben Jahr im Globe Theatre in Southwark Shakespeares Stück *Heinrich V.* aufgeführt wurde, jene bewegende Geschichte vom militärischen Ruhm Englands in einer früheren Zeit, wurde im Prolog des Stücks die Ankunft Heinrichs V. nach seinem Sieg bei Agincourt mit der bevorstehenden Rückkehr des siegreichen »Generals unserer gnädigen Königin« aus Irland verglichen.[55] Ein anderer Dichter, dessen Ruhm nicht so lange währte, schrieb mit derselben Begeisterung:

Nun bricht Scipio zum fernen Afrika auf;
Der Herr der Heerscharen und Schlachten sei sein Führer;
Nun, da grüne Bäume knospen und blühen,
Gleiten Elisabeths Schiffe auf den Meeren Irlands dahin …
Recht läßt Unrecht erröten, und Wahrheit jagt Lüge davon;
Das Schwert ist gezückt, Tyrones Tod ist nahe.[56]

Die Offiziere und Soldaten in Dublin waren über den Einmarsch in Ulster freilich weniger begeistert als die Dichter und die Bevölkerung von London. Sie hatten die Schwierigkeiten einer Invasion von Drogheda nach Armagh schon immer richtig eingeschätzt, und seit der Niederlage am Yellow Ford war Tyrone in seinen Schlupfwinkeln in Ulster für die Soldaten eine Art Schreckgespenst. Essex ließ sich von der Angst der Soldaten anstecken, außerdem hatte er kaum vergessen, daß Elisabeth ihn wegen seiner Unbesonnenheit in Rouen kritisiert hatte. Da auch die Rebellen in Munster aktiv waren, hielt er es für klüger, sich mit ihnen zu befassen als mit Tyrone. Er fuhr mit 3 000 Fußsoldaten und 300 Reitern von Dublin nach Waterford, marschierte gegen die Rebellen in Clonmel, Cashel und Roscannon, nahm Cahir Castle ein und ließ die gefangenen Rebellen aufhängen, obwohl ihm 2 000 Pfund geboten wurden, damit er wenigstens einige von ihnen verschonte.[57]

Elisabeth war unzufrieden. Sie gratulierte Essex zwar zur Einnahme von Cahir Castle, erinnerte ihn aber gleichzeitig an seine Hauptaufgabe, gegen den »Verräter aus dem Norden« zu marschieren.[58] Außerdem war sie verärgert, weil Essex zu viele Männer zum Ritter geschlagen hatte. Zwar wurde einem Generalstatthalter oft das Recht zugestanden, für Tapferkeit im Feld die Ritterwürde zu verleihen, aber er hatte von diesem Recht sparsam Gebrauch zu machen. Mit der Ernennung von neununddreißig Rittern wollte Essex offensichtlich mehr eine Partei politischer Anhänger gründen als herausragende Tapferkeit belohnen. Elisabeth war wütend, weil er ihre Befehle mißachtet und seinen Freund, den Grafen von Southampton, der auf eigene Faust nach Irland gegangen war, mit einem Kommando in der Armee betraut hatte. Sie befahl Essex ausdrücklich, nicht nach England zurückzukehren, obwohl sie ihm zuvor erlaubt hatte, jederzeit zurückzukommen.[59]

Als Essex nach dem Feldzug in Munster nach Dublin zurückkehrte, war es bereits Mitte Juli. Er durfte jetzt keine Zeit mehr verlieren, wenn die Invasion in Ulster noch vor Herbstbeginn stattfinden sollte, denn ein Feldzug im Herbst war schwierig. Als Essex von weiteren Unruhen in Offaly hörte, wollte er zuerst dort für Ruhe sorgen und dann gegen Tyrone marschieren. Aber als Elisabeth davon erfuhr, befahl sie ihm, nicht nach Offaly zu gehen, sondern umgehend in Ulster einzufallen.[60] Sie tadelte ihn, weil er noch nichts gegen Tyrone unternommen habe, weil er »die Zeit verstreichen« lasse, »die keiner zurückholen kann«, und weil er zulasse, daß »diese gemeinen Rebellen erleben, wie ihr goldenes Kalb ohne Makel und Verlust erhalten bleibt und so sicher ist wie in seinem Heiligtum«.[61]

Essex berief seine Offiziere zu einem Kriegsrat nach Dublin Castle ein. Alle lehnten den Einmarsch in Ulster strikt ab. Sie unterzeichneten einen Brief, den Essex am 21. August an Elisabeth schrieb. Darin nannte er die Gründe, warum es ein schwerer Fehler wäre, noch in diesem Jahr von Drogheda aus in Ulster einzumarschieren. Obwohl die Gründe überzeugend waren, war Elisabeth über das Schreiben erbost und erklärte, es grenze an Aufruhr, wenn Essex die Offiziere zu einem Kriegsrat zusammenrufe und dafür zu gewinnen suche, sich gemeinsam ihren Befehlen zu widersetzen. Weder Elisabeth noch Essex dachten ernsthaft über den Vorschlag einiger erfahrener Offiziere nach, eine Truppe auf dem Seeweg nach Lough Foyle zu schicken und Tyrone auf diese Weise zu schlagen.[62]

Am 28. Dezember verließ Essex auf Anweisung Elisabeths mit seiner Armee Dublin und marschierte bis an die Grenze von Tyrones Gebiet. Als Tyrone ihm Friedensverhandlungen anbot, nahm er an. Essex und Tyrone trafen sich am 7. September ohne Begleiter am Fluß Lagan zwischen Ardee und Carrickmacross. Tyrone blieb in der Mitte des Flusses auf seinem Pferd sitzen, während Essex mit seinem Pferd am Südufer blieb. Sie vereinbarten einen sofortigen Waffenstillstand. Außerdem sollte Tyrone Pardon gewährt werden, wenn er sich der Königin unterwarf.[63]

Anschließend kehrte Essex entgegen Elisabeths Anordnung nach England zurück. Als er am 28. September in Nonesuch eintraf, war Elisabeth zunächst freundlich. Aber dann schlug ihre Haltung plötzlich um. Am 2. Oktober entließ sie Essex aus all seinen Ämtern und befahl dem Staatsrat, eine Erklärung zu veröffentlichen, in der seine sämtlichen Vergehen aufgelistet waren. Elisabeth glaubte, Essex' eigenmächtiges Handeln komme einer staatsgefährdenden Mißachtung ihrer königlichen Autorität gleich. Als Harington, den Essex in Irland zum Ritter geschlagen hatte, einige Monate später mit einer Botschaft von Essex zu Elisabeth kam, geriet sie in Wut, packte ihn am Gürtel und schrie: »Bei Gottes Sohn, ich bin keine Königin, der Mann ist mehr als ich.« Sie forderte Harington auf, sofort wieder zu gehen. »Das ließ ich mir nicht zweimal sagen«, schrieb er hinterher. »Ich hätte nicht schneller sein können, wenn mir alle irischen Rebellen auf den Fersen gewesen wären.«[65]

Elisabeth unterrichtete den Rat in Dublin von ihrer Maßnahme gegen Essex, betonte aber, sie habe ihm deshalb ihre Gunst entzogen, weil er entgegen ihrer Anweisung nach England zurückgekehrt sei, nicht wegen der Verhandlungen mit Tyrone. Sie bestätigte das Gnadenangebot an Tyrone. Aber Tyrone wollte sich erst unterwerfen, wenn Elisabeth den Katholiken in Irland religiöse Toleranz gewährte.[66] Deshalb ging der Krieg weiter.

Elisabeth ernannte Lord Mountjoy zu Essex' Nachfolger. Er überredete sie, ihm zu erlauben, Sir Henry Docwra im Mai 1600 mit 4 000 Mann auf dem Seeweg von Carrickfergus nach Lough Foyle zu schicken, während er selbst als Ablenkungsmanöver auf dem Landweg von Drogheda aus in Ulster einfallen wollte. Docwras Männer litten an der öden, kahlen Küste von Lough Foyle große Not, doch sie bauten Blockhäuser und richteten bei Überfällen auf Tyrones Territorium großen Schaden an.[67]

Die Kämpfe weiteten sich über ganz Irland aus und hielten den Sommer und Winter über an. Der Krieg dauerte zweieinhalb Jahre und kostete Elisabeth eine Menge Geld. Im Januar 1600 hatte der Krieg in neun Monaten bereits 171 883 Pfund und sechseinhalb Pfennige gekostet,[68] und der Rat klagte, daß »das Vermögen Ihrer Majestät wie Wachs in der Sonne schmilzt«.[69] Beide Seiten gingen mit großer Grausamkeit vor. Die Rebellen töteten die wenigen Engländer, die sie gefangennahmen, außerdem alle englischen Siedler, die sie entdeckten, und sie schlugen Kleinkindern den Schädel ein. Einmal ließen sie eine Engländerin nackt im Morast liegen, wo sie erfror.[70] Auf der anderen Seite berichtete Carew aus Cork, er habe in der Gegend zwischen Youghal und Kerry »außer Männern, Frauen und Kindern, die ich nicht mitrechne«, 1 200 bewaffnete Rebellen getötet.[71] Der irische Rebell Tyrell brachte die Familien von achtzig englischen Siedlern in Munster um. Als er gefaßt und nach Cork gebracht wurde, wurden ihm zur Strafe Arme und Beine mit einem Hammer zerschmettert, und er mußte solange in Ketten hängen, bis er an Unterkühlung und Hunger starb.[72]

Die englischen Befehlshaber erkannten, daß sie den Hunger als Waffe einsetzen mußten, um die Rebellion endgültig niederzuschlagen, wie sie es nach Desmonds Aufstand in Munster getan hatten. Ormond erinnerte den Staatsrat daran, daß damals die Iren »dazu getrieben« worden seien, »sich gegenseitig zu verschlingen«.[73] Mountjoy schickte seine Reiter aus, um das Getreide auf den Feldern mit Schwertern niederzumähen, und in den Wäldern nach Nahrungsmitteln zu suchen, die die Iren dort versteckt hatten, und alles zu verbrennen.[74]

Philipp II. starb im September 1598. Sein Sohn, der junge König Philipp III., beschloß, eine kleine Armee nach Irland zu entsenden. Hatte sie Erfolg, sollte eine großangelegte Invasion erfolgen. Im September 1601 segelten 27 Schiffe mit 4 000 spanischen Soldaten an Bord unter dem Kommando des Don Juan von Aquila von Lissabon aus nach Kinsale. Die Spanier nahmen Kinsale ein, wurden aber kurz darauf von Mountjoy und 6 000 der 27 000 Soldaten belagert, die Elisabeth mittlerweile nach Irland entsandt hatte, um gegen Tyrones 23 000 Rebellen vorzugehen. Die Belagerung hielt auch den Winter hindurch an. Es war der kälteste Winter, den Munster seit Jahren erlebt hatte. Tyrone brach unterdessen von Ulster auf, um sich mit seinen spanischen Verbündeten zu vereinen.[75]

An Heiligabend – für Tyrone und die Spanier war es der 3. Januar 1602 – versuchte Tyrone, die englischen Linien zu durchbrechen, um zu den eingeschlossenen Spaniern zu gelangen. Doch seine mangelhaft ausgebildeten Männer wurden von den Engländern in die Flucht geschlagen. 1 600 Rebellen fanden den Tod. Im Februar litten die Spanier in Kinsale großen Hunger, und Tyrones Niederlage hatte ihren Glauben an die Iren erschüttert. Am 22. Februar ergaben sie sich unter ehrenvollen Bedingungen. Nach einem Essen mit Mountjoy kehrten Don Juan und seine Soldaten mit ihren Kanonen und ihrer Ausrüstung nach Spanien zurück.[76]

Kurz vor der Übergabe von Kinsale schrieb Elisabeth Mountjoy einen erbosten Brief. Sie machte ihm Vorwürfe, weil es ihm nicht gelungen sei, Kinsale einzunehmen und Tyrone zu vernichten. Als sie jedoch von seinem Erfolg hörte, entschädigte sie ihn mit einem herzlichen Dankschreiben. O'Donnell ging nach Spanien, wo er sich vergeblich um weitere Unterstützung bemühte, und starb dort. Tyrone versteckte sich in den Wäldern von Ulster, wo er von beiden Seiten, von Armagh und Lough Foyle, bedrängt wurde. Es war nur noch eine Frage der Zeit, bis alle Rebellen verhungert waren. Im November 1602 bat Tyrone um Gnade. Zunächst weigerte sich Elisabeth, dem Erzverräter noch einmal zu vergeben. Aber nachdem Mountjoy ihr klargemacht hatte, wieviel es kosten würde, ihn zu besiegen, war sie bereit, ihm Pardon zu gewähren. Zum dritten Mal entkam er der Strafe, die schon so viele seiner Anhänger hatten erleiden müssen.[77]

# 30

# Das Ende

Essex lebte über ein Jahr zurückgezogen in Ungnade in seinem Haus in London. Im Februar 1601 plante er einen Aufstand. Die Königin sollte von seinen Anhängern in Richmond festgehalten werden, während er selbst seine Rivalen verhaften lassen und die Kontrolle über London an sich reißen wollte. Als vorbereitende Maßnahme, um die öffentliche Meinung zu seinen Gunsten zu beeinflussen, engagierte er die Lord Chamberlain's Men, wie sich Shakespeares Truppe nannte, damit sie in London ein Stück über Richard II. aufführten. Höchstwahrscheinlich handelte es sich um Shakespeares Stück.[1]

Das Stück behandelte ein heikles Thema: die Absetzung eines Königs. Erst kurz zuvor hatte Sir John Hayward dieses Thema in seinem Buch *The History of Henry IV* aufgegriffen. Elisabeth war beunruhigt gewesen. Hayward hatte das Buch Essex gewidmet und in seiner Widmung geschrieben: »Erlauchtester Graf, Euer Name schmücke die erste Seite unseres Buches, damit es um so glücklicher und erfolgreicher vor seine Leserschaft treten möge.« Für Elisabeth hatten diese Worte etwas Bedrohliches, auch wenn sie in Latein geschrieben waren und nicht in Englisch für die breite Öffentlichkeit. Sie ließ Hayward in den Tower werfen. Aber Sir Francis Bacon erklärte ihr, sie könne ihn unmöglich wegen Hochverrats vor Gericht stellen.[2]

Die Bevölkerung von London kam Essex nicht zu Hilfe und der Aufstand wurde niedergeschlagen. Essex und fünf seiner Anhänger wurden des Hochverrats überführt und hingerichtet. Erstaunlicherweise gab es keine weiteren Hinrichtungen. Essex wurde am 25. Februar im Tower enthauptet. Der Henker mußte dreimal zuschlagen, ehe sein Kopf fiel. Später kursierten Gerüchte über Elisabeths Widerwillen, den Hinrichtungsbefehl zu unterzeichnen. Es hieß, sie habe darauf gewartet, daß Essex ihr den Ring schicke, den sie ihm einmal geschenkt habe, zum Zeichen dafür, daß er sie um Gnade bitte. Sie habe den Ring jedoch nie erhalten. Essex' Diener habe ihn aus Unachtsamkeit Lady Nottingham, der Frau seines Feindes, des Großadmirals, anvertraut, und diese habe den Ring nicht an Elisabeth weitergegeben. Doch obwohl Elisabeth Essex' Hinrichtung bedauerte, faßte sie den Entschluß diesmal schneller als sonst. Essex wurde nur siebzehn Tage nach Ausbruch des Aufstands enthauptet.[3]

Trotz ihrer Unentschlossenheit, ihrer Wutanfälle und ihrer persönlichen Vorurteile war Elisabeth eine Frau mit festen Grundsätzen. Sie ließ sich nie von persönlichen Gefühlen davon abhalten, ihre Pflicht zu tun. Sie wußte, daß sie als Herrscherin die Pflicht hatte, rebellische Untertanen zu bestrafen, und dies betonte sie auch nachdrücklich, als sie mit dem französischen Botschafter über Essex' Verrat und Hinrichtung sprach.[4] Sie war davon ebenso überzeugt, wie sie umgekehrt daran zweifelte, ob sie das Recht hatte, einen anderen Souverän hinrichten zu lassen. Obwohl sie für Essex immer große Zuneigung empfunden hatte, unterzeichnete sie das Todesurteil ohne die Bedenken, die sie damals geplagt hatten, als sie die Hinrichtung der von ihr ungeliebten und verachteten Maria Stuart befohlen hatte.

Gegen Shakespeare und seine Schauspieler wurde nichts unternommen, und sein *Richard II.* wurde weiterhin aufgeführt. Nur die Szene in Westminster Hall, wo Richard zugunsten Bolingbrokes abdankt, wurde aus späteren Aufführungen gestrichen. Fünf Monate später machte sich Elisabeth allerdings immer noch Sorgen wegen des Stücks. Am 4. August 1601 empfing sie den Historiker William Lambarde aus Sevenoaks in ihrem Privatkabinett in Greenwich. Lambarde überreichte ihr ein Exemplar seines Buches über englische Geschichte. Elisabeth war entzückt und meinte: »Ihr sollt sehen, daß ich lesen kann.« Sie las ihm vierundsechzig Seiten vor, die den Zeitraum von 1199 bis 1485 umfaßten, und stellte überaus intelligente Fragen.

Als sie an die Stelle kam, wo es um Richard II. ging, sagte sie: »Ich bin Richard II., wissen Sie das nicht?« Lambarde erklärte, diese böse Anspielung stamme von einem höchst skrupellosen Menschen. Sie antwortete auf ihre manchmal ziemlich weitschweifige Art: »Wer Gott vergißt, wird auch seine Wohltäter vergessen. Diese Tragödie wurde vierzigmal auf offener Straße und in Häusern gespielt.« Dann fragte sie Lambarde, ob er jemals ein Porträt Richards II. gesehen habe, und zeigte ihm eines. Das Porträt war gefunden worden, nachdem sie angeordnet hatte, nach einem Porträt dieses Königs zu suchen.[5]

Eigentlich liebte Elisabeth das Theater. Shakespeares *Lustige Weiber von Windsor* etwa hatten ihr gut gefallen; das Stück war Anfang 1600 auf ihre Veranlassung hin aufgeführt worden.[6] Die Geschichte eines alten Lüstlings, der von zwei tugendhaften Frauen hereingelegt wird, war ein unverfänglicheres Thema als die Absetzung eines Königs.

Ein paar Tage nach dem Gespräch mit Lambarde verließ Elisabeth Greenwich und unternahm eine lange Rundreise nach Windsor und Oxfordshire. Ferner besuchte sie den Lordoberrichter Sir John Popham in seinem Haus in Littlecote in Wiltshire.[7] Ihre Reisen durch das Königreich hatten sie bis nach Norwich und Stafford im Norden und Bristol im Westen geführt. Aber niemals, weder vor noch nach ihrer Thronbesteigung, entfernte sie sich weiter als 250 Kilometer von London, und sie besuchte insgesamt nur achtzehn der vierzig Grafschaften Englands. Während englische Seefahrer von Plymouth aus nach Westindien, Guinea, Kalifornien und zu den Philippinen segelten, fuhr sie selbst nie weiter als bis Plymouth. Das Ganze hat etwas Symbolisches. Es zeigt, wie fern Elisabeth vom Charakter her den Abenteurern und dem Geist jener Zeit stand, die wir das »Elisabethanische Zeitalter« nennen.

Elisabeth kehrte nach Westminster zurück, bevor das neue Parlament im Oktober 1601 zusammentrat. Das Parlament verabschiedete ein Gesetz, das die neue Armenfürsorge ergänzte, die vom vorangegangenen Parlament geschaffen worden war. Die Parlamentarier mißbilligten die Privilegien, die Elisabeth einigen einflußreichen Höflingen und deren Freunden gewährt hatte, unter anderem das Monopol auf Tabak, Salz und eine Reihe anderer Waren. Auf Antrag der Abgeordneten erklärte sich Elisabeth bereit, die Privilegien abzuschaffen, bestand aber gleichzeitig auf ihrem Recht, Privilegien zu vergeben.[8] Als die Abgeordneten am 30. November 1601 nach Whitehall kamen, um ihr zu danken, bezauberte sie alle mit einer Rede, die hinterher gedruckt und nach ihrem Tod noch viele Male nachgedruckt wurde und die als »Goldene Rede der Königin Elisabeth« bekannt wurde. Sie sagte zweifellos die Wahrheit, als sie ihnen erklärte, sie habe immer das Jüngste Gericht vor Augen, an dem sie vor einen höheren Richter treten müsse, als sie es sei. »Ein König zu sein und eine Krone zu tragen ist ein Ding, glorreicher für die, die es sehen, als angenehm für die, die es zu erleiden haben.«[9] Elisabeth war nicht gern Königin, denn das Amt brachte die leidige Pflicht mit sich, Entscheidungen treffen zu müssen.

Als sie am 19. Dezember im Oberhaus erschien, um das Parlament aufzulösen, hielt sie noch eine Rede. Es war eine Rechtfertigung der Politik, die sie gegenüber Philipp II. verfolgt hatte, »dem mächtigen Fürsten und König von Spanien, dessen Seele, wie ich hoffe, jetzt im Himmel ist«. Sie warf ihm Undankbarkeit vor – ein Vergehen, das Mendoza zufolge sie an Philipp begangen hatte. Es ist bezeichnend, daß Elisabeth ihre Intervention in den Niederlanden so ausführlich rechtfertigte. Sie erinnerte an die Ereignisse vor 35 Jahren, als in Brabant die ersten Revolten gegen die Einsetzung der Inquisition losgebrochen waren. »Damals gab ich ihnen den Rat, ihre Wut zu zügeln und ihrem Kummer lieber mit demütigen Bitten als mit Gewalt oder Waffen abzuhelfen.« Aber statt ihr dafür dankbar zu sein, habe der König von Spanien die Rebellion der Grafen von Northumberland und Westmorland unterstützt und später seine Flotte gegen ihr Reich geschickt. Und nun habe sein Sohn, der junge König, dem sie nie etwas zuleide getan habe, Truppen nach Irland entsandt, um ihr eine ihrer beiden Kronen zu rauben.[10]

Im Sommer 1602 entfernte sie sich nicht weit von London, sondern wohnte eine Zeitlang in den Häusern einiger Edelleute in Middlesex und Buckinghamshire. Sie ritt sechzehn Kilometer zu Sir William Clarkes Haus in Burnham und ging am gleichen Tag noch auf die Jagd. Am Abend fühlte sie sich krank, aber am nächsten Tag ging sie schon wieder im Park spazieren, um Gerüchte über ihren Gesundheitszustand zu zerstreuen.[11] Sie schien fröhlicher zu sein als in den vergangenen Jahren.

Am 18. September berichtete William Browne dem Grafen von Shrewsbury von einem Vorfall, der sich während Elisabeths Aufenthalt in ihrem Palast in Oatlands bei Weybridge ereignet hatte. Elisabeth hatte bemerkt, daß die junge Gräfin von Derby – Elizabeth de Vere, die Tochter des Grafen von Oxford – halb versteckt in ihrem Ausschnitt ein Schmuckstück trug, und wollte es sehen. Lady Derby war verlegen und bat um Nachsicht, wenn sie es nicht zeige. Aber Elisabeth bestand darauf. Als Lady Derby ihr das Schmuckstück zögernd überreichte, sah Elisabeth, daß es sich um ein Medaillon handelte, das ein paar Liebesgedichte von Sir Robert Cecil an die Gräfin enthielt. Elisabeth lobte die Verse und band das Medaillon zum Spaß an ihren Schuh. Sie lief eine Weile damit herum, entfernte es dann von ihrem Schuh und band es sich um den Ellenbogen. Schließlich gab sie es Lady Derby zurück.[12]

Zu den üblichen Feierlichkeiten anläßlich des Jahrestags ihrer Thronbesteigung am 17. November begab Elisabeth sich von Richmond nach Whitehall. Sie änderte ihre übliche Reiseroute und fuhr mit dem Schiff, weil es Gerüchte über ein Mordkomplott gegeben hatte. Elisabeth war inzwischen neunundsechzig und damit älter als jeder englische Herrscher vor ihr. Sie verbrachte Weihnachten und Neujahr in Whitehall und schien bei ausgezeichneter Gesundheit. Doch Mitte Januar 1603 erkrankte sie an einer fiebrigen Erkältung. Das hielt sie jedoch nicht davon ab, am 21. Januar trotz Kälte und Feuchtigkeit von Whitehall nach Richmond zurückzukehren. Ein paar Tage später hatte sie sich von ihrer Erkältung erholt. Am 28. Februar fühlte sie sich erneut unwohl, und in den folgenden drei Wochen verschlechterte sich ihr Zustand ständig.[13]

Elisabeth schien sehr deprimiert und stieß tiefe Seufzer aus. Manchmal erklärte sie ihren Dienern, wie sehr sie den Tod Maria Stuarts bedauere.[14] Sie beklagte sich bitter bei Cecil, daß er ihr geraten habe, Tyrone zu vergeben, obwohl er sieben Jahre an ihr Verrat geübt habe, während sie Essex für den Fehltritt eines Tages habe hinrichten lassen müssen. In London ging das Gerücht um, die Königin liege im Sterben. Ein paar Tage später hieß es, sie befinde sich auf dem Wege der Besserung.[15] Am 20. März brach sie auf dem

Weg zur Kapelle zusammen. Sie wurde in ihr Schlafgemach gebracht, und als sie sich weigerte, ins Bett zu gehen, wurden auf dem Boden Kissen ausgebreitet, auf die man sie legte. Sie weigerte sich beharrlich, ins Bett zu gehen, und blieb vier Tage auf den Kissen liegen. Am 23. März konnte sie nicht mehr sprechen.

Jahrelang hatten ihre Räte immer wieder versucht, mit ihr über die Frage der Thronfolge zu sprechen. Aber da sie sich nicht festlegen oder darüber diskutieren wollte, hatte Cecil auf eigene Verantwortung gehandelt und alle Vorkehrungen getroffen, daß Jakob VI. nach Elisabeths Tod König von England werden konnte. Nun, da sie im Sterben lag und nicht mehr sprechen konnte, wurde der Form halber so getan, als ziehe man sie in dieser Angelegenheit noch einmal zu Rate. Sie wurde gefragt, ob der schottische König ihr Nachfolger werden solle. Elisabeth hob die Hand und berührte ihren Kopf, was als Zeichen der Zustimmung gedeutet wurde.

Sir Robert Carey, Lord Hunsdons Sohn, war aus Northumberland zu Besuch an den Hof gekommen. Er hatte sich einige Jahre zuvor mit Jakob VI. angefreundet, als Elisabeth ihn mit einem Auftrag nach Edinburgh geschickt hatte. Bereits am 10. März hatte er Jakob heimlich mitgeteilt, Elisabeth werde vermutlich bald sterben, und jetzt wollte er der erste sein, der dem König die Nachricht von ihrem Tod überbrachte.

Am Mittwoch, den 23. März wurde Elisabeth von den Kissen gehoben und ins Bett gebracht. Whitgift kam, kniete sich neben das Bett und betete. Nach einer halben Stunde erhob er sich und wollte gehen, aber Elisabeth bedeutete ihm, noch zu bleiben, und er betete eine weitere halbe Stunde. Als er sich danach erhob, gab Elisabeth ihm wieder ein Zeichen, und er betete nochmals eine halbe Stunde. Carey hielt sich im Vorzimmer auf, bereit, unmittelbar nach dem Tod der Königin nach Schottland zu reiten. Er fürchtete allerdings, man könnte ihn am Verlassen des Palastes hindern, da der Staatsrat nicht wollte, daß jemand die Nachricht ohne seine Genehmigung im Ausland verbreitete. Carey hörte Elisabeths Hofdamen weinen, und am Donnerstag, den 24. März gegen 1.30 Uhr* teilte ihm ein Diener mit, die Königin sei gestorben.

Carey verließ sogleich den Palast, obwohl ihn der Wächter am Tor aufhalten wollte und ihm erklärte, er dürfe niemanden hinauslassen. Carey ritt von Richmond nach Westminster, stieg dort in einem Wirtshaus bei Charing Cross ab und überlegte, ob er es wagen konnte, ohne Erlaubnis des Staatsrats nach Edinburgh zu reiten. Um zehn beschloß er, das Risiko einzugehen, und schwang sich aufs Pferd. Er hatte dafür gesorgt, daß unterwegs frische Pferde bereitstanden. Nach einem 250-Kilometer-Ritt erreichte er am 24. März spät

* Carey schrieb, sie sei zwischen ein und zwei Uhr morgens gestorben. Ein anderer Bericht spricht von drei Uhr morgens.

abends Doncaster. Es war der längste Ritt, der bisher an einem Tag zurückgelegt worden war.

Nach ein paar Stunden Schlaf ritt er am nächsten Tag weiter und erreichte nach weiteren 225 Kilometern am Spätnachmittag sein Haus in Widrington in Northumberland. Am Abend und am nächsten Morgen sorgte er dafür, daß die dortigen Edelleute die Autorität des neuen Königs anerkannten. Dann ritt er weiter nach Edinburgh. An diesem Tag legte er 160 Kilometer zurück, und am Abend des 26. März traf er in Holyroodhouse ein, als Jakob gerade bei Tisch saß. Carey war in weniger als sechzig Stunden von London nach Edinburgh geritten. Der Rekord blieb bis 1832 ungebrochen.[16]

Der Leichnam der Königin wurde von Richmond nach Whitehall überführt. Am 23. April wurde er mit großem Zeremoniell nach Westmister gebracht und in der Abtei zur letzten Ruhe gebettet. König Jakob VI., der nun gleichzeitig Jakob I. von England war, war bereits in seinem neuen Königreich eingetroffen und machte auf dem Weg nach London in Belvoir Castle in Leicestershire Station.[17]

Wenn Elisabeth, die Shakespeares Stücke mochte, in ihren beiden letzten Lebensjahren eine Vorstellung von *Was ihr wollt* besuchte, konnte sie hören, wie Malvolio folgende Passage aus einem Brief Marias vorlas: »Die einen sind groß geboren, andere erlangen Größe, und wieder anderen wird Größe zugeworfen.«[18] Wäre Elisabeth nicht groß geboren worden, sie hätte nie Größe erlangt, und als Frau hätte sie nicht zu jenen unglücklichen Menschen gehört, denen Größe zugeworfen wurde wie Cranmer von ihrem Vater und Grindal von ihr selbst. Beide Männer hatten versucht, die Größe abzuwehren, weil sie die Risiken kannten, die Größe im 16. Jahrhundert mit sich brachte.

Von sich aus hätte Elisabeth keine Größe erlangt, denn sie war nicht machthungrig. Sie verteidigte ihre königliche Autorität nur aus politischem und religiösem Pflichtgefühl so energisch. Sie sagte die Wahrheit, als sie vor dem Parlament erklärte, sie habe während der Regierungszeit ihrer Schwester nie versucht, durch Intrigen die Macht an sich zu reißen. Und sie glaubte aufrichtig, daß eine Königskrone schöner anzusehen als zu tragen sei.[19]

Wenn man das Wort »groß« nicht in Shakespeares Sinn gebraucht, sondern in der Bedeutung, die die Geschichte dem Wort bemißt, kann man Elisabeth dann mit Recht als eine »große Königin« bezeichnen? Zweifellos war ihre Regierungszeit eine große und ruhmreiche Epoche der englischen Geschichte, und es überrascht keineswegs, daß Historiker wie Zeitgenossen geglaubt haben, in einer großen Epoche sei der Führer der Nation ein großer Herrscher. Man könnte jedoch argumentieren, daß die Fähigkeit, Entscheidungen zu treffen und an ihnen festzuhalten, das mindeste ist, was man von einem großen Herrscher verlangen muß. Wenn dem so ist, scheitert Elisabeth bereits an der ersten Hürde. Die glänzenden Erfolge unter ihrer Regierung wurden häufig nicht durch gute Politik und Planung seitens der Königin erreicht, sondern durch Glück, durch mehr oder weniger ungeschicktes Durchlavieren und vor allem durch den Mut, das Geschick, die Tatkraft und die Fähigkeit zur Improvisation der vielen glühenden Patrioten und eifrigen Protestanten, die ihrem Gott und ihrer Königin so treu dienten.

Es gab Siege und Niederlagen. In der englischen Geschichte gibt es nur wenige Beispiele für so viel Inkompetenz und Stümperhaftigkeit in Kriegszeiten, wie sie während Elisabeths Regierungszeit ständig wiederkehren, oft auf Grund ihres eigenen Fehlurteils. Berühmte Männer, die im Krieg versagt haben – Lord Aberdeen 1855, Asquith 1916 und Neville Chamberlain 1940 – haben weniger Fehler begangen als Elisabeth. Keine moderne konstitutionelle Regierung hätte die Mißgeschicke und Demütigungen von Le Havre, Antwerpen, Geertruidenberg, Lissabon und Yellow Ford überlebt. Der größte Fehlschlag war Elisabeths Unvermögen, Calais zurückzuerobern. Der Verlust war so endgültig, daß die Engländer von heute Calais schon längst nicht mehr als englische Stadt betrachten und nur noch schwer einschätzen können, was ihren Vorfahren im 16. Jahrhundert dieser Verlust bedeutete.

Aber Elisabeth war kein moderner Premierminister. Sie war von einer königlichen Aura umgeben, und für ihre Untertanen war sie das Symbol der glorreichen Erfolge ihrer Soldaten, Seefahrer und Staatsmänner. Sie wußten nichts von dem kleinlichen Gezänk Elisabeths mit ihren Räten, Generälen und Verbündeten, nichts von den vielen Siegen, die gegen ihren Rat gewonnen worden waren, und sie wußten nicht, wieviel mehr hätte erreicht werden können, wenn die Königin es nicht verhindert hätte. Harington schrieb, sie habe es immer verstanden, im Fall eines Erfolgs den Ruhm für sich in Anspruch zu nehmen, während ihre Räte bei einem Mißerfolg die Schuld auf sich hätten nehmen müssen.[20]

Vielleicht kam es Elisabeths Ruf zugute, daß sie eine Frau war. Männliche Höflinge des 16. Jahrhunderts und männliche Historiker des 20. Jahrhunderts machen ihr als Frau Zugeständnisse, die sie einem Mann verweigert hätten. Ihr Zögern, ihre Unentschlossenheit, Gereiztheit, Empfindsamkeit und Engstirnigkeit sind Laster, die Männer jahrhundertelang gern als typisch weiblich bezeichnet haben. Aber nicht jede Frau hat diese Eigenschaften, auch nicht jede Königin des 16. Jahrhunderts. Bei Maria Tudor, Katharina von Medici oder Maria von Ungarn war nichts davon zu spüren. Elisabeth hatte Fehler, die Männer bei einer Frau fast schon automatisch akzeptieren. Sie wären wahrscheinlich kritischer gewesen, wenn ein König, nicht eine Königin, innerhalb von zwei Wochen viermal seine Meinung bezüglich der Invasion eines benachbarten Landes geändert hätte, und wenn ein König einem Admiral innerhalb weniger Tage drei verschiedene Befehle geschickt hätte, die einmal den Befehl zum Angriff, dann wieder das Gegenteil enthielten.

Bewunderer, die Elisabeth als große Königin preisen, tun ihr Unrecht, denn sie gehen davon aus, Elisabeth sei ein völlig skrupelloser Machtmensch gewesen, genauso rücksichtslos und brutal wie ihr Vater. Ihr Zögern und ihre wechselvolle Politik müßten dann Ausdruck diplomatischer List sein. Daß sie Guzman de Silva erklärte, sie verachte die Protestanten in den Niederlanden, weil sie gegen ihren Fürsten rebellierten, und den Protestanten dann wenig später trotzdem finanzielle und militärische Hilfe schickte, müßte eine absichtliche Lüge gewesen sein, um Guzman und Philipp II. zu täuschen. Auch ihre Skrupel wegen Maria Stuarts Hinrichtung müßten eine List gewesen sein, um jede Verantwortung für Marias Tod ablehnen und ihren Sekretär Davison bestrafen zu können, weil er ihre geheimen Wünsche in die Tat umgesetzt hatte.

Diese Interpretation wäre durchaus annehmbar, wären da nicht die Aussagen ihrer Räte und engsten Vertrauten in Briefen, die sie sich unbefangen gegenseitig schrieben. Daraus wird ersichtlich, daß das Zögern und die wechselvolle Politik echt waren und daß Elisabeths Haß auf ausländische, protestantische Rebellen ebenso aufrichtig war wie ihr Widerwille, Maria hinrichten zu lassen. Dies war nicht in erster Linie einer Charakterschwäche zuzuschreiben, sondern der widersprüchlichen politischen Situation, in der sie sich als absolute Monarchin befand, die auf die Unterstützung einer revolutionären Bewegung angewiesen war. So stolz sie war, die Tochter Heinrichs VIII. zu sein, sie war doch immer zugleich auch die Tochter Anne Boleyns. Den Aussagen ihrer Räte und Vertrauten zufolge war sie eine Königin von hohen Grundsätzen, die bereit war, ihr Leben der Pflichterfüllung gegenüber ihrem Volk zu widmen, so wie sie ihre Liebe zu Leicester geopfert hatte.

Wenn Elisabeth viele Fehlschläge vorgeworfen werden können, dann müssen ihr auch die Erfolge als Verdienst angerechnet werden. Schließlich war allein sie es, die England 1558 zu einer protestantischen Nation machte und der Verbrennung von Ketzern ein Ende setzte. Sie war es, die nach langem Zögern entschied, vierzehn Schiffe durch winterliche Stürme nach Schottland zu entsenden und Schottland auf Dauer dem englischen Einflußbereich zu unterstellen. Sie wagte es, wenn auch zögernd, das traditionelle Bündnis mit Burgund zu brechen, Philipp und Alba die Stirn zu bieten, zwischen Spanien und Frankreich eine neutrale Stellung einzunehmen und sich auf den Patriotismus und den religiösen Eifer ihrer getreuen Untertanen zu verlassen. Trotz der Friedensgespräche mit Parma trat sie der Armada entschieden entgegen, einem Symbol nationaler Unabhängigkeit.

Elisabeth gebührt auch Anerkennung für das von ihr eingeführte relativ tolerante Regierungssystem, das Demokraten des 20. Jahrhunderts autokratisch erscheinen mag, aber von den Menschen, die unter Heinrich VIII. und Maria gelebt hatten, als recht frei empfunden wurde. Elisabeths Höflinge und Hofdamen zitterten, wenn die Königin in Wut geriet, aber ihnen drohte nichts weiter als Beleidigungen, Ohrfeigen oder im schlimmsten Fall ein paar Wochen Hausarrest. Ihre Briefe machen deutlich, daß sie keine Angst hatten, enthauptet oder verbrannt zu werden, wenn sie bei Hof die falsche Partei ergriffen. Denn obwohl Elisabeth sich manchmal wünschte, wie ihr Vater handeln zu können, versuchte sie nie ernsthaft, es ihm nachzutun.

Aber damit ist noch nicht alles über Elisabeth gesagt. Das Ansehen der Monarchie erklärt nicht ganz die Ergebenheit, mit der Elisabeths Zeitgenossen ihrer Königin begegneten. Es muß noch einen anderen Grund gehabt haben, weshalb die Abgeordneten im Unterhaus, die bei fast jeder Parlamentssitzung mit ihr aneinandergerieten, ihr so treu ergeben waren; weshalb Harington, der eine schändliche Geschichte nach der anderen über sie erzählt, immer wieder seine Bewunderung für sie zum Ausdruck bringt; weshalb John Stubbs ausrief: »Gott schütze die Königin!«, als ihm auf ihren Befehl hin die Hand abgehackt wurde; und weshalb die meisten ihrer Untertanen und die meisten Historiker bis heute ihr für alle Erfolge Anerkennung zollen und bereit sind, über ihre Fehler hinwegzusehen. Irgendetwas muß sie für Elisabeth eingenommen haben, etwas, das heute nicht mehr leicht zu rekonstruieren ist – Elisabeths Charme, ihr Mut, ihre Ausstrahlung und ihr Zauber –, etwas, das ihre Untertanen und deren Nachkommen seit zwölf Generationen fasziniert.

# Anhang

# Anmerkungen

Die zu *For.Cal.Eliz.*, Bde. I-XVIII, *L.P.*, und *Sc.Cal.* angegebenen Zahlen beziehen sich auf die Nummern der Dokumente; alle anderen Zahlen (einschließlich derer zu *For.Cal.Eliz.*, Bde. XIX-XXIII) sind Seitenangaben.

## Vorwort

1 Neale, *Eliz. & Parliaments,* II, 193; Murdin, *Burghley Papers,* 671; *Span.Cal.Eliz.*, IV, 41; Allen, *Admonition to the Nobility and People of England,* 54.
2 Kenyon, »Queen Elizabeth and the Historians« (in *Queen Elizabeth I.: Most Politick Princess,* 52-54).
3 Burke, *A General Armory of England, Scotland and Ireland* (1842); als Verfasser der Zeilen wird ein »kürzlich verstorbener Amateur-Herold« genannt (S. 35-36, unpaginiert).
4 Antonia Fraser, *Maria, Königin der Schotten,* 434.
5 Williams, »In Search of the Queen« (*Elizabethan Government and Society,* 13).
6 Elton, *The Parliament of England 1559-1581.*

## Kapitel 1 – Das protestantische Kind

1 Foxe, *Acts and Monuments,* IV, 706-7.
2 Baronius (Raynaldus), *Annales Ecclesiastici,* XII, 428-9.
3 Cranmer, *Works,* II, 246; Hall, *Chronicle,* 794.
4 Camusat, *Meslanges historiques,* II, 17-18; *L.P.*, VI, 585.
5 *L.P.*, VI, 142, 152, 324, 508, 556, 568, 570, 808, 1249.
6 Ibd., VI, 1069-70.
7 Ibd., VI, 1065.
8 Ibd., VI, 1112, 1125; Hall, 805-6.
9 *L.P.*, VI, 918.
10 Ibd., VII, 83.
11 Ibd., VII, 393.
12 Ibd., VI, 733; VII, 939; Ellis, *Original Letters illustrative of English History,* III(II), 332-3.
13 *L.P.*, X, 601.

14 Ibd., X, 908; Wriothesley, *Chronicle,* I, 189-226.
15 *L.P.,* X, 888, 956, 1043; XI, 41.
16 Rymer, *Foedera,* XIV, 467; Wilkins, *Concilia,* III, 803.
17 *L.P.,* X, 1187.

## Kapitel 2 – Lady Elisabeth

1 Lloyd, *Formularies of Faith,* 311-20.
2 Nichols, *Literary Remains of King Edward VI,* CCLV.
3 *L.P.,* XII(II), 1060.
4 Leti, *La vie d'Elizabeth, reine d'Angleterre,* 135-6; Hearne, *Sylloge,* 149.
5 *L.P.,* XVI, 804.
6 Ibd., XVII(I), 873.
7 Historical Manuscripts Commission, *Rutland Papers,* I, 30.
8 *L.P.,* XII(I), 816.
9 Kaulek, *Correspondance politique de MM. de Castillon et de Marillac,* 327.
10 *L.P.,* XIII(II), 484.
11 *Hamilton Papers,* I, 501; *Sadler Papers,* I, 129, 139.
12 Sadler, I, 248.
13 *L.P.,* XX(I), 90-91, 451, 667, 677(2), 904; XX(II), 639, 764, 1038.
14 Ibd., XV, 543; XVI, 204, 306; XXI(II), 466.
15 Ibd., XXI(I), 469.
16 Foxe, V, 486-94.
17 Foxe, VI, 537-50.
18 Ibd., V, 553-61.

## Kapitel 3 – Der Großadmiral

1 Leti, 160-3.
2 Haynes, *Burghley Papers,* 96, 99.
3 Mumby, *Girlhood of Queen Elizabeth,* 38.
4 Read, *Cecil,* 63.
5 Mumby, 37.
6 Haynes, 103.
7 Dasent, *Acts of the Staatsrat,* II, 251.
8 Haynes, 70.
9 Ibd., 71.
10 Ibd., 102-3; Mumby, 57.
11 Haynes, 108.
12 Mumby, 57-59.
13 Leti, 182.
14 Dasent, III, 350.
15 *Span.Cal.,* X, 6.
16 Ibd., X, 186, 203, 213.
17 Foxe, VIII, 604.
18 *Span.Cal.,* X, 299, 325, 369, 394, 493; Machyn, *Diary,* 16.
19 *Chronicle of Queen Jane,* 89-102.
20 Wriothesley, II, 88-89.
21 Ibd., II, 91; *Greyfriars Chronicle,* 80-81; Machyn, 38.
22 Leti, 193-5.

23 Camden, *Annales,* »Preparation« (unpaginiert), 18.
24 Wriothesley, II, 92-96; Greyfriars, 81-82; Machyn, 38.
25 Gachard, *Voyages des souverains des Pays-Bas,* IV, 92.

## Kapitel 4 – Der Tower

1 Foxe, VI, 712-14.
2 Noailles, *Ambassades,* II, 141; *Span.Cal.,* XI, 188, 196.
3 Gachard, IV, 94-106.
4 Foxe, VI, 390-1.
5 Ibd., VI, 391-2; Gachard, IV, 98; Dasent, IV, 320-1.
6 Dasent, IV, 320-2, 328, 333, 335, 337-8, 345-7.
7 Siehe etwa Huggarde, *The Displaying of the Protestants,* passim.
8 Weiss, *Papiers d'Etat du Cardinal de Granvelle,* IV, 68.
9 Gachard, IV, 117-18; Noailles, II, 155.
10 Gachard, IV, 111.
11 Ibd., IV, 126.
12 Ibd., IV, 118.
13 Ibd., IV, 241; *Span.Cal.,* XI, 259-63.
14 Gachard, IV, 130.
15 Noailles, II, 191-6, 204-7, 248.
16 Gachard, IV, 159; *Span.Cal.,* XI, 281.
17 *Span.Cal.,* XII, 220.
18 Ibd., XI, 352; Gachard, IV, 245.
19 Gachard, IV, 140-1, 158, 170, 180-3, 252, 255-7.
20 Clapham, *Elizabeth of England,* 68.
21 Gachard, IV, 140-1, 175, 180-3, 241; Noailles, II, 273.
22 Ibd., IV, 226-7.
23 Ibd., IV, 158, 170, 182, 241; Noailles, II, 307-12.
24 Gachard, IV, 252.
25 Mumby, 98.
26 Gachard, IV, 241.
27 Mumby, 99.
28 Weiss, IV, 193-4.
29 *Span.Cal.,* XII, 56, 80, 119; Noailles, III, 77-79.
30 *Span.Cal.,* XII, 154-5.
31 Weiss, IV, 198.
32 *Span.Cal.,* XII, 125; Foxe, VIII, 606-7.
33 *Span.Cal.,* XII, 157, 165-6; Foxe, VIII, 607-8.
34 Mumby, 115-17.
35 *Span.Cal.,* XII, 167.
36 Foxe, VIII, 609.

## Kapitel 5 – Die Thronfolgerin

1 Foxe, VIII, 612-13; »Bedingfield Papers«, in *Norfolk Archaeology,* IV, 141-4.
2 Mumby, 105.
3 Gachard, IV, 371-2, 375; *Span.Cal.,* XII, 220.
4 Weiss, IV, 249.
5 Foxe, VIII, 614-15.

6 *Norfolk Arch.,* IV, 149-50; Foxe, VIII, 615.
7 *Norfolk Arch.,* IV, 147.
8 Ibd., IV, 150.
9 Ibd., IV, 150-3; Foxe, VIII, 615-16.
10 *Norfolk Arch.,* IV, 157-9, 163-4.
11 Ibd., IV, 166.
12 Ibd., IV, 164, 168, 172, 175, 178.
13 Ibd., IV, 208, 213-16, 218.
14 Ibd., IV, 163, 180-1, 183-4, 193, 198, 221-4; Foxe, VIII, 617-18.
15 *Norfolk Arch.,* IV, 182-3, 185-6, 203-4, 209, 217, 221-3; Gachard, IV, 414; Foxe, VIII, 617.
16 Foxe, VIII, 619.
17 Gayangos, *Viaje de Felipe II a Inglaterra,* 108, 120.
18 *Ven.Cal.,* VI, 1074-5.
19 Foxe, VI, 609.
20 *Span.Cal.,* XIII, 138-9.
21 Foxe, VI, 658-9; VII, 26.
22 *Span.Cal.,* XIII, 151-2, 165-7, 169; *Ven.Cal.,* VI, 44-45, 57, 107, 218.
23 *Span.Cal.,* XIII, 171-2; *For.Cal.Mary,* 165.
24 Information von Major Peter Watson.
25 *Norfolk Arch.,* IV, 225; Weiss, IV, 432.
26 *Ven.Cal.,* VI, 70, 82, 475.
27 Strype, *Ecclesiastical Memorials,* III(II), 352; Strickland, *Lives of the Queens of England,* V, 417-19; Parker, *Philip II,* 18-20, 82-87.
28 *For.Cal.Eliz.,* XI, 1236.
29 Noailles, III, 85, 122-3, 126; *Ven.Cal.,* VI, 148, 218; Machyn, 94.
30 Foxe, VIII, 550-1.
31 Bryce, *Compendious Register,* in Farr, *Select Poetry,* I, 162.
32 Foxe, VIII, 84-90; *Bishop Cranmer's Recantacyons,* 94-108; Cranmer, *Works,* II, 563-6; *Ven.Cal.,* VI, 386.
33 Farr, I, 166.
34 *Ven.Cal.,* VI, 475, 479-80, 484, 718.
35 Foxe, VIII, 140-1, 247-50.
36 Farr, I, 167.
37 Mumby, 212-13; *Ven.Cal.,* VI, 571.
38 Mumby, 214-15.
39 *Ven.Cal.,* VI, 809, 836, 848, 887; Machyn, 120.
40 *Ven.Cal.,* VI, 836.
41 Ibd., VI, 1115-17.
42 Ibd., VI, 1105; *Span.Cal.,* XIII, 293; *For.Cal.Eliz.,* XXI(III), 319.
43 *Ven.Cal.,* VI, 1151.
44 *Span.Cal.,* XIII, 330-3, 340, 346-7, 352; *For.Cal.Mary,* 361-2.
45 Ponet, *A shorte treatise of politike power,* E, VIII (in Hudson, *John Ponet*); Rogers, *History of Agriculture and Prices,* III, 629-32, 634; Rappaport, »Social structure and mobility in 16th Century London« (*London Journal,* IX, 127).
46 Farr, I, 169.
47 Foxe, VIII, 468; Dixon, *History of the Reformation of the Church of England,* IV, 708; Strype, *Eccl.Mem.,* III(II), 130-1.
48 Foxe, VIII, 491-2.
49 Machyn, 166-7.
50 Lettenhove, *Relations politiques des Pays-Bas et de l'Angleterre,* I, 180-1, 229; *Span.Cal.,* XIII, 372-3, 380-1, 390; Mumby, 236-8.
51 *Ven.Cal.,* VI, 1538.

52 Foxe, VIII, 504-6, 528-30, 535.
53 *Camden Miscellany,* XXVIII, 319-38.
54 Mumby, 246-7; *Ven.Cal.,* VI, 1559.
55 Farr, I, 173.

## Kapitel 6 – Die Krönung

1 Camden, 2.
2 Strype, *Annals,* I(II), 389-90.
3 *Ven.Cal.,* VI, 1559.
4 Read, *Cecil,* 104-5, 109-11.
5 Haynes, 202.
6 Strype, *Annals,* I(I), 14; Dasent, VII, 5, 7-8.
7 *Zurich Letters,* I, 4-5.
8 Harington, *Nugae antiquae,* I, 67-68; Strype, *Annals,* I(I), 154.
9 Waad, »The Distresses of the Commonwealth« (in: Gee, *The Elizabethan Prayer Book,* 206-15).
10 Goodrich, »Divers points of Religion contrary to the Church of Rome« (in: Gee, 202-6).
11 Lettenhove, I, 365.
12 Strype, *Annals,* I(II), 391-2.
13 Pollen, *English Catholics in the Reign of Elizabeth,* 24.
14 Lettenhove, I, 338.
15 Ibd., I, 399-401.
16 Camden, 5-8.
17 *The Quenes Maiesties passage through the Citie of London to Westminster,* passim.

## Kapitel 7 – Das protestantische Königreich

1 Neale, *Eliz. & Parliaments,* I, 38-39.
2 Ibd., I, 49.
3 Strype, *Annals,* I(II), 399-407; siehe auch ibd., I(II), 403, 408-9.
4 Ibd., I(I), 115; *Declaration of the Lyfe and Death of John Story (Harleian Miscellany,* III, 102).
5 Gee, 255-7.
6 Neale, *Eliz. & Parliaments,* I, 67-71.
7 Lettenhove, I, 494.
8 Ibd., I, 483.
9 Parker, *Correspondence,* 375.
10 *Statutes of the Realm,* 1 Eliz., Kapitel 1.
11 Ibd., 1 Eliz., Kapitel 3, 23; Neale, *Eliz. & Parliaments,* I, 44-45.
12 Lettenhove, I, 496.
13 *Span.Cal.Eliz.,* 1, 41.
14 Ibd., I, 116-17; Clifford, *Life of Jane Dormer, Duchess of Feria,* 108-9; Lettenhove, I, 572-3.
15 Morey, *The Catholic Subjects of Elizabeth I.,* 27.
16 Lettenhove, I, 520-1.

## Kapitel 8 – John Knox

1 Knox, *Works,* VI, 86, 88-89, 144, 147, 529, 541-2: *Sc.Cal.,* I, 1136, 1139, 1152, 1155.
2 Knox, »Appellation to the Nobility and Estates of Scotland«; »Letter to the Commonalty of Scotland« (Knox, *Works,* IV, 463-520, 523-38).
3 Knox, *Works,* VI, 47-50; Knox, *History of the Reformation in Scotland,* I, 291-4.
4 Parker, 61.
5 *Ven.Cal.,* VII, 102-4; *Rom.Cal.,* I, 22.
6 Forbes, *Public Transactions in the Reign of Queen Elizabeth,* 160; *Ven.Cal.,* VII, 112.
7 Parker, 105.
8 PRO/SP 52/1/f.185 (8. Juli 1559).
9 Sadler, I, 377-83.
10 Forbes, I, 163, 171, 182, 212, 216; Sadler, I, 417, 430, 437, 439, 447, 471; *For.Cal.Eliz.,* I, 1274; Lettenhove, I, 544, 605; Teulet, *Papiers relatifs à l'histoire de l'Écosse,* I, 357-60.
11 *Sc.Cal.,* I, 508, 529, 571, 588; *For.Cal.Eliz.,* II, 4.
12 Lettenhove, I, 595, 604.
13 Ibd., II, 58; Teulet, I, 365; *For.Cal.Eliz.,* IV, 151, 892; *Ven.Cal.,* VII, 80-81.

## Kapitel 9 – Sieg in Schottland

1 Forbes, I, 219, 228, 240, 252, 254; Sadler, I, 516, 532; *For.Cal.Eliz.,* II, 59, 333.
2 Keith, *History of Church and State in Scotland,* I, 246; *Sc.Cal.,* I, 582.
3 Gee, 207-8; *Sc.Cal.,* I, 848; Sadler, I, 438, 478, 528, 531, 536.
4 Sadler, I, 528, 530, 536.
5 Ibd., I, 566.
6 Ibd., I, 604.
7 Ibd., I, 532.
8 Gee, 211; *For.Cal.Eliz.,* I, 1300; II, 197-8f.
9 Sadler, I, 532.
10 Wright, *Queen Elizabeth and her times,* I, 24-25.
11 Sadler, I, 638; Keith, I, 408.
12 *Span.Cal.Eliz.,* I, 117-18; *For.Cal.Eliz.,* II, 633.
13 PRO/SP 70/9/f.111A (25. Dezember 1559).
14 *Span.Cal.Eliz.,* I, 118-19.
15 *For.Cal.Eliz.,* II, 385; Lettenhove, II, 116-23.
16 Haynes, 212.
17 Teulet, I, 462-6.
18 *For.Cal.Eliz.,* II, 197-8f, Nr. 483; Keith, I, 408; *Sc.Cal.,* I, 670(3).
19 Forbes, I, 263, 274, 299; Lettenhove, II, 135-6, 178-9; *For.Cal.Eliz.,* II, 333, 408.
20 *Sc.Cal.,* I, 620(3), 629.
21 Rymer, XV, 589.
22 *For.Cal.Eliz.,* II, 504.
23 Forbes, I, 352. Zu Throckmortons Beteiligung an der Verschwörung von Amboise siehe Sutherland, »Queen Elizabeth and the Conspiracy of Amboise« (*English Historical Review,* LXXXI, 474-89); Dureng, »La complicité de l'Angleterre dans le complot d'Amboise« (*Revue d'histoire moderne et contemporaine,* VI, 249-56); Romier, *La conjuration d'Amboise,* 73-76.
24 Forbes, I, 376; *For.Cal.Eliz.,* II, 952; *Ven.Cal.,* VII, 156-66, 169-74.
25 Haynes, 268.
26 Lettenhove, II, 212-15f.; *Span.Cal.Eliz.,* I, 132-3, 156; *For.Cal.Eliz.,* II, 971, 1082; *Ven.Cal.,* VII, 154; *Sc.Cal.,* I, 869; Pollen, *Papal Negotiations with Mary Queen of Scots,* 456-8.
27 Lettenhove, II, 242-5f., 299-305f.; *Span.Cal.Eliz.,* I, 132; Haynes, 280.

28 Forbes, I, 408.
29 *For.Cal.Eliz.*, II, 1020; *Sc.Cal.*, I, 803, 829; Teulet, I, 381-92.
30 Lettenhove, II, 336-8, 442-4; *For.Cal.Eliz.*, II, 524, 1066; Burgon, *Life of Sir Thomas Gresham,* I, 308-9.
31 Haynes, 304; *Sc.Cal.*, I, 777-8.
32 Forbes, I, 455.
33 Ibd., I, 494.
34 Hist.MSS.Comm., *Cecil,* I, 764; *Sc.Cal.*, I, 857.

## Kapitel 10 – Lord Robert

1 Read, *Cecil,* 198-9.
2 Lettenhove, I, 541.
3 Waldman, *Elizabeth and Leicester,* 68.
4 Ibd., 71.
5 Lettenhove, I, 505, 513, 530; *Span.Cal.Eliz.*, I, 141; Camden, 32.
6 Haynes, 364-5.
7 Lettenhove, I, 505.
8 Neale, *Königin Elisabeth,* 92.
9 Huggarde, *The Displaying of the Protestants,* 74, 76.
10 Lettenhove, II, 15, 19-20; *Span.Cal.Eliz.*, I, 112.
11 Lettenhove, II, 530-32.
12 Waldman, 78-90.
13 *Hardwicke Papers,* I, 121.
14 *For.Cal.Eliz.*, I, 690.
15 *Span.Cal.Eliz.*, I, 177, 182; Neale, *Königin Elisabeth,* 95.
16 *Span.Cal.Eliz.*, I, 178-84, 187-91, 199-201.
17 Teulet, I, 620-2; *Sc.Cal.*, I, 903; *For.Cal.Eliz.*, III, 784-6.
18 *For.Cal.Eliz.*, III, 534, 796; IV, 73, 136; VI, 548; Forbes, I, 339-40; Keith, II, 40-54.
19 *For.Cal.Eliz.*, IV, 265, 321, 336; Keith, II, 33, 40-54.
20 Keith, II, 40-54.
21 *For.Cal.Eliz.*, IV, 243-5.
22 Ibd., IV, 337.

## Kapitel 11 – Niederlage in Frankreich

1 Forbes, I, 216.
2 Baronius (Raynaldus), XV, 73.
3 *For.Cal.Eliz.*, IV, 362; Beza, *Histoire des églises protestantes,* I, 294.
4 *For.Cal.Eliz.*, IV, 155, 169, 197, 612, 617, 660, 750, 758, 783, 789, 997; *Ven.Cal.*, VII, 311.
5 *For.Cal.Eliz.*, III, 451.
6 Ibd., IV, 151.
7 Ibd., III, 1000; V, 233.
8 PRO/SP 70/26/57f. (15. Januar 1560/1).
9 Haynes, 366.
10 *For.Cal.Eliz.*, III, 1030.
11 PRO/SP 70/26/49f. (7. Mai 1561).
12 *For.Cal.Eliz.*, IV, 926; *Hardwicke Pap.*, I, 180-6.
13 Pollen, *Papal Negotiations,* 113-39; Pollen, *Letter from Mary Queen of Scots to Guise,* 3-28.
14 Lethingtons Bericht in: Pollen, *Letter from Mary Queen of Scots to Guise,* 41-42.

15 *Sc.Cal.,* I, 1070, 1083, 1117, 1119, 1125; Read, *Cecil,* 236-7; *For.Cal.Eliz.,* V, 170, 381, 440.
16 *For.Cal.Eliz.,* IV, 934.
17 Ibd., IV, 934, 943.
18 Ibd., IV, 967.
19 Ibd., V, 207-12, 214, 245, 309; *Sc.Cal.,* I, 1126; Dasent, VII, 110.
20 Forbes, II, 8; *For.Cal.Eliz.,* IV, 997, 1013, 1019, 1043, 1074; V, 11, 28, 68, 101, 174, 189, 238, 264, 303, 340, 361, 387, 601, 617; *Ven.Cal.,* VII, 341.
21 *For.Cal.Eliz.,* V, 246, 255.
22 Ibd., IV, 965.
23 Ibd., V, 337, 435, 707; Forbes, II, 2.
24 *For.Cal.Eliz.,* V, 491.
25 Ibd., V, 268, 398, 663; Forbes, II, 48-51.
26 *For.Cal.Eliz.,* V, 187, 214; *Sc.Cal.,* I, 1126.
27 Haynes, 392-3; *Sc.Cal.,* I, 1127.
28 Haynes, 391-2.
29 *For.Cal.Eliz.,* V, 264, 303, 354, 361, 387; Forbes, II, 8, 195, 323.
30 Forbes, II, 93.
31 *For.Cal.Eliz.,* V, 875.
32 Ibd., V, 1014, 1053; Lettenhove, III, 165-7; *Span.Cal.Eliz.,* I, 263.
33 *For.Cal.Eliz.,* V, 920, 944, 952, 969; Forbes, II, 160, 166.
34 *For.Cal.Eliz.,* V, 1140; Forbes, II, 230, 271; Beza, II, 121.
35 *For.Cal.Eliz.,* V, 1172.
36 Forbes, II, 219-21.
37 Ibd., II, 224-5.
38 *For.Cal.Eliz.,* VI, 428-31.
39 Ibd., VI, 687; Forbes, II, 404.
40 *For.Cal.Eliz.,* VI, 171, 242, 977; Forbes, II, 332, 369, 452.
41 *For.Cal.Eliz.,* VI, 1017; Forbes, II, 467, 475-81, 487, 489-90, 497.
42 *For.Cal.Eliz.,* VI, 1156.

## Kapitel 12 – Die tolerante Königin

1 Camden, 10.
2 PRO/SP 52/1/455f. (26. Oktober 1559).
3 Foxe, VIII, 226-41.
4 Ibd., VIII, 600.
5 Ibd., V, 235; vgl. die Auflage von 1563, S. 533 und die Auflage von 1570, S. 1284.
6 Ibd., I, 502.
7 Ibd., VIII, 510-13.
8 *Stat. of Realm,* 5 Eliz., Kapitel 1; Strype, *Annals,* I(II), 2-8.
9 Neale, *Eliz. & Parliaments,* I, 107.
10 *Span.Cal.Eliz.,* I, 296.
11 Parker, 224.
12 Ibd., 223-30, 235, 237.
13 Ibd., 235; *Span.Cal.Eliz.,* I, 405.
14 *L.P.,* V, 216, 266, 941.
15 Foxe, VI, 722-9; VII, 118-19; VIII, 397.
16 Neale, *Eliz. & Parliaments,* I, 129-30.

## Kapitel 13 – Maria Stuart

1 Hist. MSS. Comm., *Cecil,* I, 854.
2 *Span.Cal.Eliz.,* I, 313; Read, *Cecil,* 303.
3 *Span.Cal.Eliz.,* I, 312-18; Read, *Cecil,* 302; *For.Cal.Eliz.,* VII, 980.
4 *Sc.Cal.,* II, 23; Keith, II, 205-8.
5 *Sc.Cal.,* II, 67.
6 Ibd., II, 45.
7 Ibd., II, 60, 68-69, 93, 104.
8 Ibd., II, 78.
9 Ibd., II, 112, 127.
10 Ibd., II, 97, 108.
11 Ibd., II, 123, 146-8.
12 Antonia Fraser, *Maria, Königin der Schotten,* 188-200.
13 *For.Cal.Eliz.,* IV, 40.
14 Camden, 60; Read, *Cecil,* 309-15; siehe auch Dawson, »Mary Queen of Scots, Lord Darnley and Anglo-Scottish Relations in 1565« (*International History Review,* VIII, 1-24).
15 *Sc.Cal.,* II, 186.
16 Ibd., II, 156.
17 PRO/SP 52/10/Nr. 64 (29. April 1565).
18 *Sc.Cal.,* II, 172.
19 Ibd., II, 183.
20 PRO/SP 52/10/Nr. 125 (8. Juni 1565).
21 *Sc.Cal.,* II, 246, 257, 259.
22 Ibd., II, 270-272; *For.Cal.Eliz.,* VII, 1441.
23 *Sc.Cal.,* II, 286-7, 291, 302, 345; *Span.Cal.Eliz.,* I, 496-7, 499-502.
24 *Sc.Cal.,* 343-4, 346, 349, 352, 360.
25 Fraser, 196-7.
26 Pollen, *Papal Negotiations,* passim.
27 Zu Marias Bericht über Riccios Ermordung siehe Keith, II, 411-28; siehe auch *Diurnal of Occurrents,* 89-93; Fraser, 206-210.
28 PRO/SP 52/12/Nr. 28 (6. März 1565/6).
29 *Sc.Cal.,* II, 353.
30 *Span.Cal.Eliz.,* I, 539-40.
31 *Sc.Cal.,* II, 365, 369, 382, 395, 400, 405, 415, 458, 462.
32 *Diurnal of Occurrents,* 103.

## Kapitel 14 – Zum Schutz der Monarchie

1 *Span.Cal.Eliz.,* I, 574.
2 *For.Cal.Eliz.,* VII, 1147.
3 Neale, *Eliz. & Parliaments,* I, 136-43.
4 *Span.Cal.Eliz.,* I, 589-90.
5 Neale, *Eliz. & Parliaments,* I, 145-50.
6 Ibd., I, 156-8, 160-1.
7 Ibd., I, 173-6.
8 Pollen, *Papal Negotiations,* 272, 278, 321, 323.
9 *Sc.Cal.,* II, 477.
10 Ibd., II, 709.
11 Ibd., II, 529.
12 PRO/SP 52/13 (Teil I)/Nr. 83 (30. Juni 1567).

13 Stevenson, *Selections from unpublished Manuscripts,* 203-4, 210-11, 237-41, 247-52, 267-8, 297-301.
14 Ibd., 203-4.
15 Ibd., 219-23.
16 Ibd., 237-41.
17 *Sc.Cal.,* II, 600.
18 Keith, II, 702.
19 *Sc.Cal.,* II, 586.
20 Ibd., II, 593; *Span.Cal.Eliz.,* I, 667-71.
21 *For.Cal.Eliz.,* VIII. 1558-9.
22 PRO/SP 85/14/f.109 (11. August 1567).
23 *Sc.Cal.,* II, 593; Read, *Cecil,* 385-7.
24 Keith, II, 741-7.
25 Ibd., II, 747-9; Stevenson, 297-301.
26 *For.Cal.Eliz.,* VIII, 1719.
27 Ibd., VIII, 1805, 1816.
28 Ibd., VIII, 1836, 1864; *Span.Cal.Eliz.,* I, 684.
29 *Span.Cal.Eliz.,* I, 678-9, 682-4.
30 *For.Cal.Eliz.,* VIII, 1919.
31 Ibd., VIII, 1864.
32 *Sc.Cal.,* II, 1702, 1723, 1772, 1778, 1808.
33 Ibd., II, 628.
34 Haynes, 462.

## Kapitel 15 – Die Revolte in den Niederlanden

1 Pollen, *Papal Negotiations,* 465.
2 Bor, *Nederlandsche Oorloghen,* I, 5-9.
3 Lettenhove, IV, 283-4; *Span.Cal.Eliz.,* I, 541-2.
4 *Span.Cal.Eliz.,* I, 552-3.
5 Ibd., I, 571.
6 Ibd., I, 577.
7 *For.Cal.Eliz.,* VIII, 935.
8 Lettenhove, V, 17, 33, 717-20.
9 *Span.Cal.Eliz.,* I, 610.
10 Ibd., II, 13-14.
11 Ibd., II, 51.
12 *Sc.Cal.,* II, 656.
13 *Span.Cal.Eliz.,* II, 36.
14 Siehe Fraser, 273-74, 311-28.
15 *For.Cal.Eliz.,* VIII, 2249, 2256-7, 2273, 2333.
16 Lettenhove, VI, 124-6; *Span.Cal.Eliz.,* II, 54-55, 59-61.
17 *For.Cal.Eliz.,* IX, 409.
18 Ibd., IX, 495.
19 *For.Cal.Edw. VI,* 87, 138, 166-7.
20 *For.Cal.Eliz.,* VIII, 2098, 2109, 2139; *Span.Cal.Eliz.,* II, 19.
21 *Span.Cal.Eliz.,* II, 9-10.
22 Ibd., II, 3.
23 Ibd., II, 18-20.
24 Ibd., II, 29.

## Kapitel 16 – Der Streit mit Alba

1 *Stat. of Realm,* 1 Edw. VI, Kap. 3; 3 & 4 Edw. VI, Kap. 16.
2 Shakespeare, *Der Kaufmann von Venedig,* 4. Akt, 1. Szene.
3 Camden, II, 417; Thomson, *Sir Francis Drake,* 13-15.
4 Unwin, *The Defeat of John Hawkins,* 48-49, 71-109; Thomson, 21-22; Read, *Cecil,* 427-30.
5 Unwin, 189-311; Thomson, 24-40; Read, *Cecil,* 429-30.
6 *Span.Cal.Eliz.,* II, 81.
7 Ibd., II, 84, 88, 93-94, 104; Lettenhove, V, 198-205, 417-19, 738-43; *For.Cal.Eliz.,* IX, 44; Read, *Cecil,* 432-3; Read, »Queen Elizabeth's Seizure of Alva's Pay-Ships« (*Journal of Modern History,* V, 443-64).
8 Lettenhove, V, 242-4, 253-63, 297; *Span.Cal.Eliz.,* II, 106-10, 112-14, 132-7, 159-63; *For.Cal.Eliz.,* IX, 226.
9 Lettenhove, V, 270-96; *Span.Cal.Eliz.,* II, 122-37.
10 Lettenhove, V, 743-4; *Span.Cal.Eliz.,* II, 133-7, 155-6, 186, 188, 215-17.
11 *Span.Cal.Eliz.,* II, 133-40.
12 Ibd., II, 137.
13 Ibd., II, 171-2, 195-200; Lettenhove, V, 421-2, 429-30.
14 Haynes, 565.
15 Ibd., 555; *Rom.Cal.,* I, 626.
16 *Span.Cal.Eliz.,* II, 187, 210, 217.
17 Haynes, 556.
18 Ibd., 559.
19 *Sc.Cal.,* III, 36.
20 Ibd., III, 76, 80, 86-87, 202; *For.Cal.Eliz.,* IX, 613, 627, 1232; X, 186, 200, 232, 250, 302, 327, 355-6, 364, 367, 369, 384, 402; *Span.Cal.Eliz.,* II, 406.
21 *Ven.Cal.,* VII, 448-51.
22 Labanoff, *Lettres de Marie Stuart,* III, 211-17.
23 *Sc.Cal.,* III, 119, 123, 178.
24 *For.Cal.Eliz.,* IX, 96.
25 *Sc.Cal.,* III, 169.
26 *For.Cal.Eliz.,* IX, 805.
27 *Correspondance diplomatique de La Mothe Fénélon,* III, 188.
28 *Sc.Cal.,* III, 289.
29 Ibd., III, 214-15.
30 Zur Propaganda der Lords des Königs in bezug auf Grange und Lethington siehe Robert Sempills Gedicht »The Crooked leads the Blind« (Der Bucklige führt den Blinden) in: *Satirical Poems of the time of the Reformation,* 132-7.
31 *Sc.Cal.,* III, 518.
32 Ibd., III, 523.
33 Ibd., III, 672.
34 Zur Ridolfi-Verschwörung siehe Read, *Burghley,* 38-50 sowie die dort angegebenen Quellen.
35 *Sc.Cal.,* IV, 55, 63-64, 78, 117; *For.Cal.Eliz.,* X, 179, 186, 272.
36 Neale, *Eliz. & Parliaments,* I, 250, 259, 264, 269, 271-3.
37 Ibd., I, 281-3, 307-9.
38 Siehe oben.
39 *Declaration of the Lyfe and Death of John Story,* (*Harleian Miscellany,* III, 100-8); *Dom.Cal.,* I, 389-93, 395, 411, 415.
40 *Span.Cal.Eliz.,* II, 326-7.
41 Lettenhove, VI, 600-5, 601f., 618-22; *For.Cal.Eliz.,* X, 936, 1021; Read, *Burghley,* 97-102.
42 *Span.Cal.Eliz.,* II, 376.

## Kapitel 17 – Das Massaker der Bartholomäusnacht

1 Wilson, *The Plague in Shakespeare's London,* 114, 193; Collinson, *Archbishop Grindal,* 163.
2 Nichols, *Progresses of Queen Elizabeth,* I, 87, 92-103, 149-89.
3 Ibd., I, 192-8, 204-17, 229-47.
4 Ibd., I, 207.
5 Ibd., I, 257-9, 307-21.
6 Read, *Burghley,* 86.
7 PRO/SP 70/124/f.137 (22. August 1572).
8 Eine erschöpfende Analyse des widersprüchlichen Materials zur Verantwortung für das Massaker gibt Sutherland in *The Massacre of St. Bartholomew and the European Conflict,* 312-46. Siehe auch *For.Cal.Eliz.,* X, 538, 584; Whitehead, *Coligny,* 255-84; Read, *Walsingham,* I, 220-2; Read, *Burghley,* 86.
9 *Rom.Cal.,* II, 68; Wright, I, 438; Parker, 398; *For.Cal.Eliz.,* X, 741; *Book of the Universal Kirk,* 252-4.
10 Fénélon, V, 112-19.
11 Ibd., V, 120-31.
12 *For.Cal.Eliz.,* X, 622, 755.
13 Ibd., X, 682, 779, 1065, 1083.
14 Ibd., X, 1271.
15 Ibd., X, 996; Lettenhove, VI, 411-13, 458.
16 Lettenhove, VI, 390, 411, 429, 458; *For.Cal.Eliz.,* X, 488.
17 Lettenhove, VI, 658-9.
18 Penshurst MSS.
19 Lettenhove, VI, 796.
20 *Sc.Cal.,* IV, 240, 272, 309, 319, 474, 486, 491, 507, 509, 576.
21 *For.Cal.Eliz.,* X, 699, 740, 744.
22 Ibd., X, 872.
23 *Diurnal of Occurrents,* 331-3; *Sc.Cal.,* IV, 664-7.
24 *Sc.Cal.,* IV, 686.
25 Ibd., IV, 712; *Diurnal of Occurrents,* 335-6.

## Kapitel 18 – Puritaner und Wiedertäufer

1 Lettenhove, VII, 24-25.
2 Ibd., VII, 100, 109, 531-4.
3 Ibd., VII, 532-3.
4 Ibd., VIII, 399-404.
5 Ibd., VIII, 338-42, 386-9, 413-19, 433-54, 462-3, 467-72.
6 Read, *Walsingham,* II, 136, 140-1, 145-6.
7 *For.Cal.Eliz.,* XI, 275.
8 Ibd., XI, 244.
9 Ibd., XI, 260, 276, 283-4, 290, 296-7, 299.
10 Ibd., XI, 311.
11 Ibd., XI, 351, 394, 404, 438.
12 Collinson, *The Elizabethan Puritan Movement,* 168-76; Read, *Burghley,* 236-7.
13 Parker, 418-19.
14 Zu den Wiedertäufern siehe Holinshed, *Chronicles,* IV, 326-8; Braght, *Der blutige Schau-Platz oder Märtyrer Spiegel,* 789-91; Williams, *The Radical Reformation,* 784-6; Mozley, *John Foxe and his Book,* 86-89.
15 Mozley, 86-87.

16 Holinshed, IV, 328.
17 Collinson, *Grindal,* 221-2.
18 Grindal, *Remains,* 376-90.
19 Collinson, *Grindal,* 246-52.
20 Ibd., 252.
21 Grindal, 467.
22 Neale, *Eliz. & Parliaments,* I, 322.
23 Ibd., I, 329-30.

## Kapitel 19 – Reibereien mit Spanien

1 Lettenhove, VII, 382-6, 410-13, 432-6.
2 Ibd., VII, 454-5.
3 *For.Cal.Eliz.,* XI, 49.
4 Ibd., XI, 989, 1056, 1083, 1085, 1228, 1283, 1438; Lettenhove, VIII, 82-83; IX, 85-90, 116-19, 233-4, 236-8, 240-1, 335-8.
5 Lettenhove, VIII, 118-25, 127-31.
6 Ibd., IX, 85-90, 138; *For.Cal.Eliz.,* XI, 1024.
7 *For.Cal.Eliz.,* XI, 1236.
8 Ibd., XII, 700, 830; Lettenhove, IX, 466; *Span.Cal.Eliz.* II, 600-1.
9 *For.Cal.Eliz.,* X, 1423, 1431; XI, 365.
10 Ibd., XI, 771.
11 PRO/SP 70/144 (4. März 1576/7).
12 *For.Cal.Eliz.,* XII, 21, 41.
13 Ibd., XII, 90.
14 Ibd., XII, 109.
15 Lettenhove, IX, 567; X, 9, 14-15.
16 Ibd., X, 163-4.
17 Ibd., X, 334.
18 Ibd., X, 438-9.
19 Ibd., X, 448-9, 486-9, 494-500; *For.Cal.Eliz.,* XII, 803.
20 Nichols, *Progresses,* I, 331-54, 391-410, 417-599; II, 6-7, 55-60; Strype, *Annals,* II(II), 539-44.
21 Nichols, *Progresses,* II, 92-222.
22 Lettenhove, X, 595.
23 Ibd., X, 659-61.
24 Ibd., X, 661-2.
25 Ibd., X, 696-7.
26 PRO/SP 83/8 (7. August 1578).
27 Lettenhove, X, 710.
28 Ibd., XI, 65-66; *For.Cal.Eliz.,* XIII, 163, 215.
29 *For.Cal.Eliz.,* XI, 199, 545, 1024.
30 Ibd., XI, 71, 1508; *Span.Cal.Eliz.,* II, 578, 580, 586-7; Unwin, 272-3.
31 *Span.Cal.Eliz.,* II, 491-2.
32 *For.Cal.Eliz.,* XI, 981.
33 Ibd., XI, 1436.
34 *Span.Cal.Eliz.,* II, 550-2.
35 Ibd., III, 133.
36 Ibd., II, 553-8.
37 Thomson, 98-105.
38 *Span.Cal.Eliz.,* II, 545.
39 Ibd., III, 74-75, 93-95; Thomson, 151, 155-6, 161; Read, *Burghley,* 270.

## Kapitel 20 – Die jungfräuliche Königin

1 Clapham, 68.
2 *Span.Cal.Eliz.*, I, 589.
3 *For.Cal.Eliz.*, IX, 1968; Read, *Burghley,* 51-64.
4 Stubbs, *The Discoverie of a Gaping Gulf,* (unpaginiert), I, 22-23, 63-66, 80.
5 Strype, *Annals,* II(II), 641-52.
6 Camden, III, 14.
7 *Stat. of Realm,* 1 & 2 Ph. & Mary, Kapitel 3.
8 Froude, X, 502.
9 Strype, *Annals,* II(II), 232-8.
10 Dasent, XI, 270; Harington, III, 98-103.
11 *Ven.Cal.*, VII, 621.
12 Camden, III, 16.
13 Ibd.; Harington, III, 180-3.
14 Neale, *Königin Elisabeth,* 273.
15 Camden, lateinische Ausgabe, 379.; vgl. englische Ausgaben von 1625, III, 16, und von 1635, 239.
16 Harington, III, 202-7.
17 Ibd., III, 213.
18 *Span.Cal.Eliz.*, II, 702-3; Murdin, *Burghley Papers,* 322-37; Read, *Burghley,* 217-18.
19 *Span.Cal.Eliz.*, II, 704.
20 Ibd., II, 705.
21 *For.Cal.Eliz.*, XV, 225, 487.
22 Ibd., XV, 413-14; *Span.Cal.Eliz.*, III, 226-8, 251-3; Read, *Burghley,* 268.
23 *For.Cal.Eliz.*, XV, 415, 553, 570, 616; XVI, 183; Read, *Burghley,* 271.
24 *Span.Cal.Eliz.*, II, 664.
25 Clapham, 68.

## Kapitel 21 – Irland

1 *Irish Cal.,* IV, 155.
2 Ibd., I, 179.
3 *Carew Cal.,* I, 312.
4 Ibd., I, 352, 362-4; *Irish Cal.,* I, 202, 222-4.
5 *Irish Cal.,* I, 299, 325.
6 Ibd., I, 248, 304-5, 324.
7 Ibd., I, 335.
8 Ibd., I, 353.
9 Ibd., I, 446-7, 449, 469-70, 472; *Ven.Cal.,* VII, 479.
10 *Irish Cal.,* I, 490.
11 Ibd., I, 424.
12 Ibd., I, 493-4, 499-501, 503; II, 14-15, 19.
13 Ibd., II, 19, 32; Devereux, *Lives of the Devereux,* I, 63-67, 74; *Carew Cal.,* I, 467-71, 526.
14 *Irish Cal.,* II, 53; *Carew Cal.,* II, 2-3.
15 Devereux, I, 98-99.
16 PRO/SP 63/50 (31. März 1575).
17 Devereux, I, 104-6, 108-13.
18 Thomson, 96.
19 Devereux, I, 113-17; PRO/SP 63/52/f.204 (31. Juli 1575); Froude, X, 529-30.
20 *Irish Cal.,* I, 447; II, 106, 113, 130, 132, 134-6, 150, 163, 167, 172-3, 178, 181; XI, 590; *For.Cal.Eliz.,* XIII, 685.

21 *Irish Cal.*, II, 173-6.
22 PRO/SP 63/68/f.5 (3. August 1579).
23 *Irish Cal.*, II, S. LIX, 174, 178, 186-7, 196, 206, 216, 262, 268.
24 Ibd., II, 195.
25 Ibd., II, 310.
26 PRO/SP 63/72/f.56 (31. März 1580).
27 *Irish Cal.*, II, 274.
28 *Carew Cal.*, II, 314.
29 PRO/SP 63/76/Nr. 30 (8. September 1580).
30 *Irish Cal.*, II, 243.
31 Ibd., II, S. LXVI.
32 Ibd., II, 187, 265, 362, 403, 451.
33 Ibd., II, 255, 259.
34 Ibd., II, S. LXIX-LXXIII.
35 PRO/SP 63/78/f.85 (14. November 1580).
36 Ibd., f.59, 85 (11. und 14. November 1580); O'Rahilly, *The Massacre at Smerwick*, 7-8, 17, 21.
37 *Span.Cal.Eliz.*, III, 69; siehe auch den Gedenkstein auf dem Gelände von Fort del Oro in Smerwick.
38 Spenser, *Works*, IX, 166-7.
39 Petrie, »The Hispano-Papal landing at Smerwick« (*The Irish Sword*, IX, 92); O'Rahilly, 1-34.
40 O'Rahilly, 5-6.
41 Camden, II, 409.
42 *Span.Cal.Eliz.*, II, 686; III, 20-21, 28, 33, 41-42.
43 Ibd., III, 28.
44 *Irish Cal.*, II, S. CI-CII.
45 Spenser, IX, 162; siehe auch *Irish Cal.*, II, S. LXXXIX-XC, 416.
46 *Irish Cal.*, II, 299.
47 Ibd., II, 300-1; siehe auch Ibd., II, 318, 321, 362, 377.
48 Ibd., II, 318.
49 Ibd., II, S. XXXVI-XXXVII.
50 Ibd., II, 300.
51 Ibd., II, S. LXXXV-LXXXVIII.

## Kapitel 22 – Die Jesuiten

1 Read, *Walsingham*, II, 149-50.
2 Ibd., II, 141.
3 Ibd., II, 145-8.
4 Zu Mortons Sturz und den nachfolgenden Ereignissen in Schottland und zu Elisabeths Haltung ibd., II, 164-227.
5 Ibd., II, 168.
6 Ibd., II, 170.
7 Ibd., II, 171.
8 Bowes, *Correspondence*, 199.
9 Read, *Walsingham*, II, 190.
10 Pollen, *English Catholics*, 244-98.
11 *Stat. of Realm*, 1 Eliz., Kapitel 2.
12 Pollen, *English Catholics*, 331-72; Read, *Burghley*, 244-55.
13 Spadding, *Letters and Life of Bacon*, I, 97-98.
14 Pollen, *English Catholics*, 293-8.

15 *Stat. of Realm,* 23 Eliz., Kap. 1; Neale, *Eliz. & Parliaments,* I, 378-92.
16 Pollen, *English Catholics,* 371.
17 *Span.Cal.Eliz.,* III, 68, 173.
18 Ibd., II, 573-5, 593-4, 602-4, 607, 617-18, 624-5, 629-30, 651-2, 654, 656, 665, 667, 673-4, 676.
19 *For.Cal.Eliz.,* XIV, S. XXII-XXIII, Nr. 459, 476; XV, 46, 57, 126, 170, 235, 239; XVI, 194, 252, 416; XIX, 53.
20 Ibd., XV, 170, 235.
21 Ibd., XIV, 248, 295, 345, 450.
22 Ibd., XIV, 402; XV, 206, 208, 241, 387.
23 Ibd., XV, 406; XVI, 402.
24 Ibd., XVI, 112, 115, 213, 338, 340, 353, 365, 383.
25 Ibd., XVI, 368; siehe auch ibd., XV, 459.
26 Ibd., XV, 314; XVI, 59.

## Kapitel 23 – Intervention in den Niederlanden

1 *Apologie de Guillaume de Nassau,* 5-26.
2 *For.Cal.Eliz.,* XV, 615, 618, 621, 628, 630-1, 636, 640, 642, 646, 649-50, 655, 658, 662, 671, 691.
3 Ibd., XV, 624.
4 *Span.Cal.Eliz.,* III, 331, 342.
5 Ibd., III, 362-3, 370-3, 377-9.
6 Ibd., III, 382-4.
7 Ibd., II, 574; III, 10-12; *For.Cal.Eliz.,* XXI(I), 464-7.
8 *For.Cal.Eliz.,* XIV, 339, 344.
9 Ibd., XV, 397, 415, 616.
10 PRO/SP 83/11/f.6 (2. Januar 1578/9).
11 PRO/SP 83/15/f.21 (6. Februar 1581/2).
12 *For.Cal.Eliz.,* XV, 574.
13 Ibd., XVI, 274.
14 Ibd.
15 Ibd., XVI, 405-6.
16 Ibd., XVII, 21, 24, 40.
17 Ibd., XVII, 19, 24, 28, 30, 35, 38, 42, 46.
18 Ibd., XVII, 45, 48, 58-59, 71, 80.
19 Ibd., XVII, 41, 85, 87, 90, 98.
20 PRO/SP 83/18 (1. Februar 1582/3, O.S.).
21 *For.Cal.Eliz.,* XVII, 80.
22 Ibd., XVII, 98.
23 Ibd., XVII, 58-59, 61-62, 65-66, 77, 84-85, 103, 110, 120-1, 302.
24 Ibd., XVII, 210, 306.
25 Ibd., XVII, 25.
26 Ibd., XIV, 474; XV, 478; *Span.Cal.Eliz.,* III, 406.
27 *Span.Cal.Eliz.,* III, 513-15.
28 *For.Cal.Eliz.,* XVI, 181, 231, 323, 396, 423, 434, 441, 484.
29 Ibd., XVIII, 716; XIX, 67, 103-6, 378-80, 516-17, 574-5.
30 Ibd., XX, 429-31.
31 Zur Ermordung Wilhelms und zur Hinrichtung Gérards siehe Motley, *Abfall der Niederlande und die Entstehung des holländischen Freistaats,* III, 484-500; *For.Cal.Eliz.,* XVIII, 715, 721, 725, 728, 768.
32 Motley, *Abfall der Niederlande,* III, 498.

33 *Harleian Miscellany,* III, 200; *For.Cal.Eliz.,* XIX, 68.
34 *For.Cal.Eliz.,* XIX, 86, 101-2, 129-32, 176-81.
35 Ibd., XIX, 96-98, 149-51.
36 Ibd., XIX, 228-31, 233-41.
37 Ibd., XIX, 176, 354-5, 370-3, 380, 391, 408, 411, 423, 462, 516, 541, 549.
38 Ibd., XIX, 292, 333, 336-7, 365-7, 395-6, 400, 402, 465; XX, 8, 28.
39 Ibd., XIX, 413.
40 PRO/SP 84/1/f.103 (22. April 1585, O.S.).
41 *For.Cal.Eliz.,* XIX, 474-81, 488-90, 531-2, 535, 542, 558, 568-9, 579-80; *Correspondance de Granvelle,* XII, 280-1.
42 *For.Cal.Eliz.,* XIX, 477, 497, 519, 618, 705-6, 708.
43 Ibd., XIX, 604-5, 630, 634, 659, 690.
44 Ibd., XIX, 641, 661, 667.
45 Ibd., XX, 204, 710; Read, *Walsingham,* III, 107-10.
46 *For.Cal.Eliz.,* XIX, 668, 691; XX, 6, 23, 215.
47 Ibd., XIX, 671-3.
48 Zu den Verhandlungen ibd., XX, 329-30, 360-1, 368, 370, 379-82, 391-2, 398-400, 448-9, 513-14, 516-17, 538-9, 553-4, 595, 616-17.
49 Ibd., XXI(III), 83, 227-9.
50 Ibd., XX, 146, 166-7, 171.
51 Ibd., XX, 172.
52 Ibd., XX, 126.
53 Ibd., XX, 219.
54 Ibd., XX, 176-7, 180.
55 Ibd., XX, 8, 205.
56 Ibd., XX, 213.
57 Ibd., XX, 231, 243-5.
58 Ibd., XX, 322-4.
59 Ibd., XX, 319, 326; Bor, XXI, 6-8.
60 *For.Cal.Eliz.,* XX, 364-5, 371-2, 376-7; *Leicester Correspondence,* 105-10.
61 *For.Cal.Eliz.,* XX, 364-5.
62 *Leicester Correspondence,* 117-26.
63 Motley, *United Netherlands,* I, 432.
64 *Leicester Correspondence,* 105-10; *For.Cal.Eliz.,* XX, S. XXVI-XXXIII, 371-2, 376-7, 445-6; Waldman, 178-85.
65 *For.Cal.Eliz.,* XX, 409.
66 Ibd., XX, 366-7, 385-6, 402-3, 445-7, 450-4, 457.
67 Ibd., XX, 500-1.

## Kapitel 24 – Hinrichtung einer Königin

1 Collinson, *The Elizabethan Puritan Movement,* 243-70; Neale, *Eliz. & Parliaments,* II, 19-23; Read, *Burghley,* 294-6; Strype, *Whitgift,* I, 275.
2 Neale, *Eliz. & Parliaments,* II, 69.
3 Ibd., II, 16-18.
4 Ibd., II, 120.
5 Ibd., II, 32-53, 98.
6 Ibd., II, 44-48.
7 Read, *Walsingham,* III, 1-28, 65-70.
8 *Bardon Papers,* 36.
9 Ibd., 45; Read, *Burghley,* 346-7; Camden, III, 142-3.

10 *For.Cal.Eliz.*, XXI(I), 118-20; *Cal. Border Papers,* I, 249-51; Hist. MSS. Comm., *Cecil,* III, 228-30; *Ven.Cal.*, VIII, 266; Neale, *Eliz. & Parliaments,* II, 134-5.
11 Camden, III, 144.
12 Read, *Walsingham,* III, 49-52; Read, *Burghley,* 348.
13 Howell, *State Trials,* I, 1161-1228.
14 Read, *Walsingham,* III, 54.
15 Neale, *Eliz. & Parliaments,* II, 105.
16 PRO/SP 78/16/f.67 (1. November 1586 n. Z.).
17 Read, *Walsingham,* III, 54-55.
18 Neale, *Eliz. & Parliaments,* II, 109.
19 Ibd., II, 105, 114-21; Read, *Walsingham,* III, 56.
20 Neale, *Eliz. & Parliaments,* II, 126-9.
21 Ibd., II, 131-5; *For.Cal.Eliz.*, XXI(II), 251-2; E.H.R., XXXV, 103-13; Holinshed, III, 1386.
22 Read, *Walsingham,* III, 57.
23 *For.Cal.Eliz.*, XXI(I), 184.
24 Ibd., XXI(I), 189-90; Read, *Walsingham,* III, 60-63.
25 *For.Cal.Eliz.*, XXI(I), 190-4.
26 Vgl. Humes Vorwort zu *Span.Cal.Eliz.*, IV, S. XII-XVI; Read, *Burghley,* 386-90; Read, *Walsingham,* III, 212; Read, »The Fame of Sir Edward Stafford« (*American Historical Review,* XX, 292-313); Neale, *Essays in Elizabethan History,* 146-69.
27 Nicolas, *Life of Davison,* 232-6, 259-61, 269-74; *For.Cal.Eliz.*, XXI(I), 241.
28 Nicolas, 243-7, 277-80; Morris, *Troubles of our Catholic Forefathers,* II, 359, 361; Neale, *Eliz. & Parliaments,* II, 139-41.
29 *For.Cal.Eliz.*, XXI(I), 241-2; Read, *Burghley,* 366-78; Neale, *Eliz. & Parliaments,* II, 141-2.
30 Neale, *Eliz. & Parliaments,* II, 142; siehe auch Batho, »The Execution of Mary, Queen of Scots« (*Scottish Historical Review,* XXXIV, 35-42).
31 Froude, XII, 268-74; Read, *Burghley,* 375-9, 466, 575; Nicolas, 168-200, 302-49.
32 *For.Cal.Eliz.*, XXI(I), 199, 203-14, 217-18.
33 Ibd., XXI(I), 227, 236, 240, 243, 248, 257.
34 Ibd., XXI(I), 227.
35 Ibd., XXI(I), 254.
36 Ibd., XXI(I), 186, 236, 252.
37 *Span.Cal.Eliz.*, IV, 41.
38 Ibd., IV, 38.
39 *For.Cal.Eliz.*, XXI(I), 249, 257, 266, 274, 276.
40 Ibd., XXI(I), 236.
41 Ibd., XXI(I), 242, 275, 278-9, 291-2.
42 Ibd., XXI(I), 241-2.
43 Neale, *Eliz. & Parliaments,* II, 148-65; Collinson, *The Elizabethan Puritan Movement,* 310-15.
44 Neale, *Eliz. & Parliaments,* II, 163.

## Kapitel 25 – Cádiz

1 *For.Cal.Eliz.*, XIX, 541-2, 550-4.
2 Ibd., XIX, 447-8, 499, 534-5, 556-7, 561-2, 584-5, 587-9, 596-7; XX, 107, 109-10, 364-5, 377-8.
3 Ibd., XXI(I), 124, 138-42, 417-21, 427, 430-1, 436, 478-83, 491-3.
4 Ibd., XXI(I), 478-83, 510; Mattingly, *Die Armada,* 179-80.
5 Dee, *British Ballads,* 27-36.
6 *For.Cal.Eliz.*, XXI(II), 15-16, 407-9; XXI(III), 6-8, 12-13, 48-50, 123-4.
7 Ibd., XX, 618; XXI(II), 274, 279, 336, 340-1; *Irish Cal.*, II, 190, 238, 247, 296-7, 315, 320-1.
8 *For.Cal.Eliz.*, XXI(II), 326, 328-32; *Span.Cal.Eliz.*, IV, 15-17.

9 *For.Cal.Eliz.*, XXI(II), 287; XXI(III), 341, 489; *Span.Cal.Eliz.*, III, 689.
10 *For.Cal.Eliz.*, XXI(II), 332-6, 340-2, 345, 355, 361-2, 387; XXI(III), 224; Meteren, *General History of the Netherlands*, 945-9.
11 *For.Cal.Eliz.*, XX, 231; XXI(II), 357, 369-70, 373.
12 Ibd., XIX, 713; *Span.Cal.Eliz.*, III, 544, 547-8; Thomson, 173, 176.
13 *For.Cal.Eliz.*, XX, 64-65.
14 Ibd., XX, 551, 575, 595, 598, 601, 635, 643, 662; XXI(I), 56-59, 88; *Span.Cal.Eliz.*, III, 444; Labanoff, VI, 296, 432; Thomson, 173-93.
15 *For.Cal.Eliz.*, XX, 240, 329-30, 391-2, 513-14, 635; XXI(II), 223, 277, 388-9, 396-9, 435-7; XXI(III), 28, 41-42, 51-55, 117.
16 Labanoff, VI, 310; Jensen, »On the phantom will of Mary Queen of Scots« (*Scotia*, IV, 1-15).
17 *For.Cal.Eliz.*, XXI(I), 278.
18 *Span.Cal.Eliz.*, IV, 126, 139, 189, 198, 213, 256-7, 261, 278.
19 Ibd., IV, 74, 352.
20 Ibd., IV, 60-61.
21 *For.Cal.Eliz.*, XXI(III), 186.
22 Read, *Walsingham*, III, 233.
23 *Span.Cal.Eliz.*, IV, 65-67, 83.
24 Thomson, 199-213; *For.Cal.Eliz.*, XXI(I), 658-9.
25 *Span.Cal.Eliz.*, IV, 83, 97.
26 Thomson, 206-7.
27 *For.Cal.Eliz.*, XXI(I), 573.
28 Ibd., XXI(III), 161, 185-6, 218, 483.
29 Ibd., XXI(III), 83, 91, 95, 162, 227-9, 302-3, 361-3, 371-4, 392.
30 Ibd., XXI(III), 367.
31 Ibd., XXI(III), 370.
32 Ibd., XXI(I), 389-90; XXI(III), 390-1.
33 Ibd., XXI(III), 335.
34 Ibd., XXI(III), 272.
35 Ibd., XXI(I), 451.
36 Ibd., XXI(III), 399-400.
37 Ibd., XXI(III), 246.
38 *Span.Cal.Eliz.*, IV, 106.
39 Ibd., IV, 101-5.
40 Ibd., IV, 105-6, 111-12.
41 Ibd., IV, 106.
42 Ibd., IV, 112.

## Kapitel 26 – Die Armada

1 *Span.Cal.Eliz.*, IV, 135-7.
2 Ibd., IV, 200; *For.Cal.Eliz.*, XXI(III), 394, 401, 409-10, 413, 415, 420, 428, 430-1, 446-7, 450, 453-4, 464-5.
3 *For.Cal.Eliz.*, XXI(III), 461; XXII, 2-3, 15, 152.
4 Ibd., XXII, 118.
5 *Span.Cal.Eliz.*, IV, 199-201, 211, 237-8, 300, 348.
6 *For.Cal.Eliz.*, XXI(IV), 222-3.
7 Ibd., XXI(IV), 273-4.
8 Ibd., XXI(IV), 323-4, 333, 370-1, 386-7, 403; XXII, 73; *Span.Cal.Eliz.*, IV, 307-8.
9 *For.Cal.Eliz.*, XXI(III), 459; XXI(IV), 425-7, 471-2, 485-8; XXII, 71-74.
10 Ibd., XXI(IV), 520, 522.

11 Ibd., XXI(IV), 472-4; XXII, 29.
12 *Span.Cal.Eliz.,* IV, 275-6, 280-5, 309, 314-19, 321-2.
13 *For.Cal.Eliz.,* XXI(I), 611, 633-7, 643-4.
14 *Span.Cal.Eliz.,* IV, 184-6.
15 Ibd., IV, 212-13.
16 Allen, *Admonition to the Nobility and People of England,* insbesondere S. 8, 11, 15, 25, 27, 53-54.
17 *For.Cal.Eliz.,* XXI(IV), 528-9; XXII, 32-34, 47, 51-52; Motley, *United Netherlands,* II, 399-406.
18 *Span.Cal.Eliz.,* IV, 250-2.
19 Ibd., IV, 358, 362-6; Mattingly, 339.
20 *Span.Cal.Eliz.,* IV, 240-1, 421.
21 Ibd., IV, 354.
22 Camden, III, 280-3; Mattingly, 360-1, 365.
23 Mattingly, 277-96; *Span.Cal.Eliz.,* IV, 393.
24 Laughton, *State Papers relating to the Defeat of the Spanish Armada,* I, 305-6.
25 Nichols, *Progresses,* II, 530.
26 Mattingly, 333-53; Thomson, 262-76.
27 E.H.R., XXXIV, 44; *Span.Cal.Eliz.,* IV, 270, 404, 502.
28 *For.Cal.Eliz.,* XXII, 99-100, 121-2; *Span.Cal.Eliz.,* IV, 381.
29 *Span.Cal.Eliz.,* IV, 371.
30 E.H.R., XXXIV, 43-61; Neale, *Essays in Elizabethan History,* 104-6.
31 E.H.R., XXXIV, 46.
32 Neale, *Königin Elisabeth,* 336-7.
33 Laughton, II, 59, 96, 164, 183, 303-8.
34 E.H.R., XXXIV, 55.
35 *Span.Cal.Eliz.,* IV, 394, 432, 439, 450; Mattingly, 382-89.
36 *Irish Cal.,* IV, 43, 47, 49-50, 58, 63-64, 66, 69, 72, 78; *Span.Cal.Eliz.,* IV, 411, 456-7, 487.
37 *Irish Cal.,* IV, 47, 53, 62, 65, 76, 93; *Span.Cal.Eliz.,* IV, 489, 492, 501; *For.Cal.Eliz.,* XXIII, 132.
38 *Span.Cal.Eliz.,* IV, 506-10.
39 *Sc.Pap.,* IX, 547, 554, 587-8, 600; X, 15, 22, 33-34, 125, 128-9, 150, 156-7; *List and Analysis of State Papers,* I, 91; Duro, *La Armada Invincible,* II, 337-70.
40 *Irish Cal.,* IV, 58-59; *Span.Cal.Eliz.,* IV, 502-3.
41 *Span.Cal.Eliz.,* IV, 438, 455, 482, 486; Dasent, XVI, 205, 347.
42 *Span.Cal.Eliz.,* IV, 519, 548-51; *For.Cal.Eliz.,* XXII, 214; Dasent, XVI, 210-11.
43 *Irish Cal.,* IV, 37, 43; Dasent, XVI, 288.
44 *Irish Cal.,* IV, 53, 66, 73, 76.
45 Ibd., IV, 65.
46 Ibd., IV, 49, 68; Laughton, II, 299-301.
47 Ibd., IV, 93, 99.
48 Camden, III, 286; Nichols, *Progresses,* II, 538-42.
49 Camden, III, 288-9; Neale, *Königin Elisabeth,* 340; Waldman, 199-200.

## Kapitel 27 – Meutereien und Mißerfolge

1 *For.Cal.Eliz.,* XXI(II), 430; XXI(III), 21; XXII, S. XXXIV-XXXV.
2 Ibd., XIX, 443; XX, 195, 280, 469-71, 489; XXI(III), 85, 103-4, 110-11, 223-4, 465; XXII, 87, 360, 368; *L.A.,* I, 184-5, 241, 417-18, 420-1, 423-30; II, 177, 223; III, 131-2, 162, 476-82.
3 *For.Cal.Eliz.,* XXI(IV), S. XXV.
4 Ibd., XXII, 167.
5 Zu den Ereignissen in Geertruidenberg ibd., XXI(IV), 246, 318-19, 335, 350, 356-61, 364-7, 401, 447-8, 492-3, 501-2, 518, 531; XXII, 15, 19, 25, 44, 49-50, 55-57, 59, 63-68, 82-83, 90.

6 Ibd., XXI(IV), 501, 503, 518, 526-8; XXII, 55, 65, 83.
7 Ibd., XXII, 189.
8 Ibd., XXII, 168.
9 Ibd., XXII, 168, 202.
10 Ibd., XXII, 188-91, 202-3.
11 Ibd., XXII, 190-1.
12 Ibd., XXII, 167.
13 Ibd., XXII, 190-4, 205-6, 218-19, 238-40, 279, 284.
14 PRO/SP 84/28/f.124 (19. November 1588, alte Zeitrechnung).
15 Zum Verrat von Geertruidenberg und den nachfolgenden Ereignissen ibd., XXII, 140, 154, 183-4, 234, 241, 248, 254, 283-4, 303, 312, 319-20, 328-9; XXIII, 154-5, 157, 159-60, 164, 166-8, 171-4, 186-7, 194-6, 200, 205-8, 212-13, 216-19, 221, 235, 237-8.
16 Ibd., XXIII, 254-6, 304-8, 327-9; *L.A.*, I, 240.
17 *For.Cal.Eliz.*, XXIII, 84.
18 *Span.Cal.Eliz.*, IV, 473, 482, 486-7, 490-1, 514-16, 522-3, 529-30, 532-3, 536; Thomson, 278-81.
19 Zur portugiesischen Expedition siehe *For.Cal.Eliz.*, XXIII, 353-4, 360-3, 383-4, 410-11; *Span.Cal.Eliz.*, IV, 537-8, 542, 546-7, 549, 553-6; Thomson, 284-97; Wernham, *The Making of Elizabethan Foreign Policy,* 64-69.
20 Thomson, 298-9.
21 Mattingly, 394-404.
22 *For.Cal.Eliz.*, XXIII, 17, 47.
23 Ibd., XXII, 405.
24 Ibd., XXII, 391-3; XXIII, 16, 19, 24-5, 33, 49-50, 96.
25 PRO/SP 78/19/f.40 (12. Februar 1589 n. Z.).
26 Ibd., f.1 (2. Januar 1589 n. Z.).
27 *For.Cal.Eliz.*, XXIII, 7.
28 Ibd., XXIII, 91.
29 Ibd., XXIII, 93-94.
30 Ibd., XXIII, S. LIII-LIX, 227-9, 236-7, 334-6, 340-3, 351-2, 357-8, 360, 375-6, 385-90, 393.
31 PRO/SP 78/19/197f. (31. Juli 1589 n. Z.).
32 *For.Cal.Eliz.*, XXIII, S. LVI, LVII.
33 Dasent, XVII, 419-20.
34 *For.Cal.Eliz.*, XXIII, 394.
35 *Plays and Poems of Marlowe,* 398
36 *L.A.*, I, 245-6; III, 302.

## Kapitel 28 – Essex

1 Neale, *Eliz. & Parliaments,* II, 196-7, 199.
2 Collinson, *The Elizabethan Puritan Movement,* 405.
3 Neale, *Eliz. & Parliaments,* II, 249.
4 Ibd., II, 251-65.
5 Ibd., II, 259.
6 Ibd., II, 274.
7 Collinson, *The Elizabethan Puritan Movement,* 406-7.
8 Neale, *Eliz. & Parliaments,* II, 321-2.
9 Ibd., II, 326.
10 Bagot, *Memorials of the Bagot Family,* 31.
11 Thomson, 293.
12 Neale, *Eliz. & Parliaments,* II, 219-20; siehe auch Collinson, *The Elizabethan Puritan Movement,* 444-6.

13 Strachey, *Elisabeth und Essex,* 13-14.
14 *L.A.,* I, 250, 292.
15 Ibd., I, 292-5.
16 Ibd., I, 250, 295, 298.
17 Ibd., I, 254, 262, 276-7, 296-8, 306-7, 321-6, 330-1; Georgina Bertie, *Five Generations of a Loyal House,* 288-90.
18 *L.A.,* I, 285, 287; II, 232-41, 243, 275-6, 289.
19 Ibd., II, 275-6, 285.
20 Ibd., II, 241-6, 252, 256-8.
21 Ibd., II, 289-91.
22 Ibd., II, 418-35.
23 PRO/SP 78/22/f.189 (20. Dezember 1590 n. Z.).
24 *L.A.,* II, 269, 297, 299, 301-2, 315, 319-20, 323, 325, 327.
25 *L.A.,* II, 328-9, 339; III, 187, 317, 324; *Unton Correspondence,* 8-10.
26 PRO/SP 78/25/f.70 (21. Juli 1591, alte Zeitrechnung).
27 *L.A.,* III, 349.
28 Ibd., II, 337, 339, 341-6, 355-6; III, 271-81, 284-6, 288-97, 336, 345, 347-8; Unton, 12-16, 159-62, 269-74, 283-6; *Lettres missives de Henri IV,* III, 832-9.
29 Unton, 32-34, 106; *L.A.,* III, 196, 200-3.
30 Unton, 55-57, 72-75, 95; *L.A.,* III, 342.
31 *L.A.,* III, 204-5, 209.
32 Unton, 73.
33 Devereux, I, 234.
34 Unton, 80-82; Devereux, I, 245-6; *L.A.,* III, 340-2, 345.
35 Unton, 146-8, 214-16, 222-3, 233-5, 337, 345-6; Devereux, I, 256-60; *L.A.,* III, 218-19, 224, 229, 246, 366.
36 Unton, 143-5, 159-61, 183-6, 195-6, 212-16; *L.A.,* III, 225, 357, 366-8.
37 Unton, 190-2, 233-5, 269-73, 283-6, 295-8, 303-4, 306-11, 341-6, 353-8, 360-3, 400-4; *L.A.,* III, 243, 248, 251, 374-7.
38 Unton, 413-20, 423-30, 432-7, 440-2, 444-6; *L.A.,* III, 260-8.
39 Unton, 106; *L.A.,* III, 209-10, 345, 374-7, 379-81.
40 *L.A.,* III, 268.
41 Ibd., I, 267; III, 298, 300-1, 304, 309; Unton, 3-4, 116-17, 134-5, 180, 302, 310, 352, 354, 357, 361-2.
42 *L.A.,* III, 368-9.
43 Hist.MSS.Comm., *Cecil,* IV, 343; Camden, (Ausgabe von 1635), 422.
44 Read, *Burghley,* 483.
45 Ibd., 516-21; Strachey, 103-118.
46 Camden, (Ausgabe von 1635), 490-1; Read, *Burghley,* 537-45.
47 *Ven.Cal.,* VII, 479; *Span.Cal.Eliz.,* II, 350.
48 *For.Cal.Eliz.,* XII, 179; XX, 411; XXIII, 193; *L.A.,* I, 441; II, 454, 466-7; Nichols, *Progresses,* III, 516.
49 *For.Cal.Eliz.,* XIV, 70, 305; XV, 234; XVIII, 634; XIX, 313-14, 441-2, 482-3; XXI(I), 344-5, 508-9, 562-3, 647-9; XXII, 101-3, 138-9, 165-6, 172-5, 281-2, 334-5, 404; XXIII, 12-13, 132-5, 164, 346-9, 401-2; *L.A.,* I, 440-54; II, 452-3, 457-71; III, 494-6, 499-501, 504.
50 *For.Cal.Eliz.,* VIII, 2414; IX, 384; X, 1525; XI, 116, 588, 978; XVII, 74, 340-1, 374; XIX, 83-86, 692-3; XX, 54-56; XXIII, 246-7; *Span.Cal.Eliz.,* II, 189; *L.A.,* I, 430-5; II, 441-5; III, 483-6; Nichols, *Progresses,* III, 515.

## Kapitel 29 – Die alte Königin

1 Harington, I, 186.
2 Ibd., I, 189.
3 Ibd., I, 186-90.
4 Nichols, *Progresses,* III, 424-6.
5 Ibd., III, 90-122.
6 Ibd., III, 129-48.
7 Neale, *Eliz. & Parliaments,* II, 335.
8 Ibd., II, 335-6; Rappaport (*London Journal,* IX, 127); Rogers, V, 664-5.
9 Strachey, 78-102; Read, *Burghley,* 497-8.
10 Murdin, 669-75.
11 Camden, (Ausgabe von 1635), 430-1.
12 Read, *Burghley,* 521-3, 545-6.
13 *Irish Cal.,* IV, 172, 263-6; PRO/SP 63/145/32f. (20. Juni 1589, alte Zeitrechnung).
14 PRO/SP 63/145/f.12 (10. Juni 1589, alte Zeitrechnung).
15 PRO/SP 63/192/f.79 (27. August 1596, alte Zeitrechnung).
16 *Irish Cal.,* IV, 202, 219, 266-7, 270-2; V, 122-3.
17 PRO/SP 63/151/f.168 (7. April 1590, alte Zeitrechnung).
18 *Irish Cal.,* IV, 491, 493; V, 487-8.
19 Ibd., VII, 435.
20 Ibd., IX, 295.
21 PRO/SP 63/192/f.40 (9. August 1596, alte Zeitrechnung).
22 *Irish Cal.,* VI, 499.
23 Ibd., IV, 214.
24 Ibd., IV, 54, 65, 312-13, 319-21; *Span.Cal.Eliz.,* IV, 508-9.
25 *Irish Cal.,* IV, 132; V, 280-2, 285, 291, 294-5, 323-6.
26 *Carew Cal.* III, 101.
27 Ibd., III, 99-100, 111-12; *Irish Cal.,* V, 299, 305, 314, 332-5.
28 *Irish Cal.,* V, 341-2.
29 PRO/SP 63/182/f.106 (12. August 1595, alte Zeitrechnung).
30 *Irish Cal.,* V, 406-9, 442; *Carew Cal.,* III, 125-6.
31 *Carew Cal.,* III, 133.
32 PRO/SP 63/184/f.141 (November 1595).
33 *Irish Cal.,* V, 523, 526-7, 534-6, 541-2, 544; VI, S. XVI, 352; VII, 50.
34 Ibd., VII, 227-8.
35 Ibd., VII, 239.
36 Ibd., VII, 239, 379; XI, 607.
37 Ibd., VI, 231-2, 255, 257, 372; VII, 254-6.
38 Ibd., VI, 372.
39 Ibd., IX, 12, 106-7.
40 Harington, I, 77; II, 133, 210.
41 Ibd., II, 234.
42 Ibd., II, 140-1.
43 Ibd., II, 137-9.
44 Ibd., II, 215.
45 Ibd., II, 139-40.
46 Ibd., II, 232-5.
47 Strachey, 183.
48 Ibd., 187-8.
49 *Irish Cal.,* VIII, 48.
50 Ibd., VIII, 13.

51 Ibd., VII, S. LXVIII, 483.
52 Ibd., XI, 608-9.
53 Ibd., VII, 468-9.
54 Ibd., VII, 502.
55 Shakespeare, *Heinrich V.,* 5. Akt, Prolog.
56 Nichols, *Progresses,* III, 434.
57 *Irish Cal.,* VIII, 16-17, 37-40, 123-5.
58 Ibd., VIII, 106.
59 Ibd., VIII, 61-62, 80-81, 98-101, 150-3, 218.
60 Ibd., VIII, 98-102.
61 Ibd., VIII, 106.
62 Ibd., VIII, 116, 126-7, 153.
63 Ibd., VIII, 136, 144-7.
64 Ibd., VIII, 150-3, 177-9; Strachey, 226-31.
65 Harington, II, 134-5.
66 *Irish Cal.,* VIII, 177-9, 215-21, 227-30, 279-81, 327; XI, 614-15.
67 Ibd., VIII, 232; IX, 192, 226, 380-1; X, 7-12, 334, 411; XI, 43, 92-95.
68 Ibd., VIII, 448.
69 Ibd., VIII, 308.
70 Ibd., VII, 300-2, 355.
71 Ibd., IX, 369.
72 Ibd., VII, 322.
73 Ibd., VIII, 431.
74 Ibd., IX, 338, 394.
75 Ibd., XI, 83, 634-5; *Span.Cal.Eliz.,* IV, 684-5.
76 *Irish Cal.,* XI, S. XXVIII, 175, 198, 202-5, 208-13, 220, 234-5, 238-42, 270, 276, 641-3; *Span.Cal.Eliz.,* IV, 699-703, 707-8.
77 Nichols, *Progresses,* III, 575-7; *Irish Cal.,* XI, S. LIX, 274, 286-7, 335, 406-7, 412-13, 417, 514-17, 535, 551-2, 584.

## Kapitel 30 – Das Ende

1 Strachey, 251-58; Neale, *Königin Elisabeth,* 425-30; *Irish Cal.,* X, 198-200.
2 Strachey, 208-9.
3 Ibd., 259-71, 276-80; Neale, *Königin Elisabeth,* 436-7; Nichols, *Progresses,* III, 544-50; *Irish Cal.,* X, 200-1.
4@ET = Neale, *Königin Elisabeth,* 436.
5 Nichols, *Progresses,* III, 552-3.
6 Rowe, in seiner Einleitung zu Shakespeare, *Works,,* I, S. VIII-IX; Dennis, *The Comical Gallant* (»Epistle Dedicatory to the Hon. George Granville«), A2.
7 Nichols, *Progresses,* III, 564-8.
8 Neale, *Eliz. & Parliaments,* II, 337-67, 372-88.
9 Ibd., II, 388-91.
10 Ibd., II, 428-32.
11 *Dom.Cal.,* VI, 232.
12 Nichols, *Progresses,* III, 596-8.
13 Ibd., III, 600-2, 607-8; Chamberlain, *Letters,* 162-3, 174.
14 Nichols, *Progresses,* III, 603.
15 *Dom.Cal.,* VI, 299, 302.
16 Zu Elisabeths Tod und Careys Reise siehe Nichols, *Progresses,* III, 603-9; siehe auch Buchan, *Escapes and Hurried Journeys,* 254-5.

17 Nichols, *Progresses,* III, 614-24; *Dom.Cal.Jas I,* I, 5.
18 Shakespeare, *Was ihr wollt,* 2. Akt, 5. Szene.
19 Siehe oben im Text.
20 Harington, II, 135-6.

# Bibliographie

## Manuskripte

State Papers

S.P.52/1, 10, 12, 13, 26.
S.P.63/50, 52, 68, 72, 76, 78, 145, 151, 182, 184, 192.
S.P.70/9, 26, 124.
S.P.78/16, 19, 22, 25.
S.P.83/8, 11, 15, 18.
S.P.84/1, 28.

## Gedruckte Werke


*Accounts and Papers relating to Mary Queen of Scots.* Hg. A. J. Corsby und J. Bruce, London, 1867.

*Acts of the Privy Council.* Siehe Dasent.

ALLEN, J.W. *A History of Political Thought in the Sixteenth Century.* London, 1928.

ALLEN, Cardinal W. *An admonition to the Nobility and People of England and Ireland concerninge the present warres made for the execution of his Holines Sentence, by the highe and mightie Kinge Catholike of Spaine.* Antwerp, 1588.

ARBER, E. *An English Garner.* London, 1877-96.

ASCHAM, R. *The English Works of Roger Ascham.* Hg. J. Bennet und Dr. Samuel Johnson, London, 1761.

ASKE, J. *Elisabetha Triumphans.* London, 1588. Siehe Nichols, J.

AUBREY, J. *Brief Lives'chiefly of contemporaries set down...between the years 1669 and 1696.* Hg. A. Clark, Oxford, 1898.

AYLMER, J. *An Harborrowe for Faithful & Trewe Subiectes agaynst the late blowne Blaste concerninge the Gouvernmet of Women.* Straßburg, 1559.

BAGOT, W., Lord *Memorials of the Bagot Family.* London, 1824.

BALE, J. *Select Works of John Bale.* Cambridge, 1849.

*The Bardon Papers: Documents relating to the imprisonment & trial of Mary Queen of Scots.* Hg. Conyers Read, London, 1909.

BARONIUS, Cardinal C. *Annales Ecclesiastici.* Fortgesetzt von O. Raynaldus, hg. G. D. Mansi, Lucca, 1738-59 edn.

BATHO, G. R. ›The Execution of Mary, Queen of Scots‹ *Scottish Historical Review, XXIX.35-42.* Edinburgh, 1960.

Bedingfield Papers ›State Papers relating to the custody of the Princess Elizabeth at Woodstock in 1554, being letters between Queen Mary and Sir Henry Bedingfield, Kt., of Oxburgh, Norfolk.‹ Siehe *Norfolk Archaeology.*

BERTIE, Lady Georgina *Five Generations of a Loyal House.* London, 1845.

BÈZE, T. de (BEZA) und DES GALLARDS, N. *Histoire ecclésiastique des églises réformées au royaume de France.* Hg. G. Baum und E. Cunitz, Paris, 1883-89 edn. Erste Ausgabe in Genf, 1580.

›Bishop Cranmer's Recantacyons.‹ *Miscellanies of the Philobiblon Society,* Bd.XV, London, 1877-84.

*Booke of the Universall Kirk of Scotland: Acts and Proceedings of the General Assemblies of the Kirk of Scotland, Teil I, 1560-1587.* Edinburgh, 1859.

BOR, P. *Nederlandsche Oorloghen, beroerten, ende Borgerlijcke oneernicheyden.* Leyden, 1621-30.

BOWES, R. *The Correspondence of Sir Robert Bowes.* Durham, 1842.

BRAGHT, Thielman van *Der blutige Schau-Platz oder Märtyrer Spiegel.* Ephrata, Penn., 1748.

BROOK, V. J. K. *A Life of Archbishop Parker.* Oxford, 1962.

BRYCE, T. *A Compendious Register in Metre conteigning the names and pacient suffryngs of the membres of Jesus Christ.* London, 1559. Siehe Farr.

BUCHAN, J. *A Book of Escapes and Hurried Journeys.* London, 1922.

BURGHLEY, W. CECIL, LORD *Iustitia Britannica (The Execution of Justice in England).* London, 1584.

BURGON, J. W. *The Life and Times of Sir Thomas Gresham.* London, 1839.

*Cabala: Mysteries of State and Government in letters of Illustrious Persons.* London, 1654.

*Calendar of Letters and Papers relating to the affairs of the Borders of England and Scotland.* Hg. J. Bain, Edinburgh, 1894-96.

*Calendar of Letters and State Papers relating to English Affairs preserved principally in the Archives of Simancas (1558-1603).* Hg. M. A. S. Hume, London, 1892-99. Zitiert als ›Span. Cal. Eliz.‹

*Calendar of Letters, Documents and State Papers relating to the Negotiations between England and Spain in Simancas and elsewhere (1485-1558).* Hg. P. de Gayangos, G. Mattingly, R. Tyler, etc., London, 1862-1954. Zitiert als ›Stan. Cal.‹

*Calendar of Scottish State Papers relating to Mary Queen of Scots 1547-1603.* Hg. J. Bain, W. K. Boyd, etc., Edinburgh, 1898-1952. Zitiert als ›Sc. Cal.‹

*Calendar of State Papers and Manuscripts relating to English Affairs in the Archives of Venice and other Libraries in Northern Italy.* Hg. Rwdon Brown, Cavendish Bentinck, etc., London, 1864- 1947. Zitiert als ›Ven. Cal.‹

*Calendar of State Papers (Domestic Series) of the Reign of James I 1603-1610.* Hg. Mary Everett Green, London, 1857. Zitiert als ›Dom. Cal. Jas.I.‹

*Calendar of State Papers (Domestic Series) of the Reigns of Edward VI, Mary, Elizabeth (1547-1603).* Hg.R. Lemon, Mary Everett Green, etc., London, 1856-70. Zitiert als ›Dom. Cal.‹

*Calendar of State Papers (Foreign Series) of the reign of Edward VI 1547-1553.* Hg. W. B. Turnbull, London, 1861. Zitiert als ›For. Cal. Edw. VI.‹

*Calendar of State Papers (Foreign Series) of the reign of Elizabeth (1558-1589).* Hg. J. Stevenson, R. B. Wernham, etc., London, 1863-1950. Zitiert als ›For.Cal. Eliz.‹

*Calendar of State Papers (Foreign Series) of the reign of Mary 1553-1558.* Hg. W. B. Turnbull, London, 1861. Zitiert als ›For. Cal. Mary.‹

*Calendar of State Papers relating to English Affairs preserved principally at Rome.* Hg. J. M. Rigg, London, 1916-26. Zitiert als ›Rom. Cal.‹

*Calendar of the Carew Manuscripts.* Hg. J. S. Brewer und W. Bullen, London, 1867-70. Zitiert als ›Carew Cal.‹

*Calendar of the State Papers relating to Ireland of the reigns of Henry VIII, Edward VI, Mary and Elizabeth.* Hg. H. C. Hamilton, E. G. Atkinson, etc., London, 1860-1912. Zitiert als ›Irish Cal.‹

*Cambridge Modern History: Vol.ii, The Reformation; vol.iii, The Wars of Religion.* Hg. A. W. Ward, G. W. Prothero, S. Leathes, Cambridge, 1907. Siehe *New Cambridge Modern History.*

CAMDEN, W. *Annales, The True and Royall History of the famous Empresse Elizabeth Queene of Englande, France and Ireland etc.* London, 1625 edn.

— *The Historie of the most renowned and virtuous princesse Elizabeth, late Quene of England...*Composed by way of Annals. London, 1635 edn.

— *Annalium rerum Anglicarum et Hibernicarum regnante Elisabetha.* Hg T. Hearne, Oxford, 1717. Alle Angaben beziehen sich auf die englische Ausgabe von 1625.

CAMUSAT, N. *Meslanges historiques.* Troyes, 1619.

*Carew Cal.* Siehe Calendar.

CASTELNAU DE LA MAUVISSIERE, M. de *Les mémoires de Messire Michel de Castelnau.* Hg. J. Le Laboureur, Paris, 1731.

CATHERINE DE MEDICI *Lettres de Catherine de Médicis.* Hg. H. de La Ferrière-Percy und B. de la Puchesse, Paris, 1880-1909.

CHAMBERLAIN, F. *Letters written by John Chamberlain during the reign of Queen Elizabeth.* Hg. Sarah Williams, London, 1861.

CHRISTY, M. ›Queen Elizabeth's Visit to Tilbury in 1588‹ *English Historical Review, XXXIV.43-61.* London, 1919.

*Chronicle of Queen Jane and of Two Qears of Queen Mary.* Hg. J. G. Nichols, London, 1850.

CLAPHAM, J. ›Certain Observations concerning the Life and reign of Queen Elizabeth‹, Untertitel *Elizabeth of England.* Hg. Evelyn P. Read und Conyers Read, Philadelphia, 1951.

CLIFFORD, H. *The Life of Jane Dormer, Duchess of Feria.* London, 1887.

COBBETT, W. Siehe Howell.

COLLINSON, P. *Archbishop Grindal.* London, 1979.

— *The Elizabethan Puritan Movement.* London, 1967.

CONINGSBY, Sir T. ›Journal of the Siege of Rouen 1591‹ Hg. J. G. Nichols in *Camden Miscellany,* Bd. I, London, 1847.

CORBETT, Sir J. S. *Drake and the Tudor Navy.* London, 1898.

— *Papers relating to the Navy during the Spanish War 1585-1587.* London, 1898.

CRANMER, T. *The Works of Thomas Cranmer.* Cambridge, 1844-46.

DASENT, J. R. (Hg.) *Acts of the Privy Council of England (New Series).* London, 1890-1907.

DAWSON, JANE E. A. ›Mary Queen of Scots, Lord Darnley, and Anglo-Scottish Relations in 1565‹ *The International History Review, VIII.1-24.* Burnaby, B. C., 1986.

*A Declaration of the Lyfe and Death of John Story, late a Romish Canonicall Doctor by Profession.* London, 1571. Siehe *Harleian Miscellany.*

DEE, M. *British Ballads.* Wedgwood Selections. London, 1926.

DELONEY, T. *The Queen...at Tilbury.* London, 1588. Siehe Arber.

DENNIS, J. *The Comical Gallant: or the Amours of Sir John Falstaffe.* London, 1702.

DEVEREUX, W. B. *Lives and Letters of the Devereux, Earls of Essex.* London, 1853.

*Dictionary of National Biography.* Oxford, 1885-1900.

*A Diurnal of Remarkable Occurrents that have passed within the country of Scotland since the death of King James IV till the year MDLXXV.* London, 1875-1902.

DIXON, R. W. *History of the Church of England.* London, 1875-1902.

*Dom. Cal.* Siehe Calendar.

*Dom. Cal. Jas. I.* Siehe Calendar.

DREWES, J. B. *Wilhelmus van Nassouwe.* Amsterdam, 1946.

DURENG, J. ›La complicité de l'Angleterre dans le complot d'Amboise‹ *Revue d'histoire moderne et contemporaine,* VI.249-56. Paris, 1904-05.
DURO, C.F. *La Armada Invincible.* Madrid, 1885.
*E.H.R. – English Historical Review.* Siehe unter den Namen der Artikelautoren.
ELISABETH I. *Die Briefe der Königin Elisabeth von England, 1533-1603.* Hg. von G. B. Harrison; dt. von Hans Reisiger; Berman-Fischer Verlag, Wien, 1938.
— *Letters of Queen Elizabeth and James VI.* London, 1849.
*Elizabethan Government and Society: Essays presented to Sir John neale.* Hg. S. T. Bindoff, J. Hurstfield, C. H. Williams, London, 1961.
ELLIS, H. *Original Letters illustrative of English History.* London, 1824-46.
ELTON, Sir G. R. *England under the Tudors.* Cambridge, 1969.
— *The Parliament of England 1559-1581.* Cambridge, 1986.
— *The Tudor Constitution.* Cambridge, 1968.
*Encyclopaedia Britannica.* 11. Auflage, London, 1910.
*Epistre envoiee au Tigre de la France.* Kein Ort, 1560. Siehe *Tigre.*
ERICKSON, Carolly *The First Elizabeth.* London, 1984.
FARR, E. *Select Poetry chiefly devotional of the reign of Queen Elizabeth.* Cambridge, 1845.
FENELON *Correspondance diplomatique de Bertrand de Salignac de La Mothe Fénélon.* Hg. A. Teulet, Paris, 1838-40.
FORBES, P. *A Full View of the Public Transactions in the Reign of Q. Elizabeth.* London, 1740-41.
*For. Cal. Edw. VI.* Siehe Calendar.
*For. Cal. Eliz.* Siehe Calendar.
*For. Cal. Mary.* Siehe Calendar.
FOXE, J. The Book of Martyrs.
*The Acts and Monuments of John Foxe.* Hg. J. Pratt, London, 1877; New York, 1965.
Erste Ausgabe. *Actes and Monuments of these latter and perillous dayes touching matters of the Church.* London, 1563. Actes and Monuments of thynges passed in every kynges tyme in this realm, especially in the Church of England. London, 1570.
Wiederaufgelegt mit geringen Veränderungen 1576, 1583, etc. Alle Angaben beziehen sich auf die Ausgabe 1877/1965.
FRASER, Antonia *Maria, Königin der Schotten.* Claassen, Hamburg und Düsseldorf, 1971.
FROUDE, J. A. *History of England from Fall of Wolsey to the Defeat of the Spanish Armada.* London, 1870 edn.
GACHARD, L. P. *Collection des voyages des souverains des Pays-Bas.* Brussels, 1876-82.
GAYANGOS, P. de *Viaje de Felipe Segundo a Inglaterra.* Madrid, 1877.
GEE, H. *The Elizabethan Prayer-Book and Ornaments.* London, 1902.
GOODMAN, C. *How Superior Powers ought to be obeyed.* New York, 1931, Nachdruck der ersten Ausgabe, Geneve, 1558.
Granvelle Correspondence – Siehe Poullet; Weiss.
Greyfriars Chronicle *Chronicle of the Greyfriars of London.* Hg. J. G. Nichols, London, 1852.
GRIMSTONE, E. Siehe Meteren.
GRINDAL, E. *The Remains of Archbishop Grindal.* Cambridge, 1843.
HAKLUYT, R. *The principal navigations, voyages, traffiqves and discoveries of the English nation at any time within the compasse of these 1600 yeres.* London, 1599.
HALL, E. *Chronicle.* London, 1809 edn.
HALLER, W. *Foxe's Book of Martyrs and the Elect Nation.* London, 1963.
*Hamilton Papers.* Hg. J. Bain, Edinburgh, 1890-92.
*Hardwicke Papers – Miscellaneous State Papers from 1501 to 1726.* London, 1778.
HARINGTON, Sir J. *Nugae Antiquae.* London, 1779.
*The Harleian Miscellany.* London, 1809 edn.
HAYNES, S. *A Collection of State Papers...left by William Cecill Lord Burghley.* London, 1740.

HAYWARD, Sir J. *Annals of the first four years of the reign of Queen Elizabeth*. London, 1840.
HEARNE, T. *Titi Livii...accedit, Sylloge Epistolarum a variis Angliae Principibus scriptarum*. Oxford, 1716.
HENRY IV, KING OF FRANCE *Recueil des Lettres missives de Henri IV*. Hg. B. de Xivrey und J. Gaudet, Paris, 1843-76.
HILL, C. *Intellectual Origins of the English Revolution*. Oxford, 1965.
HILLYARD, N. *A Treatise concerning the Arte of Limning*. Hg. P. Norman, Edinburgh, 1912.
*Historical Manuscripts, Reports of the Royal Commission on, Twelfth Report, Part IV – The Manuscripts of the Duke of Rutland,* Bd.1, London, 1888.
— *Calendar of the Manuscripts of the Marquess of Salisbury*. London, 1883-85. Zitiert als ›H.M.C.., Cecil‹.
— *Report on the Pepys Manuscripts*. London, 1911.
HOLINSHED, R. *Chronicles of England, Scotland and Ireland*. London, 1807-08 edn.
HOLT, M. P. *The Duke of Anjou and the Politique Struggle during the Wars of Religion*. Cambridge, 1986.
HOTMAN, F. *Franco Gallia*. in: Beza, Brutus, Hotman. Calvinistische Monarchomachen. Klassiker der Politik Bd. 8, Westdeutscher Verlag, Köln und Opladen, 1968.
HOWELL, T. B. *Cobbett's State Trials*. London, 1809-26.
HUDSON, W. S. *John Ponet: Advocate of Limited Monarchy*. Chicago, 1942. Darin enthalten Faksimili-Neudruck von Ponet, *A shorte treatise of politike power*. Strasbourg (?), 1556.
HUGGARDE, M. *The Displaying of the Protestantes*. London (?), 1556.
HUME, M. A. S. *The Courtships of Queen Elizabeth*. London, 1904 edn.
HURSTFIELD, J. *Elizabeth I and the Unity of England*. London, 1960.
*Irish Cal.* Siehe Calendar.
IVES, E. W. ›Faction at the court of Henry VIII: the fall of Anne Boleyn‹ *History, lVII, 1-15*. Glasgow, 1972.
JENKINS, Elizabeth *Gloriana. Königin Elisabeth von England*. Rainer Wunderlich Verlag, Tübingen, 1959.
JENSEN, J. de L. ›On the phantom will of Mary Queen of Scots‹ *Scotia, IV.1-15*. Norfolk, Va., 1980.
JOHNSON, P. *Elizabeth I, a study in power and intellect*. London, 1974.
*A Justification of Queen Elizabeth in relation to the affairs of Mary Queen of Scots*. Siehe *Accounts and Papers relating to Mary Queen of Scots.*
KAULEK, J. *Correspondance politique de MM. de Castillon et de Marillac 1537-1542*. Paris, 1885.
KEITH, R. *History of the Affairs of Church and State in Scotland*. Edinburgh, 1844-50 edn.
KNOX, J.K *The Works of John Knox*. Hg. D. Laing, Edinburgh, 1846-64.
L.A. Siehe *Lists and Analysis.*
LABANOFF, Prince A. *Lettres, instructions et mémoires de Marie Stuart, reine d'Ecosse*. London, 1844.
LAUGHTON, Sir J. K. *State Papers relating to the Defeat of the Spanish Armada Anno 1588*. London, 1894.
LEE, M. *James Stewart Earl of Moray*. New York, 1953. ›The Fall of the Regent Morton: a Problem in Satellite Diplomacy‹ *Journal of Modern History,* Bd.XXVIII. Chicago, 1956.
*Leicester Correspondence – Correspondence of Robert Dudley Earl of Leicest during his government of the Low Countries*. Hg. J. Bruce, London, 1844.
LETI, G. *La vie d'Elizabeth reine d'Angleterre, traduite de l'Italien de Monieur Gregoire Leti*. Amsterdam, 1714 edn.
LETTENHOVE, Baron Kervyn de *Relations politiques des Pays-Bas & de l'Angleterre sous le règne de Philippe II*. Brussels, 1882-1900.
*Letters and Papers (Foreing and Domestic) of the Reign of King Hery VIII*. Hg. J. Brewer und J. Gairdner, London, 1862-1920. Zitiert als ›L. P.‹.

*List and Analysis of State Papers Foreign Series Elizabeth I preserved in the Public Record Office.* Hg. R. B. Wernham, London, 1964-84. Zitiert als ›L. A.‹.

LLOYD, C. *Formularies of Faith put forth by authority during the reign of Henry VIII.* Oxford, 1856 edn.

*L. P.* Siehe *Letters and Papers.*

MACHYN, H. *The Diary of Henry Machyn.* Hg. J. G. Nichols, London, 1848.

MANNINGHAM, J. *Diary of John Manningham.* London, 1868.

MARLOWE, C. *The Plays and Poems of Christopher Marlowe.* London, 1905.

MARY QUEEN OF SCOTS Siehe Labanoff; Pollen.

MATTINGLY, G. *Die Armada.* R. Piper & Co. Verlag, München, 1960.

MAXWELL, Constantia *Irish History from Contemporary Sources 1509-1610.* London, 1923.

METEREN, E. van *A generall historie of the Netherlands.* Übersetzt von E. Grimstone. London, 1608.

MILTON, J. *Das Lehnsbesitzthum der Könige und Obrigkeiten.* In *John Miltons politische Hauptschriften.* 3 Bde; Bd.2, S.257-294. Verlag Erich Koschny, Berlin 1874-79.

MOREY, A. *The Catholic Subjects of Elizabeth I.* London, 1978.

MORRIS, J. *The Troubles of our Catholic Forefathers revealed by themselves.* London, 1872-77.

MOTLEY, J. L. *History of the United Netherlands.* London, 1860.

— *Der Abfall der Niederlande und die Entstehung des holländischen Freistaats.* 3 Bde. Verlagsbuchhandlung von Rudolf Kutze, Dresden, 1857-60.

MOZLEY, J. F. *John Foxe and his Book.* London, 1940.

MUMBY, F. A. *The Girlhood of Queen Elizabeth.* London, 1909.

MURDIN, W. *A Collection of State Papers...from the Year 1571 to 1596...left by William Cecill Lord Burghley.* London, 1759.

NAUNTON, Sir R. *Fragmenta Regalia.* Hg. J. S. Cerovski, Washington, London und Toronto, 1985.

NEALE, Sir J. E. *Elizabeth I and her Parliaments 1559-1581.* London, 1953. Zitiert als ›Neale, *Eliz. & Parliaments,* Bd.I‹.

— *Elizabeth I and her Parliaments 1584-1601.* London, 1957. Zitiert als ›Neale, *Eliz. & Parliaments,* Bd. II‹.

— *Essays in Elizabethan History.* London, 1958.

— *Königin Elisabeth.* Verlag Georg D. W. Callwey, München, 1967.

— ›*Sir Nicholas Throckmorton's Advice to Queen Elizabeth on her Accession to the Throne*‹ *English Historical Review,lXV.91-98.* London, 1950.

— ›*The Elizabethan Acts of Supremacy and Uniformity*‹ *English Historical Review,* lXV.304-32. London, 1950.

— *The Elizabethan House of Commons.* London, 1949.

*The New Cambridge Modern History:*

Bd.II *The Reformation 1520-1559.* Hg. G. R. Elton, Cambridge, 1958.

Bd.III *The Counter-Reformation and Price Revolution 1559-1610.* Hg. R. B. Wernham, Cambridge, 1968.

Siehe *Cambrigde Modern History.*

NICHOLS, J. *The Progresses and Public Processions of Queen Elizabeth.* London, 1823.

NICHOLS, Sir J. G. *Literary Remains of King Edward VI.* London, 1857.

NICOLAS, Sir N. H. *Life of William Davison, Secretary of State to Queen Elizabeth.* London, 1823.

NOAILLES, A. de *Ambassades de MM. de Noailles en Angleterre.* Hg. Vertot, Leyden, 1763.

*Norfolk Archaeology,* Bd. IV, Norwich, 1855.

O'RAHILLY, A. *The Massacre at Smerwick.* Cork, 1938.

OUTHWAITE, R. B. ›Rayal borrowing in the reign of Elizabeth I: the aftermath of Antwerp‹ *English Historical Review,* lXXXVI.251-63. London, 1971.

PARKER, G. *Philip II.* London, 1979.
— *The Dutch Revolt. London,* 1977.
PARKER, M. *The Correspondence of Matthew Parker.* Cambridge, 1853.
PARSONS, R. *Leicester's Common-Wealth.* London, 1641 edn.
PEARS, E. ›The Spanish Armada and the Ottoman Porte‹ *English Historical Review,* VIII.439-66. London, 1893.
PEEL, A. ›A Conscientious Objector of 1575‹ *Baptist Historical Society,* VII.78-128. London, 1920.
PETRIE, Sir C. ›The Hispano-Papal landing at Smerwick‹ *The Irish Sword,*IX.82-94. Dublin, 1969.
POLLEN, J. H. *A Letter from Mary Queen of Scots to the Duke of Guise, January 1562.* Edinburgh, 1904.
— *Mary Queen of Scots and the Babington Plot.* Edinburgh, 1922.
— *Papal Negotiations with Mary Queen of Scots.* Edinburgh, 1901.
— *The English Catholics in the reign of Queen Elizabeth.* London, 1920.
PONET, L. Siehe Hudson.
POULLET, E. und PIOT, C. *Correspondance du Cardinal de Granvelle 1565-1586.* Brussels, 1878-97.
POWER, M. J. ›London and the Control of the »Crisis« of the 1590s‹ *History,* N.S., lXX.371-85. Glasgow, 1985.
*Queen Elizabeth I: Most Politick Princess.* Hg. S. Adams, London, 1986.
*The Quenes Maiesties passage through the Citie of London to Westminster the day before her coronation.* Hg. J. M. Osborn und J. e. Neale. Faksimilie-Neudruck nach der Londonausgabe von 1559.
RAIT, R. S. und CAMERON, Annie *King James's Secret.* London, 1927.
RAPPAPORT, S. ›Social structure and mobility in 16th Century London‹, Teil I *London Journal,* IX.107-35. London, 1983.
READ, Conyers *Lord Burghley and Queen Elizabeth.* London, 1960. Zitiert als ›Read, *Burghley*‹.
— *Mr Secretary Cecil and Queen Elizabeth.* London, 1955. Zitiert als ›Read, *Cecil*‹.
— *Mr Secretary Walsingham and the policy of Queen Elizabeth.* Oxford, 1925. Zitiert als ›Read, *Walsingham*‹.
— ›*Queen Elizabeth's Seizure of the Duke of Alva's Pay-Ships*‹ *The Journal of Modern History,* V.443-64. Chicago, 1933.
— *The Bardon Papers.* Siehe Bardon.
— ›*The Fame of Sir Edward Stafford*‹ *American Historical Review, XX.292-313.* Lancaster, Pa., 1915.
READ, Evelyn and READ, Conyers *Catherine, Duchess of Suffolk.* London, 1962.
— *Elizabeth of England.* Siehe Clapham.
RIDLEY, J. *John Knox.* Oxford, 1968.
RODRÍGUEZ-SELGADO, M. J., und ADAMS, S. ›The Count of Feria's Dispatch to Philip II of 14. November 1558‹ *Camden Miscellany,* XXVIII.302-44. London, 1984.
ROEDER, R. *Catherine de'Medici and the Lost Revolution.* London, 1937.
ROGERS, T. *History of Agriculture and Prices.* Oxford, 1872.
*Rom. Cal.* Siehe Calendar.
ROMIER, L. *La conjuration d'Amboise.* Paris, 1923.
ROWE, N. Siehe Shakespeare.
ROWSE, A. L. *Ralegh and the Throckmortons.* London, 1962.
— *The Elizabethans and America.* London, 1959.
— *The Expansion of Elizabethan England.* London, 1955.
RYMER, T. W. *Foedera, Conventiones, Et...Acta Publica inter Reges Angliae.* London, 1704-17.
Sadler Papers *The State Papers and Letters of Sir Ralph Sadler.* Hg. A. Clifford, Edinburgh, 1809.
*Satirical Poems of the time of the Reformation.* Hg. J. Cranstoun, Edinburgh, 1891.
*Sc. Cal.* Siehe Calendar.

SHAKESPEARE, W. *Sämtliche Werke,* 4 Bde. Nach der 3. Schlegel-Tieckschen Gesamtausgabe von 1843/44; Lambert Schneider, Heidelberg, 1978.

— *The Works of Mr William Shakespeare, in six volumes, adorn'd with cuts.* Hg. N. Rowe, London, 1709.

SITWELL, Edith *The Queens and the Hive* London, 1962.

SPADDING, J. *The Letters and the Life of Francis Bacon.* London, 1861-74.

*Span. Cal.* Siehe Calendar.

*Span. Cal. Eliz.* Siehe Calendar.

SPENSER, E. *The Complete Works of Edmund Spenser.* Hg. A. B. Grosart, London, 1882-84.

*Statutes of the Realm.* London, 1810-24.

STEVENSON, J. *Selections from unpublished Manuscripts...illustrating the reign of mary Queen of Scotland.* Glasgow, 1857.

STOW, J. *Annales, or A Generall Chronicle of England.* London, 1631 edn.

STRACHEY, Lytton *Elisabeth and Essex.* S. Fischer Verlag, Berlin, 1929.

STRICKLAND, Agnes *Lives of the Queens of England.* London, 1840-48.

STRYPE, J. *Annals of the Reformation...during Queen Elizabeth's happy reign.* Oxford, 1824 edn.

— *Ecclesiastical Memorials...of the emergence of the Church of England.* Oxford, 1822 edn.

— *The Life and Acts of John Whitgift.* Oxford, 1822 edn.

STUBBS, J. *The Discoverie of a Gaping Gvlf wherein England is like to be swallowed by an other French marriage if the Lord forbid not the banes by letting her Maiestie see the sin and punishment thereof.* London, 1579.

SUTHERLAND, N.M. ›Queen Elizabeth and the Conspiracy of Amboise, March 1560‹ *English Historical Review,* LXXXI.474-89. London, 1966.

— *The massacre of St Bartholomew and the European conflict 1559-1572.* London, 1973.

TEULET, A. *Papiers d'Etat, kièces et documents relatifs à l'histoire de l'Ecosse au XVI*[e] siècle. Paris, 1851-60.

THOMSON, G.M. *Sir Francis Drake.* London, 1972.

*Le Tigre de 1560.* Hg. Chas. Read, Paris, 1875.

*The true Report of the lamentable death of William of Nassayre, Prince of Orange, who was trayterouslie slayne with a dagge, in his owne Courte, by Balthazar Serack, a Burgunion...Whose Death was not ofsufficient Sharpness for such a Caytiff, and yet too soure for any Christian.* Middelburg, 1584. Siehe *Harleian Miscellany.*

*Two Missions of Jacques de la Brosse.* Hg. Gladys Dickinson, Edinburgh, 1942.

TYNDALE, W. *Works.* Cambridge, 1848-49.

TYTLER, P. F. *England under the reigns of Edward VI and Mary.* London, 1839.

UNTON, H. *Correspondence of Sir Henry Unton, Knt., Ambassador from Queen Elizabeth to Henry IV, King of France.* Hg. J. Stevenson, London, 1847.

UNWIN, R. *The Defeat of John Hawkins.* London, 1960.

*Ven. Cal.* Siehe Calendar.

WALDMAN, M. *Elizabeth and Leicester.* London, 1944.

WARNICKE, ROTHA M. ›The Fall of Anne Boleyn: a reassessment‹ *History,* N. S., lXX.1-15. Glasgow, 1985.

WEDGWOOD, C.V. *Wilhelm der Schweiger.* Claassen & Goverts, Hamburg, 1949.

WEISS, C. H. *Papiers d'État du Cardinal de Granvelle.* Paris, 1841-53.

WERNHAM, R. B. *After the Armada: Elizabethan England and the Struggle for Western Europe 1588-1595.* Oxford, 1984.

— Before the Armada: The growth of English Foreign Policy 1485-1588. London, 1966.

— ›Queen Elizabeth and the Portugal Expedition of 1589‹ *English Historical Review,* lI.1-26, 194-218. London, 1951.

— *The Making of Elizabethan Foreign Policy 1558-1603.* Berkeley, Ca., 1980.

WHITEHEAD, A. W. *Gaspard de Coligny, Admiral of France*. London, 1904.
WILKINS, D. *Concilia Magnae Britanniae et Hiberniae*. London, 1737.
WILLIAM OF NASSAU, PRINCE OF ORANGE *Apologie de Guillaume de Nassau*. Hg. A. Lacroix, Brussels, 1858.
WILLIAMS, G. H. *The Radical Reformation*. London, 1962.
WILLIAMSON, J. A. *Hawkins of Plymouth*. London, 1969.
— *Sir John Hawkins: the time and the man*. Oxford, 1927.
WILSON, C. *Queen Elizabeth and the Revolt of the Netherlands*. London, 1970.
WILSON, E. P. *The Plague in Shakespeare's London*. Wxford, 1963.
WRIGHT, T. *Queen Elizabeth and her Times*. London, 1838.
WRIOTHESLEY, C. *A Chronicle of England during the reigns of the Tudors*. Hg. W. D. Hamilton, London, 1875-77.
*Zurich Letters*. Cambridge, 1852-55.

# Register

Alba, Herzog von 173, 177, 186, 188, 196
Alençon, Franz, Herzog von 202, 222, 233
Allen, William, Kardinal 261, 309, 319, 321, 341
Amurath III. 357
Anderson, Sir Edmund 297
Angus, Archibald Douglas, 8. Graf von 259
Anjou, Franz Herzog von (vormals Herzog von Alençon) 239, 271, 273, 275–276
Anjou, Heinrich, Herzog von (später Heinrich III. von Frankreich) 177, 224, 231–232
Anna von Kleve 25
Antonio, Don 265–266, 335, 357
Argyll, Archibald Campbell 152
Arran, James Hamilton, 2. Graf von 28, 104
Arran, James Hamilton, 3. Graf von 104
Arran, James Stewart, Graf von 258
Ashley, John 312–313
Ashley, Kate 39, 71, 120
Askew, Anne 31

Babington, Anthony 289–290, 292, 295
Bacon, Sir Nicholas 108
Barton, Edward 357
Bedford, Francis Russell, Graf von 129, 344
Bedingfield, Sir Henry 64, 319
Bembridge, Thomas 75
Bill, William 82
Bingham, Sir Richard 328, 364
Boleyn, Anne 13, 16, 20–21, 24
Bonner, Edmund 82, 144
Bothwell, James Hepburn, Graf von 107, 163
Bourn, Gilbert 49
Bragança, Katharina, Herzogin von 265
Browne, Anthony 147
Bryce, Thomas 70
Burghley, Lord (vormals William Cecil) 226, 246, 290

Calvin, Johannes 97
Camden, William 85
Campion, Edmund 262
Carey, Sir Robert 380
Carmichael, Sir James 213
Cecil, Sir Thomas 282
Cecil, William 38, 81, 100, 103, 106, 108, 111, 114–115, 129, 151, 154, 160, 164, 167, 175, 198
Challoner, Sir Thomas 109
Chapuys, Eustace 18, 21–22
Châtelherault, James Hamilton, Herzog von 112
Christopherson, John 82
Clapham, John 54
Cobham, Sir Henry 226
Coligny, Gaspard de 129, 136–137, 202, 205
Condé, Heinrich I. von Bourbon, Prinz von 222
Condé, Ludwig I. von Bourbon, Prinz von 133, 136–137
Conway, Sir John 332
Courtenay, Edward 54, 72

Cranmer, Thomas 18–19, 22, 25, 35, 49, 71
Croft, Sir James 100
Cromwell, Thomas 21, 26

Darnley, Henry Stewart, Graf von 153–155, 158, 163
Davison, William 224, 280, 284, 292, 297, 300
Derby, Gräfin von 379
Des Trappes, Sieur 295
Dombes, Viscount 349
Dormer, Jane 85
Drake, Edmund 184
Drake, Sir Francis 184, 230, 306, 308–309, 322–323, 335
Drury, Sir William 209
Dudley, Amy 119, 122
Dudley, Arthur 312, 314
Dudley, John, Graf von Warwick 40, 118
Dudley, Lord Robert 118, 121, 150

Eduard VI. 25, 43
Egmont, Graf von 174
Elboeuf, Marquis von 111
Englefield, Sir Francis 312, 314
Espés, Guerau de 180, 186, 188, 229
Essex, Robert Devereux, 2. Graf von 344, 350–351, 355, 370–373, 376
Essex, Walter Devereux, 1. Graf von 246–247

Fénélon, Bertrand de Salinac de la Mothe 194, 204
Feria, Don Gómez Súarez de Figneroa 77, 84–85, 91–92
Feria, Jane Dormer 93
Fisher, John 18, 21
FitzGerald, James FitzMaurice 244, 249
Fitzwilliam, Sir William 246, 326–327
Foix, Paul de 156
Forster, Sir John 213
Foxe, John 32, 143, 216

Gardiner, Stephen 30, 35, 50
Gérard, Balthasar 277
Gifford, Gilbert 289
Gilbert, Sir Humphrey 245
Glajon 114
Godunow, Boris 359
Goodman, Christopher 98, 141
Goodrich, Richard 84
Granvelle, Kardinal 109, 269
Grey, Jane 43
Grey, Katherine 126, 145
Grey, Mary 126
Grey of Wilton, Arthur Grey 251, 253
Grindal, Edmund 217
Guaras, Antonio de 227, 229
Guise, François, Herzog von 101, 132, 136–137
Guise, Heinrich, Herzog von 203, 257, 269, 319, 336
Guzman de Silva 162, 167, 172, 174–175, 177, 180

Hales, John 146
Harington, Sir John 368
Hatton, Sir Christopher 341
Hawkins, John 184
Heath, Nicholas 84, 89
Heinrich II. 51
Heinrich VIII. 13, 15, 19, 25, 27, 30–31, 34, 199, 241
Heinrich III. von Frankreich (vormals Herzog von Anjou 223, 238, 266, 270, 276, 279, 292, 298, 300, 319, 336–337
Heinrich IV. von Frankreich (vormals Heinrich von Navarra) 340, 346–347, 349–350, 352–354, 356
Heinrich von Navarra 223, 270, 276, 302–303
Heneage, Sir Thomas 284
Hertford, Edward Seymour, Graf von 126
Horn, Graf von 174
Howard, Katharina 26
Howard, Lady Mary 360
Humphrey, Laurence 146
Huntingdon, Graf von 214

Iwan IV. 358

Jakob V. 28
Jakob VI. 260, 300
Johann Casimir, Pfalzgraf 302
Juan d'Austria, Don 220

Karl V. 16, 18, 27, 47, 52, 54, 59, 178
Karl IX. 168, 177, 202, 205
Katharina von Aragon 16, 19
Katharina von Medici 123, 127, 133, 135–136, 203, 205, 238, 265–266
Keys, Thomas 126
Kirkcaldy von Grange, Sir William 100, 209
Klemens VII. 16, 18

Knollys, Katherine 56
Knollys, Sir Francis 81
Knox, John 97–98

Lambarde, William 377
Las Casas, Bartolomé de 181
Leicester, Graf von (vormals Robert Dudley) 152, 198, 223, 226, 282–283, 304, 328
Lennox, Esmé Stuart, Graf von 153, 257
Lennox, Gräfin von 153
Lennox, Matthew Stewart, 4. Graf von 164, 192
Lethington, William Maitland von 130, 150, 152, 165, 167, 209
Lopez, Dr. Roderigo 363
Lothringen, Kardinal von 113
Luther, Martin 14

M'Donnell, Sorley Boy 243, 247
Man, John 173, 179
Margarete, Herzogin von Parma 109
Maria Stuart 25, 28, 69, 76, 124, 130–131, 149, 151, 155, 157, 159, 163, 165–166, 170, 175, 193–194, 269, 288, 292
Maria Tudor 19, 23, 27, 41, 44, 47, 50, 54–55, 58–59, 62, 65, 67, 69, 75–76
Marie von Guise 105
Mauvissière, Michel de Castelnan, Sieur de la 292, 295
Medina-Sidonia, Herzog von 318, 323, 325
Mendoza, Don Bernardino de 229, 238, 254, 270, 275, 308, 335
Mina, Abbé 171
Moray, James Stewart, Graf von 152, 156, 167, 169, 176, 189–190
Morice, James 343
Morton, James Douglas 160, 165, 209, 213–214, 257, 260
Morus, Thomas 21
Mountjoy, Charles Blount 375

Nassau, Ludwig von 177
Nassau, Moritz, Graf von 333
Noailles, Antoine de 57
Norfolk, Thomas Howard, 3. Herzog von 27
Norris, Sir Henry 177
Norris, Sir John 247, 273–274, 282, 349
Northampton, William Parr, Marquis von 81
Northumberland, Thomas Percy, Graf von 44, 188, 190
Nowell, Alexander 147

O'Donnell, Hugh Roe 367
O'Neill, Shane 242–243
Oglethorpe, Owen 84
Ormiston, John Cockburn 107

Page, William 234, 236
Paget, William 55, 62
Palavicino, Horatio 347–348
Parker, Matthew 94, 99, 103, 147
Parma, , Herzog von 264
Parma, Alessandro Farnese, Herzog von 264, 278, 281, 306, 311, 315–317, 320, 324–325, 348, 351
Parr, Katharina 26, 29–30, 32, 36
Parry, Thomas 38
Parsons, Robert 261–262
Paul IV. 73
Paulet, Sir Amyas 296
Penry, John 341
Perez, Antonio 363
Philipp II. von Spanien 29, 47, 66, 69–70, 72, 76, 85, 93, 105, 113, 168, 179, 187, 196, 221, 226, 245, 248, 264–265, 268, 307, 310, 315, 321, 356, 367
Pius IV. 127
Pole, Reginald 73, 81
Poltrot de Méré, Sieur 137
Puckering, Sir John 342

Quadra, Alvarode la 93, 109, 121

Raleigh, Sir Walter 178, 345
Randolph, Thomas 151, 153, 157, 159, 258
Renard, Simon 49, 55, 59, 61, 67–68
Requesens, Don Luis de 211, 220
Riccio, David 177
Ridolfi, Roberto 194
Rogers, Daniel 264

Sadler, Sir Ralph 106
Sainte Aldegonde, Sieur de 279–280
Sampson, Thomas 146
San Giuseppe, Don Sebastian de 251
Sanders, Nicholas 249, 255
Schenck, Martin 264, 331
Scheyvfe, Johan de 42
Ségur-Pardeilhan, Jacques 302
Seymour, Johanna 22, 25
Seymour, Thomas 36, 38
Shakespeare, William 183
Sidney, Sir Henry 134, 244
Sidney, Sir Philip 234, 282–283, 285

Singleton 235
Smith, Sir John 226, 228
Somerset, Herzog von 35, 40
Southern, Robert 312
Spenser, Edmund 253
St. Leger, Sir Warham 255
Stafford 308
Stafford, Sir Edward 295, 298–299
Stanley, Sir William 295, 304
Story, John 89, 196
Stubbs, John 233, 236–237
Stucley, Sir Thomas 245, 249
Sussex, 2. Graf von 59, 61
Sussex, Sir Thomas Radcliffe, 3. Graf von 189, 191, 243

Throckmorton, Job 341
Throckmorton, Sir Nicholas 102, 112, 116, 122, 124, 132, 155, 165–167
Tyrone, Hugh O'Neill, Graf von 366–367, 373
Tyrwhitt, Sir Robert 39

Waad, Armagil 83
Waad, Sir William 298
Walsh, William 242
Walsingham, Sir Francis 198, 204, 213, 226, 249, 259, 270, 308
Warwick, Ambrose Dudley, Graf von 137
Wentworth, Peter 218, 342
Westmorland, Charles Neville, Graf von 188
White, John 83
Whitgift, John 286
Wilhelm von Nassau, Prinz von Oranien 172, 174, 177, 195, 220, 224, 268, 271, 277
Williams, Lord 63
Williams, Sir Roger 350
Willoughby, Lord 331
Wilson, Sir Thomas 198, 219
Wingfield, Sir John 333
Winter, Sir William 109, 212
Wray, Sir Christopher 236
Wyatt, Sir Thomas 57